Arthur Hächler
Rüdt
Nachruf auf einen Revoluzzer

»Der Fortschritt der Menschheit beruht auf den Opfern der Pioniere.«
Thérèse Muriset

Dieses Buch befasst sich mit einem nahezu biografielosen Weltverbesserer und politischen und menschlichen Verlierer. Der historische Max Otto Rüdt (1888-1947) ist in der öffentlichen Wahrnehmung kometenartig aufgetaucht und wieder verschwunden. Knapp vier Jahre zählt die Phase, in der er dokumentierte Spuren hinterlassen hat, und zwar hauptsächlich im Zusammenhang mit dem Landesstreik 1918. Im Sinne eines verspäteten Nachrufs bettet das vorliegende Porträt die kurze öffentliche Präsenz des Politikers und Sozialrevolutionärs in eine fiktive Biografie ein. Sie reicht dem »tollen Rüdt« den nachvollziehbaren Menschen zurück, den seine politischen Gegner in die Wüste schickten. Dabei bleiben die Eckdaten, die zur Person zusammengetragen worden sind, und die gründlich recherchierte Darstellung der Ereignisse in Grenchen im Umfeld des Landesstreiks vollumfänglich respektiert. Ich verdanke sie herzlich dem Bibliothekar Alfred Fasnacht und der Historikerin Edith Hiltbrunner. Alfred Fasnacht hat die Seite »Generalstreik 1918« auf wiki.stadtgeschichte-grenchen.ch mit reichem Text- und Bildmaterial und biographischen Angaben über den lokalen Streikführer ausgestattet. Edith Hiltbrunner hat in ihrer profunden Arbeit den Generalstreik 1918 in der Region Grenchen-Solothurn detailreich dokumentiert. Auf diese Quellen werde ich in der Regel mit Endnoten nur dort speziell noch einmal verweisen, wo ich im Wortlaut zitiere.

Die Illustration auf der Schmutztitelseite ist einem Foto entnommen, das sich im Besitz des Kulturhistorischen Museums Grenchen befindet und mir in freundlicher Weise zur Verfügung gestellt wurde.

Edition *WortWörtlich*
Möhlin 2018

ISBN 978-3-033-06575-8

Arthur Hächler

Rüdt
Nachruf auf einen Revoluzzer

Die Hintertreppe ist steil. Die muss er nehmen, weil man ihm die Haustür untersagt hat. Man wünscht nicht, dass er die Küche durchquere und womöglich noch Reste vom Abendbrot entdecke. Er muss sich nach der Klinke strecken und eine Stufe zurücktreten, wenn der Türflügel kommt. Dann zieht er vom Kopf den Hut, auf den es geschneit hat, und klopft ihn ab. Unterm Kinn öffnet er den Haken vom Cape, langt mit einem Zipfel um den Kopf herum, schüttelt es neben dem Treppengeländer, damit nicht Schnee die Stufen nässe, die dann über Nacht Eisüberzug bekommen und am Morgen Hals- und Beinbruch verursachen könnten. Innerhalb der Tür liegt ein Bodenlappen, darauf stellt er sich, um Hut und Cape an die improvisierten Garderobehaken zu hängen und im Licht aus der Gasse die Stiefel auszuziehen. Er stellt sie ordentlich auf die alten Zeitungen. Das Papier soll die Nässe aus dem Sohlenprofil saugen. Amalia toleriert keine Wasserlachen auf den gebohnerten Bodenriemen. Endlich zieht er die Tür zu.

Aus dem Hausinneren ist Ländlermusik zu vernehmen. Sie stammt aus dem Radiogerät, das im Wohnzimmer steht. Noch nicht lange ist es her, dass auch mal die Stimme von Adolf Hitler zu hören war, wenn gerade eine seiner Reden übertragen wurde. Zwischen den Türen hier zur Küche und dort zum Klo befindet sich der Einschlupf zum engen Treppenaufgang. Die Kammer liegt unterm Dach zwischen Holzestrich und Wäscheraum. Aus der Mitte der getäfelten Decke hängt an zwei isolierten Drähten die Lampe: Eine Glühbirne unter dem tellerförmigen Schirm, der weiss emailliert und dunkelblau gerändert ist. Das stellt die grosse Annehmlichkeit dar, die man dem Mieter gewährt. Man hat ihm allerdings auch schon angedroht, für die Stromkosten aufkommen zu sollen. Die Birne spendet nicht nur Licht, sondern auch Wärme; die Wärme ist auf dem Scheitel und im Gesicht deutlich wahrnehmbar, wenn man unterm Schirm am Tisch sitzt. Gegenüber das Bett, im Rücken die Kommode. Die Idee, den Mann ein Heft aufschlagen und darin seine Gedanken aufschreiben zu lassen, wäre verlockend. Zuallererst müsste er seine Finger aufwärmen. Er legt sie in gebührendem Abstand um die Glühbirne, als gälte es, das Licht zusammenzuhalten. Allmählich wäre er in der Lage, einen dünnen Stift in die Finger zu nehmen und durch die Schriftzüge zu führen. Er tut das aber nicht. Ich schreibe für ihn. Wenn dem einen die Kraft ausgeht, muss ein anderer an seine Stelle treten.

Meine Finger sind warm. Ich sitze in einem geheizten Raum hinterm Bildschirm und hab durch die verglasten Balkontüren Blick in gepflegte Liegenschaften und auf einen privaten Parkplatz. Zu den Tageszeiten, die ich am PC verbringe, sind die Felder leer - mit einer Ausnahme: in der Nummer 10 steht mein Wagen. Entsprechend still ist es hier im Mietshaus. Ich habe also komfortable Arbeitsbedingungen. Ich brauche auch nicht meine ersten Notizen von Hand zu schreiben, um sie später abzutippen. Die Tastatur funktioniert so lautarm, dass ich auch schon bedacht habe, eine App zu installieren, die mit Klappern den Eintipp auf einer alten Schreibmaschine simulieren würde.

So eine besitzt der Mann, dem wir bis auf sein Mansardzimmer gefolgt sind, nämlich eine GROMA von Grosser in Markersdorf. Das Farbband gibt nur noch stellenweise gut lesbare Anschläge her, ein Ersatz war schon während des Krieges nicht mehr aufzutreiben. Im Zimmer darf die Maschine allerdings nicht benützt werden. Das Klappern hat sich dem ganzen Haus mitgeteilt. Das aber haben sich Heims, die Vermieter, ausbedungen: Kein Lärm. Darum steht die GROMA im Stiefel-Stübli. Da hat Max Rüdt seine letzten Texte getippt.

Der Stiefel-Wirt hat nichts gegen seinen kauzigen Gast, Stammgast seit Jahren. Würde er nach ihm befragt, fände er vorwiegend freundliche Worte. Sei aus sich herausgekommen, wenn er unter den Männern sass. Habe kuriose Geschichten erzählt. Vor allem aber auch gut zugehört und kluge Fragen gestellt. Habe stets seine Zeche bezahlt, wenn ihm nicht ein anderer, der seinen Spass gehabt hatte, für einmal zuvorgekommen sei. Was allerdings nach der Affäre Tobler aufgehört habe. Mit der habe es folgende Bewandtnis. Alle vierzehn Tage habe der Anzeiger unter dem Titel »Stammtisch« und dem Autoren-Kürzel »m.rt« eine Glosse publiziert, die auf Rüdts Maschine entstanden sei. Es habe sich um witzige Kommentare zu lokalen Ereignissen gehandelt, die etwa auch im Stiefel herumgeboten worden seien. Doch nicht nur hier, sondern in den Gasthäusern weiterum habe der Kerl mit Einheimischen beim Schnaps gesessen. Ja, er habe gewusst, wie man den Leuten die Würmer aus der Nase zog, und habe sich die Dinge dann, während er sie für lokale Zeitungen aufbereitete, hübsch zusammengereimt, habe da einen Kuhhandel aufgedeckt, dort eine Intrige auffliegen lassen und während des Krieges Schmugglern ins Handwerk gepfuscht. Das habe den Blättern Leser und dem Verfasser ein kleines Honorar beschert, aber selbstverständlich auch Feinde. An manchem Stammtisch sei, sobald er eintrat, das Gespräch verstummt, und der eine und andere Wirt habe erwogen, den Gast auszusperren. Dann also die Affäre Tobler. Ausgerechnet vor den Wahlen seien die amourösen Heimlichkeiten des Stedtlipräsidenten aufgeflogen. Rüdt habe sie publik gemacht, auf seine gewohnt ergötzliche Weise. Nicht jedermann habe Spass verstanden. Toblers Parteigängern sei schnell klar gewesen, woher m.rt seine Informationen bezogen hatte. Danach habe sich keiner mehr aufs Maul schauen lassen. Aber das sei Schnee von gestern. Der Anzeiger habe die Rubrik gestrichen, und Rüdt habe offenbar aufgehört, in die Zeitungen zu schreiben. Das sei ihm, dem Stiefel-Wirt, nur recht. Nun habe er allerdings keine Ahnung, womit der Kerl seine Blätter noch zutippe, es gehe ihn auch gar nichts an. Gleichwohl steche ihn ab und zu die Neugierde. Er müsse dann feststellen, dass flüchtige Blicke nicht ausreichten, um Aufschluss zu gewinnen. Zu blass halt die Anschläge. Und wahr sei: Seit einem Jahr oder zweien verkomme der Kerl. Meist zeige er sich unrasiert, seine Hemden hätten schmierige Krägen, seine Krawatten seien fleckig und abgeschossen, und immer trage er seinen graublauen Anzug. Es sehe ganz danach aus, als hätte er nur diesen einen.

Wenn das Stübli nicht gebraucht werde, lasse er, der Wirt, Rüdt dort sitzen und klappern, das störe keinen. Tagsüber werde es nicht gebraucht. Es sei allerdings auch nicht geheizt. Ein dunkler Raum mit einer Eckbank beim Fenster. Da sitze nun der Kerl an den Vormittagen und ziehe das Cape nicht aus, sogar den schäbigen Filz behalte er auf dem Kopf. Mittags räume er auf. Er versorge die Maschine im Wäscheschrank, wo man die Tisch- und Geschirrtücher und die Servietten ein wenig zusammengeschoben habe. Die Papiere packe er in die Ledermappe, ohne die man ihn nie sehe. Sie habe einen Latz mit einem Messingschloss und einen Ledergriff. Er komme in die Gaststube, platziere die Mappe auf der Hutablage, setze seinen Filz darauf, hänge das Cape an den Haken und esse seine Suppe. Meistens sitze er allein am Tischchen nächst dem Kachelofen; so müssten ihn die übrigen Gäste nicht meiden.

Inzwischen sind die gewärmten Finger in der Lage, den Krawattenknopf zu lockern und alle die Knöpfe an der Weste, am Hemd und im Hosenladen aufzuklauben. Der Mann, der weniger alt ist, als wir das vermuten würden, schickt sich an, zu Bett zu gehen. Die Unterwäsche und die Socken wird er anbehalten.

M it einer anderen Geschichte war ich unterwegs, als mir der Name Rüdt zum ersten Mal unter die Augen geriet. Von Moutier her erreichte ich mit der Bahn Grenchen. Da schaltete ich einen Zwischenhalt ein. Die Stadt war mir ausschliesslich als Austragungsort des Uhrencups ein Begriff. Dem Mangel wollte ich abhelfen. Auf dem »Zytplatz«, wo ich mich zu orientieren versuchte und nach Strassenschildern Ausschau hielt, entdeckte ich zu meinen Füssen die Bronzetafel zum Gedenken an drei Männer, die während des Landesstreiks 1918 erschossen worden sind. Aus nahezu heiterem Himmel traf mich da eine Flut von Assoziationen. Mein Vater, junger Mann damals und als Arbeiter in einem Steinbruch lokaler Anführer im Streik, hatte mir von den Ereignissen berichtet. Der Schüler, der ich war, vermochte die Dinge kaum einzuordnen. Die Tatsache jedoch, dass Schweizer Soldaten Schiessbefehl erhielten, ihn entgegennahmen und gezielt auf Schweizer Zivilisten schossen, irritierte mich und beleidigte meinen jugendlichen Stolz auf unsere Nation. Wie konnte so etwas geschehen? Und zwar wiederholt? Wie bringt man Menschen wie dich und mich dazu, auf unbewaffnete Landsleute zu schiessen?

Nach der Heimkehr von meinem Ausflug fand ich die Website der *Museumsgesellschaft*. Innerlich zunehmend aufgebracht las ich die Dokumentation zu den Schüssen von Grenchen, sodass mir die Augen feucht wurden, als ich bei Tisch von meinem Fund berichtete.

Was ist dir denn, fragte verwundert meine Zuhörerin. Ist doch alles längst Geschichte, möchte man meinen.

Nicht für mich, entgegnete ich.

Das war kein leeres Versprechen. Im Zusammenhang mit den tragischen Ereignissen tauchte der Name Max Otto Rüdt auf. Eine zwielichtige Figur, der lokale Streikführer: so zumindest wird sie aus dem Material heraus, das man über sie zusammengetragen hat, vorsichtig zurückhaltend beurteilt, und so viel nahm ich schon einmal zur Kenntnis, während ich mich vom Fokus auf Opfer und Täter im Verlauf eines schlampig geführten Militäreinsatzes nicht ablenken liess. Im Hintergrund aber sollte sich fortan ein Bild halten: das unzulängliche Konterfei von einem Mann, der vielleicht inmitten anderer Personen stand, hier aber isoliert wiedergegeben und in der Struktur der Vergrösserung fast mehr ein Schatten seiner selbst zu nennen ist. Man ahnt, dass er auf einem Bahngleis steht. Vor seinen Füssen ein kniehoher Natursteinbrocken. Der Blick ist in die Ferne gerichtet, von woher offensichtlich der Zug nicht einfahren soll. Der Mann trägt einen Anzug, darüber ein Cape aus dunklerem Stoff. Ein Ärmel baumelt leer; wahrscheinlich stecken die Hände in den Taschen der Jacke. Weisses Hemd, Stehkragen und Binder. Ein Hosenstoss sitzt auf einem Schuh mit Glanzlicht auf dem Rist. Solche Einzelheiten weisen auf einen Mann hin, der sich mit seinem sozialen Status deutlich abhebt von den Arbeitern, die ihn auf einem anderen Bild tatsächlich umgeben. Er trägt übrigens einen hohen Filzhut mit flacher Krempe und breitem Band. Der Stumpen ist beidseitig eingedrückt; der Kniff ist ein Zeichen dafür, dass der Hut beim flüchtigen Gruss gelüftet wird. Das Gesicht zeigt, sobald ich fantasierend ein wenig nachhelfe, ein eindrückliches Halbprofil: Ein starkes Kinn, eine jugendlich volle Unterlippe, einen kleinen Schnurrbart unter der auffälligen Nase – auffällig ist sie unter Vorbehalt der Verzerrungen, für die eine mangelhafte Wiedergabequalität verantwortlich ist. Eine ernste, aber nicht unfreundliche Miene. Insgesamt ein starker Eindruck von einem Mann, der in der Folge, wie ich las, »systematisch zu Fall gebracht« wurde, »für den Rest seines Lebens gezeichnet« war und nicht mehr in der Lage, »eine neue Laufbahn aufzubauen«.[1]

Das Bild, wie gesagt, blieb hängen. Nicht als passiver Gedächtnisladenhüter. Vielmehr trug es den Print einer Aufforderung. Ich kam auf Max Rüdt zurück. Meine Aufmerksamkeit galt jener Figur, die in den zusammengetragenen Materialien nur für die Spanne von ungefähr vier Jahren aufscheint, um sich historisch belegbar zu machen. Besonders der Mensch nach dem Scheitern, nach der Niederlage, nach der Demütigung, der so in der Anonymität verschwunden ist, dass nicht einmal bekannt ist, unter welchen Umständen er starb, erregte meine Einbildungskraft.

»Bei Verwandten oder Bekannten gestorben«.[2] Diese Unschärfe lässt vermuten, dass kein Familienzweig, dessen Angehörige vor vielleicht zwei Jahrzehnt noch hätten befragt werden können, sich für ihn zuständig erkannte. Ich gehe davon aus, dass weder von den Rüdts noch von den Ineichens der Gattin von Max Rüdt Nachfahren leben, die sich durch meine nachfolgenden Geschichten persönlich betroffen fühlen könnten. Hätte ich aber Kenntnis, dass es sie gibt, würde ich sie um die Nachsicht bitten, die derjenige beansprucht, der vor allem den Lücken in der allgemeinen Erinnerung obliegt, der lieber fabuliert als dokumentiert. Wo immer die historischen Fakten und die wenigen Daten zur Biografie sich ihr nicht querstellen, erfinde ich siebzig Jahre hinter ihrem unbeachteten Abgang her den Nachruf für die Person, die einst das Schmäh-Ticket *Revoluzzer* fasste und damit in die Wüste geschickt wurde.

D em Anschein nach stammt Max Otto Rüdt, den wir am Ende der Kindheit aus den wenigen erhältlichen Angaben extrapolieren, aus einer ausreichend gut situierten bürgerlichen Familie. Hätte er sich sonst brotlose Studien in Kunstgeschichte und Philosophie leisten können? Wäre er sonst in der Lage gewesen, nach knapp zwei Jahren Erwerbstätigkeit eine Wohnung in Verbindung mit einem Lebensmittelladen zu kaufen?

Für die Absicht, den rebellischen Protagonisten als das jüngste von drei Geschwistern, fast schon als Nachzügler, einzuführen, fänden sich psychologische Motive. Ich mache sie hier nicht geltend, sondern öffne ein Kalenderfenster. Wir sind kurz nach der Jahrhundertwende. Das älteste der am Leben gebliebenen Kinder ist Georg. Er absolviert aktuell die Rekrutenschule, zwei Monate lang. Es steht fest, dass er anschliessend in Zürich das Theologiestudium aufnehmen wird. Dem jungen Mann ist übrigens bewusst, dass er seinen Taufnamen nicht im Blick auf den Drachentöter aus Kappadokien, sondern aus Reverenz ans Domizil im Vorort St. Georgen bekommen hat - als frisch vermähltes Paar haben sich nämlich die Eltern in die Wohnlage überm Stadtzentrum verguckt. Trotzdem fühlt sich Georg als Held, als Beschützer seiner um zwei Jahre jüngeren Schwester. Darüber hinaus kann er immer schon alles, was der Kleine, also Max, noch lernen muss; er hat alleweil und allüberall einen uneinholbaren Vorsprung und ist ein ebenso anspornendes wie auch entmutigendes Vorbild.

Dem Jüngsten war Klara, die Schwester, eine freundlich-behütende Begleiterin auf den Wegen durch die Kindheit. Darüber hinaus gerät sie sich zunehmend hübscher. Wie gut stand ihr das weisse Kleid, in dem sie am Kinderumzug teilnahm. Sie hat sich aber inzwischen in Genf als Au Pair-Mädchen in der Familie eines begüterten Kaufmanns die französische Sprache und Kenntnisse in Buchhaltung und Geschäftskorrespondenz angeeignet. Als junge Dame ist sie zurückgekehrt und hat das Zeug, früh verheiratet zu werden. Bis es soweit ist, hilft sie in der Exportfirma aus, in der ihr Vater als Buchhalter tätig ist. Sie erledigt die expandierende französische Korrespondenz. In der Freizeit bringt sie ihrem »kleinen Bruder«, der ihr allerdings an Körperlänge nur noch wenig nachsteht, die ersten Kenntnisse in der Fremdsprache bei. Max geniesst das Zusammensein unter fröhlichem Palaver. Er sieht darin eine Fortsetzung des geschwisterlichen Zeitvertreibs von einst und hat keine Ahnung, dass Klara das jetzt mit ihm so hält, damit sie nicht zu ungeduldig auf die Briefe aus Lyon warten muss. Lyon, erklärt sie, liegt nicht weit von Genf entfernt.

Max wird gemäss der St. Gallischen Bildungsstruktur neun Schuljahre hinter sich gebracht haben, die Grundschule im Hebelschulhaus, die Fortsetzung unten in der Stadt. Damit geniesst er ein Privileg, denn für einen Teil der Kosten der höheren Sekundarstufe haben die Eltern aufzukommen. Die Real- und Kantonsschüler sind Kadetten. Am Kinderfest treten sie stramm im Schritt auf. Es gibt Gefechtsübungen mit Geschrei und Geknatter, Rauchpetarden und Böllerschüssen. Die Buben wissen schon, wie man den Verschluss des Gewehres zerlegt, reinigt, einfettet und wieder zusammensetzt.

Wenn das Manöver einmal ausfällt, ist die Bürgerschaft unglücklich. Am schlimmsten trifft es Onkel Franz, den rachitischen Stammler und Tabaksaftspucker, um den sich in ihrer Altstadtwohnung die Grossmutter Rüdt kümmert. Knall und Rauch sind seine liebsten Aufregungen, und die Oma hat Mühe ihm zu erklären, dass man deswegen nicht zum Manöver geht, weil ausnahmsweise eben keines stattfindet. Eine hagere Frau übrigens, die Max nicht mag. Sie geht an einem Stock, und wenn sie findet, der Bub sei ein Flegel (und das findet sie oft), fasst sie den Stock an der Stange und fuchtelt mit dem elfenbeinernen Knauf. Es kommt vor, dass sie trifft, und wenn es der Kopf ist, tut der Hieb weh.

Selten bricht die grosse Welt in den familiären Alltag ein. Die unmittelbare Wucht heutiger Nachrichtenströme gelingt der Presse von damals nicht. An ein Ereignis freilich erinnert sich Max sehr wohl. Es brachte zusätzliche Feierstimmung in die Tage um Weihnachten und Neujahr - und für ihn auch einigen Kitzel, denn auf den Grusskarten, die ankamen und in den Druckwarenläden angeboten wurden, trugen nicht nur nackte Kinder alte Zahlen davon und fügten neue zusammen, sondern es schienen dürftig bekleidete Jungfrauen dem neuen Jahrhundert den Lorbeer weiterzureichen. Er fragte sich nach dem Zusammenhang zwischen der Entblössung und der neuen Zeit, fand aber keine Antwort. Er erkundigte sich bei Klara, und die putzte ihn mit einer für sie ungewöhnlichen Knappheit ab: Wie soll ich das wissen?

Offenbar hatten spärlich bekleidete Frauenkörper, so schloss der Zwölfjährige, etwas mit Verheissung zu tun. Viele Menschen, auch Pfarrer Hauri in der Silvesterpredigt, redeten von Aufbruch in eine neue Zeit, von neuen Hoffnungen und Perspektiven. Ihm, Max, ist die Ernüchterung gegenwärtig, die sich bald danach einstellte. Er fand den Alltag genauso eintönig wie eh und je, die Rechenaufgaben genauso sperrig, seinen Banknachbarn Werner genauso dümmlich und das Wegschmelzen des Schnees, den es endlich geschneit hatte, rundweg beschissen.

Ein nächstes Ereignis, bald darauf, brachte geheime Aufregung in die Familie. Wiederholt trafen sich Papa Rüdt und Onkel Otto. In einer Weise, die dem vielleicht vierzehnjährigen Max nicht ganz durchsichtig war und ihm auch nicht erklärt wurde, stand Geld auf dem Spiel. Die Brüder schimpften über die Büezer in Arbon, die einfach nicht Ruhe geben wollten. Hatten die nicht ihre geregelte Arbeit und ihr Auskommen?

Die Sache verlief sich und wurde nicht mehr erwähnt, aber die schiere Hilflosigkeit der beiden Männer, die sogar die Mutter zu erfassen schien, hinterliess bei Max einen bleibenden Eindruck.

Wenn er aufsteht, hat er schon lange wach gelegen. Oft glaubt er, überhaupt nicht geschlafen zu haben. Er liegt Stunden lang wach im Bett. Es beschäftigt ihn nichts. Es dreht sich ihm nichts im Kopf herum. Dies fällt ihm ein, jenes fällt ihm ein, ein unverbindliches Kommen und Gehen. Darüber sucht er eine neue Ruhelage. Es tut ihm auch nichts weh, solange er liegt. Er schaut nicht auf die Uhr am Handgelenk. Sie hat Leuchtzeiger, aber er hat sich abgewöhnt, sich die Enttäuschung abzuholen. Früher hat er gehofft, geschlafen zu haben, ohne dessen innegeworden zu sein. Der Blick auf die Uhr bestätigte ihm dann regelmässig die Gewissheit, dass er nicht eingenickt war. Er weiss auf wenige Minuten genau, wo die Nacht steht. Gegen die Frühe zu wird er müde und schläfriger. Dann fängt er an zu träumen. Das sind nicht Träume von der Sorte der schwebenden, in denen nichts unmöglich ist. Sie haben mehr Ähnlichkeit mit Tagträumen, unter denen der Träumer sich noch jederzeit bewusst ist, dass er träumt, und haben meist banalen, wenn auch zuweilen klebrigen Inhalt. Er sucht in den Gassen und in verwinkelten Gebäuden nach einem Platz, wo er seine Notdurft verrichten kann. Die Umstände werden immer peinlicher. Schluss damit! Er wirft sich so heftig auf die andere Seite, dass das Duvet zu Boden rutscht. Er holt es zurück. Wahrscheinlich setzt sich die Träumerei fort und verläuft sich erst, wenn sich unten in Heims Wohnung das morgendliche Leben regt. Amalia steht auf. Ewald brummt Unverständliches. Wäre es verständlich, wäre es das auch für Rüdt, denn die Wohnung ist *ringhörig*, wie man hier sagt, schalldurchlässig, ein Riegelbau halt, die Böden aus Holz, die brüchigen Wände aus Strohwickeln mit Lehm. Jetzt klappert zum ersten Mal der Deckel vom Plumpsloch. Gleich darauf singt das Wasser in der Leitung. Es füllt das Lavabo. Man vernimmt das Plantschen und kann sich vorstellen, wie Amalia sich wäscht und immer wieder den Lappen spült und ausquetscht. Sogar das Klimpern von Bürste und Kamm, wenn sie auf das Tablar zurückfallen, ist deutlich zu vernehmen. Wenn die Tür vom Klo und hernach wieder die Küchentür gehen, zittert jedes Mal vom Luftzug leise die Tür von

Rüdts Zimmer. Erste Geräusche aus der Küche verbreiten sich im Haus: die Ofentür quietscht, der gerüttelte Aschenfall rasselt, Pfannendeckel scheppern. Nun schlagen dumpfe Tritte durch. Ewald ist aus dem Bett gestiegen. Bald klappert erneut der Deckel. Ewald hustet, schnorchelt und spuckt. Das ist sein Morgenritual. Er wird sich gleich in die Stube setzen, die von Rüdts Zimmer am entferntesten gelegen ist, und dort bei den Sechsuhrnachrichten auf den Kaffee warten, den seine Frau auf dem Gasherd zubereitet. Es ist ein gestreckter Kaffee. Ewald pflegt auf dem Stubentisch eine Zeitung auszubreiten, darüber eine Packung Chicorée-Pulver auszuschütten, dann die Kaffeemühle zwischen die Knie zu klemmen und die Kaffeebohnen zu mahlen. Unterm Gehäuse für die Einfüllung haben nicht viele Bohnen Platz. Der Mahlvorgang muss mehrmals wiederholt, die Schublade über der Zichorie ausgeleert werden. Wenn Rüdt zugegen ist, übernimmt er gerne den einen oder anderen Mahlgang. Ist mengenmässig ungefähr Halbhalb erreicht, hebt Ewald den einen Rand des Zeitungsblattes, sodass das Kaffeepulver und das hellere Zichorienpulver sich im Falt sammeln und mischen. Dann hebt er den angrenzenden Rand, die Pulvermahd wälzt sich der Länge nach über sich selbst zurück. Den Vorgang wiederholt er drei, vier Mal. Die Mischung füllt prall die Dose mit dem Bügelverschluss.

Sobald der Kaffee aus dem Filtertrichter träufelt, dringt der Duft durch Wände und Böden. Jetzt ist Rüdt vollends wach. Er steht aber noch nicht auf. Er weiss, dass der Kaffee mit ihm zwar geteilt würde, allerdings ungern, und er hat auch schon aus Dankbarkeit vom Jahrmarkt eine verbilligte Packung Bohnen mitgebracht. Ewald ist es, der seine rot getupfte Schale vorgesetzt bekommt. Er zerzupft das Schwarzbrot und tunkt die Brocken in den Milchkaffee, um sie dann mit dem Esslöffel wieder herauszufischen. Dazu isst er einen grossen Happen Appenzeller Käse. Amalia setzt sich dazu. Sie streicht sich ein Butterbrot mit Honig. Lange bleibt sie aber nicht sitzen. Sie schaut nach dem Feuer im Herd, der auch den Kachelofen in der Stube beheizt, und holt die Kinder auf. Damit setzt ein Gähnen und Ächzen, ein Türenschlagen und Getrappel, ein Lachen und Meckern, ein Plätschern und Grölen ein, und ob all dem Geräusch ist nicht auszumachen, wann Ewald ins Atelier runter gegangen ist.

Schnell wie ein Spuk ist der Lärm vorbei. Die Kinder sind zur Schule gegangen. Erst jetzt steht Rüdt auf. Er versucht, sich zu strecken. Er muss sich auf der Tischkante aufstützen, damit er den Rücken gradrichten kann. Die Toilette ist frei; er kann sie ungeniert benützen. Es stinkt aus dem Güllenrohr herauf. Eines der Kinder hat den Deckel vergessen.

Hätte man den Jüngling im letzten Schuljahr nach seinem Traumberuf gefragt, hätte er den Pfarrer genannt. Nicht nur, weil er Georg nacheifern muss. Sondern auch, weil er den Beruf des Pfarrers zu kennen glaubt, nämlich aus eigener Anschauung, wie übrigens auch den des Lehrers. Der Lehrer kann seinerseits Geschichten erzählen, aber das Klassenzimmer voller unruhiger Jungs hat nicht den Nachhall des Kirchenschiffs, das ernsthafte Erwachsene füllen. Die Predigten, die er während der Präparanden- und Konfirmandenzeit zu hören bekommen hat, haben ihn beeindruckt. Flammende Reden des evangelischen Stadtpfarrers von der Kanzel zu St. Laurenzi herunter ins Kirchengebänke. Zur Berge versetzenden Kraft des Glaubens. Zur Apokalypse, die wie eine Geburt ist. Zur Vision einer besseren Welt. Zur Aussicht auf das Reich Gottes. Der Pfarrer ist ein begabter Redner. Er spricht auch die jungen Leute an. Max mag ihn. Bewundert ihn. Aus dem Gedächtnis schreibt er die Predigten zuhause nach, ergänzt sie durch eigene Hinzufügungen mehr oder weniger sinngemäss, und mit dem insgesamt wohl eher konfusen Produkt besteigt er eine imaginäre Kanzel, um die Leute zu beeindrucken. Dieser Eifer hat einen Nebeneffekt – womit wir einen Abstecher in die Schule machen wollen, die der Junge nun, wie bereits erwähnt, drunten in der Stadt besucht. Der Junge fällt im Fach Sprache auf und wird entsprechend gefördert. Wiederholt schon hat der Deutschlehrer, Dr. Nef, der Klasse einen seiner witzig formulierten Aufsätze vorgelesen. Der Form nach folgen sie dem Vorbild der Predigt und sind darum gewürzt mit rhetorischen Fragen und Wendungen; so sprechen sie auch die Mitschüler an. Sie sind neidlose Zuhörer sogar dann, wenn er, vom Lehrer aufgefordert, selber liest. Grossmütig gönnen sie dem Mitschüler ihre Aufmerksamkeit, weil er darüber hinaus eher im bescheidenen Mittelmass mitschwimmt und die Klassenbesten nicht bedrängt.

In diesem Umfeld mit den Brennpunkten Kanzel und Deutschunterricht fangen die Konturen einer Wunschwelt an, sich abzuzeichnen. Es handelt sich um die Welt aus Wörtern, die hinterlegt ist mit dem Bild vom Kirchenraum mit dem hohen Chorfenster zwischen den königlich krönenden Orgelprospekten und mit der vielköpfigen Zuhörerschaft im Schiff und auf den Emporen, und dazu noch unterlegt mit Orgelklängen. Das ganze Paket übt grosse Anziehungskraft aus. Max hat auf seine Weise begriffen, warum sein Bruder Pfarrer werden will. Ich auch, lässt er bei Tisch verlauten. Ich will auch Predigten halten.

Wie oft doch und bei wie vielen unterschiedlichen Gelegenheiten, zu denen ein Benjamin zu den Geschwistern aufschliessen möchte, hat er seinen Anspruch gleichlautend geäussert. Die Eltern beschwichtigen ihn. Es ist ihnen eh nicht ganz geheuer beim Gedanken, dass ausgerechnet aus ihrer Familie ein Pfarrer hervorgehen soll, und was nun diesen einen betrifft: genügt vollauf. Ihre eigene Affinität zur Kirche ist mässig. Sie zeigen sich vorwiegend an Festtagen im Gotteshaus, und selbstverständlich bei der Einweihung des neuen Bodens, zu dem auch sie mit einer Spende beigetragen haben. Nun ist ja schon das Evangelium Einladung genug, unsere Füsse darauf zu stellen, hat der Pfarrer ihnen und der ganzen Gemeinde entgegengerufen, doch seht nur, was für einen schönen Boden wir uns hier, wo die frohe Botschaft verkündet werden soll, geschenkt haben!

Doch, doch, war eine nette Predigt. Das ist der Kommentar, den Max nach dem ersten Gottesdienst überm nigelnagelneuen Terrazzo zu hören bekommt. Über den flüchtigen Austausch zwischen den Eltern und anderen Kirchgängern hinaus gibt es wenig Resonanz. Verhält es sich so, dass Predigten den geschlossenen Kirchenraum nicht verlassen? Vergisst man sie beim Ausgang? Ist das die Wirkung des Geleitworts: Gehet hin in Frieden? Max ist irritiert vom Gegensatz zwischen den streitbaren Aufrufen innerhalb der Predigt und den beschwichtigenden Worten zum Übergang in den Alltag draussen vor der Kirche. Regt euch nicht auf. Jesus in eure Ohren, doch jetzt geht wieder euren alltäglichen Obliegenheiten nach. Sollte das die Botschaft sein? Sind Predigten so etwas wie die Gemälde in den Wohnzimmern zuhause und bei der Grossmutter: lauschige Gärten, freundliche Landschaften, Stillleben, Blumen - eingerahmt und von der Realität abgegrenzt? Soll vielleicht nicht gehadert werden? Weder mit Gott noch unter den Menschen? Und schon gar nicht unter Angehörigen derselben Kirchgemeinde, den Ärmlichen hier und Begüterten dort? Soll nicht gestritten werden um mehr Gerechtigkeit? Friede als höchstes Gut: Sollen sich die kleinen Leute stillhalten im Namen des Glaubens? Des Glaubens, dass Gott es schon richten werde?

Die Eltern Rüdt sind im Prinzip indigniert, wenn sie ihren pubertären Sohn frägeln und maulen hören. Sie sind das allerdings nicht speziell im Blick auf den religiösen Kontext. Auf ihn schielend verraten sie beharrlich geringes Interesse. Nüchterne Kalkulation geht dem Papa über Spekulation. Die Spende für die Sanierung der Kirche gehörte zum guten Ton. Die Mama lässt sich in Wohltätigkeitsaktionen einspannen. Damit ist die soziale Verantwortlichkeit für die ganze Familie abgegolten. Und den angehenden Pfarrer wird man verkraften. Aber nur diesen einen.

Der Eifer, der den Umgang des Jüngsten mit Gesprochenem und Geschriebenem begleitet, lässt sich auf die Mathematik nicht übertragen. Darum nimmt die Familie die einseitige Förderung durch den

Lieblingslehrer mit zunehmendem Misstrauen zur Kenntnis. Was soll aus dir werden? fragt der Papa. Er sitzt im Ohrensessel, den er ans Fenster gerückt hat, um das letzte Tageslicht für die Abendausgabe des Tagblattes zu nützen. Er legt die Zigarre auf den Aschenbecher, um das Zeugnisbüchlein entgegenzunehmen, das erste Quartalszeugnis im letzten Schuljahr. Max wartet stehend das Verdikt ab. Der Papa hüstelt. Tut er das nicht sowieso? Klingt trotzdem jedes Mal bedrohlich. Als würde sich im Untergrund ein Unheil knurrend zusammenbrauen. Eine Vier in Rechnen und Geometrie: Das reicht einfach nicht. Die Sechsen in Sprache schriftlich und mündlich: Schön und gut, könnte man gerne von einer Tochter erwarten. Klara war darin ebenso gelehrig. Aber rechnen muss er können, der Junge. Hör auf mit deinen Geschichten, das rat ich dir, und steck dich hinter die Mathematik. Nun ja, Realien: Ganz ordentlich, wie ich sehe. Du bist interessiert und liest auch die Zeitungen. So weit so gut. Mach weiter. Doch wie gesagt: Das Köpfchen zeigt sich in Mathematik.

Man könnte Papa Rüdt unterstellen, dass er vorsätzlich tief in die vorgehaltene Faust huste. Er würde in diesem Fall die auf andere Weise kaum zu verhehlende Erleichterung kaschieren. Die klare Einseitigkeit der Leistungen ist ein willkommenes Argument, den Sohn nicht an die Kantonsschule zu schicken. Zwei Studenten würden den finanziellen Rahmen sprengen. Wenn sie einander wenigstens sauber folgen würden. Bereits zeichnet sich ab, dass Georg trotz des Altersvorsprungs nicht abgeschlossen hätte, wenn der Jüngste nachrücken wollte. Zu den weiteren Passiven im familiären Etat gehört die Tochter. Sie wird heiraten. In Anbetracht der nur punktuell hervorragenden schulischen Leistungen des Jüngsten braucht man den finanziellen Engpass, den Klaras Ausstattung bewirken wird, nicht ins Feld zu führen. Gott sei Dank! Der Papa schliesst das Zeugnisbüchlein, nimmt die Zigarre wieder auf und lehnt sich zurück. Es gilt, die versäumten Züge an der Zigarre zu kompensieren. Entsprechend lang fällt die Rauchfahne aus. Max wird, das ist hiermit beschlossen, eine handfeste Lehre absolvieren.

Das nächste Zeugnis, ein Quartal später, zeigt wohl wenig Veränderung. Sollen wir eine Vier in Mathematik auf eine Vierbisfünf aufrunden? Zum 15. Geburtstag wird unter der Petrollampe am Stubentisch die Zukunft in Betracht gezogen. Man einigt sich auf den Beruf des Typografen. Gemeint ist damit der Blei- und Handsetzer, denn Maschinen waren noch nicht verbreitet und mehrheitlich in pannenanfälligem Betrieb. Es scheint, dass ein Lehrling zu Beginn des zwanzigsten Jahrhunderts drei Lehrjahre zu absolvieren hatte und in dieser Zeit in einem anständigen Lehrbetrieb auch schon mit der Erstellung von Clichées für die Illustration und mit dem Zeichnen von grossen Schriften für Plakate vertraut gemacht wurde. Nach bestandener erster Zwischenprüfung kostete der Lehrling die Eltern kein Lehrgeld mehr; manche Druckerei - so auch die vom Tagblatt - entrichtete sogar ein aufmunterndes Entgelt. Hatte der Setzer die Gesellenprüfung bestanden, war ihm ein Salär gewiss, das über dem Durchschnitt der übrigen Handwerksberufe lag, und er hatte erst noch Aufstiegschancen. Er konnte sich für die *Mettage* spezialisieren und übernahm dann zum Beispiel die Verantwortung für die grafische Gestaltung von Drucksachen. Er konnte sich mit weiterer Lohnzulage zum *Korrektor* befördern lassen, dem es oblag, Zeitungsenten auszumerzen.

Also, Max. So lassen sich unisono Papa Rüdt und Patenonkel Otto vernehmen. An sich schon ein Beruf mit Perspektive. Das siehst du auch so, nicht wahr? Abgesehen davon wird unsere Werbeabteilung einen Fachmann, der die Typografie von der Pike auf gelernt hat, gut gebrauchen können. Sind wir uns einig?

Kein Problem für den Buchhalter einer renommierten Exportfirma, den Sohn beim Tagblatt unterzubringen. Da werde er,

Max, ja auch mit Sprache zu tun haben, bemerkt der Werkstattmeister mit einem Augenzwinkern. Er klopft dem künftigen Lehrling auf die Schulter. Und dabei wirst du dich erst noch nützlich machen.

Das Nützlichmachen beginnt am ersten Tag. Schauen und hören wir zu. Der Lehrling hat die Lettern des Satzes, der vom Druck zurückgekommen ist, geordnet abzulegen. So lernt er schnell die Einteilung der Setzkästen kennen. Er gewinnt einen Begriff von Schriften und Schriftgrössen, von Spatien für den Wortzwischenraum, von Stegen und Regletten für den Abstand von Zeilen und Absätzen. Der Meister paukt ihm aber auch peinliche Sauberkeit ein. Du lutschst nicht am Daumen, bohrst nicht in der Nase und reibst dir nicht die Augen, merk dir das, und du wäschst gründlich die Hände, bevor du das Znünibrot verzehrst. Ausserdem tust du gut daran, jeden Tag mindestens einen halben Liter Milch zu trinken. Die Bleivergiftung ist eine böse Berufskrankheit, der einzige Nachteil unseres Handwerks, aber umso gemeiner. Du wirst schlapp und unbrauchbar, du hast Kopf- und Bauchweh. So, und jetzt polierst du diesen Satzspiegel. Hier sind Putzfäden und Reinigungsmittel. Ich will nachher keine Spur von Druckerschwärze mehr sehen, klar? Wenn du glaubst, fertig zu sein, holst du mich.

Der Alltag des Lehrlings: fünf Tage zu zehn Stunden, an einem Tag Schule. Mittagspause bei der Grossmutter. Die paar Minuten zu Fuss hin und zurück sind eine willkommene Abwechslung. Mit dem handikapierten Onkel Franz bei Tisch allerdings, das Lallen, der bräunliche Speichelfluss: nicht besonders appetitlich, aber Max hat Hunger. Dann sitzt er wieder in einem hellen Raum am Handsetztisch und lernt kopfübergedreht und von unten nach oben zu lesen. Einer der älteren Gesellen wird gerade auf den Maschinensatz umgeschult. Das ist die Zukunft des Setzers, entsprechend neugierig und skeptisch spähen die Typografen dem Kollegen über die Schultern und auf das komplizierte Maschinenungetüm mit seinen Zahnrädern, Gleitschienen, Hebeln und Motoren, das immer mal wieder

21

stillsteht und einer Reparatur bedarf. Das Tagblatt zögert die Anschaffung weiterer Apparate hinaus. Es werden bessere auf den Markt kommen, erklärt der Werkstattleiter in einer Znünipause. Sie giessen den Satz nicht mehr an Ort und Stelle. Ihr sitzt dann an einer Schreibmaschine und wisst nicht, wie das aussieht, was ihr eintippt. Ihr habt nämlich nicht mehr das Winkeleisen vor euch, sondern einen geheimnisvollen Lochstreifen, den ihr schwerlich entziffern könnt. Der Streifen geht an eine zweite Maschine und steuert sie so, dass sie den gesamten Fliesstext zusammenstellt und auch giesst. Grossartig. Und dann erst seht ihr, ob ihr Fehler gemacht habt. Und mit dem Blei kommt ihr erst an dieser Stelle in Kontakt. Wirklich ein Fortschritt. Dass alles schneller abläuft, versteht sich von selbst. Klingt euch das nach Zukunftsmusik?

Ja, schon, doch was ist dann mit den Setzern? Verlieren sie ihre Arbeit?

Keine Sorge. Eine leistungsfähige Druckerei zieht Kundschaft an. Immer mehr Kunden werden immer mehr Drucksachen benötigen. Versteht ihr? Euer Beruf stirbt nicht aus. Er hat Zukunft.

So tönt es in der Umgebung, in der Rüdt nach und nach mit den Sorgen und dem Misstrauen der Arbeiter in Kontakt kommt, aber auch mit der Zukunftsbegeisterung und dem Fortschrittsglauben. Ihn fasziniert die aufgestellte Linetype-Maschine; er versucht, möglichst schnell voranzukommen mit dem Handsatz-Auftrag, damit er zwischenhinein einmal Zeit hat, sie zu studieren und dem Mechaniker Fragen zu stellen, wenn der mit zerlegten Teilen hinter ihr oder unter ihr hervorkommt.

So weit und so vereinfacht die Tagesansicht von Max Rüdts täglichem Trott. Es gibt eine Feierabendansicht. Da der Deutschlehrer, von dem oben die Rede war, zugleich Bibliothekar in der städtischen Leihbücherei ist, bleibt der Kontakt mit ihm bestehen. Der sprachbegabte Junge bekommt allerhand Literatur ausgehändigt, die eigentlich den Erwachsenen vorbehalten wäre. Er wird sicher unter den Schweizer Dichtern Gottfried Keller und Jeremias

Gotthelf, Johanna Spyri und Heinrich Federer kennengelernt haben, das eine oder andere Werk von C. F. Meyer. Was die Deutschen und Österreicher betrifft: Er könnte die Theodore aus dem Norden zur Kenntnis genommen haben, vielleicht die Droste, vielleicht den Raabe oder gar den Stifter. Und die Neuerscheinungen, Rilke zum Beispiel. Nicht auszuschliessen ist, dass Rüdt von Dr. Nef bereits auf den Namen Hermann Hesse aufmerksam gemacht worden ist. Im übrigen Ganghofer, Rosegger, Scott, Hebel - was eben in den Bibliotheken und Lesevereinen zu dieser Zeit an erbaulichen und belehrenden Schriften gang und gäbe ist.

Der junge Mann zweifelt zu dieser Zeit nicht, dass auch sein Name der eines Dichters sein könnte. Er hat zwar mit den Predigtaufschrieben aufgehört, doch gleichzeitig sein literarisches Tun um das Feld des Gedichtes erweitert. Die ersten Strophen sind entstanden, tragen einen Titel, zum Beispiel »Sterne – Sah zwei Sterne mir leuchten hell.« Von Max Otto Rüdt. Der Autor hat entdeckt, dass seine unbestimmte Sehnsucht, ausgelöst beim Anblick einer jungen Dame, die er regelmässig beim Bücherverleih antrifft, dem entspricht, was in den Gedichten, die er liest, zur Sprache kommt. Dass das Fräulein älter ist als er, ihn aber doch zunehmend verwundert und freundlich behandelt, gehört aus seiner Sicht ganz natürlich zur schüchternen Erfahrung. Das Fräulein könnte seine Schwester sein und ist in der Tat mindestens ebenso hübsch - doch was ist es, was die junge Dame gegenüber der Schwester zusätzlich auszeichnet? Wir würden es Liebreiz nennen und dem Jüngling damit eine neue Vokabel in den Wortschatz schreiben. Sie passt auf das Unvertraute, und zwar insofern, als ihm, Max, dazu ausser Versen und Reimen nichts einfallen will. Es gibt keinen Anklang an irgendetwas Bekanntes, das er schon einmal erlebt hätte oder kennen sollte. Er tappt im Ungewissen und ist froh, dass immerhin seine Gänge zur Bibliothek klare Richtung haben. Er richtet sie so ein, dass ihm das Fräulein nicht entgeht. Wenn sie eintritt, lüftet er seine *Dächlimütze*, grüsst und errötet. Sie ihrerseits schaut nicht mehr weg, wie sie das zu Anfang getan hat, sondern nimmt seinen

Gruss entgegen, indem sie ihm ihren offenen Blick zuwendet. Er ist hingerissen von den Locken, die in ihre hohe Stirn krausen, und vom langen welligen Haar, das hoch überm Nacken mit einer blauen Schleife gefasst ist und von dort aus in den Rücken fällt, sich mit Ausläufern des anmutigen Gelocks aber auch auf dem weissen Schulterlatz kringelt. Der Stehkragen mit dem Besatz aus Stickerei gibt nur wenig vom Hals frei, von jener Hautfläche notabene, die ihn die Mutter immer wieder, seine Nachlässigkeit tadelnd, besser zu schrubben anhält. Beeindruckend das klare Gesicht. Die Nase grad und schmal, die Wangen so ungetrübt heil, dass er sich beschämt fühlt, nicht allein wegen der Pickel, sondern auch wegen des Flaums, der ihm spriesst, auch an Armen und Beinen und allüberall, Trauerflor über dem Verlust der Kindheit. Das Fräulein pflegt einen knöchellangen blaugrün karierten Rock zu tragen, der mit langen Falten um ihre Beine schwingt. Er dagegen, Max, merkt plötzlich, dass er in Kniehose und Strümpfen dasteht. Die kniefreie Nacktheit beschämt ihn. Er setzt alles daran, seine erste lange Hose zu bekommen.

Du bist ja auch wieder da, sagt sie. Hast du alle die Bücher von vergangener Woche gelesen?

Ja, gewiss, antwortet er, obwohl das nicht ganz der Wahrheit entspricht. Für den einen oder anderen Band muss er um Fristverlängerung ersuchen. Bis zu vier Bücher gleichzeitig darf man ausleihen, und dieses Kontingent schöpft Max aus.

Wie heissen Sie, fragt er.

Lisa, antwortet sie, eigentlich Elisabeth.

Das ist ein schöner Name. Darf ich Sie Elisabeth nennen? Aber gewiss, lacht sie. Und du?

Max, antwortet er. Aber eigentlich Maximilian.

Oh, passt zu dir, Maximilian! Was bringst du zurück? Kannst du mir eines der Bücher empfehlen?

Die Bücher zeigen sich alle in einem einheitlichen Schutzeinband aus blauem Packpapier. Nur die Nummer auf dem Rücken unterscheidet sie. Sie müssen aufgeschlagen werden, wenn man Angaben erwartet. Maximilian klemmt zwei der Bücher untern Arm und schlägt das dritte auf. Theodor Storms Gesammelte Werke, die Novellen.

Ja, *Immensee*. Habe ich gelesen. Schön, nicht wahr?

Der Schimmelreiter, entgegnet er. Ausserdem bringt er von Walter Scott *Karl der Kühne* und von Peter Rosegger *Weltgift* zurück.

Sie hat soeben Franz Grillparzers *Selbstbiografie* gelesen. So ungefähr. Die Tage sind länger und milder geworden, die Abendstunden laden zum Verweilen im Freien ein. Statt im Saal der Leihbücherei unterhalten sich die Leseratten im Klosterhof, sitzen auch mal auf der niedrigen Mauer, die die gepflästerte Strasse von der Wiese scheidet, und treten vom Gallusplatz aus getrennte Wege an. Dann wird es wieder kühler, die Nasskälte hält Einzug. Elisabeth und Maximilian sitzen im ungeheizten Leseraum, bis ihnen die Füsse kalt sind, und flüstern einander die Leseabenteuer zu. Kein Wort, das nicht auch andere Kundinnen und Kunden der Bücherei mithören dürften, aber der einen oder dem anderen ginge das Dauergeschwätz, würde es nicht mit unterdrückter Stimme gehalten, auf die Nerven. Spätestens wenn der Bibliothekar mit seinen Schlüsseln klimpert, brechen die zwei jungen Leute auf. Er ist ihnen freundlich zugetan. Es sind seine beiden eifrigsten Kunden. Es scheint, sie überbieten sich gegenseitig im Bücherkonsum.

»In Nacht und Eis«. Max brachte Band II, zurück. Auf Band III musste er warten, der war noch ausgeliehen. Da ist aber etwas für dich, sagte der Bibliothekar. Das hat deine junge Dame für dich zurückgelassen. Er schmunzelte über seine neue Rolle als Mittelsmann in romantischen Händeln und händigte dem treuen Besucher ein dünnes Päckchen aus. Die Umhüllung war ein reinweisses Schnupftuch, von einem blauen Haarband gehalten. Die sorgsam geschnürte Masche sass mittendrauf. Max errötete bis in den Hals hinab, als er das Damengeschenk entgegennahm - fast zu starker Tobak für einen ahnungslosen Jüngling. Seine Finger nestelten am Band.

Moment, sagte der Bibliothekar, das Präsent einer Dame reisst man nicht unterwegs auf. Zuhause dann.

Verdattert stand der junge Mann da, starrte auf das Ding in seinen Händen, starrte auf den Bibliothekar. Der nickte ihm zu. Bis nächste Woche wieder, was?

Ein dünnes Büchlein, fast nur Kartondeckel, aber dazwischen immerhin ein Bund Seiten, bedruckt in schönster Frakturschrift. *Immensee.*

An diesem Abend brannte in St. Georgen die Kerze auf dem Tisch tief herunter. In der letzten Doppelseite der Novelle, wo der Alte wieder zur Sprache kommt, liegt ein Buchzeichen. Ein gepresster Pflanzenzweig. Die winzigen Blütenreihen unter der filigranen Triebspitze dürften von einem sanften Rot gewesen sein. Max kennt die Pflanze nicht. Er wird den Zweig ebenso wie das Büchlein, die Novelle und die gesamte Verpackung für längere Zeit aus den Augen verbannen, denn das alles zusammen erinnert ihn an einen Verlust, der doch genau besehen, beschliesst er, einem Verrat gleichkam. Später wird sich das Andenken in derselben achtlosen Gleichgültigkeit verlieren, die viele der Jugenderlebnisse miteinander teilen müssen, bis viele Jahre danach, wenn man sich von ihnen nicht mehr erwachsen distanzieren muss, ihre Zeit wieder gekommen ist. Aus den wiederbelebten Gefühlen blühen die Erinnerungen wieder auf, hier als Segen, dort als Störung.

Elisabeth blieb aus und war verschwunden. Ausgerissen aus dem Leben des Jünglings wie die Titelseite aus einem Buch. Die Leerstelle wurde besetzt von einem kaum verstandenen und darum in der Folge auch nicht ausgestandenen Weh. Es entzündete und nährte eine Sehnsucht, die sein Leben in ebenso bedeutsamer wie verhängnisvoller Weise prägen sollte.

Wenn es um den Leseeifer des jungen Mannes nicht vollends

geschehen war, dann wird er sich zumindest in Lektüre vertieft haben, die man sich nicht mehr pochenden Herzens einverleibt, bis man die Kerzen ersetzen muss. Der Besuch in der Bücherei wurde seltener. Der Bibliothekar übrigens, Dr. Nef, zog sich in die Krankheit zurück, die ihm den Tod bringen sollte. Bevor allenfalls aus dem Leser Max Rüdt ein Schriftsteller werden konnte, gedieh aus ihm ziemlich zügig der brauchbare Schriftsetzer, dem sich durchaus in der Druckerei eine Karriere auftun mochte, wenn er sich nicht allzu sehr in seinen jugendlichen Flausen verausgabte.

N achgetragen sei, dass dem Jugendlichen kurz vor Antritt der Lehre die Konfirmation geschah - Gelegenheit, den ersten Anzug angemessen zu bekommen. Er erinnert sich an das merkwürdig riechende Atelier und wie peinlich es ihm war, als die Schneiderin ihm vom Schritt aus die Beinlänge mass, und erinnert sich auch an die gegenseitige Neugierde, als von allen Seiten her die Jungs als stramm betuchte Söhne sich auf dem Kirchplatz sammelten, manch einer von ihnen zum ersten Male rasiert und darum mit geröteter Haut unterm steifen Kragen und Blutkrusten am Hals. Und erst die Mädchen. Junge Damen, die man auf Anhieb gar nicht wiedererkannte, denn die Frisöre hatten tüchtig zugelangt. Die Kleidung war für Beerdigungen, Hochzeiten und hohe kirchliche Festtage bestimmt. Klaras Hochzeit, so vermutete man, sei der nächste Termin, zu dem der Anzug wieder vom Bügel gezogen und aus dem Hosenspanner gepflückt werden würde.

Nach der Konfirmation ist Max Rüdt wie die meisten seiner Altersgenossen von den Gottesdienstbesuchen abgekommen. Eine Ausnahme macht Weihnachten. Da geht die Familie hin. Man holt in der Stadt die Grossmutter und Franz ab und begibt sich zur Predigt in die Laurenzi. Ansonsten sieht Max die Kirchen nur noch von aussen. Wohl könnte er auf Verlangen weiterhin das Glaubensbekenntnis hersagen und »Grosser Gott, wir loben dich« und alle elf

Strophen ohne Liederbuch mitsingen, aber er misstraut zunehmend dem, was er auswendig gelernt hat. Er ist nämlich jetzt nicht nur konfirmiert, sondern auch erwachsen. Damit hat sich die Kindheit samt den dazugehörigen frommen Geschichten überlebt.

Eine Frage indes wird den Bruch hartnäckig überleben. Sie betrifft das versprochene Reich Gottes. Was ist sie, »die neue Welt«, die »bessere Welt«? Man ist als junger Mensch nicht mehr, wie zuvor als Kind, ständig dicht mit der Nase platt auf der Realität. Man hat die Distanz des trotzigen Kritikers gewonnen und ist in der Lage, was man beobachtet auch zu beurteilen. Die Welt, die Max im jungen neuen Jahrhundert vor Augen hat, ist nicht über die Zweifel erhaben. Eine Tante mütterlicherseits ist an der Schwindsucht gestorben, während der rachitische Onkel weiterhin ein Bein nachschleppt und immerzu lallt und unappetitlich geifert. Auf den Strassen begegnet man Verunstalteten und Behinderten und Leuten, die im Kopf nicht ganz richtig sind. Bettler ziehen von Haus zu Haus. Die Mutter mag zu Weihnachten einmal einem die Tür auftun und ihm einen Teller Suppe vorsetzen, nur um danach umso gründlicher Küche und Flur zu reinigen. Geld spendet sie nicht. Die Kerle tragen es nur ins nächste Wirtshaus, behauptet sie. Viele Leute, die man auf dem Markt antrifft, kommen schäbig und liederlich daher, während sich gut gekleidete Damen durch die Gassen kutschieren lassen. In diesen städtischen Alltag späht Rüdts Jüngster mit wachem Blick und kritischem Griffel und findet in den aufgezeichneten Beobachtungen wenig Christlichkeit – wenn denn Christlichkeit ein Synonym für Gerechtigkeit sein sollte. Auch Bibellesung und Predigt des Laurenzi-Pfarrers bringen offenbar nichts. Er setzt zwar die Tradition der berndeutsch gehaltenen Weihnachtspredigten fort und hat dabei bis auf den letzten Platz besetzte Bänke. Weihnachten veranlasst Könige und Hirten vor der Krippe zu gleicher Verbeugung vor dem Herrn. So ruft er, doch das Wort verhallt in den weitläufigen Emporen und begleitet die Kirchgänger nicht hinaus in den Alltag. Wohin man schaut: Die Spuren von Brüderlichkeit und Demut verlaufen sich, sobald man den Terrazzo der

Kirche verlässt. In diesem Sinn äussert sich Max seinem Bruder gegenüber, der Weihnachten zuhause verbringt und genau der richtige Adressat ist, wo es um Skepsis gegenüber der christlichen Gesellschaft geht. Die Setzer schauen auf die Drucker runter, die Drucker auf die Austrägerinnen, die in gestopften Strickstrümpfen rumlaufen. In den Kontoren sitzen unsichtbar die Redakteure und die Leute von der Administration. Sie verraten nicht, was ihr Gehalt ist, doch ihre Damen tragen nicht etwa die grobe Strickware, sondern feines Gewebe mit reichem Besatz an Manschetten, Krägen, Knopfleisten. Überall Spitzen. Nicht etwa, dass er, Max, das seiner Mutter missgönnen würde, und auch nicht sich selber den verhältnismässigen Wohlstand und den blaugrauen Doppelreiher, aber er findet, es gibt in dieser Welt zu viele Leute, die hart arbeiten müssen für geringen Lohn. Es ist nicht einzusehen, warum sie damit bestraft sind im Leben. Und er findet, es gibt im Gegensatz dazu zu viele Leute wie Onkel Otto, der behaglich seine Gewinne einstreicht. Es ist nicht einzusehen, warum sie auf eben diese Weise belohnt werden. Mit Schuld und Verdienst kann das doch wohl nichts zu tun haben. Gibt es in deinem Studium Antwort auf die Frage, warum Gott das alles hier so gemein parteiisch eingerichtet hat? Hast du Antwort, Student der Theologie?

Gottes Wege sind unerforschlich, antwortet Georg. Wer glaubt, muss nicht fragen.

Wird also die Frage überhaupt nicht gestellt? Warum die Welt ungerecht ist? Fragt ihr eure Lehrer nicht?

Der Papa mischt sich in das weihnächtliche Gespräch ein. Seine Erfahrung ist: Nicht jede Frage verdient eine Antwort.

Dass Papa und Georg zusammen eine Front bilden, ist Max geläufig. Er lässt sich von seinem Gleis nicht abbringen. Er spürt, dass es wichtig ist, Fragen zu stellen, und legitim ist, Antworten anstatt Bibelzitate einzufordern. Und offenbar gibt es Leute, denen die Fragen, die sie sich stellen müssten, nicht selber einfallen. Warum bin ich arm und der andere ist reich? Das müssten sich doch viele Leute unten in der Stadt fragen. Wenn sie es nicht tun: Müssten nicht an ihrer Stelle die Pfarrherren laut denken? Was hat sich Gott dabei gedacht, als er Onkel Franz rachitisch machte? Habt ihr euch das schon gefragt? Sollte man nicht die Fraglosen dazu bringen, die Fragen endlich in den Raum zu setzen?

Es ist zweifellos besser, die Leute fragen nicht zu viel, sagt der Papa aus dem Ohrensessel heraus.

Dann bleiben sie ja auf ewig unbedarft.

Das Volk will seine Ruhe haben. Es will nicht aufgeklärt werden.

Die Welt ist, wie sie ist, tut Georg kund. Alle Fragen sind schon gestellt. Antworten darauf gibt es zuhauf. Was glaubst du, was hätte das gemeine Volk davon, wenn es sie denn verstünde? Was dein Beispiel betrifft: Warum ist der eine arm, aber der andere reich geboren? Warum lässt Gott den einen mächtig und die vielen untertan werden? Warum macht er Onkel Franz krank und dich gesund? Angenommen, es gäbe eine Antwort. Was wäre deiner Ansicht nach der praktische Nutzen? Was hättest du davon? Was hätte das Volk davon? Es würde nur unzufrieden. Weil es ja eine Lösung dann doch nicht gibt. Die Welt ist und bleibt, wie sie ist.

Oder der kleine Mann nimmt sich womöglich gar selber eine Antwort heraus, brummt der Papa. Stell dir vor, der Bettler von Heiligabend gibt sich seine Antwort. Diese Rüdts sind schuld, dass sie wohlhabend sind. Man muss sie umbringen.

Solcherlei Hintergrund haben die Gedanken, die wir Rüdts Jüngstem unterstellen. Er wälzt sie, während er von der Arbeit oder von der Gewerbeschule kommt. Er schlendert durch die Multergasse auswärts zum Oberen Graben und behält die Augen offen. Seine Aufmerksamkeit gilt den Passanten. Er späht in ihre Gesichter. Merkwürdig: Den einen sieht man das Glück nicht an, den anderen nicht die Auflehnung. Die Armen scheinen sogar noch öfter zu lachen als die Wohlhabenden, die meist ernste Gesichter zur Schau tragen. Müsste das nicht umgekehrt der Fall sein, Heiterkeit und Gelassenheit auf der Seite des Reichtums, wütende Entschlossenheit auf der Seite des Mangels? Die Beobachtungen verwirren den jungen Mann. Die Wegstrecke hinauf nach St. Georgen reicht nicht aus, die Irritationen liegen zu lassen. Wenn das Wetter günstig ist, nimmt Max die Abkürzung der Steinach entlang und an der verfallenden Mühle vorbei. Wenn es aber nässt, benützt er auch einmal die Mühleggbahn. Er ist froh, dass er sich den Batzen leisten darf, obwohl er noch nichts verdient. Zuhause angekommen: hat er dann seine Beobachtungen, seine skeptischen Fragen schriftlich festgehalten? Hat er ein Tagebuch geführt? Das möchten wir uns gern vorstellen; Fakt ist, dass jeglicher Hinweis darauf fehlt. Wir haben keinen originalen Zugriff auf die jugendliche Gedankenwelt..

Auch zum Verlauf der Lehrzeit sind keine Angaben überliefert. Es liegt an uns, zu unterstellen, was zu erwarten ist. Der Lehrling absolviert die Zwischenprüfung nach einem Jahr und weist sich darüber aus, dass er die Tools des Bleisetzers zu handhaben versteht, einen Blick hat für die grafische Darstellung einer Akzidenz und sowohl Fehler im Satz als auch grammatikalische und orthografische Fehler in der Vorlage erkennt. Das ist eine vielversprechende Basis für die Fortsetzung der Lehre. Von jetzt an steht ihm ein kleiner Lohn in Aussicht, 25 Rappen für die Stunde, nicht eingerechnet die Saalreinigung am späten Samstagnachmittag, wenn Meister und Gesellen die Werkstatt verlassen haben. Solchen Job tut er weiterhin zum Nulltarif. Inhaltlich geht es jetzt ums Tempo, etwa 1500 Lettern pro Stunde sollte er schaffen, und zwar fehlerfrei. In der Berufsschule werden die Kenntnisse in Deutsch vertieft. Französisch ist das erste Fremdsprachenfach, worin er den Vorsprung gegenüber seinen Kollegen geniesst. Dazu kommen je eine Lektion pro Woche für Geschichte und Geografie. Der Setzer soll schliesslich wissen, wo in der Welt das geschieht, worüber die Zeitung berichtet, und aus welchen gesellschaftlichen Zusammenhängen die Texte stammen, die er setzt.

In den Arbeitspausen hört der Lehrling die Gesellen oft über die Anliegen der Arbeiterschaft diskutieren. Wiederholt ist die

Rede von Streiks in Zürich, von Polizei- und Militäreinsätzen. Max durchschaut die Zusammenhänge nicht. Die Bedürfnisse der Setzer und Drucker dagegen kann er sehr wohl nachvollziehen. Einen freien Samstagnachmittag, einen Teil des Lohns bei Krankheit, eine Woche Urlaub: Privilegien, die man nur erlangt, wenn man zusammensteht und gemeinsam fordert. Schliess dich einer Gewerkschaft an, raten ihm, dem Stift, die Gesellen. Was die Gewerkschaft betrifft, warnt handkehrum Werkstattchef Tobler: Würde der Chef gar ungern sehen. Papa Rüdt äussert sich deutlicher. Gewerkschaft kommt nicht in Frage. Mit den Linken haben wir nichts zu tun. Lass dich von den Typen nicht beschwatzen. Unter ihnen befinden sich Aufmucker und Querulanten.

Eine Aussage, mit der er besser trifft, als ihm lieb sein kann. In eben diesen Wochen und Monaten agiert nämlich in mehreren Gewerkschaftssektionen ein ehemaliger Berufskollege der St. Galler Bleisetzer, Robert Grimm aus Basel. Als Arbeitersekretär hausiert er mit grundlegenden Erörterungen zum Massenstreik.[3]

Zu den Eigenheiten junger Damen scheint zu gehören, dass sie unversehens aus dem Blickfeld ihrer hoffnungsfreien Verehrer verschwinden. Sie werden per Heirat aus dem Mädchenleben mit seinen freundschaftlichen Beziehungen herausgegriffen wie eine Schachfigur aus einer Konstellation. Das hat Max inzwischen auch mit der Schwester erlebt. Es ging ganz schnell. Er hat von Verliebtheit ihrerseits kaum etwas mitbekommen. Er hatte vielleicht nicht den Blick dafür. Der *Jeune Homme* aus Lyon ist ein paarmal im Haus aufgetaucht und als Gast bei Tisch gesessen, ein geschniegelter Herr, mit dem ausser Klara nur die Mutter Konversation betreiben konnte; für die anderen anwesenden Personen musste die Schwester übersetzen, auch für Max, aber André ging gleichzeitig auch wohlwollend auf seine Versuche ein, sein Französisch zu praktizieren, und erkundigte sich nach seiner Lehre, nach den Arbeitsumständen in der Druckerei. Und dann, wie gesagt, war Klara verheiratet und aus der Familie gepflückt, und war auch der blaugraue Anzug wieder bei den Mottenkugeln im Kleiderschrank verwahrt. Das junge Ehepaar Guignard-Rüdt hat sich aber nicht sofort in Lyon niedergelassen, sondern vorderhand in der Gallus-Stadt Wohnsitz genommen, und zwar in Sichtweite, am gegenüberliegenden Hügelhang. Der Kaufmann ist prädestiniert, den Export der Stickerei nach Frankreich und Belgien besser aufzugleisen, und lernt zuerst einmal die Firmen in St. Gallen kennen. Dem jungen Paar überlässt man ein geräumiges Haus im Waldgut. André kann von da aus seinem Hobby, dem Reitsport, frönen. Er hat seinen Wallach heranschaffen lassen.

Dass auch für Elisabeth das Häubchen gestickt wurde, liegt nahe. Max findet, es sei angebracht, ihr ein Abschiedsgedicht nachzuschicken.

Mich schaudert feuchten Nebels Wallen.
Des Lebens Blühen: War es nur ein Traum?
Aus Wolken kalte Tropfen fallen.
Wie grau die Welt! Wie einsam dieser Baum!

Ein Blatt, vom Winde sanft getragen,
hernieder schwebt, vom Leben nun befreit.
Bald wird's der leise Schnee begraben,
und meine Lieb' ist einsam sein Geleit.

Behalt das für dich, lächelt der Feuilleton-Verantwortliche der Tageszeitung. Wenn du aber zum Schwingfest einen kleinen Bericht schreiben willst: Wäre willkommen. Mal was Neues. Etwas, worin man das Sägemehl und das Bier riecht. Den Männerschweiss, die Parfüms im staunenden Damenpublikum. Etwas, das mit der Hemdsärmeligkeit der »Bösen« daherkommt und sich gleichzeitig mit den Rüschen an den Sonnenschirmen hübsch verbrämt. Etwas, das die Arbeiter und Bauern und Bürger vor dem Platz vereint, sowohl im Fachsimpeln als auch im Durstlöschen. Das ist, was Max liegt und was er abliefert. So etwas kommt an, lobt der Redaktor. Bring mal wieder etwas von der Art.

Der Lehrling darf seinen Beitrag sogar selber setzen. Im Übrigen macht er nach und nach Bekanntschaft mit dem breiten Spektrum von Zeitungstexten. Redaktionelle und literarische befinden sich darunter, Leserbriefe, Agenturmeldungen, Reiseberichte. Flugblätter und Anzeigen aus familiärem Umfeld gehen durch seine Hände. Er lernt Handschriften entziffern und identifiziert in ihnen sich wiederholende Autoren lange, bevor sie ihm als Person zum Begriff werden. Gleichzeitig schält sich heraus, dass Max Rüdts Platz inskünftig nicht der am Setzkasten sein dürfte, sondern der in einem der Büros, von denen die Aufträge herunterkommen. Gern nutzt er die Einladung des Feuilletonredaktors, der ihm wohl gesinnt ist (Papa Rüdt und Zellweger sind Kollegen im Schützenverein), und bringt einen originellen Bericht zum kantonalen Schützenfest hinauf. In seinem Text unterbrechen. mutwillig gesetzte. Punkte. den Erzählfluss wie. die Schüsse ein. Gespräch. Nun ja, kommentiert der Redaktor, können wir für einmal so machen.

Sogar Gedichte zu Ereignissen, die den Jüngling Rüdt persönlich bewegen, finden ihren Platz, zwar nicht in der Tageszeitung selber, aber doch im »Feierabend«, der literarischen Wochenendbeilage. Unter ihnen einige Strophen, die er posthum dem früheren Deutschlehrer und Bibliothekar der Stadtbücherei nachsendet. Gehörten zu dem im Übrigen verschollenen Opus diese drei Verse?

Das Abendrot auf seiner Stirn verweht.
Sein Blick, der im Verlornen steht,
erlischt in Fürbitt' und Gebet.

Nehmen wir an, der Lehrling aus der Druckerei habe tatsächlich mit den Talenten eines Artikelschreibers auf sich aufmerksam gemacht. Es spricht dann nichts dagegen, ihn auch einmal von einem Setz-Auftrag zu befreien und hinauf nach Teufen zu schicken, damit er sich nach einem gewissen Hans Ulrich Grubenmann erkundige. Es soll sich um den Erbauer einer früheren Rheinbrücke in

Schaffhausen handeln. Eine hübsche Story über ihn würde vielleicht neue Leserschaft im Appenzellerland erschliessen.

Es zeigt sich, dass man sich im Luftkurort des berühmten Sohnes noch nicht bewusst ist. Der Gemeindeschreiber kann nur die Chronikdaten angeben. Er ist noch frisch in seinem Amt und bezüglich Dorfgeschichte wenig kundig, verweist aber den wissbegierigen jungen Mann an einen Lehrer. Der weiss von Holzbrücken, die beim Einmarsch der Franzosen zerstört worden seien und dass ihr Erbauer durch seinen Hinschied die Katastrophen nur knapp verpasst habe. Und ja, eine der Brücken habe tatsächlich in Schaffhausen gestanden. Es werde erzählt, Grubenmann sei beim Bau in den Rhein gestürzt und beinahe ertrunken.

Für weitere Informationen wird der junge Mann nach Trogen weitergeschickt. Da stehe eine Kirche, die man dem Grubenmann zuschreibe. Wir sehen also den Jüngling Rüdt mit der elektrischen Strassenbahn über Vögelinsegg nach Trogen fahren. Es ist Sonntag früh. Der junge Mann besucht den Gottesdienst und stellt sich ans Ende der Reihe derer, denen am Ausgang der Pfarrer die Hand schüttelt. Er stellt sich vor und lässt keinen Zweifel offen, dass er nicht wegen des Gottesdienstes hergekommen ist. Er möchte nämlich für die Tageszeitung einen Artikel über einen Ingenieur schreiben, der offenbar eben diese Kirche, unter deren Portal man stehe, gebaut habe.

Ja, Grubenmann aus *Tüüffe*, antwortet der Pfarrer. Unsere Kirche war sein letztes Werk. Vielleicht auch das schönste. Haben Sie die Fassade beachtet? Treten Sie mit mir ein paar Schritte zurück. Wirklich sehenswert. Übrigens auch das Pfarrhaus ist nach seinen Plänen gebaut worden, viel früher allerdings. Er soll auch im Unterland Kirchen geplant haben. Mehr wisse er, sagt der Pfarrer, leider auch nicht. Er wünsche aber dem jungen Zeitungsschreiber Erfolg in seinen Nachforschungen.

Nun müsste also der junge Rüdt nach Schaffhausen reisen. Das würde den Rahmen seiner Möglichkeiten übersteigen. Für weitergehende Recherchen fehlen ihm Zeit und Mittel, und unter uns gesagt: Es werden gut dreissig Jahre durchs Land gehen, bis ein angehender Ingenieur sich ernsthaft auf jene Fährten setzt, in denen Max Rüdt sich immerhin eine erste Ahnung vom Journalismus geholt haben könnte. Stellen wir uns vor, wie er mit ein paar Angaben, doch ohne stichhaltigen Text, in die Redaktion zurückkehrt. Der Schriftleiter zuckt mit den Schultern. War eh nur so eine Idee. Hätte ja ein Treffer werden können. Geh runter an die Arbeit.

Die Lehrzeit neigt sich ihrem Abschluss entgegen. Es steht fest, dass man dem jungen Rüdt ein gutes Zeugnis ausstellen und ihm einen Arbeitsplatz in der Druckerei anbieten wird. Dazu hat man ihn ja auch ausgebildet. Er kann sogar bald zum Korrektor aufsteigen. Über den zuverlässigen Blick und die Kenntnisse verfügt er.

Ein paar Tage nach der Gesellenprüfung, die er mit Bravour bestanden hat, rät ihm der Meister grinsend, vorsichtshalber eine zweite Garnitur Wäsche und Kleider in der Garderobe zu deponieren. Am folgenden Samstagnachmittag, wie er eben in den Feierabend gehen will, hat er plötzlich einen Sack überm Kopf, und an beiden Armen packen ihn kräftige Hände. So, Bürschchen, jetzt kommst du dran. Wart nur! Um dich ist's geschehen.

Max hat keine Angst. Er erkennt die Stimmen. Nach dem ersten kurzen Schrecken ist ihm klar, was ihm gleich angetan werden wird. Die Gesellen führen ihn auf den belebten Bärenplatz und tunken ihn kopfvoran in eine Bütte mit kaltem Wasser, dreimal, kaum dass sie ihm dazwischen Zeit lassen, Schnauf zu holen. Das Gautschen spült die Fehler weg, die ihm während der Lehre unterlaufen sind, und die Sünden, die er an den Mitarbeitenden verbrochen hat, als da sind freche Widerrede, Botengänge zum Beck nicht erledigt, Besserwisserei. Die Passanten haben das Gaudi, lachen, rufen »noch einmal!« und klatschen. Endlich stellen die Männer ihren neuen Gesellen auf die Füsse, befreien ihm vom Sack und klatschen ihrerseits. Max atmet erst einmal tief durch, schüttelt das Wasser aus dem Haar, und dann geht's mit Lachen zurück ins Atelier. Sobald auch Max trocken ist, steht im »Falken« eine Runde Bier bevor, die der Wirt auf Kosten des frischgebackenen Typografengesellen anschreibt.

Der Gautschbrief mit Wappen und Siegel bekommt seinen Platz in der guten Stube, aber den jüngsten Spross der Rüdts hält auch er nicht im Gewerbe. Es ziehe ihn weg vom Setzkasten, lässt Max verlauten, weg von der kopfübergedrehten Welt, weg aus den Spalten. Was er auch noch denkt, aber verschweigt: Er muss es zwingend mit dem grossen Bruder aufnehmen und ebenfalls ein Studium beginnen. Wir erinnern uns: Von der Kanzel predigen, das wäre sein Wunschziel gewesen, und daraufhin wäre seine natürliche Neigung angelegt. Die Theologie fällt allerdings ausser Betracht, ist sie doch vom älteren Bruder besetzt. Mit Neid schaut Max auf ihn. Nicht mehr hinauf. Er ist inzwischen ebenso lang gewachsen. Also dann waagrecht hinüber. Max hat kein Bedürfnis, sich als minderwertige Kopie zu entpuppen, und ehrlich gesagt: Alte Sprachen - die überlässt er liebend gern seinem strebsamen Bruder. Wenn aber nicht Theologie: was dann? Max überprüft, was pragmatisch machbar sei. Aus seinem bodenständigen Gerechtigkeitsgefühl heraus beansprucht er auf jeden Fall für sich dieselbe finanzielle Unterstützung, die dem Bruder seit Jahren generös zukommt. In der guten Stube zu St. Georgen und im sonntäglich dicken Zigarrenrauch steht fest, dass der flügge gewordene Jüngste die Rekrutenschule mit der Qualifikation zum Unteroffizier absolvieren und später auch die Offiziersschule besuchen wird. Während des Militärdiensts ist für den Unterhalt des Sohnes gesorgt, er belastet den Etat der Familie nicht, und nebenbei wird aus dem Träumer der Mann geformt. Einverstanden?

Max nickt, hat aber ergänzende Vorstellungen. Parallel zur Karriere in der blauen Uniform wird er am Polytechnikum in Zürich einsteigen.

Papa Rüdt erleidet einen Hustenausbruch. Und in welches Departement, wenn man fragen darf?

Aus dem Hintergrund hüstelt Mama solidarisch mit. Und auch wir bitten um Aufschluss. Es gibt nämlich zur Studienrichtung weder überlieferte Angaben von Max Rüdt selber noch Belege anderer Art. Wie dumm, dass seine Tagebücher, falls er welche geführt hat, verschollen sind. So bleibt uns nur, Vermutungen anzustellen. Der junge Mann bringt praktische Kenntnisse im Hand- und Maschinensatz, in Grafik und vermutlich auch im Druck mit. Könnte er motiviert gewesen sein, die Frage zu studieren, wie effizientere Maschinen im einschlägigen Gewerbe funktionieren müssten? Nehmen wir so viel einmal an, dieweil die Eltern abweichende Zukunftspläne in die dicke Luft einarbeiten. Sie haben sich vorgestellt, in Max ein verlässliches Standbein in der Stadt zu behalten, nämlich im Blick aufs unaufhaltsam heranrückende Alter. Auf Klara ist kein Verlass. Wenn sich ihr Gatte gut anstellt, wird er bald Verkaufsleiter in Lyon oder gar in Paris, wer weiss, sodass die Guignards mit Kind und Kegel und Wallach wegziehen dürften. Georg wird nicht ausgerechnet in der Stadt ein Vikariat ergattern; die Pfarreien sind in fester Hand. Es bleibt Max.

Ich will aber an die Technische Hochschule. Ich habe dasselbe Recht auf ein Studium wie Georg. Oder etwa nicht? Und als Student habe ich bessere Chancen in der Armee.

Wenn's denn *gopferteckel* sein muss. Wenn er sich aber militärisch in die Ränge bringen sollte: meinetwegen. Mag er daneben ein wenig studieren. Das ergänzt sich gegenseitig und macht gute Falle. Zürich ist nicht fern, zwei Bahnstunden, und Georg wird dort seinen jüngeren Bruder im Auge behalten.

Den Sommer nullsieben verbringt Max in der Abteilung Bleisatz und arbeitet einen neuen Lehrling ein. Gehen wir davon aus, dass er sich auf den Beginn des Wintersemesters an der Zürcher

Poly eingeschrieben hat. In den Räumlichkeiten im Semper-Gebäude und an der Gloria-Strasse dürfte er schnell bemerkt haben, dass ihm in Mathematik manches fehlt, was ihm zu einem gloriosen Start verhelfen könnte. Er fängt hoffentlich an, redlich zu büffeln, in Geometrie die Winkelfunktionen, in Algebra Gleichungen ersten und zweiten Grades. Kommilitonen, die aus einem Gymnasium oder einer Kantonsschule gekommen sind, gehen damit um wie ein Fünftklässler mit dem Einmaleins, und einen von ihnen, Spiegelberg, bezahlt Max für Privatunterricht. Und ja, er macht Fortschritte.

Im Frühling ist er zwei Monate lang Rekrut im Schachen. Er bekommt die Antwort auf Fragen, die er selber sich womöglich noch gar nicht gestellt hat. Wie schafft man es, aus friedfertigen jungen Männern, die mit freundlichen Erwartungen und konstruktiven Ideen an die Welt herangehen, Soldaten zu machen, das heisst Menschen, die sich in blindem Gehorsam auf Zerstörung und Tötung abrichten lassen, die auf Befehl bereit sind, ihrer jugendlichen Ideale und damit ihrer selbst unbewusst zu werden, und die auf Kommando Menschlichkeit und Mitmenschlichkeit total vergessen? Wie schafft man es, eben erst selbstbewusst gewordene Personen in frei verfügbare zu verwandeln? Nun erlebt er's am eigenen Leib, am eigenen Wesen – und so, wie ich es, ein gutes halbes Jahrhundert später, auch erlebt habe. Zermürbung heisst das Zaubermittel. Man muss die jungen Männer physisch und psychisch entkräften. Es gilt, die Angst vor Erniedrigung und Demütigung zu schüren und dann rigoros auszubeuten. In diesem Zusammenhang dürfte es schon ausreichen, einem einzigen widerständigen Rekruten pro Schule den Schwanz mit Schuhfett einschwärzen zu lassen. So genannte Kameraden, die den Job übernehmen, finden sich immer.

Es gibt keinerlei Hinweis auf die Entwicklung vom Rekruten Rüdt zum Füsilier. Darum erlaube ich mir, aus den Pappfiguren nach eigenem Ermessen einen mehr unwilligen als brauchbaren Verteidiger des Landes seiner Befehlsgeber herauszupflücken.

Rüdt war gewiss nicht der verdatterte Rekrut, dem anlässlich der Inspektion ein Leutnant befahl, sich öffentlich zum Dummkopf zu erklären, sondern vielmehr einer von denen, die ihre Vorgesetzten durch listige Aufmüpfigkeiten auf die Palme brachten. Und so viel ist gewiss: das Projekt militärische Karriere ging flöten. Wäre Füsilier Rüdt Max Unteroffizier oder gar Offizier geworden, wäre im Zusammenhang mit seiner Verurteilung durch das Territorialgericht, zehn Jahre später in seinem Leben beziehungsweise mehr als dreihundert Seiten weiter in diesem Nachruf, von Degradierung die Rede. Kein Wort davon. Daraus ist zu schliessen, dass es beim Füsilier Rüdt geblieben ist.

Nach dem Unterbruch geht es weiter mit Mathematik, Physik, Materiallehre, Konstruktionslehre. Max merkt, dass er in kurzer Zeit wieder vergessen hat, was er sich zuvor in kurzer Zeit eingepaukt hat. Aus familiären Gründen sei es zum Abbruch des Studiums am Polytechnikum gekommen, wird der Angeklagte Max Otto Rüdt vor den Richtern zu Protokoll geben. Wir setzen zu dieser Angabe ein Fragezeichen. Welches können die familiären Gründe sein, die ein Studium nicht grundsätzlich, aber dasjenige am Polytechnikum ausdrücklich zu Fall bringen? Zu lange Frist bis zur Selbstständigkeit? Mithin finanzielle Erwägungen und Grenzen? Das würde die pauschale und einzig überlieferte Aussage zum Wechsel des Studiums erklären. Max Rüdt hätte in diesem Fall loyal die Tatsache, dass die Familie sich keinen zweiten Langzeitstudenten leisten konnte, verschleiert. Zehrte der Älteste exzessiv am Haushalt? Hallte noch die Ausstattung der Schwester nach? Wir wollen nicht weiter misstrauisch nachbohren und etwa gar die Ursache des Abbruchs in mangelnder mathematischer Kompetenz orten. Max Rüdt aber wird kommentarlos angeben, ein Studium in Philosophie und Kunstgeschichte aufgenommen zu haben. Zuerst in Zürich.

Philosophie. Ein weiter Begriff. Die philosophische Fakultät bietet nicht nur Philosophie im engeren Sinne an, sondern neben der Kunstgeschichte zum Beispiel auch Geschichte. Die hätte auch mich interessiert. Ich hätte gerne meine historischen Kenntnisse von der Antike bis zur neuesten Zeit vertieft. Ich hätte gerne gelernt, wie man überlieferte Geschichte hinterfragt und welches die Quellen sind, die man dabei nützen kann. Ebenso gerne hätte ich mich mit Kunstwerken und ihrer Geschichte befasst, um zu verstehen, aus welchen Kontexten sie entstanden sind, welche Bedeutung sie bei ihrem jeweiligen Publikum hatten, und hätte vor allem nach der Wechselwirkung von Kunst und Politik fragen wollen. Ähnlich im Umfeld der Philosophie. Welche Denkweisen waren und sind die Grundlage der Herrschaftssysteme? Welchem Verhältnis zum Bewusstsein und zur Moral verdanken wir das wirtschaftliche Gebaren in unserer Gesellschaft und das politische Gefüge unserer Welt?

Und was hätte ich mit den erworbenen Kenntnissen angefangen? Ein Studiengang soll in einen Erwerbsberuf einmünden. Das ist bürgerliches Selbstverständnis. Georg Rüdts Curriculum war von Anfang an zielgerichtet. Er würde eine Pfarrei übernehmen. Er würde Seelsorge betreiben, das Evangelium verkünden und das Wort auslegen. Nach einem Studium mit sagen wir einmal Geschichte im Hauptfach und im Nebenfach Kunstgeschichte, allenfalls mit politischer Philosophie, kann einer wie Rüdts Jüngster allenfalls Bibliothekar werden, Journalist oder Lehrer.

Was also bringt einen gelernten Typografen dazu, sich ums Verrecken in der philosophischen Fakultät umtun zu wollen? Diese Frage mögen die Rüdts gestellt haben: sich selber und eindringlicher dem Sohn. An seiner Stelle antwortet aus dem patenschaftlichen Hintergrund Otto, der zurzeit im baumwollreichen Osmanien unterwegs und leider auf unbestimmte Zeit noch unabkömmlich ist. Brotlose Perspektive, lautet der Kommentar, den er in St. Georgen nichtsdestoweniger deponiert haben will. Höflich fragt er darüber hinaus an, ob nicht eine Ambition wie die seines lieben Neffen sehr nach Notlösung klinge, dieweil an einem reifen Ziele es ersichtlich mangle.

Siehst du, Max, sogar dein Götti, der es immer wohl mit dir meint, macht Vorbehalte. Mit diesen Worten bringt die Mutter sich ein. Und insistiert. Bedenke doch: Was soll alsdann dein Beruf sein? Womit willst du dein Geld verdienen und einer eigenen Familie Wohlstand bieten?

Damit beschäftige ich mich nicht, antwortet trotzig der Kleine. Er kann nichts dafür, dass ihm die Laufbahn seines Bruders verwehrt ist. Hätte auch er die Kantonsschule absolviert, hätte er nicht diese Lücke in Mathematik. Nun müsst ihr halt in Kauf nehmen, dass ich vorläufig noch auf der Suche bin. Aber ich werde meinen Weg finden. Das steht fest.

Ein Gelöbnis, das sowohl die Rüdts in St. Georgen als auch der mobile Ableger in Osmanien unisono bezweifeln – um es am Ende hoffnungsvoll doch gelten zu lassen. Wie viele Väter und Paten haben nicht wider besseres Wissen dem widerspenstigen Jungblut halt nachgegeben?

Warum ausgerechnet Philosophie? fragt unter vier Augen auch Georg, der nicht sonderlich erpicht ist, in Zürich auf den kleinen Bruder achtgeben zu müssen. Was verstehst du eigentlich darunter?

Die Welt durchschauen. So lautet die Antwort, die ihm ohne Verzug entgegenkommt. Verstehen, wie sie tickt.

Die Welt, die ein junger Mensch erlebt, stellt sich ja oft anders dar, als er sich das wünscht. Für Georgs kleinen Bruder ist sie zum Problem geworden, zum Umstand, den es zu verändern gilt. Es muss möglich sein, die Welt, wenn nicht christlicher, so doch gerechter zu machen. Das ist die Erwartung des Benjamins an die Zukunft, die er mit der Welt teilen will. Bildeten nicht die frühen Christengemeinden Kommunen? Es müsste gelingen, aus der Menschheit eine Gemeinschaft von solidarisch Verbündeten zu schmieden. Aber dazu muss man den Mechanismus kennen, der die Welt antreibt. Und eben der ist Gegenstand der Philosophie. Oder sehe ich das falsch?

Die Brüder sitzen hinter dem Schaufensterglas beim Kaffee. Über zwei Scheibenabschnitte hinweg spiegelverkehrt der Schriftzug »Zum Pfauen«, den Max mühelos lesen würde, wenn er ihn nicht schon kennte.

Glaube bloss nicht, die Welt sei so, wie du sie siehst. Du wirst älter werden. Du wirst lernen, deine Sichtweise zu hinterfragen und anstelle der Welt sie zu ändern. Entschuldige, dass ich dir das sage. Aber ich bin nun mal derjenige von uns beiden, der an Jahren und an Erfahrungen voraus ist. Dafür kann ich nichts. Es ist eine Tatsache, dass ein junger Mensch wie du noch einen beschränkten Blick auf die Welt hat.

Willst du damit behaupten, der Zugriff auf Wahrheit sei eine Frage des Alters? Was ich sehe, sei weniger wahr als das, was du siehst? Wenn dem so wäre, könnten etwa unsere Eltern dir dasselbe entgegenhalten. Ab welchem Alter, nach welchen Erfahrungen ist, nach deiner Meinung, die Sicht der Dinge die richtige?

Nun, irgendwann ist man erwachsen. Du freilich bist vorläufig noch ein Idealist.

Georg behandelt seinen Bruder korrekt, aber schonungslos. Du gehst von einem unzutreffenden Bild von dem aus, was Menschheit ist. Kein Wunder. Du bist noch unerfahren. Wer nur St. Gallen und zusätzlich noch ein wenig Zürich kennt, hat zwangsläufig, wenn er auf die Menschheit schaut, einen eingeschränkten Fokus. Er glaubt, sie ist überschaubar und damit erziehbar, führbar. Das ist sie nicht. Verführbar schon, das lehrt uns die Geschichte.

Und lehren uns die Religionen.

Georg überhört den ironischen Einwurf. Er war eben erst mit Schwager André in Paris. Er hat da Eindrücke gesammelt, mit denen er sich seinem Bruder himmelhoch überlegen fühlt. Wenn du erst einmal eine wirkliche Metropole erlebt hast, dieses endlos geschäftige Gewimmel von Menschen, und wenn du erst noch wie ich zum Jahreswechsel in die Menschenmassen auf den Champs-Élysées getaucht bist, wird sich dein Bild von der Menschheit korrigieren. Ein jeder von all denen, die dir entgegenlaufen, dir um den Hals fallen, dir *»bonne année!«* wünschen, ein jeder begegnet dir mit dem eigenen Fokus auf die Welt, mit der eigenen Berechtigung zu sein, mit dem höchst persönlichen Anspruch auf Wohlergehen, der mit dem Anspruch des anderen kollidiert.

Sie haben aber auch einen kollektiven Anspruch, unterbricht Max. Er meint die Solidarität. Den Anspruch aufs gemeinsame Wohl.

Darf ich bitte bei Paris noch bleiben? Georg lässt sich ungern unterbrechen, im Allgemeinen nicht, vom jüngeren Bruder schon gar nicht. Und er ist im Moment grad dabei, sich zu ereifern. Paris, erklärt er, hat mir die Augen aufgetan. Ich weiss jetzt, was man sich vorzustellen hat, wann immer man den Begriff Menschheit in den Mund nimmt. Lass dir so viel sagen: Sie ist eine träge Masse von Gier und Leid und Lust, von Not und Hoffnung und Verzweiflung, und vor allem von Eigenliebe. Jeder ist sich selbst der Nächste. Deine Solidarität ist ein naiver Wunsch. Überall, sogar an der Fakultät, kommt es an den Tag: Der Mensch ist von Grund auf unreif. Andere sagen: verworfen. Seine Seele muss dem Heil zugeführt werden. Ein langer Prozess.

Noch einmal zwei Jahrtausende? Deinen Pessimismus möchte ich nicht teilen.

Lärm nähert sich auf der Strasse, reisst die Gäste aus den Stühlen. Sie laufen an die Fenster, einige treten sogar ins Freie. Ein offenes Automobil mit purpurrot glänzenden Kotflügeln fährt knatternd und knallend vorbei. Zwei Männer in hellen Mänteln, Krägen mit Fellbesatz, sind die Passagiere. Am Steuer sitzt der Chauffeur in einem grünen Lodenmantel mit Messingknöpfen. Er trägt einen Flachhut. In der Vorüberfahrt grüssen die Männer, indem sie mit drei Fingern die Krempe der Melone anfassen.

Georg ist sitzengeblieben. Das Dolder bekommt Besuch, kommentiert er.

Max lässt sich wieder im Stuhl nieder, die Gäste kehren zu ihren Tischen zurück. Der Kellner benützt die Ruhe, die sich allmählich retabliert, um sich nach weiteren Bestellungen zu erkundigen.

Danke, nein, sagt Georg und kommt damit Max zuvor, der eine weitere Tasse bestellt hätte, nun aber den brüderlichen Wink grinsend akzeptiert. Er setzt beide Ellbogen auf den Tisch, stützt das Gesicht in die Hände und fasst sein Gegenüber in den Blick. Was mir nicht in den Kopf will, sagt er. Wie kannst du Pfarrer werden und trägst doch ein verheerend negatives Bild vom Menschen mit dir herum? Müsstest du nicht an den Menschen glauben?

Ich glaube an das Unsterbliche in ihm. Das ist ein Unterschied. An die Seele glaube ich. Sie ist Gottes. In ihr ist sein Reich angelegt, aus ihr heraus entfaltet es sich.

Max löst sein Gesicht aus den Händen und setzt sich wieder aufrecht. Das ist mir zu spekulativ, Georg. Die Rede vom Unsterblichen ist ein Wischiwaschi. Wir haben es mit Sterblichen und den Verhältnissen zu tun, in denen sie leben. Ein einziges Mal und für kurze Zeit. Schau dir die Arbeiter an, wenn sie aus den Fabriken kommen. Damit die Menschen glücklich werden, müssen ihre Lebensumstände sich ändern. Die sind's, was geheilt werden muss. Und zwar bald. Wir haben keine Zeit zu verlieren. Verlorene Zeit, das sind Menschenschicksale, verstehst du? Aber die Umstände verändern sich nicht von selber. Wir müssen sie bewegen und wo nötig sogar zwingen. In die Lebensumstände können wir konkret eingreifen. Wir können handgreiflich werden. Nicht so in dem, was ihr Hirten Seele nennt. Was wollt ihr in der Seele an Fassbarem bewirken? Und was haben in ihr bald zweitausend Jahre Christentum bewirkt? Ist heute die Menschenseele heiler als auch schon? Der Mensch ist so, wie du ihn beschrieben hast, weil seine Umstände danach sind. Der Mensch ist das Ergebnis der Verhältnisse, in denen er lebt. Allzu vielen erlauben die Verhältnisse nicht mehr als ein Dahinvegetieren. Der Mensch reift in der Veränderung von Verhältnissen, nicht durch fromme Unterweisung, und schon gar nicht aus sich selber heraus. Wenn die Gesellschaft erst einmal solidarisch und gerecht ist, werden wir automatisch glücklichere Menschen sein.

Du redest von Dingen, die du nicht verstehst, mein Lieber. Und dir jedenfalls geht es nicht schlecht. Du kannst dir erlauben, hier in Zürich herumzuhocken und das Geld deiner Familie zu verbuttern!

Die Brüder könnten so noch lange diskutiert, könnten den Disput bis tief in die Nacht hinein fortgesetzt haben, nämlich auf der gemeinsamen Bude. Haben die Eltern durchgesetzt, dass Max mit seinem älteren Bruder wohnt? Wäre ja nicht nur unter dem ökonomischen Gesichtspunkt vorteilhaft, sondern auch im Blick auf das sittliche Verhalten der Söhne quer durch die Verlockungen der Stadt. Wenn sie aber gemeinsam gewohnt haben, dürften die Dispute sich nicht in der beschriebenen Dichte abgespielt haben, sondern sich schubweise entwickelt und ergeben haben, eine Replik aus der anderen, mal aus dem einen, mal aus dem anderen Anlass. Und das geschah vielleicht nicht einmal sehr oft, denn die beiden Männer, immerhin durch sechs Jahre getrennt und durch einen ganz anderen Verlauf des Studiums, durch einen anders gelagerten Ehrgeiz und Ernst, treffen sich nicht so oft ausserhalb der Schlafenszeiten. Georg arbeitet mit gemächlich stetem Fleiss auf die Prüfungen hin. Er ist bestrebt, sie bestmöglich zu bestehen, auch für die Eltern. Max holt sich in den Vorlesungen die eine oder andere Anregung, und holt sie vor allem in Gesprächen mit Kommilitonen und in den Treffs. Die Einführung in das Wesen der Philosophie und der geschichtliche Abriss trugen dem Anfänger, kaum war der Reiz des Neuen eingeebnet, Langeweile ein. Was kümmern den jungen Mann, der in der aktuellen Welt nach Gerechtigkeit für alle sucht, die Aussagen antiker Philosophen und mittelalterlicher Scholastiker über das Denken? Trotzdem schreibt er wacker mit und hält sich dabei an den Rat des erfahrenen Bruders. Gewöhne dir an, deine Notizen leserlich und in knappen Sätzen anzulegen. Für eine Reinschrift wirst du niemals Zeit haben. Übersichtliche Anordnung wird dir helfen, dir die Dinge beim Wiederlesen zu merken.

Wem sagst du das, erwidert der gelernte Typograf.

Oft hat er das Bedürfnis, den Studienalltag zu durchbrechen. Dann hält er doppelt wach Augen und Ohren offen. Er liest Zeitungen und setzt die Gewohnheit fort, die wir ihm unterstellt haben, nämlich die, seinen Beobachtungen und Gedanken Sprache zu verleihen. Aus den Notizen entstehen Texte zu lokalen und regionalen Aktualitäten, die er zu den Redaktionen trägt. Sein originell gewählter Fokus gepaart mit dem gewandten Stil trägt ihm gelegentlich einen honorierten Abdruck in einer Zeitung ein. Sogar nach St. Gallen meldet er Ereignisse aus der Grossstadt. Auch Zürich hat jetzt seinen Winzerbrunnen, meldet er und hofft insgeheim, Elisabeth zähle zu den Leserinnen. Auf dem Weinplatz dicht an der Limmat fand einst der Handel mit einheimischen Weinen statt. An diese Zeit soll inskünftig der soeben mit fröhlichem Gläserklingen eingeweihte Brunnen erinnern. Der kreisrunde Trog lässt an eine Trotte denken, in der keck kurzgerockte Winzerinnen mit blossen Füssen die Trauben traten. Aus ihm erhebt sich gleich einem gedrechselten Pfahl der Brunnenstock. Er trägt das in Bronze gegossene Figürchen eines Winzers, der schwer beladen mit gelesenen Trauben auf den Platz hinaus schreitet, während zwei Röhren plätschernd den Brunnen mit jenem klaren Nass füllen, das weder den Kopf dir ach so schwer noch den Beutel gähnend leer macht. Darüber wölbt sich, von fünf Stangen gestützt, ein wahrhaft kunstvoll geschmiedeter Baldachin, grosse Spiralen aus Rebenranken, die dereinst vielleicht sich mit echtem Laube schmücken mögen. Der Entwurf zu dieser Arbeit stammt aus der Hand des Herrn Johann Regl, unseres Professors für Kunstgeschichte an der Kunstgewerbeschule. Und ausgeführt haben das Werk ein Kunstschmied, der sein Atelier in der Enge aufgeschlagen hat, und ein Steinmetz.

Enge?

Würden wir ihn, den Autor, nach dem Quartier am Fuss des Rietbergs fragen, müsste er gestehen, dass er es ebenso wenig kennt wie den Schmied und die Schmitte. Es ist Niemandsland für ihn, den Studenten, dem mehr und mehr die Sonnenseite der Stadt ein Begriff wird, und der es sich nicht nehmen lässt, dortselbst ab und zu das Theater zu besuchen. Im Pfauen sieht er »Gyges und sein Ring«, »Maria Magdalene« und weitere Stücke aus dem Hebbel-Zyklus. Es ist das deklamierte Wort, was ihn fasziniert. Es erinnert ihn an die Predigten des Pfarrers zu St. Laurenzen. Doch auch die verhängnisvollen Verwicklungen zwischen privatem Schicksal und politischen oder gesellschaftlichen Interessen fesseln den jungen Mann und erregen sein Mitgefühl.

Georg teilt die Begeisterung seines Bruders für Hebbels Werk nicht. Da werden Menschen dargestellt, die rein aus ihren sozialen Verhältnissen heraus und in Bezug auf sie handeln, anstatt sich auf höhere Macht und höheres Gesetz zu beziehen. Von da her kommt, wie er meint, das ganze Drama, nicht nur auf der Bühne, sondern in der Welt überhaupt. Ihm, Georg, ist die leichtere Muse lieber. Soweit auch sie den Ruch von Gotteslästerlichkeit verströmt, tut sie das wenigstens nicht so penetrant, sondern mit einer beiläufigen Leichtigkeit. Die »Reise um die Welt« hättest du sehen sollen. Eine Eisenbahn rollte durchs Stadttheater, Schiffe explodierten, sogar ein leibhaftiger Elefant aus dem Zoo stand auf der Bühne. Alle Vorstellungen ausverkauft. Grossartig, sag ich dir.

Trotzdem besucht Max auch die übrigen Vorstellungen des Hebbel-Zyklus. Den Eintritt kann er sich leisten, solange die Volksstimme, das Tagblatt und die Ostschweiz seine kleinen Berichte berappen. Leider hat er keinen Draht zu grösseren Zeitungen, zum Volksrecht zum Beispiel oder zur Neuen Zürcher Zeitung. Da würde er mehr verdienen, aber die sind mit Korrespondenten eingedeckt. So berichtet Rüdt vor allem in die Heimat, was in Zürich geschieht. Schreibend behält er seine Eltern im Blick, den Papa vor allem, dem Journale besonders wichtig sind, aber auch den Onkel Otto, dem er zu beweisen hat, dass aus ihm durchaus etwas wird, wenn auch nicht der erhoffte Werbegrafiker. Klara hat er im Blick, obwohl in ihrem Haus vor allem französische Presse aufliegt. Mit all seinen Schreibtaten denkt er aber speziell an Elisabeth. Er stellt sich die junge Dame vor und hofft, sie merke allemal auf, wenn sie den Namen Max O. Rüdt unter einem Beitrag liest. Ja, manchmal ist er dicht daran sich einzugestehen, dass er grundsätzlich sie meint, wann immer er sich beim Schreiben ein Gegenüber vorstellt. Sie ist es insgeheim, der er Eindruck machen, deren Staunen und Schmunzeln er bewirken möchte. Bei ihr wünscht er Lebenszeichen zu setzen, während er ja gleichzeitig keine Ahnung hat, wo und unter welchen Umständen sie inzwischen lebt, und eigentlich überhaupt keinerlei Sinn darin erkennen kann, dass er sein Leben irgendwie auf sie bezieht.

N ach einer der Vorstellungen auf der Pfauenbühne geht er nicht nach Hause. Eine Unruhe, der er keinen Namen weiss, treibt ihn hinunter bis zum Grossmünster und weiter dem Limmatquai entlang Richtung Hauptbahnhof. Dort setzt er sich ins Buffet. Bald steht eine Stange vom Fassbier vor ihm. Er schlürft den Schaum. Dann räkelt er sich aus dem Mantel, legt ihn neben sich auf die Bank. Den Wollschal aus Mamas Händen behält er am Hals. Aus der Manteltasche klaubt er das Notizbuch mit dem schwarzen Wachstucheinband und dem roten Schnitt. Er legt es vor sich auf die Tischplatte, den Bleistift in den Falt zwischen zwei leeren Seiten. Er ist zu jeder Zeit auf irgendwelche Einfälle und sogar Gedichtzeilen gefasst. Schon schreibt er.

Ich schaue dich an und sehe
die himmlischste aller Freuden
und wende mich ab und verstehe
mich irdischst unter den Leuten.

Eine der Theaterbesucherinnen, in deren rätseldunklem Blick er sich in der Pause kurz verfing, hat die Reime ausgelöst.

Sitzt also allein an seinem Tisch im mässig besetzten Saal: ein gut 20-jähriger Jüngling im weissen Hemd mit Stehkragen, Krawatte, Weste. An einem entfernten Tisch sind junge Leute mit einem älteren Herrn in ein angeregtes und offenbar überaus vertrauliches Gespräch vertieft. Der Jüngling stellt fest, dass der ältere Herr öfter zu ihm herüberschaut, und dann folgen ihm diskret und dennoch auffällig genug die Blicke seiner Tischgenossen. Schliesslich wird die Angelegenheit unhaltbar. Der ältere Herr winkt und lädt den Jüngling ein, den Tisch zu wechseln. Seine Begleiter rücken Stühle, dass es sogar Platz gibt für den Mantel, und einer steht auf und holt Rüdts Bierglas herüber.

Bitte entschuldigen Sie unsere Aufdringlichkeit, sagt der ältere Herr. Über andere Leute zu tuscheln ist in der Regel kein Zeichen von Wertschätzung. In unserem Fall ist es quasi beruflich und hoffentlich von Ihrer Seite her entschuldbar, sobald ich mich erklärt habe. Und eben diese Erklärung mögen Sie als Zeichen der Wertschätzung entgegennehmen. In der Tat, ich gebe zu, dass ich über Sie getuschelt habe. Ich habe meinen Zuhörern erzählt, wie ich den soeben eingetretenen Gast einschätze. Er ist mit dieser Stadt noch wenig vertraut, behauptete ich, und ebenso wenig auch noch mit seinem eigenen Leben, und zwar insofern, als ihm die Selbstsicherheit mangelt. Möglich, dass er Philosophie oder Literatur studiert; sogar eher Theologie. Vielleicht wird er ein dichtender Pfarrer, wenn auch wohl kaum in so robustem Stile wie einst Jeremias Gotthelf. Ich will Ihnen nicht zu nahe treten, aber der Aufrichtigkeit zuliebe will ich gestehen, dass ich ausserdem behauptete, in Sachen Frauen sei der junge Mann unerfahren, und eben das sei ihm aktuell die grosse Herausforderung.

Max Rüdt errötet. Für einen Moment hat es ihm die Sprache verschlagen. Wie er sich gefasst hat, verkneift er nicht länger das Schmunzeln, das sich reflexartig in die Miene legen wollte. Woher wissen Sie das alles?

Es stellt sich heraus, der Mann heisst Wanner und ist Polizeikommissar, Abteilung Fahndung. Aktuell ist er mit Unterrichtung befasst. Er leite an, sagt er, systematisch das Verhalten der Leute zu beobachten. Wie sie sich bewegen, wie sie ihren Blick lenken, wovon sie ihn brüsk abwenden. Das Mienenspiel lasse er beobachten. Und wo immer möglich auf den Klang der Stimme lauschen. Wie geht der Atem – ja, in dieser Weise eingeübt könne man doch einiges erraten. Er entschuldige sich nochmals inständig, ihn, den Tischnachbarn, zum Exempel genommen zu haben. Das hier seien seine Schüler. Seine Schwäche sei es, gross herauskommen wollen. Doch damit nun genug. Man breche auf. Und unvermittelt erkundigt er sich, ob er, der junge Mann, sich einmal anschauen möchte, wie es sich mit den käuflichen Frauen verhalte.

Ist es die Stüssihofstatt, in die er nun, nachdem die Biere getrunken und bezahlt sind, geführt wird? Max Rüdt wird sich erinnern, dass er ziemlich ratlos dastand, denn die Frauen dünkten ihn einfach Frauen. Sie waren nicht einmal aufreizend gekleidet. Gewiss, einmal ein bestrumpftes Bein im Aufschlag des Mantels. Allenfalls die hochhackigen Stiefel, die auf dem Asphalt klapperten, entsprachen seinen Erwartungen. Die Kutschwagen und vereinzelt gar ein Automobil rollten von der Marktgasse herein. Die Tür wurde von innen aufgestossen, eine Frau stieg aus, oder eine Frau beugte sich unters Wagendach, nahm nach einem kurzen Gespräch Platz oder trat zurück und eine andere kam, danach zogen die Pferde an, der Wagen rumpelte weiter auf dem Pflaster, und der nächste hielt an. Und so jeden Abend, sagte der Kommissar, und so jahrein jahraus. Nichts Weltbewegendes, Sie sehen es selber. Aber russisches Roulette halt allemal, wenn Sie verstehen, was ich meine. Für den, der sich ansteckt, wird es ohne Zweifel etwas überaus Spezielles.

Eine kaum abbrechende Wagenkolonne, an der die Männergruppe vorbeischlenderte, während sie die Münstergasse einwärts nahm. Die Gasse war voller Petroleum- und Pferdegeruch. So riecht der Fleischmarkt, bemerkte einer der jüngeren Männer. Auf dem Münsterplatz verabschiedete man sich, und Rüdt, auf dem Weg hinauf zur Hadlaubstrasse, rätselte, was ihm die Begegnung sollte, was man ihm bedeuten wollte. Hatte er doch nie in seinem noch jungen Leben daran gedacht, sich die Dienste einer Dirne zu kaufen. Er würde auch in Zukunft an sowas nicht denken. Das Thema war abgehakt. Obwohl andererseits: Er hätte durchaus erfahren mögen, wie das ist: mit einer Frau. Wenn er über Liebe las, fiel ihm stets Elisabeth ein. Er brachte sie aber nicht überein mit dem, was sich etwa im Blut abspielte; sie war einstweilen der Schutzengel, wo immer ein sinnliches Abenteuer locken wollte.

Nach der Pfauenbühne das Stadttheater. Es gibt Volksvorstellungen mit verbilligtem Eintritt. Auch in den Gängen der Uni sind Alfred Reuckerts Inszenierungen ein Thema. Richard Wagner ist den Brüdern aus der Ostschweiz kein Begriff, und der Tannhäuser ist ihnen ein Rätsel. Zwar ist Max beeindruckt von den Klangwelten, die sich aus dem Orchestergraben herauf breit entfalten, aber vom Text hat er wenig. Den singen der Tannhäuser und die Venus, die aufgeregten Ritter und die minnige Elisabeth stracks ins Parterre hinaus, und zu den Sitzreihen dicht unter der Saaldecke dringt nur Zusammenhangloses. Die Brüder müssen sich an das Programmblatt halten. Dass da in allem Ernst eine Göttin der Liebe personifiziert auftaucht, dünkt den jüngeren der beiden Studenten in einem aufgeklärten Zeitalter überholt. Den Streit der Ritter darüber, ob man Gedichte über die Liebe schreiben darf, findet er unnötig langwierig und im Grunde genommen so langweilig, dass er bereits auf dem Sitz hin und her rutscht. Dass sich eine Frau opfern muss, befremdet ihn; dass sie zufällig Elisabeth heisst, trägt ihr immerhin einen Sympathiebonus ein. Kann man aber wirklich heute noch, zu Beginn des 20. Jahrhunderts, eine Busspilgerschaft nach Rom irgendwie glaubhaft machen wollen? Das geht ihm, Max, nicht in den Kopf.

Oper halt, versetzt Georg. Hat mit der Tagesrealität nichts zu tun.

Wenn dem so wäre: Wozu bringt man dann sowas überhaupt

zur Aufführung?

Panem et Circenses. Die Leute wollen unterhalten sein. Auch die kleinen. Sie wollen teilhaben an den Freuden der Elite.

Ich finde das skandalös. Wir lassen es uns anpreisen als hohe Kunst, und dann hat es mit unserem Leben nichts zu tun.

Reg dich nicht auf, Kleiner. Kunst ist Kunst. Realität ist Realität. Zwei Welten. Sie berühren sich allenfalls im Publikum, wenn es gerade aus der einen in die andere wechselt. Mit vielen Dingen im Leben ist das so. Kein Zusammenhang, nur Berührungspunkte, die allenfalls du selber schaffst. Schau dir unsere Eltern an. Ohne inneren Zusammenhang, bloss äussere Berührungspunkte.

Damit bewegen sich die Brüder auf den roten Läufern, welche die untersten Treppen veredeln, und kommen im Gewühl der festlich gekleideten Gäste wieder auf das Werk vom Abend zurück. Am stärksten noch der Eindruck vom verzweifelten Ausbruch des Titelhelden in der Rom-Erzählung. »Da ekelte mich der holde Sang«. Erinnerst du dich?

Georg strengt sich an, zuckt mit den Schultern, hat vielleicht den Text nicht mitbekommen.

Das war die Stelle, die der Sänger fast mehr gesprochen als gesungen hat.

Georg schüttelt den Kopf.

Find ich irgendwie typisch, dass du das nicht gehört hast. Wie dem auch sei, dieser Ausdruck von Überdruss und Brechreiz: Verbindet mich mit dem Komponisten. Ein bitteres Aufbegehren gegen die Kirche, wohl gar gegen den Glauben. Das klingt bei mir an. Doch übers Ganze gesehen: Bin ziemlich ratlos.

Georg hilft nicht weiter. Der erste Akt: Aus seinem Blick fast schon peinlich. Glaubt man doch, in den Brutofen niedrigster Triebe schauen zu müssen. Mehr als peinlich, genau besehen. Was aber die religiöse Thematik betrifft: historisierender Kitsch.

Soweit sind sich die Brüder einig. Die Musik allerdings trennt sie wieder. Schwülstig nennt sie Georg. Max gibt zu, dass er phasenweise überwältigt war. Er kann den Pilgerchor aus der Erinnerung summen, und der verklärende Schluss hat ihn gegen seinen Willen berührt.

Hast du eine Neigung zur Sentimentalität? Ist mir neu an dir, Kleiner.

Im Übrigen müssen die Brüder jetzt auf die Pferde vor den Kutschen achtgeben, welche den wohlhabenderen Teil des Publikums vom Bellevue wegtransportieren, und auf die Trams, in welche die Masse der übrigen Personen drängt, die einen weiten Heimweg anzutreten haben. Sie selber gehen zu Fuss. Das Kopfsteinpflaster ist zwar nass, aber der Regen, der eben vor Beginn der Aufführung aufzog, ist schon vorüber. Die Strasse riecht schwer nach frischen Pferdeäpfeln und Rauch aus Kesseln mit Mückenschutz.

Die Rüdt-Brüder gehen eine Weile wortlos. Schritt um Schritt arbeiten sie die Eindrücke in sich hinein. Er glaube nun doch, das Werk sei nicht reine Unterhaltung, findet Georg plötzlich. Es habe etwas zu tun mit ihm. Blende er den Sängerstreit aus, habe er zwei entgegengesetzte Welten, jede beherrscht von einer bestimmten Art Frau. Die eine spreche die triebhafte Seite des Mannes an, die andere die keusche.

So erreichen sie die Hadlaubstrasse und steigen leise die Treppe hoch zu ihrem Zimmer. Im Erdgeschoss wohnen die Eigentümer, entfernte Bekannte von Mama Rüdt, mit zwei Töchtern. Beide scheinen, seit Max von ihnen Kenntnis genommen hat, stets dasselbe blaue Kleid zu tragen: Den plissierten Jupe, der die Knie bedeckt, dazu eine hochgeschlossene helle Bluse. So sieht er sie von der Strasse herauf, wenn er gegen Mittag entlang der steil in die Böschung gestemmten Befestigungsmauer zurückkehrt. Die Familie Brändli nimmt das Mittagessen in einem balkonartigen Vorbau hoch über der Strasse ein; die Fenster reichen ähnlich jenen von einem Ladengeschäft bis fast zum Boden. Den Töchtern sind die Plätze mit dem Rücken zum Fenster zugewiesen. Dahin treten sie und bleiben stehen, bis sie das Zeichen bekommen, sich zu setzen. Wahrscheinlich ist der Papa das Zeichen, nämlich indem er sich im nicht einsehbaren Inneren des Essraumes zu Tisch setzt. Wie oft schon hat Max Bilder der Szene aufgeschnappt, denn er richtet, wann immer sich die Gelegenheit ergibt, seine Rückkehren so ein, dass er entweder die Besammlung bei Tisch aufschnappen kann oder dass eine oder gar beide der Töchter ihm voraus heimkehren. Dann tragen sie zusätzlich ein stark tailliertes Jackett aus demselben Stoff wie der Jupe. Sie sind ungefähr gleich gross, obwohl die eine jünger ist, fünfzehn vielleicht, und tragen dieselbe dunkelbraune Haartracht, eine Art Bubikopf mit einwärtsgedrehter Welle über den Ohren. Max folgt ihnen in gebührendem Abstand und kann immerhin die straff geformten Waden würdigen. Selten trifft es sich so, dass er eines Gesichts ansichtig wird. Am ehesten auf der Treppe, die von der Strasse steil zum Hauseingang führt, oder gar unter der Tür. Er sieht dann entweder das länglichlangweilige, wenn auch fein geschnittene Gesicht der älteren der beiden, oder das rundlichere, ebenso ebenmässige Gesicht mit den Augen, die in ihrer Keckheit nicht konsequent von einem Blickkontakt abzuhalten sind. Im Übrigen scheint man es darauf anzulegen, dass sich Töchter und Zimmermieter möglichst nicht begegnen, und ausserdem die Töchter so instruiert zu haben, dass sie sich bei einer Begegnung den jungen Männern nicht zuwenden. Diese vorsorgliche Absicht schlägt so gründlich durch, dass vor allem die ältere Tochter einen Gruss nicht einmal erwidert, sondern mit sturer Achtlosigkeit ihren Weg geht. Solches Verhalten, sowohl das misstrauische der Eltern als auch das fügsame der Töchter, empfindet Max als Kränkung. Umso mehr ist er der jüngeren dafür verbunden, dass sie gelegentlich einen Gruss und einen Blick doch freundlich erwidert. Er ertappt sich bei Anflügen von Bewunderung für ihren offenbar nicht hundertprozentig abrichtbaren Liebreiz. Dann fügt aber auch er sich der Sperre, die da zwischen den Geschlechtern errichtet ist, und geht seinen Weg. Georg hat die Töchter noch als Schulkinder erlebt und weiss ihre Vornamen. Agnes heisst die ältere, Leonora die jüngere. Waren schon damals, sagt er, als er das

Zimmer bezog, zur geräuscharmen Schicklichkeit erzogen.

Nachts steigen die Brüder besonders leise auf ihr Oberge-schoss und tragen die Stühle, anstatt sie zu rücken. Seit dem Einzug von Max ist das Zimmer eng geworden: Ein zweites Bett unter der Dachschräge, ein zusätzlicher Stuhl, der Flechtkorb, unter dessen Deckel die Wäsche liegt, für die Georg seinem Bruder Schrankplatz leider nicht einräumen kann. Max kommt nicht am Tisch vorbei zum Bett, ohne den Stuhl zu verschieben. Da sie sich zu später Stunde im Flüsterton zu unterhalten haben, haben sie sich ange-wöhnt, im Zimmer mehrheitlich schweigend miteinander umzuge-hen. Max legt sich früher hin. Er dreht sich der Wand zu, weil Georg am Tisch bei Kerzenlicht noch länger arbeitet. Er schreibt über die Geschichte des kirchlichen Fürsorgewesens und bereitet sich da-mit auf den Abschluss vor. Im Frühling will er ein Vikariat antreten. In St. Gallen, warum nicht. Bei Pfarrer Hauri. Oder in Rapperswil. Bloss nicht irgendwo im Toggenburg. Von diesem Zeitpunkt an wird Max das Zimmer für sich allein beanspruchen und damit mehr Platz haben. Und er wird das weitere Herangedeihen der Töchter mitverfolgen. So stellt er sich das vor.

Zunächst findet aber gross angekündigt das Gordon Bennet Bal-lon-Wettfliegen statt. Max O. Rüdt schreibt aus Zürich. Liebe Elisabeth, könnte er schreiben. Das tut er natürlich nicht; trotzdem formuliert er so, als ob der Bericht an sie persönlich gerichtet wäre. Er teilt mit ihr, was Aufsehen erregt, zum Hingucken reizt, zum Schmunzeln veranlasst - was ihn eben in der Zürcher Fremde auf-hält und inspiriert. Das macht seine Texte liebenswürdig, und wo sie übernommen und publiziert werden, nehmen die Lesenden sie freundlich entgegen, so als wären sie die Adressatin persönlich. Gross, so schreibt er, wurden den Kindern die Augen, und die Be-wunderung der Jugendlichen und Erwachsenen kannte keine Grenzen. Ein majestätisch stiller Zug von bunten Ballonen, die der zeitweise etwas ruppig sich gebärdende Wind limmataufwärts

Richtung Seebecken trieb. Auf den Brücken jauchzte tausendfach das Publikum den Passagieren zu. Aus den Körben heraus hielten diese mit mulmigem Magen nach den fast in Reichweite vorüberziehenden Türmen und Turmhähnen Ausschau. Die grosse Attraktion aber war das lenkbare Luftschiff von Major von Parseval. Der Erbauer hatte es per Bahn von Berlin nach Zürich bringen lassen. Als es sich zum ersten Mal mit dröhnendem Brummen ankündigte und als sich dann über den Dächern der Stadt der 60 Meter lange Schwengel zeigte, stieg die Begeisterung auf das Höchste. Einer Völkerwanderung gleich wälzten die Massen sich zu Fuss, per Bahn und per Fahrrad und Wagen nach Schlieren zum Festplatz auf dem Gaswerkareal.[4] An die 200'000 Schaulustige klatschten dem Bundesrat Dr. Forrer Beifall, als er sich mutig an der nächsten Fahrt beteiligte, und ebenso dem Oberingenieur Kiefer, als er das Gefährt zur glatten Landung auf einer Wiese nahe dem Festplatz gesteuert hatte. Leider mussten weitere Fahrten mit prominenten Passagieren abgesagt werden, denn das Wetter, dem Wettbewerbe insgesamt nicht besonders hold, gebärdete sich inzwischen allzu garstig.[5]

Dann erst rückt das letzte Semester des Theologen und angehenden Pfarrers Georg Rüdt heran und in diesem Zusammenhang die Planung der Zukunft. Max freut sich zu früh auf die Aussicht auf mehr Platz im Brändli-Zimmer und auf unbeobachtete Begegnungen mit Leonora. Es hat sich wiederholt gefügt, dass sie sich gleichzeitig mit ihm auf der Hadlaubstrasse befand. Seit er sie zum ersten Male scheu angesprochen hat, scheint sie einer nächsten zufälligen Begleitung nicht abgeneigt zu sein. Bloss nicht zur Mittagszeit, denn da ist auch Papa Brändli unterwegs zu Tisch. Sie kommt von der Töchterschule, Max von einer Vorlesung, ein paar Dutzend Schritte müssen für den freundlichen Austausch reichen, und bevor man in Sichtweite des Hauses gelangt, bleibt Max vorsichtig zurück. Nicht ohne dabei einmal von Georg eingeholt zu werden. Ach so, macht der. Das wird die Brändlis nicht freuen.

Max hat nicht nur die Vorbildhaftigkeit des Bruders auf der

Pelle. Zu Beginn ist er zwar froh, sich seinem Bruder auf dem Weg in die studentische Welt anschliessen zu können, im Verlauf der Monate fühlt er sich aber beobachtet und gegängelt. Georg setzt sich in seinem Studium nicht unter Druck und nimmt sich die Musse, sich um den Lebenswandel seines jüngeren Bruders zu kümmern, insbesondere um seinen Umgang mit den finanziellen Mitteln, welche immerhin das Kapital der Familie sind. Wenn Max aber Leute kennen lernen will, muss er sich zu den Studententreffs und in die Öffentlichkeit begeben, und dafür braucht er Geld. Immer wieder hat er deswegen Vorhaltungen entgegenzunehmen. Die Ermahnungen, die er in St. Georgen einkassiert, lassen darauf schliessen, dass das Elternhaus mit bedenklichen Informationen versorgt wird. Für Max wäre der brüderliche Tutor nicht auf die Dauer erträglich. Gut also, dass sich das Ende der Zürcher Gemeinsamkeit abzeichnet. Es wird sich allerdings anders einstellen, als er es sich wünscht. Aus Brändlis Verwandtschaft steht ein Studienanfänger an. Er wird mit Herrn Max vorderhand das Zimmer teilen. Es sei denn, dieser fände anderswo sein Unterkommen.

Max versteht den Wink. Er zögert nicht, die Konsequenzen zu ziehen. Er bedauert allerdings, sich von der allezeit blauen Leonora verabschieden zu sollen, noch bevor irgendein galanter Anspruch darauf besteht, den Abschied als Trennung wahrzunehmen. Wer weiss, vielleicht hat er sich in der Folge von ihr gar nicht wirklich verabschiedet. Als er nämlich zum letzten Mal mit ihr ein Stück Hadlaubstrasse teilte, hatte er keine Ahnung, dass es bereits so weit war, und sie hatten geplaudert, als könnten sie ihren im Übrigen behutsamen Umgang miteinander bis auf Weiteres fortsetzen, wann immer Papa Brändlis mittägliches Wandeln das gestattete.

Was Max mitnimmt, ist eine hyazinthenblaue Erinnerung. Im steilen Abschnitt zwischen Stützmauer und Haus hat der Garten noch schnell seinen duftenden Frühling, ehe die beiden Rüdts ihre Koffer packen und ehe Max sich zuerst der kurzen, aber strammen Auffrischung des militärischen Gehorsams im Wiederholungskurs mit dem St. Galler Regiment unterzieht und anschliessend dem Familienrat.

In St. Georgen und St. Gallen zweifelt man nicht, dass der Benjamin sich nunmehr entschieden dem Typografengewerbe und damit dem Erwerbsleben zuwenden wird. Mit seinen Einblicken ins Hochschulwesen hat man sich abgefunden; sie mögen seinen Horizont erweitert haben. Ab sofort ist Bodenständigkeit gefragt. Über kurz oder lang stehen Frau und Kinder an und mit ihnen das eigene Hauswesen. So verläuft nun einmal ein bürgerliches Leben. Max wird doch bitte keine Ausnahme machen wollen.

Der Adressat solcher Ansprüche antizipiert die Hindernisse, die man ihm vor die Füsse legen wird, falls er es wagen sollte, die Ausnahme zu wählen. Er wird Zweifler überzeugen müssen. Wovon? Von einer Bestimmung, die eben erst in den Hinterzimmern seines Wesens heranreift. Es geht ihm um die gerechtere Welt. In welcher Form: schwer zu sagen. Als Lehrer vielleicht, Schriftsteller, Redaktor, was wissen wir. Fest steht für ihn der nächste Schritt: fort von zuhause, fort aus der Behütetheit und einschränkenden Kontrolle. Es gilt, mit einer weiteren, offeneren Umgebung Fühlung aufzunehmen, mit der Welt eben, um schliesslich den Platz zu finden für das Lebenswerk, das ihm derzeit noch konturenlos vorschwebt.

Sein erster Zweifler ist Max sich selber. Vergleiche mit dem älteren Bruder wollen stets zu seinem Nachteil ausfallen. Georg war sich seiner Sache von Anfang an sicher. Weil ihn die Familie unterstützte, hatte er keinen Anlass, seine Berufung je zu hinterfragen. Ganz anders er, Max. Er hat seinen Beruf vom ersten Tag an infrage gestellt. Keinen Tag in der Setzerei, an dem er sich nicht den Kopf darüber zerbrochen hätte, wie das wohl wäre, anstatt in der kopfübergestellten in der Welt der grossen Gedanken und bedeutenden Männer zu sitzen, hinzuhören, mit- und fortzudenken, Einfluss zu haben.

Die Auseinandersetzung mit der widerspenstigen Familie, in der vor allem die Seniorbrüder, Jakob und Otto, gehässig den Ton angeben, fördert die trotzige Einsicht, dass das jetzt die Gelegenheit ist, sich durchzusetzen. Man verweigert ihm eine Laufbahn ähnlich der, wie sie dem älteren Bruder wie selbstverständlich zusteht. Das kränkt ihn bis tief hinein. Fort aus dem heimischen Santa Textilia. Fort aus Georgs Zwinglium. Und siehe da: Rüdts Jüngster setzt durch, dass man ihn ziehen lässt, wohin auch immer. Schon manchen Zürcher und St. Galler hat es nach München gezogen. Nun zieht es auch ihn. Er verspricht hoch und heilig, dort nach Möglichkeit unabhängig seinen Unterhalt selber zu bestreiten, und unterstreicht seinen guten Willen schon mal mit Aushilfen im Tagblatt, wo er die Lehre absolviert hat. Ein paar Batzen dazu während der Semesterferien - das kann nicht schaden. Er liest auch wieder ein paar Bücher, vermisst in der Bücherausleihe den Dr. Nef und erinnert sich lebhaft an die Begegnungen mit der jungen Dame. Es wird ihm warm ums Herz, während er versucht, sich ihr pickelfreies Gesicht, die schmale Nase, die blauen Augen, das blonde Lockenhaar mit dem Rossschwanz und die damenhafte Gestalt in Erinnerung zu rufen. Erfolglos sucht er im ehemaligen Bubenzimmer das Büchlein, das sie ihm geschenkt hat. Er hätte es mitgenommen, und das Schnupftuch, die Schleife, den Erika-Zweig.

Ach ja, sagt Mama. Ich habe aufgeräumt.

Auf diese Weise mögen auch Hefte mit Tagebucheinträgen, falls es sie gegeben hat, verschwunden sein.

Es dauert noch ein paar zusätzliche Wochen, bis man begriffen hat, dass der Winter von sechsundvierzig auf siebenundvierzig besonders kalt ausfällt. Die vermietete Dachkammer ist ohne Heizung. Heims sind Christenmenschen. Wenn sie gehört haben, dass Rüdt die Stiefel ausgezogen hat, schicken sie eines der Kinder. Er möge halt in Gottes Namen reinkommen. Auf dem Kachelofen taut er auf und beginnt zu erzählen, aus Zürich, Bern, St. Gallen, wo er gewohnt hat, sogar aus München, und in diesem Fall redet er zum Gaudi der Zuhörenden wie ein Bayer. Oder er berichtet Anekdoten aus der Region. Sie lösen viel Schmunzeln aus, und dem Wahrheitsgehalt fragt niemand nach. Manchmal sitzt er auch nur still auf der Ofenbank und hört mit der ganzen Familie das Wunschkonzert. Es ist dann Montagabend.

Diesmal wird der geflochtene Reisekorb schwerer. An einem Tag Anfang September 1910 lässt Max Rüdt einen Kutscher vorfahren. Nicht ohne Sorge sehen die Eltern ihren Jüngsten fortziehen. Er ist zwar von der Sorte einer, die sich durchzuschlagen weiss, und gewiss auch im Königreich; gleichzeitig ist er ein junger Mann, der für allerhand Überraschungen gut ist. Überraschungen, die sich aus der Ferne ankündigen, sind für Eltern oft von der ungemütlichen Sorte.

Von seiner Schwester hat Max am Vortag schon Abschied genommen. Mit den Kindern am Rockzipfel und in den Reitstiefeln bereit für die Lektion an der Longe hat auch sie ihn ermahnt, Mass zu halten, und ist im Übrigen gar nicht glücklich ob seinem Entscheid, dem Elternhaus den Rücken zu kehren. Mama und Papa tun ihr leid. Bald werden sie allein dastehen, zusammen mit der Grossmama unten in der Stadt, die kränkelt und sich an den beiden Söhnen, Franz, dem debilen, und Otto, dem unsteten, aufreibt. André und sie wissen nämlich seit wenigen Tagen, dass auch sie bald aufbrechen werden, in die Gegenrichtung notabene, um von Lyon aus den St. Galler Stoffen und Spitzen den französischen Markt künftig noch erfolgreicher zu erschliessen. Von dieser Wende haben die Eltern Rüdt noch keine Kenntnis; dass sie in Aussicht stehe, war ihnen allerdings klar. Es wird sie nun wohl dünken, die Familie löse sich nach allen Seiten hin auf. Das tut ihr, Klara, leid. Umso lieber hätte sie gesehen, dass der Jüngste zuhause bleibe - wenigstens fürs Erste und so lange Papas Gesundheitszustand Besorgnis erregt.

Bruder Georg hat keine Zeit, er ist jetzt Vikar, und zwar im

Rheintal. Umarmung also nun von der Mutter, Handschlag vom Vater, nachdem er in die Faust gehustet hat. Es regnet nicht, die Sonne scheint nicht. Es ist dem Sohn einfach klar: Jetzt, genau jetzt, nabelt er sich ab, wird er erwachsen. Das tut ein bisschen weh. Tut weh im Blick vom Schiffsheck zurück auf den Alpstein, der im Dunst verschwindet, und auch ein bisschen im inneren Rückblick auf die beiden jungen Damen, die seine Kindheit und dann seine Jugend verschönert haben, die Schwester und Elisabeth.

Wie kam man 1910 von St. Gallen nach Bayerns Landeshauptstadt? Der Student Max Rüdt, 22, wird von Rorschach aus das Schiff hinüber nach Lindau benützt haben. Von der Insel aus bestieg er die Allgäu-Bahn. Die Strecke dürfte nach Halten an manchen Stationen rund sechs Stunden später zurückgelegt gewesen sein. Ankunft im Hauptbahnhof. Es ist noch Tag. Der Passagier wird sich um das Reisegepäck gekümmert haben, das vom Gepäckwagen auf Handwagen umgeladen und zur Ausgabestelle bei den Bahnschaltern gezogen und geschoben worden ist. Träger und Fuhrleute stellen sich von selber ein. Es gibt übrigens auch schon das automobile Taxi, doch gemäss seinem Vorsatz, mit dem Geld sparsam umzugehen, wählt Rüdt das traditionelle Verkehrsmittel. Er nennt dem Kutscher die Adresse des Wohnheims. Der Kutscher kennt sich aus. Nicht zum ersten Mal bringt er hoffnungsvolle junge Männer ins Universitätsviertel, auch offensichtlich weniger begüterte. Er fährt seinen Klienten durch die Maxvorstadt und am Römischen Brunnen vorbei. Das ist ein Umweg, aber damit kann sich der Neuankömmling schon einmal von den Fassaden der Ludwig-Maximilian-Universität beeindrucken lassen.

Unterschlupf wird eine Mansarde mit Fenstern in der Dachschräge, eingeteilt in Nischen, die mit Vorhängen voneinander getrennt sind, und einem Ofen in der Mitte bei den Kaminzügen, die aus den Wohnungen darunter heraufkommen und übers Blechdach hinaus weiterführen. Wasser und die improvisierten sanitä-

ren Einrichtungen gibt es unten im Hof. Der Vermieter ist ein ver-
wachsener Mensch, der auf jedem Boden einen Halt einlegt. Er
schimpft über die unverschlossene Tür. Dabei hat doch jeder seinen eigenen Schlüssel. Und das hier ist der Ihre. Ich bekomm dafür
dann Ihre Unterschrift. Er händigt dem Neuankömmling den grossen Schlüssel aus und zeigt ihm die leere Nische. Über alles andere
einigen Sie sich mit den Mitbewohnern. Hat sich stets bestens geregelt, erklärt der Alte. Soviel ich weiss. Drei Typen, zwei aus
Krumau und einer aus Fiume, sind schon länger da. Sie - woher
kommen Sie schon wieder, ach ja, aus St. Gallen, sagten Sie, St. Gallen im Schwoizerländl - also Sie ersetzen einen Dänen. Den hat die
Evangelisch-Theologische Fakultät wegen Unartigkeit rausge-
schmissen. Sie sind hoffentlich nicht von der nämlichen Sorte einer. Ich mag nicht dauernd Wechsel. Jedes Mal eine Mühsal. Ich
ziehe Studenten vor, die länger bleiben.

Der Alte verlangt eine Vorauszahlung von drei Monatsmieten
bar auf die Hand. Im Übrigen werde er zum Monatsersten jeweils
zum Einzug heraufkommen und dazwischen auch mal, um zum
Rechten zu schauen. Wenn Rüdt einschlägt, ist er gleich schon zum
ersten Mal nahezu blank und wird sich mit der Bank in Verbindung
setzen müssen. Ja, er schlägt ein. Der Kutscher trägt ihm den Koffer
ins siebente Obergeschoss und sackt aus Rüdts Geldbeutel ein, was
darin noch klimperte.

Neugierig, wer es sein wird, mit denen er die Mansarde teilt,
versucht der Neuankömmling, aus dem Fenster einen Blick auf die
Stadt zu erhaschen. Es ist aber vom Russ so trüb, dass mehr als ver-
wischte Silhouetten von Dächern nicht auszumachen sind. Man
müsste es öffnen können.

Ein lautes Getrampel auf der Stiege kündigt die Mitbewohner
an. Sie fallen fast mit der Tür herein, denn beide haben die Arme
voller Einkäufe, die in Zeitungspapier eingewickelt sind. Der zweite angelt die Tür mit dem Fuss zurück und drückt sie mit dem Absatz ins Schloss, während der erste den Eindringling entdeckt.

Oh, wir haben Besuch. Mit wem haben wir die Ehre?

Sie legen die mitgebrachte Ware auf den Tisch. Die Papierwickel gehen von selber auf und verraten ihren Inhalt: Brot, Wein, Käse, Speck, Zwiebeln, Knoblauch, Schnaps.

Rüdt stellt sich als neuen Mitbewohner der Mansarde vor.

Na, dann zieh deinen Mantel aus. Und zeig uns, wie man in der Schweiz einheizt. Holz liegt neben dem Ofen.

Rüdt deckt den Ofen ab, lässt ein paar Scheiter von oben in den Brennraum fallen, fragt nach Papier, zerknüllt es, legt es obendrauf, bedeckt es mit Spänen und zerbrochener Rinde. Die beiden schauen vom Tisch her zu und grinsen. Das kommt ja wohl nicht gut, das Unterste zuoberst. Max lässt sich nicht beirren. Er langt mit dem brennenden Streichholz bis zum Papier hinab, das schnell aufflammt und eine Rauchschwade aufwirft, dann klappt er den Deckel zu. Nach wenigen Augenblicken vernimmt man das Knistern, die Luft faucht durchs Rohr und der Ofen nimmt die erwünschte inwendige Betriebsamkeit auf. In der Luftzufuhr am Grunde des Ofens glüht der Widerschein; ein Zeichen, dass das Holz Feuer gefangen hat.

Sieh mal an. Einer der die Welt umkrempelt. Du kannst dich zu uns setzen. Hast du Hunger? Und nun erzähl mal. Was hast du vor?

Rüdt gibt Bescheid.

Philosophie und Kunstgeschichte - eines der Herrensöhnchen also, das sich das Unnütze leisten kann, was?

Auf diese Bemerkung lässt sich Max nicht ein. Und ihr?

Die beiden Mitmieter aus dem Böhmerwald waren schon in einem katholischen Internat zusammen und sind von den Priestern nach München geschickt worden. Rüdt wird sie bald scherzhaft »die Zwillinge« nennen. Sie sind vorwiegend mit sich selbst beschäftigt und damit, mit eben dieser Profession nicht allzu offensichtlich auf sich aufmerksam zu machen. Davon abgesehen haben sie sich an der medizinischen Fakultät immatrikuliert.

Bald platzt auch der Kroate herein. Er fragt nicht lange nach dem Neuen, sondern langt zuerst in den Speck. Während er einen

Schnipsel von der Schwarte schneidet, erkundigt er sich, ob's erlaubt sei. Von den verzogenen Gesichtern liest er die Erlaubnis ab. Dann erst nimmt er den neuen Mitbewohner zur Kenntnis, und wir nehmen voraus, dass er sich als ein beständiger Unruheherd erweisen wird. Er lebt einen selbsterklärten Kommunismus, indem er sich bei den anderen bedient, wo er kann. Nicht nur, was Esswaren betrifft, sondern ebenso bei Büchern und Schreibzeug. Es kommt sogar vor, dass er im erstbesten Mantel ausgeht, der in der Nähe des Ofens zum Trocknen über einen Stuhl gelegt worden ist, und den Hut trifft er grundsätzlich nicht. Dieses Verhalten hindert ihn nicht, Jura zu studieren. Er hat ein ausgeprägtes Gerechtigkeitsgefühl. Wem gehört die Welt? Allen. Wem gehören also Teile der Welt? Seht ihr. Wer etwas sein Eigen nennt, hat es den anderen geklaut.

Wir sind mit dem Problem befasst, den jüngsten Spross einer gutbürgerlichen Familie in einen Sozialrevolutionär zu verwandeln. Nichts deutet auf eine traumatische Erfahrung hin, die den jungen Mann aus St. Gallen in militante Opposition gegen seine soziale Herkunft verrückt hätte. Anscheinend sollen wir unsere Aufmerksamkeit auf eine kontinuierliche Entwicklung richten, auf das Wechselspiel zwischen Einflüssen aus der Mitwelt und der speziellen Art und Weise des jungen Menschen, darauf zu reagieren. Diesem Anspruch entsprechend haben wir Max Rüdt ins Münchner Treibhaus verpflanzt und werden in der Folge hier und dort eines der Scheibengevierte polieren, um Einblick zu erhaschen in das Milieu, wo die Ausbildung eines derzeit noch unpolitischen jungen Menschen zu dem geschieht, was in nicht allzu ferner Zukunft als Revoluzzer abgekanzelt werden soll.

So viel lässt sich schon mal vorzeichnen: Max Rüdt hat sich in Entbehrungen begeben, die er bislang nicht gekannt hat. Nicht nur haust er in einer höchst bescheidenen Unterkunft, er übt sich auch im Verzicht. Er isst spartanisch, kommt mit bescheidener Garderobe aus, friert viel. Während ex Kathedra der deutsche Idealismus exemplifiziert wird, dem Rüdt spontan Sympathie entgegenbringt, drängt sich ausserhalb der Hörsäle banal die Praxis auf. Wer mit Sparsamkeit und Selbstdisziplin befasst ist, dem zerlegen sich schnell die grossen Zusammenhänge in die Partikel, die man sich von der Hand in den Mund leisten kann, und die Weltanschauung simplifiziert sich. Entweder du hast Geld, um deine Bedürfnisse zu befriedigen, die sich dabei wundersam mehren. Oder du schaust mit hungrig geschärftem Blick anderen zu, wie sie sich Befriedigung generös leisten. In diesem Fall brauen sich nicht nur Neid und Gier zusammen, sondern mit ihnen verlinkt auch der Groll. Es gibt keine schlüssigere Theorie als die eine offenkundige, die besagt, dass es diejenigen gibt, die für den Mehrwert schuften, und die anderen, die ihn absahnen und vereinnahmen. Und eben diese Theorie, die Max Rüdt noch nicht als marxistische erkennt, ist zugleich die Praxis, die er auf Schritt und Tritt durch München hindurch beobachtet und am eigenen Leib erlebt. Aus dem Groll bezieht die Vision, die dem jugendlichen Max einst unter Pfarrer Hauris Predigten aufgegangen ist, ihre aktuelle Kraft: Die bessere Welt als Gesellschaft, in der der Kohleschaufler am Abend ebenso das weisse Hemd mit dem gestärkten Kragen anziehen und sich an einen reinlich gedeckten Tisch setzen kann wie der Buchhalter, der von seinem Kontor heimgekehrt ist, und wie der reisende Einkäufer, der ab und zu von seinen Gewinnen für seinen Neffen ein Almosen abfallen lässt, und wie der Vikar, der eben einer betagten Dame Gottes Segen ins Haus getragen hat. Eine Welt mit gerecht verteilten Gütern. Auf welche Seite der real existierenden Welt gehört der Student? Rüdt eröffnet eine neue Kategorie. Sie umfasst die Personen, die sich auf einer Warteschlaufe befinden und weder Profit erwirtschaften noch Profit verwalten können. Er grenzt dabei seinesgleichen ab gegen die Schmarotzer, gegen jene Söhne und Töchter aus reichen Häusern, denen die Studentenschaft zum Zeitvertreib gereicht. Gleichzeitig ahnt er, dass im Kreise seiner Familie der Begriff *Schmarotzer* locker auf den Zungen liegen dürfte und vielleicht gar da und dort schon einmal ausprobiert worden ist. Es würde ihn, Max, nicht wundern, wenn Onkel Otto für die ersten Approbationen zuständig wäre. Er darf sich, wann immer er zufällig zuhause ist, erlauben, die Dinge beim Namen zu nennen. Zuhause, das ist für ihn Kost und Logis bei der Mama unten in der Stadt und Tee und Zigarre oben in St. Georgen. Da streckt er seine Beine aus, um sich von den Baumwoll-Händeln und den damit verbundenen Frauengeschichten auszuruhen. Seinen eigenständigen Blickwinkel nützt er ausgiebig, aber alleweil, wie er betont, zum Nutzen der Familie. Das Theologiestudium des älteren der Söhne seines Bruders war ihm von Anfang an ein Ärgernis. Pfarrer sind Nichtsnutze, findet er; sie versprechen dem Individuum Güter, über die sie nicht verfügen und die es nicht braucht. Die Verehelichung des herzigen Nichtleins Klara mag ja vordergründig nach Glück aussehen, ist aber im Grunde genommen ein Desaster, zumal für die Firma. Der eingeheiratete Ehemann ist eine Fehlinvestition, auf die Dauer nicht zu tragen. Der französische Markt bedarf keines Springreiters, sondern eines Promotors. Und nun aber erst euer Junior. Anstatt sich in der Typografie tüchtig emporzuarbeiten bis zum Grafiker, den man für die Werbung heranziehen könnte, vertut er seine Zeit in einem ungefähren Studium. Kunstgeschichte. Was bringt uns das? Philosophie. Nennt mir einen nutzloseren Zeitvertreib. - So ungefähr seine Reden, wann immer man ihn fragt und auch, wenn seine Meinung gar nicht gefragt ist. Er hat sie dann einfach, so oder so. Und wir anderen können sie ihm nicht verdenken. Denn ein Faktum ist nachprüfbar: In den Personallisten der Ludwig-Maximilian-Universität kommt zwischen 1910 und 1912 ein immatrikulierter Student namens Rüdt Max aus St. Gallen nicht vor.

Also denn: Was genau mag Rüdts Benjamin in München getrieben und betrieben haben? Sicher nicht das, was sein Taufpate als regelrechtes Studium hätte anerkennen mögen. Wir nehmen hier die Aussagen, die der Angeklagte Max Rüdt zu seiner Person zu Protokoll gegeben hat, noch einmal unter die Lupe. »Nach dem abgebrochenen Studiengang an der ETH Aufnahme von Studien in Philosophie und Kunstgeschichte in Zürich, Fortsetzung in München.« Es ist davon auszugehen, dass Rüdt sich gehütet hat, vor Gericht zu lügen oder Hochstapelei zu betreiben. Bleibt also die durchaus plausible Vermutung, dass der junge Mann ein gewisses Pensum an Vorlesungen in der Tat absolviert hat - als motivierter und mehr oder minder fleissiger Hörer halt, da es ihm an der Zulassung gemangelt haben dürfte. Es mag darum statthaft sein, für die Zeit seines Aufenthalts in München nicht nur bei der Kennzeichnung »Student« zu bleiben, sondern ihn zum »Werkstudenten« zu erklären, der seine Karriere nicht ohne Skrupel durchläuft. Sie betreffen seine Aufwendungen. Der Geldstrom, der den Studiosus erreicht, ist dünn und ein Mix zweier Quellen, sodass er nie genau weiss, wessen Geld er ausgibt: redlich das ihm zustehende aus der Schatulle seiner Eltern oder mit schlechtem Gewissen das à Fond perdu eingeschossene seines Taufpaten. Infolgedessen bemüht er sich, wenigstens für jenen Teil der Ausgaben selber aufzukommen, der die kommoden Begleitumstände des Studentenlebens betrifft. Hat er das nicht so versprochen?

Der Anfang ist schwierig. Man hat in München nicht auf den wackeren Eidgenossen gewartet. Andere Studenten sind schon länger da, die vorteilhafteren Jobs sind bei ihnen untergebracht. Erst im Verlaufe der Semester, erklären ihm die Zwillinge, kommst du an anständige ran, nämlich wenn du Beziehungen zu älteren Studenten geknüpft hast, die inzwischen abschliessen oder sonst ausscheiden. Ihre Jobs gehen unter der Hand weiter. Berichterstattung aus den Gerichtssälen, statistische Serienarbeit in einer Verwaltung, Handlangerdienste im Veterinärwesen. Ansonsten musst du dich halt bei einer der Umzugsfirmen melden. Die haben immer

Bedarf an unverschlissenen jungen Männern, bloss: Bald darauf gehörst du selber zu den Abgenutzten. Oder du stellst dich auf vier Uhr in der Frühe auf dem Fischmarkt ein. In diesem Fall jedoch werfen wir dich hier die Treppe runter.

Rüdt wird sich die Ratschläge aufmerksam angehört haben. Nahe liegt, dass er sich bei einer Zeitung meldet. Für einen Typografen hat man momentan keine Verwendung. Der Herr kann sich aber gerne wieder melden. Es gibt Stosszeiten, zu denen eine Aushilfe willkommen wäre. Die Anstellung, die man inzwischen anbieten kann, ist nicht ganz das, was Rüdt sich vorgestellt hat. Nun schlendert er frühmorgens als Litfasssäule durch die Geschäftigkeit vor dem Hauptbahnhof. Wenn er nachtschlafen antritt, schaut er kaum auf die Aufkleber, während ihm die Walze über den Kopf gestülpt wird, und ist überrascht, wenn die Leute mit grossen Augen stehen bleiben und gleich zur nächsten Verkaufsstelle eilen. Sobald die öffentlichen Plätze sich beruhigt haben, findet er sich bei der Auslieferung ein, wird von der Zwangsröhre befreit, liest endlich selber die Schlagzeilen, für die er sich die Beine in den Bauch gestanden hat, bezieht sein Handgeld, behändigt sein Freiexemplar und setzt sich damit in eines der Cafés auf dem langen Weg in die Max-Vorstadt. Er wird sich später bei der einen und anderen Vorlesung einfädeln; vorerst aber liest er sich, wie viele der korrekt gekleideten Geschäftsherren, die ihre Melone und ihren Gehstock aufs Tischchen gelegt haben, durch die Meldungen des Morgens. Beim Blättern fallen die Seiten mit den dick gerahmten Todesanzeigen auf. Sie verweisen meist auf ein Datum, das bereits zwei oder mehr Tage zurückliegt. Es gibt aber zusätzlich die Rubrik der amtlichen Todesanzeigen. Diese sind stets vom Vortag; sie enthalten die letzte Wohnadresse und meist eine Berufsbezeichnung. Max Rüdt erinnert sich lebhaft an die Abdankungen, die er in seiner Kindheit und Jugend erlebt hat, Grossvater, Tante, Dr. Nef. Beeindruckend stets die vom Pfarrer verlesenen Lebensläufe. Nach einer der Abschiedsfeiern hat er den Wunsch geäussert, dereinst auch solche Lebensläufe zu verfassen. Eure zum Beispiel.

Sowas sagt man nicht, fuhr ihm stracks die Oma übern Mund, man redet nicht den Tod herbei. Sie fuchtelte mit dem Knauf des Gehstocks, während Georg für einmal beschwichtigend eingriff. Für den Nekrolog sei zwar der Pfarrer zuständig, es komme jedoch vor, dass er vorlese, was Angehörige geschrieben hätten.

Vielleicht ist mancher Priester erleichtert, wenn er die Angaben nicht selber zusammentragen und zu einem schönen Nachruf verarbeiten muss. Wer weiss. Bei so vielen Todesfällen in jedem Kirchspiel. Man könnte wohl meinen, in diesem München werde ausufernd drauflosgestorben. Und vielleicht gibt es darüber hinaus Angehörige, die sich ihrerseits entlastet fühlen würden, wenn sie nur gerade die Angaben beizubringen hätten und handkehrum einen schönen Nachruf ausgehändigt bekämen.

Rüdt legt die Zeitung ab, verschränkt am Hinterkopf die Finger beider Hände, lehnt sich derart in sich selbst und besinnt sich seiner schriftstellerischen Talente. Während neuer Stunden im Litfass hat er Musse genug, nicht nur eine Idee reifen zu lassen, sondern sich auch ein Herz zu fassen.

An der Fakultät für Geschichts- und Kunstwissenschaften, die wohl zu Rüdts Studienzeit anders hiess, begann das Semester mit einem Paukenschlag. Ein junger Mann, vielleicht gar kein Student, sondern ein infiltrierter Störenfried, hatte in der ersten Vorlesung zur »Einführung in die Grundlagen der Kunstrezeption« seinen Auftritt. Stand plötzlich auf und redete dem Dozenten ins Referat.

Bürgerliche Schöngeisterei! verkündete er lauthals. Nutzlose Phrasen.

Störende Zwischenrufe sind an der Ludwig-Maximilian-Universität nicht nur unüblich, sondern geradezu verpönt. Trotz des prompten Zischens und vereinzelter Aufrufe zur Ruhe sprach aber der junge Mann weiter, ja, er hob noch durch das allgemeine Raunen und Aufbegehren hindurch die Stimme. Was an dieser Akademie verbreitet wird, ist Weihrauch im Dienste der Bourgeoisie. Müssen wir uns so etwas anhören? Lassen wir uns das gefallen? Die Kunstgeschichte ist dekadent. Sie gehört abgeschafft.

Hoppla! Rüdt war verblüfft. Andere bewahrten kühlen Kopf und darin klare Vorstellungen. Was zu viel war, war zu viel. Der Störenfried wurde aus der Bank gezerrt und zur Tür bugsiert. Dass dabei auch Rüdt einige Püffe abbekam, lag daran, dass er mit dem Pöbler in derselben Bank sass und ihn spontan gegen die unbesonnensten der Attacken in Schutz nahm. Ein paar Studenten griffen zugunsten des Malträtierten ein. Unter dem Ausgang gelang es ihnen, ihn von den rabiaten Angreifern zu trennen. In der Zwischenzeit hatte der Dozent kurz entschlossen sein Manuskript zusammengerafft und sich im Vorbereitungsraum in Sicherheit gebracht. Damit war die Vorlesung zu Ende. Wer nicht involviert war, trommelte mit den Knöcheln auf den Pultdeckel. Rüdt raffte sein Schreibzeug zusammen und schob es in die Ledermappe, während die echauffierte Studentenschaft aus dem Saal drängte. In den Gängen und auf der Treppe zum Lichthof wurde heftig diskutiert und gestikuliert, und schnell bildeten sich zwei unterschiedlich grosse Haufen, die sich auseinanderdividierten und draussen nach den nahen Bierstuben bewegten. Wir folgen dem sehr viel kleineren Pulk, der sich um den Verprügelten kümmert, und geraten schnurstracks in eine niedrige Schankstube. Der Störenfried wurde auf eine Bank gelegt, sein Kopf mit mehreren Stuhlkissen unterlegt, während die Servierfrau mit einem nassen Lappen erschien, den man dem jungen Mann in den Nacken stopfte. Die Wirkung blieb nicht aus, das Nasenbluten liess nach, man konnte sich am langen Tisch dem Bier und dem Vorfall widmen. Wir stellen fest, dass wir in einen Kreis von jungen Leuten geraten sind, die der Kunstgeschichte, wie sie am Ort praktiziert wird, durchaus auch kritisch gegenüberstehen. Tendenziell zu elitär, insofern hat der Querkopf recht. Wer hat dich eigentlich geschickt?

Der junge Mann, der sich mit geschwollenen Lippen herzuliess, behauptet, ihn brauche niemand zu schicken. Seht ihr denn nicht, fragt er zurück, dass der akademische Kunstbetrieb die Bourgeoisie bedient? Ein Affront gegenüber dem Volk, das letztlich dafür aufzukommen hat. Was wir brauchen, ist Kunst und Kunstrezeption im Dienste des Proletariats.

Ach so, von der Sorte also bist du.

Der Begriff »Proletariat« hatte es selbst unter den Linken schwer, zumal unter der aktuell anwesenden bourgeoisen Linken. Hätte man etwa den St. Galler Rüdt aufgefordert, das Wort nachzusprechen, wäre es kindlich von seiner Zunge gekommen, ungefähr als Ploletariat. Aber zu dem jungen Kerl mit der malträtierten Visage passte es schon. So unappetitlich wie der momentan aussah. Als Proletarier galt einer, der unangenehm auffiel. Sich nicht zu benehmen wusste. Selbst ein Gesellschaftskritiker hält sich hier an der Fakultät an Regeln. Was den Anstand betrifft. Und das Auftreten betrifft. Ohne Kittel im Hörsaal, mit Hosenträgern, keine Krawatte. Gehörte sich nicht. Und was nun das Gesicht betraf. Schau mal in den Spiegel, Mensch, und wenn du wiederkommst, hast du dich gewaschen.

Unterm rasch steigenden Alkoholpegel nahm man immerhin den Faden auf, den der Junge gelegt hatte. Es ging um die Relation zwischen dem Kunstbetrieb hier und der Basis der Gesellschaft dort. Geht Kunst die Masse etwas an? Was sagt Kunst aus über das gemeine Volk? Hat das Volk zu seinem Wohl den Kunstbegriff der Elite nötig? Oder missbraucht vielmehr die Elite das Volk, damit es ihr die Kunst bewundere? Und schliesslich: Befriedigen nicht tatsächlich wir, indem wir uns der Kunstgeschichte befleissigen, die Lustbedürfnisse der Aristokratie? Prostituieren wir uns mit einem Kunstbetrieb, der in Wahrheit der ihre ist? – So gingen Fragen anstelle von Antworten übern Tisch, während gleichzeitig Einigkeit darüber herrschte, sich mit der Beziehung des allgemeinen Volks zur Kunst zu befassen, sei grundsätzlich Zeitverschwendung.

Schon wollte man sich dreinschicken und tiefer ins Bier tauchen. Der Kulminationspunkt war indes noch nicht erreicht. Ein Student, der sich bis jetzt zurückgehalten hatte, wagte rein akademisch noch den Schritt weiter. Ist Kunst an sich, fragte er, Kunst, wie sie heute zelebriert wird, überhaupt noch ein ernstzunehmendes Sujet? Und Kunstgeschichte eine ehrenwerte Option?

Die gebildete Bierrunde war angesichts der ungenierten Zuspitzung der Fragen perplex. Dem einen und anderen der Anwesenden schwante, dass ihm an diesem Tag zu Beginn des Semesters und der Vorlesungsreihe, die Augen geöffnet worden waren, darüber nämlich, dass er, genau besehen, mit seinem Studium dem Steckenpferd einer Gesellschaft aufhockte, die sich als Elite begriff und allüberall die Machtpositionen besetzte, die sich bewusst vom Volk abhob und ihm von der hohen Warte herab doch vorschrieb, was guter Geschmack und Kultur und wertvoll sei.

Man schluckte. Nicht nur Bier. Und paffte. Keiner wunderte sich, dass der Prolet nicht zum Tisch zurückkehrte. Fast alle durchschauten aber, dass nun zuerst einmal ganz real die Zeche bezahlt werden musste, und machten sich rechtzeitig dünn. Max Rüdt war einer der verbliebenen. Der letzte Gast zahlt. Das passiert ihm aber nicht ein weiteres Mal. Das schwor er sich, während er seine Heller und Pfennige aus dem Beutel kramte. Mit starken Armen stützte die Servierfrau ihren Oberkörper auf der Tischplatte, über die sie sich beugte, sodass das lockere Dirndl tiefen Einblick gewährte. Den gönnte sie dem Betrachter. *Volle Erdenschwere.* Das fiel Rüdt dazu ein, bevor auch er sich schwer ergab.

Bezüglich der studentischen Annehmlichkeiten hat der Kroate seine besondere Passion und ein erstaunliches Talent. In kurzen Intervallen gelingt es ihm, irgendeine Göre aufzugabeln, die mit ihm heraufkommt, meistens eine blutjunge, der man mehr

Ängstlichkeit ansieht als Neugier. Er stellt sie dann kurz vor - meistens heisst sie Mimi, Nana oder Schuschu -, und schnell geht hinter der Gardine das Kichern, Schnaufen, Ächzen und manchmal auch Wimmern und Greinen los. Der Kroate scheint Anweisungen zu erteilen, anzuspornen, Feedbacks zu geben, und dies allerdings in seiner Muttersprache. Auch für die animalischen Lautäusserungen ist zumeist er allein zuständig. Er hat eine Art, sich zu verausgaben, dass den Mitbewohnern der Mansarde die medizinische Symptomatik vor Augen tanzt und die philosophischen Seins- und Wesenszustände sich in einer Endlosspirale drehen. Wenn einer von ihnen laut genug findet, es sei dann gelegentlich genug, jault der Kroate jäh auf, als hätte ein Peitschenhieb ihn zur Schlussstretta getrieben, worauf dann endlich Ruhe einkehrt. Wenn's dann nicht vielmehr das Wimmern ist. Wer aber meint, damit hat es sich, sieht sich getäuscht. Im Verlauf der Nacht erhebt sich das Geräusche langsam wieder und kommt zu neuen Höhen – es sei denn, das grosse Kind habe sich schreiend und dürftig angezogen zur Tür gestürzt und die Treppe runter. Wenn es das nicht tat, sitzt am Morgen ein weiteres hungriges Maul an der improvisierten Tischtafel. Es ist die ausgehängte Tür, die jetzt auf zwei Stuhlflächen liegt. Auf den Längsseiten hocken aufgereiht die Zwillinge und Rüdt auf Kissen oder gerollten Mänteln am Boden und nehmen die mitgenommene junge Frau in Augenschein, die neben dem Kroaten auf der anderen Seite kniet. Manch eine wirkt unbeeindruckt wie ein Stück Natur nach dem Sturm und erwidert die neugierigen Blicke; manch andere ist sichtlich geniert, ziert sich, nippt nur am Wein, den es in Ermangelung von heissem Wasser für Kaffee oder Tee schon zum Frühstück gibt, verzehrt aber hastig ihr Brot und die Wurstscheibe - womit der Kroate einen Teil der Kosten für seine Passion brüderlich aufteilt. Die Zwillinge haben in dieser Hinsicht keine Auslagen und laufen auch nicht Gefahr, im Nachgang medizinische Demonstrationsobjekte zu werden.

Was Max betrifft: Er geniesst weiterhin den Schutz der heiligen Elisabeth. Denn nach wie vor ist es die Gefährtin von der Büchergilde, deren Jungfrauenwesen sich als wehrendes Bild dazwischenschiebt, wo immer die wacheren Träume den Mann, aus dem sie dampfen, leiblich mit Frauen beschäftigen möchten.

Nein, kein Asket. Es gibt Annehmlichkeiten, denen er widerstandslos obliegt. Schon in der Lehre hat er nicht nur Milch getrunken; dafür sorgten an manchem Feierabend die Drucker und Setzer und Metteure, und das Bier im Schützengarten mundete mindestens so gut wie das Löwenbräu. Wenn er nun mit ein paar Kumpanen im Bierhaus sitzt, fühlt er sich angeheimelt und hat, wenn der Alkohol wirkt, nebst Kopf- sogar ein bisschen Heimweh. Das vergisst er aber gleich wieder. Die Servierfrau sitzt auf seinen Knien, während er seinen Leberkäs mit Spiegelei spachtelt. Das macht sie, um ein tüchtiges Trinkgeld auszulösen, und stemmt sich beim Aufstehen mit der Hand tief im Hosenlatz hoch. Ähnliches ist Max weder in St. Gallen noch in Zürich widerfahren. Das gehört aber hier offenkundig dazu, nämlich zur grossen Welt. In reflexnahen Momenten wird er den Kopf durchaus einmal da haben, im Übrigen jedoch vorwiegend beim deutschen Idealismus und bei der Kunstrezeption. Beide pflegen die sinnlichen Eingebungen, soweit sie sich an Elisabeth vorbeigeschlichen haben, zu durchkreuzen und gründlich zu verpfuschen.

Die paar Groschen, die er fürs Herumstehen im Litfass eingesackt hat, gehen meist im Café gleich wieder drauf, ehe er zu den »Grundlagen« weitergeht. An einem der Vormittage durchstöbert er wieder im Amtsblatt die Liste der Todesfälle. Seine Aufmerksamkeit gilt den Anzeichen für Mittelstand. Trauerfamilien aus gehobenen Schichten brauchen keine Hilfe, wohl aber vielleicht die von Handwerkern und Händlern, Bank- und Verwaltungsangestellten, die etwas auf sich halten und in der Lage sind, Unkosten auf sich zu nehmen. Drei Adressen notiert sich Rüdt. Er besteigt die Strassenbahn, löst beim Schaffner in der blauen Uniform für 10 Pfennig den Fahrschein und meldet sich bald darauf im ersten der ausgesuchten Trauerhäuser, um seine Schreibgewandtheit für die

Ausfertigung von Lebensläufen anzubieten. Er muss durch einen Hof mit streunenden Hunden, die ihn beschnuppern, und eine Treppe hoch auf die Galerie im ersten Obergeschoss. Dort stösst er auf schroffes Befremden. Er wird gar nicht erst angehört, sondern vor der Wohnungstür stehengelassen. Eine Erfahrung, die er im Verlauf der kommenden Wochen und Monate oft wiederholen wird. Bei diesen Gelegenheiten übt er, nicht klein beizugeben, selbst wenn ihm Feindseligkeit entgegenglotzt. In den Ausnahmefällen sitzt er bald darauf mit Angehörigen der verstorbenen Person in einer Stube neben dem Zimmer, in dem die Leiche aufgebahrt ist. Er notiert zuerst die Eckdaten, damit er ein Zeitraster bekommt, in das er die weiteren Informationen einordnen kann. Dann hört er zu und schreibt mit, wie er das aus den Vorlesungen gewohnt ist. Er lässt geduldig Tränenpausen über sich ergehen und wundert sich nicht lange über Widersprüche, in die sich die Interviewpartner verwickeln, wenn sie zu zweit oder im Familiensetting einander gegenseitig die Aussagen überwachen. Mit gezielten Fragen versucht er dann den Faden wiederaufzunehmen und gleichzeitig die Absicht der Erzählenden zu erraten. Geht es um Verdienste, lässt er sich mit entsprechendem Pathos darauf ein. Der Witwe, die den Zeitpunkt gekommen sah, sich an ihrem Gatten für seinen treulosen Lebenswandel endlich doch zu rächen, verschaffte er insofern Genugtuung, als er in einigen Sätzen auf ihre Nöte und ihre Treue einging: wie sie trotz all der seelischen Verletzungen, die der Verstorbene ihr zeitlebens schien zufügen zu müssen, unverbrüchlich zu ihm gehalten hat. Wiederholt hat er augenscheinlich allzu belanglosen Lebensläufen im Nachhinein in einer Weise Gewicht verliehen, dass den Verbliebenen staunend die Augen weit aufgingen, oft schon, nachdem ihnen der Nachruf zum Gegenlesen ausgehändigt worden war, mit Gewissheit, wenn sie ihn in ihrem Leibblatt lasen, spätestens aber, wo er, vom Priester gelesen, mit Raumklang versehen breit in die Bankreihen niederkam. Nicht selten wurde dem Autor, wenn er sich nach der Zufriedenheit mit seiner Dienstleistung erkundigte, über die ausgehandelte Pauschale hinaus dankbar ein Zusatzgroschen in die Hand gedrückt. Und unter uns: Was schadet es, dass Nachrufe geschönt sind? Sie weisen auf Ereignisse und Lebenszusammenhänge hin, die man für erwünscht und sinnvoll hält. Kein Nachruf, der nicht in irgendeiner Weise frisiert worden wäre - und nicht anders übrigens der hier, der den Rüdt betrifft, den wir aktuell als Verfasser von Nekrologen auf der Stör sehen.

Ein rechter Unternehmergeist würde sich schnell in dieser Nische des Bestattungswesens etabliert haben, und umso entschiedener, als sich beiläufig sogar ein Seitenzweig abzeichnete dergestalt, dass Rüdt auch einmal hier eine Bittschrift ans Steueramt, dort eine Beschwerde beim Erbschaftsamt formulierte, die er beide dann beim zutreffenden Adressaten anbrachte, und dass er aufgebrachten Zeitungslesern seine Sprache für einen Leserbrief verkaufte. Anstatt aber zu dem lukrativen Geschäft zu gedeihen, das ein anderer daraus vielleicht gemacht hätte, blieb Max Rüdts Job unregelmässig, aufwändig und trug erst noch zu wenig ein; immerhin sah der junge Mann schon tief in abgründige Geschichten und Schicksale hinein, sodass er der Versuchung nicht widerstand, die eine oder andere Anekdote literarisch zu verwerten und irgendwo im Blätterwald unterzubringen. Es handelte sich um jene Texte, die unterm Titel »Auf der Schwelle« hätten überliefert werden sollen.

Die Nachrufe, Bittschriften, Beschwerde- und Leserbriefe und die Schnurren und Schwänke bekommen ihren Schliff bei Kerzenlicht in der Mansarde; sie bringen dem Mitmieter das, was uns heute Earphone-Stöpsel leisten, während es hinter den Vorhängen geräuschvoll zu und her geht. Manchmal hocken die Mediziner mit am Tisch, jeder mit einer Kerze vor irgendeinem Mitschrieb, den es zu memorieren gilt. Wenn sie mit Rüdt einen Blick wechseln, verdrehen auch sie die Augen. Geht's auch ein wenig diskreter, ruft mal der eine in die Gardinen. Oder macht endlich vorwärts, zischt der andere.

Manchmal kommt der Kroate alleine herauf. Mit einem Blick überschaut er, was allenfalls an Essbarem herumliege, bedient sich und wirft sich dann in seine Kate, ohne den Vorhang zu ziehen, und schnauft sich schon bald durch seine Träume. Einer nach dem anderen steigen seine Mansardgenossen mit ihrem Kerzenlicht zur Toilette in den Hof hinunter, kommen zurück, legen die Wäsche ab, verschwinden im Dunkel, die Mediziner dort, Rüdt hier. Aber wirklich dunkel ist es in der Mansarde nur in den mondlosen Nächten. Selbst durch die schmutzigen Dachfenster sickert noch Restlicht herein. Die Hände hinterm Kopf verschränkt späht Rüdt in die Dachkonstruktion, bis ihm die Augen zufallen. Er ist der erste, der wieder aufsteht. Um halb sechs ist er bei der Auslieferung der Morgenausgabe und lässt sich das Litfass überstülpen.

An einem Nachmittag gilt's eine Traueradresse an der Dachauer Strasse. Man sitzt in der Stube hoch überm Pflaster, von dem das Klappern und Holpern von Pferdefuhrwerken heraufdringt. Die Pendule auf dem niedrigen Buffet steht still und zeigt einuhr-siebenundvierzig an. Ein Bilderrahmen an der Wand zwischen den Fenstern ist mit einem weissen Tuch verhängt. Dem Interview stellen sich in Schwarz die Witwe und eine der Töchter. Diese ist, wie sich rasch herausstellt, mehr neugierig als nützlich. Dass sie den Vater nur mit negativen Erinnerungen in Zusammenhang bringt, fällt allmählich sogar ihr selber auf. Seine Schweigsamkeit bei Tisch etwa, wenn er ihr Schulzeugnis zur Kenntnis nahm, die langweiligen Ausflüge zum Englischen Garten, die Picknicks am Kleinhesseloher See, die er anordnete. Allenfalls noch seine schier beleidigende Ungerührtheit anlässlich von Familienfesten und seine Teilnahmslosigkeit, was seine Enkelkinder betraf. Er war nie der Familienvater, behauptet sie.

Er war ein anständiger Mann, erwidert die Witwe. Er hat uns nie im Stich gelassen. Das ist ihm hoch anzurechnen. Notieren Sie das. Nie im Stich gelassen. Er hat für seine Familie gesorgt.

Ja doch. Rüdt hat das zu Kenntnis genommen. Als ob es ein höchst selten ausgesprochenes Merkmal wäre. Er muss sich übrigens keine Mühe geben, hinter Unausgesprochenes zu kommen, denn es bahnt sich wie von selber den Weg zur Sprache. Manchmal auf Umwegen. Im aktuellen Fall wird gleich ein unerwarteter Besuch den Verdacht bestätigen; zunächst aber, und um das Gespräch in eine Bahn zu lenken, die sich üblicherweise als harmlos und fruchtbar erweist, ergeht an die Witwe die Einladung, sie möge doch erzählen, wo und wie sie ihren späteren Mann kennengelernt habe.

Weisst du das überhaupt noch? zweifelt die Tochter.

Gewiss doch, versetzt die Witwe. Das war an der Hochzeit deiner Tante. - Der Bräutigam habe, so berichtet sie weiter, seine Brüder eingeladen. Und ja, der eine habe ihr halt auf Anhieb gefallen, er habe gut getanzt, das habe ihr imponiert, und war ein Student obendrein. Ihre ganze Bewunderung sei ihm auf sicher gewesen.

Ein Student? Unser Papa hat studiert? Wusste ich das denn?

Ja, hat er. Aber vorher war er als Klempner und Kunstschmied unterwegs.

Und was für ein Studium?

Etwas Technisches halt, in Karlsruhe. Darum habe sie ihn erst wiedergesehen, als er nach München zurückgekehrt sei. Briefe gewechselt hätten sie aber schon. Ein eifriger Schreiber sei er freilich nicht gewesen.

An eben diesem Punkt sind die Schritte auf der knarrenden Treppe zu vernehmen, gleich darauf klopft man an der Wohnungstür. Zwei betagte Leute treten ein. Der Mann zieht den Hut und verneigt sich vor der Witwe. Seine Frau äussert herzlich ihr Beileid und überreicht eine weisse Rose. Durch die offene Tür spähend entdecken die Gäste den jungen Mann am Tisch im Wohnzimmer. Sie möchten aber keinesfalls stören, sondern nur einen Kondolenzbesuch abstatten.

Ihr stört nicht, erwidert die Witwe. Wir nehmen gerade den Lebenslauf auf. Frau und Herr Rothbrust.

Der junge Mann erhebt sich und stellt sich seinerseits vor.

Aha, Student. Was soll's denn werden?

Das ist die peinlichste Frage, die man zurzeit an ihn richten kann. Er zögert und lässt dann verlauten, er schreibe für Zeitungen.

Ach so. Journalist? Oder gar Redakteur?

Naja, hier in München belege er Philosophie und Kunstgeschichte.

Die Witwe ergreift wieder das Wort. Sie richtet es an Rothbrust. Wir waren gerade bei Ferdinand. Wie hiess das, was er studiert hat, damals, in Karlsruhe? Sie als sein Jugendfreund wissen das sicher.

Nun, nicht nur Jugendfreund, sondern auch Studienkollege, korrigiert Rothbrust. Unser Lehrer war Professor Redtenbacher. Heutzutage würde man uns Maschinenbauer oder Ingenieur nennen.

Ingenieur? Papa war richtig Ingenieur? Die Tochter stellt einmal mehr fest, dass sie sich kaum je für den Mann interessiert hat, der ihr Vater war. Wurde sie nach seinem Beruf gefragt, gab sie an, er arbeite bei Einhorn in Aubing.

Ja, für den haben wir zusammen die Druckbehälter gebaut. Darum ist er ja überhaupt nach München zurückgekehrt.

Ach so, macht die Tochter. Hab doch gemeint, wegen einer Frau.

Nun, wär's ihm darum gegangen, hätte er ebenso gut andere Destinationen wählen können.

Aber August! Die Besucherin fährt entsetzt dazwischen. Was sagst du da? Und hier in diesem Haus!

Lassen Sie nur, erwidert die Witwe. Ich weiss Bescheid.

Aber ich nicht! Die Tochter begehrt auf. Was weiss ich da nicht?

Nun, sie wolle ihrem Mann jetzt nichts nachtragen, beschwichtigt die Witwe. Aber sie sei ja nicht die einzige gewesen, die den Ferdinand bewundert habe, und nicht die einzige, von der er sich habe bewundern lassen. Damals. Und auch späterhin nicht. Aber diejenige halt, die bald ein Kind von ihm erwartet habe.

Und das Kind war ich? Verhielt sich das so?

Für einen Augenblick könnte man sogar einen Toten atmen hören.

Verhielt sich das so? Warum wusste ich das nicht?

Vielleicht hast du nie danach gefragt, entgegnet die Mutter. War auch wohl besser so.

Wieso besser?

Die Witwe hat nichts zu verbergen. Die Rothbrusts wissen eh Bescheid. Sie würden es als erste bemerken, wenn sie ihrer Tochter gegenüber jetzt mit Ausflüchten gekommen wäre. Nun ja, sagt sie, es war halt nicht der Himmel auf Erden.

Aber wieso nicht, Mutti?

So wenig er ein begeisterter Vater war, so wenig war er ein begeisterter Ehemann. Doch solang er die Familie nicht im Stich liess ...

... so lange hast du darauf verzichtet, ihn zur Rede zu stellen. Ist es so?

Ja, so ist es. Und darum wohl habt auch ihr, du und deine Geschwister, tunlichst weggeschaut.

Haben Sie das gewusst? Die Frage der Tochter geht an die Rothbrusts.

Beide nicken. Alle Welt hat es gewusst. Doch über sowas redet man nicht.

Oder nur hinter vorgehaltener Hand, nicht wahr?

Entschuldigen Sie, versetzt Rothbrust. Es tut mir leid. Jetzt und hier besonders. Es war nie gegen Ihre Mutter oder gegen Sie selbst gerichtet. Wir waren befreundet, Ferdinand und ich. Obwohl wir uns zwischenzeitlich lange aus den Augen verloren haben. Während er als Werkleiter in der Firma blieb, zog es mich weiter. Ich war ja noch frei.

Rothbrusts Feixen gilt seiner Frau. Wie man halt so sagt. - Und Sie, Herr Rüdt, haben jetzt sicher etwas zu schreiben.

Eher nicht. Das sind Dinge, die nicht den Stoff für Nachrufe bilden. Und neu sind sie auch nicht. Solche Geschichten wie hier, so übel sie für die erleidenden Personen sein mögen - sie wiederholen sich.

Das ist auch kein Trost, stellt Frau Rothbrust fest.

Die Witwe schweigt. Dann lenkt sie das Gespräch um. Sicher möchten Sie von Ferdinand Abschied nehmen? Kommen Sie doch auch, sagt sie beiläufig zum Studenten und geht, immer noch die weisse Rose in der Hand, voraus in den Gang. Sie öffnet die Tür zum Schlafzimmer und heisst die Gäste eintreten. Das Schlafzimmer ist nüchtern hell vom Sonnenlicht, das die Fensterscheiben der Häuser auf der anderen Gassenseite hereinspiegeln. Man könnte behaupten, es sei nüchtern leer, da der Tote ja nicht anwesend ist. Er ist insofern kaum anwesend, als er sich vom Bett unter ihm nicht stärker abhebt als auf manchen mittelalterlichen Grabplatten das Halbrelief des Adeligen, der einst darunter begraben lag. Käsig ausdruckslos das Gesicht mit dem Schnauzerl, das schüttere Haar in der Mitte gescheitelt. Der Dreitagebart und die langen Fingernägel erzeugen einen Eindruck von Überständigkeit. Der eigentümliche Geruch stammt nicht von den Kerzen, die beidseits am Kopfende des Bettes auf den Beistelltischchen stehen und jetzt von der Witwe angezündet werden. Allenfalls von den Blumen in den Vasen, die zu beiden Seiten neben dem Bett platziert sind. Die Witwe steckt den Stiel der Rose so zwischen die lose gefalteten Hände, dass die Blüte über die weisse Hemdbrust zu liegen kommt.

Er würde schmunzeln, wenn er das sähe, der Ferdinand. Er hat seiner Lebtage nicht viel von Rosen gehalten. Trotzdem hat er zur Geburt der Kinder jedes Mal einen mächtigen Strauss ans Wochenbett gebracht hat. So galant war er.

Mit diesen Worten hat die Witwe die Spannung gelöst, ehe die sich so recht einstellen konnte, und zieht sich in den Hintergrund zurück. Der junge Mann bleibt auf der Schwelle stehen, hinter ihm die Tochter. Rothbrust tritt ans Bett. Er räuspert sich und macht dann Platz. Frau Rothbrust faltet die Hände zum Gebet. Gott behüte dich. Er behüte deinen Ausgang und Eingang von nun an bis in Ewigkeit. Amen.

Die beiden Alten haben sich schon verabschiedet und stehen unter der Tür. Da wendet sich Rothbrust nochmals zurück. Könnte der Herr Student zufällig eine kleine Wohnstatt brauchen? Wir hätten ihm da was.

Nun ja. Der Student steht vom Tisch, an den er sich wieder gesetzt hat, auf und gesteht, dass seine Wohnverhältnisse nicht eben erfreulich zu nennen sind. Mit drei weiteren Kommilitonen in einer Mansarde. Aber billig halt.

Da biete ich Ihnen Besseres. Was genau zahlen Sie für ihre Dachkammer? Dafür können Sie bei uns zwei Zimmer und mehr haben. Und erst noch möbliert. Interesse? Kommen Sie vorbei, sobald Sie hier Ihre Arbeit getan haben. Schellingstrasse 147.

Werkstudent Rüdt wohnt also jetzt nicht mehr unterm Dach mit den Zwillingen und dem eifrigen Kroaten. Die angewandte Schriftstellerei hat ihm zwar bislang wenig Geld, doch immerhin ein betagtes Paar eingetragen, Frau und Herrn Rothbrust. Stellen Sie sich eine Dame vor, die auf sich hält, besonders was die Haartracht betrifft, und einen glatzköpfigen Mann mit wohl ausgebildetem Bäuchlein. Hinter den dicken Gläsern der Brille wirken seine Augen, die er angestrengt weitet, riesengross. Das Ehepaar besitzt ein geräumiges Haus im verwinkelten Quartier. Aus Furcht vor Einbrechern haben sie sich ins Obergeschoss zurückgezogen, hinter zwei Türen mit einem Vorraum dazwischen. Sie brauchen einen starken Mann im Haus, damit sie nachts keine Angst haben müssen. Der junge Mann aus der Schweiz dünkt sie auf den ersten Blick vertrauenswürdig genug, ihm spottbillig Räume im Erdgeschoss zu überlassen. Er muss nur jeden Tag wenigstens einmal nach ihnen schauen und den einen oder anderen Einkauf besorgen. Ihre Beine tragen sie bis zum Kolonialwarenladen um die Ecke, aber nicht bis zur nächsten Apotheke. Rüdt macht gerne Gebrauch von diesem Glücksfall und zieht ein. Er stellt das Bett in den Raum, der dem Gassenlärm am wenigsten ausgesetzt ist. Zwischen den übrigen Möbelstücken, die im Parterre zurückgelassen worden sind - das sind eine Kommode voller Sammlerramsch, ein Schrank, der fast platzt von Damenkleidern und Hüten, ein Sofa, eine Anrichte mit einer Vitrine, darin ein Fundus von Karaffen, Wein- und Schnapsgläsern - richtet er sich mit Tisch und Stuhl und mit Kerzenlichtern ein. Wenn er abends heimkommt, macht er ein bisschen Geräusch; so ist es vereinbart, denn nun fühlen sich die Rothbrusts sicher. Man könnte wohl meinen, sie hocken in ihrem Horst auf einem Vermögen. Auf jeden Fall nennen sie Rüdt bald ihren Schweizergardisten, den Frau Rothbrust jeden Freitag, damit er trotz des Fastentags bei Kräften bleibe, mit einem tüchtigen Stück Apfelstrudel versorgt.

Zur verbesserten Wohnsituation wollen die Litfass-Einsätze nicht passen. Rüdt meldet sich ab und erkundigt sich gleichzeitig wieder einmal nach Möglichkeiten, als Typograf auszuhelfen. Ja, diesmal klappt's. Ein flinker und billiger Handsetzer ist willkommen. Es gibt aktuell eine Häufung von Akzidenzien:e Taufe, Hochzeit, Vereinspublikationen. Das ist dann meistens abends und nachts, wenn die ordentlichen Setzer nach Haus gegangen sind, und ein einsamer Job im schlecht beleuchteten Atelier.

Eines der Flugblätter, die er in Nacht- und Nebelaktionen setzte, lud zu einer Veranstaltung der sozialdemokratischen Jugend ein. Es gehe um Militarismus und Antimilitarismus. Rüdt behändigte sich einen der Probeabzüge. Heute stellt er sich am angegebenen Versammlungsort ein. Stellen wir uns den russigen Saal einer stillgelegten Fabrik vor samt Scheibenlöchern und Durchzug, ausserdem Tische und Bänke, improvisiert mit Brettern und allerlei Stützen und Unterlagen. Immerhin, es wird Bier aus dem Fass gezogen, und auf fast jeder Tischtafel russt eine Petroleumfunzel. Sie ersetzt das Licht, das der Abend aus den Fenstern zieht, und erhellt die dreitagebärtigen Gesichter der zumeist jungen Männer, die mit Schirmmützen und Hüten erschienen sind, etliche Dutzend, wenn nicht hundert und mehr. Rüdt fällt nicht nur mit seinem Schreibzeug auf, sondern ebenso mit dem weissen Papierkragen und dem dunkelroten Schlips. Wer bist du, fragt der Kerl, der keine Handbreit rückt, um dem Fremden mehr Sitzfläche am Tischende freizugeben.

Student, antwortet Rüdt. Und freier Journalist.

Dann gib acht, was du schreibst, versetzt der Nachbar, der übrigens nach Maschinenöl riecht.

Dem Redner verschafft mit gellenden Pfiffen durch die Finger ein stämmiger Mann die nötige Aufmerksamkeit. Man würde ihn sonst nicht beachtet haben, denn die Stelle, wo man die Kiste platziert hat, ist im Halbdunkel. Die Männer lassen vom Humpen, den sie polternd auf die Tischtafel setzen, nicht ab, schieben jedoch auf dem Brett ihre Gesässbacken und wenden sich der angesagten Attraktion zu. So hat Rüdt eine Reihe dicker und schmächtiger, haariger und blanker Nacken vor sich, die zwischen hochgezogenen oder abfallenden Schultern sitzen. An ihnen vorbei fällt sein Blick auf den Mann im dunklen Streifenanzug. Er ist im Gegensatz zu seinem Gastgeber von eher schmächtiger Statur. Auffallend das blasse frisch rasierte Gesicht mit den angenehmen Zügen. Das luftige Haar ist nach hinten gekämmt; der dezente Ansatz zur Stirnglatze betont die hohe Stirn. Der Mann hat, soweit man das im ungenügenden Licht beurteilen kann, einen offenen Blick, auffallend volle Lippen und einen an Spatzenflügel erinnernden Schnauzbart. Vielleicht um die vierzig? Auf jeden Fall ist er Karl Liebknecht aus Berlin. Die Schrift »Militarismus und Antimilitarismus« habe, sagt der Gastgeber einleitend, der hier anwesende Autor für die Jugendarbeit der Sozialdemokratischen Partei veröffentlicht. Ihretwegen habe man dem Genossen vor gut zwei Jahren den Prozess wegen Hochverrats gemacht. Unter der ermutigenden Eskorte vieler Menschen habe er die Festungshaft angetreten, und noch vor der Entlassung sei er als einer der ersten Sozialdemokraten überhaupt ins preussische Abgeordnetenhaus gewählt worden. Aktuell kandidiere er kühn für den Reichstag, und zwar ausgerechnet im Kaiserwahlkreis.

Eine Laufbahn, die Max Rüdt sich merkt, während bei erhobenen Humpen ein vielstimmiges Hoch! den Gastredner willkommen heisst. Der haucht in die Gläser vom Zwicker, um sie mit einem Tüchlein zu reinigen. Schaut einer so genau hin, wie Rüdt es gewohnt ist, entgehen ihm nicht die golden blinkenden Knöpfe an den Manschetten, von denen die Jackenärmel zurückgerutscht sind. Liebknecht setzt den Zwicker auf die Nase zurück. Das bringe zwar kein Licht ins Halbdunkel, er hoffe indes, einiges Licht in den Militarismus zu bringen. Damit steigt er auf die Kiste. Der Alemanne aus St. Gallen hat gute Ursache anzunehmen, dass die bayrischen Zuhörer sich mit dem berlinisch eingefärbten Deutsch ebenso schwertun wie er, ist aber schnell bereit, sich beeindrucken zu lassen, denn der Referent schickt sich an, völlig frei zu sprechen. Ohne Umschweife kommt er zur Sache, sodass Rüdt auch bereits mitschreibt. Militärische Wertvorstellungen und Interessen dominieren sowohl die Politik als auch das gesellschaftliche Leben. Zwei Ausprägungen lassen sich unterscheiden, nämlich der nach aussen gerichtete und der gegen innere Feinde gerichtete Militarismus. Der äussere braucht einen äusseren Feind, das heisst ein Feindbild, das vom Volk ohne Weiteres auf eine fremde Nation angewendet wird. Damit es gelingt, müssen Vorurteile geschürt, muss eine patriotisch verbohrte Sichtweise erzeugt werden. Der innere Militarismus gründet auf dem Unverständnis, ja sogar Hass gegenüber jeder fortschrittlichen Bewegung im Volk, so etwa gegenüber der Arbeiterbewegung. Er ist auf den Stumpfsinn der Menschen angewiesen, denn die Masse soll sich wie eine Herde Vieh treiben lassen. Zu diesem Zweck erklärt man die Streitkräfte zur »Schule der Nation«. Die militärische Ausbildung ist darauf angelegt, strikt hierarchische, auf Befehl und Gehorsam beruhende Verhaltensgewohnheiten zu erzeugen, die hernach auch die Zivilgesellschaft prägen, etwa das Verhältnis zwischen Vorgesetzten und Angestellten. Nicht nur der Soldat, auch der Angestellte und der Arbeiter sollen sich automatisiert lenken lassen. Und eben hier setzt nun die antimilitaristische Agitation ein. Sie hat den Finger auf die allgegenwärtigen Tendenzen der militaristischen Abrichtung zu legen und das arbeitende Volk gegen die drohende Verdummung wachzurütteln, damit es sich hüte, gefügig zu werden.

Rüdt hat seine ersten Erfahrungen mit dem Schweizer Ableger preussischer Militarisierung gemacht und den Drill erlebt, dem seit Ulrich Willes Reformen auch die Schweizer Soldaten unterworfen sind. Disziplin ist gefragt. Oberstes Ziel ist die »volle körperliche und geistige Hingabe des Soldaten an seine Pflicht«.[6] Drill und peinlich genau durchgeführter Dienst gewöhnen den Wehrmann an »unbedingten Gehorsam und vollkommene Ausführung von Befehlen«.[7] So rennt er blindlings ins Verderben, sobald man ihn schickt, und so schiesst er, auf wen immer zu schiessen er den Befehl empfängt. Wenn nötig auch auf widerborstige Landsleute. Solcher Schule der Nation hat sich Rüdt unterzogen, weil das der Gepflogenheit entsprach, und ist in der Folge - das wird ihm am Tisch mit den jungen Arbeitern bewusst - prompt auf die beabsichtigte Verstumpfung hereingefallen. Rekrut Rüdt Max hat auf die Zähne gebissen wie fast jeder andere auf dem Waffenplatz auch. Er ist schlicht nicht auf die Idee gekommen, nach der Berechtigung zu fragen, mit der junge Männer so zur Sau gemacht wurden, dass sie sich gehorsam vor den Füssen der Schreihälse in den Schlamm warfen.

Nach dem Referat bleibt das junge Männervolk sitzen. Ein paar Studenten hier, die jungen Fabrikarbeiter und Handwerksgesellen dort. Verbindend der Konsum von Bier. Rasch steigt der Lärmpegel. Irgendwo lodert ein Lied auf, das Rüdt noch nicht kennt, »*Wacht auf, Verdammte dieser Erde*«, glaubt er zu verstehen, und »*Völker, höret die Signale, auf zum letzten Gefecht*«. Neugierig bleibt der Student und freie Journalist sitzen, und als er dann doch aufbricht, muss er über Unrat und Krugscherben hinwegsteigen. Draussen auf der Gasse findet er sich in Katerstimmung wieder. Eine Frau hängt sich bei ihm ein. Na, junger Mann, du machst keinen glücklichen Eindruck. Brauchst du Hilfe?

Hau ab!

Hei, du Unflat. Dann kotz halt meinetwegen in die Gosse.

Nach und nach kommt zum Vorschein, was die Alten verunsi-
chert. Sie lesen »Die Allgemeine«. Weil die Zeitung aufmerksam linke Machenschaften aufspürt und aufdeckt. Speziell die Sozis
sind denRothbrusts ein Albtraum. Wehrlos, wie das Alter sie gemacht hat, nehmen sie das Gespenst, das umgeht in Europa, wörtlich. Sie fürchten, die Proletarier aller Völker würden bei ihnen ein-
brechen und sie nicht nur ihres Habes und Gutes, sondern auch ihres Lebens berauben.

Aber nein doch, beruhigt der Student aus der Schweiz seine
Schützlinge. Wenn er auf den derzeitigen Horizont späht, sieht er
bestenfalls bürgerliche Staatsstreiche heraufziehen, jedoch keine
proletarische Revolution. Nicht so lange ich hier bin, versichert er.
Er kann aber das Gefühl der beiden Alten, bedroht zu sein, durchaus nachvollziehen. Es kommt tatsächlich das eine und andere Mal
vor, dass im Vorübergehen ein Spätheimkehrer ans Fenster klopft
und Faxen macht, wenn drinnen der Student von seinen Papieren
aufschaut. Frau Rothbrust denkt nicht daran, den Arbeitsraum ihres Mieters mit Gardinen zu versehen, es soll sich ja jedermann davon überzeugen, dass da ein junger Kerl wacht: sein Gesicht hell
zwischen den beiden brennenden Kerzen, Bücher und Papiere auf
dem Tisch.

Jetzt gerade ist Winter. An den Scheiben der Vorfenster haben
sich Eisblumen gebildet, mehr als einen Lichtschein wird man nicht
erkennen. Sonst sähe man den Mann mit Schal und Mütze am Tisch
sitzen, obwohl hinter ihm der Ofen noch Wärme abgibt.

Wir können annehmen, dass das Schellingstrassen-Jahr in
Rüdts Curriculum das ergiebigste war. Er verbrannte Unmengen
von Kerzen über Nekrologen und Anekdoten, über der Lektüre seiner Mitschriebe von den Vorlesungen und Notizen aus Büchern,
die er in der Bibliothek studierte, und trug dazu bei, allmählich die

Stuckschnörkel einzurussen, die den Deckenkanten spielerisch folgten.

Die Opernfestspiele, gross angekündigt, waren wohl nicht das Ereignis, auf das Rüdt gewartet hätte. Er mag indes zur Kenntnis genommen haben, dass neben anderen von Richard Wagners Werken auch der *Tannhäuser* aufgeführt werden sollte. Wir sehen ihn, wie er um die Affiche herumstreicht. Die Besetzung sagt ihm nichts. Dem Namen des Dirigenten, Felix Mottl, dürfte er wiederholt in den Blättern begegnet sein - das ist ja derzeit in München unausweichlich -; den Besuch einer der Vorstellungen fürs Volk wird er sich aber wohl kaum leisten. Wir können uns hingegen vorstellen, dass er sich bei dieser Gelegenheit an die Aufführung in Zürich erinnert. Aus der Distanz, die die Einzelheiten zugunsten der Hauptthematik zurücktreten lässt, vergegenwärtigt er sich die Handlung und erkennt den Mann zwischen den zwei Verlockungen, auf die sein Bruder hingewiesen hatte. Venus, die Unterirdisch-Irdische, steht für das triebhafte Element, für das Weibliche, das hinabzieht. Elisabeth verkörpert die überirdisch-irdische Verlockung, das Ewig-Weibliche, das uns gemeinsam mit dem Weimarer Dichterfürsten hinanzieht. Anhand dieser Parabel begreift unser Student endlich, wie folgenreich die Begegnung mit der leibhaftigen Elisabeth in St. Gallens Leihbücherei war. In einem beständigen Prozess unterhalb des Wachbewusstseins hat sein Wesen die junge Frau in ein Sinnbild der Sehnsucht verwandelt. Kern jeder tiefen Sehnsucht ist der Fakt, dass ihr Gegenstand unerreichbar ist und dies auch bleibt, sich dabei aber richtungweisend auswirkt. Die leibhaftige Elisabeth hat sich unbemerkt in eine subtile Motivation und Orientierungshilfe gewandelt. Ihre Wirkung tut sie aus der zunehmend verschwimmenden Erinnerung heraus. Dass er studiert: im Grunde genommen ihretwegen. Dass er sich nicht in Frauengeschichten verstrickt: ihretwegen. Dass er sich von jugendlichen Demonstranten aufhalten lässt und mit ihnen von menschlicheren Bedingungen träumt: ihretwegen. Er möchte die Welt nach dem Sinn- und

Leitbild formen, das ihm Elisabeth vorzugeben scheint. Ein reines Bild - eine heile Welt. Und die möchte er dereinst dem Idol zu Füssen legen.

Aus den Träumen kehrt der Werkstudent zurück in die real existierenden Gegebenheiten, namentlich in jeweils jene unter den Druckereien, die sich gerade mit Aufträgen übernommen haben. Mit billigen Aushilfen halten sie die Kosten tief. Es handelt sich vorwiegend um schlecht beleuchteten Nachtdienst (tagsüber sind die Arbeitsplätze regulär besetzt) und eben jetzt unter Rüdts Händen um ein Buch mit Illustrationen. Mit denen hat die Aushilfe nichts zu tun, wohl aber mit dem Textsatz. Beiträge von verschiedenen Autoren, deren Namen ihm nicht geläufig sind: Marc, Kandinsky, Macke, Schönberg. Sie stellen ein künstlerisches Programm vor und nennen es »anarchisch«. Rüdt stutzt - um fortan mit wachem Interesse mitzulesen, während er die Texte setzt. Ab und zu erlaubt er sich, insgeheim eine Aussage zu notieren.

Bald darauf erfährt er, dass die nämlichen Maler an der Theatinerstrasse eine Ausstellung machen. Ein Muss für Kunstbeflissene, die den Puls der Zeit ausserhalb des akademischen Kanons spüren möchten. Rüdt bekommt sicher nicht den Auftrag, für eine der Münchner oder wenigstens bayerischen Zeitungen zu schreiben; die Sparte ist doppelt und dreifach von Kunsthistorikern besetzt. Die Neue Zürcher Zeitung, die offen ist für Nachrichten aus der Welt der bildenden Künste, hat ihren eigenen Korrespondenten in München, und dem Volksrecht ist die selbstbefriedigende Malerei sowohl in München als auch in Wien zu wenig volksnah und schon gar nicht sozialistisch genug. In einem Text für die Volksstimme im heimatlichen St. Gallen würde Rüdt gerne einen der notierten Kernsätze von Wassily Kandinsky zitieren und kommentieren. »Jedes Kunstwerk entsteht technisch so, wie der Kosmos entstand - durch Katastrophen, die aus dem chaotischen Gebrüll der Instrumente zum Schluss eine Symphonie bilden, die Sphärenmusik heisst. Werkschöpfung ist Weltschöpfung.« Ein programmatischer Satz mit einem starken Nachhall in Max Rüdts Denken. Bloss: Am Fusse des Alpsteins sieht man sich bezüglich der zeitgenössischen Malerei mit Adolf Dietrich und Heinrich Lotter reichlich bedient, sodass auch da Rüdts Aufsatz, wenn er denn verfasst und abgeschickt worden sein sollte, vom Tisch in den Papierkorb wandern müsste. Anders in der Neuen Mittelrheinischen Volkszeitung, wo sich die Redaktion nach dem Autor erkundigt und offen ist für weitere kleine Arbeitsproben.

Aufregung gibt es in der Abteilung Kunstgeschichte. Ein frisch berufener Dozent bringe aus Berlin eine beispiellose Neuerung in der Kunstbetrachtung mit, nämlich Bilder aus Diaprojektoren. Er pflege jeweils zwei Werke synchron zu exponieren und zu vergleichen. Spektakulär. Müsse man unbedingt sehen. Hörer Rüdt liest die Bekanntmachung. Prof. Heinrich Wölfflin würde eine neue These vertreten. Es gehe um die Zyklizität in der Geschichte der Malerei. Es ist dieses kratzbürstige Stichwort, was Rüdts Neugier reizt. Es steckt in ihm die Idee von Gesetzmässigkeit in Umbruch und Voraussicht. Was heute ist, wird abgelöst, und zwar nicht beliebig, sondern gemäss einer Bestimmung.

Auf der Suche nach Hinweisen darauf, dass sich eine Umwälzung aus dem Weltenlauf unweigerlich ergeben müsse, und zwar eine Wende zum Besseren, Geordneteren, hat Rüdt die Grundzüge von Hegels Lehre kennen gelernt. Die höhere Ordnung wird sich zwangsläufig durchsetzen, das höhere Recht sich Platz verschaffen, eine solidarische Gesellschaft wird Raum greifen. Ein Welt-Geist, der mit Georgs Gott nicht übereinzustimmen braucht, bestimmt in groben Zügen den Weltenlauf, und das Menschenwesen kann diese Entwicklung nicht verhindern, nur allenfalls verzögern. So viel glaubt Rüdt verstanden zu haben, und allzu gerne hätte er sich gewünscht, dass dem so wäre. Er würde dem Weltenlauf dann nachsehen, dass er sich mit seinen Marksteinen mal sicher nicht an die speziellen Jahrzahlen hielt, weder an die Jahrhundertwechsel noch

91

an die Dezennien. Hegel ist aber arg in die Kritik geraten. Es verhält sich vielleicht nicht so, wie er das darstellte.

Es wäre also nicht verwunderlich, wenn Rüdt die »Phänomenologie des Geistes« geschwänzt und stattdessen die Antrittsvorlesung des Landsmanns besucht hätte. Tun wir also gemeinsam einen Blick in die Antrittsvorlesung. Gemäss dem nützlichen Ratschlag seines erfahrenen Bruders schreibt der Student leserlicher als die Nachbarn neben, vor und hinter ihm; nach kurzer Eingewöhnung entziffern wir mühelos seine Mischung zwischen deutscher und lateinischer Handschrift.

In der Geschichte der Malerei, so also nun Wölfflin in Rüdts Heft, ist eine zyklisch verlaufende Entwicklung zu beobachten und darin die Wiederkehr formaler Vorlieben. Ein Blick auf die jüngsten Epochen der Kunst macht den Sachverhalt deutlich. Eben erst hatte der erkennbare Gegenstand noch die absolute Priorität, sowohl in der Farb- als auch in der Formgebung. Auf die stimmige Perspektive wurde streng geachtet. Schärfung des Blicks auf die Realität bis zur widerlichen Detailtreue. Frustration blieb nicht aus: Rückzug in die Auflösung der Formen im Flimmern der Licht- und Schattenspiele, in die Verträumtheiten, ins luftige duftige Zerfliessen. Darin wiederum keimte die Sehnsucht nach fassbarer, bleibender Schönheit, nach der idealen Form, die sich selbst genügt. Stichworte Jugendstil, Belle Époque. Der manierierte Geschmack des Bürgertums von heute. Was aber wird folgen? Wir können es erraten. Das Gesetz der Zyklizität sagt die Sprengung der Form und alles Formalen voraus. Befreiung der Farbe aus dem Korsett der Form. Befreiung der Malerei von ihrer Interpretation. Anarchie der Malerei.

Max Rüdt hat nicht nur hinter das Stichwort Anarchie, das ihm schon wieder begegnet ist, ein dickes Ausrufezeichen gesetzt, sondern eifrig mitgeschrieben. Jetzt sieht er sich im Versuch, aus dem Referat ein politisches Manifest herauszuhören, nicht allein. Der Dozent allerdings will, wie sich in der Diskussion schnell zeigt, von politischen Implikationen der Kunstgeschichte rein gar nichts wissen. Gegenstand sei die Kunst und mit ihr die zyklische Abfolge unterschiedlicher stilistischer Formulierungen. Kontur, Fläche, räumliche Tiefe, Farbübergänge: darum und um nichts anderes gehe es in seinem, Wölfflins, Programm. Wir nehmen zur Kenntnis, dass hiermit jeglicher Anwendung der Theorie von der Zyklizität ausserhalb des schöngeistigen Raumes eine Absage erteilt ist.

Mässiges Geklapper auf den Schreibladen. Nach dem Professor verlassen auch die Studenten und Hörer den Saal. In den Gängen herrscht geringe Aufregung. Wölfflins Weigerung, sich politische Aussagen unterstellen zu lassen, findet breite Zustimmung; diejenigen, die von einer verpassten Chance reden, haben es schwer, Gleichgesinnte zu finden. Aussagen zur Gesellschaft aus der Sicht der Kunstgeschichte, behaupten sie, wären zweifellos nicht nur spannend, sondern sogar nützlich. Und vertrat übrigens nicht der Professor selber die Ansicht, der Wechsel von einer stilistischen Formulierung zur nächsten bilde Veränderungen im Erleben ab, repräsentiere Verschiebungen in der Sicht auf die Welt beziehungsweise in der Weltanschauung? Ist nicht genau damit unwillkürlich eine politische Aussage getan?

Ja, das mag wohl so sein.

Müsste dann Wölfflin nicht ganz einfach dazu stehen?

Man sucht sich zuerst einmal den Platz am Biertisch, stösst an und gesteht dem Kommilitonen aus der Schweiz zu, auf der Zyklizität herumzureiten. Wölfflin habe doch angedeutet, zyklische Abfolgen würden einen Ausblick in die Zukunft erlauben. Hat man demnach einmal ermittelt, in welchem Zyklus das Kunstwesen sich befindet, lässt sich erraten, wohin es demnächst steuern wird. Das hat er exemplifiziert. Seine, Rüdts, Frage nun halt noch einmal: Taugt die von der Kunst abgeleitete Gesetzmässigkeit, um auf gesellschaftliches und politisches Geschehen angewandt zu werden? Taugt sie das auch ohne das Einverständnis ihres Entdeckers?

Aus purer intellektueller Laune heraus hilft man von allen Tischseiten her dem exponierten Gedanken weiter. Wir befinden uns derzeit in einer Phase, in der die massgebliche Elite die beschönigte Form bevorzugt. Ist das nicht auch eine Aussage über den Zustand der mondänen Gesellschaft? Und weiter: Offensichtlich fängt soeben eine künstlerische Avantgarde an, die Formen zu sprengen, die Farbe zu befreien. Käme als Reaktion hierauf dann eine neue Ordnung in Frage? Sowohl in der Malerei als auch ebenso und zwangsläufig in der Gesellschaft? Man versucht, Wölfflins Sprache in die Sprache des Weltenlaufs zu übersetzen. Und wie würde das dann klingen? Im Klartext so: Ein politischer Umschwung steht bevor. Er kann heftig ausfallen. Eine Revolution, ja, ganz richtig. Sie wird eine neue Gesellschaftsordnung bringen.

Der helvetische Republikaner kann sich zurücklehnen und sich vorstellen, dass die König- und Kaiserreiche besonders betroffen sein könnten. Sind doch sie der Schirm, unter dem die reiche Bürgerschaft sich in die schöne Selbstfeier zurückgezogen hat. Die bierselige Einmütigkeit bringt es mit sich, dass mehr als einer der Anwesenden, Preusse, Bayer, Österreicher, Pfälzer, Italiener, sich in diesem Augenblick an der Front einer unvermeidlichen Entwicklung fühlt. Ja, es schwebt flüchtig über der Tischtafel, auf der die Krüge vorübergehend zum Stehen gekommen sind, nicht nur der Rauch aus Zigaretten der Firma Yenidze, sondern auch ein Hauch von Hoffnung, Neugier und Vorfreude. Und riecht es hier nach dem Umschwung, den der Jahrhundertwechsel der Welt schuldig geblieben ist?

Vision ist das eine, die entsprechende Verwandlung der Wirklichkeit das andere. Eine Brücke ist nicht in Sicht. Auch nicht im Blick aus der philosophischen Fakultät, in der Rüdt fleissig anzutreffen ist. Der aufgeklärte Student anerkennt zwar wohl, dass irgendein Weltgetriebe funktioniert und unfassbare Dinge sich tun, er vermag jedoch weder eine Absicht dahinter noch das Ziel zu erkennen. Träfe zu, dass die Welt und mit ihr die Menschheit auf das Bessere hin angelegt sei, dann wäre für diese Entwicklung Hegels

»Weltgeist« nicht länger zuständig. Der wird nämlich derzeit, wohin auch immer ein Münchner Philosophiestudent schaut, gründlich in Frage gestellt. Innerhalb der kritischen Ansätze wiederum scheint es für einen Weltentwurf mit einer solidarischen Gesellschaft gar keinen Raum zu geben. Sollten die Dinge sich, wie neulich vorgeschlagen wurde, aus Gegensätzen heraus entwickeln? Falls diese These zutreffen sollte: Was wäre dann der Motor dahinter? Was ist bezweckt? Gibt es eine Bestimmung? Oder ist Geschichte ein endloses Knirschen zwischen Mühlsteinen, ein gegenseitiges Zermalmen elementarer Kräfte? So etwa lauten die Fragen, die Max Rüdt durch sein Stübchen wälzt, während betrunkene Heimkehrer die Nase auf den Fensterscheiben plattdrücken und in den Räumlichkeiten über ihm die Rothbrusts ihrer seligen Altersruhe pflegen.

An Arthur Schopenhauer kommt ein gründlich Suchender nicht leicht vorbei. Nehmen wir deshalb an, dass Max Rüdt sich mit dem Hauptwerk des eingefleischten Pessimisten und polemischen Kritikers aller «Hegelei» eingelassen hat. Die Einsicht, dass wir eine Schicksalsgemeinschaft derjenigen sind, die dem dumpfen Willen zum Leben unterliegen, würde solidarisches Verhalten nahelegen. Solidarität aus Mitleid? – Gegen das Mitleid als Leitidee, mit der das benachteiligte Volk auf die Beine zu stellen wäre, sträubt sich allerdings im modernen jungen Mann des frühen zwanzigsten Jahrhunderts das ganze Wesen. Die Mitleidsethik dünkt ihn schwächlich und defensiv. Die kleinen Leute haben in ihrem Alltag genug Anlass zu Pessimismus; den muss man ihnen nicht antragen. Sie benötigen optimistische Perspektiven, die sie tätig umsetzen können.

In seiner Abneigung gegen den christlichen Glauben wäre Rüdt auf fremde Hilfe nicht angewiesen. Wir kennen schon seine Wachsamkeit im Hinblick auf die Gefahr, als Kopie des älteren Bruders zu gelten. Er möchte wohl nacheifern, sich dabei aber doch unterscheiden. Hieraus erklärt sich sein Widerstand gegen das christliche Selbstverständnis, aus dem Georgs Lebensweg in ganz natürlicher Weise hervorzugehen scheint. Opposition ist eine der Wurzeln von Max Rüdts vergleichsweise vertrackter Manier, sich die Welt zurechtzulegen. Wer wider den Stachel löckt, muss furchtbar viel denken, mehr jedenfalls als der, welcher naiv seiner natürlichen Veranlagung folgen kann. Darum der Abstecher zu Feuerbach. Angeboten wird eine Einführung in die Religionskritik. Auf der Suche nach einer religionsfreien Grundlage für das solidarische Selbstverständnis zögert Rüdt nicht, in die Vorlesungsreihe mal reinzuhören. Und so viel hat er bald beisammen: Christlich fürsorgliches Miteinander beruht auf frommer Nächstenliebe. Die aber ist eine Überlebensstrategie für die Schwachen in der Gesellschaft und überdies ein Phänomen, das ein für alle Mal von der Religion in Beschlag genommen wurde. Zieht man also nun die Nächstenliebe ab: Was bleibt dann übrig für eine Solidarität, die auch die Starken und Ungläubigen einschlösse? Gibt es in einer atheistischen Gesellschaft Wurzeln einvernehmlichen Verhaltens? Gibt es eine natürliche allgemeine Uneigennützigkeit, die nicht frommes Almosen ist? Gibt es Anzeichen dafür, dass die Forderung nach Solidarität rechtmässig ist, und zwar darum, weil sie zur Grundausstattung des Menschen gehört und damit ein Grundrecht des Individuums lange vor aller religiösen Einfärbung ist?

Fragen über Fragen, aus denen der Grübler Max Rüdt auch mit Feuerbachs Hilfe nicht freikommt, sodass man behaupten könnte, er habe sich verrannt und auf ein Gleis gesetzt, das nach menschlichem Ermessen am Prellbock ende. Nun wollen wir jedoch den Suchenden nicht hindern, genau dem, was wir Hirngespinst nennen würden, frank und frei aufzusitzen. Er macht seine Erfahrung stellvertretend für uns. So müssen wir sie nicht machen und können uns stattdessen zurücklehnen. Und zuschauen, wie es auf seinem ungefähren Weg zum Marxismus den Studenten Rüdt zu Nietzsche schlingert, dem der Ruf vorausgeht, bissiger noch als Schopenhauer ein Kontrapunkt zu Hegel zu sein. Neugierig liest sich Rüdt in die Schriften ein. Er hat vorliebzunehmen mit dem, was gerade nicht ausgeliehen ist. Nietzsches Publikationen sind nämlich derzeit sehr in Mode. Auch ihn, Rüdt, begeistern auf Anhieb die Sprachgewalt und der unerbittliche Blick in die Zeit, die sich in Sachen Bildung und Kultur trotz der inzwischen vergangenen vierzig Jahre nicht wesentlich verändert hat. Die spitzen Aussagen lesen sich wie aktuelle Analysen. Bis zum Antichristen schafft es Rüdt in der schrillen Gedankenwelt des einsamen Über-Denkers nicht, doch immerhin bis zum vehement verkündeten Primat der diesseitigen Welt. Nur sie gibt es - einzige Gelegenheit, das Leben sinnvoll zu verbringen. Die Spanne von der Geburt bis zum Tod soll allerdings, das steht für Rüdt fest, nicht nur dem Starken und Überlegenen, sondern jedem Individuum eine optimale Chance bieten. Damit grenzt er sich nicht nur gegen den Philosophen ab, der eben jetzt, posthum, anfängt, übermenschlich gewaltig über sich hinauszuwachsen, sondern landet wieder bei seinen höchst persönlichen Fragen: Was gibt mir das Recht, die optimale Chance für alle zu fordern? Welcher Kodex, den man nicht von der Bibel, weder von den zehn Geboten noch von der Bergpredigt, ableitet, böte die selbstverständliche Verpflichtung, allen anderen zuzugestehen, was man selber beanspruchen möchte?

Rüdt lässt den Bleistift auf die Buchseite fallen. Was hat er soeben gelesen? »*Mir scheint die wichtigste Frage aller Philosophie zu sein, wie weit die Dinge eine unabänderliche Artung und Gestalt haben: Um dann, wenn diese Frage beantwortet ist, mit der rücksichtslosesten Tapferkeit auf die Verbesserung der als veränderlich erkannten Seite der Welt loszugehen.*« Es scheisst ihn langsam an, abstrakte Phrasen wie eben die hier innerlich mitdreschen zu sollen. Er ist offensichtlich nicht gemacht für die akademische Sparte; auf schöngeistigen Äckern scheinen ihm Lösungen nicht entgegenzuwachsen. Aber schlimmer noch: Er zweifelt am eigenen Fragen. Wer sagt denn, dass die Welt besser gemacht werden muss? Und wie komme ich dazu mir einzubilden, es sei meine Aufgabe?

Auf der Decke vom Lesesaal, auf die er lange starrt, tut sich ein

Dunstkreis auf. Darin schwebt ihm das Ideal von Integrität, Schönheit und Reinheit vor, aus dem sich entschieden die Berechtigung herleitet, die bessere, solidarische Welt zu beanspruchen. Und nicht nur die Berechtigung. Auch die Schuldigkeit. Das Inbild hat einen Namen: Elisabeth.

Eine Weile noch bleibt Rüdt an seinem Leseplatz sitzen. Endlich rückt er so entschieden den Stuhl, dass man ringsum indigniert den Kopf hebt, um nach dem Ruhestörer zu schauen. Er ist aufgestanden, packt in diesem Moment sein Schreibzeug in die Mappe, bringt dann das Buch zur Ausleihe. Dort lässt er seinen Namen streichen, bevor er den Lesesaal verlässt. Am Römischen Brunnen vorbei und dann raus aus dem akademischen Viertel.

In der Königinstrasse lacht ihn eine Göre frech an. Aber einen dunkelrunden Blick hat sie, darein möchte man am liebsten versinken. Kommst du mit in den Englischen Garten, fragt er.

Wenn du mich hernach zu einem Strudel einlädst.

Sie gehen ein bisserl kreuz und ein bisserl quer durch den Park, schauen sich die Leute an, witzeln über sie, lachen. Nach einer Weile hält die Göre inne. Ich dachte, du willst mich küssen?

Sah ich so aus?

Vielleicht nicht extra. Aber jetzt gerade siehst du so aus.

Na, dann schauen wir doch mal, erwidert er und trifft auf gespitzte Lippen. Süss wäre anders. Später vielleicht, nach dem Strudel. Im Moment eher salzig. Und sonst noch ein paar Geschmäcker. Aber wundersam weich, das schon. Atemlos lässt er ab.

Oh, war's das schon?

Komm, wir gehen zu deinem Apfelstrudel. Bist du öfter hungrig?

Ja, sagt sie. Meistens.

Dann sind deine Eltern arm?

Ich hab keine Eltern. Meine Tante schickt mich zum Arbeiten. Ich hab grad Blumen ausgetragen. Eigentlich müsst ich schon wieder zurück sein in der Handlung. Aber Hunger hab ich schon.

Dann lass deinen Blumenladen warten.

In der Himmelreichstrasse setzen sie sich ins Café, und das junge Ding gabelt den Strudel in sich rein, als müsste sie fürchten, Rüdt zöge ihn weg. Aber jetzt muss ich gehen.

Rüdt, der seinen Kaffee getrunken hat, bezahlt, dann hängt sich das Mädchen bei ihm ein. Du bist Student, nicht wahr? Sonst könntest du ja nicht mitten im Nachmittag mit einer Dame ausgehen, was?

Naja, sagt er, gerade eben habe ich aufgehört mit dem Studenten. Du bist mir gerade recht gekommen, den Anlass ein bisschen zu feiern.

Wo wohnst du? Vielleicht komme ich dich mal besuchen.

Ja, mach das, sagt er lachend. Als Blumenmädchen. Kennst du das Erikablümchen? Heisst auch Heidekraut.

Nein, kenn ich nicht.

Dann geh jetzt in deinen Blumenladen.

Du lässt du mich einfach so stehen? Meistens will man etwas von mir und ich muss mich losreissen. Hast du mir gesagt, wie du heisst? Damit ich später noch weiss, wer das war, der nichts weiter wollte von mir.

War mir eine Freude.

Damit kehrt er in die Schellingstrasse zurück und betrachtet sein Obdach aus den Augen eines Aussteigers. Und was war das schon wieder mit der rücksichtslosen Tapferkeit? Er hätte den Satz abschreiben sollen. Er schreibt ihn jetzt auf, zumindest, was ihm davon noch geblieben ist. Mit der rücksichtslosesten Tapferkeit auf die Verbesserung der Welt losgehen.

Nachdem wir ihn für kurze Zeit aus den Augen verloren haben (da wir ihn am falschen Ort, nämlich in den Zugängen zur Uni, erwarteten), finden wir Rüdt wieder mit dem Zeitungsgewerbe verbandelt. Er verteilt Extrablätter, etwa zum 90. Geburtstag des Prinzregenten, zum Hinschied des Generalmusikdirektors Mottl, zur Eröffnung des Tierparks Hellabrunn. Er verrichtet sporadisch

Nachtarbeit in der Druckerei, setzt dort Flugblätter, korrigiert Fahnen. So verdient er ein paar Pfennige hier, ein paar Reichsmark dort. Der Beschluss, mitten im Semester aus der Philosophie auszusteigen, erweist sich als gültig. Sollte finanzielle Unabhängigkeit inzwischen das übergeordnete Ziel geworden sein? Soll der Familie gegenüber der Beweis erbracht werden, dass er, Max, es in München mit dem Masshalten ernster nimmt, als Georg das in Zürich tat?

Wir stellen fest, dass er bis auf Widerruf kniefällig, wenn's denn sein muss, auf familiären Sukkurs zurückgreifen kann und von diesem Privileg bisher durchaus Gebrauch gemacht hat. Knauserig tut sich der Vater nicht, der familiäre Etat scheint sich nach dem grossen Einschnitt wegen der Vermählung der Tochter erholt zu haben. Otto, der Patenonkel, verlangt zwar Angaben zum Verwendungszweck seiner Zuwendungen, die dann allerdings grosszügig ausfallen. Das Zähneknirschen und Knurren ist ihnen, wenn die Bank sie auszahlt, nicht anzuhören.

Warum also nun trotzdem mehr »Werk« anstatt »Student«? Weil der junge Mann angefangen hat, zur Wahrheit zu stehen. Die Wahrheit ist: Er ist nicht der Akademiker. Im Grunde seines Wesens regt sich ungeduldig der Praktiker. Fortan gilt es in Rüdts Laufbahn das Handwerk. Allerdings nicht so, wie die Leitung der Druckerei das versteht. Sie würde die tüchtige Aushilfe fest engagieren. Sie stellt ihr sogar den Korrektor in Aussicht, doch der junge Mann zieht die Teilzeitaufträge vor. Sie tragen ihm so viel Taglohn ein, dass er, ziehen wir darüber hinaus das günstige Logis und die freitägliche Verpflegung an Rothbrusts Teetisch in Betracht, zusammen mit den Zuschüssen aus St. Gallen und gelegentlichem Handgeld für einen Nachruf oder einen Zeitungsbeitrag ein hinlängliches Auskommen hat. Die Stelle der Hörsäle nehmen jetzt die Bierstuben ein, nicht mehr die der Studenten, sondern die in Milbertshofen und Haidhausen.

Die neue Lebensweise liegt ihm, wie er bald feststellt, deutlich besser. Nicht wegen des Bieres, obwohl er je nach Verlauf der Gespräche auch einmal mehr als genug davon abkriegt. Vielmehr des Ertrages wegen. Er hält Augen und Ohren offen. Er hört den Arbeitern zu, zu denen sich gelegentlich auch Frauen gesellen. Er nimmt Klagen über die Arbeitsbedingungen zur Kenntnis, sammelt Fakten und geht auch schon mal mit einer besonders schreienden Ungerechtigkeit an die Presse. Er trifft auf die Ledergerber am Kanal und beschreibt in der Folge die Haut ihrer ausgelaugten Gliedmassen. Er fährt hinaus zur Eisengiesserei. Er dokumentiert Verbrennungen, prangert die Weigerung der Arbeitgeber an, versehrten Arbeitern und ihren Familien eine Entschädigung zukommen zu lassen, und bringt den Fall eines Arbeiters in die Presse, der aus der Ermüdung heraus den Tiegel unachtsam geführt und einen Teil der Schmelze auf den Rand der Gussform geleert hat. Sie ist ihm auf die Stiefel gespritzt. Man hat ihm dann beide Füsse abgesägt. Rüdt hat den Arbeitgeber mit dem Fall konfrontiert. Ob er nicht in Erwägung ziehe, die Familie wenigstens finanziell zu entschädigen. Der Patron liess ausrichten, es habe sich laut Zeugenaussagen um einen selbstverschuldeten Unfall gehandelt, und hat nicht einmal an die Arztkosten einen Beitrag geleistet. Ein Pfandleiher hat das gesamte Mobiliar der geschädigten Familie zum Faustpfand genommen. Die Arztkosten sind bezahlt, aber vor Ablauf eines Jahres wird sich die Familie ohne jegliche Fahrhabe auf die Strasse gestellt sehen. Für die Miete wird sie nicht mehr aufkommen. Wie denn? Die Frau verdient ein paar Pfennige bei einer Wäscherin, und ja, das älteste der drei Kinder, Erhard, eigentlich ein hübscher Junge, muss jetzt schon in den Automobilen mitfahren. Manchmal wird er bis in die Strasse zurückgebracht, manchmal auch einfach irgendwo abgesetzt. Wenn er dann nicht unterwegs von Jugendlichen ausgeraubt wird, bringt er ein paar Scheine heim. Ist er endlich da, kotzt und schluchzt er. Erzählen mag er nicht. Auch aus dem Schlaf schreit er plötzlich auf, als wäre er am Ersticken, und dann sind natürlich die Geschwister wach und können nicht mehr einschlafen. Und immer der fusslose Mann, der nicht allein aufs Klo kann und auch sonst nichts kann als herumzujammern und zu fluchen.

Solcherart sind die Geschichten, zu denen Rüdt geschickt wird, wenn er im Scharfen Eck oder auf einem anderen der düsteren Arbeitertreffs gut zugehört und auch vertrauensbildend ein bisschen mitgeholfen hat, vom bayerischen Leder zu ziehen. In diesem Metier bewegt er sich schon ganz ordentlich, und da nun haben wir den Kontext, in dem er sich nach und nach radikalisiert. Kann man sich eine grössere Kluft vorstellen als die zwischen den idealistischen Theorien, die Rüdt in den Hörsälen der Philosophie und der Kunsthistorik entgegennahm, und den Reportagen, die er nun schreibt? Allenthalben findet er Worte für Not und Verzweiflung. Und in der Tat: Seine Reportagen fangen an aufzufallen. Ein frommer Frauenbund scheint sich der Familie des Giessers anzunehmen, während im Scharfen Eck, also auf der entgegengesetzten Seite des gesellschaftlichen Spektrums, Max Rüdt auch schon einmal »Marx der Zweite« gerufen wird. Was bedeutet ihm dieses halb scherzhafte, halb respektvolle Alias?

Nehmen wir zur Kenntnis, dass »Marxismus« und »Marxist« Begriffe sind, die zum Schimpfwortschatz der bürgerlichen Presse gehören. Sie werden verwendet, wo es um den vehementen Schutz von Privilegien geht. Wie die meisten Zeitungsleser kennt auch Rüdt ihren Kontext kaum. Er dürfte die eine und andere Erwähnung des Namens Karl Marx mitbekommen und sogar den Titel vom Hauptwerk des Wirtschaftstheoretikers zur Kenntnis genommen haben. Da er aber derzeit über die eigene, stets peinliche Rechnerei hinaus für »Das Kapital« und weitere finanzielle Angelegenheiten wenig ubrighat, reagiert er auf das Reizwort in blinder Abwehr.

Mangels zielgerichteter Anleitung sehen wir also den Revoluzzer in spe immer noch nicht kopfvoran in die marxistische Gesellschafts- und Wirtschaftstheorie einmünden. Er wird quasi hineinsickern, da und dort eingesogen von Wortführenden in der politischen Praxis. Zwei Namen sind in diesem Zusammenhang an seinem Sternenhimmel aufgezogen: Neben dem von Karl Liebknecht, der ja auch uns bereits ein Begriff ist, der von Rosa Luxemburg. Beide Persönlichkeiten machen klar, dass Bildungsmassnahmen den Nährboden für eine weit in die Zukunft projizierte sozialistische Bewegung bereiten. Es gilt, aus dem Proletariat eine selbstbewusste Klasse zu schaffen und dabei mit der Jugend anzufangen. Dafür bedarf es der Lehrer. Wir spähen hier auf den Horizont, an dem Rüdts Zukunft anfängt, sich abzuzeichnen.

Vorläufig bleibt seine pädagogische Tätigkeit auf die eines aufmerksamen Beobachters und freien Schreiberlings beschränkt. Er lernt immerhin, sich auf den Redaktionen bis zu den Verantwortlichen durchzufragen, mit denen man reden muss, um den Auftrag für eine Recherche zu erhalten oder einen seiner Texte platziert zu bekommen. Er lässt nicht locker. Wenn linke Blätter abwinken, geht er auch mal zur Allgemeinen oder zum Christlichen Boten für Stadt und Land. Wenn die einheimische Presse abwinkt, geht er fremd, nämlich bis hinüber ins Rheinland. Da gibt es, wie bereits erwähnt, die fortschrittliche und regierungskritische Neue Mittelrheinische Volkszeitung. Ihr gilt Rüdts Aufmerksamkeit. Ist ihm schon zu Ohren gekommen, dass die Vorgängerin im Geiste, die Rheinische Zeitung, von Karl Marx angeführt wurde? Wenigstens ein Jahr lang, nämlich bis das Organ der damals bürgerlichen Opposition der Zensur zum Opfer fiel.

Es wird sich bald zeigen, dass das Interesse gegenseitig ist. In Max Rüdts jüngster Postsendung liegen die kritischen Gedanken eines helvetischen Republikaners im Rückblick auf die Feierlichkeiten des Deutschen Reiches zum vierzigsten Jahrestag seines Bestehens und zu Wilhelm II., der sich als »Friedenskaiser« bejubeln lässt, während ein Kanonenboot nach dem anderen von Stapel läuft. Und während übrigens bei der Schweizerischen Eidgenossenschaft das Gesuch Seiner Majestät um eine Staatsvisite läuft. Will er sich doch, der oberste Feldherr, mit eigenen Augen ein Bild von der Wehrbereitschaft der Schweiz machen. Der Krieg gegen Frankreich ist so gut wie unvermeidlich, und nun ist abzuklären, ob der neutrale Kleinstaat in der Lage sein werde, französische

Verbände von einem Durchmarsch abzuhalten. Die gewünschte Antwort wird ihm mit dem grossartigsten Schaumanöver, das die Schweizer Armee je zustande gebracht hat, Korpskommandant Ulrich Wille, Ehemann der Gräfin Clara von Bismarck, liefern. Dass sich der Kaiser als Beigabe die Ehrerbietigkeit gefallen lassen kann, mit der die deutsche Schweiz ihn empfängt, wird auf anderen Blättern geschrieben und publiziert werden. Im Moment ist es, wie gesagt, noch eine Anfrage, und Rüdt wird im Frühjahr zwölf diesbezüglich ahnungslos gewesen sein.

Während er seiner Wege durch die Arbeitervorstädte geht und Veranstaltungen der organisierten Linken besucht, regt sich im jungen Mann aus der Ostschweizer Provinzstadt ein Unbehagen. Solange er sich vorwiegend auf der universitären Insel aufhielt, dünkte ihn die Stadt ringsum eine exotische Sehenswürdigkeit, die er nach Belieben zur Kenntnis nahm und dann wieder ausser Acht liess. Seit er das Inseldasein aufgegeben hat, fällt ihn mit voller Wucht die Unübersichtlichkeit an. Er fühlt sich der Metropole nicht zugehörig, findet nicht den Einschlupf in den schwer vor sich hin brütenden Moloch. Wohl hat er an neuralgischen Punkten Einblick gewonnen und Wespenstiche gesetzt. Er findet sich aber nirgends eingebunden. Diese Aussage betrifft ausgerechnet auch die linke Szene. Die angeknüpften Kontakte helfen nicht weiter. Im Gegenteil. In seinem verschollenen Journal klagt Rüdt, dass die Bekanntschaften seinen Zugang zur deutschen Linken eher noch behindern. »Die unterschiedlichen Strömungen zerreissen in der dicken Luft der heftig geführten Dispute die Leitidee einer solidarischen Arbeiterschaft«, schreibt er. »Hier setzt ein Fundamentalist angesichts der dräuenden Kriegsgefahr auf Pazifismus und Militärdienstverweigerung, wäre aber bereit, im eigenen Land gegen die Bourgeoisie zu den Waffen zu greifen, dort setzt ein Pragmatiker mit dem langen Schnauf eines überzeugten Demokraten auf den unabsehbaren Reformprozess. Und ausgerechnet dem neuen Mann in München wäre, sollte das so genannte Vaterland rufen, sogar ein Burgfrieden mit der bürgerlichen Regierung zuzutrauen.

Gemeint ist Kurt Eisner, dem man im Übrigen den sozialistischen Revolutionär auf den ersten Blick meint ansehen zu dürfen, besonders seit das Haar, das ihm auf dem Schädel ausgeht, umso üppiger aus dem schmalen, von Lebensversagung ausgemergelten Gesicht spriessen darf. Man hat Ursache, dem Mann im äussersten Fall untertänigen Gehorsam zu unterstellen. Auf Befehl würde er besinnungslos auf Genossen schiessen, die man unter eine andere Fahne gerufen hat. Wenn das nicht zu denken gibt!«

Ja, die Widersprüche stossen einen idealistisch gesinnten Streiter für umfassende soziale Partnerschaft brutal vor den Kopf. Ebenso verwundert wie ungläubig pflegt Rüdt zu sinnieren und notieren, wenn er mit Kerzenlicht in seinem Parterrezimmer an der äusseren Schellingstrasse seine Präsenz markiert.

Und genau da klopft der Postmann ans Gassenfenster. Telegramm aus St. Georgen: Vater gestorben. Sofort kommen. Rüdt schreibt noch schnell den Begleitbrief zu einem neuen Aufsatz über die Kriegstreiberei in der Studentenszene. Die Neue Mittelrheinische sei ihm warm empfohlen worden, schreibt er. Nun erlaube er sich, den grossen Wunsch zu äussern, an dieser mutigen Zeitung fest mitarbeiten zu dürfen. Seine Referenz sei Kurt Eisner. Im Kommentar zu seinem Werdegang verhehlt Rüdt nicht, dass sein Studium auf den ersten Blick etwas ziellos erscheinen dürfte; demgegenüber hebt er hervor, dass er die Zeit genützt habe, mit vielen Menschen und Ideen in Kontakt zu kommen und den Puls in der Bevölkerung zu spüren.

Dann gehorcht er. Er meldet sich bei den Rothbrusts vom Apfelkuchen ab und setzt sich, nachdem er den Briefumschlag der königlich bayerischen Post anvertraut hat, in den Zug.

Auf der Fahrt durchs einschläfernde Grün des Allgäus hat er Zeit, sich mit Papas Tod zu beschäftigen. Nie und nimmer hat er mit diesem Ereignis gerechnet. Dass es eintreten würde, war zwar auch ihm klar, aber er verband die Aussicht darauf mit einer derart unbestimmten Zukunft, dass es fast nicht mehr wahrscheinlich schien. Und nun soll es Tatsache sein. Noch will in ihm ein Echo nicht widerhallen. Als wäre die Nachricht zwar in Wörtern, aber noch ohne Bedeutung angekommen. Wie haben Mama und die Geschwister Papas Hinschied erlebt? Auch als Überraschung? Oder waren sie vorgewarnt und von langer Hand gefasst auf das Ereignis, während sie ihm, dem Abtrünnigen, die Aussicht verschwiegen? War Papa leidend? War vielleicht das Leiden mit einer Scham verbunden, so dass man es unterm Deckel hielt? Was weiss er, Max, über seinen Vater? Und was, genau besehen, über die ganze Familie? Stets anderer Meinung halt, drei gegen einen, wenn man Onkel Otto mitzählte und Mama und Klara unter der Rubrik Enthaltung notierte. Über dieses Verdikt hinaus – und diese Feststellung betrifft nun speziell ihn, Max, und den Vater – schien das gegenseitige Interesse nicht gedeihen zu wollen, vorderhand wenigstens. Aber es hätte noch aufkommen können, aus der Auseinandersetzung zwischen zwei erwachsenen Männern. Diese Option ist weggebrochen.

Während Wiesen und Wälder, Dörfer und Ackerlandschaften vorbeiziehen, versucht es Rüdt mit ein paar Erinnerungen. Hat Papa den Kleinen je in die Arme genommen? Gab es überhaupt Körperkontakt ausser ein paarmal erzieherisch eins auf die Ohren? Gab es spielerisches Raufen auf dem Sofa oder Teppich? Wenn es innerfamiliär um Kraftproben ging, dann stets mit Georg, und der zögerte nicht, alle Male unter Beweis zu stellen, wer definitiv der Stärkere war. Verbrachte der Vater überhaupt seine Freizeit in der Familie? Las er vor? Berichtete er von seiner Arbeit? Max sieht ihn, wie er am Sonntagvormittag das Gewehr schultert und mit der weissen Schirmmütze auf dem Kopf das Haus verlässt. Das war oft der Fall im Sommerhalbjahr, und darüber hinaus scheint Jakob Rüdt einen Abend pro Woche am Stamm der Schützen zugebracht zu haben. Seine Gegenwart war allezeit mehr abstrakt: die einer grauen Eminenz, auf die sich alles bezog, auch Mama sich bezog, alldieweil auch sie seine Zeitungslektüre nicht stören durfte. Konkret war Papas Anwesenheit im Zigarrenrauch, der sich aus der guten Stube in alle Räume ausbreitete.

Unter den Mitpassagieren im Zug nach Lindau raucht niemand. In der Luft liegt trotzdem der typische Geruch nach der Zigarre von Wuhrmann. Das Hirn reproduziert ihn und parallel dazu die Erinnerung an das Hüsteln und Husten, das akustisch Papas Anwesenheit verriet, auch und besonders in der Morgenfrühe, wenn er ausgehbereit im Gang stand, noch bevor er, Max, aus den Federn stieg. Was nun genau die Stelle ist, an der sich der anheimelnde Part der Erinnerungen wieder verabschiedet.

In den Abteilen wird berichtet, geschnödet und bewundert, gewitzelt und verlacht. Kinder frägeln, Väter machen erklärend Gebrauch von ihren Ortskenntnissen. Gab es in St. Georgen Gespräche, die sich nicht um die Schulnoten drehten, nicht die beruflichen Fortschritte und die militärische Laufbahn anvisierten, sich nicht mit den Ausgaben befassten und nicht kritisches Hinterfragen des Studiums zum Inhalt hatten? Papas emotionsloses Buchhalterwesen verhinderte eine mitmenschliche Nähe. Wahrscheinlich waren wir einander, vermutet der Sohn, vom Wesen her fremd. Georg, so scheint es, stand dem Papa näher – beide pragmatisch und innerhalb gewisser vorgegebener Karrees zielstrebig. Und Klara? Wie standen sie zueinander, sie und Papa? Waren sie einander herzlich zugetan? Keine Ahnung. Nicht einmal die Beziehung zwischen den Eltern wüsste Max zu charakterisieren. Sie war einfach. Fragen dazu waren ihm, dem Kleinen, nicht eingefallen.

In Lindau stellt er sich in den Bug des Raddampfers. Er hat gehofft, den Alpstein mit dem Säntis herannahen zu sehen, aber selbst die Uferlinie, auf der Rorschach sitzt, zeichnet sich aus dem Dunst nur zögernd ab. Heimatgefühle wollen nicht aufkommen.

Wenn aber nun zutrifft, dass es den Vater einfach nicht mehr gibt, weder dort, wohin der Filius heimkehrt, noch überhaupt, dann sind hiermit Kindheit und Jugendzeit abgeschlossen. Es gibt fortan kein Machtwort mehr. Der verlorene Sohn wird sich selber in die Pflicht nehmen.

Mit diesem Beschluss kommt der Jüngste der Familie gerade recht zur Beerdigung. Georg persönlich, nunmehr installierter Pfarrer in Kreuzwil, hat sie an die Hand genommen. Mit seiner Abdankungsrede setzt er den Markstein, den die Zuhörerschaft vom Sohn des Verstorbenen erwartet hat und deshalb so zahlreich erschienen ist, dass es sich um die Kanzel zu St. Laurenzen handelt, aus der er sich mit aufgestützten Armen weit herauslehnt. Der schwarze Talar steht ihm gut ins kantige Gesicht und passt zum Bürstenschnitt, und wenn er frei sprechend zu grossen Gebärden ausholt, fliegen die weissen Beffchen. Aus dem Tod kommt dem Leben Sinn zu. Der Tod ist Übergang und Läuterung. So lautet seine Botschaft. Schön gepredigt, finden die Trauergäste, wirklich tröstliche Worte. Eine fromme Farce, findet dagegen Max. Er hält allerdings mit seinem Urteil höflich zurück und fügt sich in die Gruppe der trauernden Hinterbliebenen, welche die Witwe in die Mitte nimmt und mit ihr den langen und langwierigen Trauerzug hinauf zum Friedhof zu St. Georgen anführt, wo der Sarg schon in der Grube liegt. Während Segnung und Gebet können die uniformierten Schützen mit dem Gewehr bei Fuss fast nicht mehr ruhig stehen. Endlich senkt der Fähnrich die beflorte Fahne zum Sarg hinab, schwenkt sie dreimal hin und her und tunkt sie nochmals in die Grube. Berührend, findet Otto. Aus Franz' Mundwinkeln läuft der Speichel.

Erst am Tag nach dem Begräbnis wird die Predigt zum Gesprächsthema zwischen den Brüdern. Georg ist überzeugt, ein paar anerkennende Worte auch von seinem kleinen Bruder verdient zu haben, nachdem er unter dem Kirchenportal mit Anerkennung noch mehr überhäuft worden ist als der Spendenkorb mit Münzen. Was hältst du davon? fragt er.

Glaubst du, fragt Max zurück, Papa hätte eine einzige deiner Aussagen unterschrieben?

Die Brüder und der französische Schwager sitzen, wo sich nach den Mittagsmahlzeiten der Papa aufzuhalten pflegte: in der guten Stube. Den Ohrensessel am Fenster lassen sie frei. Georg wählt aus Papas Humidor eine grosse Zigarre. Er fürchtet Lungenkrebs nicht, denn er hat Gottvertrauen. Du hast Papa nicht gekannt, kontert er, nachdem er gegenüber den verdutzten Mienen seiner Zuschauer das Deckblatt vom Mundstück gekappt, das Brandende über der Streichholzflamme rundum getoastet, die Glut angeblasen und dann den ersten Zug genüsslich in die Stubenluft geblasen hat. Hast du dich je um ihn gekümmert? Hast du ihn in seinem letzten Lebensjahr erlebt? Er war im Kern religiöser, als er nach aussen zu erkennen gab. Das hast du nicht mitbekommen.

Max zuckt mit den Schultern. Ich ahnte nicht, dass er ernstlich krank war. Ihr habt mich darüber nicht in Kenntnis gesetzt.

Hast du dich je nach Papa erkundigt?

Gleich noch ein tiefer Zug und ein enthusiastischer Blick steil aufwärts durch die bläuliche Wolke, wobei allerdings der Pfarrer erst einmal tüchtig hustet. Das verrät trotz der zur Schau gestellten Fachmännischkeit den Anfänger. Papa, sagt er endlich, wünschte nicht, dass man mit seinem Leiden Aufhebens machte.

Die drei Männer schauen zu, wie sich der Rauch im Glasgehänge des Lüsters verfängt.

Leben nach dem Tod. Max setzt neu an. Was soll das? Soll damit die diesseitige Welt abgewertet werden? Er wendet sich von seinem Bruder ab und dem Schwager zu, der sich mit Politesse im Hintergrund hält. Nach seiner Predigt bin ich gar nicht sicher, sagt er, ob mein geistlicher Bruder hinter der Vision steht, die Jesus zugeschrieben wird. Sie bezieht sich doch klar auf diese eine und einzige Welt. Sie soll besser werden. Das Reich Gottes soll über sie kommen.

André zieht die Schultern hoch. Er hat Mühe, dem Gespräch zu folgen, solange Klara nicht übersetzt. An seiner Stelle antwortet Georg. Du hast ja keine Ahnung, stellt er fest. Davon einmal abgesehen: Anders als mein weltliches Geschwister stehe ich mit beiden Füssen auf dem Boden der Wirklichkeit und weiss, dass die Welt

Zeit braucht. Reformen geschehen nicht von heute auf morgen. Inzwischen hat das Reich Gottes schon einmal als Leben nach dem Tod Gültigkeit.

Irritiert von Georgs herablassender Masche, wonach es der ältere Bruder naturgemäss stets besser weiss, holt Max aus. Die Welt reformiert sich nicht von selbst. Auch nicht in der Zeit. Sie braucht Umstürzler. Jesus war einer. Wir müssen nachhelfen. Und zwar kräftig.

Georg schüttelt den Kopf. André starrt in den Rauch, während Max dranbleibt. Das Christentum dünkt ihn ein abschreckendes Exempel von Trägheit. Die Apokalypse blieb aus, der erwartete Umsturz fand nicht statt. Seither sickert christliches Gedankengut verwässert durch die Zeitläufte. Gleichberechtigte Gemeinschaftlichkeit ist weit und breit nicht zu erkennen. Es gäbe zwar eine religiöse Formel als Ferment für die Herausbildung von Solidarität in dieser Welt, nämlich das Gebot der Nächstenliebe. Kirchlich verabreicht hat die Droge aber gerade die Mächtigen derart verdünnt erreicht, dass feudale und kapitalistische Hierarchien bis dato fröhlich alle christlichen Einwirkungsversuche überstanden haben. Nach wie vor klammern sich die Herren mit allen Mitteln an die Macht. Ihre wirksamsten sind Unterdrückung, Ausbeutung und Gewalt. Sie werden nicht freiwillig aufhören, sich ihrer zu bedienen. Seit Menschengedenken haben sie es nicht getan. Man wird sie von ihren Thronen stürzen müssen. Auch den Klerus.

Ein Christ denkt nicht an Gewalt. Sie ist nicht vorgesehen im christlichen Kontext.

Versprach aber nicht Jesus, das Schwert zu bringen?

Das tat er. Er meinte freilich das Schwert, das gegen seine Jünger und Anhänger erhoben werden würde. Er sah Feindseligkeiten gegen Christen voraus. Die jedoch bauen auf die Überzeugungskraft ihres Glaubens und übrigens auf den Plan Gottes. Gott wird uns einsetzen, um die Welt zu verändern. Er hat uns sein Wort gegeben. Zeitpunkt und Mittel sind seine Wahl, nicht unsere.

Georg hat sich hinter den Qualm der Zigarre zurückgezogen.

Max steht auf, öffnet das Fenster und bleibt einen Augenblick in der frischen Luft stehen, die vom Alpstein herabfällt. Der Zeitpunkt, stellt er fest, ist die Gegenwart, und das Mittel sind die Massen der Unterdrückten und Ausgebeuteten.

Willst du etwa die Französische Revolution neu erfinden? Mord und Totschlag? Mit seinem empörten Blick umfasst er auch André, der ihm zunickt.

Es geht um Gerechtigkeit, widersetzt sich Max, nicht um Rache.

Georg pocht auf seinen Altersvorsprung. Er ist nicht mehr der abgehobene Student, sondern versieht das Pfarramt. Ein pickelharter Beruf, behauptet er, mitten zwischen den Nöten und Zwisten der ländlichen Bevölkerung. Er spürt unmittelbar die Menschen, die angeblich von einem Umsturz profitieren sollen. Er glaubt nicht, dass sie sich zu Aufständen motivieren lassen würden. Sie leben in der beständigen Angst, auch das noch zu verlieren, was sie aktuell besitzen. In ihrer Not ist jeder sich selbst am nächsten.

Genau darum müsse man, kontert Max, dem Volk die Augen öffnen, müsse man ihm Ziele aufzeigen und die Instrumente in die Hand geben, diese Ziele zu erreichen. Damit es die Angst überwinde und in der Lage sei, solidarisch zu handeln. Was doch dem Geiste des Christentums entsprechen und also die Kernaufgabe der Kirchen ausmachen sollte. Aber viel lieber predigt ihr den Leuten an ihrer weltlichen Misere vorbei das Seelenheil.

Bitte sehr, unterbricht Georg aus dem Sessel heraus, jetzt wirst du boshaft. Wir unterstützen Arme und Bedürftige, vergiss das nicht!

Da und dort ein Almosen, gewiss. Im Übrigen scheint es den Kirchen ganz offensichtlich zu gefallen, dass die Menschen in ihrer Furcht hocken. Warum? Weil damit auch die Gottesfurcht gewährleistet bleibt.

Das, mein Kleiner, ist eine haltlose Unterstellung.

Der Kleine wird den Leuten ein anderes Gottesreich predigen, das verspricht er, eines, an dem Jesus seine Freude hätte: Eher geht ein Kamel durch ein Nadelöhr, als dass einem Reichen darin ein Platz freigehalten würde.

Du schwafelst Unsinn.

Max ahnt, dass der Sozialismus in den Kirchen kein Echo finden wird. Schade, sagt er. Auch für uns beide. Wir haben uns schon wieder auseinandergeredet.

Das ist leider der Fall, seufzt Georg theatralisch. Er bläst seinem Bruder ein neues Rauchsignal entgegen, um dann die Hoffnung auszudrücken, dass man sich zumindest in den familiären Angelegenheiten einigen werde. Sobald die Küche gemacht und Mama und Klara auch zur Stelle seien. Es gehe um den Nachlass. Sollte im Prinzip geregelt werden, noch bevor die Behörde das Inventar aufnimmt.

Georg wirft einen Blick nach dem Schwager, und der antwortet mit einer angedeuteten Verbeugung.

Die vier betroffenen Personen sind sich unter den Auspizien des interessierten Zeugen schnell einig. Mama hält das Haus. Ihr Schwager, Onkel Otto, hat schon angedeutet, im Obergeschoss einziehen zu wollen; er will in Zukunft die Einkaufsreisen aufs Nötige beschränken, aber nicht länger unten in der Stadt unter Mutters Auspizien die Wohnung mit Franz teilen. Was er an Miete entrichtet, könnte der Witwe für den Lebensunterhalt beinahe ausreichen. Was aber nun das Erbe betrifft: die Einigung ist schneller erzielt, als Georg sich das erhoffen konnte. Das Vermögen soll – die Anteile an der Handelsfirma und am Maschinenbau inklusive – aufgeteilt werden. Max lässt sich auszahlen. Mit mehr Berechtigung als seine Geschwister, die durstiger als er am elterlichen Tropf hingen, erhebt er Anspruch auf seinen Anteil. Sobald die Erbschaftsbehörde die Ausscheidung sanktioniert hat, wird er ein recht betuchter Mann sein und hoffentlich mit seinem Gut umzugehen wissen. Er kann sich an Otto, seinen Taufpaten, wenden; der ist in Finanzfragen Experte. Oder kann sich an den hier anwesenden Schwager wenden. Ist seinerseits schon mit vielen Wassern gewaschen.

Mit verheissungsvollen Aussichten und mit einem Schmunzeln in den Mundwinkeln darüber, dass sein Bruder, der Pfarrer, jetzt auch noch Aktien im Maschinenbau besitzen und also zum Kapitalisten mutieren wird, schickt Max sich an, wieder abzureisen. Im abgestandenen Zigarrenrauch deponiert er noch eine Botschaft: Das Studium sei beendet. Danke für die Zuschüsse. Davon brauche er keine mehr. Auch nicht die von Otto, der sich eingestellt hat, um seiner verwitweten Schwägerin Gesellschaft zu leisten und ein bisschen das Zepter zu übernehmen. Er hat sich im Ohrensessel niedergelassen und findet, ein klarer Kopf sei jetzt nötig, nämlich angesichts der bevorstehenden Scherereien mit den Behörden.

Er reise nach München zurück, um dort seine Siebensachen zu packen, erklärt Max. Ein Studienabschluss habe ja von Anfang an nicht drin gelegen; das habe er einsehen müssen. Ein falscher Ehrgeiz halt. Er werde München hinter sich lassen und in Bingen das Praktikum in einer Redaktion antreten, sofern es ihm denn tatsächlich offeriert werden sollte.

Ein gutbürgerliches Blatt hoffentlich?

Ein linkes vielmehr. Die Neue Mittelrheinische Volkszeitung.

Und mit sowas lässt du dich ein? Was soll das?

Onkel Otto ist noch entschiedener als sein Bruder selig der Bourgeois, der auf sich hält. Max zögert deshalb einen Augenblick. Dann spielt ein Lächeln um seine Mundwinkel. Dem Pfarrer die Kanzel, mir die Zeitung. Die Plattform, von der aus ich das Volk erreiche.

Und was soll da gepredigt werden?

Die neue Welt. Die bessere. Die gerechte.

Die Dinge sind doch aber ganz gut so, wie sie sind, nicht wahr?

Ottos Blick fällt auf seine Schwägerin, die schwarz und schmal im Raum steht. Im Prinzip ganz gut. Wenn bloss nicht dieser Husten gewesen wäre. Hatte mit Tuberkulose nichts zu tun. Darum musste die Kur droben im Luftkurort misslingen. War hinausgeworfenes Geld, genau besehen.

Max lässt sich nicht ablenken. Nicht allein für Mama, auch für andere stehen die Dinge nicht gut. Dauerhaft. Für die Arbeiter und Arbeiterinnen stehen sie nicht gut. Sobald die Leute besser informiert sind, werden ihnen allerdings die Augen aufgehen. Sie werden die Zusammenhänge erkennen. Doch wie erreicht man sie? Sie sind in die Bierstuben zerstreut und schwer an einen Tisch zu bringen, und sitzen sie mal dort, behalten sie nicht lange klaren Kopf. Es gilt, ihnen die Kutteln zu putzen, damit die einen ihre trübe Lethargie aufgeben, die anderen ihre kopflose Wut. Sie sollen lernen, ihr Wohlergehen selber an die Hand zu nehmen.

Das wäre die Katastrophe, mein Lieber. Das Chaos. Das Volk ist nie unter einen Hut zu bringen. Es ist eine Meute von Raubtieren. Wenn da nicht einer mit der Peitsche regiert, zerfleischen sie sich gegenseitig.

Ich glaube an das werktätige Volk, Otto.

Was für ein Schwulst! Hast du das nötig? Ich meine: dich mit den Proleten anzubiedern?

Nein, nötig hat er, Max, das nicht. Schon allein die Tatsache, dass er in München seinen Studien nachgehen konnte, hebt ihn materiell von den meisten der Zeitgenossen ab, die er in den Bierhallen und auf den Plätzen antraf, wo kleine Demos stattfanden und Fäuste geballt wurden. Verglichen mit ihnen ist er privilegiert. Die kleinen Leute, sagt er, sind auf die Elite angewiesen, die sich aus Einsicht zu Fürsprechern und Wortführern macht.

Und dazu fühlst du dich berufen?

Es ist meine Aufgabe.

Herrgott, was hat unsere Familie falsch gemacht, dass ein Sprössling sich in einen derartigen Wahn begibt?

Sie hat nichts falsch gemacht. Die gutbürgerliche Familie Rüdt hat allenfalls zugelassen, dass wenigstens in eben diesem einen Sprössling der natürliche Gerechtigkeitssinn überlebt.

So ungefähr die misstönige Unversöhnlichkeit, in der das Gespräch auf der Schwelle, von der aus Max einmal mehr ins Leben hinauszieht, geendet haben könnte. Mach dir keine Sorgen, sagt er in Mamas Umarmung hinein. Ich weiss, was ich tue. Und du wirst

114

von mir hören.

Otto macht keine Miene, aus dem Ohrensessel aufzustehen. Leb wohl, ruft er von dort aus.

Max tut an der frischen Luft einen tiefen Atemzug, nimmt den Umweg über den Friedhof, dann die Standseilbahn hinab in die Stadt, in der die Textilbranche breit ihren Aufschwung feiert. Der Bahnhof ist noch eine Baustelle, aber schon jetzt macht er den Eindruck, der ihm zugedacht ist. Bei der Ankunft hatte Rüdt keine Augen dafür, mit umso grösserer Neugier nutzt er jetzt die Zeit bis zur Einfahrt des Zuges, sich ein Bild zu machen vom protzig stolzen Entwurf, mit dem sich die Stadt der Zukunft empfiehlt.

Ein Zeitungsjunge kommt ihm entgegen. Extrablatt. Untergang der Titanic.

Rothbrusts sind nicht glücklich, ihren Schweizer Gardisten zu verlieren. Obwohl doch eigentlich klar ist, dass Studenten ein loses Völklein sind, haben sie in der Hoffnung gelebt, ihre Altentage im Gefühl der Sicherheit zu verbringen und auf Botengänge zum Apotheker zählen zu dürfen.

Und wenn ich nun wieder meine Migräneanfälle bekomme? wendet Frau Rothbrust ein.

Der Mieter verspricht, das freigewordene Appartement weiterzuempfehlen und da und dort, wo die Studenten verkehren, einen Anschlag anzubringen.

Einen tüchtigen Schweizer wieder, mit Verlaub.

Schnell sind die letzten Münchner Tage und Nächte vorbei, die Siebensachen im Reisekorb verpackt.

Was ist nun mit dem neuen Mieter?

Tut mir leid, sagt Max beim Abschied, und dass er sich noch einmal sehr für die Gastfreundschaft bedanke. Dann lässt er die Rothbrusts mit ihrer Angst vor Proletariern und anderen Räubern stehen und besteigt den Kutschbock.

Auf dem Schreibpult des Hauptschriftleiters lag der Artikel gegen die studentischen Kriegstreiber, als sein Verfasser, der junge Schweizer aus München, sich persönlich vorstellte. Das gemeinsame Thema war damit angesprochen. Liefe nicht ein Krieg den sozialistischen Bemühungen zuwider? Brächte er nicht den Rückschritt in alte Muster? Würde er nicht den andressierten Reflex auslösen, der aus Sozialisten im Handumdrehen selbstlose Soldaten unter dem Befehl der Mächtigen macht? Als zusätzlicher Fühler des Teams soll der Praktikant fortan aus der Distanz des neutralen Schweizers die wachsende Kriegseuphorie beobachten und kritisch hinterfragen. Der junge Mann ist unbefangen; er muss sich nicht jedes Mal, wenn er etwas Regierungskritisches zu schreiben gedenkt, zuerst aus dem emotionalen Sumpf der Kaisertümelei befreien. Man brauche ihn allerdings im Rheinland, nicht in München. Von dort sei man ja über Eisners »Arbeiter Feuilleton« ganz gut versorgt.

Rüdt findet es in Ordnung, München hinter sich gelassen zu haben. Fahrstreckenmässig ist er allerdings noch weiter von Berlin abgerückt. Aus dieser Ferne verfolgt er die Reden von Karl Liebknecht, um sie zusammenzufassen und zu kommentieren. Nach Frankfurt dagegen reist er, um Rosa Luxemburg persönlich zu hören. Wären sie wirklich entstanden und nach den Kriegen noch erhalten, könnten wir enthusiastische Berichte lesen. In zwei Reden habe die Politikerin Hunderttausende zu Kriegsdienst- und Befehlsverweigerung aufgerufen. »Wenn uns zugemutet wird, die Mordwaffen gegen unsere französischen oder anderen ausländischen Brüder zu erheben, so erklären wir: Nein, das tun wir nicht!« Im Gleichschritt mit seinem neuen Idol erklärt stolz der redaktionelle Praktikant zum Abschluss seines Berichts, das Klassenbewusstsein sei stärker als der Nationalismus. – Womit er sich, wie wir aus der hundertjährigen Distanz feststellen müssen, grossartig verrannt hat.

Mit der Information, Rüdt sei mit dem Manifest der kommunistischen Partei in Kontakt geraten, können wir wohl nicht länger hinterm Berg halten. War's in München schon oder erst im Rheinland? Wie auch immer: die Begegnung war fällig. Ob ihm aber der Aufruf, den Marx und Engels mehr als sechzig Jahre zuvor in die Welt gesetzt hatten, wirklich eine Hilfe war? Oder sollten wir behaupten, das Schriftstück habe den jungen Mann auf dem Weg zu eigenen Grundsätzen zu einer simplifizierenden Abkürzung verleitet? Glaubten wir doch, in Max Rüdt einen Suchenden wahrgenommen zu haben, der irgendwann mit den »Wurzeln einer allgemeinen klassenlosen Solidarität« hätte hervorkommen sollen. Dass er die Suche als beendet erklärt hat, ist eine bedauerliche Tatsache. Wie oft schon haben Lebensreisende aus einem Anfall von Resignation heraus sich mit der nächstliegenden Absteige begnügt und sind dort dann liegengeblieben.

Das Manifest ist hurtig gelesen, und wer will, kapiert es ebenso schnell. Auf den gut zwei Dutzend Seiten geht es um den politischen Umsturz, in Gang gesetzt von Linksintellektuellen, getragen vom Proletariat. Von diesem Happen hat Rüdt sich wohl seine Scheiben abgeschnitten und den drängendsten Hunger gestillt. Ein paar Fragen stellen sich trotzdem. Wollte er wirklich dem Wortlaut des Manifests gemäss das unterste obenauf und das obere ganz nach unten kehren? Verlangte es ihn nach dem Proletariat als alleinherrschende Klasse? Sah er je das Heil in der Diktatur des Proletariats? Schlüssige Antwort kann dieser Nachruf nicht anbieten; ein Lebenslauf ähnlich dem, der hier ausprobiert wird, legt aber eine Neigung zum Extremismus kaum nahe. Wir haben einen Menschen vor uns, keinen Fanatiker, einen Idealisten, keinen Chaoten, einen Weltverbesserer, keinen wahnsinnigen Volksverführer. Am ehesten noch einen Verführten. Einen, den wohlgesetzte Worte blenden. Einen Ästheten. Der auch einmal auf eigene Formulierungen hereinfällt.

L'appétit vient en mangeant, sagen die Franzosen. Sie spähen dabei auf die lothringische Kohle, an der sich das Reich derzeit überaus gütlich tut. Auf Max Rüdt bezogen meint die Sentenz vom »Hunger auf mehr« das Hauptwerk von Marx und Engels. »Das Kapital« läge im Buchhandel auf. Man müsste mit dem Studium nur endlich beginnen, um dem Anreiz Wirkung zu verschaffen. Dem Praktikanten fehlt aber die Musse. Allzu ereignisreich ist die Zeit zwischen entgegengesetzten nationalistischen Schwärmereien und auf dem Grat, den die sozialen Spannungen immer schmaler aufwerfen. Rüdt widmet sich voll und ganz der Berichterstattung und erklärt sich vorläufig einmal imstande, wo nötig ein Marxist zu heissen, auch ohne die Theorie intus zu haben.

Bereits im Verlauf des unfreiwilligen Aufenthalts zuhause hatte Max Rüdt zur Kenntnis genommen, dass der bevorstehende Staatsbesuch des Kaisers Nahrung für den Schweizer Blätterwald bot. Das kleine Land schien auf den Anlass hinzufiebern. Im September zwölf war es so weit. Die Presse verfolgte aufmerksam das Ereignis und nahm den warmen Empfang, ja die Begeisterung der Eidgenossen zur Kenntnis, die deutsche mit Wohlwollen, die französische eher indigniert. Allenfalls am Rande wurde bemerkt, dass offenbar vom Deutschschweizervölklein nur die Sozialdemokraten nicht Spalier standen, dass man am Rheinknie über die Parteien hinweg frustriert war, als Seine Majestät weiterreiste, kaum hatte sie sich im Centralbahnhof auf Basler Boden die Beine vertreten, und dass selbigen Orts die Mitglieder des lokalen »Deutschen Arbeitervereins« sich demonstrativ einem Redner zuzuwenden beabsichtigten, den sie als Kontrapunkt zum kaiserlichen Aufmarsch eingeladen hatten. Dem »Basler Vorwärts« war zu entnehmen, dass der Reichstagsabgeordnete Genosse Dr. Karl Liebknecht in der Burgvogtei zum Thema »Demokratie und Imperialismus« reden würde.

Nun weiss ja Max Rüdt nicht so genau, wie weit, eisenbahnmässig, Basel von Bingen entfernt ist, aber diese Gelegenheit, als

Journalist sein Idol persönlich kennenzulernen, muss er packen. So reist er zum zweiten Mal in diesem Jahr in die Schweiz. Er tut das auf kaiserlichen Spuren, nämlich auf der pfälzisch-elsässischen Linie über Mainz und Strassburg, aktuell ziemlich selbstverständlich, hundert Jahre später überaus umständlich. In Basel fragt er sich nach der Burgvogtei durch. Das ist der Sitz der Arbeiterunion auf der Kleinbasler Seite. Es gibt da einen Saal, Büros, Unterkünfte. Das Tram fährt über die mittlere Rheinbrücke. Am Claraplatz aussteigen, sagt der Trämler. Gleich rechterhand.

Der Saal füllt sich gut. Diesmal steht der Referent im Licht, denn die elektrische Beleuchtung ist installiert. Liebknechts Sprache ist präzis und kompakt. Ob die einfach gebildeten Frauen und Männer ihm folgen können? »Imperialismus heisst Kaiserherrlichkeit im Sinne der Ausdehnung der Kaisergewalt über die ganze Menschheit. Vom Altertum hat sich diese Ausdehnungspolitik aufrechterhalten bis auf unsere Zeit, wo der Kapitalismus sie gewaltig begünstigt.«[4] So wird am Tag darauf der »Vorwärts« rapportieren. Wir nehmen an, dass der lange Fühler der Neuen Mittelrheinischen Volkszeitung für seinen Artikel eine volksnähere Sprache gewählt und zum Beispiel notiert hat, der Begriff »Kaiserherrlichkeit« stehe für ein elitäres Selbstverständnis. Das ganze Denken sei auf das eine Ziel gerichtet, das Machthaber immer schon mit glänzenden Augen im Blick hatten: endlich die gesamte Menschheit zu willfährigen Sklaven abgerichtet zu haben. Dieses Gross- und Allmachtsstreben, das die Mächtigen der Wirtschaft und der Finanzwelt tüchtig unterstützen, sei nachgerade so unerträglich geworden, dass sich ihm entgegen der Sturm der Massen erheben werde. Die Konfrontation sei unvermeidlich. Die Zeit sei gekommen, das Volk zu ermutigen und zu organisieren. Nur organisiert kenne jeder einzelne ebenso wohl seinen Platz in der Aufbruchsbewegung als auch ihr Ziel, und nur so werde der Sturm erfolgreich sein. Schulung und Bildung seien das Kernstück der Organisation.

Rüdt fühlt sich persönlich angesprochen und ergreift die Gelegenheit, sich dem Redner vorzustellen. Er profitiert davon, dass diesem die »Mittelrheinische« durchaus ein Begriff ist, und wird eingeladen, in einer Ecke des Schankraumes in einem kleinen Kreis von Genossen den Abend ausklingen zu lassen.

Es kann kaum Diskussion genannt werden, was hier stattfindet. Der Berliner ist punkto Redegewandtheit seinen Zuhörern haushoch überlegen, auch denjenigen, die vom Oberrhein herunterkommen und ebenfalls ein deutsches Mundwerk führen. Es entpuppt sich vielmehr als Lektion in politischer Theorie, was zu später Stunde das hauseigene Bier anrichtet und beflügelt. In diesem Zusammenhang erfahren die staunenden Leute, dass dem Genossen Liebknecht der Marxismus buchstäblich in die Wiege gelegt worden sei insofern, als Karl Marx und Friedrich Engels höchst persönlich die Gevatterschaft erklärt hätten. Zum bassen Erstaunen seiner Zuhörer aus der Basler Provinz hält allerdings der Schützling die Grundlagen, auf denen das Werk seiner Paten beruht, für falsch. Sie entstammten einer rein materialistischen Geschichtsauffassung und seien daher zu einseitig. Ihm, Liebknecht, liege viel daran, die menschliche Gesellschaft als grossen Organismus zu begreifen, der dem Trieb folge, sich immer höher zu entwickeln. Ziel sei ein neuer, allumfassender Humanismus. Daran habe sich auch die sozialistische Bewegung zu orientieren.

Ja, da staunt Max Rüdt offenen Mundes, vernimmt er doch hier die Erklärung, auf die er Jahre lang aus war. Ist Liebknechts Begriff vom allumfassenden Humanismus ein Synonym für die allumfassende Solidarität?

Auch die Genossen vom Deutschen Arbeiterverein staunen. Ziemlich spekulativ, Liebknechts Ansatz. Sollte er sich damit schon vom Marxismus wieder verabschieden, den man sich hier noch kaum so recht einverleibt hat?

Richtig, führt der Angesprochene aus, nachdem er am Vogtei-Bräu Zunge und Gaumen neu genetzt hat. Die Behauptung, die Geschichte der Menschheit sei von Klassenkämpfen bestimmt, treffe nicht zu. Es gehe in der Geschichte vielmehr um die Verteilung der sozialen und politischen Rollen innerhalb einer Gesellschaft. Dieser Verteilungskampf sei kein dialektischer Prozess, sondern ein evolutionär gerichteter Vorgang. Die Zustände entwickelten sich kontinuierlich einer aus dem anderen. Eine neue Ordnung komme nicht über einen totalen Umsturz der alten zustande. Im Gange gehalten werde die Entwicklung von zwei Faktoren. Einerseits wachse in der Gesellschaft die Einsicht ins Wesen und in die Bedürfnisse der anderen Interessengruppen. Dadurch glichen die unterschiedlichen Lebensentwürfe sich gegenseitig an. Er, Liebknecht, rede von einer sozialen Bewegung hin zur Gleichberechtigung. Sie manifestiere sich auch auf der individuellen Ebene, nämlich von Mensch zu Mensch. Immer mehr Individuen seien in der Lage und willens, sich in die Situation der Mitmenschen einzufühlen. Den zweiten Faktor sehe er in jenem politischen Handeln, das die Höherentwicklung im Blick behalte. Angestossen werde es von der soeben erwähnten sozialen Bewegung des Proletariats. Das Proletariat verkörpere recht eigentlich das Entwicklungspotenzial, es sei die Keimzelle des neuen Humanismus' und in seiner Bewegung dessen adäquate Ausdrucks- und Kampfform. Allerdings sei sich die Basis ihres Potenzials noch kaum bewusst. Darum seien Schulung und Bildung das A und O. Die Proletarier müssten das Klassenbewusstsein lernen und es sich aneignen. Er, Liebknecht, behaupte übrigens nicht, dass man dem Proletariat die neue Rolle in der Gesellschaft freiwillig zugestehen werde. Wer sich einer Sonderstellung erfreue, werde sie nicht kampflos aufgeben. Aus diesem Grunde sei Revolution ein besonders intensiver Abschnitt innerhalb des Evolutionsprozesses.

Die Genossen fremden. Einer bringt die Skepsis auf den Punkt. Die Sache mit dem Trieb zum Höheren, Genosse Liebknecht: Glaubst du oder weisst du das?

Ich glaube daran, antwortet Liebknecht.

Der Genosse schüttelt den Kopf. Mit dem Glauben, weisst du, haben wir nicht viel am Hut, weder mit dem religiösen noch mit einem gescheiten, wie du ihn zu vertreten scheinst.

Am Ende des Wissens steht der Glaube, entgegnet Liebknecht trotzig. Glaube ist eine Entscheidung. Ich habe mich entschieden. Ich glaube an die Entwicklung zum Höheren. Anders wäre ich nicht der Liebknecht, sondern kaum mehr als dem Knecht sein Rindvieh, das Dung pflettert, aus der Wiese sich sattfrisst und dumpf wiederkäut noch und noch. – Tja, so ungefähr.

Liebknecht ist aufgestanden. Er starrt auf die Leuchte überm Tisch, als müsste er sich daran aufrechthalten. Er wünsche, sich jetzt zurückzuziehen.

Aus dem Zirkel antwortet ein Brummen hier, ein Räuspern dort, was sich allemal als Billigung und halbbatziges Gutenacht deuten liesse. Dem Grossstädter bekommt offenbar das provinzielle Gebräu weniger als den Einheimischen, die seine Konsumation unter sich aufteilen, dieweil die Ratlosigkeit fast mit Händen zu greifen ist. Die Leute haben einen Vollblutgenossen erwartet, einen, der die Faust auf den Tisch haut. Das ist, was man versteht. Nun haben sie hinter den Kulissen des Burgvogteisaales über die Erwartungen hinaus einen Kerl zur Kenntnis nehmen müssen, der weiterdenkt, der über den Klassenkampf hinausspäht.

Die Runde löst sich auf. Und wir Besserwisser haben aus der Jahrhundertdistanz festzustellen, dass den Skeptikern die Entwicklung der Dinge recht gab. Liebknecht blieb auf seiner Utopie von einem neuen Humanismus sitzen. Die darbenden Massen wollten davon nichts wissen.

Der Praktikant kaut am Griffel. Der Trieb zum Höheren, Besseren: Das wäre die Lösung. Zusammen mit dem Glauben, dass die Menschheit nicht anders könne, als dem Trieb zu gehorchen. Und zusammen mit der Entscheidung, die Dinge aus eben diesem Blickwinkel betrachten zu wollen.

Den Glauben teilt Rüdt nicht. Er erkennt aber, was für ihn fortan gelten wird. Er zieht den Griffel aus den Zähnen. Da die Dinge sich anders verhalten, schreibt er, da in der Tat die Menschheit anders kann, als dem Trieb zum Höheren zu gehorchen, liegt es an uns, in die Geschichte einzugreifen. Dazu sind wir berufen

Und sind dazu imstande kraft unserer Einsicht und unseres Bewusstseins. An uns selber haben wir zu glauben. Wir haben die Verantwortung zu übernehmen. Das ist die Entscheidung. Meine Wahrheit ist, was ich verantworte.

Rüdt hat seinen Lehrer und die Lehre gefunden. Gross wie die Landschaft vor dem Wagenfenster zeigt sich ihm seine Aufgabe. Er versteht sich als Rad im Getriebe, das die Entwicklung voranbringt, sei sie nun evolutionär oder revolutionär. Was aber ist es, genau besehen, was ihn aus dem Hintergrund verpflichtet, an die bessere Welt zu glauben, die wir gemeinsam herbeiführen? Das Stichwort heisst Elisabeth.

Mit gradem Rücken kehrt Rüdt nach Bingen zurück. In seinem Bericht wird er sich ausschliesslich auf das Referat des Berliner Abgeordneten beziehen.

In der Redaktion stösst er auf die nächsten Schlagzeilen. Rosa Luxemburg macht sich für ein neuartiges politisches Kampfmittel stark, das alle privaten und staatlichen Einrichtungen auf einen Schlag lahmlegen und somit ungeahnte Wirkungen entfalten soll und das Max Rüdt zum ersten Mal zur Kenntnis nimmt. Dass Luxemburgs Bemühungen erfolglos bleiben werden, steht in den Wolken geschrieben, die sich über der deutschen Sozialdemokratie und über deutschen Landen dunkel zusammenbrauen, aber der Schweizer Praktikant in linkem Journalismus ist vom Generalstreikvirus infiziert. Er wird die Idee im Paket mit dem Ausblick auf das Bessere reifen lassen, während unaufhaltsam auch am Mittelrhein das Säbelrasseln zum Lärm anschwillt, der am häufigsten in die Zeitungen überschwappt. Und wahr ist, dass die deutsche Heerführung unsere Absichten durchkreuzt, noch ehe sich dieser Nachruf mit Rüdts Aufenthalt in Bingen in ausreichender Anschaulichkeit befassen könnte.

Einmal mehr entdecken wir den alten Mann auf der Treppe. Als ob sie steiler würde von Tag zu Tag. Rüdt schnauft, zieht die Tür auf. Aus purer Gewohnheit lüpft er den Hut, um ihn am Hosenbein abzuklopfen. Auf dem Vorleger bleibt er stehen. Er setzt einen Jutesack auf den Boden und lehnt die Ledermappe daran. Den Hut hängt er an den Garderobehaken, das Cape behält er an. Immer noch auf dem Vorleger stehend bückt er sich ächzend nach den Stiefeln. Den ersten kann er am anderen abstreifen, den zweiten muss er von Hand vom Fuss ziehen. Ein Stiefelknecht wäre nützlich. Vielleicht findet sich einer auf dem Trödelmarkt. Rüdt stellt die Stiefel auf die Zeitungen, die sich allmählich in Fetzen auflösen, und streckt sich langsam wieder. Aus dem Jutesack entnimmt er eine Papiertüte. Damit geht er in die Toilette. Wie er herauskommt, ist er bärtig. Er hebt den Jutesack auf und meldet sich an der Küchentür. Er ist zwar nicht eingeladen, doch da er sich einen Bart angeklebt hat und einen Sack mitbringt, lässt Amalia ihn lachend eintreten und kündigt den Samichlaus an. Die Kinder erscheinen in der Stubentür. Rüdt macht seine Stimme tief.

Kinder, seid ihr auch immer folgsam gewesen?

Nein, rufen sie unisono und kichern. Es ist ja klar, wen sie vor sich haben.

Dann komm rein, sagt Ewald. Er dreht am Radio die Ländlermusik leise.

Ich habe euch etwas mitgebracht. Rüdt schnürt den Sack auf, hebt ihn hoch und leert ihn auf dem Tisch aus. Mandarinen, Erdnüsse, Nüsse, kleine Lebkuchen mit Abziehbildern von Tannenbäumchen und Samichläusen im roten Mantel. Sogar einige Schokoladenscheibchen in farbiger Folie verbreiten sich auf der Tischdecke.

Aber, aber, sagt Amalia, du hast ja ein ganzes Vermögen ausgegeben!

Damit hat sie recht. Max hat mehr Geld ausgegeben, als einer in seinen Verhältnissen es tun sollte. Aber er ist noch nie ein Buchhalter gewesen, und wer ihn kennt, weiss, dass er generös umgeht

124

mit seinem Geld, wo es Geschenke gilt. Er hat den Chlausensack aus dem Honorar für eine Glosse bezahlt, die er in den Nachrichten untergebracht hat. Ich hätte auch eine Geschichte dabei, sagt er. Falls ihr sie hören möchtet.

Das Angebot lässt man sich nicht entgehen. Die Heims haben sozusagen ihren privaten Geschichtenerzähler. Schon manche Anekdote hat ihr Zimmermieter hier vorgelesen; einmal aus der Zeitung, wenn sie schon gedruckt war, ein andermal aus Blättern, die er aus seiner Schreibmaschine gezogen hat. Dabei spricht er das Hochdeutsch wie der Nachrichtensprecher am Radio. Ahnungslose würden dem Mann, an dem alle Kleider schlottern, dieses Talent nicht zutrauen – und ahnungslos sind übrigens die meisten der Leute, die hier im Weinstädtchen mit ihm noch zu tun haben.

He, Kinder, sagt dem Samichlaus Dankeschön, bevor ihr euch auf die Erdnüsse stürzt, mahnt Ewald. Amalia nimmt Rüdt das Cape ab. Dann gibt es ein Stühlerücken, damit der Gast den Platz direkt unter der Lampe bekommt; man weiss inzwischen, dass sein Augenlicht abnimmt.

Wir nehmen den Faden an einem Feierabend zu Anfang Dezember auf, bemerkt Rüdt, während er aus dem Kittel gefaltete Blätter zieht. Das Horn im Stanzwerk schnarrt zehn Minuten zu früh. Es ist ein Zahltag. Die Arbeiter stehen zuerst an der Stempeluhr und hernach am Lohnschalter an. Mit der Lohntüte auf der Brust oder in der Hosentasche treten sie in den Feierabend hinaus. Und bleiben einen Augenblick stehen. Warum? Es hat aufgehört zu regnen. In grossen Fetzen sinkt der erste Schnee auf den schwarzen Asphalt. Die Flocken hängen sich an die Mäntel. Während sie wegschmelzen, sind sie schon getroffen von einer folgenden. Die Heimkehrer knöpfen die Mäntel fertig zu, drücken die Mützen auf den Schädel und schlagen die Krägen bis zu den Ohren hoch, denn ab und zu greift der Wind breit ins Gestöber, wirft es waagrecht in die Gesichter und findet die schlecht beschützten Stellen am Hals.

Viele Mienen verraten die kindliche Freude am Schneefall. Ein Gesicht würde uns auffallen. Anstelle der Augen scheinen darin zwei finstere Höhlen zu liegen. So tief verbergen sie sich unter den dichten Brauen. Ihre trübe Blicklosigkeit würde uns erschrecken. Der Mann fällt auch auf, weil er es nicht eilig hat. Er lässt sich von den anderen überholen. Man geht grusslos an ihm vorüber. Er trägt den Schirm am Handgelenk, die Finger hat er in die Jackentasche geschoben, und auf diese Weise langsam die Strasse hinabtrödelnd lässt er den Schnee auf sich einfallen. Auch durchs Licht der Laternen, der Schaufenster und der Wirtschaftsschilder fällt der Schnee. Den dichten Flockenvorhang pflügen die Lichter der Automobile auf. Das Weiss setzt sich fest, Inseln wachsen zwischen die Fuss- und Räderspuren hinaus, ein grossflächiges Anmalen.

Da schlägt dem Heimkehrenden einer, der ihn eingeholt hat, mit dem Handrücken auf die Brusttasche und sagt: Komm, Kielholz, wir schütten noch einen in den Hals. Gegen den Husten.

Der so Angesprochene ist überrascht, fast ein bisschen erschrocken, hat aber gegen den Vorschlag nichts einzuwenden. Hätte er wirklich vorgehabt, nach Hause zu gehen?

Rüdt wendet sich an die Kinder. Euer Vater ist zuhause, seht ihr, aber es gibt andere, deren Platz in der Stube oft leer bleibt.

In der Geschichte nun gehen die beiden Männer wortlos nebeneinander her. Kielholz lässt sich von der zielstrebigeren Gangart seines Begleiters ziehen. Er achtet nicht auf die Adventskränze mit den elektrischen Kerzen, die über den Trottoirs hängen und im Wind schwanken. Es ist auch mühsam, hinaufzuschauen, denn die Schneefetzen drücken die Augen an den Wimpern zu. Sobald die Männer eine Lichtquelle im Rücken haben, fallen ihre Schatten vor sie hin und scheinen Schritt um Schritt getreten zu werden. Ein einziges Mal hebt Kielholz seinen Blick. Der Blick fällt in ein hell beleuchtetes Schaufenster und erhascht den Moment, da eine Verkäuferhand in die Gruppe geschnitzter Krippenfiguren greift und eine davon heraushebt. Schon folgt Kielholz dem Begleiter die Treppe hinauf in den Bären.

126

Rüdt fasst wieder die Kinder in den Blick. Ich verrate euch hier etwas Wichtiges, nämlich, dass Markus Kielholz zu früheren Zeiten ebenso selten Gast im Bären gewesen ist wie euer Vater im Trauben. Seine Leidenschaft war das Schnitzen. Zur Freude seiner jüngeren Geschwister brachte er von seinen Ausflügen dem Fluss entlang oft seltsam verknorzte Wurzeln heim, woraus er gehörnte sechsbeinige Kobolde, Zwerge, Kriechtiere zauberte. Für sein Töchterchen, als es zwei oder drei Jahre zählte, schnitzte er Kühe, Kälber, Ochsen, Esel, einen Stall voller Tiere. Längst war er ein geschätzter Möbelschreiner, als das Unglück geschah. Er war von einem Mitarbeiter zum Geburtstagstrunk eingeladen worden, gleich nach Feierabend. Zuerst hatte er ablehnen wollen. Seine Familie warte mit dem Abendbrot auf ihn. Dann war er aber doch mitgegangen. Als er bald aufstand und die Mütze auf den Kopf setzte, gossen ihm die Kollegen das Schnapsglas wieder voll und riefen, der Geburtstag sei nur einmal im Jahr zu feiern. Aber deine Frau hast du noch lange! – Und eben hier, Kinder, beginnt die Geschichte vom hölzernen Josef.

Rüdt glättet die Blätter. Leicht ist zu erkennen, dass das Farbband der Schreibmaschine über sie hinaus nichts mehr hergeben dürfte. Heims privatem Erzähler fällt es leicht, auch das vom Blatt zu lesen, was dort nicht ersichtlich ist, und überhaupt nur so zu tun, als würde er ablesen. Wir aber wollen hier nicht länger seine ganze epische Behäbigkeit wiedergeben, sondern zusammenfassen. Die Chronik von einem tüchtigen Handwerker, der sich im Suff an seiner Frau tätlich verging und darauf in seiner Scham dem Alkohol verfiel. Als Hilfsarbeiter beschäftigt hielt er seine Familie noch leidlich über Wasser, doch es war keine Zuversicht mehr in seinem Leben. An jenem Feierabend mit dem ersten Schnee, als er schon wieder im Bären hockte, allein, denn der Begleiter war nach Hause gegangen, holte ihn das Bild von der Krippe ein. Wir erinnern uns: das vorweihnachtlich beleuchtete Schaufenster. Die Hand, die hineingriff. Die Lücke. Kielholz langte sich an die Stirn. Und fasste seinen Beschluss. Er schob eine Münze übers Tischtuch und verliess den Bären. Aus der Lohntüte kaufte er im Laden die unvollständige Gruppe, trug sie heimlich nach Hause und schickte sich in seinem einstigen Schreinerschuppen an, die fehlende Figur zu ersetzen. Er besass zwar nicht mehr die Geschicklichkeit von ehedem und hackte auch läppisch die eine Hand vom geschnitzten Josef ab. Trotzdem erfüllte ihn ob seinem verschwiegenen Werk die Genugtuung, dem Bären ferngeblieben zu sein. In freudiger Erregung erwartete er den Weihnachtsabend.

Seid ihr neugierig, wie die Geschichte dann ausgegangen ist? fragt Rüdt seine Zuhörer, die längst aufgehört haben, Erdnussschalen aufzubrechen. Die Kinder nicken.

Nur zu, antwortet Ewald.

Dann gebt acht. Fast hätte sie nämlich ein trauriges Ende genommen. Ein paar Kerzen sind angezündet. Für einen Baum reicht ja das Geld nicht, und eigentlich auch nicht für Geschenke. Doch jetzt holt Markus Kielholz sein Paket hervor. Ein ziemlich grosses, und gross werden auch die Augen von Frau Kielholz und vom Töchterlein. Er stellt es auf den Tisch. Wer darf?

Das Mädchen natürlich. Es schnürt den Packen auf, wickelt die Figuren aus dem Papier, eine nach der anderen, und stellt sie vor sich hin, die Maria im blauen Mantel, aus dem ein rotes Gewand guckt, den Josef, das Jesuskind mit dem goldfarbenen Heiligenschein, die Krippe dazu, das kniende Kind mit den braunen Zöpfen und den grünlichen Lumpen. Der Josef ist nicht bemalt, ihn rückt das Mädchen zur Seite und freut sich an den anderen Figuren. Endlich ruft es: Er hat ja nicht einmal die linke Hand. Er ist ein Krüppel. Und nicht wahr, du kaufst dann einmal einen schön bemalten Josef!

Der Glanz in den Augen von Markus Kielholz droht zu erlöschen. Er bringt nun das, was er auf der Zunge getragen und für diesen Augenblick aufgespart hat, nicht über die Lippen. Seine Frau aber hebt vom Tisch den hölzernen Josef auf, der seinen Platz neben der Krippe nicht gefunden hat. Und während sie ihn betrachtet, legt sie den freien Arm um den Hals ihres Mannes. Es könnte einem lebendigen Josef beinah ein wenig eng werden zwischen den beiden Menschen. Hier ist sein Platz, sagt Frau Kielholz.

Im warmen Stüblein von Heims bricht Amalia das Schweigen. Sie glaubt zu wissen, mit wem die Geschichte zu tun hat. Auch Ewald kennt eine Familie, an die der Autor gedacht haben könnte. Der aber schüttelt den Kopf. Er habe zwar sehr wohl in ähnliche Vorkommnisse hineingeschaut, aber die Geschichte vom hölzernen Josef sei erfunden. Er wolle übrigens versuchen, sie in einem Feierabendblatt unterzubringen.

O ja, fein, und dann liest du sie uns noch einmal vor. Zu Heiligabend.

Wir stehen mit dem Nachruf im Sommer vierzehn und müssen weiterhin tüchtig improvisieren. Keine Spur von den Journalheften, die sich aufgestapelt haben müssten, falls Rüdt der aufmerksame Beobachter und Chronist war, den wir ihm unterstellen. Woran wir auf jeden Fall festhalten: am Bild vom jungen Mann, der hellwach zur Kenntnis nimmt und zu begreifen versucht, was sich gesellschaftlich und politisch tut. In Bingen mögen die Wellen der Kriegsbegeisterung einmal hier, einmal dort aus den Fenstern von Wein- und Zunftstuben in die Gassen schlagen. In Berlin und in den übrigen deutschen Grossstädten zogen derweil – so die Münchner »Allgemeine«, die Rüdt immer noch liest und aus der er zitiert – in der Nacht vom ersten auf den zweiten August *»nach Tausenden zählende jubelnde Scharen durch die Hauptstrassen und sangen begeistert die österreichische und deutsche Nationalhymne, die Wacht am Rhein und andere patriotische Gesänge«. »Ein Gefühl der Befreiung aus schwerem Alpdrucke«* mache sich geltend, *»ein Gefühl, dass endlich die Stunde der Vergeltung«* geschlagen habe. *»In diesem Sturme nationaler Begeisterung lag ein ernster, sittlicher Wille, der sich in Rufen ausdrückte wie ,Wir Deutschen fürchten Gott und sonst nichts in der Welt!'«.* Umso querer liegen in der kriegsfrohen Landschaft die Aufrufe der Sozialisten hinter Liebknecht und Luxemburg. *»Wir wollen keinen Krieg. Nieder mit dem Krieg. Hoch die internationale Völkerverbrüderung.«* Das Münchner Wochenblatt hat dafür wenig Verständnis. Mit Friedensfreundlichkeit habe die sozialistische Aktion *»mit ihrer üblichen Unverfrorenheit und unverschämten Grosssprecherei«* nicht das mindeste zu tun; sie verfolge *»letzten Endes kein anderes Ziel, als die Manneszucht und den Kampfesmut in unserem Heere zu unterwühlen.«*

Nach einer Erörterung der Mannschaftsstärken, die einerseits Russland und Frankreich in Marsch setzen können, und andererseits Deutschland, Österreich und Italien zur Verfügung haben, und nach einer Abwägung der rein zahlenmässigen Unterlegenheit des Dreibundes und dagegen der namhaft besseren Organisation und Moral findet die Zeitung, ohne Überheblichkeit könne ausgesprochen werden, *»dass die deutsche Wehrmacht seit dem grossen Kriege 1870/71 unablässig mit grösster Intensität und andauerndem Fleiss an sich gearbeitet hat. Alle militärischen Vorbereitungen zum Kriege, welcher Art sie auch seien, sind mit bekannter deutscher Gründlichkeit und Ordnung getroffen; man wird daher ohne Überhebung sagen dürfen, dass Deutschland dem Eintritt ernster Ereignisse mit voller Ruhe im Vertrauen auf Gott und seine eigene Stärke entgegensehen kann.«* [5]

M itten im Studium der »Allgemeinen«, Ausgabe vom Ersten des Monats, erreicht der Marschbefehl unseren Schweizer Füsilier im Ausland. Es ist Montag, der 3. August.

Max Rüdt zögert keinen Moment aufzubrechen, obwohl seine Dienste bei der Volkszeitung angesichts der Verdünnung des Personals erwünscht wären. Er käme ja im Notfall sogar als Setzer und Metteur in Betracht. Aber selbst der leitende Redaktor rät dem Ausländer, sich in Sicherheit zu bringen. Kriege verlaufen selten nach dem frommen Wunsch und den hehren Vorstellungen der

Krieger. Und leider werden die Arbeiter einmal mehr, statt in internationaler Verweigerung stramm stehenzubleiben, in nationaler Verblendung aufeinander losmarschieren. Wir haben es nicht hindern können. Mach's gut, Eidgenoss. Und komm wieder, wenn's hoffentlich bald überstanden ist.

Die Abreise aus Bingen geschieht nicht ganz ohne Lärm. Es setzt nämlich Streit ab mit dem Hauswirt wegen der Miete für den angebrochenen Monat. Sie war im Voraus zu hinterlegen. Dieser Vereinbarung ist der Mieter bislang regelmässig nachgekommen. Da er aber als Mitarbeiter der Zeitung von der Entwicklung der politischen Dinge nicht überrascht wurde und sogar mit der Mobilmachung in der Schweiz gerechnet hat, hat er die Zahlung für den August hinausgezögert. Der Hauswirt säumte nicht, für den fälligen Mietzins vorstellig zu werden. Auch er, der Schneider, ahnte Veränderungen. Obwohl er sich über seine Revenue nicht beklagen durfte – manch eine Offiziersuniform hatte Anpassungen nötig – wollte er sein Scherflein im Trockenen haben. Rüdt vertröstete ihn auf die nächsten Tage mit dem Hinweis, er wisse doch, dass er nie die Miete schuldig geblieben sei. Jetzt, einen Tag später, poltert der Gepäckträger mit dem Korb die Stiege runter. Der Hauswirt stellt sich in die Zufahrt, wo das Pferd vor dem Karren wartet. Er moniert die 26 Reichsmark für das möblierte Zimmer, das auf den Hinterhof hinausgeht. Tut mir leid, erwidert Rüdt. Er drückt aber dem Wirt eine Anzahlung in die Hand. Höhere Gewalt. Der Wirt fühlt sich geprellt und droht mit der Polizei. Das ist mehr als genug für die drei Tage, erwidert der junge Mann. Für die neue Sachlage vermöge er sich nicht; nicht er habe ja den Krieg erklärt. Damit steigt er auf den Kutschbock und weist den Fuhrmann an, loszufahren. Das tapfere Schneiderlein greift in die Zügel, bekommt einen warnenden Hieb mit der Peitschenschnur auf die Finger und quiekt los. Der Fuhrmann treibt das Pferd an. Ein paar Leute bleiben stehen; haben aber ihre Aufmerksamkeit grosszügig über diese lokale Aufregung hinweg auf den Sieg gerichtet, den die deutsche Führung mit dem Überfall auf Belgien und Luxemburg glaubt in die Agenda geschrieben zu haben.

Rechtzeitig erreicht das Fuhrwerk den Bahnhof. Unbehelligt von der Polizei steigt Rüdt in den Zug. Die Abteile sind schon gut gefüllt. Italiener verlassen Deutschland und führen massenweise Gepäck mit sich. Man fährt mit Dampf, denn an Kohle mangelt es noch nicht. Mit unvorhergesehenen Zwischenhalten kommt man an den deutschen Truppen vorbei, die auf den Vogesen bereits ab dem folgenden Tag in Gefechte verwickelt sein werden.

Da die Reise sich hinzieht, hat der Schweizer Milizionär Zeit, sich mit dem Marschbefehl auseinanderzusetzen. Der Fan von Rosa Luxemburg rückt ein. Ist das nicht bemerkenswert? Er wird sich einreden, dass jede Dienstverweigerung einem Bauernopfer gleichkäme. Die Linke ist nicht ausreichend organisiert, um sich durch kollektive Kriegsdienstverweigerung Gehör zu verschaffen. Rüdt wird also der Dienstpflicht nachkommen. Vermutlich ohne klare Überzeugung, aber halt auch aus dem Bauchgefühl heraus, das auf Stichwörter wie Heimat, Vaterland, »einer für alle, alle für einen« wohl dressiert reagiert. Und natürlich aus Furcht vor den Folgen einer Verweigerung. Speziell jetzt, bei Kriegsausbruch, käme sie selbst bei den am nächsten stehenden Menschen schlecht an. Geschweige denn bei den obrigkeitlichen Instanzen. Und in der Tat: einschlägige Urteile der Militärgerichte waren damals allesamt auf Abschreckung ausgelegt. Ein Beispiel: Im Februar nullsechs hatte der sozialdemokratische Parteitag beschlossen, allen Wehrmännern die Verweigerung des Angriffs gegen Streikende zu empfehlen. Der Typograf Jacques Schmid war als Unteroffizier zum Ordnungsdiensteinsatz gegen den Zürcher Arbenz-Streik vom selben Jahr aufgeboten worden. Nach dieser Erfahrung erklärte er, allen weiteren Militärdienst zu verweigern. Im Frühling nullsieben wurde er degradiert und zu sechseinhalb Monaten Gefängnis verurteilt. Ausserdem verlor er für die Dauer eines Jahres das Aktivbürgerrecht und in der Folge auch seinen Arbeitsplatz.[6] Später ist er allerdings Redaktor der Neuen Freien Zeitung in Olten geworden und für den Kanton Solothurn National- und Regierungsrat.

Von diesem Exempel wird Max Rüdt noch keine Kenntnis haben. Während seiner Zeit in deutschen Landen hat er sich intensiv mit den emotional aufgeladenen Debatten im Ruhrgebiet auseinandergesetzt, jedoch kaum mit der Situation in der Schweiz. Falls er nun zwischen Bingen und Basel zur Verweigerung überhaupt einen Gedanken verschwendet, lässt er sich gewiss schnell davon wieder ablenken. Auf den Aufwand und die ungemütlichen Umstände verzichtet er auch aus der ungefähren Idee heraus, es gäbe wohl Werte, die es verdienten, verteidigt zu werden – nicht bloss materielle, aber solche auch. Wir erinnern uns: Er stammt aus einer Familie, die durchaus etwas zu verlieren hat – und übrigens eben jetzt sich anschickt, einerseits massiv zu verlieren, da der Import von Baumwolle und der Export von Textilien ins Stocken geraten, andererseits auch wieder zu gewinnen, weil die Beteiligung an der Giesserei rentabel wird. Mit anderen Worten: es scheint eine durchaus angemessene Ambition zu sein, die Schweiz aus den Kriegshandlungen heraushalten zu wollen.

Im Bahnhof der Badischen Bahn in Basel kommen die Passagiere noch ganz gut durch, bevor ab den kommenden Tagen die Italiener Kolonnen bilden. Rüdt ordert einen Träger mit Handkarren. Der nimmt das Gepäck in Empfang. Kaum ist das Bahnhofgebäude mit dem Uhrturm verlassen, wird Rüdt von Angehörigen der Armee in Empfang genommen, kontrolliert und registriert. Der Transfer zum Centralbahnhof geschieht elektrisch, nämlich im grünen Tram »Zum Kämmerlein«. Erneut wird kontrolliert und registriert. Am späten Abend könnte Rüdt auf der Strecke durchs Fricktal noch Zürich erreicht haben. Da bleibt ihm nichts anderes übrig, als im Hotel zu übernachten. Vielleicht ist's das Central, wo er absteigt. Er wird sich am folgenden Vormittag Zeit gelassen haben. Er liest zuerst Das Volksrecht und die erhältlichen Zeitungen aus St. Gallen. Der Landsturm, liest er, ist am Vortag eingerückt und vereidigt worden. Das Tagblatt, bei dem er seine Lehre absolviert hat, schreibt: *»Totenstille herrschte über den Männern, die ihr Haupt entblösst, das Gewehr bei Fuss hatten. Und alle Bürger ringsherum* *nahmen die Hüte ab. Arbeiter und Herr, Alte und Junge. Dann drang es ernst und stark über den Hof, das heilige ,Ich schwöre es!' Und die Wehrmänner erhoben die Rechte und schworen unterm Abendhimmel des Bundestages den Treueschwur des Soldaten dem Vaterlande.«*[7] Auch für die Volksstimme ein feierlicher Moment, der *»einen im Innersten erfasste, als diese Männer, von denen wohl keiner gedacht, dass er in so ernsten Zeiten fürs Vaterland ins Feld ziehen müsse, den Eid leisteten.«* Weiter entdeckt Rüdt eine Bekanntmachung der städtischen Linken. Angesichts des Kriegsbeginns stelle sie sich diskussionslos hinter die Landesverteidigung, aus welchem Grunde sie die auf Montag, den 3. August, angesetzte Versammlung *»Gegen den Krieg und für den Völkerfrieden«* absage.

Max Rüdt schüttelt den Kopf, bevor er sich in den Zug setzt. Wie kommt es, dass die Linke sich in Aussicht stellt, der Krieg werde allenthalben der kapitalistischen Herrschaft ein Ende bereiten und den Sozialismus als Sieger hervorbringen? Solange wir die Kriege der Kapitalisten mitmachen, wird sich an deren Regiment nichts ändern. So viel steht für den Heimkehrer schon einmal fest, während die bekannte Silhouette vom Säntis sich immer klarer abzeichnet und während auf der Kreuzbleiche sich die Angehörigen der Füsilierbataillone einstellen, um die neuen Gewehre, 128 scharfe Patronen, die Erkennungsmarke und das individuelle Verbandspäckchen zu fassen – die Dinge eben, die, wie die Volksstimme festhalten wird, *»den Ernst der Situation«* zum Ausdruck bringen.

Viel Zeit bleibt zuhause nicht. Sie reicht knapp zum Austausch mit Mama. Von ihr erfährt er, dass auch Klaras Gatte unter die Fahne gerufen worden ist, auf Seiten der französischen Armee. Sie fällt dem Sohn um den Hals und weint. Hauptmann Georg Rüdt lässt grüssen. Er ist als Feldprediger eingerückt. Max wird sich am folgenden Vormittag bei der Truppe melden.

Die Mobilmachung sei reibungslos verlaufen, schrieb das St. Galler Tagblatt, und sei am 5. August mit der Fahnenübergabe und der Vereidigung abgeschlossen worden. Sämtliche in St. Gallen mobilisierten Truppen hätten sich vor der Kaserne zum Carré formiert. Der freisinnige Landammann Alfred Riegg habe in seiner Ansprache auf das Bild einer schönen und gut verwalteten Eidgenossenschaft mit *»herrlichen Bergen und Seen«, »blühenden Städten und Dörfern«* zurückgegriffen und dann festgestellt: *»Alle diese Kleinodien verdienen es, dass ihnen gegenüber das eigene Ich in den Hintergrund trete, und dass man ernsten Willens ist, in der Stunde der Gefahr nur der Allgemeinheit zu dienen.«* Anschliessend habe er den Eid abgenommen. Mit dem gemeinsam gesungenen Lied »O mein Heimatland, o mein Vaterland« habe die Feier ihren bewegenden Abschluss gefunden. Allgemein habe unter den Soldaten eine gehobene Stimmung geherrscht, die man ihnen beim Auszug aus der Stadt ansah: *»Wie wurden da angesichts der gewaltigen Zuschauermenge die Köpfe hoch getragen, wie Helden nach siegreicher Schlacht«*.[8]

D er Alltag der Füsiliere an der Grenze im Rheintal war trist und hart. Auf den Kriegsschauplätzen zeigte sich, dass der Soldat nicht mehr in geschlossenen Verbänden auf den Feind losmarschierte und aus dem Kniestand schoss, sondern aus der Deckung heraus, und dass er sich kriechend bewegte oder eingrub. Schützengräben wurden ausgehoben, Bunker und Festungswerke gebaut. General Wille war berüchtigt dafür, ein Nachbeter des preussischen Drills zu sein. Der Soldat sollte reflexartig gehorchen. Seine Gefügigkeit verlieh den Offizieren ein behagliches Gefühl der Überlegenheit. Darum wurden die helvetischen Wehrmänner in Ermangelung des Ernstfalls wenigstens besonders hartem Drill unterzogen. Nach ihren Gefühlen wurde bei all der Schinderei und Erniedrigung nicht gefragt. Möglich, dass das Selbstwertgefühl unter den Männern aus Arbeiterverhältnissen weniger ausgeprägt war als heute, dass das Untertanen-Gen noch dominant war. Wo es aber rumorte, fing es an, sich zu outen. Zunächst nur zwischen zusammengebissenen Zähnen. Nimm dich in Acht, du Sauhund. Wenn's losgeht, bist du der erste, der mir vor die Flinte gerät. Manch ein Offizier hatte den Bammel und allen Grund, Gott zu danken, dass die Schweiz nicht in den Krieg verwickelt wurde.

Entgegen seiner anfänglichen Bereitwilligkeit, dem Aufgebot Folge zu leisten, ist Füsilier Rüdt ist kein gefügiger Soldat. Er murrt nicht nur, er sagt von Anfang an laut, was er denkt, wenn ihm oder der Gruppe Unsinniges befohlen wird. Er wird vor den Kadi zitiert, bekommt den Marsch geblasen. Der Feldweibel lässt ihn eine Woche lang die Latrinen reinigen. Weil er zu lange braucht, bis er unterm Stacheldraht hervorkommt, verpasst ihm der Wachtmeister, während die Truppe verpflegt wird, eine Portion »Liegen! - Auf! - Liegen! - Auf!« Das macht Füsilier Rüdt viermal mit, dann verweigert er den Gehorsam. Der Wachtmeister schreit ihn an. Rüdt verharrt auf dem Bauch. Der Wachtmeister versetzt ihm einen Fusstritt in die Seite. Jetzt steht Rüdt erst recht nicht auf und verlangt den Sanitäter. Der renitente Kerl simuliert, das ist doch klar. Der Unterleutnant wird herbeigeholt. Der befiehlt dem Soldaten unter Androhung eines Rapports auf- und strammzustehen. Füsilier Rüdt steht ächzend auf. Entweder er spielt seine Rolle gekonnt oder er leidet wirklich. Wenn er simuliert, kommt er dran, schwört sich der Unterleutnant. Nach dem Einrücken wird Füsilier Rüdt ins KZ geschickt. Rippen sind verstaucht. Füsilier Rüdt besteht auf einem Rapport, der auf dem Dienstweg unterzugehen droht, dann aber, weil der Soldat mit der Presse droht, dort oben ankommt, wo man Wachtmeister massregelt. Und nun ist es der Unteroffizier, der seinen scharfen Arrest einkassiert. Vor Wut zerbricht der seinen Stuhl und wirft ihn durchs Fenster auf den Vorplatz. Die Mannschaft grinst hämisch. Von den ersten Tagen an galt der Wachtmeister als Saupacker. Rüdt dagegen hat einen Nagel im Brett. Das geniesst und feiert er, indem er einem Kameraden aus dem Stegreif den Text eines Strafaufsatzes diktiert, damit der arme Schlucker, der sich kaum schriftlich auszudrücken wüsste, anschliessend doch noch in den Genuss des Sonntagsurlaubs komme.

Nach den Wochen der Rekonvaleszenz kommandiert man den Weichling Rüdt für die nächsten Urlaubswachen ab. Der kann sich derartige Vergeltungsmassnahmen leisten; er muss ja nicht, wie die meisten seiner Kameraden, die Familie besuchen und im Stall oder im Atelier zum Rechten schauen. Auch die finanziellen Sorgen vieler Kameraden teilt er nicht. Er kommt mit dem Franken Sold pro Tag aus. Der reicht fürs Bier, das er in der Soldatenstube trinkt. Er raucht nicht, obwohl die Versuchung, wenn die Langeweile und die Erschöpfung wieder einmal überhandnehmen, durchaus an ihm herumstichelt. Ab und zu gewährt er sich eine zusätzliche Schokolade. Sie erinnert ihn an die Kindheit in St. Georgen und an Maestrani.

Da er arbeitslos ist, wird Füsilier Rüdt die maximale Aktivdienstzeit zu leisten haben. Von der Truppe aus bemüht er sich um eine Stelle als Mitarbeiter einer Zeitung. In Olten wird die Neue Freie Zeitung gemacht, ein sozialdemokratisches Tagblatt. Auf der Redaktion liest man die Bewerbung mit Interesse. Aha, ein gelernter Typograf, einer also, der das Handwerk kennt und weiss, wovon er redet, wenn er den Begriff Arbeiterschaft in den Mund nimmt. Eben noch Mitarbeiter einer klar linksgerichteten Zeitung in Deutschland, und zudem einer, der sich im sozialistischen Vokabular auszukennen scheint: Doch, doch, den Mann will man gern kennenlernen. Dass er gerade Militärdienst leistet, kann man ihm nicht verargen. Also melden Sie sich, sobald Sie freigestellt sind, und stellen Sie sich vor. So lässt der Chefredaktor antworten. Unterschrift: Jacques Schmid.

Was ist weiter über die anderthalb Jahre zu vermelden, als Rüdt fürs Vaterland strammstand?

Dass umgehend die Not in vielen Familien Einzug hielt. Bald kostete 1 Liter Milch 24 Rappen, 1 Kilo Brot 47 Rappen und 1 Kilo Tafelbutter 4.20 Franken. Eine Arbeiterin verdiente etwa 30 Rappen pro Stunde. Die Unternehmer sparten Löhne ein, wenn sie anstatt der eingezogenen Männer deren Frauen beschäftigten. Arbeiter kosteten um die 80 Rappen.

Dass die Stickerei-Industrie schnurstracks in die Krise ging. Die Exporte schmolzen rapide auf null. Die Rüdts, Otto und Georg, ahnten, dass sich das Gewerbe nicht mehr erholen würde. Schuld war nicht der Krieg allein. Die Frauen sind fast unberechenbarer noch als Gewaltereignisse; plötzlich ändern sie den modischen Geschmack. In Europa und Übersee schickten sie sich an, glatte Stoffe zu bevorzugen. Wer sich nun rechtzeitig auf bunte Baumwolltuche einstellte, hatte Zukunft. Der Absatz würde sich normalisieren, wenn bloss die Einfuhr von Baumwolle gesichert wäre. Otto Rüdt schloss zwar Einkäufe in Griechenland, in Osmanien und Amerika ab; oft blieb jedoch die Ware aus. Trotzdem konnte er sich in der Firma halten. Andere vormalig Beschäftigte fanden, wenn sie vom Aktivdienst zurückkamen, keine neue Anstellung. Sogar etliche der verbliebenen langjährigen Mitarbeiter wurden entlassen und hatten mit ihren Familien die missliche Aussicht, am Hungertuch nagen zu müssen. Dass es dem Ableger in Lyon, Fa. Guignard Fils Tissus, übel erging, sei an dieser Stelle auch erwähnt.

Zu Weihnachten hat selbst der renitente Füsilier Rüdt Max grossen Urlaub. Er verbringt die Woche zuhause unter der Obhut der Mama, die es sich nicht nehmen lässt, den Sohn aufzupäppeln. Sie achtet auf seine Hände und Fingernägel, lässt sich sogar zur Fusswaschung und Pediküre nieder, durchsucht die Haare nach Nissen (erfolglos, wie sich herausstellt) und schneidet es wieder einmal korrekt, reibt mit Pferdesalbe hingebungsvoll den grünlichgelben Fleck, der vom Fusstritt des Wachtmeisters herrührt und die Monate überstanden hat. Sie will einen durch und durch geschniegelten Soldaten vorweisen, denn am Stephanstag stellt der Älteste seine Rebekka vor. Der Feldprediger ist vom Dienst entlassen worden und rechnet nicht damit, noch einmal einrücken zu müssen. Soeben hat er die erste Weihnachtspredigt seiner Karriere gehalten und reist nun mit seiner Liebsten von Kreuzwil herkommend an, umhüllt von einem Halo aus Genugtuung über das Lob, das die Kirchgänger ihrem jungen Pfarrer gezollt haben, und sichtbarlich gesegnet von der Verliebtheit, die aus ihm herausgebrochen ist. Sie betrifft die Tochter eines Verlegers, dem mehr als hundert Webstühle in den Hütten Tobel ein und Tobel aus gehören, auch auf der Appenzeller Seite des Alpsteins.

Mama hofft, mit den Gästen kehre die aufgeräumte Stimmung ein, die ihr Schwager Otto, der nach Jakobs Tod quasi die Rolle des Familienoberhauptes übernommen hat, vermissen lässt - ihm hocken die Zukunftssorgen in allen Fasern. Eine dunkle Wolke bildet überdies die Nachricht, dass die Kavalleriedivision, welcher der Schwiegersohn angehört, als Reserve in der umkämpften Champagne stehe - man muss sich mit Klara Sorgen machen. Sie bietet ihre ganze Kraft auf, um mit den Kindern in Lyon obenauf zu bleiben.

Max und Georg, die beiden Streithähne, werden aber nicht lange pietätvoll an sich halten. Der Disput ist unausweichlich, wenn sich auch nicht vorausahnen lässt, an welchem Stichwort er sich entzünden werde. Es ist die Weihnachtsgans, über die hinweg er losgeht. Von der spontanen Solidarität im Lande war die Rede. Die bürgerlichen Witwen, unter ihnen auch Mama und die Grossmutter unten in der Stadt, stricken Socken für die Wehrmänner. Andere, so Rebekkas Tanten im Rheintal, betreiben Soldatenstuben. Das ist nun beileibe nicht die Solidarität, die Max sich vorstellt. Selbst mit vollem Mund versäumt er darum die Gelegenheit zu einem Einwand nicht. Er will die Almosen nicht verachten. Es geht aber, erklärt er, um Grundsätzlicheres. Es geht nach wie vor um eine dauerhafte Wende in den Herrschaftsverhältnissen. Das sagt euch einer, der die Ungleichbehandlung tagtäglich erlebt und den Grimm darüber in sich selber spürt und ringsum beobachtet.

Es wird ja etwas getan, beschwichtigt der Pfarrer. Wir helfen nach, indem wir beten, Gutes tun und ein jeder den Nächsten liebt wie sich selbst. Gerade in diesen schweren Zeiten. So wird der Boden für das Gute bereitet. Es kommt von innen. Gott bringt es durch seine Gnade aus uns heraus in die Welt. Auch wenn es gegenwärtig nicht danach aussieht. Was wissen wir schon darüber, was Gott mit uns vorhat. Zu Zeiten der Prüfung ist Vertrauen in seine Weisheit besonders wichtig.

Max schüttelt den Kopf. Du redest vom Reich Gottes. Seit ihr die Zeitenwende versprochen wurde, betet und wartet die Christenheit darauf. Wie lange soll das noch so weitergehen? Ich rede von der sozialen Gerechtigkeit. Von der Wende, die zu unserer Lebzeit eingeleitet werden muss. Von glücklichen Proletariern.

Damit hat der befürchtete Schaukampf begonnen. Kein Zweifel: Es ist Rebekka, vor der er ausgetragen wird. Der Mama ist klar, dass hier seine Fortsetzung nimmt, was ihren Söhnen immer schon geläufig war: Der eine will überlegen sein, der andere sich nicht kleinkriegen lassen. Das sind meine Buben, erklärt Mama der Schwiegertochter in spe. Irgendwann hören sie von selber wieder auf.

Rebekka weiss sich keine Antwort und muss achtgeben, dass sie sich nicht verschluckt. Otto, der seiner Schwägerin frontal gegenüber an der anderen Stirnseite sitzt, hält sich an den Wein. Solange es davon genug gibt, braucht er sich nicht einzumischen.

Es geht nicht um das Glück, erklärt Georg. Er bezichtigt seinen Bruder, Grundlegendes zu verwechseln. Glück ist etwas Irdisches, Vergängliches. Verblendete suchen es. Sehende dagegen halten Ausschau nach dem Heil. Darum geht es, um das Seelenheil, nicht um den Goldregen. Das Heil jedoch, mein Lieber, ist nicht die Domäne der Weltverbesserer. Es lässt sich nicht durch einen Umsturz der Ordnung, falls dir so etwas vorschweben sollte, verordnen.

Unüberhörbar, dass Georg an predigerischer Gewandtheit zugelegt hat. Mama ist fast ein bisschen stolz. Seit Jakobs Tod neigt sie wieder mehr der Kirche zu und ist aus diesem Grunde empfänglich für überzeugende Sätze. Und Rebekka ist hoffentlich beeindruckt.

War nicht auch Jesus ein Umstürzler? kontert Max. Wortwörtlich, indem er im Tempel die Tische der Geldwechsler umwarf?

Mit deinem laienhaften Halbwissen verdrehst du biblische Fakten. Jesus schritt nicht gegen die soziale Ordnung ein, sondern gegen unstatthafte Gebräuche und unsinnige religiöse Gesetze. Gegen das pharisäische Judentum ging er auf die Barrikaden, nicht gegen die Römer. Er wollte aufzeigen, dass das Bündnis mit Gott und damit das Wohl der Menschen nicht von der akribischen Einhaltung der jüdischen Gesetze abhing. Um nichts anderes ging es bei seinem Auftritt.

Nun gut, lenkt Max ein, ich habe offenbar das, was ein Pfarrer Heil nennt, nie kapiert.

Dabei ist der Sachverhalt so einfach. Das Heil der Seele wird in der Erlösung von dem Bösen gewährleistet, das seit Adam unser klebriger Begleiter ist. Georg fasst alle in den Blick. Heilung durch den Erlöser. Das ist doch, was wir alle glauben, nicht wahr?

Mama nickt, Rebekka sagt ja, Onkel Otto zuckt mit den Schultern und wartet auf die Gelegenheit, die Aufmerksamkeit auf den Tannenbaum zu lenken, den er vom Markt heraufgetragen hat.

Ich nicht, antwortet Max. Er geniesst es, das abzulehnen, was die anderen glauben. Eine Religion, die zunächst den Menschen zum ursündhaften Wesen erklärt, um ihm dann einzubläuen, dass er erlösungsbedürftig sei, ist eine Betrügerin. Mit ihrem faulen Trick macht sie sich das Volk gefügig.

Georg begehrt auf. Max, wir reden hier vom Wort Gottes, das uns die Heilige Schrift verbürgt, und von der Theologie, die auf der Offenbarung beruht.

Nein. Die Rede ist von Menschen. Von Ausgebeuteten, die in der Zwangsjacke der gesellschaftlichen Verhältnisse stecken. Sie sind erlösungsbedürftig, und zwar umso mehr, als sie ihren Zustand zum Teil noch nicht einmal einzusehen vermögen. Ihnen müssen wir die Augen öffnen. Das ist Erlösung.

Du bist immer noch der pubertierende Schwärmer, stellt Georg fest, und der Onkel brummt, beim Pöbel sei eh nur Undank zu holen.

Ich bin ein Idealist und damit das, was Georg sein sollte. Was ein jeder Christ sein sollte. Und müsstest nicht auch gerade du, als Pfarrer, auf der Seite der Armen und Unterdrückten stehen?

Unsere Familie, wirft Otto dazwischen, arbeitet seit Generationen an ihrer Wohlhabenheit. Sollen andere ihrerseits arbeiten und etwas aufbauen anstatt zu saufen oder zu huren.

Wir haben auch auf der Seite der Wohlhabenden zu stehen, gibt der Pfarrer zu bedenken. Auch sie brauchen Christus, vergiss das nicht. Und es ist mehr zu erreichen mit den Wohlhabenden, die dir zuhören und ein Herz für die Bedürftigen zeigen, als mit den Mittellosen, die nur zur Kirche kommen, um dort ihre Suppe abzuholen.

Bist du ein Zyniker, Schorsch?

Georg schweigt trotzig. Er hat Mamas Blick erraten. Sie findet, es sei jetzt genug. Und sie hat recht. Immerhin hat noch niemand das Essen gewürdigt, das sie auf den Tisch gebracht hat, notabene trotz all den Schwierigkeiten, die notwendigen Lebensmittel und Gewürze noch zusammenzukriegen. Die Knappheit auf den Märkten fängt an sich auszuwirken. Es wäre an der Zeit, dass jemand hier erklärt, die Gans sei köstlich.

Ich bin ein Pragmatiker, erklärt Onkel Otto. Ich muss nicht gleich die Welt verbessern. Wir können miteinander bei Tisch sitzen, kriegen zu essen und einen guten Tropfen dazu. Was wollen wir mehr?

Euch Wohlgenährten gegenüber bleibt mir wirklich nur die Rolle des Weltverbesserers, stellt Max nüchtern fest. Aber ich nehme sie an. Ich will die Welt verbessern. Sie ist der Ort, wo unser Leben stattfindet. Ist das nicht ein weihnachtliches Versprechen? Und eines, das zu diesem Anlass passt, nämlich wo eine neue Familie in Aussicht steht?

Er möchte das Paradies auf Erden, lächelt Mama Rebekka zu, die bis jetzt am Tisch so gar nicht zum Zug gekommen ist.

Und zwar für alle, bestätigt Max.

Du wirst dir den Wirrkopf einrennen. Otto greift zum Glas. Die Welt ist härter, als du denkst, und verdient das Opfer nicht. Aber die Gans ist lecker. Ein Prosit auf die Köchin.

Mama entdeckt, dass Ottos Glas fast leer ist. Sie langt nach der Flasche, die hinter ihr auf der Anrichte steht.

Über die Aare kehrt Rüdt zum Bahnhof zurück. Ein steifer Wind flussaufwärts bläst Nieselnässe aus dem Nebel unters Brückendach. Rüdt hält mit einer Hand den Hut an der Krempe fest, mit der anderen schliesst er das Cape unterm Kinn. Er kommt vom Vorstellungsgespräch. Er hat soeben Jacques Schmid kennengelernt.

Dem Chefredaktor der Neuen Freien Zeitung kommt die Bewerbung gelegen. Es gilt, der sozialdemokratischen Presse im Leberbergischen eine starke Präsenz zu sichern. Der neue Mann hat vielversprechende Referenzen und scheint genau jene wortgewandte Respektlosigkeit an den Tag zu legen, mit der man die Uhrmacher beeindrucken kann. Schmid schaut voraus. Er plant eine Lokalredaktion in Grenchen. Vielleicht ist dieser Rüdt der geeignete Mann. Mal sehen. Er zögert nicht, per Handschlag den Bewerber vorläufig zu binden. Bezahlt wird der Mitarbeiter einstweilen pro publizierten Artikel. Da er davon allein nicht wird leben können, darf er Texte auch in anderen Zeitungen unterbringen. Aber nur unter vorheriger Genehmigung durch den Chef. Bei uns herrscht Ordnung, sagt Schmid unter den Schnauzbartzwickeln hervor, und Sinn für Ordnung bringen Sie ja nun zweifellos mit. Nach Ihrem Dienst fürs Vaterland, nicht wahr?

Schmid hat ein schwer zu deutendes Lächeln aufgesetzt. Rüdt stutzt. Schon gut, sagt Schmid. Er klopft seinem neuen Angestellten auf die Schulter und wünscht sich gute Zusammenarbeit.

Es ist nicht präzis die Stelle, die sich Rüdt hätte vorstellen können. Er hätte lieber in der Ambassadorenstadt gearbeitet oder unter den Eisenbahnern in Olten. Dass diese Bereiche vergeben sind, nimmt er zur Kenntnis. Wo genau befindet sich der Leberberg? Grenchen, ja, davon hat er eine Ahnung. Der Ort liegt an der Bahnstrecke nach Biel, irgendwann nach Solothurn, und hockt vor dem Tunnel, der sich noch im Bau befindet. Rüdt wird sich arrangieren. Fürs erste. Er betrachtet die Anstellung als Sprungbrett zu einer einflussreicheren Wirkungsstätte.

Die beiden eindrücklichen Bögen der Gleisüberdachung im Blick sagt sich Rüdt, dass er doch, einmal in der Gegend, gleich hinfahren könnte, um einen ersten Augenschein vom Ort seines zukünftigen Wirkens zu gewinnen. Er begibt sich zum Bahnhofgebäude und studiert im Schalterraum die Abfahrtstabelle. Der nächste Zug nach Biel fährt in knapp zwei Stunden. Das würde dann wohl bedeuten: Übernachtung. In Grenchen? Wenn schon, dann lieber in Solothurn. Ein Zug nach Zürich würde früher fahren. Im Idealfall gäbe es dort einen Anschluss nach St. Gallen, und Rüdt käme heute noch heim. Unschlüssig betritt er das Buffet.

Die Hutablage ist besetzt. Drei Tschakos von Offizieren. Rüdt dreht sich um, während er aus dem Cape schlüpft. Dort sitzen die Herren bei einem Glas Weissen, einer von ihnen, mit einem Schnurrbart, raucht Zigarre. Sie haben den Kopf nach dem Eingetretenen gedreht. Rüdt wäre beinah in Achtungstellung gefahren, und seine Hand war schon neben der Schläfe. Er lenkt sie noch eben rechtzeitig weiter hinauf zu seinem Hut, der in der Tat von der Ablage zu kippen droht. Während er sich über den Reflex ärgert, erlaubt er sich, die Tschakos so weit zu verschieben, dass es für den Hut eines Zivilisten genug Platz gibt. Den Achselpatten und Kragenspiegeln entnimmt er auf den nächsten Blick, dass es sich um Stabsoffiziere handelt. Er sagt Guten Tag und setzt sich an einen freien Tisch seitab vom Militär. Auch er bestellt zur Feier des Tages ein Glas Wein. Ligerzer. Ligerz liegt am Bielersee und damit wohl nicht allzu weit von der künftigen Arbeitsstätte entfernt. Ihr wird er mit dem Glas die Ehre antun. Und eine Gemüsesuppe mit Spatz.

Während er auf die Bedienung wartet, entdeckt er am Tisch

gegenüber eine Dame. Sie trägt Schwarz. Ein weisser Kragen lässt das blasse Gesicht fragil erscheinen. Dem jungen Mann fallen sofort die Augen auf. Die Lidränder sind gerötet. Mit einem Tüchlein, das sie unter die Manschette steckt, hat die Dame soeben die Augenwinkel abgetupft. Das ist nun wie der Blick ins volle Augenrund einer Katze. Man hat keine Ahnung, was dahinter geschieht. Schon fällt der Trauerflor, der übers Hütchen zurückgestreift war, vors Gesicht. Rüdt steht auf.

Entschuldigen Sie, meine Dame, dass ich Sie anspreche. Ich glaube, es geht Ihnen nicht gut. Kann ich etwas für Sie tun?

Rüdt hat einen Schritt hinüber getan. Sie schüttelt kaum merklich den Kopf. Danke, nein. Das sagt sie nicht nur, weil es sich so geziemt. Es ist ihr nicht recht, dass sie die Trauer nicht beherrschen kann. Es hat sie halt noch einmal übernommen. Sie hat eigentlich gelernt, ihre Gefühle für sich zu behalten und stets das höfliche Lächeln zu zeigen. Sie nimmt sich vor, sich wieder im Griff zu haben, bevor sie den Herrschaften unter die Augen tritt.

Der Mann allerdings lässt sich nicht so leicht abwimmeln. Darf ich Sie zu meinem Tisch einladen? Ich habe soeben eine Suppe bestellt. Vielleicht hätten Sie auch Lust?

Sie sind sehr freundlich. Ich habe keinen Hunger.

Dass aber der Mensch ein gewinnendes Wesen hat, tut wohl. Eben jetzt. Das kann ihr helfen, sich rechtzeitig wieder zu fassen. Aber wenn Sie sich an meinen Tisch setzen wollten? Dagegen hätte ich nichts einzuwenden. Bitte!

Das erlaube ich mir. Ich würde Sie auch gerne ein bisschen aufheitern. Ich habe nämlich Grund zum Feiern. Ich habe soeben eine Stelle zugesichert bekommen. Meine Freude darüber würde ich gern teilen.

Der Kellner ist aufmerksam. Er bringt die Suppe und holt auch das Glas an den Tisch der Dame, die übrigens nicht so jung ist, wie man vielleicht meinen könnte. Sie kommt von der Beerdigung ihres Vaters und hat sich am Abend wieder an ihrem Arbeitsplatz einzufinden. Nun wartet sie auf den Zug nach Liestal. Sie sei Wirtschafterin für eine Unternehmerfamilie im Waldenburgertal. Und was hat es nun auf sich mit Ihrer Stelle?

Die Offiziere sind aufgestanden. Einer kommt nahe vorbei, Mantel über den Schultern, die Mütze noch in der Hand. Er wendet sich an die Dame. Sollten Sie sich belästigt fühlen, Madame?

Die Dame errötet. Nein, nein, überhaupt nicht.

Dann ist's ja gut. Mein Herr! Entschuldigen Sie. Der Offizier setzt die Mütze auf und schliesst sich den Kollegen an.

Tut mir leid, sagt die Dame bald darauf. Mein Zug müsste gleich eintreffen.

Haben Sie etwas dagegen, wenn ich Sie begleite?

Sie wollen mir Fahrgesellschaft leisten? Einfach so? Haben Sie denn eine Fahrkarte?

Die löse ich am Schalter. Oder beim Schaffner. Auf welchem Gleis fährt Ihr Zug? Ich weiss ja noch gar nicht, wie Sie heissen. Ich würde Sie gern wiedersehen. Ich muss Sie also noch ein paar Sachen fragen.

Die Dame sagt nicht nein, zu charmant ist das Angebot. Aber es ist Zeit, die Konsumation zu berappen und aufzubrechen. Schon drängt die Dame zum Bahnsteig hinaus. Sie darf den Zug nicht verpassen. Auf keinen Fall.

Rüdt schiebt dem Kellner ein Trinkgeld hin, ergreift an der Garderobe Mantel und Hut und eilt der Frau nach. Sie hält inne, dreht sich um. Ich weiss nicht, ob das gut kommt. Bis Liestal, weiter nicht. Wenn mich jemand bei den Herrschaften verpfeift.

Warum sollen Sie nicht in der Begleitung eines Herrn gesehen werden? Eines ehrenwerten dazu, wie ich mir gerne einbilde?

Gute Frage, denkt sie. Aber er ist noch sehr jung. Man könnte meinen, ich hätte ihn mir angelacht. Dabei ist es mir gar nicht zum Lachen zumute. Bis Liestal, weiter nicht.

Also denn, bis Liestal. Ist mir eine Freude, Sie bis dahin zu unterhalten. Sind wir nicht mündige Individuen? Man kann Ihnen nicht verbieten, sich wie eine mündige Person zu verhalten.

Da haben Sie recht. Fahren wir zweite Klasse? Ich habe leider nur ein Billett dritter Klasse. Er stutzt einen winzigen Augenblick und weiss dann, dass seine Entscheidung bedeutsam ist. Er lässt sich am Schalter bedienen und übernimmt auch den Aufpreis.

Die Dampflok zieht den kurzen Zug unters Bogendach herein, Dampf fährt zischend aus den Ventilen, die Bremsen quietschen ohrenbetäubend. Ein paar Leute ziehen das Abteilfenster auf und lehnen sich heraus, Türen schlagen auf, Frauen mit Einkaufskörben, Männer mit Wickelgamaschen bis unters Knie steigen aus.

Die Frau ist ungeduldig, strebt zur nächsten Einstiegstreppe. Es bleibt aber genug Zeit. Der Gepäckhandwagen ist hoch beladen; es dürfte einen Moment dauern, bis die Post soweit ist. Rüdt hält Ausschau, welcher Wagen die Aufschrift 2 trägt, nimmt der Dame den Korb ab, stützt ihren Arm, während sie den hohen ersten Tritt nimmt, und steigt dann nach. Das erste Abteil ist 3. Klasse. Die Luft ist stickig; hinter einer Lehne herauf steigt Tabakrauch. Durch die nächste Tür geht's in die zweite. Ein kleiner Raum für gerade mal zwei Abteile, leer, aber ein beheiztes Stübchen, etwas stickig, wahrscheinlich ist seit Bern nicht gelüftet worden. Rüdt zieht für einen Augenblick das Fenster runter, hilft der Dame aus dem Mantel, legt seinen Hut auf die Gepäckablage, das Cape gefaltet darunter und nimmt dann der Dame gegenüber Platz. Durch die Trennwände hört man die aufgeregten Stimmen der Passagiere. Und dann stellt er sich schon mal vor. Max Rüdt. Aus St. Gallen.

Sie nickt und lächelt zum ersten Mal.

Hatten Sie meine Herkunft erraten? Hört man mir tatsächlich den Ostschweizer noch an? Ich war seit sechs Jahren kaum mehr zuhause. Zuerst unter Bayern, dann unter Rheinländern. Da habe ich meinen Dialekt ein bisschen verlernt, meine ich doch. Und zuletzt im Militär. Da herrscht eine ganz besondere Mundart.

Der Zug ruckt an, der Holzeinbau ächzt. Sofort mischt sich der würzige Geruch von frischem Kohlerauch mit ein. Rüdt schiebt das Fenster hoch.

Wie heissen denn also Sie, wenn ich mir diese Frage erlauben darf?

In diesem Augenblick rasselt der Zug in den Tunnel. Stimmt, das ist die neue Strecke durch den Hauenstein. Eben erst in Betrieb genommen. Darum hat der Schaffner das elektrische Licht an der Decke eingeschaltet. Man müsste sich gegenseitig jetzt anschreien. So schweigen die beiden Fahrgäste. Im Spiegel der Fensterscheibe schauen sie sich gegenseitig verstohlen an, bis die Scheibe sich beschlagen hat. Fast zehn Minuten später, als nach dem Tunnel die eigene Stimme wieder zu vernehmen ist und das helle Tageslicht aus dem wolkenlosen Himmel überm Baselbiet die Gesichter erhellt, bekommt der Mann die Antwort. Anna Maria. Und Ineichen.

Der Name deutet auf eine Luzerner Herkunft hin. Die aktuelle Adresse lautet aber anders. Rüdt hat der Dame die Erlaubnis abgerungen, ihr zu schreiben. Wir unterstellen, dass darüber hinaus kaum eine der Belanglosigkeiten versäumt bleibt, mit denen Menschen sich gegenseitig dazu bringen, sich zu verlieben. Inzwischen bringt die Dampflok vom Waldenburgerli das frisch eingefüllte Wasser rauchend zur Nutzhitze.

Vom Seitensprung nach Liestal kehrt Rüdt nach Olten zurück, wo er sich im Aarhof einen kleinen Imbiss gönnt. Nebst Zeitungen vom aktuellen Tag liegen da auch schon die Ausgaben vom kommenden Morgen auf. Die führt Rüdt sich zu Gemüte und bekommt einen lebhaften Eindruck vom parteipolitischen Hickhack im Industriekanton, bevor er das Hotelzimmer bezieht.

Die Fahrt von Olten nach Grenchen dauert fast eine Stunde. Genug Zeit, um zusammenzutragen, was Rüdt in den kommenden Wochen zur Kenntnis nehmen wird. Uhrmacherdorf. Die einheimische Arbeiterschaft lebt konfliktreich mit dem lokalen Unternehmertum zusammen. Streiks und Ausschliessungen haben Tradition. Gestreikt haben auch die italienischen Gastarbeiter im Tunnelbau; vor zwei Jahren sind sie von Truppen in die Schranken gewiesen worden, als sich ein Teil der einheimischen Arbeiterschaft mit ihren Protesten solidarisierte. Die Tunnelarbeiter, Hilfsarbeiter und Mineure wohnen in einer eigenen Siedlung, in einer Satellitenstadt, wie man das heute etwas hochtrabend nennen würde, vorwiegend in Holzbaracken, die sie vom vorausgegangenen Arbeitsplatz, dem Lötschberg, mitgebracht haben. Die Kolonie hat eine eigene Infrastruktur, die vom Frisör bis zum Spital und zum Gottesdienstraum reicht. Die Beziehung zwischen Einheimischen und Gastarbeitern ist freundlich, gibt es doch kaum Anlass zu Revierkämpfen - es sei denn der Neid der einheimischen Jungmannschaft, wenn sie den rassigen Südländerinnen nachschauen muss. Diese kaufen im Dorf ein, umgekehrt feiern die Dörfler sonntags in den Tavernen der Italiener. Da wird gesungen und getanzt – und an dieser Stelle fällt mir das Gedicht ein, das mein Vater zum Thema geschrieben hat und das ich Rüdt zur Verfügung stellen könnte, quasi als Illustration. Zwei heimwehkranke Italiener singen zum Akkordeon die Verse, die sich unter die Melodie von Teodore Cottraus »Santa Lucia« ziehen lassen:

Was hat uns getrieben,
Dass wir fern der Heimat sind?
Von uns Kindern waren's sieben -
Hunger gähnt' im leeren Spind.

Nichts als Kummer, nichts als Not
Trieb uns in die weite Welt.
Wo fänd für das täglich Brot
Und ein Bett sich Geld?

Nur um es besser einst zu haben
sind wir in den Schacht verbannt,
Fels zu sprengen und zu graben
Für das andere Land.

Sicher hat sich Rüdt nicht allein auf der Baustelle umgehört und umgesehen, sondern auch dort, wo dem Leben, wann immer sich Gelegenheit bietet, eine unbeschwerte Note verliehen wird. Da hat er sich hoffentlich von den Italienern eine Scheibe abgeschnitten und seiner humorarmen Ernsthaftigkeit einen Touch von Dolce Vita untergejubelt.

Um noch von der besonderen Atmosphäre Eindrücke zu sammeln, kommt allerdings unser Mann in Grenchen reichlich spät ins Tripoli. Der Tunnel ist nahezu fertig, als er zum ersten Mal vor der Baustelle steht, und bietet zu diesem Zeitpunkt kaum Stoff für die Blätter. Die Schlusssteinlegung, die erste Fahrt und die Inbetriebnahme – Ereignisse vom zweiten Halbjahr fünfzehn – werden dem redaktionellen Mitarbeiter in der Münstertaler Ferne kund, und zwar aus den Zeitungen, die es über den Ofenpass schaffen. Dahin nämlich wird es Rüdt bald verschlagen. Warum?

Am 23. Mai musste in seinem Manifest der greise Kaiser Franz Josef seiner bodenlosen Entrüstung Ausdruck verleihen: *»Der König von Italien hat Mir den Krieg erklärt.«* Er fand, es sei das ein *»Treuebruch, dessengleichen die Geschichte nicht kennt«* und schloss mit dem frommen Nachwort: *»Den Allmächtigen bitte ich, dass er Unsere Fahnen segne und unsere gerechte Sache in seine gnädige Obhut nehme.«* Ja, so müssen halt die Männer aus den Kaiserreichen auch gegen die Männer antreten, die das Königreich schickt. Es schickt die armen Teufel aus dem Süden. Und seht, wie sie marschieren. Wofür eigentlich? Das wissen sie nicht. Aber warum, das ist ihnen klar: Weil jeder Schiss hat, der andere lasse ihn im Stich, wenn es ums Desertieren geht.

Die Reihen der Tripoli-Bewohner lichten sich. Die einen eilen zu den Fahnen. Die Besonnenen lassen sich im Dorf nieder.

Soweit ein Vorgriff. Wir kehren zurück in den Frühling fünfzehn und tragen nach, dass Max Rüdt ausserdem am Zürcher Volksrecht Aushilfe leistete, und zwar für eingezogene Mitarbeiter. Sein Chef dort war Ernst Nobs, und sollte er je von München aus versucht haben, einen Bericht bei der St. Galler Volksstimme unterzubringen, hätte er's auch dort mit eben diesem Redaktor zu tun gehabt.

Vorwiegend lokale Ereignisse, mit denen Rüdt sich zu befassen hatte. Sie nahmen ihren versteckten Lauf: die Teuerung, die

Verschlechterung der Arbeitsbedingungen, die Not der Habenichtse, die Verschuldung der Mieter, die Raffgier der Besitzenden. Nur wer zum Sprechen bringen und zuhören konnte, erkannte die Beschaffenheit des brütenden Untergrunds.

Durch sein aufmerksames Zuhören brachte Rüdt zum Sprechen. Er begnügte sich aber nicht mit trockenen Berichten aus der Szene. Er legte vielmehr den Finger auf die Ungleichheiten und Ungerechtigkeiten, damit sie erkannt wurden als das, was sie waren, nämlich die pure Schikane. Oder war das nicht niederträchtig zu nennen, was sich Prinzipale in der Bankenstadt erlaubten? Das Personal der Geldinstitute verlangte höhere Löhne zum Ausgleich der Teuerung. Kommen Sie mit dem Konsumbüchlein wieder, lautete der Bescheid, legen Sie uns den Nachweis Ihrer besonderen Sparsamkeit vor!

Konsumbüchlein? Damit verhält es sich so: Der Konsumverein stellte jeder Kundin ein Büchlein aus. Darin notierten die Verkäufer den Betrag pro Einkauf fein säuberlich mit Tinte und versahen den Eintrag mit ihrer Unterschrift. Auf Weihnachten wurde dann der Kundin ein zum Voraus festgesetzter Prozentsatz des Umsatzes als Rückvergütung zurückbezahlt. Wer aber nun zu einem anderen Zweck Einsicht in das Konsumbüchlein verlangte, nahm sich einen unverschämt neugierigen Blick in das Konsumverhalten der betroffenen Personen heraus.

Was ist zu tun?

Rüdt, so dürfen wir vermuten, ist um Antwort nicht verlegen. Wo immer er nach Auswegen und Lösungen gefragt wird, fordert er die Arbeitenden auf, sich zu organisieren, sich den Gewerkschaften anzuschliessen. Er erteilt diesen Ratschlag auch ganz ungefragt und ohne zurzeit selber an eine Zugehörigkeit zu denken. Eine geschlossene Arbeiterschaft, versichert er, wird die gerechte Verteilung der Güter, der Gewinne und der Lebensmittel erzwingen und dafür sorgen, dass es mit dem herablassenden und beleidigenden Gehabe der Patrone ein Ende hat.

In diesen Wochen wird Rüdt selten zuhause anzutreffen, aber oft zwischen Grenchen und Zürich unterwegs gewesen sein und vorwiegend in Herbergen und Volkshäusern logiert haben. Den Zustand zwischen Tür und Angel nahm er als Überbrückung und Gelegenheit zur Einarbeitung. Es war ihm klar, dass er vorerst einmal die Sporen abzuverdienen hatte, und war zu Opfern bereit. Die Funktion des lokalen Redaktors entsprach in den Grundzügen seiner originalen Neigung, mit Lesern auf Tuchfühlung zu gehen und ihnen Zusammenhänge auszudeuten.

Gleichzeitig wuchs das Bedürfnis, führend Einfluss zu nehmen. Vielleicht würde er, Rüdt, der Sozialdemokratischen Partei beitreten. Dies, obwohl sie ihm eindeutig zu bieder war. Er trug es ihr nach, dass sie bei Kriegsausbruch im Verein mit den bürgerlichen Parteien dem Bundesrat unbeschränkte Vollmachten erteilt hatte und damit nachahmte, was in Deutschland Burgfrieden genannt wurde. Er wollte nicht begreifen, dass sie seither explizit darauf verzichtete, innenpolitische Konflikte und wirtschaftliche Auseinandersetzungen vom Zaume zu reissen und auszutragen. Falls er der Partei beitrat, würde er sich zu einer Position aufschwingen, von der aus sich ihre Stossrichtung beeinflussen und korrigieren liess. Das würde dann sicher nicht länger aus dem Korsett der Oltener Redaktion und schon gar nicht aus dem beschränkt wichtigen Ort Grenchen heraus geschehen. Mit anderen Worten: In Max Rüdts Selbstentwurf nahm der Weltverbesserer Konturen an.

Hat der angehende Politiker Anna Maria in diesem Frühling wiedergesehen? Knapp drei Monate blieben ihm, das Leben in Zivil zu geniessen. Er wird geschrieben und mitgeteilt haben, dass er nicht aufhört, an die Begegnung zu denken und dass es ihm dabei warm wird ums Herz. Dass er hofft, sie habe sich mit dem Verlust in der Familie einigermassen arrangieren können und dürfe die Post bei verhältnismässigem Wohlergehen entgegennehmen.

Man hat damals Antwort zwar ebenso ungeduldig erwartet wie heute, aber doch der Briefpartnerin Tage und auch gar Wochen zugestanden. Umso überraschender die Bestätigung aus St. Georgen. Ja, ein Brieflein liege schon seit Tagen da. Rüdt hat zwar momentan zuhause nichts verloren, doch nun lässt er jegliche Recherche fallen, um gleich am nächsten Tag hinzureisen. Unterwegs erinnert er sich, wie er auf die Abende in der Bücherausleihe gewartet und dann mit Herzklopfen nach der Tür gespäht hat, durch die Elisabeth eintreten würde. Genauso erregt ihn jetzt die Ungeduld, und über die Wangenbeine legt sich Glut. Im Blick auf die Mitreisenden, die da und dort zu- oder aussteigen und in Henkelkörben Marktware tragen, ertappt er sich bei der Ermahnung, als erwachsener und soldatisch gestählter Mann pubertäre Gefühlsregungen zu unterdrücken. Noch klingen in seinen Ohren die Worte nach, mit denen der Regimentskommandant die Truppe verabschiedet hat: »*Dank treuer Pflichterfüllung haben uns die sieben Monate Dienst zu Soldaten geschmiedet und so recht zu Männern geformt.*«

Scheiss drauf!

Im Spiegel des Wagenfensters lässt sich nicht abschätzen, ob die Röte in Max Rüdts Gesicht auffalle. Während draussen mit dem gelben und rötlichen Schaum von Ankeblüemli und Sauerampfer und mit Obstbäumen, die soeben verblüht sind, die Wiesen vorüberziehen, erlaubt sich der Zivilist ausdrücklich, zu seinen Gefühlen zu stehen.

Ja, Anna Maria ist wohlauf. Sie hat sich über die Briefpost gefreut und erinnert sich noch gerne an den unverhofften Bahnreisebegleiter. Sie hat sich wiederholt gefragt, ob er wohl noch den einen und anderen Gedanken an sie verwenden möge, obwohl sie sicherlich nicht den erfreulichsten Anblick abgegeben habe.

Es galt nun, auch die Südgrenze zu sichern, vor allem im Bereich der Front zwischen den neuen Feinden. Das zweite Aufgebot zog einen vorläufigen Strich durch Rüdts Karriereplan. Erneut fasste er seine blaue Uniform, das Langgewehr und die restliche

Ausrüstung und vergass nicht, Anna Maria im fernen Waldenburgertal seine Feldpostanschrift mitzuteilen.

Wir haben schon erwähnt, dass das Bataillon, dem Rüdt angehörte, eines von denen war, die einen Teil des Dienstes in den Bündner Bergen zu leisten hatten. Es gab die Wacht im Münstertal und auf dem Umbrail. Von da aus hatten die Posten die Nase dicht auf »*dem anderen Land*«, das heisst auf einem Abschnitt der Frontlinie im Gebirgskrieg, alldieweil den Offizieren Fechtkurse angeboten und den Mannschaften Lektionen gegen den Alkoholkonsum verabreicht wurden. Für kurze Zeit leistete das Bataillon sogar im Poschiavo Dienst. Es wurde gemunkelt, Italien könnte sich in seinem *sacro egoismo,* dem heiligen Egoismus der nationalen Politik, plötzlich auch nach der Schweiz hin um die Sprachgrenze kümmern.

Füsilier Rüdt ist nicht auf die Solidaritäts-Socken angewiesen, obwohl auch er auf den verordneten Gewaltmärschen kreuz und quer durchs Land Ferse um Ferse durchwetzt. Die Mama versorgt ihn laufend mit allem Notwendigen, auch mit Schokolade aus der nahen Fabrikation. Ausserdem bekommt er Paketpost aus Waldenburg, darin - umwickelt mit Socken aus feinem Wollgarn - eine Feldflasche. Wenn man den Korken zieht, steigt der starke Duft von Baselländer Kirschwasser heraus. Ein andermal ist's eine Vorkriegsseife mit Olivenöl aus der Provence und immer ein Grussbrieflein, unterschrieben von Anna Maria.

Wenn Füsilier Rüdt nicht gerade einer Abstrafung unterliegt, nützt er die Freizeit in der Soldatenstube für ausführliche Antworten. Die Mama erhält satirische Beschreibungen des Dienstalltages: Dressur des Soldaten, Sandkastenspiele der Herren Offiziere, die Inspektion der Rasur, die schöne Aussicht in die italienischen Alpen, das tagelange Spazierenführen der gesamten Ausrüstung. An die Schwester in Lyon schreibt er einen Brief in jenem behelfsmässigen Französisch, das sie bei ihm angelegt hat. Klara antwortet auf Deutsch. Feldpost aus Frankreichs Norden bleibe seit Wochen aus. Trägt das Briefpapier die Spuren von Tränen? Für Anna Maria hat er die eine oder andere Posse parat. Die vom Schmuggler etwa, dem der Rucksack zu schwer geworden war, als er bei Brusio über Stock und Stein davonstolperte, sodass hiernach die Kompanieküche ein festliches Risotto anbieten konnte.

Rüdt war klar, dass sein sperriges Betragen ihn dazu prädestinierte, die nächsten Weihnachten und Neujahr ohne Urlaub zu verbringen. Frohe Festtage wären es eh nicht geworden. Im Schoss der Familie war definitiv Betrübnis angesagt. Klara wusste endlich, woran sie war. Ihr Gatte war bereits am 27. September bei Souain in Frankreichs Norden bei einem selbstmörderischen Angriff der Kavallerie auf eine Stellung der Deutschen umgekommen. Der Verdienstorden war eingetroffen. Aus Pietät dem Gefallenen gegenüber nennt Klara sich fortan Claire, und unter diesem Namen hat sie Maurice und Emilie untern Arm genommen und ist mit ihnen nach St. Gallen zurückgekehrt. Die Wohnung der Grossmama Rüdt in der Altstadt ist momentan der Notbehelf. Claire muss dort das Schlafzimmer mit den Kindern teilen und sich gegen die unbeholfenen Zudringlichkeiten des behinderten Onkels zur Wehr setzen, bis das Waldgut wieder bezugsbereit ist. Sie ist es, der Max auf dem Rückweg ins zivile Leben zuerst aufwartet. Er gehört zu den Wehrmännern, die im Januar sechzehn entlassen und in der Folge nicht wieder eingezogen wurden. So bleibt er auf seinem blauen Waffenrock sitzen, und auch der steife Tschako mit den gekreuzten Karabinern auf der Frontseite begleitet ihn nach Hause, während das Chamäleon Armee unaufhaltsam die Verwandlung ins Feldgrau vollzieht. Er hat den Kindern Militärschokolade mitgebracht. Klara bekommt eine lange Umarmung. Für die Grossmama und für Onkel Franz hat er über die sinngemässe Erwiderung ihrer trockenen Begrüssung hinaus weiter nichts übrig. Er schlüpft noch einmal in die Tragriemen des Tornisters, belässt den Tschako auf dem Kopf des Knaben, legt draussen auf der Gasse das Gewehr auf die Schulter und nimmt hinauf nach St. Georgen die Standseilbahn.

Die Neue Freie Zeitung macht mit der Lokalredaktion in Grenchen Ernst. Jacques Schmid stellt den jungen Mitarbeiter als mitverantwortlichen Redaktor dahin ab. Vom Sekretariat der Arbeiterunion aus, wo für die Lokalredaktion der Zeitung ein Raum mit Telefonanschluss vorgesehen ist, meldet sich Max Rüdt gleich bei der örtlichen Sektion der Partei an. Sie ist offiziell eine sozialdemokratische, gilt aber, wie er selber während seiner kurzen Berichterstattertätigkeit im vergangenen Frühling bemerkt und wie Kollege Jacques Schmid ihn vorgewarnt hat, als extrem links; es gebe da einen starken bolschewisierenden Block. Kein Problem, findet Rüdt. Vom klassenkämpferischen Geist und Temperament der Grenchner Genossen ist der junge Redaktor beeindruckt. Fünfmal hätten sie schon mannhaft gestreikt, versichern sie ihm stolz im Café Bank. Er ist sich bewusst, dass er seine Stelle an einem Ort antritt, wo Arbeitskämpfe bereits eine lange Tradition haben, wo Opfer vorangegangener Streiks, dauerhaft Ausgesperrte und Entlassene, äusserste Not leiden, wo er aber auch Anzeichen von Solidarität beobachtet, nämlich Spenden aus dem Bürgerstand an die Bedürftigen.

Mit seinem Antrittsartikel in der Neuen Freien Zeitung stellte sich Max Rüdt den Arbeiterinnen und Arbeitern vor. Zu ihnen sei er gekommen, weil er wisse, dass er in Grenchen eine Bevölkerung vorfinde, die zu jedem Opfer bereit sei, wenn es gelte, für das Wohl der Arbeiterschaft und des ganzen Volkes zu wirken und einzustehen für die idealen sozialen Güter, namentlich für Licht, Freiheit und Wahrheit.

Warum ausgerechnet *Licht* als soziales Gut? Licht anstatt *Brot* zum Beispiel? Die Lebensmittel sind knapp geworden, die Teuerung nimmt überhand. Warum verspricht der Redaktor seiner Leserschaft, mit ihr zusammen für etwas so Verschwommenes wie die *Freiheit* einstehen zu wollen anstatt für den Erwerbsersatz während des Wehrdienstes? Warum hält er den Gummibegriff *Wahrheit* hoch und nicht etwa die Forderung nach einer Altersvorsorge?

Licht, Freiheit und Wahrheit. Die Phrase scheint den Autor als Schwärmer zu kennzeichnen. Was aber, wenn der angesprochenen Leserschaft die gewählten Werte ein Begriff gewesen wären? Welches wäre in diesem Fall der Kontext? Die Elektrifizierung der Haushalte als soziales Gut? Der Uhrenmacher kennt wohl vom Arbeitsplatz her das Problem der ausreichenden Beleuchtung. Denken Rüdt und die Grenchner an helle Wohnungen, in denen man atmen und abends noch lesen kann und nicht der Feuchtigkeit und dem Schimmelpilz in den Wänden ausgesetzt ist? Wahr ist, dass viele Menschen zwischen Wänden hausen, die man heute Verschläge nennen würde. Und was genau verstehen Schweizerinnen und Schweizer um 1916, also zur Zeit der Schlachten bei Verdun und an der Somme, unter Freiheit? Was wünschen oder fordern sie? An welcher Art Freiheit wollen sie teilhaben? Meinen sie Befreiung von den Launen der Arbeitgeber? Der Redaktor hat vielleicht die Meinungs- und Pressefreiheit im Blick, beide sind ihm ein hautnahes Anliegen. Für die Arbeiter ist das eher kein Problem. Auf dem Maul hocken sie nicht. Im Gasthaus sagt jeder, was er denkt, und sogar bevor er's denkt. Was aber nun die Wahrheit betrifft: Wer sie explizit fordert, muss sich Unwahrheiten ausgesetzt fühlen. Was sind die Halbwahrheiten und Lügen, gegen die sich der Anspruch auf Wahrheit stellt? Welches sind die vorenthaltenen Informationen, denen gegenüber ein Anspruch auf Teilhabe erhoben wird? Hat die Bevölkerung das Gefühl, durch Regierung und Armeeführung, durch die Mächtigen der Wirtschaft und durch die Kirche ausgeschlossen zu werden von Einblicken und Kenntnissen? Rüdt dürfte wohl die gezielte Desinformation in Deutschland mitbekommen, die Kriegstreiberei und den Taumel hinein ins Opfer fürs Vaterland beobachtet haben. Davon ist vielleicht sein Blick geschärft für die Verhältnisse in der Schweiz. Verspricht er der Leserschaft mehr Transparenz, mehr Einsicht in die Machenschaften der Profitwirtschaft?

Es mangelte dem Redaktor nicht an Anlässen, lokale Gegebenheiten und Vorkommnisse in den Blick der Presse zu ziehen und zu kritisieren. Da war zum Beispiel das Missverhältnis zwischen Fabrikneubauten und Wohnungsbau. Fast wöchentlich gingen bei der Baukommission Gesuche für Fabrikerweiterungen ein, während Dutzende von Familien sich umsonst um ein Obdach bemühten. Die Reichen wurden reicher, die Armen ärmer. Damals schon ein Fakt. Wann in der Geschichte der Menschheit ist es keiner gewesen? Oder da war zum Beispiel der Umstand, dass einige Unternehmer das Recht der Arbeiter, sich zusammenzutun und zu organisieren, mit Füssen traten und Uhrmacher wegen deren Mitgliedschaft bei der Arbeiterunion oder bei einer der Gewerkschaften entliessen. Es waren Demonstrationen des Rechts des Stärkeren; es handelte sich um die Praxis der Macht um der Macht willen.

An der ordentlichen Versammlung der Sektion Grenchen der Sozialdemokratischen Partei wird der Lokal-Redaktor von Genosse Guldimann eingeführt und aufgefordert, sich vorzustellen. Er hat das ja schon einmal in der Zeitung getan. Jetzt hat ihn vor sich stehen, wer versucht hat, sich ein Bild von ihm zu machen. Man schmunzelt über den *Sänggäller* Dialekt. Passt irgendwie zum geschniegelten Äusseren des Kandidaten, der sich optisch krass von den meisten Anwesenden unterscheidet, die in braunen und grauen Jacken und zumeist verwetzten und mehrfach geflickten Hosen im Saal sitzen und die Schirmmütze nicht abgelegt haben. Man einigt sich aber schnell in der Genugtuung, dass so einer, ein Studierter, der in Deutschland gearbeitet und sich dort mit dem Sozialismus und der Sozialdemokratie auseinandergesetzt hat, der sich von Liebknecht und Luxemburg inspirieren liess, dass also so einer künftig in der Sektion Grenchen mitarbeiten will. So schaut man gelinde über den perfekt sitzenden Anzug aus bläulich grauem Baumwollstoff hinweg und nimmt mit Akklamation das neue Mitglied auf. Am selben Abend noch betraut die Versammlung den Mann mit der Leitung der Jungburschenschaft, die als schwer zu handhaben gilt. Präsident Guldimann wittert ausserdem die

Chance, sich bald vom Parteivorsitz zurückziehen zu können. Darauf hat er gewartet, denn das Amt des Gemeindeammanns lastet auf seinen alternden Schultern. Rüdt hat keine Berührungsängste, was Aufgaben betrifft. Er will Einfluss bekommen und nehmen.

Beim Herrenfrisör an der Kirchstrasse erkundigt sich Rüdt nach freien Wohnungen oder Zimmern und erfährt, was er eh schon weiss: dass sie momentan rar sind. Viele italienische Arbeiterfamilien haben sich nach der Fertigstellung des Tunnels fest niedergelassen. Die erschwinglichen Wohnungen gingen weg wie frischgebackene Cantuccini. Aber wenn der Herr das Tagblatt liest, findet er vielleicht Inserate, sagt der Bartschneider und deutet auf die Zeitungen, die in Bügel eingespannt über den Stühlen für die nächsten Kunden hängen. Rüdt könnte die spiegelverkehrten Titel lesen, wenn ihm nicht ausgerechnet jetzt der Rasör die Sicht verstellte.

Ein Kunde, der dort schon Platz genommen hat, mischt sich ein. Im Musenhaus sind vielleicht Zimmer frei. Dazu wirft er dem Rasör einen vertraulichen Blick zu und grinst. Das beobachtet Rüdt aus dem Schaum heraus via Spiegel.

Was ist das Musenhaus?

Rüdt glaubte, sich in Grenchen bereits recht gut auszukennen. Mit der Unergründlichkeit des Orts hat er aber noch nicht Bekanntschaft geschlossen und von einem Musenhaus nichts gehört. Ist das ein spanisches Schloss?

Ein ziemlich offenes Haus.

Sie können sich ein stattliches, aber vernachlässigtes Herrschaftshaus vorstellen, präzisiert der Rasör, während er das Messer am Leder abzieht.

Eine Sängerin hält dort oben Hof. Une Parisienne. Französin auf jeden Fall.

Das Anwesen gehört ihr nicht. Ein Eigentümer von auswärts überlässt es ihr. Ein Pharmacien aus Neuchâtel.

Sie war wohl seine Mätresse, damals, als sie noch etwas darstellte. Mittlerweile ist sie in die Provinz heruntergekommen.

159

Man weiss nichts Genaues, beschwichtigt der Rasör.

Ich will ja auch nichts gesagt haben. Hier in Grenchen haben die Wände Ohren. Der Mann auf dem Wartestuhl verwehrt sich mit beiden Händen. Aber Leute gehen dort oben ein und aus - man fragt sich.

Der Rasör zieht ruhig das Messer über die Wange seines Kunden. Die Dame erteilt Klavier- und Gesangsunterricht, sagt er, bevor er zum nächsten Strich ansetzt. Ein paar Reiche schicken ihre Frauen und Töchter zum Musikunterricht hinauf. Und ausserdem vermietet sie Zimmer, das trifft zu.

Das wird sie wohl dringend nötig haben, brummt der Wartende. Eine aufgedonnerte Person, trägt Kleidungsstücke, weiss Gott, die sie aus dem Theater mitgebracht haben muss. Hüte ausladend wie die Räder am Leichenwagen. Die Stolas recht eigentlich Fahnenstoffe. Und immer die Handschühlein, selbst im Sommer.

Du hast sie gut angeschaut.

So sieht man sie, wenn sie zum Einkauf runterkommt.

Der Redaktor zögert nicht, die Villa aufzusuchen. Unter ihrem flach gewölbten Vordach hervor überblickt sie dreigeschossig das Dorf. Auf dem vorkragenden Treppenturm sitzt ein doppeltes Walmdach mit einer vergrünspanten Fahne mitten auf dem First, die jede beliebige Windrichtung anzeigt. Eine schmale Strasse mit Schlaglöchern führt steil hinauf. Vom gekiesten Platz auf der Rückseite, den nach dem Berghang hin Schuppen und Remisen begrenzen, führen zwei Treppenstufen zum Eingang. Neben der Tür in der Wandtiefe der Glockenzug. Im letzten Augenblick, bevor Rüdt zum zweiten Mal zieht, geht sie auf.

Der erste Eindruck dürfte ungefähr der Beschreibung beim Rasör entsprechen; der Empfang allerdings ist überaus einnehmend. Man kommt schnell zur Sache. Der einzige Raum, den Madame Du Pasquier anbieten kann, ist eben erst frei geworden. Eine schmale Kammer, fast mehr ein Gang. Die eine der Stirnseiten wird von der Tür, die andere vom Fenster eingenommen, dazwischen haben auf einer Linie ein Schrank, ein Bett und am Fenster ein Lehnstuhl Platz. Gegenüber dem Lehnstuhl kann von der Wand ein Tischbrett mit zwei Stützen heruntergeklappt werden. Heizung im Zimmer gibt es nicht. Wir lassen im Winter alle Türen offen, erklärt Madame, dann verteilt sich die Wärme von Küche und Ofen.

Tatsächlich steht eine der Türen zum Vorraum hin offen. Licht fällt auf die Fliesen.

Darf ich vorstellen? Madame Chausson.

Rüdt sieht eine Frau unter einer Glühbirne sitzen, sie hat eine Wolldecke über die Knie gelegt; auf der Wolldecke liegt eine Strickarbeit. Rüdt nickt hinein und nennt seinen Namen. Ein »Bonsoir, Monsieur« kommt zurück.

Sie ist Rotkreuzschwester, fügt Madame Du Pasquier hinzu und führt den Bewerber weiter zur geräumigen Küche mit dem Gasherd. Die und das Fumoir dürfen alle Mieterinnen benützen, sagt sie. Sie wären der erste männliche Bewohner. Werden Sie kochen wollen?

Nein, sicher nicht.

Schade. Die Küche ist ein Ort der Begegnung. Mehr noch als das Fumoir. So nennt Madame einen Raum, der mit seiner Täfelung aus original dunklem oder dann über die Jahre hinweg russig abgedunkeltem Holz auffällt. Die vier Fenster - je zwei übereck - sind ohne Gardinen; der Blick fällt über das Dorf hinweg zum Bucheggberg und ins Aaretal. Etageren, bis zur Zimmerdecke mit Büchern vollgestopft, rahmen die Fenstergevierte ein. An der inneren Wand, in der sich ausserdem die Tür befindet, nimmt ein Gemälde die Stelle eines Fensters ein. Es stellt den Blick in eine ideale Landschaft dar, im Hintergrund das Fragment eines antiken Tempels. Vor jedem Fenster und unterm Gemälde steht ein Sessel mit abgewetztem Gobelin; Blattrankenwerk in Grüntönen lässt sich erraten. Ein achteckiger Rauchtisch nimmt die Raummitte unter der Lampe ein. Hier können Sie Ihre Zeitungen lesen und Ihre Artikel schreiben, schmunzelt Madame.

Die Mitte der vierten Wand, derjenigen zum Studio hin, wo Madame Du Pasquier unterrichtet, beansprucht ein ebenerdiger Kamin, der offensichtlich ausser Betrieb ist. Seitlich neben ihm steht ein Kanonenofen. Das Rauchrohr geht improvisiert in den Schornstein. Im Kamin liegt das Brennholz. Wer einfeuert, ersetzt das Holz, bemerkt Madame; es liegt draussen im Schopf. Toilette und Klo befinden sich auf dem Gang, und da gilt es sich zu arrangieren.

Rüdt sieht da kein Problem. Er habe auch schon auf engerem Raum gewohnt. Und wie auch immer: er sollte wohl zufrieden sein, Obdach gefunden zu haben. Das Angebot reize ihn.

Voilà!

Noch am selben Tag geht ein Brieflein mit News ins Waldenburgertal. Er habe an seiner künftigen Wirkungsstätte einen Unterschlupf gefunden. Ja, ein eigentliches Schlupfloch, in einer faszinierenden Umgebung. Die Vermieterin eine hochinteressante Person, eine Künstlerin mit Allüren. Leute, die aus dem Rahmen fielen, habe er, Rüdt, schon immer bewundert. Er werde sich seinen Kram aus St. Georgen schicken lassen und sich vorderhand einmal in Grenchen einrichten.

Was musst du dich mit den Sozialisten zusammentun? fragt Onkel Otto ebenso vorwurfsvoll wie besorgt, während Max damit befasst ist, sich mit einer Auswahl von Überbleibseln aus der Muttersohn-Epoche aus St. Georgen herauszuziehen. Besteht irgendeine Notwendigkeit, mein Junge? Nein doch, nicht im Geringsten.

Das ist nicht gegen dich gerichtet, Onkel Otto. Nicht gegen euch.

Aber es wendet sich gegen uns, nörgelt Otto. Früher oder später wird sich herumsprechen, dass du ausgerechnet auf einer Zeitung der Sozialisten arbeitest. Die Redaktoren stehen doch im Schaufenster, stellen sich ja da förmlich selber hinein. Was glaubst du, was man mir an Fragen stellen wird, wenn dein Name im Zusammenhang mit den Roten auftaucht?

Max führt einmal mehr die Solidarität als einen seiner wichtigsten Beweggründe ins Feld, hat aber keine Lust, sich eben jetzt breit zu wiederholen.

Wo ist die Solidarität mit uns, fragt die Mutter. Die Verbundenheit mit der Familie? Wir haben doch einen gemeinsamen Ruf hier unter den Leuten, für den wir gemeinsam gradstehen sollten. Hast du den im Blick? Und denkst du auch an deinen Bruder? Ein Pfarrer steht im Schaufenster. Die Leute tratschen schnell.

Max schweigt. Es liegt ihm nichts daran, die Mama eben jetzt, bei seinem Auszug aus dem Elternhaus, zu verletzen. Er kehrt noch einmal in sein Zimmer zurück. Da findet sich eine Kiste mit Spielsachen: Zinnsoldaten. Gummitiere. Bauklötze. Zubehör für ein Spielhaus, das offenbar nicht mehr existiert. Ein Kreisel. Auf dem Sekretär eine Mappe mit Blättern, die er als Jugendlicher mit Nachschrieben von Predigten und mit eigenen Reden und Geschichten vollgeschrieben hat. Tintenfass, Schreibfedern in einer Hülse, angekaute Federhalter. Schulhefte und Zeichnungen. Die Kadettenuniform im Schrank. Das Flobertgewehr, das ihm der Vater gekauft hat. Das alles lässt er zurück. Aber nach dem Büchlein fragt er noch einmal. In das weisse Schnupftuch gewickelt. Eine blaue Schleife herum.

Keine Ahnung, behauptet Mama. Wovon redest du?

Das Musenhaus ist, wie Max Rüdt bald zu hören bekommt, unter Insidern ein Begriff. Dass man da frei ein und ausgehen kann, hat sich herumgesprochen. Nicht gerade verrucht, das Haus, aber doch eines, das man neugierig im Blick behält. Bereits wird die Frage gestellt, ob es einem Sozialisten gebühre, dort Wohnsitz zu haben.

Das exzentrische Wesen der Vermieterin hat einen Vorteil: Besuche sind geduldet. Wenn man nicht ausdrücklich unter vier Augen bleiben will, ist man eingeladen, sich im Fumoir zu treffen. Gelegentlich gesellt sich auch Madame hinzu. Sie wünscht, dass man auf Französisch parliere. Rüdt macht gerne Gebrauch von der Räumlichkeit, weniger gern von seinem entwicklungsbedürftigen Französisch. Er lernt nicht nur die Rotkreuzschwester und ihren Liebhaber kennen, sondern auch den einen und anderen der Lokalmatadore, die mit einem Schirm die musizierende Gattin oder die Tochter abholen und bald seine politischen Gegner sein werden. Im Moment klagen die Herren über den stockenden Uhrenexport und die sinkende Qualität der Zigarren und finden den Mann von der roten Presse eigentlich ganz sympathisch.

Den neuen Bewohner haben auch die schon zur Kenntnis genommen, die wenig Bescheid wissen, die allenfalls in Erfahrung gebracht haben, dass der Herr für die Zeitung arbeite. Er selber gibt sich keine Mühe, nicht aufzufallen. Bald besitzt er ein Fahrrad und gehört mit den flatternden Mantelschössen zur heiteren Seite des abschüssigen Dorfalltags.

Man müsste ihm mal in den Weg treten. Wer opfert sich?

Du vielleicht, kichern die jungen Frauen, die ihm fast täglich begegnen. Sie sind in umgekehrter Richtung unterwegs zur Arbeit. Sie schubsen sich gegenseitig an, während er aus der *Schmelzi* heruntersaust und beim Wirtshaus Helvetia rassig abbiegt.

Drei von ihnen nützen den ersten Fastnachtsabend zu einer Freizügigkeit, die, wie sie glauben, die Verkleidung ihnen gewährt. Sie streichen ums Musenhaus herum, bis sie in der transparenten Schneenacht tatsächlich den heimkehrenden Rüdt vor sich haben. Wenn ihm Fastnacht geläufig wäre, hätte er vielleicht nicht Marktfrauen vor sich, sondern wäre bereit, unter den Kopftüchern die Gesichter von Hexen zu sehen. Sie kichern. Guten Abend, junger Herr.

Er grüsst höflich zurück und hält inne. Die Gesichter wirken im Widerschein vom Schnee markant geschminkt. Aber aus ihrer dunklen Umrandung blitzen äusserst lebhafte Augen. Wir möchten Herrn Zeitungsmann Rüdt besuchen.

Ja, der bin ich.

Fein. Und wo wohnt er?

Nun, gleich da im Parterre. Rüdt macht eine Handbewegung.

Ist das etwas Geheimes, oder darf man vielleicht einmal reinschauen?

Bitte, sagt Rüdt, kommt schon. Und schliesst bitte hinter euch die Haustür.

Die drei Besucherinnen klopfen sich den Schnee von den Stiefelsohlen und treten ein. Aus dem Raum gradaus fällt Licht in den Vorraum. Eine Frauenstimme, am Klavier begleitet, übt auf der Phrase *Fichez le camp fichez-le!* Dreiklänge aufwärts und zurück, von halbtonschrittweise ansteigenden Grundtönen aus. Oder irgendwelche Koloraturen auf dem O von *La Rosa*, legato oder staccato.

Was ist das?

Gesangsunterricht.

Die Marktfrauen schütteln den Kopf. Komisch.

Wir müssen hier die Stiefel ausziehen, sagt der Gastgeber.

Drei Paar stehen schnell in unordentlicher Reihe. Rüdt stellt seine dazu, hängt das Cape an einen der Bügel und legt den Hut auf die Ablage. Kommt herein. Er bringt die kecken Besucherinnen ins Fumoir. Setzt euch.

Sie knöpfen ihre Wolljacken auf und lassen sich nieder. So im Raum vereinzelt, jede in ihrem Sessel, kommen sie sich allerdings ziemlich verloren vor. Ich setz mich lieber zu dir rüber, sagt eine, steht auf und zwängt sich zwischen die Kameradin und die Armlehne. Die dritte bleibt sitzen. Sie streift das Kopftuch ab. Braunes Haar, überm Nacken zu einem *Bürzi*[1] gesteckt, kommt zum Vorschein.

---

[1] *Haarknoten, schweiz. Dialekt*

Und jetzt? Rüdt weiss immer noch nicht, ob er belustigt oder indigniert reagieren soll.

Seit heute früh ist doch Fastnacht. Nicht gewusst? Wir spielen hier Fastnacht. Von Maske zu Maske. Du bist doch auch eine Maske, so geschniegelt verkleidet.

Rüdt ist bereit, die Frotzelei zu überhören.

Wie heisst ihr denn, ihr Masken?

Mmh, Lou zum Beispiel, lacht eine. Oder Mireille, wirft die andere ein. Irène. Emmanuelle. Melanie. Das Mädchenduo im Sessel überbietet sich gegenseitig mit Einfällen. Adèle. Michelle. Salomé. Stéphanie. Natalie. Welcher Name wäre dir am liebsten?

Rotkäppchen, prustet eine heraus.

Dornröschen, japst die Freundin.

Pechmarie. Aschenputtel. Du darfst auswählen. Wenn du's triffst, bekommst du einen Kuss, Froschkönig. Du bist doch der Froschkönig, nicht wahr? In Wirklichkeit. Aber jetzt hast du dir ein hübsches Schnurrbärtchen aufgeklebt. Kannst du schnurren? Also, rate, wie heissen wir?

Aus dem benachbarten Studio hört man so etwas wie überlaut gedehntes Gähnen. Oder wie Sirenengeheule. Zwei Frauenstimmen.

Geht so Gesangsunterricht? Passt zu Fastnacht. Die Gören singen belustigt mit. Rüdt unterbricht sie.

Und du? fragt er das dritte der Mädchen, welches sich am Spiel nicht beteiligt. Es muss unverwandt den manierlichen Mann anschauen und kommt darüber nicht zu Wort. Entschuldigung, korrigiert sich Rüdt. Nun habe ich Euch einfach mit Du angesprochen. Ich bin Max. Darf ich Euch nach dem Namen fragen?

Christine.

Und das ist nun Euer richtiger Name? Oder auch nur Maskerade?

Doch sicher mein richtiger, versetzt sie aufgebracht.

Hab's verstanden, beschwichtigt er. Freut mich, Christine. Und vom wem bekomm ich jetzt den Abschiedskuss?

Du hast ja noch gar nicht geraten.

Max schaut von einer zur andern, schmunzelt dann. Ich nenn euch Schneeweisschen und Rosenrot. Er deutet auf den hellen Rock der einen, auf das rote Kopftuch der anderen und steht auf.

Die Mädels geben sich geschlagen. Dann halt von beiden. Sie springen aus ihrem Sessel und drücken ihm gleichzeitig einen Kuss auf die Wangen.

Danke, sagt Rüdt, das ist aber entzückend. Er schaut nach Christine. Sie versinkt noch tiefer in den Sessel. Er wendet sich wieder dem Duo zu. Sollten wir uns mal ausserhalb eurer Fastnacht wieder treffen, wird es mich freuen, mit euren richtigen Namen Bekanntschaft zu schliessen.

Die Besucherinnen hatten eigentlich nicht vor, so bald wieder abzuziehen, ist es doch im Musenhaus zweifellos weniger kalt als draussen in der Nacht und weniger kalt auch als daheim. Sie sehen sich aber hinauskomplimentiert. Im Blick auf den Charme des Kerls, den sie kennenlernen wollten, gibt es kein Gegenargument.

In den Vorraum hinaus hallen eine Handvoll Klaviertöne und eine helle Stimme. Eine der Frauen wagt im Vorbeihuschen einen neugierigen Blick durch die offene Tür ins beleuchtete Studio, schreckt aber zurück, weil sie dort drin eine Person stehen sieht. Sie schliesst sich den Freundinnen an, die schon die Stiefel anziehen, flüsternd die Jacken knöpfen, sich die Kopftücher satter um die Ohren binden und endlich hinausschlüpfen. Rüdt vernimmt durch die geschlossene Haustür noch ihr Kichern und zieht sich dann in sein Schlauchzimmer zurück. Er wird vielleicht am Klapptisch noch ein Brieflein an Anna Maria in Waldenburg schreiben und ihr vom Damenbesuch erzählen, bis die Finger vor Kälte klamm sind. Oder er wird gleich zu Bett gehen. Nach der langen Aktivdienstzeit mit den unruhigen Kantonnementsnächten geniesst er die Ruhe, die einkehren wird, sobald die Gesangslektion beendet ist.

Vom lustigen Damenbesuch aber hallen bald Teile des Dorfes nach. Da kommt es dem jungen Redaktor zustatten, dass sich vor der dörflichen Jungfrauenschaft bald ein Frauenzimmer aufbaut, das zumindest altersmässig von anderem Kaliber ist und das Geschwätz in ordentliche Bahnen lenkt.

Eine Begegnung mit Anna Maria war schwierig aufzugleisen. Sonntags wollen die Herrschaften auf die Dienste ihrer Haushälterin nicht verzichten. Sie bewirten Gäste. Anna Maria serviert dann. Im Übrigen hat sie das Küchen- und zweimal die Woche das Hausreinigungspersonal zu beaufsichtigen und kann sich ab und zu nachmittags ein paar Stunden frei nehmen, aber sie kennt sie selten zum Voraus. Sie muss förmlich um einen Urlaub bitten und ihn dann begründen. Sie ist nicht der Typ, der sich mit Lügen umgibt. Das erleichtert ihr das Leben nicht. Sie möchte also, so erklärt sie, einen Bekannten in Liestal treffen. Und sie möchte demnächst nach Grenchen reisen, sie sei zum Hauskonzert einer bekannten Sängerin eingeladen. Die Herrschaften fangen an, hellhörig zu werden. Es lässt sich nicht behaupten, sie wären knauserig, aber es war bequem, eine Haushälterin zu haben, auf die lückenlos Verlass war, und es ist nun nicht einzusehen, wieso sich daran plötzlich etwas ändern sollte.

Die erste der Änderungen betrifft den folgenden Sonntagabend. In Liestal gibt es doch den Fackelumzug. Nun bin ich schon das zwanzigste Jahr hier und habe ihn noch nie gesehen.

Nun, dann lauf, sagt Frau Senn. Meide die Wirtschaften. Es geht nicht nur in den Gassen heiss zu und her. Und am Morgen servierst du das Frühstück wie immer, verstanden?

Anna Maria hat nach dem Nachmittagstee von Madame schnell die weisse Schürze abgelegt, die Stiefel angezogen und sich den Mantel umgelegt. Für die Münzen und das Schnupftuch gibt es die Handtasche, in die Anna Maria auch ein Kopftuch stopft für den Fall, dass Regen oder Schneefall einsetzen sollte.

Die Frau im dunkelbraunen Mantel ist's. Rüdt erkennt sie, weil sie ihn wiedererkennt. Es ist nicht so einfach, eine Person angemessen im Gedächtnis zu behalten, wenn Träume und Vorstellungsbilder über die ersten Eindrücke hinweggegangen sind. Rüdt geht auf sie zu, sie auf ihn. Man möchte erwarten, dass die Begegnung sogleich in eine Umarmung münde. So weit ist es aber trotz den vorausgegangenen Briefen noch nicht. Beide involvierten Personen halten inne, bezähmen die Wiedersehensfreude.

Hallo, Anna Maria.

Guten Abend, Max. Sind Sie gut gereist?

So ungefähr die Begrüssung.

Viele Leute, die auf den letzten Stationen zugestiegen sind, bevölkern zusammen mit bereits anwesenden Leuten, gross und klein, den Bahnhofplatz. Max und Anna Maria lassen sich vom Passantenstrom in die Innenstadt spülen. Dort steht erwartungsvolles Volk schon dicht an dicht. An Ständen werden Fasnachtschüechli und Glühwein angeboten. Unsere beiden Gäste zögern nicht, ihrerseits anzustehen, sich ein Henkelkrüglein und auf einem Ölpapier ein Chüechli überreichen zu lassen. Geschupft und gestossen ist es nicht leicht, einen Standort zu finden, von dem aus einerseits die Gasse sich überschauen lässt, wo der Umzug vonstattengehen soll, und an dem andererseits die Süssigkeit in Ruhe verzehrt, das wärmende Getränk genossen werden kann, bevor es unter einem Schubser auf den Mantel verschüttet wird. Die Brönzzugabe im Glühwein fährt unverzüglich in den Kopf, die Glieder werden weich und warm, auch die Knie und Füsse. Kinder drängen sich mit Tragkörben kreuz und quer durch das aufgeräumte Stimmengewirr; sie sammeln die Henkelkrüglein und das Papier ein. Endlich geht unter vielstimmigem Raunen die Beleuchtung der Gasse aus. Tambouren und Pfeifer in rot und weiss gestreiftem Wams kündigen den Beginn des Umzugs an. Sie ziehen durchs Obertor in die Gasse ein. Hinter ihnen glüht der gotische Torbogen rötlich auf, immer heller, Männer in Turnerleibchen überm Hemd und knielanger

Sporthose über naturfarbener Leinenunterwäsche tragen in langgezogener Zweierkolonne Wachsfackeln herein, an den bunten und fröhlichen Gaffenscharen und am Rathaus vorbei. Dann der Kontermarsch zurück bis hinters Tor. Ein schöner Anblick: die rauchenden Flammen in langer Reihe und die aus dem Spalier leuchtenden Gesichter. Ein wonniges Gefühl in der Magengegend, wo das Bauchfell unterm Gedröhn der marschmässig geschlagenen Trommeln mitvibriert.

Nach dem Umzug füllen sich die Wirtschaften. Es gibt eine Hühnersuppe mit Gemüse: Wirz, Karotten, Sellerie und Lauch. Der Hauswein aus dem Krug. Heiss ist es in den Stuben und eng auf den Bänken. Anna Maria und Max haben die Mäntel ausgezogen und hinter den Rücken gestopft; im Übrigen ergeben sie sich dem Druck von beiden Seiten und rücken dicht zusammen. Sie geniessen den Körperkontakt, lassen ihn von den Schultern bis zu den Knien wohlig geschehen und können sich nicht wehren, auch auf den Aussenseiten in Berührung zu sein. Schon bevor eine Servierfrau endlich den Suppentopf auf dem Tisch abstellt und dann die Teller füllt, die von oben nach unten weitergereicht werden, haben Max und Anna Maria bereits einen kleinen Krug Wein geleert. Das Brot bleibt aus, das wundert niemanden; das vorrätige Mehl ist für die Küchlein aufgebraucht worden. Mit jedem bedienten Tisch wird der Stimmenlärm weniger. Man vernimmt dafür das Klappern der Löffel, das Schlürfen, dazwischen von da einen Ausruf, von dort ein Auflachen. Inmitten dieses Nestes von Geselligkeit bleibt für privates Gespräch kein Raum, man ist einfach beisammen, lacht mit, wirft da ein Wort ein, dort eine witzige Entgegnung und hat im Übrigen keine Ahnung, wer einem auf der Pelle oder gegenübersitzt. Endlich ist die Zeche bezahlt und die Sitzbank so weit geleert, dass man aufstehen und sich zur Gasse wenden kann. Das letzte Bähnlein Richtung Waldenburg ist abgefahren.

Und jetzt?

Rüdt hat einkalkuliert, dass er nicht mehr nach Hause kommen wird. Er würde in einem Gasthaus absteigen. Nun bleibt auch für Anna Maria nichts anderes mehr übrig. Sie wird das erste Morgenzügli nehmen müssen und zu spät in der Villa eintreffen. Ein gesalzener Verweis ist ihr sicher, gar ein Abzug vom Wochenlohn. Geschehe nichts Schlimmeres. Die Senns kommen zu ihrem Kaffee. Elvira wird in der Küche stehen und wissen, was zu tun ist. Eigentlich bräuchte es sie, Anna Maria, gar nicht, doch Senn der Ältere schätzt es, den Tag mit der Serviernähe der Haushälterin zu beginnen. Wann immer es eine von Frau Senns morgendlichen Schläfrigkeiten erlaubt, versucht er, die Hand auf Anna Marias Arm zu setzen, kurz den Arm um ihre Taille zu legen oder ihr einen begehrlichen Blick in die Augen zu schicken. Sie lächelt dazu und gibt im Übrigen besser Acht, wenn sie sich durchs Haus bewegt, als damals, als er sie in seinem Arbeitszimmer plötzlich von hinten gepackt und betatscht hat. Sie hat ihm in den Finger gebissen, den er ihr in den Mund stecken wollte, und gedroht zu schreien. Warte nur, keuchte er, indem er abliess, dich bekomm ich schon noch. Das dürfte ihm schwerfallen, denn Frau Senn ist wacher als auch schon.

Im Engel werden die beiden abgewiesen. Man ist komplett. Vor dem Obertor gibt es das Neuhaus und dort noch ein einziges Bett für diese Nacht. Passt schon, sagen sich Max und Anna Maria. Für die wenigen Stunden. Sie spüren den misstrauischen Blick der Wirtin, die ihnen das Zimmer zuweist und Vorausbezahlung verlangt.

Dachschräge. Bett, Stuhl, Kommode, auf der Kommode das Becken mit dem Krug, ein weisses Tuch. Der Garderobeständer. Sobald die Mäntel daran hängen, ist sinnenfällig, dass das Zimmer ungeheizt ist. Nicht der Ort, Federlesens zu machen. Beide entledigen sich der Oberkleider und legen sich nebeneinander unter die Decke. An Schlaf denkt keine und keiner. Aber an das bisschen Wärme, das über die Körperwärme des anderen zu erlangen ist. Es kann bald nicht mehr von bisschen Wärme die Rede sein, wenn hier Worte überhaupt noch Sinn machen, und daraus ergibt sich, dass in der Morgenfrühe alle Wäsche zerstrampelt zwischen den

Linnen und auf dem Fussboden herumliegt und unter Gelächter sortiert werden muss.

Vor dem Bähnlein noch ein Kuss auf den Mund. Maxotti, lächelt Anna Maria schelmisch. Darf ich dich so nennen?

Während sie wohlgemut der Schelte entgegenfährt, setzt sich ihr Freizeitgefährte in den Wartesaal, wo ein Bahnangestellter soeben den Ofen einheizt. Rüdt ist nicht rundweg glücklich. Er zieht in Betracht, dass er der Person aus dem Waldenburgertal unrecht tut. Es liegt ihm nichts daran, falsche Erwartungen zu schüren. Der Altersunterschied ist ihm aufgefallen. Er hat ihn nicht hinterfragt, aber die Gegebenheit ist unverkennbar. Hat er sich von der reiferen Zielstrebigkeit verführen lassen? Steht er zu dem, was sich in der vergangenen Nacht ereignet hat? Und ist denn weibliche Verführung nicht das Allerangenehmste, was einem unerfahrenen Mann begegnen kann?

Rüdt schreibt die Skrupel der Erschöpfung zu und gibt im Übrigen acht, dass er den Zug nach Olten nicht verpasst. Im gleichförmig über die Schienen holpernden Wagen übernimmt ihn der Katzenjammer, und im Tunnel hindert nur der Lärm ihn am Einschlafen. In Olten setzt er sich beim Barbier in die Reihe und hat Gelegenheit, die in den Bügel gespannte Neue Freie Zeitung zu lesen. Er findet im Lokalteil seine Beiträge. Diskussion um das Tripoli-Spital. Braucht es das Absonderungshaus noch oder wieder? Mutationen in der Sozialdemokratischen Partei. Der Vorstand schlägt der Jahresversammlung anstelle des zurücktretenden Hermann Guldimann als neuen Präsidenten Redaktor Max Rüdt vor. Er soll gleichzeitig auch für das Präsidium der Bezirkspartei nominiert werden. A propos Wohnungsknappheit. Nach wie vor ist es für Neuzuzüger schwierig, in Grenchen eine angemessene Bleibe zu erhalten.

Frisch rasiert begibt sich Max Rüdt an die Frohburgstrasse. Zuerst löffelt er im Aarhof die dünne Hafersuppe, dann geht er ein paar Häuser weiter. Es schadet nichts, wieder einmal mit Jacques Schmid zu sprechen. Der Chef findet, sein Lokalredaktor drücke sich zu angriffig, ja zu polemisch aus; mit der Zeitung befinde er sich in einer sozialdemokratischen, nicht in einer bolschewistischen Umgebung. Er dagegen, Rüdt, findet, es gelte, nicht nur die Dinge, sondern auch die Leute beim Namen zu nennen. Transparenz könne nur so geschaffen werden.

Nimm dich in Acht, warnt der Chef. Wenn du den Herren ins Fettnäpfchen trittst, hast du schnell eine Zivilklage am Hals. Rechne dann nicht mit mir!

Ich halte meinen Kopf selber hin, wo es nötig ist, entgegnet Rüdt. Er findet inzwischen, seine Stimmung habe sich deutlich gelichtet. Enthusiastisch mutig: so liesse sie sich kennzeichnen. Er denkt an die Frauen, deren Anerkennung ihm wichtig wäre, wo es um Mannhaftigkeit geht, an Anna Maria und Klara und durch die beiden hindurch an Elisabeth.

Zum Hauskonzert sind auch Mademoiselle Isabelle Chausson und Monsieur Max Rüdt eingeladen. Sie dürfen gerne mit Begleitung erscheinen. Madame bittet ihren Untermieter um den Dienst, aus dem ganzen Haus die Stühle zusammenzutragen und in den Musiksalon zu bringen. So lernt er beiläufig die herrschaftliche Villa im ganzen Ausmass ihrer innerlichen Heruntergekommenheit kennen und bringt zusammen mit seinem Stuhl und denen aus dem deutlich geräumigeren Zimmer der Rotkreuzschwester gut zwei Dutzend Sitzgelegenheiten zusammen, nicht mitgezählt die Bänke in den breiten Fensternischen.

Dann ist es aber höchste Zeit, Anna Maria am Bahnhof abzuholen. Sie erscheint wieder im einfachen schwarzen Kleid, das er von der ersten Begegnung her kennt. Der Trauerflor, der ihrem Gesicht damals den unwiderstehlichen Reiz verlieh, fehlt. Die Augen sind nicht gerötet, sondern klar. Die geheimnisdunkle Iris glänzt. Anna Maria hat zwar keinen Hunger, trotzdem kehrt man in der Traube ein. Ein Gläschen zur Einstimmung lässt sie sich gern kredenzen, bevor man sich auf den Weg hinauf zum Musenhaus macht.

Das Publikum ist in Rock und Robe erschienen, Väter, Ehegatten, Mütter, Tanten, Grossmütter der Elevinnen; die Haute Volée des Ortes nimmt diese eine der spärlichen Gelegenheiten wahr, vor ihresgleichen zu posieren. Madame Du Pasquier wird am Flügel ihre Schülerinnen und zum Beschluss sich selber begleiten. Das Programm bietet den Zuhörerinnen und Zuhörern Gelegenheit, ausführlich die Gemälde zu betrachten. Ernste Herren mit geröteten Wangen und üppig geratene Damen mit Hündchen auf dem Schoss schauen von den Wänden herunter.

Mit einem Bericht in der Neuen Freien Zeitung zeigt sich Max Rüdt erkenntlich. Er schreibt vom Feingespür der Pädagogin, von anspornender Herausforderung, aber auch psychologischem Geschick, wo es darum gehe, allzu forschem Ehrgeiz die fruchtbare Bahn zu weisen; er lobt ein überaus ansprechendes Programm mit teils jugendlichen, teils auch erwachsenen Talenten aus dem Dorf, deren Stimme und erstaunlich hoher technischer Reife man sich gerne ausgesetzt habe; er vergisst nicht, die feinfühlige Begleitung am Flügel zu erwähnen und die Begeisterung, die sich von da aus merklich auf die Schülerinnen übertragen habe; und er schliesst in einem Bedauern darüber, dass sich die Meisterin, deren Stimme sich doch nach wie vor durch ein äusserst anmutiges Timbre auszeichne, sich so entschieden hinter die Schülerinnen zurückgenommen habe. – Der Bericht trägt dem Autor, der doch notabene die Zeitung der politischen Konkurrenz bedient, freundliche Anerkennung und sogar ein paar voreilige Vorschusslorbeeren von Seiten des Bildungsbürgertums ein. Mit einem solchen Mann müsste man sich eigentlich verständigen können, heisst es da und dort.

Anna Maria stellt sich nicht zickig an. Sie bleibt über Nacht, obwohl das unter den gegebenen Umständen auffallen dürfte. Es wird ihr allerdings auch in der Folge nichts ausmachen, ab und zu die wärmende Bettflasche zu spielen, während die Türen im ganzen Haus offenstehen, oder später im Jahr dann auch einmal mehrere Tage und Nächte zu bleiben. Sie kann sich das leisten, weil ihr nämlich die Waldenburger Herrschaften die Anstellung gekündigt haben. Es war eh damit zu rechnen, dass die Wirtschafterin abspringen würde. Das war einerseits bedauerlich, denn sie war tüchtig, das brachte andererseits die notwendigen Bereinigungen ins Haus. Frau Senn fackelte nicht lange. Die Entwicklung der Dinge arbeitete ihr in die Hände. Nachdem Anna Maria an einem Frühlingssonntag erst zur Nacht heimlich ins Haus geschlichen war, setzte sie beim Gatten die fristlose Freistellung der Bediensteten durch.

Womit es Zeit wird, die private Beziehung zwischen Max Rüdt und Anna Maria Ineichen aus dem Sonntagsbetrieb in die Alltagstauglichkeit überzuführen. Ein romantischer Heiratsantrag erübrigt sich. Bei wachem Blick auf die beiden Leute könnte man den Eindruck gewinnen, es herrsche hier Damenwahl. Jadoch, Anna Maria hat ihre Wahl getroffen. Schnell war ihr klar, dass Maxotti der Mann sei, den sie wollte. Aus ihrer Sicht folgt daraus unausweichlich, dass er handkehrum mit ihr will. Nach dem Abenteuer mit dem Möbelhändler aus Rain und dem unehelichen Kind, das die Familie ihr wegnahm und in ein Waisenhaus steckte, und nach der Unterbringung in einer Anstellung fernab von zuhause, damit sie, die junge Frau, und selbstverständlich vor allem auch ihre Familie aus dem lokalen Geschwätz genommen werden konnten – nach all diesen Ereignissen also ist sie lange genug ohne Mann geblieben, und für solche Entbehrung ist sie in Gottes Namen nicht geschaffen. Sie hatte immerhin die Genugtuung, dass ihr im Waldenburgischen sowohl der Hausherr selber als auch später der Sohn um die Röcke strichen, soweit es eben die omnipräsente Hausherrin zuliess, und dass ihr die eine und andere Avance zuteilwurde. Doch nun dieses schneidige Mannsbild: das Schicksal hat es ihr beschieden, diese Chance lässt sie sich nicht entgehen. Maxotti auf der Gegenseite fühlt sich in seiner Männlichkeit geschmeichelt, und so notieren wir für Mitte Mai sechzehn die Verlobung.

Max ist aus Grenchen, Anna Maria aus dem Seetal nach Luzern gefahren. Kurz nach Mittag treffen sie festtäglich gekleidet vor dem Hauptportal des Bahnhofs ein. Max gesteht, dass er es zuvor noch nie dahin geschafft hat und ist zunächst einmal beeindruckt von der stolzen Fassade. Noch bevor er so recht auf seine Freundin eingeht, zieht er sie über den halben Vorplatz zurück, bis er die Architektur überschauen kann. Zusammen mit der imposanten Kuppel erinnert sie an einen barocken Dom.

Wenn du so weitermachst, lacht sie, fällst du rückwärts in den See.

Also gut, und jetzt noch einmal von vorn: Umarmung. So gut es eben geht. Maxotti hält in einer Hand den Hut, in der anderen einen Rosenstrauss und vergisst trotzdem nicht, das fein herausgeputzte Aussehen seiner Partnerin zu würdigen. Chic, sagt er bewundernd. Chic, was sich unterm strohhellen Hütchen mit der roten Schleife von der Stirn bis zu den Knöcheln und Schühlein erstreckt. Das weisse Kleid ist in der Taille von einer roten Seidenbinde gerafft. Die Stufenröcke mit den Säumen aus luftiger Spitze rascheln überm Unterkleid. Das Oberteil ist halsfrei. Halsfrei! Schon muss sich Max in die reine Haut und in das Grübchen unter der Kehle vergucken. Der Dreieckskragen, auf den Schultern breit, mündet unterm Ausschnitt in einem goldenen Kreuz, das an einem dünnen Halskettchen hängt, während die Ärmel mit einer Bordüre aus Stickerei, welche die Brücke nach St. Gallen schlägt, in der Armbeuge münden und die Unterarme freigeben. An der linken Hand baumelt ein geschnürtes Beuteltäschchen, dessen Stoff mit Rosen bestickt ist. Die Sonne wärmt zwar, aber der Wind ist ruppig. Mit einer mattgelben Strickjacke hat Anna Maria vorgesorgt. Max hat Glück mit den Rosen: das Rot passt bestens zu den Akzenten aus derselben Farbe, mit denen Anna Maria sich versehen hat. Mit einer kleinen Verbeugung überreicht er den Strauss. Anna Maria tunkt das Gesicht in die Blüten. Schade, sie duften kaum, so muss das bewundernde Mmh! unterbleiben. Aber umso schöner sind die

Rosen, wahrhaftig. Die Beschenkte bedankt sich mit dem Küsschen, das in diesem Moment angebracht ist, und lässt ihrerseits eine anerkennende Bemerkung fallen: Du siehst aber auch gut aus! Maxotti trägt einen hellgrauen Streifenanzug, im Kragen eine blaue Krawatte, unterm offenen Kittel die Weste mit der Taschenuhr. Er setzt in eben diesem Moment den Strohhut mit dem schwarzen Band wieder auf den Scheitel.

Und jetzt? Wohin gehen wir? Anna Maria sollte sich doch wohl in der Stadt einigermassen auskennen. Sie schlägt den Quai auf der gegenüberliegenden Seeseite vor. Da können wir an der Sonne spazieren.

Maxotti nimmt Anna Maria die Jacke ab und bietet ihr den Arm. So schlendern sie über die Seebrücke zur Promenade.

Es gibt zu berichten. Es ist die erste Begegnung seit dem Rausschmiss in Waldenburg. Anna Maria hat wohl begriffen, dass weder die verspätete Heimkehr aus Grenchen noch die dichte Folge von dicken Briefumschlägen der wahre Grund der fristlosen Entlassung waren. Von so prüder Gesinnung ist man im Baselland nicht, und einer bald vierzigjährigen Bediensteten muss auch die Dienstherrschaft ein erwachsenes Eigenleben zugestehen. Frau Senn hat einfach den erstbesten Vorwand gepackt, um die jüngere und vitalere Frauensperson aus dem Dunstkreis ihres Gatten zu entfernen. Wir müssen nun darauf gefasst sein, dass sie geht, früher oder später: so wird sie vorgerechnet haben. Kommt dazu, dass sie Dominik, deinem Sohn, wie dir nicht entgangen sein dürfte, gar nicht guttut. Da wir nahtlos Ersatz bekommen, sofern du damit einverstanden bist - und das bist du doch gewiss, nicht wahr, mein liebster Gottfried - entlassen wir sie gleich morgen. Du magst ihr gerne ein akzeptables Zeugnis ausstellen, das ist dir überlassen, und dann stell ich dir Katharina vor, die uns von der Chrischona-Schwesternschaft empfohlen worden ist. Sie wird im weissen Häubchen und hoch geschlossen arbeiten, dafür hat sie keinen hohen Preis. Kost und Logis, und ein Betrag geht ans Mutterhaus. – So ungefähr, berichtet Anna Maria. Sie habe wohl gesehen, wie der

177

Has laufe. Sie habe ihre Siebensachen gepackt, das Zeugnis entgegengenommen und Hilfe für den Transport bekommen. Zum ersten Mal im Automobil, stell dir das vor, Maxotti! Wie im Film. Da hab ich mir gern unterwegs zum Abschied noch die Knie betätscheln lassen. Das macht dir doch nichts aus, Maxottilein, wenn ich dir das erzähle? Steckt ja nichts dahinter. Für mich auf jeden Fall.

Maxotti begehrt zu erfahren, wie ihre Familie die Veränderung genommen habe.

Wie soll sie's genommen haben, fragt Anna Maria lachend zurück. Sie muss es einfach nehmen. Und tut's auch.

Und sie wissen also Bescheid, deine Mutter und deine Geschwister, was uns und mich betrifft?

Ja, und die Tanten auch. Wie sollte ich das geheim halten bei all deiner Post? Und mit meinem Ausgang heute. Sie hängt sich schwerer in den Arm ihres Begleiters. Nichts ist so fein gesponnen. Mit dem obligaten Reim ist allerdings ein frommer Wunsch angesprochen. Die Schlieren im Blau verdichten sich und machen aus der »Sonnen« eine grelle Scheibe, die nach unten unterlegt ist von den Farben des Regenbogens.

Hat der Pilatus einen Degen, gibt es drei Tag Regen, zitiert Anna Maria.

Ja. Die Regel gilt auch für den Säntis.

Die Nebelbank unterm Gipfel wächst schwerfällig.

Nehmen wir's, wie's kommt. Ich freue mich, dass wir zusammen sind. Du auch?

Natürlich, versetzt Maxotti

Zurück vom Quai bummelt das Paar durch die Altstadt. An ihrem Weg liegt ein Juweliergeschäft. Vor der Auslage von Ringen halten sie inne. Sie schauen einander an.

Sollen wir?

Kostet uns das nicht zu viel Geld?

Das lass meine Sorge sein, Anna Maria. Hast du »ja« gesagt?

Sie kann sich leider nicht auf die Zehenspitzen strecken, um einen Kuss auf seinen Mund zu drücken. Sie sind beide gleich gross.

Das heisst, für eine Frau ist Anna Maria hoch gewachsen. Sie appliziert die Wohltat gradaus hinüber. Dann treten die beiden in den Laden. Die Besichtigung beginnt mit teuren Exponaten, breit und so schwer wie zwei Goldvreneli, und damit mindestens einen redaktionellen Wochenlohn wert. Klar, dass Rüdt sich nicht lumpen lassen will; aber er ist ebenso wenig ein Romantiker wie Anna Maria. Sie hätte lieber etwas Feineres, dafür, wenn's drin liegt, mit einer Verzierung. Sofort zieht der Juwelier eine untere Schublade auf und legt eine neue Auswahl auf den Ladentisch. Auf einen der Ringe fährt Anna Maria sofort ab. Er zeigt nicht nur eine geriffelte Oberfläche, er ist vor allem mit einem dünnen Kränzchen aus Weissgold versehen. Darf ich das mal?

Ja, selbstverständlich, die Dame.

Und schon steckt sie sich das Stück an den linken Ringfinger. Ein bisschen weit, aber sieh mal! Und sie schwärmt so, dass Maxotti, der keine besonderen Vorlieben geltend zu machen hat, sofort einlenkt. Ein bisschen damenhaft allerdings schon, findet er, als er den Ring an seiner Hand sieht.

Dafür etwas Besonderes, hält der Juwelier dagegen. Sowas haben nicht alle Leute. Und Sie werden sich noch nach Jahrzehnten darüber freuen.

Ja, Maxotti, komm, den nehmen wir. Und sie raunt ihm zu, dass sie natürlich ihren Teil dazu beisteuern wird.

Die Herrschaften haben sich entschieden?

Ja, doch, macht Max.

Der Juwelier muss die Grösse bestimmen. Auf wann hätten Sie denn gern die Ringe?

Das nun ist ein kleines Problem. Wir sind nur heute da, sagt Rüdt.

Aber nein doch, mein Herr, kein Problem. Um 18 Uhr können Sie die Ringe abholen.

Vor sechs fährt mein Zug, erwidert Rüdt.

Dann um 17 Uhr. Geht das für Sie?

Das geht. Im Atelier sitzt ein fleissiger Goldschmied.

Darf ich dann aber ihre Adresse notieren? Und bitte eine Anzahlung entgegennehmen?

Essen im Schwanen, wo auch Richard Wagner abgestiegen sein soll, um von da aus die Rigi zu besteigen. Auf dem roten Teppich hinauf ins Restaurant. Ein Tisch am Fenster mit Ausblick auf den Quai. Es gibt da Forellen aus dem See. Kartoffeln sind rar und teuer auf dem Markt, die müssen gestreckt werden mit Stücklein der Räbe. Weisswein gibt's genug, der Wirt lässt einen Literkrug auf den Tisch stellen.

Es gibt viel zu berichten, wir wollen jedoch in die Belanglosigkeiten, die Verliebte für wichtig halten, nicht hineinhorchen, sondern kurz und bündig so viel feststellen: Es ist nicht so verabredet, doch für beide klar, dass diese Begegnung heute mit all ihrem Drumunddran die Verlobung bedeutet.

Auf dem Weg zu den Ringen bemerkt Maxotti, dass er nicht sicher auf den Beinen steht und dass Anna Maria viel kichert. Um sicherzugehen, dass er nicht etwa beschwipst sei, macht er die Randsteinprobe. Er fällt durch. Anna Maria balanciert mit ausgebreiteten Armen, in einer Hand der Beutel, in der anderen die Rosen, die ihre Köpfe bereits hängen lassen. So gelangen sie zum Juweliergeschäft, wo man die Ringe bereithält. Ein quadratisches Etui, das aufgeklappt bordeauxrotes Futter zeigt. Drin ruhen königlich die Ringe. Es gibt Anziehprobe. Ja, sie sitzen bestens, kehren dann aber zurück ins Futteral. Rüdt leistet den Rest der Zahlung. Der Juwelier schlägt das Futteral in ein gediegenes Papier ein und händigt es wie selbstverständlich dem Kunden aus.

Oder nimmst du es in dein Täschchen?

Ich nehme sie fürs erste, antwortet Anna Maria. Sie zieht den Beutel auf und versenkt das Paket in seiner Tiefe. Das Paar bekommt die besten Glückwünsche mit auf den Weg. Es ist aktuell der Weg zum Bahnhof. Der ruppige, aber milde Wind fährt den Passanten auf der Seebrücke entgegen. Er hat den Pilatus wieder leergefegt, und das Stanserhorn steht hinter der Stadt als Wall, der das Heranbranden der Alpen aufhält.

Wann bekommen wir die Ringlein, Maxotti?

Sollen wir sie uns auf eine feierliche Gelegenheit in Aussicht stellen?

Wenn du meinst? Anna Maria hat sich das Jäckchen über die Schultern gelegt, aber während sie sich an Maxottis Arm hängt, rutscht es ihr andauernd runter. Also schlüpft sie hinein. Durch das Hauptportal treten sie in die Bahnhofvorhalle und finden den Zug Richtung Olten und Basel auf Gleis 1. Am Seetaler, den Anna Maria eine Viertelstunde später auf Gleis 3 nehmen wird, gehen sie vorbei. Um die Lok herum, die vor sich hin zischelt und von einem Bahnarbeiter eben abgehängt wird, gelangen sie aufs Perron. Sie haben noch ein paar Minuten, denn auf der Rückseite des Zuges fährt gerade erst die neue Lok ein. Der Föhn legt den aromatischen Rauch ins Innere der Halle.

War das heute nicht eine feierliche Gelegenheit? erkundigt sich Anna Maria mit einem schelmischen Lächeln.

Aber sicher, erwidert Maxotti. Ein richtig schöner Tag.

Und also passend für den Austausch der Ringe?

Damit ist ohne langes Fackeln die Übergabe beschlossene Sache. Einmal mehr muss sich Anna Maria das Rosengebinde abnehmen lassen, damit sie das kleine Paket aus der Beuteltasche grabschen kann, die am anderen Handgelenk hängt. Sie reicht es Maxotti. Er klemmt die Rosenstiele untern Arm und wickelt unter den Augen einiger Studenten im Couleur, die aus einem Wagenfenster lehnen, das Etui aus der Verpackung. Das Papier steckt er zerknüllt in die Jackentasche. Das aufgeklappte Futteral streckt er Anna Maria entgegen. Sie pflückt den grösseren, er den kleineren Ring heraus. Er schiebt auch das Etui in die Jackentasche. Immer noch die Rosen unter die Achseln klemmend streift er den engeren Ring auf den Finger, den ihm Anna Maria entgegenstreckt. Der Rosenbeutel baumelt heftig am Handgelenk, während sie seine Linke ergreift und ihrerseits den Ring appliziert.

Bravo, rufen ihnen die Studenten im Wagenfenster zu und schwenken die roten Mützen.

Da fehlt aber noch etwas! Bittebitte!

Max hebt den eigenen Hut vom Kopf, damit er das Gesicht unter der gewellten Krempe von Anna Marias Hut hereinbringe. Mit einem erleichterten Jahaaa! stöhnt die Studentenschaft auf, während das geforderte Ritual erfolgt. Gut Glück! hallt es dem Paar entgegen.

Max und Anna Maria lachen und winken hinauf.

War das nun unsere Verlobung, Maxottilein?

So wollen wir's nehmen.

Der Schaffner kommt von der Lokomotive her. Einsteigen die Herrschaften! Der Zug fährt gleich ab. Noch ein Küsschen und noch eines, da ja nun der Bann gebrochen ist, dann steigt auch Rüdt ein. Er nimmt nicht den Wagen mit den Studenten, sondern das Zweitklassabteil des nächsten. Anna Maria stellt sich unters Fenster, das Maxotti herunterzieht, und reicht ihm die Hand mit dem Ring am Finger. Der Schaffner stemmt sich auf die Treppe des vordersten Wagens, der Perronchef winkt mit der Kelle, und aus den Zylindern der Lokomotive zischen die ersten Dampfstösse. Der Zug ruckt an. Max winkt mit dem Hut, Anna Maria mit den welkenden Rosen, und auch die Studenten winken. Dann ist es höchste Zeit, die Fenster hochzuschieben, denn mit den ersten Tropfen kündigt sich der Regen an, der die kommenden Monate beherrschen wird. Anna Maria wird eingenässt nach Hause kommen. Die Mutter und die anwesenden Geschwister sind neugierig. Sie zeigt ihnen den Ring, und das Erstaunen ist grösser als die Freude. Eine Verlobung, und der Bräutigam hat sich noch nicht einmal vorgestellt. Scheint immerhin betucht zu sein, nicht wahr?

Anna Maria kann sich dazu nicht äussern. Sie hat sich nach den finanziellen Verhältnissen, ehrlich gesagt, nicht erkundigt. Wo ihr der Mann doch einfach gefällt.

Die Familie Ineichen, soweit sie in Bezug auf Rüdt eine Rolle spielt, besteht aus Anna Marias Mutter, den beiden Geschwistern, von denen der Bruder mit einer Aargauerin aus Lenzburg, die

Schwester aber mit dem Laden verheiratet ist, und aus zwei Tanten. Eine betet und arbeitet im Kloster Baldegg, die andere dreht unter Aufsicht ihrer ebenfalls schon verwitweten Tochter im nahen Michelsamt Daumen. Das Ganze aber ist ein Schoss, der eigentlich schon immer am Missbehagen über die Jüngste, über ihr Gebaren, über ihre Volten im Lebenslauf brütete. Indem sie nun aus der Basellandschaft wiederauftaucht und als Versprochene von sich reden macht, erwacht die kollektive Tragzeit aus ihrer Latenzphase und bringt nebst durchaus ehrlicher Empathie eine endlose Ausgeburt von Einwänden, Zweifeln, Protesten und offener Kritik vermischt mit Vorwürfen zutage. Man hat nicht geradeheraus Lust, den Redaktor kennenzulernen, neugierig ist man aber schon. Neue Freie Zeitung? Das ist aber doch ein linkes Blatt. Ist er womöglich ein Sozi, dein Verlobter?

Zur Klärung einiger offener Fragen soll ein Ausflug auf dem Raddampfer Gallia beitragen. Bis Vitznau und zurück. Es ist Anfang Juni. Es regnet zwar wie fast immer in diesem jahrhundertnassen Sommer, schneit einem bis fast auf die Kappe herunter, doch im Buffet ist es warm, der Apero heizt ein, und wenn man trotzdem kalte Füsse bekommt, stellt man sich ans Geländer über dem blanken Gestänge der Dampfmaschine von Escher Wyss. Nur schon der Anblick der Arbeiter mit den halbnackten Oberkörpern treibt einem den Schweiss aus allen Poren.

Der Abstecher auf die Rigi entfällt, aber der Vitznauerhof kann trotz der spürbaren Lebensmittelknappheit ein ausgesuchtes Mittagessen anbieten. Damit revanchiert sich Rüdt für die Einladung zur Rundfahrt. Sechs Personen setzen sich an den Tisch, nämlich neben den unmittelbar Betroffenen die Mama Ineichen und Anna Marias Geschwister, der Bruder in Begleitung seiner Frau. Die beiden Kinder hat man in der Obhut der Grossmutter aus Lenzburg zurückgelassen.

Im Prinzip hütet man sich, ein politisches Thema anzusprechen. Man hat im Vorfeld die Situation ausgelotet. Die Ineichens wählen katholisch-konservativ, das ist klar, und verstehen sich als sicheren Wert des Bürgerblocks. Um die Grenzen abzustecken und die Stellen für gegenseitiges Verständnis zu ermitteln, wären lange Dispute erforderlich. Dafür mangelt die Zeit, denn Anna Maria ist wild entschlossen, sich mit dem Mann definitiv zu verbinden, und zwar lieber gleich als in abgemessener Zukunft.

Das grosse Thema sind der schier endlose Regen und die Schneefallgrenze, die eben an diesem Tag wieder bis fast auf Augenhöhe absinkt. Das Heugras liegt flach. Jetzt schon können die Ineichens, Experten in Sachen Lebensmittel, vom qualitativ minderen Heu auf den bevorstehenden Einbruch in der Milch- und Käseproduktion schliessen. Auf der Fahrt durch das Wiggertal sind Max Rüdt die Kartoffeläcker aufgefallen: Sie stehen unter Wasser. Ja, bestätigt Kurt Ineichen, die jungen Stauden sind jetzt schon fleckig und von der Fäule befallen. Die Missernte zeichnet sich ab. Darüber, dass unter solchen Umständen der Lebensmittelversorgung Aufmerksamkeit geschenkt werden muss, ist man sich über die speisetischbreite Parteienlandschaft hinweg einig. Die Einigkeit zerfällt wieder, wo die Kompetenzen zugeteilt werden. Die Ineichens sehen die Produzenten und den Detailhandel in der Pflicht; sie sind sich der Verantwortung bewusst und freiwillig in der Lage, die erhältlichen Waren breit über das Land zu verteilen. Jeder staatliche Eingriff, etwa mit Preisvorschriften oder Mengenbeschränkungen, käme einem unerhörten Eingriff in die Freiheit des Marktes gleich. Und was nun die Rationierung der Grundnahrungsmittel betrifft, für die Max Rüdt ein Wort einlegt: ein Horror für den Detailhandel, ein bürokratisches Monster, das die Branche ruinieren könnte. Diese Angst mag der Mann von der Zeitung gar nicht teilen. Der Aufwand, so führt er aus, gehe zu Lasten der Behörden, für den Laden sei er gering. Der Verkäufer müsse nur die Marken entgegennehmen und sie so sammeln, dass er die Verkäufe belegen könne. Ineichens lassen sich nicht überzeugen. Sie sehen in den Lebensmittelmarken, die von gewisser Seite gefordert werden, einen verdeckten Versuch staatlicher Kontrolle. So etwas kommt nicht in Frage. Das Ganze muss auf Freiwilligkeit beruhen. Was meinen Sie, Herr Rüdt, wie mancher armen Familie wir im vergangenen Winter ein Pfund Mehl oder ein Halbpfund Butter auf Pump überlassen haben, obwohl klar war, dass wir das Geld dafür nie sehen würden? Wir halten das so, wir sind schliesslich Christenmenschen, aber Vorschriften vom Staat weisen wir zurück.

Max Rüdt hält es mit Galilei. Am Ende ist es halt doch die Erde, was sich bewegt, und auf ihr die Dinge. Er schweigt höflich und geht davon aus, dass die Rationierung kommen wird. Sie kommt, weil sie kommen muss. Mehr Gerechtigkeit und Solidarität kommen, weil sie kommen müssen. Er bezahlt an der Theke die Rechnung. Unter den Regenschirmen bricht man zum Schiffssteg auf. Anna Maria kann sich guten Muts in den Arm ihres Verlobten hängen. Die anwesende Familie wird in die Ehe der Tochter und Schwester mit einem Dissidenten einlenken. Er ist gar nicht so schlimm, wie man hätte annehmen können. Man hat seine Vorurteile, zum Beispiel in Bezug auf die Linken, aber wenn man einen wirklich kennenlernt, hat man vor allem einen Menschen vor sich.

Bald schon stehen Rüdt nicht mehr beliebige Wochenenden zur Verfügung, um an der Luzerner Seepromenade die Romanze zu pflegen. Er hat sich zu einem der Führer der solothurnischen SP-Jugendbewegung gemacht und setzt sich am Wohnort an die Front, was die Bildung der schulentlassenen Jugend betrifft. Der von langer Hand angezettelte Lehrer und Volksbildner in ihm verschafft sich Bahn. So nehmen nicht nur die drei jungen Damen Notiz von ihm, wenn er mit dem Rücktrittfahrrad über den Postplatz saust, sondern auch die Jungs. Schnell ist herumerzählt, dass das Velo Baujahr 1916 hat und mit Dynamo und Elektrolicht anstelle der Karbidlampe ausgerüstet ist. Manch einer umsteht nach der sonntäglichen Unterrichtung im Unions-Saal das nigelnagelneue Fahrzeug, das an der Hauswand lehnt, und Rüdt erklärt ihnen noch schnell, bevor er aufsteigt, den Stromkreislauf. Zu einer späteren Gelegenheit wird er's sogar wagen, vor den neugierigen Augen der Jugendlichen den Dynamo zu zerlegen. Mit Hilfe eines Ampèremeters, eines Magneten und einer Spule aus der Werkstatt eines Motorenwicklers demonstriert er das Prinzip und die Umsetzung der Stromerzeugung. Mit solchen Aktionen gewinnt er sich den Respekt und die Aufmerksamkeit der im Übrigen ziemlich ungebärdigen Schar von Jugendlichen, Arbeitern und auch Arbeitslosen, die unter solch spannenden Umständen schnell Zuzug bekommt.

Im Musenhaus hat man, wiewohl ein bienenhausmässiges Ein und Aus die Regel ist, die Damenbesuche in Rüdts Abstellkammer sehr wohl zur Kenntnis genommen. Handkehrum hat sich bis zu Rüdt durchgesprochen, dass die Künstlerin sich auch als Astrologin betätige. Und in der Tat: Als er wieder einmal zurückgekehrt ist vom Zug, auf den er seine Verlobte gebracht hat, überrascht ihn Madame Du Pasquier im Flur. Wenn er das wünschte, würde sie ihm ein Partnerhoroskop erstellen.

Erleichtert darüber, dass sie nicht gegen den wiederholten Damenbesuch vorstellig wird, stellt er in Aussicht, das Angebot gerne anzunehmen. Madame erkundigt sich schon mal nach den Geburtstagen und -orten und kann sich nicht enthalten, die Hände überm Kopf zusammenzuschlagen. Skorpione alle beide, mon Dieu! Aber es kann gut kommen.

An einem der folgenden Abende setzen sich Madame und Monsieur ins Fumoir. Zigarrenrauch schwebt noch darin. Ein Herr hat seine Tochter zur Gesangslektion gebracht und auf sie gewartet. Mit Papieren, auf denen Rüdt eine Kreisgrafik und Notizen entdeckt, nimmt Madame in einem der Sessel Platz, und er setzt sich gegenüber.

Wir Skorpionfrauen - ich bin nämlich auch eine, verrät Madame - sind oft nicht im vulgären Sinne hübsch. Aber der Blick in unsere Augen ist allemal bannend. Wenn Sie sich mit ihnen einlassen, erfahren Sie, wie sich das Kaninchen fühlt, wenn es von einer Python hypnotisiert wird.

Madame lächelt listig, während er es vermeidet, an Ort und Stelle die Probe aufs Exempel zu tun.

Zuerst zu Ihrer Partnerin, fährt Madame fort. Sie ist anspruchsvoll. Einen geizigen Gefährten mag sie nicht. Wenn ihr ein Hütchen gefällt, tun Sie gut daran, es ohne Wimpernzucken zu bezahlen. Sie wacht eifersüchtig darauf, Ihre ganze Liebe zu bekommen. Geben Sie also acht, wenn Sie mit anderen Frauen zu tun haben. Das könnte Ihnen Probleme einbrocken. Wir Skorpionfrauen verachten übrigens Schwäche und jeden, der Schwäche zeigt oder unter Druck nachgibt. In diesem Sinn mögen wir maskuline Männer.

Madame spricht noch frei von ihren Unterlagen; offensichtlich beherrscht sie ihr Metier. Sie selber, als Skorpionmann, sagt sie, sind äusserst sensibel; Sie vergessen keine Freundlichkeit und verzeihen keine Beleidigung, und wo sie verletzt werden, sinnen Sie auf Rache. In Ihre Beziehungen, egal auf welcher Ebene, mischen sich Streit und Hader. Nur allzu leicht schaffen Sie sich Feinde, und die mögen allerdings vor Ihnen auf der Hut sein. Bei jedem Konflikt sind Sie ein Gegner, vor dem man sich in Acht nehmen muss, denn Sie sind vehement, stur, nachtragend und lassen keinen Seitenhieb auf sich sitzen. Durchaus anmassend sind Sie übrigens auch; doch Ihre Freunde schätzen Sie, denn Sie stehen treu zu ihnen. Und was sonst noch? Bien oui, Sie haben eine lebhafte Fantasie, grossen Mut und Tatendrang - das sind Eigenschaften, auf denen der Erfolg beruht. Zu Ihrem Nachteil gereicht, dass Sie sich gerne, ohne genauer hinzuschauen, in eine Aufgabe stürzen, nur um dann ebenso schnell wieder auszusteigen.

An diesem Punkt zieht Madame doch die Notizen zu Rate. Skorpionfrau und Skorpionmann. Voyez, die Beziehung kann über alle Massen heftig, aber eben darum auch sehr intensiv sein. Entschuldigen Sie, dass ich Sie an dieser Stelle warnen muss. Sie werden gefordert sein. Tous les deux. Wer hat die Vormachtstellung in der Beziehung? Diese Frage dürfte eine grosse Rolle spielen, weshalb jeder bei seinem Gegenüber permanent auf Fehler aus ist. Wenn sich daraus ein endloser Schlagabtausch entwickelt, könnte der schwächere Teil gesundheitlich Schaden nehmen. Das alles aber ist, bitte sehr, dann doch wieder nicht die ganze Wahrheit. Aus den Auseinandersetzungen kann nämlich auch eine glückliche und dauerhafte Beziehung hervorgehen. Das wünsche ich Ihnen.[9]

Max Rüdt bedankt sich für die Angaben. Astrologie ist für ihn eigentlich Mumpitz, aber er hat hier ein paar Informationen erhalten, die ihn weniger überraschen als nachdenklich machen. Sie stimmen mit dem überein, was er von sich selber kennt, und auch durchaus, was er in der kurzen Zeit schon zwischen sich selber und Anna Maria hat ablaufen sehen. Sie weiss, was sie will, und dass sie zweifellos ihn will, und zwar mit beiden Händen, ist ihm zwar eine Genugtuung, doch auch fast schon eine Überforderung. Wer bestimmt hier das Tempo? Er hat sich Brautwerbung ein wenig anders vorgestellt, verflixter, über viele Seiten und mehrere Kapitel hinweg, wenn er mit einem der Romane vergleicht, die er zur Zeit der St. Galler Bücherausleihe verschlungen hat.

Auf dem Zivilstandsamt Grenchen melden sich Rüdt Max Otto, geboren am 3. November 1888, und Anna Maria Ineichen, geboren am 5. November 1879. Sie legen die Dokumente vor, die ihnen der Bürgerort ausgestellt hat. Sie erklären, dass sie die Ehevoraussetzungen erfüllen, und reichen hiermit das Gesuch ein, getraut zu werden. Drei Monate dauert das Prüfungsverfahren, denn es gibt die Einsprachefrist. Wer allenfalls wüsste, dass einer der beiden Heiratswilligen nicht urteilsfähig oder mündig sei, oder dass Ehehindernisse in Form von Verwandtschaft, Stiefkindverhältnis oder bestehende Ehe vorliegen, könnte sich innerhalb eines Monats ab Publikation des Eheversprechens melden. Von dieser Möglichkeit macht niemand Gebrauch. Der Registereintrag, der Anna Maria als

Mutter der Mathilde, geboren am 13. Januar 1897, ausweist, bleibt von der öffentlichen Bekanntmachung ausgeklammert. Der Aushang im Schaukasten vor dem Hôtel de Ville bringt übrigens gewisse Gerüchte, das Musenhaus betreffend, um ihre Grundlage. Zwar entzieht sich unserer Kenntnis, ob etwa auch die Rotkreuzschwester einem Hochzeitstermin entgegensehe; fest steht aber, dass zumindest im Falle des Herrn Redaktors von freier Liebe als Gepflogenheit im Musenhaus nicht uneingeschränkt die Rede sein kann. Wenn irgend die Missachtung der gutbürgerlichen und christlichen Moral zum Signalement des typischen Bolschewisten gehören sollte, dann haben wir in Max Rüdt gewiss kein Vorzeigeexemplar dieser gemeingefährlichen Spezies. Insofern kann Entwarnung gegeben werden im Dorf der drei Kirchgemeinden.

Im Herbst wird an der Bettlachstrasse eine Wohnung frei. Ein Sattler & Tapezierer bietet sie an, der zwar mit der SP nichts am Hute hat, aber davon ausgeht, dass er mit einem Zeitungsredaktor keine Scherereien bezüglich der Miete haben wird. Eine bescheidene Behausung überm Atelier, zwei Wohnräume nebst Küche und Toilette. Rüdt lässt seiner Verlobten gegenüber keine Zweifel offen: in Grenchen werden wir nicht alt. Das hier ist nur unser Anfang. Solches erklärt er unter vier Augen, während er mit Anna Maria die Möblierung bespricht.

Der Kachelofen, der von der Küche aus beheizt wird, legt die Stube fest. Wenn in diesem Raum mal ein Tisch mit Stühlen steht, an den Wänden ein Büffet oder ein Sekretär mit Aufsatz, wenn zu den Fenstern hin die zwei modischen Sessel platziert sind, die Anna Maria in Luzern entdeckt hat, wird man sich darin wohl fast nicht mehr bewegen können. Das zweite Zimmer mit dem winzigen Balkon, von dem aus man auf die Strasse winken kann, wird folglich das Schlafzimmer sein, das die Braut zu stellen gedenkt, indem sie damit rechnet, dass Mutter und Geschwister nicht knauserig sein werden: Bett samt Bettzeug, Kleiderschrank und Waschkommode mit Spiegelaufsatz. Die Ausstattung wird nach und nach geschehen. Auch einheimische Lieferanten sollen gebührend zum

Zuge kommen; das schafft günstige Stimmung im Ort. Der Sattler & Tapezierer, der auch Polsterer ist und die herangelieferten alten Sessel frisch beziehen soll, reibt sich die Hände.

Rüdt verlässt also das Musenhaus. Madame Du Pasquier bedauert den Verlust des gebildeten Mieters. Sie hat inzwischen auch ihre Schwester im Skorpion kennengelernt und nicht gezögert zu verstehen, dass die Frau mit gelegentlichen Visiten nicht lange zufrieden sein würde. Darüber hinaus ist sie sich des schwierigen Renommees ihres Hauses bewusst. Ein Redaktor hätte ihm gutgetan, und dass er, wie ihr von Bekannten zugetragen wurde, ein äusserst Linker war, ein Roter der rötesten Sorte, hätte die Weltoffenheit des Etablissements unterstrichen. Schade, ich werde Sie vermissen. Wer einmal dort unten angekommen ist, kehrt diesem Haus den Rücken. – Dem Abschiedswort hallt Resignation nach.

Der neue Haushalt an der Bettlachstrasse ist rasch in vieler Leute Mund. Jetzt sind es nicht mehr nur Besuche wie im Musenhaus; das Paar lebt jetzt zusammen, und zwar unverheiratet. Das ist nicht geradezu verboten, doch unter Christenmenschen nicht üblich. Ein Beweis mehr dafür, dass sich die Sozis einen Deut um christliche Schicklichkeit scheren. Das findet der Pfarrer einer der drei lokalen Kirchen, dem nun einmal, ob er will oder nicht, zugetragen wird, was im Dorf sich tut. Dass die Frau züchtig den Haushalt besorge, glaubt niemand. Das Paar bemüht sich auch nicht, derartiges zu kommunizieren, ist doch die Eheschliessung für jeden einsehbar ausgeschrieben. Und in der Tat: am 18. November 1916, kurz nach seinem 28. und ihrem 37. Geburtstag, erscheinen die Brautleute erneut auf dem Standesamt. Demselben Pfarrer, von dem soeben zum ersten Mal unrühmlich die Rede war, ist nicht nur ein Dorn im einen Auge, dass das Paar unverheiratet bereits gemeinsam gewohnt hat, sondern zusätzlich ein Dorn im anderen Auge, dass die Brautleute in typischer Sozi-Manier auf die kirchliche Zeremonie verzichten. Den Stachel aber nun, der mit der altersmässigen Regelwidrigkeit zu tun hat, bringt er in seiner Weltsicht gar nicht unter. Damit hat er ein Vorurteil gefasst, das ihn noch bös reiten wird.

Verschnupft geben sich nach aussen hin auch die Familien des Paares; hinter den Kulissen dünkt es sie allerdings passend, dass die Eheschliessung nicht an die grosse Glocke gehängt wird und dass man nicht die Anreise aus dem Seetal und gar aus der Ostschweiz erwartet nur zu einem Mahl, das man zuhause reichlicher haben kann. Davon abgesehen tut man denn doch nicht geizig. Wiederholt haben Rüdt-Ineichens mit einem geliehenen Handwagen Kisten am Güterumschlag abzuholen. Im Buffet füllen sich die Vitrinen, im Wäscheschrank die Tablare. Durchaus zurückhaltend zeigt sich nur die Tante aus dem Baldegger Kloster. Sie verweigert den Segensgruss.

Von Honeymoon keine Rede. Die Flitterwochen fielen in den Steckrübenwinter von sechzehn auf siebzehn. Es kam nicht auf den Tisch, was man gern gehabt hätte, und auch im Haushalt eines mässig bürgerlichen Etats gab es Einschränkungen. Hat sich um sie der Alltag von Frau Rüdt in Grenchen gedreht? Sind ihre Stunden für die Beschaffung von möglichst preisgünstigen Lebensmitteln und bei der möglichst kurzweiligen Zubereitung des langweiligen Speisezettels draufgegangen? Damit hätte sich wohl für sie eine Katastrophe angebahnt.

Umso entschiedener wendet sich ihr Ehemann politischen und sozialen Aufgaben zu. Neben seiner Tätigkeit als Redaktor hat er ja schon begonnen, die jungen Arbeiter und Arbeitslosen zu sammeln und zu bilden. Er erklärt ihnen die Welt, die sie erleben, um sie vorzubereiten auf eine Welt, die dereinst sein kann, wenn sie ihr bloss intensiv genug herbeihelfen.

Juni und Juli sechzehn, sagt er, waren ungewöhnlich kühl. Seit 1864, dem Beginn der Temperaturmessungen in der Schweiz, war es in Zürich nur einziges Mal kälter. Und ihr habt es bis auf die Haut gespürt: Es hat extrem häufig geregnet. 56 Regentage sind im Sommer gezählt worden. Dass im Juni der Berg tief verschneit war, habt ihr gesehen. Genau das waren die Bedingungen für Missernten. Das ist aber nur die halbe Erklärung, warum ihr euch das tägliche Brot in den Kamin schreiben müsst. Gebt nun Acht. Ihr sollt die ganze Wahrheit mitbekommen.

Redaktor Rüdt weiss Bescheid. Er liest ja nicht nur die eigene Zeitung. Und macht Gebrauch von seinen Kenntnissen. Wobei sich fragt, ob sich die Jungs dafür wirklich interessieren. Auf das Stichwort Dampfmaschine fällt ihnen Handgreiflicheres ein als der Handel, den sie weltweit intensiviert. Aber Rüdt zuliebe hören sie zu und unterdrücken sogar das Gähnen. Über die Meere hinweg befördern die Frachter grosse Mengen an Getreide. Es stammt aus den riesigen Anbaugebieten in Russland, Kanada, Nordamerika und Argentinien. Die Farmer dort haben davon ein knappes Einkommen, denn die Handelsgesellschaften kaufen ihnen die Ernte zu niedrigen Preisen ab und bringen sie übers Meer. Von den Häfen aus wird das Getreide auf dem Schienenweg verteilt. Kaufleute bringen es auch in die Schweiz und verkaufen es den Mühlen zu einem Preis, der tiefer ist als der Preis, den unsere einheimischen Landwirte bisher dafür lösen konnten. Was war die Folge? Die Bauern in unserem Land mussten die Preise senken, um gegen die ausländische Konkurrenz bestehen zu können. Ihr Einkommen ging zurück, versteht ihr? Wie aber liess sich nun der Verlust kompensieren? Was würdest du ausprobieren, Ernst? Stell dir vor, du wärst Bauer, du hast viel Land, aber seit Jahren wenig Lohn vom Getreide, das du angebaut und geerntet hast. Was machst du? Was würdet ihr an seiner Stelle unternehmen? So fragt Rüdt seine jungen Arbeiter, die sich aber selbstverständlich schlecht in die Rolle eines Bauern einfühlen können. Darum gibt er die Antwort gleich selber. Pfiffige Landwirte, sagt er, haben entdeckt, dass Milchprodukte wie Käse und Butter begehrt sind und mehr Gewinn versprechen als der Getreideanbau. Also sind immer mehr Bauern auf Milchwirtschaft umgestiegen. Das heisst, sie haben angefangen, mehr Kühe zu halten, um den Molkereien mehr Milch abzuliefern. Dieser Vorgang lässt sich mit Zahlen belegen. Als eure Grosseltern noch jung waren, wurden in der Schweiz rund 300'000 Milchkühe gehalten. Vor zwei Jahren, als der Krieg ausbrach, hat man wieder geschätzt. Es sind inzwischen mehr als 800'000 Tiere. Die wollen natürlich gefüttert werden. Womit? Gras und Heu, richtig. Aber das reicht nicht. Was bekommen die Kühe ausserdem? Habt ihr schon in eine Futterkrippe gespäht? Bohnen bekommt das Vieh. Mais. Und Getreide, jawohl, da haben wir's. Statt fürs Brot wird jetzt Korn für Viehfutter angebaut. Dürfen die Bauern das Getreide, das uns so dringend fehlt, verfüttern? Ja, Jungs, bis heute durften sie, denn niemand hat es ihnen verboten. Und der eigene Anbau reicht übrigens längst nicht aus, denn jede Kuh frisst pro Tag 1 bis 2 kg Kraftfutter. Genug, eine ganze Familie damit zu ernähren. Einen Grossteil des benötigten Kraftfutters bringen wiederum die Kaufleute aus dem Ausland in die Schweiz, auf dem Rhein und mit der Bahn. Auf denselben Wegen erreicht uns auch das Brotgetreide. Aber inzwischen haben wir Krieg. Deutschland hat selber zu wenig Brot und fängt auf dem Rhein Getreidetransporte ab, die für uns bestimmt wären. Italien ist in den Krieg eingetreten, auch da mangelt es jetzt den Menschen an Getreide fürs Brot. Bahnwagenladungen aus Genua würden unser Land nicht mehr erreichen, wenn denn überhaupt Frachtschiffe in italienischen Häfen ankämen. Bleibt noch der Versorgungsweg quer durch Frankreich. Die deutschen Unterseeboote versenken Handelsschiffe mit Getreide aus Übersee. Dazu kommt, dass im vergangenen Jahr die Kälte auch in Nordamerika Ernteausfälle brachte. In Argentinien dagegen war es die Dürre, die den Ertrag enorm minderte. Bis zu diesem Punkt ist es den Bauern in unserem Land gut gegangen, viel besser als euch Arbeitern. Käse, Kondensmilch und Büchsenfleisch sind in den kriegführenden Ländern begehrt; die Soldaten hüben und drüben wollen verpflegt werden. So gehen die Lebensmittel, die wir dringend gebrauchen, ins Ausland, anstatt dass die Schweizer Behörden Notvorräte für uns anordnen würden. Am Export verdienen die Landwirte, und die Hersteller von Konserven und die Kaufleute bereichern sich. Jetzt spitzt sich die Lage zu. Seit zwei Jahren beschäftigt uns das schlechte Wetter. Es fehlt jetzt an Futtermitteln. Der Bundesrat verbietet den Bauern, weiterhin Getreide zu verfüttern. Es soll mehr Brot produziert werden. Was aber ist die Folge? Vom Gras und schlechten Heu allein machen die Kühe viel weniger Milch. Wiederum jammern die Bauern. Sie finden jetzt, sie verdienen zu wenig an der Milch. Darum verkaufen sie ihr Vieh. Wohin? Ins Ausland natürlich. Im Ausland ist die Nachfrage nach Fleisch enorm, und man zahlt gut. So machen die Bauern erneut den grossen Batzen. Uns, in der Schweiz, bleibt wenig Fleisch und wenig Milch. Was machen die Milch- und Fleischproduzenten, wenn sie uns wenig anzubieten haben? Es kaufe halt, wer am meisten Geld auf den Ladentisch legt. Versteht ihr? So läuft es, auch mit anderen Lebensmitteln. Fleisch und Eier sind für die meisten von uns unerschwinglich. Wie viele unter uns leben von Kartoffeln, um dem drohenden Hunger zu entgehen. Wehe, wenn auch noch die im Boden verfaulen, wie wir das im vergangenen Sommer erlebt haben. Dann werden die verwertbaren so teuer, dass nur die Reichen sie bezahlen können.

An die drei Dutzend Jungs sitzen an den Tischen im Theatersaal und hören zu. Wenn so von Lebensmitteln die Rede war, knurrt ihnen der Magen. Aber das hilft nichts. Wenn sie nach Hause kommen, steht im besten Fall eine Gemüsesuppe auf dem Tisch. Ein Stück Brot dazu nur, weil es Sonntag ist. Der nächste Ranft dann vielleicht in einer Woche. Und Fleisch gibt es allenfalls gekocht: Ohren, Gnagi, Schwanz vom Schwein, Euter und Kutteln von der Kuh.

Heute rechnen wir, kündigt Rüdt an einem anderen Sonntag an. Ihr wisst, was ihr verdient. Arbeiter zwischen 60 und 80 Rappen die Stunde, Arbeiterinnen die Hälfte. Ihr arbeitet zehn Stunden am Tag. Berechnet euren Tageslohn. Ihr arbeitet an sechs Tagen zehn Stunden. Berechnet jetzt euren Wochenlohn. Ja, natürlich kennt ihr den

Betrag von der Lohntüte, nicht wahr, die Jungs kommen vielleicht auf etwa 36, die Mädels auf 18 Franken.

Nun lässt Rüdt die Preise von wichtigen Lebensmitteln nennen. Es stellt sich heraus, dass von den Jugendlichen die wenigsten ausreichend Kenntnis haben, denn es sind ja die Mütter, die zum Markt gehen oder in die Bäckerei und in die Metzgerei. Er lässt die jungen Frauen und Männer auch einschätzen, wie lange sie für den Gegenwert von einem Vierpfünder Ruchbrot, von einem Ei, von einer Tasse Milch zu arbeiten haben. Wir aber lassen uns vor Augen führen, dass ein Kilogramm Schweinefleisch auf heutige Verhältnisse umgerechnet 154 Franken kostete, ein Ei einen Tageslohn. Ein Kilogramm Kartoffeln boten die Händler für gut 5 Franken an, für jeden Liter Milch, den er in den Kessel schöpfte, verlangte der Milchmann 6 Franken und noch zwanzig oder dreissig Rappen dazu. Das sind die Zahlen, die der rührige Anführer in die SP-Jugend bringt. Er zeigt auf, wohin die Milch fliesst, wohin das Fleisch geht und wer das Geld einsteckt, das den umgekehrten Weg nimmt.

Und heute lesen wir. Rüdt hat ein ganzes Bündel einer Ausgabe der Neuen Freien Zeitung mitgebracht. Die Jugendlichen, die seit der Entlassung aus der Volksschule kaum mehr gelesen haben, sollen üben. Es gehe nicht vorab darum, die jungen Leute an ein Abo der Zeitung heranzuführen, obwohl das selbstverständlich durchaus eine Auswirkung sein dürfe. Es gelte vielmehr, die Sprachkompetenz der Jugendlichen zu fördern. Die Sprache ist unser Blick in die Welt. Erst, wenn unsere Leute die Sprache dafür haben, wird ihnen, was sie sehen, zum Begriff. So hat Redaktor Rüdt gegenüber dem administrativen Leiter im Verlag seinen wiederholten Bezug von Gratisexemplaren begründet. In diesem Sinn fordert er zum Beispiel die jungen Männer dazu auf, ihm Wörter aus der Zeitung zu nennen, die er ihnen erklären soll, oder ermuntert sie, der Gruppe gegenüber eine der Zeitungsmeldungen in eigenen Worten wiederzugeben. Zum Ende des Regensonntagnachmittags gibt er jedem

Jugendlichen ein Exemplar der Zeitung mit nach Hause mit der Ermahnung, es nicht gleich als Klopapier zu benützen.

Wir würden Frau Rüdt-Ineichen nicht gerecht, wenn wir annäh-
men, sie lasse sich bündig im Haushalt unterbringen. Sie hat freie
Kapazitäten und nebst Ideen auch Tatkraft. So steuert sie ihren Teil
zur Arbeit mit der mangelhaft gebildeten Jugend bei, zumindest in
den ersten Monaten. Es liegt ihr dabei wenig an der Ausrichtung an
sozialistischem Denken. Sie möchte einen Beitrag leisten, die jungen Frauen »dem Gassenleben etwas zu entziehen und dadurch
dem Müssiggang und der Verwahrlosung entgegenzuarbeiten«.
Diese Zielsetzung entnimmt sie dem jüngsten Jahresbericht der
Schulgartenkommission.[10] Die hat ein Problem benannt, das Frau
Rüdt seit ihrem Aufenthalt in Grenchen ihrerseits beobachtet, auch
unter Schulentlassenen. Es zeigt sich mit umso schärferen Konturen, je ärmlicher die Verhältnisse sind, in denen die Jugendlichen
leben. Mit der Unterstützung der Arbeiterunion übernimmt sie
also am Sonntagvormittag eine Handvoll Mädchen. Böse Zungen
behaupten, die Sozis würden auf diese Weise die jungen Frauen
vorsätzlich von der Kirchstrasse in die Bündengasse abzweigen.

Frau Rüdt ist zunächst einmal erschüttert ob dem Anblick, der
sich ihr bietet. Nicht vorab ob den Lumpen und Fetzen. Sondern ob
dem Schmutz. Graue Hände. Die Fältchen auf den Knöcheln sind
Schmutzgrübchen. Die Fingernägel sind gebrochen und zerkaut
und mit Trauerrändern dick unterlegt. Und wohin auch immer
Frau Rüdt genau schaut: noch mehr Schmutz. In der Halsgrube.
Hinter den Ohren. Wer das sieht, kann sich vorstellen, wie es mit
der Hygiene steht in anderen prekären Bereichen. Die Vorstellung
wird angeregt von den Gerüchen. Frau Rüdt dreht nicht lange die
Worte im Mund herum. Sie liest den Mädchen nicht nur die Nissen
aus dem Haar, sondern wäscht ihnen auch den Kopf. Es darf doch
nicht sein, dass ihr euch selber so geringschätzt. Niemand verlangt
von euch, dass ihr geschminkt und parfümiert daherkommt wie die
Dämchen aus der Stadt, aber wascht euch wenigstens. Und zwar

gründlich. Und jeden Tag. Wascht euch auch zwischen den Beinen. Mit einem gesonderten Lappen.

Frau Rüdt bemerkt die peinliche Verlegenheit ihrer Zuhörerinnen. Ja, die Mädchen genieren sich nicht nur voreinander, sie schämen sich vor sich selbst. Das ist des Pudels Kern. Man muss ihnen beibringen, dass sie in Ordnung sind und trotz der Monatsblutungen nicht verabscheuungswürdig. Mit einer Mischung von Neugier und verschämter Schockiertheit hören die Töchter dem zu, was ihnen noch nie gesagt worden ist.

Fürs erste statuiert Frau Rüdt ein Exempel. Sie nimmt sich eines der Mädchen vor. Monique heisst es. Fein, Monique, wir brauchen jetzt deine Hände. Nicht weil sie irgendwie besonders wären. Aber zeig sie trotzdem. Schauen wir sie an, behalten wir sie in Erinnerung. Dann bringt Frau Rüdt das Mädchen zum Waschbecken. Und ihr kommt mit. Mal sehen, was wir machen können. Nun wird mit Kernseife gewaschen, mit dem Handtuch gerubbelt, auf den Knöcheln, zwischen den Fingern, den Fingernägeln entlang, die Handinnenflächen, die Grübchen an der Handwurzel. Nun seht euch das Ergebnis an. Hat doch Monique so schöne Hände, so schlanke Finger, halt doch wie ein Dämchen. Und wisst ihr, was dabei das Beste ist? Jetzt hocken auch keine winzigen Viecher mehr auf der Haut, die uns krankmachen. Wenn Monique ihr Brot isst, kommen keine Bakterien mit in den Mund und bringen ihr womöglich die Fieber.

Nun werden die Mädchen aufgefordert, ihre Hände zu reinigen. Zu zweit, zu dritt stehen sie am Waschbecken und fegen und frottieren um die Wette, dass danach Wand und Boden weiterhum verspritzt sind, und die Tücher genügen natürlich längst nicht mehr den hygienischen Mindestanforderungen. Aber der Erfolg ist sichtbar. Nun seht zu, wie wir noch mit den Fingernägeln die Krone aufsetzen. Frau Rüdt schneidet Moniques Nägel zurück bis zu einem schmalen Rand über der Kuppe, den zerkauten Nagel vom rechten Zeigefinger halt noch knapper, dann streicht sie mit der

Scherenspitze die Schmutzdepots raus. Und seht nun diese schmucke Zier. Wie weisse Krönchen auf jeder Fingerspitze. Gefällt euch das? Siehst du, Monique, das gefällt auch deinen Kameradinnen. Nun macht es euch gegenseitig. Jede darf sich einmal pflegen lassen. Frau Rüdt gibt ein paar kleine Scheren heraus. Die jungen Frauen sitzen auf Stühlen einander gegenüber und witzeln und lachen. Später erstreckt sich die Pflege auch aufs Gesicht.

Ein Kurs in Schminken? fragt Max Rüdt ungläubig.

Ja, richtig.

Das Bettgespräch zwischen den Ehegatten ist eröffnet.

Muss das sein?

Aber ja, Maxotti, entgegnet Annemie aus der Dunkelheit herüber. Das trägt zum Selbstbewusstsein der jungen Frauen bei. Ein wenig Sorgfalt mit sich selber, ein wenig Selbstliebe vor dem Spiegel, ein wenig Ja zum eigenen Gesicht, zum eigenen Körper.

Maxotti brummt. Er kann nicht leugnen, dass ihm Annemies Erklärung irgendwie einleuchtet. Gleichzeitig befürchtet er, dass mit solchen Aktionen das politische Selbstverständnis der Genossen brüskiert werde. Was haben Maniküre und Pediküre und Haarschnitt mit Klassenkampf zu tun? Vorwurfsvolle Fragen sind zu gewärtigen.

Annemie räkelt sich in einem tiefen Atemzug. Du wirst wohl deine Männer kennen. Ihr solltet aber einsehen, dass Frauen nicht nur als zahlenmässige Verstärkung eurer Versammlungen in Frage kommen. Es geht um das Selbstbewusstsein der jungen Frauen, und mehr darum als um ihr Klassenbewusstsein.

Maxotti setzt sein Brummen fort. Es kann schwierig werden, eingefleischte Sozialisten davon überzeugen zu wollen, dass das Selbstbewusstsein von Frauen politisch erwünscht sei.

Die jungen Männer haben vielleicht nicht dasselbe Problem, versetzt Annemie. Sie bringen, wie es scheint, nicht wenig Selbstbewusstsein von Haus aus mit.

Mag sein. Am Arbeitsplatz wird es ihnen ausgetrieben. Manch einer sieht sich da behandelt, als wäre er der letzte *Tschumpel*. Und wer behandelt sie so? Nicht zuletzt die Kollegen, die vor wenigen Jahren noch in derselben Situation waren. Daran müsste man arbeiten.

Ja, Maxotti, das müsste man. Das wäre sozialistische Aufklärungsarbeit. Knochenarbeit. Da sind euch Männern am Ende halt die Parolen doch bequemer, nicht wahr?

Wenn ein Gespräch zwischen den Ehegatten Rüdt-Ineichen sich ungefähr so abgespielt haben sollte, könnte es in ein stillschweigendes Einvernehmen im Blick auf Anna Marias Umgang mit den jungen Arbeiterinnen eingemündet sein. Hat Max sie nicht gebeten, als Frau des Sektionspräsidenten ein Zeichen zu setzen und einen Beitrag an die Jugendarbeit zu leisten? Sie hat sich ausbedungen, dass sie in der Gestaltung freie Hand habe. Max wird an diesem Konsens nicht rütteln wollen, auch nicht, wenn es Konflikte mit konservativen Genossen absetzen sollte. So wird Frau Rüdt mit den jungen Frauen ausserdem flicken und getragene Kleidungsstücke anpassen, sie wird mit ihnen die Sprache proben, mit der sie über Frauendinge reden können, und sie wird ihnen Kartenspiele beibringen. Das Rüstzeug zu all diesen Aktivitäten bringt sie aus der Zeit ihrer Anstellung im Waldenburgertal mit. Und das wäre dann mithin Antwort auf die Frage nach der Rolle von Frau Rüdt während ihres kurzen Aufenthalts in Grenchen und während des nicht viel längeren, aber viel heftigeren Auftritts ihres Gatten selbigen Orts.

Lieber Herr Seelsorger,
in einem Punkte bin ich ratlos. Ich sehe nicht, auf welcher Grundlage man den Menschen beibringen kann, dass Solidarität ein oberstes Gebot ist. Wenn ich über alle Massen enttäuscht bin vom Mangel an solidarischem Denken in der Arbeiterschaft, beobachte ich gleichzeitig mit einer gewissen Genugtuung, dass ja auch die Bourgeoisie nur gerade gegen die Proletarier eine einheitliche Front aufrechterhält. Unter ihresgleichen ist die Unternehmerschaft auch nur bedingt auf einer Linie. Der beständige Kampf um

Marktanteile fördert vor allem die Rivalität, und der Antrieb für diesen Kampf ist die Aussicht auf noch grösseren Reichtum. In meiner Ratlosigkeit muss ich mit Nietzsche Ausschau halten. »Wer wird das Bild des Menschen aufrichten, während alle nur den selbstsüchtigen Wurm und die hündische Angst in sich fühlen?«

Mein lieber Weltverbesserer,
endlich sind wir uns in einer grundsätzlichen Sache einig. Bedauerlich bloss, dass wir uns im Pessimismus die Hände reichen. Ich selber werde ja nicht müde, die Nächstenliebe zu predigen. Dabei bin ich aber realistisch genug, meinen Einfluss als gering einzuschätzen. Es ist mir bewusst, dass ich angestellt bin, den Schein zu wahren. Ich besänftige die kleinen Leute. Ich rede ihnen zu, dass sie glauben, wer vor Gott gleich sei, könne doch nicht auf Erden einfach nichts sein. An dem Nicht-Nichts halten sie sich erstaunlicherweise aufrecht und halten sich auch still. Das wiederum lassen sich die Reichen etwas wert sein. Sie spenden eine Glocke, finanzieren die neue Orgel, neuerdings auch den Suppentopf. Was übrigens die allergefreuteste Einrichtung ist, die ich hier kenne. Gibt es so etwas bei euch auch?

Lieber Drachentöter,
weisst du, was mir soeben zu uns eingefallen ist? Du bist angestellt, für die Reichen das Gewissen zu spielen. Ich dagegen fühle mich berufen, dem Gewissen der Reichen mitzuspielen. Was freilich, ich gebe es zu, nicht gut ankommt. Schon wieder habe ich eine Klage am Hals. Wegen Ehrverletzung und Beschimpfung. Und weisst du, warum? Ich habe gewisse Herren hierzulande namentlich genannt. Sie haben sich als besonders pfiffig erwiesen, als es darum ging, für sich selber und ihre Familien die Milchrationierung zu umgehen. Sie haben kurzerhand bei Bauern Kühe gekauft, die Tiere aber im Stall belassen. Der Eigentümer hat seine Freimilch zum Eigenbedarf. Sie wird dadurch dem Markt vorenthalten. Solchen Egoismus muss ich an den Pranger stellen, ich kann nicht anders, obwohl Anna Maria mahnt, mich nicht auf die Äste hinauszuwagen. Vor

dem Gericht schworen die Bauern bei Gott und allen Heiligen, nichts von solchem Handel zu wissen, und sämtliches Vieh im Stall habe doch immer schon ihnen gehört. – Was euren Suppentopf betrifft: Was genau ist das? Wie funktioniert er?

Im Juni siebzehn fand der Parteitag der SP Schweiz statt. Endlich bin ich mit dabei, sagt Max am Frühstückstisch, bevor er aufbricht. Es wurmt ihn immer noch, dass er von den Konferenzen in Zimmerwald und in Kiental erst hinterher Kenntnis bekommen hat. Sie haben dort inkognito stattgefunden. Zuerst im September fünfzehn. Da war ich Soldat. Dann im April sechzehn. Wohl wahr, dass ich nicht zum Kreis der Eingeladenen gezählt hätte, selbst wenn ich als Mitarbeiter unserer Zeitung aufgetreten wäre. Die Presse war vom ornithologischen Verein ausgeschlossen.

Was für ein Verein?

Zur Tarnung gegenüber Schnüfflern des Staates hat Robert Grimm die Teilnehmer als Vogelschützer ausgegeben.

Und was wäre dir an der Veranstaltung so wichtig gewesen?

Ich hätte bedeutende Männer kennengelernt. Linkssozialisten aus vielen Ländern. Auch aus Russland.

Ach so. Anna Maria fährt auf bedeutende Männer nicht ab. Sie richten nicht viel Gescheites an in der Welt. Das ist ihre Meinung.

Max lässt das Thema fallen. Wir dagegen, in den Nachruf involviert, insistieren. Was hatte es auf sich mit den beiden Konferenzen?

Die Teilnehmer arbeiteten an einem Manifest. Sie sprachen sich für eine möglichst rasche Beendigung des Krieges aus, taten dies jedoch nicht im Sinn des russischen Vordenkers, den seine Freunde kurz Lenin nannten. Der vertrat nämlich einen radikalen Standpunkt. Europas unterdrückte Arbeiter und Soldaten seien Brüder, die gar kein Vaterland zu verteidigen hätten. Vielmehr müssten sie die Waffen anstatt gegen fremde Armeen gegen ihre

Regierungen und Wirtschaftseliten richten. Der Weltkrieg der Nationen müsse in einen Klassenkampf gegen die Mächtigen gedreht werden.[11] In Lenins eigenen Worten: «Umwandlung des imperialistischen Krieges in den Bürgerkrieg».[12] Der allgemeine Konsens schlug eine andere Richtung ein. Die Konferenzteilnehmer forderten einen Frieden ohne Gebietsannexionen und versprachen einander, die Burgfriedenspolitik in ihren jeweiligen Ländern zu bekämpfen und den Klassenkampf wieder zu eröffnen. Auf diese Weise sollten die Regierungen gezwungen werden, den Krieg zu beenden.[13]

Dass sich der Parteitag der SP Schweiz im November fünfzehn hinter die Ziele der sogenannten »Zimmerwalder Bewegung« gestellt hatte, dürfte dem Aktivdienstler Rüdt damals entgangen sein. Der Beschluss schien in der politischen Landschaft sowieso kaum Spuren zu hinterlassen. Es gab kaum Hinweise auf neu aufflammenden Klassenkampf, dafür eine wachsende Zahl von Hinweisen auf den Kampf gegen Hunger und Elend. Höchste Zeit also, Remedur zu schaffen. Es ging darum, den schweren Lapsus auszubügeln, den sich die Partei zu Kriegsbeginn geleistet hatte, indem sie sich zur militärischen Landesverteidigung bekannte, während sie im Grunde genommen den Einsatz der Armee gegen Streikende unterbinden wollte. Den Konsens hätte aber damals, als er Bingen verliess, vermutlich auch Rüdt unterschrieben. Inzwischen hatte er seine Meinung geändert. Hatte er Kenntnis davon bekommen, dass sein Idol, Karl Liebknecht, im Dezember vierzehn der einzige Abgeordnete war, der es wagte, im Reichstag gegen den Kriegskredit zu stimmen? – Es gab zusätzliche Beweggründe, die Meinung zu ändern. Es gab den Eindruck der täglichen Erniedrigung durch den militärischen Drill. Und aktuell den Einfluss der klassenkämpferischen Stimmung, die ihm aus der leberbergischen Ecke der Partei entgegenschlug. Hier hatte man vehement gegen die Landesverteidigung plädiert. Nicht zuletzt im Namen dieser Genossen geschah es, dass nun am Parteitag Rüdt den Antrag befürwortete, den der linke Flügel eingebracht hatte: Die Partei bekämpft alle militärischen Institutionen, lehnt alle militärischen Pflichten des bürgerlichen Klassenstaates ab und verpflichtet die sozialdemokratischen Bundesparlamentarier, alle Militärforderungen und -kredite abzulehnen.[14] Eine grosse Mehrheit der Delegierten genehmigte das Papier. Rüdt mag eine tiefe Genugtuung nach Hause getragen und Anna Maria umarmt haben.

Was ist in dich gefahren, Maxi?

Er versteht nicht, dass an der Bettlachstrasse seine Euphorie kein Echo auslöst.

Neben der beruflichen Tätigkeit zieht der Präsident der Arbeiterunion sein soziales und pädagogisches Engagement durch. Dass er die SP-Jugend bewusst von den Kirchen abziehe, indem er sie sonntagvormittags um sich schare, trifft inzwischen zu. Die Gegebenheit, dass die arbeitende Bevölkerung in konfessionelle Fraktionen aufgeteilt ist, fördert den Zusammenhalt nicht. Diesem aber gelten mehr und mehr die gemeinsamen Unternehmungen. Je grösser die Not der Armen, desto wichtiger ihr Zusammenrücken. Zeigen wir einander, wie man überlebt, fordert er die Jungburschen auf und hat in diesem Punkte übrigens als Städter Gelegenheit, von den Jungen auf dem Land zu lernen.

Der Sommer siebzehn gilt mit 41 Hageltagen als schwerstes Hageljahr in der Geschichte der Hagelversicherung. Es verschlägt auch die jungen Krähen in den ungeschützten Nestern. Die Jungburschen zeigen ihrem Betreuer, wie man waghalsig auf die Eschen, Pappeln und Ahorne steigt, in deren Wipfeln die Krähen ihre Brut aufziehen. Die Schlauberger haben von unten herauf mit Schnüren die Füsse der Jungvögel gefesselt. Die armen Tiere sind noch nicht genug gemästet, doch nach dem Hagelschlag vom Vortag müssen sie runtergeholt werden. Im Kreis am Waldrand werden sie gerupft, ausgemacht und dann über der Glut des Feuers gebraten. Die Bauern haben nichts dagegen einzuwenden, denn die Saatkrähen werden ihrem Namen durchaus gerecht. Rüdt schaut halbwegs belustigt, halbwegs angewidert zu; er begreift aber die Not der Hungerleider und überlässt ihnen die magere Beute.

Weniger Verständnis zeigt er in Bezug auf den Alkoholkonsum. Er untersagt den Jugendlichen, zu den gemeinsamen Unternehmungen Schnaps mitzubringen. Dass gelegentlich eine Pfeife die Runde macht, mag er nicht unterbinden. Das Gras stammt aus dem Emmental. Es ist ihm fast lieber, als wenn die Jungs am hanfenen Munistrick kauen.

Man durchstreift den Wald am Berg. Mit Sturmholzbündeln kehren die jungen Leute heim, die Jutesäcke voller Tannen- und Föhrenzapfen, die anschliessend auf Estrichen getrocknet werden. Man zeigt einander die essbaren Pilze, die Täublinge, den Schopftintling und berichtet, was man über die Zubereitung weiss. Man bereitet gemeinsam Buttenmost zu. Man sammelt die Beeren und die Früchte des Holunders, des Schwarzdorns, die Haselnüsse und die Nüsschen der Buchen. Die Bauern achten scharf darauf, dass ihnen keiner unter oder gar in die Walnussbäume geht. – Dazwischen gibt es immer wieder schulische Unterrichtung. Auch Gesang. Die Internationale wird auswendig gelernt.

Anna Maria hat den Mädchen gezeigt, wie sie sich vorteilhafter kleiden und frisieren können. Später - und weil sie nun reinlich genug daherkommen - werden sie in Grüppchen zu Kochkursen in die Wohnung an der Bettlachstrasse eingeladen und lernen, mit dem wenigen und langweilig gewordenen Gemüse die Armeleutekost abwechslungsreicher zu gestalten.

Die Vielfalt der Unternehmungen trägt den Rüdt-Ineichens Sympathien über die Parteigrenzen hinaus ein, aber halt auch Misstrauen. Die Privilegierten in der Bevölkerung fürchten die politische Indoktrinierung der Jugend. Vor allem an Max Rüdt scheiden sich die Geister. Man kommt nicht umhin, in Bezug auf ihn Stellung zu beziehen. Manch einer der Herren schluckt schwer an der Kröte. Verkörpert er im Leberberg das verheissene Gespenst? Dem Vernehmen nach soll sogar der einen und anderen der bürgerlichen Frauen das Herz gestockt haben, wann immer sie an den rebellischen Politiker dachte. Das wäre dann aber eine ganz andere Geschichte.

Und wann haben die Rüdt-Ineichens eigentlich Zeit für sich allein? Die Ehe geht allmählich der Vollendung des ersten Jahres entgegen. Es ist zu befürchten, dass Anna Maria nicht zögert, ihre ersten Enttäuschungen kundzutun, während sie einstweilen noch bereit ist, gute Miene zu machen gegenüber den Umtriebigkeiten ihres Gemahls. Es ist, ehrlich gesagt, kein Schleck, den Schatten eines ehrgeizigen Mannes zu spielen. Immer macht sie zweite hinter der Schreibtischarbeit, den Sitzungen, Besprechungen, Interviews, und ist nicht nur tagsüber, sondern auch oft abends allein mit Haushalt, Küche, Wäsche, Näharbeiten. Und mit den erbaulichen Büchern, welche die Volksbibliothek gratis ausleiht, und mit den Guten Schriften, mit denen die Gemeinnützige Gesellschaft der Schweiz gegen den Heftli-Schund antritt. A propos: Den Heftli-Schund mag sie. *Schaffsteins Blaue Bändchen aus Cöln am Rhein* zum Beispiel; sie sind, gegen das reale Alleinsein eingesetzt, besonders wirksam. Andererseits muss Frau Rüdt-Ineichen zugeben, dass sie es geniesst, in den Läden die Frau Redaktor zu sein. Bald wird sie sogar die Frau Gemeinderat und die Frau Kantonsrat sein. Diese Ehre tut man ihr an, und wenn sie es sich überlegt, ist sie bereit, die geschenkten Reverenzen anzunehmen. Als Kompensation für den Frust.

Es ist nicht mehr zu übersehen, dass Max Rüdt zielstrebig seine Schritte in die Politik tut. Im Herbst siebzehn finden im Kanton Wahlen statt. Unter dem Eindruck der Entbehrungen auf der einen Seite und der Kriegsgewinne und herrschaftlichen Störrigkeit der anderen Seite flattern die roten Fahnen im Aufwind. Max Rüdt kandidiert sowohl für den Gemeinderat als auch für den Kantonsrat. An der Wahlveranstaltung im voll besetzten Theatersaal steht er

Red und Antwort. Die Fragen stammen aus dem sorgenvollen All-tag der Uhrenmacher, Eisenbahner, Bauarbeiter und Entlassenen. Wann gibt es endlich auch bei uns eine Suppenküche? Was ge-schieht mit den arbeitslosen Schulabgängern? Wer sorgt für alle die stellenlosen Rückkehrer aus dem Aktivdienst? Die Antworten sind wie immer im besten Fall Absichtserklärungen, im schlechtes-ten leere Versprechungen. Das durchschaut im Saal der Traube eine jede und ein jeder. Politik ist aus der Sicht der kleinen Leute das Handwerk der Worte. Trotzdem setzen sie ihre Hoffnungen auf jeden, der ihre Bedürfnisse zur Kenntnis nimmt. Es muss endlich etwas geschehen. Man ist aus Verzweiflung dicht daran zu wün-schen, es möge geschehen was auch immer.

Und was hältst du von Marx? ruft aus der Saalmitte ein Uhr-macher zur Theaterbühne hinauf.

Hast du seine Schriften studiert?

Nein, aber davon gehört.

Ich auch, erwidert Rüdt in entwaffnender Ehrlichkeit und punktet damit in der schmunzelnden Zuhörerschaft.

So ein richtiger Marxist bist du also wohl nicht, stellt ein Ei-senbahner fest. Schade. Wie hältst du's mit dem Manifest? Und mit diesem Russen da, dem Wladimir Iljitsch?

Den Lenin meinst du. Nun ja, sagt Rüdt, offenbar ein etwas ver-schrobener, aber interessanter Kerl. Versucht, die internationale Linke auf die russischen Bedürfnisse aufzugleisen. Es hätte ja ur-sprünglich verhindert werden sollen, dass in Europa Arbeiter ge-gen Arbeiter marschieren. Verweigerung und Pazifismus sind die Instrumente, die Lenin aus dem Exil in der Kriegsinsel Schweiz empfiehlt. Soweit können wir ihm folgen. Er fordert darüber hin-aus, dass die Soldaten absichtlich die Niederlage der jeweils eige-nen Armee herbeiführen und dann den Bürgerkrieg eröffnen. Und eben das nun, erklärt Rüdt, geht mir zu weit. Einen Bürgerkrieg wünschen wir nicht. Wir wollen auf keinen Fall, dass hier Schwei-zer gegen Landsleute schiessen. Das bedeutet allerdings auch, dass wir jeglichen Einsatz von Militär gegen Demonstranten und Streikende aufs schärfste verurteilen. Und es bedeutet, dass wir Befehlsverweigerer sind, wo immer uns je befohlen werden sollte, auf Landsleute zu schiessen. Wir sind Sozialisten. Und sind darüber hinaus Demokraten, solange die Demokratie für uns eine Hoffnung bleibt.

Für diese Erklärung erhält der Kandidat nicht nur Applaus. Trotzdem kann er den Wahlen zuversichtlich entgegensehen. Und ja, vielleicht müsste er sich endlich doch Marx und Engels vornehmen. Er möchte sich nicht ausgerechnet von seinen Wählern unterstellen lassen, er politisiere aus dem roten Dunst heraus und solidarisiere sich als schick auftretender Opportunist mit dem Proletariat, ganz ohne die theoretischen Grundlagen zu beherrschen. Er wird sich die drei Bände von der Buchhandlung in Solothurn besorgen lassen und daselbst gleichzeitig Anna Marias Bestellung von Romanheften deponieren.

Im oberen Seetal gibt es noch genug von dem, was nicht nur den Magen füllt, sondern auch noch schmackhaft und bekömmlich ist. Das legen die Geschwister nicht ohne Stolz an den Tag, an dem Anna Maria mit ihrem Gatten wieder einmal zu Besuch bei der Mama weilt. Die fromme Tante hat in Baldegg um Urlaub gebeten, um eine versöhnliche Geste zu tun und sich bei dieser Gelegenheit auch wieder einmal tüchtig zu verkösten. Ineichens Gattin Verena lässt sich nicht entschuldigen. Sie bleibt einfach fern, hat ja die Kinder zu besorgen. Mama lässt sich nicht lumpen. Der Tisch ist reichlich gedeckt, Anna Maria und Max könnten, wenn es ihnen den Appetit nicht verschlüge, die Einladung annehmen und tüchtig zugreifen. Bohnen, Kartoffeln, Rollschinken kommen auf den Tisch. Der Anlass, der den Appetit verschlägt, ist allerdings bereits gegeben. *Hockid ab*, Rüdt.

Habt ihr nicht Duzis gemacht? bemerkt Anna Maria.

Recht hast du, entgegnet Ineichen, aber jetzt halten wir's wieder, wie das gang und gäbe ist mit fremden Leuten.

Was heisst da »fremd«?

Für mich sind Sozis fremde Leute.

Da niemand zugreift, tut es Ineichen. Er häuft Bohnen in seinen Teller, dazu halbiert gekochte Kartoffeln, und schneidet sich eine tüchtige Scheibe vom geschnürten Schinken. Die Nonne aus Baldegg hält ihn aber zurück, indem sie die Hände auf der Tischkante faltet. *Komm, Herr Jesus, sei unser Gast.* Man stimmt in das Gebet mit ein, sogar Ineichen hat Messer und Gabel abgelegt. Rüdt lässt die Hände zu beiden Seiten des Gedecks liegen und schweigt. *Segne, was du uns bescheret hast. Alle guten Gaben, alles was wir haben, kommt, o Gott, von dir. Wir danken dir dafür.*

Nach dem Amen wünscht Mama *En Guete.*

Ineichen ergreift den Mostkrug, schenkt zuerst für sich ein, füllt dann auch die Gläser für seine Mutter, für seine Tante und für Lena, die Schwester. Darauf klotzt er den Krug so vor Anna Maria hin, dass auf dem Tisch scheppert, was in loser Berührung miteinander daliegt. Man kaut, schmatzt, schluckt. Man schlürft den Most.

Das Schweigen wird von Rüdt gebrochen. Es mag ja sein, sagt er, dass ich nicht nach Eurem Geschmack bin. Aber eines verstehe ich nicht. Was bringt Euch dazu, gegen die Sozis zu motzen? Im Grunde genommen müsstet Ihr auf der Seite der kleinen Leute stehen.

Wir sind Händler und Handwerker und verdienen unser Geld redlich. Uns wollt ihr wegnehmen, was uns geblieben ist nach diesen schweren Zeiten. Geht doch zu den Grossen und bedient euch bei denen. Wir besitzen nichts, was der Allgemeinheit gehören müsste. Ihr habt doch auch Augen im Kopf und könnt sehen, dass wir nur besitzen, was wir für uns selber brauchen, Wohnung, Laden, Magazin. Ist das eine Sünde? Es stecken darin unser Fleiss, unser Wagnis, und auch unsere Sparsamkeit. Wir sind nicht reich, Rüdt.

Ihr seid keine Kapitalisten, das stimmt. Die Angst um das bisschen Eigentum, über das ihr verfügt, macht euch aber nächst dem Bauern zum erbittertsten Gegner der Arbeiterschaft. Ihr schimpft am lautesten gegen die Roten. Eure Vertreter im Parlament sind die fleissigsten Hüter des bürgerlichen Schatzes. Ihr stellt euch als Schutzschilde vor die Bourgeoisie.

Weil wir es sind, die verlieren. Lest doch die Zeitungen! Bei jedem Aufstand sind es in den Städten unsere Läden und Ateliers, die geplündert und verwüstet werden, nicht die Villen der Herren.

Mag sein, dass der Volkszorn blind ist. Aber gebt ihr denn klare Signale, dass ihr auf unserer Seite steht?

Wir würden die bürgerliche Kundschaft verlieren. Sie trägt uns mehr ein als der Rest der Bevölkerung. Sie kauft gut und zahlt. So ist das nun einmal. Sie ist aber nicht auf die Ineichens angewiesen, versteht Ihr, Rüdt? Sie wüsste sich anderswo zu behelfen, wenn die Ineichens ihr nicht in den Kram passen sollten.

Rüdt schweigt. Er sieht sehr wohl ins Dilemma seines Schwagers. Er ist als Gast kein Fundamentalist, im Gegenteil. Er versucht alleweil, im Gespräch zu bleiben. Sogar in Grenchen gegenüber seinen politischen Gegnern. Das verstehe ich, sagt er. Ihr habt es auch nicht leicht.

Brummend lenkt Ineichen ein. Wir können nichts dafür, dass es den Büezern übel ergeht. Wir hätten die Verhältnisse ja gern anders. Ginge es dem Büezer besser, kämen auch wir auf einen grünen Zweig. Wir haben für uns selber zu sorgen. Ein Schleck ist das nicht.

Das ist der Moment für Mama Ineichen, sich zu Wort zu melden. Sie ist die Gastgeberin und darf sich herausnehmen, das Gespräch der Männer zu unterbrechen, um ein ganz anderes Thema anzuschlagen. Sie wendet sich an ihre Tochter. Du wirst uns bestimmt mit einer Nachricht überraschen?

Wie meinst du das, Mama?

Du hast euch bei mir eingeladen. Ich habe auf der Stelle vermutet, es gibt Neuigkeiten. Nach bald einem Jahr Ehe. Nicht wahr, Max?

Die ineichenschen Augenpaare rollen von Anna Maria zu ihrem Gatten und zurück.

Da gibt es nichts mitzuteilen, sagt Anna Maria.

Einen Augenblick lang herrscht wieder Schweigen.

Wieso seid ihr dann überhaupt gekommen? Lenas Stimme schneidet den Tisch entzwei. Auf der einen Seite sitzen die Rüdts, auf der anderen die Ineichens.

Lieber Herr Kantonsrat,
aus der Zeitung ist zu entnehmen, dass im Kanton Solothurn die SP auf dem Vormarsch sei. Auf der Erfolgswelle der Linken und zum Entsetzen der bürgerlichen Parteien sei einer der fundamentalistischen Antreiber der Roten, Max Rüdt, in den Kantonsrat gewählt worden. So nebenbei nehme er auch Einsitz im Grenchner Gemeinderat. Glückwunsch zu deiner Politkarriere. Nun bist du also auf der Bühne angekommen, die du stets angestrebt hast.

Lieber Herr Prediger,
deine Kanzelperspektive scheint dich zu täuschen. Es geht nicht um mich. Nicht, um mich selbst in irgendein Rampenlicht zu bringen, stelle ich mich zur Verfügung, sondern um dem Volk zu seinem natürlichen Recht zu verhelfen, den Armen gleich wie den Reichen, den Ungebildeten gleich wie den Eliten. Ich will erreichen, dass das gemeine Volk gemäss seiner Überzahl zu seinem Recht kommt. So verstehe ich Demokratie.

Mein lieber Volksdemokrat,
wann ist zuletzt etwas Gescheites aus dem Morast der Gleichheit gewachsen? Etwa damals in Frankreich? Gib bloss acht, dass deine Liebkinderschaft nicht dich als Sumpfblüte vor sich her in die Welt schiebt.

Die soziale Not ist einer der Akteure, die sich zurzeit anschicken, das Rad der Geschichte schneller zu drehen. Das schreibt Rüdt in sein Journal, mit dem er sich Material für künftige Zeitungsartikel, Referate und Bildungsveranstaltungen bereithält. Unaufhaltsam, so fährt er weiter, verbreitet sich die Armut. Mit ihr verschärft sich das Misstrauen gegenüber der Landesregierung. In immer dichterer Folge verschafft sich der Unmut der Arbeiter und Ärmsten im Lande Luft. Die Bauern, die Gewerbetreibenden und Unternehmer und mit ihnen die meisten Mitglieder der bürgerlichen Parteien haben etwas zu verlieren; sie fürchten darum hinter jeder Massnahme zur Linderung der Not ein Einlenken in den Umsturz und betrachten jede Kundgebung gegen Entbehrung und Hilflosigkeit als subversiv. Subversiv der verzweifelte Auftritt der Zürcher Frauen. Mit ein paar Franken und Batzen gehen sie auf den Markt, mit leerem Geldbeutel und halbleerem Korb kommen sie nach Hause. Subversiv die Stürmung der Milchzentrale in Bellinzona. Milch ist vorhanden, aber für die kleinen Leute kaum mehr bezahlbar. Der Bundesrat macht einen grossen Fehler, wenn er die Erhöhung des Milchpreises nicht sofort zurücknimmt; die Mütter und Väter werden sich für ihre Kinder, die Jugendlichen für sich selber vehement wehren. Subversiv die Demonstration der Hungernden im nahen Biel – und so gefährlich übrigens, dass die Obrigkeit den aufgebotenen Ordnungstruppen den Schiessbefehl erteilen liess. Wahrhaftig, die bürgerliche Regierung versäumt keine Gelegenheit, die darbende Bevölkerung zu provozieren. Wann endlich kommt der ganz grosse Aufschrei der Darbenden?

Im Licht der Glühbirne über der Tischmitte schaut Annemie aus ihrem Heft auf.

Wovon redest du?

Ich beklage die Kniefälligkeit der Linken. Die Partei müsste die Wutausbrüche koordinieren und landesweit Kampfmassnahmen ergreifen. Nur ein Flächenbrand kann die Obrigkeit aus dem Sattel des Selbstgerechten heben. Ich sehe aber die Entschlossenheit nicht.

Muss gezünselt werden? fragt Annemie und gähnt. Ich bin müde. Kommst du?

Den Suppentopf betreffen einige der Aktivitäten, die das neu gewählte Mitglied in den Gemeinderat trägt. Notleidende Personen sollen eine billige Mahlzeit beziehen oder gar unentgeltlich entgegennehmen können. In Kreuzwil ist es offenbar die Kirche, die sich dafür engagiert. In Grenchen fühlen sich drei Kirchgemeinden jede nicht zuständig. Der Gemeinderat hat nichts dagegen, wenn Max Rüdt die Initiative ergreift, und ernennt ihn zum Präsidenten einer Kommission, die sich mit den notwendigen Abklärungen befassen und ein Projekt ausarbeiten soll. Er stellt ihm Vertreter der anderen Parteien zur Seite und überlässt es diesem Gremium, sich nach den Kirchen hin zu erweitern. Man braucht ja nicht nur ein geeignetes Lokal, sondern vor allem auch finanzielle Unterstützung. Die Gemeinde hat kein Geld, warnt vorsorglich ein bürgerliches Ratsmitglied.

Der Tropfen, der das Fass zum Überlaufen bringt, ist gefallen. – In seinem Communiqué vor den Delegierten der Arbeiterunion redet Präsident Rüdt zu Anfang achtzehn Klartext. Das unselige Stillhalteabkommen zeigt jetzt seine ganze Tragweite. Selbst dem friedliebenden Sozialdemokraten, dem bedächtigen Gewerkschafter und dem anpasserischen Grütlianer dürfte jetzt klarwerden, was wir uns eingehandelt haben, um den hochgelobten Zusammenhalt, die patriotische Einheit nicht zu gefährden. Gegen den Verzicht auf wirtschaftliche und politische Auseinandersetzungen haben wir uns den Missbrauch der unbeschränkten Vollmachten durch den Bundesrat eingehandelt. Welch ein schimpflicher Tausch, Genossinnen und Genossen. Keinen Augenblick hat seither die Landesregierung gezögert, den Freiraum nach Strich und Faden auszunützen. Und heute nun dies: Zivildienstpflicht für die gesamte Bevölkerung zwischen 14 und 60 Jahren. Die jugendlichen und erwachsenen Frauen und Männer sollen für Hilfsarbeiten in Landwirtschaft und Industrie aufgeboten werden können. Geht es denn, fragt ihr vielleicht, nicht darum, Produktionsengpässe zu beheben und die Versorgung der Bevölkerung zu gewährleisten? Meine Antwort ist: Der Pfeil, den der Bundesrat mit seiner Zivildienstvorlage abgeschickt hat, weist giftige Widerhaken auf. Es würden von den befohlenen Arbeitseinsätzen diejenigen profitieren, die jetzt schon zu den Kriegsgewinnlern gehören, nämlich die Landwirte und die im Export erfolgreichen Bereiche der Privatwirtschaft. Das ist der eine der Haken. Der zweite ist besonders tückisch. Die Zivildienstpflicht wäre eine Waffe in der Hand der bürgerlichen Rechten. Warum? Der Bestandteil *zivil* im Begriff Zivildienst ist irreführend. Man zieht nämlich gar nicht erst in Betracht, den Dienst einer zivilen Führung zu unterstellen. Man verfüge ja schon, stellt der Bundesrat in seiner Botschaft fest, über eine geeignete Organisation, nämlich – und jetzt könnt ihr drei Mal raten – über die Armeeführung. Mit einem Schlag wäre also die gesamte aktive Bevölkerung unters Militärstrafrecht gestellt. Grossartig, nicht wahr? Aber es kommt gleich knüppeldick, Genossinnen und Genossen. Dass die Aussicht auf Militarisierung und Zwangsarbeit unseren Zorn weckt, ist der Regierung klar. Folglich lässt sie eben jetzt, während wir hier versammelt sind, zusätzliche Truppen mobilisieren. Riecht ihr den Braten? Die jungen Männer sind schon mal dem Pöbel entzogen, denken die da oben, und man kann sie einsetzen, um Unruhen vorzubeugen. Ordnung ist die erste Pflicht. Das haben die Machthaber den Untertänigen immer schon eingebläut. Wir aber haben einen anderen Begriff von Ordnung, und den werden wir den Herren und Herrensöhnen klipp und klar ausdeutschen.

Mit diesen Worten begründet Präsident Rüdt die Notwendigkeit einer grossen Protestversammlung gegen die Zivildienstvorlage. Sie wird ihm von den anwesenden Delegierten ohne Wenn und Aber gewährt. Vielleicht mit einem Gastredner noch? Würde die Veranstaltung zusätzlich attraktiv machen. Auch für Leute, die nicht organisiert sind.

Rüdt nickt. Er hat auch schon jemanden im Blick. Ich muss das aber zuerst noch abklären, sagt er geheimnisvoll.

Grenchen ist einer der Orte, wo am kampfeslustigsten protestiert wird. Redaktor Max Rüdt nimmt die militante Mentalität der lokalen Arbeiterschaft, die seit Grossvaters Zeiten Erfahrung mit Streiks gesammelt hat, auf, um sie in gezielte Bahnen zu lenken. Er will den kleinen Leuten aufzeigen, was die herrschende Klasse mit ihnen vorhat. Die willkommene Gelegenheit, das zu tun, ist die Protestversammlung auf dem Postplatz. Rüdt hat sich auf die erhöhte Plattform vor dem Posteingang gestellt. Die herrschende Klasse, ruft er von dort aus den zahlreich erschienenen Zuhörerinnen und Zuhörern zu, hat vor, uns alle hier zum leicht führbaren Werkzeug ihrer Interessen zu schmieden. Wenn wir jetzt den Riegel nicht schieben, ist es schnell zu spät. Schon heute ist die Armee in den Händen der bürgerlichen Minderheit ein wirksames Mittel, das Aufmucken der grossen Mehrheit der Bevölkerung im Keime zu ersticken. Die Zivildienstvorlage ist eine akute Bedrohung unserer Freiheit. Der Bundesrat muss sie sofort fallen lassen. Dafür werden wir sorgen. Im schlimmsten Fall wird die Arbeiterschaft in den Streik treten, landesweit, das erklären wir heute, am 2. Februar 1918. Wir hier in Grenchen werden als Fahnenträger vorausmarschieren, wenn es darum gehen sollte, die Regierung aus dem Bundeshaus zu fegen.

Vom Publikum herauf tost der Beifall. Fort mit dem Bundesrat! A bas le Gouvernement! Rüdt sonnt sich in der Zustimmung, obwohl ihm die Schlussstretta aus dem Ärmel gefallen ist und vielleicht ein wenig zu grossmaulig daherkam. Nun ist aber das Echo aus dem Publikum alle Strassen auswärts hörbar und bestimmt die Tonart nicht nur für diesen Samstagnachmittag, sondern auch darüber hinaus.

Hauptredner ist ein Verschworener, dessen Renommee auch christlich Unschlüssige und demokratisch Gemässigte mobilisiert, nämlich Pfarrer Jules Humbert-Droz aus La Chaux-de-Fonds. Rüdt hat ihn eingeladen, und da ist er nun, der Prediger von der Kanzel, der es auch politisch in sich hat. Rüdt erweist dem sozialistischen Christen seine Reverenz. Er tue das übrigens, seit er ihn und seine konsequente Ablehnung des Militärdienstes zur Kenntnis genommen habe. Der Mitstreiter aus dem Jura sei für seine Überzeugung ein halbes Jahr eingelocht worden, doch da stehe er nun, wie jedermann sehe, in gewohnter Frische.

Wenn Humbert-Droz das Wort bekommt, nimmt er kein Blatt vor den Mund. Cette fois contre le Conseil fédéral, contre tout gouvernement qui veut militariser les gens travailleurs pour ses propres fins, c'est-à-dire pour le capitalisme. Guerre à la guerre ! A bas l'armée ! Une résistance internationale contre l'abus militariste doit s'installer dans le monde. Il est vraiment grand temps pour que les travailleurs s'organisent et s'opposent tous ensemble et se tournent contre tout service de guerre. Nous sommes juste au bon moment, après la révolution d'octobre en Russie, et restant profondément indignés du suicide collectif à Verdun auquel ces messieurs-là ont poussé leurs soldats avec violence. La militarisation de notre société est progressivement dotée justement par les mesures telles que le Conseil fédéral les envisage. Et puis voilà, dans les sociétés militarisées, c'est toujours le peuple laborieux la victime en cours d'exécution sur l'autel des batailles, vous voyez. Non donc à la »Zivildienstvorlage«. Non au Conseil fédéral, qui ose envisager et proposer un tel modèle. Non au Conseil fédéral, qui vient juste de mobiliser l'armée contre la résistance attendue. Mais d'autre part bien oui à la grève générale, ne devraient pas être entendu nos actuels nons!

Auch Humbert-Droz braust der Beifall entgegen, obwohl nur der französischsprachige Teil der Protestversammlung den vollen Wortlaut der Rede verstanden hat. Die meisten der Anwesenden haben immerhin die wichtigsten Sätze aufgefasst. Der Begriff

Streik liegt wieder einmal in der Luft. Bisher gab es immer nur lokale Arbeitsverweigerungen, die in der Regel mit ernsten finanziellen Folgen für die Teilnehmer endeten. Ein Streik im ganzen Land: Das wäre etwas Neues, damit kämen die Unternehmer und die Regierung nicht mehr klar; sie müssten in die Forderungen einlenken. Und was wäre das für ein Gefühl: zu wissen, dass landesweit die Arbeiter gleichzeitig die Arbeit niederlegen, in jeder Stadt, in jeder Fabrik, wo immer es eben Lohnarbeiter gibt. Überall geht man auf die Strasse. Überall stimmt man die Internationale an. Grossartig. Wäre es bloss morgen schon so weit! Rüdt schickt in Gedanken Rosa Luxemburg einen roten Wimpel mit der weissen Pflugschar des Grenchner Wappens.

Der Brand ist nun gelegt. Im Unterholz wird er Nahrung finden. Der Lokalredaktor wäre allerdings gut beraten, seine Aufmerksamkeit auch den Stimmen aus dem Hintergrund zuzuwenden. Im Leberbergischen gibt es genug Fabrikarbeiter, Männer und Frauen, die sehr wohl wissen, wovon sie reden, wenn sie das Wort Streik in den Mund nehmen. Sie wüssten Geschichten zu erzählen. Von Aussperrungen, Entlassungen, üblen Nachreden. Von Abstrafung ganzer Sippen. Im Blick durch die trüben Scheiben der Arbeiterwohnungen sehen Streiks anders aus als auf den Papieren der politischen Grünschnäbel oder in der Einbildung der Jugendlichen. Das, finden sie, muss auch mal gesagt sein. Wenn auch vielleicht hinter vorgehaltener Hand.

Gereizt ist die Stimmung nicht nur im Uhrmacherdorf, aber da besonders, denn den jungen Leuten geht es schlecht. Sie haben beruflich keine Perspektive. Sie sind schulisch mangelhaft gebildet. Wenn sie eine Anstellung kriegen, dann gegen Hungerlohn und um den Abtausch der persönlichen Würde gegen den Lumpenhund, den ein jeder ankläfft. Wenigstens einer nimmt sie ernst. Rüdt. Anführer der Arbeiterjugend. Einer, mit dem man Schweine hüten kann. Der neue Gemeinderat. Der einen nicht, wie das Lehrer und Pfarrer taten, beschwichtigen und fromm und demütig machen will, sondern einer, der es hinnimmt, wenn man auch ihn mal im Eifer »dumme Siech« nennt oder mal gegen ihn ausspuckt, der nicht immer mit »schweig bloss still!«, »halt besser den Mund«, »benimm dich anständig vor andern Leuten«, »grüsse die Herren« parat ist, sondern einen versteht, wenn man's satt oder Liebeskummer hat, wenn man davonlaufen möchte, wüsste man bloss wohin.

Ist von der aktuellen Notlage die Rede, schielen wir natürlich auch nach den Rüdt-Ineichens. Das Ehepaar wird sich einschränken müssen, das wohl, und auf den Tisch kommt nicht, was man sich wünschen möchte. Insgesamt lebt man immer noch um einige Honigtöpfe und Butterbrote reichhaltiger als die Familien der Lohnarbeiter. Trotzdem stellt sich Rüdt an die Spitze der Bedürftigen und rührt die Trommel, wo er kann. Vor allem in der Zeitung. »Die Vergangenheit hat uns gelehrt, dass nur der rücksichtslose Klassenkampf uns vorwärtsbringen kann.«[15] Ja, nun redet und schreibt sich der Redaktor und Parteimann ins marxistische Feuer. Von Parole zu Parole immer ungehemmter verstreut er rote Drachensaat. Der Rote Rüdt steht jeden Morgen in der Hoffnung auf, noch vor Abend werde die Weltrevolution ausgebrochen sein, behauptet im Ochsen ein besorgter Bürger.

Ach was, beschwichtigt einer von Rüdts Gemeinderatskollegen. Kleiner Redaktor, grosses Maul. Mehr ist da nicht.

Nicht so harmlos, gibt ein anderer zu bedenken. Verführt uns die Jungen. Macht Aufmüpfige aus ihnen. Sollen wir dulden, dass sie unseren Leuten in der Fabrik widersprechen?

Zu Ostern treffen sich die Rüdts wieder einmal in St. Georgen. Nach dem Antrunk zur Begrüssung bleiben die Frauen in der Küche, wo die Vorbereitungen für die spät angesetzte Mahlzeit geschehen und die Grossmama ihre Ratschläge erteilt, während die Urenkel Maurice und Emilie an der Spielzeugküche beschäftigt sind. Onkel Otto lenkt seinen Neffen in die kleine Stube, wo Franz bereits aus beiden Mundwinkeln vor sich hin speichelt.

Rauchst du immer noch nicht?

Nein. Max kann der Zigarre nichts abgewinnen. Ausserdem sitzt ihm der jähe Krebstod seines Vaters immer noch in den Knochen. Er mag aber den Geruch ganz gut leiden, jedenfalls am Anfang, solange die Rauchschwaden nicht abgestanden riechen. *Papa* und *kindliche Geborgenheit* assoziiert sein Hirn. Otto weist Max einen der Polsterstühle zu. Du erlaubst, dass ich den Platz meines Bruders besetze, sagt er und lässt sich im Ohrensessel nieder. Von da aus nimmt er seinen Neffen ins Gebet, nachdem er die Zigarre angebissen und mit dem Streichholz angebrannt hat. Ohne Begeisterung hat er zur Kenntnis genommen, dass es nun in der gutbürgerlichen Familie einen linken Parlamentarier gibt. Ein Quertreiber, eingebunden ins System, muss ja nicht per se Schaden anrichten; er trägt vielleicht dem Ruf der Familie nichts ab. Dass aber nun sogar die bürgerliche Presse der Ostschweiz den einheimischen Namen Rüdt im Zusammenhang mit revoluzzerischen Parolen erwähnt, geht über das Tolerierbare hinaus. Was habt ihr eigentlich vor, ihr Sozis drüben im Solothurnischen? Müsst ihr unbedingt für Unruhe sorgen eben jetzt, da ein Ende des Unfriedens in Sicht ist und die Perspektiven anfangen, sich rosiger zu präsentieren?

Wer hat die rosigen Perspektiven? fragt Max zurück.

Die Wirtschaft zeigt Anzeichen der Erholung. Der Handel zieht wieder an.

Als wollte er die neue Geschäftigkeit veranschaulichen, bläst Otto eine mächtige Rauchwolke in die kleine Stube. Max zerschlägt sie mit dem Arm. Du redest von der Wirtschaft. Ich denke an die Arbeiterschaft. Solange wir eine Regierung haben, die das Militär zugunsten der privilegierten Rechten einsetzt, bleiben die Aussichten für das gewöhnliche Volk düster. Dem muss ein Ende gesetzt werden. Der Zeitpunkt ist gekommen. Kapitalismus und Imperialismus gehören abgeschafft.

Ich vernehme Phrasen eines unerfahrenen Heisssporns.

Onkel Otto zieht genüsslich an der Zigarre. Den Rauch bläst er mitten in den Raum hinaus. Wie stellt ihr euch eigentlich den Umsturz vor, ihr Umstürzler?

Wir werden das politische System von Grund auf ändern.

Aber es ist euch doch bewusst, dass das politische System nicht vom wirtschaftlichen zu trennen ist.

Genau das ist doch das Problem. Der Kapitalismus ist ein Herrschaftssystem.

Dann reden wir vom selben Gegenstand. Es geht also um die Wirtschaft. Haben die Sozis eine Vorstellung davon, wie eine von ihnen geführte Wirtschaft funktionieren soll?

Max holt Schnauf und richtet sich auf, aber der Onkel lässt ihn nicht zu Wort kommen. Meine Frage ist ernst, Max, nicht polemisch. Hat die Arbeiterbewegung Leute, die für die Leitung einer Wirtschaft befähigt und vorgebildet sind? Ich behaupte nein. Die hat sie nicht. Ein paar Studierte vielleicht in ihren Reihen, aber denen fehlt die Praxis. Ihr habt politische und gewerkschaftliche Führer, aber ihr verfügt nicht über Männer, die eine massgebliche Rolle im Wirtschaftsleben spielen.

Wollen wir sie denn überhaupt, diese Rolle? wirft Max eigensinnig ein. Und voreilig auch – das merkt er selber. Der Onkel ist kein Papiertiger. Ich warne dich, Max, sagt er. Ich fürchte, in den arbeitenden Schichten herrschen völlig irrige Anschauungen bezüglich der Wirtschaft, die ihr kapitalistisch schimpft. Oder hast du vielleicht mehr als eine ungefähre Ahnung, wie das läuft, eine Wirtschaft?

Ich habe eine Ahnung von ihren Auswirkungen!

Das genügt nicht. Wenn ihr nicht begriffen habt, wie Wirtschaft an und für sich funktioniert: wie könnt ihr dann eine praktikable Vision haben zu ihrer Umkrempelung in eine sozialistische? Ihr müsstet doch zuerst wissen, wie das von euch gehasste kapitalistische System funktioniert, und müsstet dem dann ein brauchbares Modell der sozialistischen Wirtschaftsordnung gegenüberstellen.

Daran arbeiten wir. Daran hat Marx gearbeitet.

Fein. Hoffentlich hatte der Mann praktische Erfahrung. Nehmen wir zum Vergleich die Stromversorgung. Sie funktioniert. Wir profitieren zunehmend davon. Bevor einer kommt und ausruft, es muss alles anders werden, muss er wissen, wie sie funktioniert. Dann erst kann er ändern. Falls es eine taugliche Alternative überhaupt gibt. Vielleicht stellst du ja fest, dass es sie gar nicht gibt. Gewisse Strukturen sind einfach gegeben. Jemand investiert in die Erzeugung, jemand in die Grossverteilung, jemand kauft für die Feinverteilung ein und baut dir die Leitung bis ans Haus. Und alles funktioniert bestens, solange sich daran verdienen lässt. Und alles verkommt, wo die Interesselosigkeit einzieht.

Du wirst doch nicht behaupten wollen, der Kapitalismus sei das einzig mögliche Wirtschaftssystem?

Ist es aber. Mit grosser Wahrscheinlichkeit. Mal abgesehen vom primitiven Tauschhandel. Sonst wäre ein anderes System längst erfunden und erprobt worden. Soweit unsere Blicke reichen, hat sich noch jede Gesellschaft aus primitiven Anfängen zu einem hierarchischen System entwickelt. Was als Kommune begann, geriet über kurz oder lang zu einem System von übernommener und abgetretener Verantwortlichkeit. Das entspricht dem Menschen. Die einen wollen bestimmen, gestalten, bewundert werden und herrschen, die anderen wollen mitlaufen und bewundern und möglichst nicht selber denken. Wie weit haben es die christlichen Kommunen geschafft? Sobald sie sich aus ihren primitiven Anfängen erhoben, gab es die kapitalistischen und imperialistischen Strukturen. Noch einmal: Für eine funktionierende Volkswirtschaft brauchen wir Leute, die in der Wirtschaft, in der Industrie und im Bankenwesen Bescheid wissen. Mit anderen Worten: Es braucht Kapitalisten. Kapitalistische Praktiker. Habt ihr die in eurer Partei? In den Gewerkschaften?

Max sieht gerade ein bisschen perplex aus. Otto kehrt da rhetorisches Geschick heraus, von dem er, der Neffe, noch lernen kann.

Nein, antwortet Otto grad selber. Selbstverständlich habt ihr sie nicht. Eure Leute haben ja keine Chance, eine Karriere in der privat- und volkswirtschaftlichen Umgebung zu machen.

Das stimmt wohl, bestätigt Max. Man verweigert sie ihnen. Das ist Teil des Unrechts.

Wohl wahr. Aber darum ist es nach meiner Meinung schlicht unmöglich, irgendein alternatives Wirtschafts- und Gesellschaftssystem via Umsturz zu etablieren. Ich hoffe doch, du siehst das. Setzt auf demokratische Reformen, ihr Linken. Das hat Zukunft. Das führt zum Ziel, wo wir uns dann wieder treffen. Aber hört auf mit diesen klassenkämpferischen Parolen. Hör du auf mit deinem jugendlichen Revoluzzertum. Du bist jetzt erwachsen und kannst dir ein Renommee als Realpolitiker erwerben. Dann bekommst du Stimmen sogar von Bürgerlichen.

Max kann nicht so tun, als gingen ihn die Worte des Onkels nichts an. Im Gegenteil: Er muss eingestehen, dass Ottos Argumentation seine eigene zu schwächen droht. Auch die versöhnliche Wendung des Disputs entwaffnet ihn.

Es geht mir um die Ungerechtigkeiten, Onkel Otto. Sie sind gegeben. Sie sind schreiend. Die Not erdrückt viele Menschen. Die einen hungern, während die anderen Lebensmittel hamstern. Die einen fallen an der Front, während die anderen am Sandkasten ihre Zigarre rauchen. Solche Ungerechtigkeit ist es, was mich zum Sozialisten macht. Und ja: zum Revoluzzer.

Otto Rüdt hat die Spitze gelassen kassiert. Was soll nach der Revolution kommen?

Eine gerechtere Welt.

Wer wird sie einrichten? Und durchsetzen? Welches sind die Menschen, mit denen ihr morgen ein neues System zu bewerkstelligen gedenkt?

Das arbeitende Volk.

Die Weber? Die Näherinnen? Was verstehen die von den grossen Zusammenhängen? Die Giesser und Schleifer? Wofür interessieren sie sich über die eigene Nase hinaus?

Wenn sie endlich eine Stimme bekommen und wenn man sie aufklärt, werden sie sich interessieren und vernünftig handeln. Ein besserer Mensch steht bevor.

Alles Phrasen, Max. Meinst du, unter der Herrschaft des Proletariats sind die Menschen weniger gierig und listig und machtbesessen? Meinst du, die Herrschaft des Proletariats lässt plötzlich den besseren Menschen erstehen?

Vielleicht nicht plötzlich. Doch mit der Zeit werden Besitzgier, Betrug und Machtgier nicht mehr nötig sein.

Nötig waren sie noch nie, trotzdem beherrschen sie die Welt. Dazu kommt noch die freiwillige Blindheit. Das gemeine Volk wird stets dem vorgehängten Hafersack folgen.

Das ist nicht wahr! Ich glaube an das Potenzial des Proletariats.

Max ist selber erstaunt, wie enerviert seine Stimme plötzlich hervorbrach, und lauscht ihr einen Moment nach. Otto lehnt sich tief zwischen die Ohren des Sessels zurück. Dem trotzigen Jungen rate ich noch etwas, sagt er dann ruhig. Hör auf mit deinem Idealismus. Zu deinem Wohl. Zu deiner Glaubwürdigkeit. Und zum Wohl der Menschen, deren Interessen zu vertreten du vorgibst. Das rät dir ein Bourgeois. Idealismus und politische Macht sind ein tückisches Paar.

Otto zieht an der Zigarre. Sie ist ausgegangen. Er legt sie in die Mulde im Rand des Aschenbechers. Was soll's? Ist eh nicht gesund. Oder willst du sie zu Ende rauchen? Die Frage gilt Franz, der aus Überforderung eingenickt ist.

Was?

Nein, du willst nicht.

So endet das Gespräch der Männer genau rechtzeitig, bevor auch Georg und Rebekka mit den beiden Kindern eintreffen. Puh, was für ein Qualm! ruft Claire, während sie die Gäste hereinkomplimentiert. Macht die Fenster auf! Und geht dann gleich voraus in den Salon.

Man schickt sich an, den hellen Raum einzuweihen, den Mama Rüdt unter Ottos Auspizien der guten Stube hat vorsetzen lassen. Die rentable Beteiligung am Maschinenbau in Arbon hat ihre Bedürfnisse beflügelt. Der Tisch ist schon gedeckt, es kann aufgetragen werden. Es dampft aus den Schüsseln und duftet nach Kräften. Die vier Kinder bekommen ihren eigenen Tisch und werden zuerst versorgt; Claire kümmert sich um sie, und dann können sie losgabeln. Am Tisch der Erwachsenen halten häusliche Themen Einzug. Die Frauen überbieten sich gegenseitig mit womöglich noch raffinierteren Kochrezepten, die Männer geben sich interessiert und warten, die Hand am Kelchstiel, ungeduldig auf den geeigneten Moment, um für das Anstossen zu unterbrechen. Endlich. Prosit!

Max lehnt die Stirn in die Hand und kommt sich bald nicht nur alleine vor, sondern auch fehl am Platz. Es täte ihm gut, in der Familie einen Rückhalt zu spüren. Bei Otto läuft er wenigstens nicht in die Leere. Das Misstrauen hingegen, das ihm alle anderen entgegenhalten, sobald ein Thema auf den Tisch kommt, zu dem er etwas zu sagen hat, entfremdet ihn Schritt um Schritt; zurück bleibt der Einsame in seiner beleidigten Selbstbehauptung. Schon wartet er sehnlichst auf den Aufbruch am Montagvormittag und ist inzwischen erleichtert darob, dass sich Anna Maria wenigstens mit Claire, die seit dem Tod ihres Mannes an Frische, aber nicht an Anmut eingebüsst hat, ganz ordentlich versteht. Er kann sich zurücknehmen und, so hölzern er sich dabei auch anstellt, am Kindertisch den Onkel abgeben. Er erzählt Geschichten von Löffeln, Messern und Gabeln, die sich gegen die Kinder verschworen haben, den Händen und Mündern Streiche spielen wollen und sich verärgert flach aufs Tischtuch legen, wenn sich die Kinder die Streiche nicht länger gefallen lassen. Maurice hängt an seinem Mund. Er rechnet es dem Onkel hoch an, dass er ihm den Tschako überlassen hat.

Zur Bekämpfung der Zivildienstvorlage hatten sich in Olten sieben Vertreter des Schweizerischen Gewerkschaftsbundes und der Sozialdemokratie zu einem »Aktionsausschuss« zusammengefunden. Sie zogen einen Generalstreik in Betracht. Wir erinnern uns: Es ist dies nicht nur die Wunderwaffe, mit der Rosa Luxemburg die deutsche Sozialdemokratie hätte ausrüsten wollen, sondern auch das Steckenpferd des einstigen Arbeitersekretärs Robert Grimm, und genau der schiebt sich nun als Kopf des Ausschusses in unser Blickfeld. Ihm zur Seite unter anderen Ernst Nobs, den wir auch bereits zur Kenntnis genommen haben, da Rüdt den Chefredaktor am Zürcher Volksrecht vor drei Jahren flüchtig kennen gelernt hat. Der Generalstreik würde das Argument sein für den Fall, dass die Landesregierung die unselige Vorlage nicht zurückziehen und am Versuch, die Versammlungsfreiheit einzuschränken, festhalten sollte.

Der Bundesrat buchstabierte die Zivildienstvorlage zurück. Trotzdem schickte sich der Ausschuss an, das einzulösen, was man sich in Zimmerwald in die Hände versprochen hatte: den Burgfrieden zu brechen und den Klassenkampf aufzunehmen. In diesem Sinn trieb man die Vorbereitungen für einen Generalstreik als politisches Kampfmittel weiter voran und nannte sich nun nach dem Ort der ersten Zusammenkunft das »Oltener Aktionskomitee«. Unter seinem Patronat bildeten sich lokale Streikkomitees, denen es die notwendigen Instruktionen erteilte.

Für die Grenchner Arbeiterunion steht die Teilnahme an einem landesweiten Streik ausser Zweifel. Das Herz ihres Präsidenten schlägt höher, wann immer es im Vorstand um die weit vorausschauende Organisation geht. Wobei er keinen Zweifel darüber aufkommen lässt, dass aus seiner Sicht die Vorgaben des Oltener Aktionskomitees absolut verbindlich sind. Er denkt hier an erster Stelle an die Auflage, auf jegliche Form von Gewalt strikt zu verzichten. In diesem Punkte muss, betont Präsident Rüdt, absoluter

Konsens herrschen, und zwar von Anfang an. Gas- und Elektrizitätswerke, Wasserversorgungen, Krankenhäuser und Bestattungswesen werden selbstverständlich nicht bestreikt. Wohl aber die Bahnen. Jadoch, wir hocken an einer neuralgischen Stelle, schmunzeln die Anwesenden einander übern Tisch hinweg zu. Und auf die Streikkasse haben wir das Augenmerk zu richten – das ist ein Anliegen der erfahrenen Gewerkschafter. Bis vor dem Krieg gab es, daran erinnern sie, finanzielle Unterstützung aus dem Ausland, namentlich aus Deutschland. Mit dem Krieg hat dieser Geldfluss leider aufgehört. Nun sind wir auf uns allein gestellt. Umso dringlicher müssen jetzt Beiträge ausgelöst werden, obwohl die Forderung in der Arbeiterschaft gerade jetzt völlig unpopulär ist. Mit dem Geld sollen Lohnausfälle gemildert, Bussen und allfällige Gerichtskosten beglichen werden. Irgendwie müssten wir's doch schaffen, die Leute zu ihrem Obolus zu bewegen, seufzen die Vorstandsmitglieder. Niemand weiss ihnen wie. Im Weiteren gilt es Streikwachen zu bestimmen und Ablösungspläne zu erstellen, sodass zu jedem beliebigen Streikbeginn klar ist, wer an welchen Fabrikpforten Arbeitswillige aufhalten und zurückschicken wird.

Kompliziert gestalten sich die Vorarbeiten jeweils im Plenum. Früher ging man mit weniger Instruktion auf die Strasse, dafür mit umso mehr Wut, heisst es da etwa. Da die Arbeiter sich in Sachen Streik mindestens so kompetent fühlen, wie sie das dem zugezogenen Studierten zubilligen, reden sie überall drein und verlangen eine demokratische Abstimmung über jede Bagatelle. Max Rüdt muss ihnen an nahezu jeder Versammlung zurufen, dass er doch sein Bestes tue und an ihr Wohl denke, dass er im Gegenzug ihr Vertrauen brauche und mit spontanen Entscheidungen eben dieses Vertrauen nicht missbrauchen werde. Sonst kommen wir nicht vorwärts, mahnt er, sonst sind wir im Bedarfsfall nicht handlungsfähig. Stellt euch vor, beim Auszug aus Ägypten hätte Moses sein Volk abstimmen lassen über die Wahl des Weges. Die einen wären nach Süden, die andern nach Norden gezogen, viele wären angesichts der Strapazen am liebsten wieder umgekehrt, und schliesslich hätten die wenigsten dafür gestimmt, einfach auf das Meer loszumarschieren im Vertrauen darauf, dass es sich teilen würde. Eine leichte Beute für die ägyptischen Jäger, das glaubt ihr mir doch, nicht wahr? Das Volk tat also gut daran, seinem Anführer zu vertrauen. Und etwas von diesem Vertrauen brauche ich. Es wird Situationen geben, auf die man rasch reagieren muss. Das möchte ich tun, wenn auch stets in Zusammenarbeit mit dem Vorstand unserer Union und mit dem Komitee.

Seinen Ärger über die Kleinlichkeit der Arbeiterschaft pflegt Max an der Bettlachstrasse bei Tisch oder von Bett zu Bett abzuladen. Anna Maria beschwichtigt. Die Männer reden mit. Das bedeutet, dass sie sich etwas denken. Darüber müsstest du eigentlich froh sein, Maxotti. Sie übernehmen ihren Teil der Verantwortung. Für dich allein wäre die Last zu schwer.

Zu diesem Kommentar passt übrigens eine Betrachtung, die Anna Maria bei dieser Gelegenheit ihrem Mann auch gleich übermittelt. In der Arbeit mit den jungen Frauen hat sie Einblick in die Gedankenwelt der Ärmlichen und Notleidenden gewonnen. Sie spähen in die leere Pfanne, sagt Anna Maria. Das ist ihre Welt - eine ziemlich beschränkte Perspektive, wenn auch eine, die einem leidtut. Aus ihr heraus meinen sie, das ist jetzt die grosse Weltveränderung, was der Rüdt mit ihnen anzuzetteln verspricht, ist der grosse Befreiungsschlag, und hernach kommt der Sonntagsbraten auf den Tisch. Ich warne dich, Max: Die kennen nichts, wenn sie glauben, ihre Stunde hat geschlagen. Sie setzen alles aufs Spiel. Was haben sie schon zu verlieren? Ich meine damit, dass sie notfalls auch die Rüdts aufs Spiel setzen werden, verstehst du?

Du redest in Frauenrätseln, entgegnet Max.

Ich weiss, dass du mich nicht ernstnimmst. Was haben Frauen denn schon zu vermelden in Männerdingen? Was ich trotzdem hinüberbringen möchte: Nimm dich in acht vor den Erwartungen, die

du schürst, und vor den jungen Frauen und vor deinen Jungburschen.

Während sich die Menschen nach einem Ende des Krieges seh-
nen, haben sich auch die Italiener und Österreicher heillos
ineinander festgebissen. Das notiert Rüdt, indem er einen Wochen-
rückblick entwirft. Für uns, schreibt er, zeitigt Italiens Parteinahme
Folgen. Der Lebensmittel- und Rohstoffnachschub aus dem Süden
ist eingebrochen. Zwar fangen die Rationierungsmassnahmen an
zu greifen, doch die Versorgungslage der Bevölkerung verbessert
sich kaum. Man spürt empfindlich die klimatischen Kapriolen der
letzten Sommerzeiten und hofft auf bessere Ernte im laufenden
Jahr. Inzwischen will der Suppentopf in Grenchen immer noch
nicht vorankommen. Ein Hohn gegenüber den Notleidenden, dass
man eine ganze Sitzung nur mit der Suche nach einem Namen für
die Einrichtung verschwendet hat. Den Suppentopf fanden die einen lächerlich, die Suppenanstalt die anderen zu veraltet und die
Suppenküche zu einseitig, sodass man sich schliesslich bei der
Volksküche einigte, obwohl auch dieser Begriff von allen Seiten in
Frage gestellt wird. Unbestritten ist immerhin das Motto »Suppe
gegen Arbeit«. Die Volksküche soll demnach nicht nur einfache
Mahlzeiten an Bedürftige verabreichen, sondern darüber hinaus
arbeitslosen, gesunden Leuten anbieten, gegen Dienstleistungen in
der Küche gratis Mahlzeiten zu beziehen. Dass inzwischen der Gemeinderat das Projekt unterstützt und in der ehemaligen Badstube
eine mässig geeignete Lokalität gefunden hat, ist erfreulich. Trotzdem stockt die Realisierung. Es fehlt an Hafer, gelben Erbsen,
Griess und Mais. Und der Gemeinde fehlt es an Geld, um Lebensmittel auf dem Markt zu kaufen. Schon wieder muss der Start des
Projekts verschoben werden, obwohl es an Bedürftigen wahrhaftig
nicht mangelt.

Was dem Beobachter und Kommentator noch entgeht, ist die
neue Front, die sich von Spanien her auftut und auch den Menschen

in den vom Krieg verschonten Ländern ein Feld für den Kampf ums Überleben aufzwingt. Die Rede ist von der Grippe, die klammheimlich ihren Siegeszug angetreten hat. Noch unterschätzt man ihre Gewalt. Sie wird die Not allenthalben verschärfen und quer durch alle Pläne und Hoffnungen hindurch unberechenbar still mit von der Partie sein, vor allem auf der privaten Ebene. Dass sie trotzdem in diesem Nachruf nur marginal durchscheinen wird, hängt damit zusammen, dass Max Rüdt vermutlich nicht erkrankt ist. Und seine Gattin? Hat es sie erwischt und ist sie danach nicht wieder vollständig genesen? Es gibt einen Hinweis, der sich nach dieser Richtung deuten liesse – davon jedoch später. Erweitern wir das Feld unserer Aufmerksamkeit auf die Familien der Eheleute, nimmt die Wahrscheinlichkeit, dass jemand der Seuche zum Opfer fiel, zu. Beziehen wir gar die Bekanntschaften mit ein, müssen wir der Grippeopfer allgewärtig sein und feststellen, dass Max Rüdt sehr wohl auch vom Leid betroffen war. Wer nicht in jenem Herbst?

Wir behalten also im Hinterkopf, dass zwischen den Zeilen der nächstfolgenden Abschnitte stets die Pandemie mitgelesen werden sollte, und ergänzen, dass sie in der Schweiz schliesslich die »Bolschewistenseuche« genannt wurde, weil daselbst vielen Leuten einleuchtete, was an ihrer Ausbreitung schuld war: Der Landesstreik. Und einleuchtete, wem man die Verantwortung in die Schuhe schieben konnte: den Streikenden allgemein und gewissen Anführern ganz persönlich. Wahr ist, dass die Grippe gerade auch in den Unterkünften der Ordnungstruppen leichtes Spiel hatte.

Wir haben aber vorgegriffen und wenden uns jener anderen Seuche zu, auf die alle europäischen Regierungen aufmerksam waren, ja in Alarmstimmung hinstarrten: die Auswirkungen der russischen Revolution. Sie hatten sich über Deutschland und die Donaumonarchie verbreitetet. Im sozialpolitischen Gebälk Europas ächzte und krachte es. Soldatenräte wurden gebildet. Aufstände brachen aus, wurden zusammengeschlagen, brachen wieder aus.

Manch einen eh schon einschlägig disponierten Zeitgenossen erfasste die Aufbruchstimmung. So auch Max Rüdt in Grenchen. Weder als Redaktor noch als Politiker und Anführer der sozialistischen Jugend macht er einen Hehl daraus, dass er auch für die Schweiz den Umsturz nahen sieht. Auf den Vorhang vor den Theaterkulissen in der Traube malt er das Morgenrot einer besseren Zukunft. Ihr werdet Arbeit haben, alle, und einen gerechten Lohn. Ihr seid nicht mehr die Deppen unter den Angestellten; man wird euch respektvoll behandeln. Ihr werdet essen wie die Reichen, und eure tägliche Milch trinken anstelle der hirnverbrannten Grünen Fee. Ihr werdet nicht mehr frieren in euren Wohnungen, und das elektrische Licht wird den Gestank vom Petrol aus den Wohnstuben verdrängen. Aber dafür werden wir auf die Pauke hauen müssen.

Jawohl, das werden wir tun, ruft einer, bei dem die Botschaft angekommen ist, und andere Jünglinge geloben, einmal so richtig dreschen zu wollen. Sie strecken die Fäuste hoch und springen auf. Rüdt muss sich wieder einmal energisch durchsetzen und für Klärung sorgen. Nicht so ist das gemeint.

Hast du aber selber gesagt: Auf die Pauke hauen. Darauf beharrt Dölf Marti, der älteste unter den Jungburschen.

Rüdt gewahrt das sprachliche Missverständnis zwischen ihm und Dölf. Nicht zum ersten Mal dämmert ihm, dass seine Sprache und die der Arbeiter, nicht nur der jugendlichen, unterschiedlich sind. Dass es Schranken gibt in der gegenseitigen Verständigung. Im Wortlaut übereinstimmende Aussagen meinen Verschiedenes. Wenn er sagt, wir hauen auf die Pauke, dann meint er das so: Wir machen uns auf allen Kommunikationskanälen lautstark bemerkbar. Die Jugendlichen dagegen verstehen Handfestes. Sie verstehen »den Obrecht verklopfen«, »dem Hugi beim Ausritt das Pferd zum Scheuen bringen«, »beim Juwelier das Schaufenster einschlagen.« Rüdt hat Mühe, die aktuelle Begriffsverwirrung zu klären. Ja doch, wir werden auf die Pauke hauen. Gewissermassen. Aber ohne Gewalttätigkeiten. Wir richten keinen Sachschaden an. Versteht ihr? Wir respektieren Leib und Leben. Ist euch das klar? Es ist ganz wichtig, dass ihr euch anständig benehmt, im Alltag ebenso wie dereinst im grossen Streik. Streik ist nicht Ausschreitung. Wir tun unseren Willen kund, und zwar so, dass man uns zuhört, verstanden? Entgleisungen bewirken nur, dass man die Rollläden runterlässt. – So oder ähnlich redet er auf die Brummenden und Murrenden ein.

Einer hat den Aufruhr im Saal benützt, um schnell seiner Nachbarin untern Rock zu langen. Bist du schon nass? grinst er. Sie spuckt ihm auf den Hosenlatz.

Lasst das, greift Rüdt ein. Wir sind kein Hasenstall.

Nein, die Arbeit mit den Jugendlichen ist kein Schleck, es geht da deftig zu und her. Trotzdem fleht Rüdt die Jungs und Mädels fast an. Wir brauchen eure Unterstützung, sagt er. Hier am Ort brauche ich eure Unterstützung. Lasst mich nicht im Stich.

Während er so die Unterrichtsstunde schliesst, ahnt er, dass ihm ausgerechnet diese Jugendlichen ins Konzept pfuschen könnten. Manchen von ihnen geht es wirklich, wie Anna Maria das an den jungen Frauen beobachtet hat, um alles. Aus dieser Stimmung heraus wären Exzesse durchaus denkbar. Die aber würden nur dem bürgerlichen Gegner das Wasser auf die Mühle leiten. Rüdt wendet sich an Dölf. Er sieht in ihm einen Verbündeten. Dölf macht bei der Jugendarbeit noch mit, weil er arbeitslos ist, und übernimmt auch ab und zu eine Aufgabe. Sie betrachten dich als einen der Ihren. Du musst ihnen ein Vorbild sein, sagt Rüdt zu ihm. Auf dich kommt's an.

Das ist viel Vertrauen. Wir hätten Rüdt warnen mögen. Es sei das tragische Los jedes Empörers und Befreiers, dass sich ihm die Bosheit auf die Fersen hefte, schrieb Nietzsche[16]. Der Vorstreiter hat seine Mitläufer, die ihm gefährlich werden, die ihn verleugnen und verraten. Hast du das nicht auch gelesen in der Bibliothek zu München?

Feldarbeit und Büroobliegenheiten für die Zeitung, Parlaments-
debatten, Schulratssitzungen, Gemeindegeschäfte, Parteiar-
beit: Es würde, so notiert Rüdt, unspektakulärer Alltag herrschen,
wenn nicht in Zürich die Bankangestellten einen Streik angezettelt
und dabei die Unterstützung der lokalen Arbeiterschaft gefunden
hätten. Wenn nicht daselbst Feiern zum ersten Jahrestag der russischen Revolution geplant würden. Wenn nicht das Bürgertum auf
das sagenhafte Europa-Gespenst hereingefallen wäre. Die Angst
greift um sich. Plant der Pöbel den Umsturz? Wird sich die Eiferei
gegen Hab und Gut der Wohlhabenden richten und an den Läden
in der Innenstadt austoben? Wird man seines Lebens noch sicher
sein? Wahr ist: das Bürgertum hasst klassenkämpferische Tendenzen in der linken Szene wie die Pest. Und das ist wohl auch recht
so. Es wäre in Ordnung, wenn die Mächtigen sich beständig vor
Wandlungen im sozialen Gefüge zu fürchten hätten und darob
nicht mehr schlafen könnten. Nun wissen allerdings die Bankiers
und Unternehmer den General auf ihrer Seite. Sie drängen ihn, für
ihren Schutz zu sorgen. Die Landesregierung ist gegenüber dem
Druck der Bauern und der Bourgeoisie willfährig und setzt sich für
ein unnachgiebiges Vorgehen gegen alles ein, was in ihrer Nase
nach umstürzlerischen Aktivitäten riecht und gegen alle, die in ihren Augen wie Aufwiegler aussehen. Sie glaubt sich dabei erst noch
im Einklang mit den Regierungen der Entente. Die geben zu verstehen, dass sie in keinem benachbarten Staat eine sozialistische Revolution dulden würden, auch nicht in der neutralen Schweiz. Mit
anderen Worten: Der General wird das Truppenaufgebot bekommen, Zürich die militärische Besetzung.

Es käme einem Wunder gleich, wenn Redaktor Rüdt in seinem
Journal nicht zu einem bitteren Nachsatz ansetzen wollte. Die sozialistische Internationale sei jämmerlich in die Uniformhosen gegangen. Umso prächtiger gedeihe jetzt die kapitalistisch-imperia-
listische.

Fast schon ein Trost, dass auch unspektakuläre Baustellen viel
Aufmerksamkeit erheischen. Wir werfen in unserem Rückblick

und Nachruf ein Auge auf die Volksküche, die – gleich nach der Revolution – Rüdts zweites Liebkind geworden ist. Spätherbst 1918. Die Kommission bittet die fürsorglichen Hausfrauen, ihre Vorräte zu überprüfen und so viel von den Nahrungsmitteln abzugeben, wie sie nur irgend glaubten, erübrigen zu können. Ausserdem erlässt sie einen Aufruf an die Gartenbesitzer, die in diesen Tagen ihre Beete räumen. Da man begreife, dass die Haushalte ihre Vorräte sparen möchten, trete man nur mit bescheidenen Ansprüchen an sie heran. Und zwar in folgender Weise. Einige Damen würden nach und nach bei allen Bündten vorbeikommen und um kleine Abgaben bitten. Für jede Hand voll Rüben, jeden einzelnen Sellerie, jedes Kabisköpfchen und jeden Lauchstengel, ja für das kleinste Büschelchen Petersilie, kurz für was auch immer zur Nahr- und Schmackhaftigkeit der Suppe beitrage, sei man im Namen der Bedürftigen dankbar. Man sei zuversichtlich, dass die Bevölkerung den Bitten ein geneigtes Ohr leihe, der Volksküche Vertrauen entgegenbringe und der Sammlung zum Erfolg verhelfe. Und in der Tat: Anfang November, während eben der Krieg endlich zu Ende geht, ist es soweit. Mehrere Dutzend Haushalte können von nun an täglich mit einer einfachen Mahlzeit versorgt werden. Der Küchenchef ist angewiesen, sein Personal zur Hygiene anzuhalten. Es geht um saubere Hände, saubere Schürzen, aber auch um Verhaltensregeln beim Niesen, Husten und Schnupfen. Wer wiederholt Anzeichen von Infektion zeigt, wird nach Hause geschickt. Es soll ja, mahnt Dr. Girard, der Arzt, nicht ausgerechnet die Küche eine Quelle der Ansteckung sein. Rüdt versäumt nicht, in diesen Anfangstagen wiederholt persönlich die Küchenmannschaft im Badhaus zu inspizieren und sich dabei sogar die frischen Schneuztücher vorweisen zu lassen. Das ist, findet er, Teil der revolutionären Volkserziehung.

Anna Maria hat für einmal nicht den Küchentisch gedeckt, sondern das Tischlein im Wohnzimmer. Es gibt *Gschwellti* und Emmentaler. Glückwunsch zum Dreissigsten, sagt sie. Und mit der Volksküche hast du diesem Tag ein Denkmal gesetzt.

Es geht um eure politischen Rechte. Wir brauchen euch. Soviel hat Rüdt den Frauen bereits über die Zeitung klargemacht; im Verlauf der Versammlung der Arbeiterunion doppelt er nach. Ihr stellt, wie man sonst von den Männern zu sagen pflegt, ganz und gar euren Mann. Ihr tut das im Haushalt ebenso wie in der Fabrik und in der Krankenpflege, und dafür sind wir euch dankbar. Aber das ist nicht genug. In euch steckt grösseres Potenzial. Ihr seid eine Macht. Bringt sie zum Ausdruck - zum Wohle der ganzen Gesellschaft. Hand in Hand mit euch werden wir eine Ordnung durchsetzen, die ihr mitgestaltet. Eure Stimme soll zählen, gleichberechtigt mit der des Mannes. Euch, jungen Arbeiterinnen, rufe ich zu: Es steht euch viel mehr zu als nur eine Zukunft am Herd. Ihr sollt eure vielfältigen Fähigkeiten auch beruflich entfalten und einbringen.

Die Angesprochenen hören dem gewandten Redner gern zu, schauen ihm auch zu, verfolgen seine Gebärdensprache, spähen nach seinen gepflegten Händen, die auf elegante Weise das Wort unterstützen. Sie mögen seine Augen, braune, behaupten die einen, stahlblaue korrigieren die anderen. Er hinwiederum fasst die Zuhörenden in den Blick, jede einzeln, und der Blick geht durch und durch, und auch die Männer fühlen sich persönlich angesprochen; jeden im Saal, auch diejenigen, die weiter hinten sitzen, streift seine wohlwollende Aufmerksamkeit, und das begeistert. Das bedeutet aber mitnichten, dass alle Frauen sich von Max Rüdts Erscheinung blenden lassen würden. Worte sind gut und recht, ruft eine von ihnen. Wo sind die Taten?

Das wiederum hört Rüdt gern. Ihm ist die Partei zu bedächtig, besonders die kantonale, in der sein Chef in der Redaktion, Jacques Schmid, die Linie vorgibt. Zu sehr auf Kooperation statt auf Konfrontation bedacht, auf geduldige Reform aus statt auf Remedur ohne Aufschub und ein für alle Mal. Als Seitenhieb an die Adresse seines Chefs zitiert Lokalredaktor Rüdt in seinem Bericht für die Parteizeitung die Forderung der Remonteurin. Aber auch als Seitenhieb an das Aktionskomitee. In diesem Kreis herrscht nach seiner Meinung gerade ziemlich Feierabend. Hält es sich still, nur weil unter seinem Druck der Milchpreis endlich stabilisiert und die Vorlage zur Zivildienstpflicht zurückgezogen worden ist? Gibt es vielleicht keine Ursache, auf die Pauke zu hauen, weil zum ersten Mal seit Kriegsbeginn wieder höhere Löhne in Aussicht stehen?

In Rüdts Büro klappert der Telegraf. Wiederholt schrillt das Telefon. Unter der Wandstation steht ein brusthohes Lesepult. Hier schreibt der Redaktor die Meldungen mit und versieht sie auch schon mit Kommentaren. Die Landesregierung bewilligt dem General das gewünschte Aufgebot. Bolschewiken, kapiert ihr dieses Warnsignal? Die Armee wird jede revolutionäre Regung im Keime ersticken. 20'000 Mann stellt die Armeeführung allein für die Stadt Zürich bereit, weitere Zehntausende für die Bundesstadt und die kleineren Städte. Wer kommt für die Kosten auf? Die Steuerzahler der beschützten Orte.

Die Einberufung von Teilen der Armee zum Ordnungsdienst kommt auch bei Grenchens Linken schlecht an. Als besonders stossend wird empfunden, dass ausgerechnet eine Solothurner Einheit nach Zürich unterwegs ist. Rüdt setzt sich mit Jacques Schmid in Verbindung und erfährt, was in Bern das Oltener Aktionskomitee gerade diskutiert: einen Warnstreik nämlich. Er soll am Samstag, den 9. November, stattfinden und auf 24 Stunden und auf eine Anzahl ausgewählter Orte beschränkt sein.

Rüdt reibt sich die Hände. Das ist Gelegenheit, seine Leute zu mobilisieren und sie Solidarität erfahren zu lassen. Es wird ihnen eine Genugtuung sein, gleichgesinnt und geschlossen mit den Arbeitern in den grossen Städten in den Ausstand zu treten. Einen Wermutstropfen gibt es allerdings: Ausgerechnet das rührige Uhrmacherdorf scheint vom Aktionskomitee nicht als Streikort in Betracht gezogen zu werden. Eine kränkende Unterlassung, ein ehrenrühriger Akt der Geringschätzung, ja eine persönliche Herabwürdigung. Das findet Rüdt, und die zwei Beisitzer im Vorstand, die zu dieser Stunde mitten im Vormittag erreichbar sind, pflichten ihm bei. Aus der gemeinsamen Empörung folgt aber nicht, dass die Telefonverbindung nach Bern zustandekommt. Somit ergibt sich für einen der arbeitslosen Jungburschen der Auftrag seines Lebens. Du beherrschst ja das Velofahren, nicht wahr. Du bekommst mein Rad. Du fährst jetzt nach Hause und rüstest dich aus. Danach sehe ich dich im Büro. Sieh zu, dass die Reifen prall sind. Du fährst nämlich nach Bern.

Inzwischen tippt Rüdt eine Nachricht ans Komitee. Grenchen sei bereit und wünsche dringend, in der offiziellen Streikproklamation als Streikort mitaufgeführt zu werden. Den Brief unterschreibt er als Präsident der Arbeiterunion Grenchen-Lebern.

Nun wirst du beweisen, dass man dich brauchen kann, sagt er zum Radler, der fahrtauglich vor ihm steht: Gamaschen, Kittel, fliegende Schärpe, Schirmmütze. Du fragst dich in der Stadt zur Tagwacht durch. In der Redaktion tagt das Komitee. Dort händigst du den Brief aus. Sag, dass du auf Antwort wartest, aber heute noch zurückfahren musst. Hast du das verstanden?

Der Radler fährt los, über Büren, Wengi, Münchenbuchsee, mehr auf- als abwärts, und dürfte kurz nach Mittag in der Bundesstadt ankommen. Und dann wieder gut drei Stunden retour.

Heute bist du es, die ein Geburtstagsgeschenk empfängt. Das eröffnet Rüdt am Mittagstisch feierlich seiner Frau. Es geht los. Wir haben den Streik, Annemie, stell dir vor!

Frau Rüdt ist alles andere als begeistert. Will ich dieses Geschenk?

Er lässt sich nicht aus dem Konzept bringen. Haben wir uns nicht seit Monaten darauf vorbereitet?

Richtet bloss nichts an, was nicht mehr rückgängig zu machen ist.

Aber Annemie!

Max ist aufgefahren. Das grundlegende Unverständnis seiner Frau erstaunt und erschreckt ihn. Das wollen wir doch gerade, nämlich Veränderungen, die nicht mehr rückgängig zu machen sind! Jetzt gilt es ernst.

Er löffelt hastig die Suppe, in die er den Brotranft tunkt, trinkt die Tasse Kräutertee, drückt seiner Frau, die am Tisch sitzen geblieben ist, einen flüchtigen Kuss auf den Nacken. Alles Gute dir! Und stürmt davon.

Ohne die Rückkehr des Boten abzuwarten, beruft Rüdt auf denselben Abend das lokale Streikkomitee ein. Nicht alle Aufgebotenen erscheinen an der Bündengasse. Der junge Marti muss anstelle der Mutter, die mit hohem Fieber in der Kammer neben der Stube liegt, eine Bestellung Schachteln noch fertig falzen, weil sie in der Morgenfrühe abgeholt wird. Arthur Stämpfli weilt an der Sitzung des Gemeinderates, die Rüdt auslassen muss. Der Maler & Gipser Moritz Stich ist zuhause nicht angetroffen worden. Aber der Radler ist zurück. Die Antwort aus Bern steht in Handschrift auf dem zerknitterten Papier, das Rüdt dem Boten mitgegeben hat. Dem Ersuchen wird stattgegeben. Für das OAK: Robert Grimm. Also denn! Gut gemacht, mein Junge. Du bist ein ganzer Kerl.

Der Präsident macht einleitend mit feierlichen Worten den Anwesenden den Ernst der Stunde bekannt. Wir lassen uns nicht auf der Nase herumtanzen. Der rechte Klüngel bedient sich der Armee zum Eigennutz. Ich lege euch den Streikaufruf vor, den unser Aktuar vorbereitet hat. »*Arbeiterschaft von Grenchen. Der Bundesrat hat die Arbeiterschaft mit einem Truppenaufgebot überrascht. Das Aufgebot richtet sich gegen die hungernde und darbende Arbeiterschaft. Der Gipfel der Despotie ist errungen, deshalb treten wir am Samstag in der ganzen Schweiz in den Generalstreik, damit die Behörden endlich wissen, wieviel Uhr es geschlagen hat. In allen Fabriken und Werkstätten muss die Arbeit ruhen. Keiner werde zum Verräter.*«

Es gibt einen Änderungsantrag. Die »Freiheit« muss noch hinein, verlangt einer der alten Gewerkschafter, das macht sich immer gut.

Rüdt wehrt sich für den Verfasser des Entwurfs, obwohl er mit dem unbeholfenen Text nicht überaus glücklich ist. Ihm ist peinlich, dass angesichts der grossen Stunde über eine Kleinigkeit diskutiert werden soll. Darauf weist er hin, kann aber am Ende nicht verhindern, dass die Mehrheit einen Einschub verlangt. Der verlängerte Satz »*Der Gipfel der Despotie ist errungen und deshalb weil wir ein freies Volk sein wollen, treten wir morgen Samstag in der ganzen Schweiz in den Generalstreik*«, könnte den Setzer in Verlegenheit bringen. Als Mann vom Fach sieht Rüdt es kommen, dass der gesamte Schriftsatz zum Nachteil der Leserlichkeit verkleinert werden muss. Aber das tut jetzt auch nichts zur Sache. Es gibt Nachtarbeit, damit der Druck am Vormittag erfolgen kann. Rotes Papier, keine Frage. Und wer unterschreibt? Alle wollen genannt werden. Die Arbeiter-Union, der schweizerische Gewerkschaftsbund, der Metall- und Uhren-Arbeiterverband, die Sozialdemokratische Partei und schliesslich auch die Jugendorganisation. Genosse Schulthess wird die Verteilung einleiten und überwachen; ihm obliegt dieses Amt. Einige Arbeitslose, die in der Volksküche nicht beschäftigt werden können, stehen ihm zur Verfügung. Er muss ihnen die Handzettel aushändigen und die Wichtigkeit ihres Auftrags einschärfen. Er muss überprüfen, ob sie noch wissen, welches Fabriktor ihnen zugeteilt ist, und ihnen dann Beine machen. So bekommen die zum Feierabend herabströmenden Frauen und Männer die Information ausgehändigt und werden bei dieser Gelegenheit zur Versammlung in der Traube umgeleitet.

Der Tag geht nicht euphorisch weiter. Anna Maria hat bei der Kartoffelsuppe mit einer Hiobsbotschaft aufzuwarten. Anruf aus St. Gallen. Maurice ist gestorben.

Scheisse, entfährt es Max. Das kommt ihm jetzt sehr ungelegen. Warum gestorben?

Die Grippe.

So ein Mist. Wann hört das endlich auf?

Du wirst zur Beerdigung fahren müssen.

Und wann soll die stattfinden?

Kommende Woche, wahrscheinlich Mittwoch.

Als ob ich nicht gerade jetzt voll beschäftigt wäre.

Dann ruf wenigstens schon mal zurück. Das bist du Claire schuldig. Sie ist todunglücklich.

Ja, werde ich tun. Bloss nicht jetzt. Ich habe jetzt Wichtigeres zu tun. Nein. Max bereut seine Wortwahl. Dringenderes halt. Morgen dann. Morgen melde ich mich.

Die Stimmung im Theatersaal ist aufgeregt, alle wissen ja schon, worum es geht. Auch Frauen drängen herein. Nicht allein wegen Rüdt, aber seinetwegen auch. Man will es im Übrigen möglichst kurz abhandeln, Streik ja, klar, einverstanden, und dann aber ab zum Abendbrot oder zum Bier in der Wirtschaft, ein richtiger Feierabend, wo man doch nun ein verlängertes Wochenende vor sich hat.

Max Rüdt wird enthusiastisch feststellen, in der Grenchner Arbeiterunion sei der Streik mit Begeisterung beschlossen worden. Nun muss sich zeigen, ob die Organisation greife. Die Streikposten sind ja von langer Hand bestimmt und wissen, was sie zu tun haben. Es wird vor allem darum gehen, die Nichtorganisierten und die Arbeiterinnen, die von auswärts kommen, nach Hause zu schicken. Nun hat allerdings die Grippewelle, die noch immer durchs Land rollt, Lücken gerissen. Das Personal muss aufgestockt werden. Es stellt sich heraus, dass es nicht einfach ist, noch schnell eine Handvoll Freiwilliger zu finden. Wer stellt sich zur Verfügung? Bitte!

Die melden sich schon noch ein, ruft einer dazwischen. Sonst noch etwas?

Warum eigentlich nach Hause? begehrt ein anderer auf. Warum schickt ihr die Leute nach Hause? Es gibt doch sicher eine Versammlung auf dem Postplatz, die eine und andere Ansprache. Und einen Umzug.

Das wäre nicht gescheit, mahnen Besonnene. Wir müssen die

Grippe in Rechnung ziehen. Zu viele Menschen auf einem Haufen – die Gefahr der Ansteckung wäre erheblich. Wir bleiben einfach zuhause, und damit basta. So der Rat von Gemeinderat Stämpfli. Seine Ansicht setzt sich durch. Obwohl Rüdt ganz gerne eine Ansprache gehalten hätte.

Nun sind immer noch die Streikposten nicht ergänzt. Wer meldet sich? Warum meldet sich keiner?

Endlich Feierabend. Die Tatsache, dass es so schwierig war, die ausgefallenen Streikposten zu ersetzen, der Umstand, dass man zuletzt die auseinander und zum Abendbrot strebenden Leute schier am Arm zurückhalten und anbetteln musste und dann sich Ausflüchte anzuhören hatte, traf den Vorsitzenden. Erst jetzt gewahrt er so recht, wie tief es ihn doch kränkt, wenn man seine volle Hingabe nicht teilt. Am Küchentisch, an den er sich hat fallen lassen, erleichtert er sich.

Möchtest du einen Kaffee?

Gemeint ist ein Zichorienkaffee, denn ein richtiger aus Bohnen steht momentan in Grenchens Kramläden kaum im Angebot. Rüdt nickt. Annemie stellt das Wasserpfännchen neben den Herd, zündet ein Streichholz an, dreht mit der anderen Hand den Gashahn wenig auf, sodass mit einem »Blaff« der Kranz von Flämmchen aufgeht.

Die Erschöpfung ist es, was, wie er glaubt, ihn weichlich stimmt; auf jeden Fall schaut er gerührt den Handreichungen zu und geniesst es, seine Frau von der Seite zu beobachten, ohne dass sie es merkt. Sie ist immer noch die hübsche grossgewachsene Frau, die er vor nunmehr gut drei Jahren kennengelernt hat, ein bisschen eingefallen vielleicht die Wangen, die Stirn schnell bereit sich zu runzeln, und im äusseren Augenwinkel die Krähenfüsschen, die aber auch fein das Lächeln unterstützen. Er mag Annemies Lächeln sehr, wenn es denn kein spöttisches ist. Sie hat allerdings in der letzten Zeit nicht mehr viel gelacht. Das fällt ihm jetzt auf. Seine politischen Aktivitäten sind ihr halt doch zuwider. Je mehr er sich eingibt, desto weniger wird der Rückhalt, den er von ihr zu Beginn seiner Aktivitäten noch glaubte gespürt zu haben. Kürzlich hat sie sogar gedroht, er mache sie noch krank mit all seiner Revolution.

Weisst du was, sagt er unvermittelt. Wenn das mal durchgekämpft ist, wird es besser.

Was wird besser?

Nun, mit uns eben, sagt er ein bisschen verlegen, während Annemie das Wasser durch den Filter rinnen lässt. Und dass wir wieder zusammen lachen.

Aus Grenchen berichtete die Neue Freie Zeitung. *»Am Morgen standen die Streikposten an ihren Stellen. Sie hatten aber herzlich wenig Arbeit, denn nur einige Unorganisierte gelüstete es, die Arbeit aufzunehmen. Etwas vor 8 Uhr verliessen dann auch diese die Fabriken, so dass der Betrieb ganz stillgelegt war. Die Zahl der Streikenden mochte cirka 4000 betragen. Es nahmen daran vollständig teil die Metall- und Uhrenarbeiter, die Holz- und Gemeindearbeiter sowie der Maler- und Gipserverband und die Arbeiter der Firma Niederhäuser. Der Tag verlief äusserst ruhig. [...] Alles in allem, der Erfolg war ausgezeichnet. Ein steter entschlossener Wille zeigte, was die Arbeiterschaft in Grenchen zu leisten vermag.«*[17]

Beim sonntäglichen Frühstückstee erinnert Annemie ihren Gemahl an seine familiäre Obliegenheit. Ihm ist klar, dass er zur Beerdigung erwartet wird. Nicht nur Mama wird darauf pochen; er schuldet seiner Schwester, anwesend zu sein und zu seiner Anteilnahme zu stehen. Schon auf die Nachricht von Andrés Tod hat er sich erst verzögert gemeldet, abgesehen davon, dass an einen Kondolenzbesuch damals gar nicht zu denken war. Eigentlich liegt auch jetzt ein Besuch nicht drin. Es gilt den Streiktag auszuwerten. Wie soll er das der Mama klarmachen? Dem Bruder, dem Onkel? Und wie erst Klara? Er ist sonst nicht auf den Mund gefallen und schiebt Aufgaben nicht hinaus, doch dieses Ding jetzt verursacht Bauchweh. Ja, doch, er wird anrufen. Und halt mitteilen, dass er Prioritäten setzen muss. Eben jetzt kann er sich nicht leisten, Grenchen zwei bis drei

Tage aus den Augen zu lassen. Die bisher wichtigsten Tage seiner Karriere. Wie werde ich das hinüberbringen? Er stellt sich ans Telefon im Korridor, kurbelt und lässt sich die Verbindung zu Klara einstöpseln. Eine Frauenstimme meldet sich. Es ist Mama. Ach, du bist's, sagt sie, höchste Zeit, dass du dich meldest. Es geht Claire wirklich schlecht. Der Schreiner war eben da; morgen wird der Junge eingesargt und in die Friedhofkapelle gebracht. Am Donnerstag um elf ist die Beerdigung. Georg wird sie ausrichten. Du kommst doch auch, nicht wahr. Das täte Claire so gut, auch dich nah zu wissen. Der Junge hatte 5 Tage und Nächte lang hohes Fieber; Lungenentzündung, hat der Arzt gesagt und Blutegel angesetzt, aber es half nichts. Unter unseren Augen ist der Junge weggestorben. Schrecklich. Ja, du musst unbedingt dabei sein. Wenn du am Mittwoch anreist, kannst du bei mir übernachten; so sind wir zeitig auf dem Friedhof. Bringst du Anna Maria mit? Aber gewiss doch; sie kommt auch, nicht wahr.

Max hat es kommen sehen, dass er die Bitte und das Angebot nicht abschlagen durfte, umso weniger, als Anna Maria nun explizit auch eingeladen ist. Das ist ein versöhnliches Zeichen ihr gegenüber. Mama hat sie bislang mehr toleriert als willkommen geheissen. Neun Jahre älter und erst noch katholisch. Und obendrein, wie sich herausgestellt hat, Mutter eines unehelichen und weggegebenen Kindes.

Zwei Fahrkarten nach St. Gallen retour, das geht ins dicke Tuch. Nun ja, Max will nicht knausrig sein und wider Willen halt seinen Wank tun. Er wird am Mittwoch in der Redaktion und im Sekretariat noch zum Rechten schauen, und am Mittag kann man dann losfahren.

Anna Maria fragt sich, was sie tragen soll; vielleicht kramt sie das schwarze Kleid mit dem Hütchen und dem Schleier hervor. Sie hat es zu Papas Beerdigung und im Trauerjahr festtags getragen. Es würde ihr sicher bestens stehen, liegt aber zuhause im Luzernischen. Wie dumm. Das bedeutet, dass sie gleich losfahren muss, damit sie am Dienstagabend wieder zurück ist. Könnte ja sein, dass das Kleid noch Anpassungen benötigt.

Der Zug nach Olten fährt um 13:35. Anna Maria freut sich über den unerwarteten Anlass, nach Hause zu reisen. Sie ist gern unterwegs, ja, sie liebt das Reisefieber und leidet an der häuslichen Sparsamkeit. Sie lässt Tassen und Teller, Besteck und Honigtopf stehen und liegen und verschwindet im Schlafzimmer, während Max sich fragt, ob er die Jungs von der SP-Schar seinem Stellvertreter überlassen soll, damit er Annemie zum Bahnhof begleiten kann. Er traut Dölf nicht so recht zu, dass er den Jungs den Sinn des gestrigen Warnstreiks noch einmal klarmacht und mit den Beschäftigten unter ihnen das notwendige Benehmen bespricht und einübt, damit sie nicht entgleisen, falls man ihnen morgen zur Wiederaufnahme der Arbeit mit Sanktionen kommt. Es gilt, ruhig und besonnen Red und Antwort zu stehen und wo nötig vorzugeben, der Warnstreik habe ja nicht dem Arbeitgeber persönlich gegolten, sondern sei ein Zeichen an die Adresse der Regierung in Bern gewesen. So kann vielleicht böses Blut vermieden werden. Das wäre ihm, Rüdt, recht; es liegt ihm daran, dass man Arbeiterschaft und Arbeiterjugend als diszipliniert wahrnimmt. Es handelt sich immerhin um seine Leute, für die er sich verantwortlich fühlt; Auswüchse nähme er ihnen übel. Er wird also Annemie zur Bahn begleiten und sich danach dem Treff an der Bündengasse noch anschliessen. Er zieht den Krawattenknopf enger, hilft seiner Frau in den Mantel, legt sich selber das Cape um und den Hut auf und geht mit hinaus zum Bahnhof. Dort löst er das Billett.

Für den Lohnausfall, sagt Dölf zu seinen Jungs, gibt es die Streikkasse. Und morgen erscheint wie gewohnt zur Arbeit, wer eine Stelle hat.

In Zürich kam es zu Zusammenstössen zwischen radikalisierten Arbeitern und den Truppen. Ein Arbeiter wurde getötet, mehrere verletzt. In der Folge kümmerte sich die Arbeiterunion nicht um die Anweisungen des Oltener Aktionskomitees und verlängerte den Streik nach eigenem Ermessen. Was die in Bern machen, geht uns hier in Zürich nichts an. Solange die Armee die Stadt besetzt hält, stehen die Fabriken still, Punktum. Und nicht nur in der Stadt. Im ganzen Kanton.

Das bescherte dem Komitee einen schlechten Sonntag. Man war vom Zürcher Alleingang nicht begeistert. Sind wir auf einen unbefristeten und landesweiten Streik ausreichend vorbereitet? fragten die vorsichtigeren unter den Politikern. Wenn wir die Zürcher machen lassen, entgegneten die anderen, entgleiten uns die Zügel. Und wir liefern unsere Genossen nicht nur den Bolschewiken aus, sondern indirekt auch der Regierung, und die wird durch das Militäraufgebot leichtes Spiel haben.

Man versuchte, die Zürcher Genossen umzustimmen. Die Antwort kam postwendend: Der Ausstand sollte sogar ausgedehnt werden, auf die Bahnen, auf die städtischen Betriebe, auf die Gemeindewerke und in den Dörfern auf die Amtsstellen.

Bis in den Abend hinein wurde in den Räumen der Tagwacht mit roten Köpfen und in einem vom Stumpenrauch zunehmend verqualmten Klima diskutiert. Schlussendlich wich man dem Druck der Zürcher Arbeiterunion. Man beschloss die Ausrufung des unbefristeten Generalstreiks. Er sollte zu Mitternacht auf den Dienstag, den 12. November, beginnen.

In Grenchen ist es wieder der Lokalredaktor, den die Nachricht zuerst erreicht. Jacques Schmid hat sie ihm am Montag früh aus Olten übermittelt. Die Schweiz bekommt ihren Generalstreik. Endlich! Jammerschade, dass Anna Maria ausgerechnet jetzt auswärts ist; er würde ihr sonst die Neuigkeit brühwarm nach Hause bringen. Nun schickt er sich an, die lange vorbereiteten Aktionen auszulösen. Er stellt die Informationen zusammen, die er der Arbeiterschaft vorlegen will, und lässt über die Mittelsmänner auf Arbeitsschluss schon wieder die Union zusammentrommeln. Schnell bildet sich eine Streikleitung aus Vertretern der lokalen Gewerkschaften und der Partei. Zum Präsidenten wird Max Rüdt gewählt – wer denn sonst. Darüber hinaus sollte man dringend auch die

Jungburschen einbinden, mahnen die Erfahrenen im Komitee. Sonst machen sie ihr eigenes Züglein. Die solcherart Eingeladenen lassen sich nicht zweimal bitten. Dölf, Dölf, rufen sie aus ihrer Ecke. Wählt den Marti!

Man setzt das Zeichen und stellt dem Präsidenten den Jungburschen Adolf Marti als Stellvertreter zur Seite. Max Rüdt zögert mit seiner Begeisterung über diese Wahl, teilt aber im Moment den verschwiegenen Konsens, auf diese Weise habe man das junge Blut im Griff, und der Stellvertreter habe ja weiter keine wirklichen Befugnisse und kein spezielles Ressort.

Eine übergreifende Streikleitung, eine Koordination mit den anderen Streikorten gibt es übrigens nicht, aber eines ist mehr oder weniger klar: den Anordnungen des Oltener Aktionskomitees soll allenthalben Folge geleistet werden, auch in Grenchen. Rüdt ruft sie den Anwesenden in Erinnerung. Vor allem keinerlei Gewalttätigkeit. Ist das klar?

Ja sicher, wissen wir doch.

So rumort dem Streikleiter die Ungeduld entgegen.

Eine Zwischenbemerkung ist fällig. Sie bezieht sich auf das Foto, das den Streikleiter auf einem verbarrikadierten Gleis zeigt. Es handelt sich genau besehen um einen Ausschnitt aus einer weiter gefassten Aufnahme. Links im Bild, also von Rüdt aus gesehen zur Rechten, steht im Nachbargleis eine zweite Person. Ein deutlich jüngerer Mann, der sich in Pose und Gehabe augenfällig vom Streikleiter unterscheidet. Auch er steht hinter einem Steinblock, wobei er in Feldherrenmanier den rechten Fuss daraufstellt, gerade so, als wollte er damit sagen: Darüber befinde ich. Er hat seinen dunklen Mantel eng- und den Kragen hochgezogen, damit ihn die Bise, die über das offene Bahngelände streicht, nicht behellige. Sein Hut ist keck auf den Hinterkopf verschoben, die Krempe auf der einen Seite hochgekrümmt, während sie sich auf der Gegenseite übers Ohr herunterwölbt und dadurch schräg über die Stirn geht. Der Mann richtet seinen Blick nicht in die Ferne, sondern stracks dem Fotografen ins Objektiv. Ich unterstelle, dass es sich beim Dargestellten um Rüdts Stellvertreter, also um Adolf Marti, handelt.

Für den Streikführer ist der Abend noch lange nicht zu Ende. Den Fortgang nimmt er zuerst im Büro. Das Bezirkskomitee des Leberberges wird ein eigenes Flugblatt herausgeben und verbreiten lassen. Der Aufruf soll erstens Rüdts Handschrift tragen, zweitens den Streik in die internationale Aufbruchsstimmung einbetten und drittens die wichtigsten Forderungen der Schweizer Arbeiterschaft zusammenfassen. Auf keiner Zeile soll das Flugblatt als Anstiftung zum gewaltsamen Umsturz gedeutet werden können, dabei aber doch in einer beschwörenden Aufforderung münden: »*Arbeiter! Erkennt das Gebot der Stunde, es ist ernst!*«[18] Rüdt bringt das Manuskript eigenhändig zur Druckerei. Im Büro bleibt eine Telefonwache zurück. Dazu ist ein Jungbursche bestimmt, der imstande ist, Telegramme zu lesen und Gesprächsnotizen zu verfassen.

Auf den Redaktionen sammelten sich im Verlauf dieser Nacht gewichtige News, welche anstelle der Streikproklamation die Frontseite hätten prägen können. In Wien verzichtete Kaiser Karl auf jeglichen Regierungsanspruch; das Österreich der Habsburger hatte aufgehört zu existieren. In Compiègne ging mit der Unterzeichnung des Waffenstillstands der Erste Weltkrieg offiziell zu Ende. Das hätte Anlass zum Aufatmen werden können für viele, freilich auch Anlass zur Besorgnis für die anderen, die ein revolutionäres Europa fürchteten. Max Rüdt wäre der richtige Mann gewesen, die Ereignisse zu würdigen. Er war aber nun an einer Stelle beschäftigt, die aus seinem Blickwinkel alles andere an Bedeutsamkeit überragte: Er bereitete die Rede seines Lebens vor. Normalerweise sprach er frei. Stichwortnotizen hielt er bereit für den Fall, dass er sich im Eifer verlief. Für einmal setzte er sich hinter einen Aufschrieb und bedauerte, dass ihm gegenüber im Licht der Glühbirne jetzt nicht Annemie sass. Ihr hätte er seine Rede gewidmet. Durch die Leerstelle dämmerte eine fernere Frauenfigur auf.

Neun Forderungen waren zu vertreten. Eigentlich zehn, denn die erste und für ihn, Rüdt, nun die wichtigste war »die unverzügliche Umbildung der bestehenden Landesregierung unter Anpassung an den vorhandenen Volkswillen«. Das war diplomatisch ausgedrückt. Was heisst schon »Umbildung«? Ein bisschen Retusche an den Gesichtern, das reichte nun nicht mehr. Der Bundesrat hat in Corpore versagt, er hat an den Tag gelegt, dass er unfähig ist, mit der Zeit zu gehen und den veränderten Bedürfnissen gerecht zu werden. Er hat das letzte Vertrauen der Arbeiterschaft verwirkt. Er muss weichen, und wenn er das nicht freiwillig tut, muss der Volkssturm ihn eben aus dem Bundeshaus fegen. Nichts weniger war in dieser Montagnacht, während eben der Streik, wie er hoffte, im ganzen Land einsetzte, Max Rüdts Ziel.

Arbeiterinnen und Arbeiter, wir haben uns heute im Namen einer politischen Weltanschauung versammelt, die darauf abzielt, eine solidarische Gesellschaft zu schaffen. In dieser neuen und gerechten Gesellschaft sollen die Grundwerte Freiheit und Gerechtigkeit verwirklicht werden. Das bedingt die Absetzung der kapitalistischen Wirtschaftsordnung. Sie hat uns die Abhängigkeit von der herrschenden Klasse eingetragen und vielen die Armut gebracht.

Die Bourgeoisie missbraucht unsere Arbeit zur persönlichen Bereicherung und zur Äufnung des privaten Besitzes. Wer Besitz aufhäuft, nimmt uns etwas weg. Wer uns zwingt, zehn Stunden pro Tag zu arbeiten, damit wir genug verdienen, um davon leben zu können, macht sich unsere Lebenszeit zu eigen. Wir aber sind die Beraubten. Das erdulden wir nicht länger, damit ist endgültig Schluss.

Der bürgerliche Herrschaftsklüngel möchte uns immer noch weismachen, die bestehenden Verhältnisse seien naturbedingt, ja sogar gottgegeben, und wir sollten uns hüten, daran etwa rütteln zu wollen. Arbeiterinnen und Arbeiter, Gewerkschafterinnen und Gewerkschafter, obwohl es zwölf geschlagen hat, gehen wir grundsätzlich von Reformen aus. Unser Ziel ist der Umbau der wirtschaftlichen, sozialen und politischen Verhältnisse. Nun ist aber das jüngste Armeeaufgebot für Zürich eine Schande für das Land und ein klares Indiz dafür, dass Regierung, Armee und Bürgertum miteinander unter einer Decke stecken. Jedem Lohnarbeiter und jeder Lohnarbeiterin ist hiermit klar, dass die Landesregierung, die das Aufgebot beschlossen und die Soldaten sogar mit Handgranaten ausgerüstet hat, einseitig die Interessen der Besitzenden vertritt. Eine solche Regierung verdient es nicht, von der Arbeiterschaft anerkannt zu werden. Sie muss weg, und mit ihr der gesamte Kapitalistenfilz. In Deutschland, das gestern die Waffen gestreckt hat, haben die Sozialisten die Regierung übernommen. Auch in unserem Land bricht eine neue Ära an. Und zwar heute, das rufen wir den Herren in Bern und der gesamten politischen Rechten zu, heute und eben jetzt.

Wir fordern erstens die sofortige Neuwahl des Nationalrates nach dem Proporzsystem, das der werktätigen Bevölkerung die angemessene Vertretung im Parlament sichern wird. Noch ist uns allen in lebhafter Erinnerung, dass wir anlässlich der nationalen Wahlen vor einem Jahr knapp ein Drittel aller Stimmen erhalten haben, aber nur rund 10 Prozent der Mandate.

Wenn die Frauen mit uns zur Urne gehen, werden wir noch stärker sein und die parteiische Herrschaft des Bürgertums vollends beenden. Darum verlangen wir zweitens die Einführung des Stimm- und Wahlrechts auch für euch Frauen. Euer Beitrag zum Wohl der Gesellschaft und des Staates ist mit Schweiss und Mühen erbracht, darum sollt ihr auch mitbestimmen dürfen, welches die Regeln sind, mit denen der Staat einem friedlichen, gerechten und gleichberechtigten Zusammenleben Form gibt.

Wir fordern drittens die Einführung der allgemeinen Arbeitspflicht. Jedes Arbeitsverhältnis soll vertraglich geregelt sein und nicht willkürlich manipuliert werden dürfen. In diesem Vertrag ist verbindlich festgehalten, um welche Art von Arbeit es sich handelt, wie viele Stunden pro Tag sie zu erbringen und mit welchem Lohn sie zu vergüten ist.

Noch arbeiten viele von uns, die überhaupt Arbeit haben, zehn Stunden am Tag. Das ist Raubbau an unserer Gesundheit. Wir fordern darum viertens die Einführung der 48-Stunden-Woche in allen öffentlichen und privaten Unternehmen, sechs Tage zu acht Stunden, und zwar ohne Lohneinbusse. So kann die Arbeit auf mehr Arbeiterinnen und Arbeiter verteilt werden, und es ist Schluss mit Schinderlöhnen.

Fünftens: Wir fordern die Reorganisation der Armee im Sinne eines Volksheeres. Es gibt kein stehendes Heer mehr mit Offizieren, die auf den Vorteil der Besitzenden eingeschworen sind und per militärischen Befehl die Soldaten gegen deren eigene Leute aufmarschieren lassen. Unser Begehr ist eine Milizarmee, gebildet aus freien Bürgern, geführt von unabhängigen und fähigen Soldaten.

Während in der Schweiz Hunderttausende von Menschen hungern und darben, verkaufen die Bauern ihre landwirtschaftlichen Produkte an die ausländischen Armeen und scheren sich einen Deut um ihre Landsleute. Die gerechte Verteilung der Grundnahrungsmittel ist viel zu spät, zu zögerlich und unbedarft erfolgt. Die Reichen hatten allezeit gut zu essen, denn an Lebensmitteln hat es minder gemangelt als am Geld, es zu bezahlen. Und wer waren die lachenden Profiteure der hohen Preise? Wer waren die Gewinner? Arbeiterinnen und Arbeiter, wir brauchen nicht lange zu fragen, die Antwort liegt auf der Hand. Wir fordern also sechstens die Sicherung der Lebensmittelvorsorge zu Kriegszeiten und während aller anderen Krisen, die dem Volk Engpässe und den Armen überhöhte und unbezahlbare Preise bescheren könnten. Der Bund hat die Grundversorgung für alle Bürger erschwinglich zu gewährleisten, und das soll im Einvernehmen mit den landwirtschaftlichen Produzenten vorausblickend geschehen.

Wer kennt nicht die Armut der Alten, denen es mit dem Schinderlohn, für den sie sich zeitlebens abgerackert haben, zu keinerlei Ersparnissen gereicht hat. Wer kennt nicht aus naher Anschauung die Not der Verunfallten und Kranken und nicht mehr Arbeitsfähigen. Die Verwandten, die knapp über die Mittel verfügen, für sich selber aufzukommen, müssen auch sie noch unterstützen, wenn sie ihre Nächsten nicht einfach im Elend versinken lassen wollen. Wir fordern eine soziale Alters- und Invalidenversicherung, die für Reich und Arm obligatorisch ist. Die Prämien werden nach Massgabe des Einkommens erhoben. Wer viel verdient, zahlt einen höheren Beitrag als der kleine Lohnbezüger, und wer an eurer Arbeit verdient, Arbeiterinnen und Arbeiter, soll denselben Betrag noch dazulegen, wie euch selber von jedem Lohn abgezogen werden wird. Und alle erhalten nach dem Erreichen des 65. Altersjahrs dieselbe gerechte Rente: der Angestellte in der Bank gleichviel wie ihr, Schalenmacher, Remonteure und Vergolder, der Schuhmacher gleichviel wie die Wäscherin, der Arzt gleichviel wie die Rotkreuzschwester.

Achtens. Die Kriegsgewinnler lachen sich auch heute noch, nach dem Ende des Krieges, ins behandschuhte Fäustchen. Sie haben sich unrechtmässig und unmässig bereichert an unserem legitimen Bedarf an Kohle und Getreide. Einige Unternehmer haben an die kriegführenden Armeen verkauft, was wir in der Schweiz dringend gebraucht hätten. Andere haben im Ausland fette Gewinne aus unserer Arbeit privat eingestrichen. Darum fordern wir nun das Staatsmonopol für Import und Export. Die aus dem Handel mit dem Ausland entstehenden Gewinne sollen an den Staat gehen und dem Wohle der Allgemeinheit dienen.

Genossinnen und Genossen, die anmassende Herrschaft der Besitzenden, die eklatante Misswirtschaft unfähiger Politiker in Bern haben dem Staat ein unverantwortliches Defizit beschert. Nun sollen sie, die Besitzenden, dafür aufkommen anstatt uns, die Proletarier, zur Kasse zu holen. Unsere Meinung war ja nicht gefragt. So fordern wir die Tilgung aller Staatsschulden durch das Kapital.

Soweit die Forderungen des Oltener Aktionskomitees, die heute im ganzen Land proklamiert werden und denen auch wir alle hier Anwesenden durch die Niederlegung der Arbeit Nachachtung verschaffen. Was wir fordern, tun wir im Namen der Gleichberechtigung und der Solidarität. Wir wenden uns gegen eine exzessive Auslegung der Freiheit, mit der das Bürgertum die freie Ausbeutung der arbeitenden Massen meint, und treten mit Entschlossenheit gegen einen Begriff von Privateigentum an, der sich mit geraubtem Gemeingut krönt. Frauen und Männer aus Grenchen und Umgebung, wir stehen hier zusammen und stehen hier ein für eine bessere Welt. Umsturz war nicht unsere Wahl. Ihn aber in Betracht zu ziehen, wird uns jetzt von der Regierung und den Spitzen der Armee förmlich aufgezwungen. Wenn uns der Bundesrat mit militärischen Aufgeboten an der Ausübung unserer zivilen Rechte hindert, wenn sogar mit Waffen die Stimme des Volkes unterdrückt werden soll, kurz, wenn die friedlichen Mittel vom Tisch gewischt werden, sind wir gezwungen, uns nachdrücklich zu äussern. Der Landesstreik sei unsere Warnung. Wenn ihr nicht auf uns hört, ihr Herren und Herrensöhne, werden wir nicht zögern, euch die Hölle heiss zu machen. Die Augen sollen euch gross aufgehen, damit ihr erkennt, wer hier im Land das Sagen hat. Wir sind bereit, auf eure Provokationen zu antworten. Wir sind gerüstet für den Neuanfang in der Geschichte unseres Landes.

Rüdt gibt die Niederschrift auf. Er wird sich am Ende eh nicht wörtlich daran halten. Meist gelingen ihm die spontanen Formulierungen am besten. Er freut sich auf den Höhepunkt seines Wirkens für die Arbeiterunion in Grenchen. Er stellt sich das Aufbrausen eines enthusiastischen Beifalls vor und wie ihm dann eine Gasse respektvoll aufgeht, während er sich an die Spitze des Umzugs setzt. Mit diesem Bild im Kopf schlüpft er ins Bett. Das Bett neben ihm steht leer. Annemie wird am Morgen nicht mit ihm zum grossen Ereignis erwachen. Vielleicht sitzt sie für die ganze Dauer des

Streiks im Luzernischen fest und teilt nicht mit ihrem Gatten die wichtigsten Stunden seines bisherigen Lebens. Der Schatten der Enttäuschung legt sich über den Schlaf, den Max lange vergeblich gesucht hat.

Den Milchkaffee muss er sich selber aufgiessen. Es gibt noch einen Rest Brot im Kasten, ein Stück Käse im Schrank. Zum Glück hat man beschlossen, dass die Wirtschaften zu den Essenszeiten aufhaben dürfen, so wird er sich in Anna Marias Abwesenheit verpflegen können. Wir stellen ihn vor den Spiegel, binden ihm um den Kragen die rote Krawatte, die er zur Vereidigung im Kantonsrat zum ersten Mal getragen hat, stecken noch schnell die Blätter mit dem Wortlaut der Rede in seine Manteltasche und setzen ihn vorm Haus aufs Rad. Er wird einen ersten Augenschein nehmen und dann im Büro zum Rechten schauen.

Tatsächlich. Die Streikwachen stehen. Der Aufruf wirkt. Fast alle Fabriken am Ort bleiben geschlossen. Da und dort ist in einem Atelier das Licht an. Es sind aber keine Arbeiter reingegangen, versichern die Wachen. Mal sicher nicht durch die Pforten.

Im Büro an der Bündengasse liegen aktuelle Nachrichten. Der Jungbursche, der hier übernachtet hat, hat sie vom Telegrafen angenommen, entziffert und als handschriftliche Notizen hinterlegt. Berlin. Wird die freie sozialistische Republik von Dauer sein? Bozen. Italienische Truppen besetzen den Brenner. Kommt es zur Teilung des Tirols?

Inzwischen treffen Mitglieder der Streikkomitees ein. Auch ihre Beobachtungen lassen darauf schliessen, dass der Streikaufruf befolgt wird. Überall scheint Ruhe zu herrschen. Rüdt legt seinen Leuten trotzdem nahe, die Augen offenzuhalten und Ansätzen zu Ausschreitungen entgegenzuwirken. Gib auf unsere Jungburschen acht, ermahnt er Dölf.

Eine frische Telefonwache bleibt im Büro und kann im Notfall das Fahrrad benützen, das Rüdt neben der Eingangstreppe an die

Mauer gelehnt hat. Er selber macht sich, umgeben von seinen Leuten, zu Fuss auf zum Postplatz. Von allen Seiten gesellen sich Streikende hinzu, sodass ein kleiner Umzug in der Menschenmenge mündet, die sich bereits versammelt hat, um die Rede des Streikführers zu vernehmen. Es ist kurz vor neun Uhr. Die Streikleitung begibt sich auf die erhöhte Plattform vor den Zugängen der Post. Der hohe doppelte Torbogen in ihrem Rücken verleiht der Szenerie etwas bühnenhaft Feierliches. Dessen ist sich Rüdt durchaus bewusst. Er weiss, wo und wie er sich in Szene bringt, er tut das allerdings nicht für sich allein, sondern zugunsten der Sache, für die er sich engagiert. Innerlich heisst er die beiden Frauen willkommen, denen er die solidarische Welt zu Füssen legen möchte, Anna Maria zuvörderst, im selben Atemzug aber auch der entrückten und dennoch stets gegenwärtigen Elisabeth. Nach Elisabeths Bild hat jene lautere Ganzheit ihre Gestalt angenommen, aus der Max Rüdt sein Handeln rechtfertigt.

Festlich erregte Menschen füllen den Platz. Es wird lebhaft geplaudert, hin und her gerufen, dazwischen gellt ein Pfiff durch die Finger, auch französische Satzfetzen sind auszumachen. Eine mehrheitlich dunkel gekleidete Menge hat sich versammelt, die Männer in Kitteln und Mänteln, Schirmmütze oder Hut auf dem Kopf, die Frauen mit knöchellangem Rock und Cape. Grau und Braun herrschen vor. Umso auffälliger die Einschüsse aus rotem Tuch, die sich an einer Stelle im Hintergrund konzentrieren. Man erwartet die Rede von Max Rüdt, Gemeinde- und Kantonsrat. Hoffentlich halten die Rotznasen, die sich zu einem lauten Klüngel zusammengefunden haben, das Maul. Sonst versteht man ja nichts.

Rüdt konsultiert die Taschenuhr. Er hätte sich auch auf den Schlag der Turmuhr zu St. Eusebius verlassen können. Die Mitglieder der Streikleitung nicken ihm zu. Der Tambour bekommt sein Zeichen; unter seinem Tusch löst sich Rüdt aus der Gruppe des Komitees. Man sieht ihn in diesen Tagen immer mit wehendem Cape unterwegs. Darunter trägt er einen dunklen Anzug, mit offenen Knöpfen auch der, sodass das Gilet mit der Kette, die zur Uhr im

Täschchen gehört, ebenso auffällt wie der rote Binder, der den Stehkragen schmückt. Ja, Rüdt ist ein bemerkenswert gutaussehender junger Mann, dem man die elegante Kleidung nicht übelnimmt. Er stellt sich, den Streikaufruf in der Hand, den die meisten Anwesenden schon gelesen haben, an die Balustrade, unter der sich die Teilnehmer der Kundgebung jetzt drängen. Die Frauen mögen wohl nach der Gattin des Redaktors Ausschau halten. Keine von ihnen entdeckt die »Dame«, wie Frau Rüdt-Ineichen im Ort nicht ohne französischen Respekt genannt wird.

Der Streich des Tambours erzielt die erwünschte Wirkung. Während die Bise, zwischen die Häuser gezwängt, ruppig über den Platz fegt und die Schösse von Rüdts Cape aufwirft, und während die Morgensonne zaghaft durch die Lücken in der aufgerissenen Hochnebeldecke scheint, ergreift der Präsident des lokalen Streikkomitees das Wort. Er hält die Rede, die wir bereits kennen. Er spricht allerdings nicht auf Hochdeutsch, sondern in seinem Ostschweizer Dialekt, und hält sich schon gar nicht an den Wortlaut auf den Blättern, die in der Tasche stecken, sondern improvisiert, variiert, spitzt an geeigneten Stellen zu, kommt aber zielstrebig durch die zehn Forderungen und zum leidenschaftlichen Schlussappell. Männer und Frauen, ruft er schon ein bisschen heiser, Genossinnen und Genossen, schliessen wir die Reihen, überzeugen wir die Wankenden und Zögerlichen mit unserer unerschütterlichen Beharrlichkeit. Wir wollen unsere Ziele standhaft erkämpfen und diszipliniert auftreten. Wir wollen Eindruck machen durch unsere Entschlossenheit und Einigkeit und mit Disziplin; wir wollen, dass das Bürgertum nicht anders kann als uns ernstzunehmen. Aus diesem Grund rufe ich euch alle dringend zur Ordnung auf. Sie sei eure erste Pflicht. Das gilt auch für euch, Jungburschen, die ihr glaubt, mich unterbrechen zu müssen. Wir werden uns strikt an die Weisungen der Streikleitung halten. Wer pöbelt, macht sich unglaubwürdig und schadet unserer gemeinsamen Sache. Wir verstehen eure Ungeduld nur zu gut. Sie ist berechtigt. Ihr verlangt nach einer besseren Welt. Ja doch, eine zuversichtliche Perspektive steht euch zu. Wir versprechen sie euch, sind aber dringend auf euer diszipliniertes Auftreten angewiesen. Wir dulden keinerlei Ausschreitung gegen Personen oder Sachen. Wer dieser Weisung zuwiderhandelt, haftet persönlich. Wenn wir ruhig und in jeder Situation mit Augenmass auftreten, wird auch hier in Grenchen das Proletariat siegreich aus seinem Kampf gegen das Bürgertum hervorgehen. Dieses gloriose Ziel wollen wir uns gegenseitig in Aussicht stellen. Arbeiterinnen und Arbeiter, gestern ist in Compiègne der Waffenstillstand unterzeichnet worden; der opferreichste Krieg, der je von den Herrschaften, Generälen und Profiteuren angezettelt worden ist, ging zu Ende; in Deutschland hat soeben Karl Liebknecht die freie sozialistische Republik ausgerufen. Auch in unserem Land hat heute mit dem ersten Tag des landesweiten Streiks die Zukunft begonnen, die uns die bessere Welt bringen wird. Greifen wir beherzt zu.

»Ob wohl der romantisch angehauchte Sozialreformer, der mit der trügerischen Hoffnung auf einen Sieg des Grenchner Proletariats schmeichelte, auch die letzte Hürde überspringen würde, nämlich den Generalstreik?«

Das ist, siebzig Jahre später, die rhetorische Frage des Kommentators Hans Ryf.[19] Den Anlauf hat der Rote Rüdt nun genommen. Er läuft, um in der Metapher zu bleiben, die Linksaussenbahn und ist sich darüber im Klaren, dass nicht allein die Polizeiorgane, sondern auch private Zaungäste Augen und Ohren offenhalten und Notiz nehmen. Sogar Fotografen sind unterwegs.

Der Polizist Ochsenbein, der ein Protokoll zuhanden der Kantonsregierung abzuliefern hat, geht bei der Schätzung systematisch vor, nämlich so, wie man ihn instruiert hat. Da das Postbüro geschlossen ist, hat er sich in einem Privathaus einen Fensterplatz verschafft. Er unterteilt den Haufen in vier ungefähr gleichgrosse Sektoren. In einem zählt er. Ungefähr zweihundertfünfzig. Also meldet er etwa tausend Personen und wahrheitsgemäss, dass der Redner und Anführer des Streiks, Max Rüdt, die Streikenden zu diszipliniertem Verhalten aufgerufen habe. Der Appell sei dann auch weitgehend befolgt worden, obwohl einige der jungen Männer mit erhobenen Fäusten angefangen hätten, »à bas le capitalisme!« und »à bas l'armée!« zu skandieren. Da die Menge aber nicht eingestimmt, sondern zischend die Störung missbilligt habe, seien die Jungburschen dann auch wieder verstummt. Gemeinderat Peter Zwahlen habe den Aufruf ins Französische übersetzt und die Kundgebungsteilnehmer aufgefordert, nach dem Umzug an der Versammlung im Restaurant Traube teilzunehmen. Daselbst sollten Instruktionen zum Streik weitergegeben werden. Ein Teil der Zuhörerschaft, vor allem die Älteren unter ihnen und die meisten der Frauen, hätten sich dem Heimweg zugewandt. Viele hätten ja für kranke Familienangehörige zu sorgen.

Rund 600 Streikende immerhin, die Polizist Ochsenbein, während sie unter ihm vorbeigehen, ganz gut zählen kann, ziehen durch den Ort. Die jugendlichen Sozis, die schon aufgefallen sind, scharen sich um eine rote Fahne. »Vive les Bolschewiki!« Ihre Rufe gehen unter im Gesang. Es ist die Internationale, die in der Bahnhofstrasse so mächtig dröhnt, dass dem Wirt vom Grenchnerhof, der mit seiner Frau unter der Tür steht, die Kinnlade auf den Kittelkragen fällt.

D ie roten Brüder gehen um. – Zurück vom morgendlichen Einkauf hält Kurt Ineichen seiner reisefertigen Schwester das »Vaterland« vor die Augen. Ist dein Mann da zweifellos auch mit von der Partie, nicht wahr?

Ineichen wendet sich der Tagesordnung zu. Es gilt, die Regale zu füllen, denn nach dem Ruhetag pflegen am Dienstag die Kundinnen schon früh den Laden zu stürmen. Lena bedient die ersten von ihnen und gönnt ihrer Schwester keinen Blick zum Abschied. Anna Maria behändigt den Korb. Darin liegen der Rock, den sie in der Taille ein bisschen geweitet hat, und obendrauf das Hütchen mit dem Flor. Sie geht hinab zum Bahnhof. Erst da erfährt sie, dass es Probleme geben könnte. Der Seetaler steht noch in

Lenzburg, schwer zu sagen, wann er eintreffen wird. Und was macht Luzern? Der Stationsvorsteher ist ratlos. Er hat keinerlei Übersicht über das Ausmass der Störungen. Er kann sich aber nicht vorstellen, dass über die lokale Unregelmässigkeit hinaus der Schienenverkehr unterbrochen sein soll.

Anna Maria kehrt erst einmal um. Aus dem Laden heraus versucht sie einen Anruf bei ihrem Mann. Der nimmt, wie erwartet, nicht ab. Sie kennt auch die Nummer von der Redaktion auswendig. Die Nummer ist besetzt, sagt die Telefonistin, versuchen Sie es später. Das tut sie und sitzt im Übrigen bei der Mama herum und behält die Ohren offen. Bei günstigem Wind pflegt man den langgezogenen Pfiff zu vernehmen. Der Zug verlässt die Station Baldegg, um die Nunwilerstrasse zu kreuzen. Dann reicht die Zeit noch eben aus, um zum Bahnhof zu laufen. Das bedingt aber, dass man nicht mit andauerndem Geschwätz die notwendige Stille übertönt, besonders bei geschlossenen Fenstern. Das fällt Mutter Ineichen schwer. Sie hat den unerwarteten Besuch der Tochter gefeiert und weiss während der Vorbereitungen fürs Mittagessen unablässig zu berichten. Und Fragen zu stellen, die unter vier Augen gehören. Wann bist du endlich in anderen Umständen?

Der Mittagstisch muss Schlag zwölf bereit sein. Lena kommt dann aus dem Laden herauf, isst schnell und steht um eins wieder hinter den Regalen. Oft bleibt auch Kurt im Haus und lässt sich von der Mutter verpflegen.

Anna Maria vernimmt keine Pfiffe. Der Zug gibt ein zweites Signal, bevor er die Sempacherstrasse queren wird; zu diesem Zeitpunkt hat er allerdings den Bahnhof verlassen. Kurz vor Mittag verabschiedet sich Anna Maria erneut und hat Glück: Sie erfährt, dass der Zug zwischen Beinwil und Mosen unterwegs ist. Sie harrt also an den Gleisen aus. Und siehe da: der Zug trifft ein. Nur um in Emmenbrücke wieder stehen zu bleiben. Die Wagenfenster gehen runter. Man entdeckt den Stationsvorsteher, der sich auf dem Perron mit dem Kondukteur bespricht. Darauf geht dieser den Wagen entlang und teilt den Fahrgästen mit, der Zug könne momentan in

Luzern nicht einfahren. Die Fenster werden wieder geschlossen, damit die Wärme im Wagen bleibe. Auch ohne sie zeigen sich die Leute sehr erhitzt. Von Tagedieben und Randalierern ist die Rede, und von Durchgreifen und Schadenersatz. Endlich ruckt der Zug an, rumpelt über die Kleine Emme, dann der Reuss entlang, durch den Tunnel und kommt auf Gleis 4 an. Endstation. Kein Zug nach Olten. Vielleicht am Nachmittag, wer weiss. In Olten streike das Bahnpersonal. Genauere Auskunft sei nicht zu bekommen.

Überall stehen Leute mit Gepäck herum, da und dort Bähnler, die von gestikulierenden Passanten umringt sind. Junge Leute mit Plakaten. Wir fordern die 48-Stunden-Woche. Stimm- und Wahlrecht für uns Frauen. Da und dort eine rote Fahne hoch über den Köpfen. Bundesrat raus! steht auf Flugblättern, die von Arbeitern verteilt werden.

Anna Maria weiss sich zu helfen. Sie stellt sich bei der Post an, wo alle Telefonnischen besetzt sind. Wie sie an der Reihe ist, verlangt sie die Redaktion in Grenchen. Nehmen wir einmal an, die Verbindung komme diesmal zustande und der Streikführer halte sich zufällig im Büro auf.

Was soll das, Maxotti? Ich stecke in Luzern fest.

Ja, ich verstehe. Seit Mitternacht wird gestreikt. Das trifft sich nun wirklich ungeschickt. Tut mir leid.

Sagst du mir vielleicht, wie ich nun nach Grenchen gelange? Und wie du das siehst mit der Beerdigung am Donnerstag?

Max weiss gerade keinen Rat. Wir müssen abwarten.

Wie lange soll euer Streik denn dauern?

Keine Ahnung, sagt Rüdt. Bis zum Sieg halt.

In diesem Fall nehme ich den nächsten Zug zurück nach Hause.

Ja, entgegnet Max. Wird das Beste sein. Obwohl du mir eben jetzt sehr fehlst, Annemie. Ich hätte dich gern in der Nähe gehabt. Es ist so wichtig, was jetzt geschieht. Der wichtigste Augenblick in meinem Leben, verstehst du?

Ja, den hast du gesucht. Nun nimm ihn.

Anna Maria hat weder Mitgefühl noch Freude. Es kommt ihr

im Grunde genommen gelegen, dass sie von den Streikereignissen überrascht zuhause festgehalten wird. Max hat die Suppe angerichtet, nun soll er sie gefälligst auslöffeln, und zwar ohne sie.

Irgendwann fährt ein Zug ins Seetal, während in der grossen Halle die ersten bewaffneten Soldaten auftauchen.

Im Schutz der eintretenden Dunkelheit tritt Rüdt in die Bündengasse hinaus. Er wendet sich nach der Centralstrasse. Von der Einmündung aus erspäht er eine Patrouille. Sie steht unterm Viadukt. Er kehrt um. Das Klappern von Pferdehufen nähert sich. Rüdt hat Glück, dass die Dragoner, die aus der Mühlestrasse kommend an ihm vorbeitraben, ihn nicht erkennen. Der Rote Rüdt sieht nicht wie ein Säbelzahntiger oder sonst ein Monster aus, sondern wie ein gewöhnlicher Mann unter Hut und Mantel, und eine Rückennummer mit der Aufschrift Revoluzzer trägt er auch nicht. Ein Passant erkennt ihn trotzdem. Die sind jetzt bei dir zuhause, sagt er. Soldaten und Polizei. Und Gaffer. Einige deiner Kollegen hat man schon abgeführt.

Es ist nicht auszumachen, ob Häme oder Solidarität aus dem Mann gesprochen hat. Danke, versetzt Rüdt und kehrt um. Wer kann voraussagen, was geschieht, wenn welsche Soldaten ihn ergreifen? Werden sie ihn zusammenstauchen und prügeln? Wo alles aus dem Ruder geraten ist, sind gewalttätige Übergriffe, auch ihm, dem Streikführer gegenüber, nicht auszuschliessen. Mit demütigender Zurschaustellung, mit erniedrigender Beschimpfung zumindest ist zu rechnen. Und mit Ochsenbein ist zu rechnen. Nicht nur, weil er keinen Hehl daraus macht, dass seiner Natur gemäss alles Rote seinen heiligen Zorn errege, sondern auch, weil er darüber hinaus dem Roten Rüdt Ressentiments nachträgt, die sich in seinem Bauch angesammelt haben wie Unrat in der Sickergrube. An gewissen Stammtischen pflege Ochsenbein, so heisst es, den Anführer der Sozis einen elenden *Schnorri* zu schimpfen. Nein, Rüdt wird ihm nicht den Gefallen tun, sich von ihm Handschellen anlegen zu lassen. Kommt nicht in Frage. Mich erwischen die nicht. Nicht heute. Wenigstens heute nicht.

Rüdt hat sich in die Bündengasse zurückgezogen. Wie er wieder vor dem Sekretariat steht, verrät auf der Einmündung in die Kirchstrasse das Licht vom Kandelaber einen neuen Trupp Dragoner. Mit dabei Soldaten zu Fuss. Oder Polizisten. Es ist nicht zu erkennen, ob Ochsenbein dabei sei. Sofort kehrt Rüdt um und wendet sich von der Centralstrasse aus nach dem Oelirain. An den Fabrikgebäuden vorbei. Auf der Tunnelstrasse unterquert er die Bahntrassee und befindet sich bald darauf auf der dunklen Jurastrasse. Inzwischen wird man im Büro den Aufruf zum Streikabbruch entdeckt haben. Die Kapitulation des lokalen Streikführers. Zuhause hat man ihn nicht gefunden. Nicht einmal seine Frau. Wohin haben die sich abgesetzt? Man wird im Ammann-Amt nach Rüdt fragen, die Traube absuchen, das Marti-Hüttchen auskehren. Vielleicht kommt nicht einmal das Musenhaus ungeschoren davon.

Die Jurastrasse ist frei vom militärischen Betrieb. Der Abend hat sich mit Dunkelheit zwischen den Häusern festgesetzt. Es riecht nach Kohle. Offenbar haben hier draussen verschiedene Leute noch einen Vorrat. Wenn es nach Kohle riecht, drückt der Föhn von den Alpen herein. Das Wetter könnte umschlagen. In den Stuben ist Licht. Das elektrische macht heller als das Kerzenlicht. Über Petroleum verfügt niemand mehr; die Armee beansprucht es für sich. Dass kein Mensch unterwegs ist, ist ihm, Rüdt recht. Dass aber Hunde angeben, ärgert ihn. Es ärgert ihn nicht nur, es macht ihm auch Angst. Er mag Hunde nicht, seit er als Junge von einem Appenzeller Sennenhund angefallen worden ist. Die Tiere haben offenbar auch ihn nicht gern.

W as aber wird da eigentlich gespielt? mögen Sie, Leserin und Leser, an dieser Stelle fragen. Die vorläufige Antwort kurz und bündig: Die Ereignisse haben sich im Verlauf der drei Streiktage zugespitzt und mit dem bewaffneten und konzeptlosen Eingreifen des Militärs überstürzt. Sie sind recherchiert und nachgezeichnet worden vom Bibliothekar Alfred Fasnacht und dann besonders gründlich von der Historikerin Edith Hiltbrunner. Aus ihren Schriften wird ersichtlich, dass in Grenchen die lokale Streikleitung die Orientierung verloren hat. So ertappen wir nun ihren Anführer, Max Rüdt, dabei, sich der Verhaftung zu entziehen. Wie ein Tier, das im Fluchtreflex keine klare Richtung, sondern an ihrer Stelle nur ein Fort aus der Gefahrenzone kennt, ist auch er zunächst aufs Geratewohl unterwegs. Wir haben den 14. November. Donnerstagabend.

Hatte er, Rüdt, nicht am frühen Morgen schon ein mulmiges Gefühl? Dieser ärgerliche Streit um die Benützung der Volksküche. Das hatte gerade noch gefehlt, dass das Militär sie in Beschlag nahm. Der Konflikt war ihm eingefahren. Auf der einen Seite die Empörung ob solchem Anspruch, verbunden mit dem Ärger über den Nebenschauplatz, aus dem sich nur Komplikationen ergeben konnten. Einigen der Streikenden, die nicht nur hungrig waren nach Essbarem, war Radau zuzutrauen, und sie erwarteten von ihm, Rüdt, dem Chef der Volksküche, dass er sie in ihrer Entrüstung unterstützte. Auf der anderen Seite Parteigenosse Guldimann, der als Ammann von Amtes wegen verpflichtet war, die einquartierten Truppen zu verköstigen, und auf Rüdts Loyalität zählte. Die Angelegenheit war dazu angetan, auch den Rest der möglichen Schlafstunden gründlich zu vertreiben. Völlig zermürbt stieg er, Rüdt, in aller Herrgottsfrühe aus dem Bett. Er hatte nur den Anzug abgelegt; den zog er nun wieder an und begab sich zum Badhaus, um notfalls zum Rechten zu sehen. Das Herdfeuer unterm Kochkessel brannte, Feuerholz lag daneben, das Hafermus dämpfelte vor sich hin, das erweiterte Personal war gerade dabei, sich von allen Seiten her einzustellen. Auch drei Landstürmler vom Bewachungsaufgebot waren für die Küche abkommandiert. Der Koch traf verspätet ein. Er stellte sein Fahrrad hinterm Haus ab und schlich herein. Keiner von den Radaubrüdern da? Sie wollen mich verhauen, wenn ich für die Truppe koche.

Wer sagt denn sowas?

Der Marti.

Keine Sorge, entgegnete Rüdt. Und guten Tag dir. Er wartete eine Weile, während der Tee aufgegossen wurde, und bekam schon mal einen Becher voll.

Nimmt mich bloss wunder, was heute das Mittagessen sein soll, seufzte der Küchenchef. Ich habe weder Direktiven noch Material. Die Kartoffeln hätten bestenfalls für unsere Bezüger gereicht.

Von den Jungburschen keine Spur. Merkwürdig. Die nützten offenbar aus, dass sie länger schlafen konnten. Also auf zur Bündengasse. Hager sass unterm Licht, die Arme auf dem Tisch, das Gesicht auf einem Handrücken, die Brille schief auf der Nase, und schnarchte. Ein Blick aufs Protokoll ergab zwei einsame Einträge für die gesamte Nacht. *22:10 Gschtürm der Jungburschen wegen Abtretung der Volksküche an die Truppe. Marti fragt nach dem Präses, wird zum Stadthaus geschickt. 24:00 Übergabe der Telefonwache an Hage*r. Von Hager keine Einträge. Die Nächte sind eh allesamt ruhig verlaufen. Es war eine gute Massnahme, die Wirtschaften nach zwanzig Uhr schliessen zu lassen. Nun hätten sich aber allmählich die Mitglieder der Streikleitung zur allmorgendlichen Orientierung einfinden sollen. Ja doch, vereinzelte trafen ein. Wo sind die anderen? Schulterzucken ringsum. Rüdt legte den Hut auf den Tisch, lüpfte das Cape und liess sich auf den Stuhl fallen. Man wartete. Ein Anruf schreckte alle auf. Guldimann. Die Truppe habe eingesehen, dass die Einrichtung der Volksküche nicht genüge, um mehr als zweihundert Mann zu bekochen. Eine günstigere Lösung zeichne sich ab, man verzichte auf die Badstube. Ab Mittag, Max, haben wir wieder unsere Volksküche. Ist das gut so?

Rüdt hörte der Stimme die Erleichterung an, die er selber auch verspürte. Einem anderen an seiner Stelle wäre ein Gottseidank! entfahren. Die Änderung der Sachlage erübrigte eine Machtprobe mit den Streikenden aus Dölf Martis Umfeld und ermöglichte es, die Aufmerksamkeit ungeteilt auf die Tagesordnung zu richten. Stehen die Streikwachen? In welchen Betrieben brennt Licht? Hat der Landsturm die Barrikaden am Bahnhof weggeräumt?

Die nächste Störung liess nicht auf sich warten. Wer hatte soeben durch die Gasse herab oder herauf gerufen, der Streik sei abgebrochen? War irgendeine Meldung aus Bern eingetroffen?

Nein, die ganze Nacht still, versetzte Hager.

Du hast doch aber geschlafen.

Ich wäre erwacht, wenn das Telefon geläutet oder der Telegraf gerattert hätte.

Bewegung auf der Treppe und im Vorraum. Schulthess fiel schier mit der Tür ins Büro. Fertig Streik! verkündete er und schwang dazu eine Zeitung. Eben jetzt werden Gratisexemplare der *Nachrichten* im Dorf verteilt.

Tatsächlich, die Zeitung der Freisinnigen verlautbarte mit grosser Schlagzeile: *Streik abgebrochen.* Und darunter: *Bedingungslose Kapitulation des Oltener Aktionskomitees.*

Das kann nicht wahr sein.

Fehlte nicht viel, dass sich der Bote für seine voreilige Neuigkeit einen Anschiss einhandelte. Ein Anruf sollte Klarheit schaffen. Es war in der Tat merkwürdig, dass nun seit 24 Stunden Nachrichten und Anweisungen vom Komitee gänzlich ausgeblieben waren.

Die Leitung nach Bern sei unterbrochen, sagte das Fräulein vom Amt. Die Leitung nach Solothurn: auch unterbrochen. Wieso? Das Fräulein behauptete, keine Ahnung zu haben.

Inzwischen platzte schier das Büro aus den Nähten. Männer, die auch auf die Zeitung hereingefallen waren, drängten herein. Müssen wir die Arbeit wiederaufnehmen?

Dummes Zeug! Falschmeldungen, nur um euch zu verunsichern. Hütet euch vor den Tricks unserer Gegner. Ein Ende des

Streiks wäre uns vom Komitee mitgeteilt worden. Wir haben keinerlei entsprechende Nachricht. Das stimmt doch, Hager?

Gar nichts, bestätigte der.

Also, Genossen, vergesst den Klatsch. Erneut ein Versuch der Bürgerlichen, uns zu schwächen. Seht ihr. So läuft das. Wir wollen ihnen den Gefallen nicht tun. Wir ziehen auch diesen dritten Streiktag durch. Und zwar geordnet. Im Übrigen haben wir hier noch Sitzung.

Mit diesen Worten wurden die Eindringlinge hinauskomplimentiert. Stellt euch wie gewohnt auf dem Postplatz ein. Dort erfahrt ihr alles Notwendige.

Mit einem Seufzer liess er, Rüdt, sich auf den nächsten Stuhl fallen. Zum ersten Mal gab er sich keine Mühe, Anzeichen von Müdigkeit zu verbergen. Er suchte einen Mann, der an diesem Tag an seiner Stelle die öffentliche Ansprache halten würde. Man muss mitteilen, dass der Arbeitskampf weitergeht und vorankommt. Die Bürgerlichen versuchen, unsere Einigkeit und Entschlossenheit zu stören. Man muss unseren Leuten ein bisschen zureden, damit sie durchhalten. Muss sie mit Nachdruck ermahnen, dem Militär aus dem Weg zu gehen. Keine Provokationen. Auch nicht an den Bahnhöfen. Es fährt einfach kein Zug, basta. Mehr ist sonst nicht zu sagen. Ausser noch die dringliche Bitte, man möge ihm, Rüdt, an diesem Morgen etwas Ruhe gönnen. Wenigstens zwei drei Stunden zuhause. Die brauche er jetzt dringend.

Marti winkte ab. Gemeinderat Stämpfli trat einen Schritt zurück. Er versprach, sich über Verwandte in Biel nach dem Verbleib des Streiks zu erkundigen. Notfalls setze er sich aufs Rad und fahre hin. Genosse Rost? Nein, Rost war kein Redner, das sah Rüdt selber ein. Er stotterte bei der kleinsten Aufregung. Keiner erklärte sich bereit. Was ist los mit euch? Habt ihr Schiss?

Nein, nein, du kannst das besser. Die Leute wollen dich hören.

Besonders die Frauen.

Diese Bemerkung machte einer im Rücken von anderen.

Dass die Männer von Drohungen eingeschüchtert seien, traf

aber wohl zu. Es sprach sich herum, dass eine Bürgerwehr gebildet wurde. Besitzer der geschlossenen Läden, Handwerker, Unternehmer taten sich zusammen. Sie wollten sich Genugtuung verschaffen für den finanziellen Schaden. Sie würden sich genau merken, wer im Streik welche Rolle spielte. Es gab die Zeit nach dem Streik. Der Alltag würde wieder einkehren, so oder so. Aber die Bürgerwehrler würden dafür sorgen, dass gewisse Leute noch lange die Folgen spürten. Aussperrungen. Entlassungen. Ja, es war unüberhörbar und unübersehbar, dass bei manch einem der Streikenden schon nach zwei Tagen der Eifer abgebrannt war. Der Reiz des Aufbegehrens war verpufft. In etlichen Stüblein nagte wie der Wurm im Holz die Sorge ums tägliche Brot. Würde der Lohnausfall zu verkraften sein? Und wahr ist: Die Streikkasse war für einen längeren Streik nicht versehen. Die Stimmung war bei den einen niedergedrückt, bei den anderen umso erregter. Und dass neuerdings welsche Füsiliere mit geladenen Gewehren in den Strassen patrouillierten, trug auch nicht zur Beruhigung bei. Nein, kein anderes Mitglied der Streikleitung war bereit, anstelle des erschöpften Streikleiters das Wort zu ergreifen.

Er machte sich auf den Weg zum Postplatz. Genau so viel Zeit, wie er unterwegs war, blieb ihm, seine Gedanken zu sammeln. Nein, er hatte weniger Zeit, denn unterwegs wurde er vom Schuhmacher angepöbelt. Maulaffen feilhalten, was? Arbeite, anstatt Leute aufzuhetzen!

Rüdt wandte sich ab und ging seinen Weg, aber die Gedanken liessen sich nicht auf die Rede konzentrieren. Zum ersten Mal glaubte er einen privaten Hass zu verspüren, einen, der ihm persönlich galt. Mit seinen politischen Gegnern hatte er kein Problem; öffentliche Auseinandersetzungen sind nun mal schonungslos, da fällt manch ein giftiges Wort, und er selber spart nicht beim Austeilen; aber es geht um die Sache. Der Schuhmacher ist ein Mann von der Strasse sozusagen, im Sommer steht die Tür zur Werkstatt offen, und wer vorübergeht und reinschaut, bekommt einen Gruss heraus und ein paar freundliche Worte, auch Rüdt. Was ist in den

Mann gefahren?

Auf dem Postplatz standen einige hundert Frauen und Männer. Sie hatten das Recht, informiert zu werden. Was geht da vor sich und wie weiter. An der Strasse und in den Fenstern wiederum nicht nur Streikende, sondern auch die speziell aufmerksamen Zaungäste. Sie würden sich merken, was in Aussicht gestellt wird und welche Anordnungen ausgegeben werden.

Rüdt sieht jetzt, da ihn auf der nächtlichen Strasse wenig ablenkt, umso genauer die Bilder, die sein Gedächtnis hergibt und die er an Ort und Stelle wahrnahm, ohne ihrer so recht innezuwerden. Und versteht auch schon, dass ein gerichtliches Nachspiel unvermeidlich sein wird. Die ersten Anzeigen von geschädigten Unternehmern laufen, und eben zu diesem Zweck waren kritische Ohren- und Augenzeugen vonnöten. Der eine und andere Balkongast und Haustürsteher hatte Notizblock und Bleistift dabei, um der Rede habhaft zu werden, so wie er, Rüdt, das als Journalist ja auch halten würde. Man war neugierig auf das, was er zu sagen hatte zu dem, was sich ihm zu jenem Zeitpunkt noch als gezielte Desinformation darstellte, nämlich zum Abbruch des Streiks, und er hat sich ja dann zweifellos vernehmlich genug geäussert. Im Fenster lehnte auch Ochsenbein. Der mochte zufrieden festgestellt haben, dass die Zahl der Zuhörer, gemessen an der vom Dienstagvormittag, kaum mehr die Hälfte betrug. Der geschrumpfte Haufen hat ihm gewiss schon mal weniger Angst eingeflösst, und falls es Zwischenfälle gab, standen ja jetzt noch ordentliche Soldaten in seinem Rücken. Auch in seinem, Rüdts, Rücken, nämlich vorm Posteingang. Zwei Füsiliere Gewehr bei Fuss mit grimmigen Gesichtern. Er, Rüdt, stellte sich wie gewohnt auf die Plattform vor der Post. Genossinnen und Genossen. Wie gewohnt redete er frei, aber er merkte gleich, dass ihm an diesem Vormittag die Sätze nicht so recht zufallen wollten. Wiederholt musste er sich neu besinnen, sich korrigieren. Er teilte zunächst mit, dass es gut um den Streik stehe. Man möge auf anderslautende Gerüchte nicht hören. Sie seien ein Mittel

265

der bürgerlichen Gegner, die Streikenden zu verunsichern. Er appellierte an das Vertrauen in die Streikleitung, die auf jeden Fall vom Oltener Aktionskomitee auf dem Laufenden gehalten werde. Noch sei alles offen. Das Oltener Komitee tage und halte beim Bundesrat das Verhandlungsangebot aufrecht. Glauben wir an die Morgenröte der gerechten Welt. Wir sind, wenn uns keine andere Wahl bleibt, bereit, den Streik bis zum Triumph der Arbeiterschaft fortzuführen. Hier in Grenchen wie in der ganzen Schweiz. Gegebenenfalls werden wir die Massnahmen verschärfen. Bleibt standhaft, Genossinnen und Genossen. So beschwor er, Rüdt, die Zuhörenden. Und man möge weiterhin die Ruhe bewahren. Auch der welschen Truppe gegenüber. Bloss keine Provokationen.

Aus der Menge rief jemand, in der Fabrik Kurth Frères hätten sich Arbeitswillige eingefunden. Wir kümmern uns darum, versetzte Rüdt. An den Bahnhöfen räume das Militär die Barrikaden weg, riefen andere. Kein Zug fährt heute durch Grenchen, antwortete Rüdt.

An sich selber gewahrte er eine ungewohnte Gereiztheit. Dem Zaungast von der Presse dürfte nicht entgangen sein, dass die Rede ungewohnt müde wirkte. Er hatte Notizblock und Bleistift eingesteckt. Ohne Handschuhe wurden die Finger klamm.

Und noch etwas. Das hätte ich jetzt fast vergessen: Die Küche arbeitet wieder für uns allein. Fürs Volk. Heute Mittag wird wieder eine Mahlzeit ausgegeben.

Die Jungburschen hatten schon angefangen, ihre roten Tücher zu schwenken und die Internationale zu grölen. Denen merkte man die Übermüdung auch an. Geh du voran, bat Rüdt den Genossen Schulthess.

Dass Beobachter zu den Zielen des Umzugs beordert waren, schuldete der Polizist den Unternehmern. Es galt, Präsenz zu markieren und Augenzeugen vor Ort zu platzieren. Jede Wahrnehmung konnte wichtig sein.

Doch auch ihm, dem Streikführer, wurden Neuigkeiten zugetragen, als er sich nach einer knappen Ruhestunde wieder auf dem

Platz zeigte. Es habe bereits wieder Szenen abgesetzt wie am Vortag. Am Vortag hatten sich Arbeiter den Buchhalter aus dem Atelier Stroun geangelt, hatten ihn beschimpft und an die Spitze des Zuges gestellt, wo er bis zur Entlassung auf dem Postplatz mitzumarschieren hatte. Er habe bereits Klage erhoben und allerdings auch zugegeben, dass er auf Befehl seines Patrons zur Arbeit erschienen sei. Kein Wunder, dass man nun erneut in die Gebäude eindrang, die Arbeitswilligen aus den Gebäuden zerrte und ihnen zeigte, wo ihr Platz sei, nämlich im Demonstrationszug. Von der Schalenmacherei wurde Sachschaden gemeldet. Türen eingebrochen, Stempeluhren von der Wand gerissen und demoliert. Das kann die Eiferer teuer zu stehen kommen. Und auf jeden Fall ihn, Rüdt, habe man allerorten vermisst.

Auch der Oberpolizist Ochsenbein habe ihn vermisst. In der Eintracht sei er nach tüchtigen Schlucken Weines über den Roten Rüdt hergezogen. Ein Ausbund von Hinterfotzigkeit, habe er ausgerufen, feine Manieren und geschliffenes Maul. Lächelt dich an und hat doch nur bolschewistische Phrasen im Kopf. Ruft nach vorne zu Ordnung und Zurückhaltung auf, doch nach hinten billigt er Übergriffe. Wenn es an ihm, Ochsenbein, läge: Diesen Kerl, den tollen Rüdt, den Unruhestifter, würde er eigenhändig packen und samt seinem Ziehsohn Marti auf einem Gaul die Bahnhofstrasse hinab und zurück führen.

Die brühwarm kolportierte Tirade hat ihm, Rüdt, zu jenem Zeitpunkt keinen Eindruck gemacht. Er hatte keine Ahnung, dass der Wutausbruch sich so schnell in eine reale Bedrohung wenden würde.

Was die angerichteten Schäden betrifft: Es war unmöglich, an allen Fronten gleichzeitig zugegen zu sein. Hatte man nicht eben deswegen die Verantwortlichkeiten aufgeteilt? Doch nicht einmal die Mitglieder der Streikkomitees hielten sich an die Vereinbarungen, geschweige denn die Hitzköpfe unter den jugendlichen Genossen. Es war schwierig, die klare Linie beizubehalten. Wir machen hier keinen Salonstreik. Wir meinen es ernst. Und den Herren soll es gerne ein bisschen ums Leben bang sein. Es gibt Arbeiterinnen und Arbeiter, bei denen es jeden Tag ums nackte Überleben geht. So tönte es im Büro der Streikleitung.

Schon am ersten Tag kamen übrigens die Streikbrüche zur Debatte. Man war in Fabriken und Ateliers auf Leute an der Arbeit gestossen. Die Streikposten hatten vergeblich versucht, sie zu hindern. Auf Schlupfwegen waren sie umgangen worden. Lässt sich Solidarität erzwingen? Muss man die Streikbrecher aus den Fabriken holen? Diese Frage stellte sich ganz konkret. Dölf zum Beispiel wollte unzimperlich umgehen mit den Arbeitswilligen. Das gab Anlass zu einer hitzigen Debatte zwischen den Hardlinern, auf deren Power man nicht verzichten wollte, und den Besonneneren, die mehr als den Moment ins Auge fassten. Darum hat auch er selber, Rüdt, unterschiedliche und wohl auch missverständliche Signale ausgesandt. Er war überrascht und persönlich betroffen, dass es Leute gab, die nicht mitmachten. Er hatte sich geweigert, von vornherein in Betracht zu ziehen, dass manche sich dem Streik nicht anschliessen würden. Sind wir nicht alle *ein* Mann? Wo es doch jetzt draufankommt. Wo doch jetzt unsere Stunde geschlagen hat.

Sind wir aber nicht alle dringend auf den Lohn angewiesen? fragten Stimmen dagegen. Haben nicht viele von uns den Arzt und teure Medikamente zu berappen? Ein Katholik ist Mitglied der christlichen Gewerkschaft, und die nimmt am Streik nicht teil. Ein älterer Mann hat damals, als er ausgesperrt war, keine Zuwendungen von den Gewerkschaften erhalten. Jetzt schaut er ganz allein für sich; die Gewerkschaften sollen ihm den Buckel runter.

Also, was machen wir, wenn morgen wieder Leute bei der Arbeit erscheinen?

Nicht so sehr die Tatsache des Streikbruchs war es, was Rüdt wütend machte. Es war in Wahrheit der hämisch grinsende Blick, dem er sich nach der Begegnung mit der Arbeiterin im Dorage-Atelier ausgesetzt sah. Im selben Atemzug war er froh, dass er selber und nicht einer der gröber besaiteten Männer die Streikbrecherin angetroffen hatte.

Die Mitglieder des Komitees erlaubten sich Kontrollgänge durch die Manufakturen, welche die Tore nicht geschlossen hatten. Die Arbeiterin versuchte, sich hinterm Geräteschrank zu verbergen. Rüdt zerrte am Ärmel. Christine! Warum versteckst du dich? Und zitterst? Ich tu dir nichts. Komm schon. Komm mit. Geh mit uns. Es geht um eine grosse Sache.

Die junge Frau kam zitternd hervor. Sie war verwirrt, hatte zündrote Wangen. Ich bin die einzige in unserer Familie, die Geld verdient. Wir sind fünf Mäuler. Wenn ich auch noch die Stelle verliere ...

Er wird wohl die Augen gerollt, den Mund verzogen und geschnaubt, dann aber sich brüsk zum Verlassen des Ateliers gewandt haben. Um in diesem Moment den Augenzeugen zu bemerken, den Inhaber des Ateliers, freisinnigen Kollegen im Gemeinderat. Sie standen Auge in Auge. Sollte Christine eine Falle gewesen sein?

Erst jetzt, in der Dunkelheit zwischen den in die Abendruhe versunkenen Bauerndörfern meldet sich dieser Verdacht. Solche Niedertracht hat er, Rüdt, nicht einkalkuliert; jetzt allerdings, im lichten Bewusstseinszustand, der sich einstellt, wenn der Körper müde und auf automatisches Funktionieren eingestellt ist, kann er sich die Fortsetzung der Szene vorstellen. Gut gemacht, Kleine, sagt der Patron, nachdem er, Rüdt, sich entfernt hat. Die junge Frau ist am Vortag in die Mange genommen worden, so, wie andere gefügige Leute von ihrem Patron auch bearbeitet worden sind. Du kannst doch deinen Zahltag brauchen, nicht wahr? Kann deine Familie auch einen Zuschuss brauchen? Du hast nur zur Arbeit zu erscheinen, und zwar so, dass man dich reingehen sieht. Klar? Doppelter Lohn. Überleg's dir. Und dann ist sie erschienen und ist an der Streikwache vorbei zum Hintereingang geschlüpft. Was hat er zu dir gesagt? Red, du kleines Ding. Hat er dir gedroht, was? Hat er sich womöglich an dich rangemacht? Los, sag's nur.

Wer weiss, was der jungen Frau in diesem Moment dazwischengekommen ist. Seit der Begegnung im Musenhaus hat sie wiederholt seine, Rüdts, Wege gekreuzt. Das ist dem Redaktor wohl aufgefallen.

Ja, antwortet sie und weicht dem Blick des Chefs aus. Es steht nicht in den Sternen, was der mit dieser Antwort anstellt.

Noch einmal: Was machen wir, wenn wir morgen wieder Streikbrecher antreffen?

Dann holen wir sie raus.

Das war mehr eine ärgerliche Drohung als ein Beschluss, aber der draufgängerische Dölf hat sich diese Antwort offensichtlich nicht zweimal sagen lassen. Er hätte gern an diesem Tag schon ein paar Mal noch couragierter zugegriffen. Am nächsten hat er's dann mit seinen Leuten gründlich nachgeholt.

An Bettlach vorbei. Zwischen Selzach und Bellach rückt hinter Karbidlampen her ein Lastwagen auf. Rüdt weicht in die Dunkelheit aus. Ein Berna der Armee. Das Fahrzeug knattert vorbei, knallt ab und zu mit Fehlzündungen, verlärmt langsam in der Nacht. Hockten unter dem Verdeck Soldaten? Zwei Füsiliere mit aufgestelltem Gewehr einander gegenüber? Bringt man Verhaftete nach Solothurn? Oder die Leichen?

Drei tote Männer. Herrgott, wenn das wahr ist! Musste das sein? Wozu? Offenbar keiner von den Gewerkschaften oder der Partei. Er, Rüdt, wird sie also wohl nicht gekannt haben. Trotzdem. Der Vorfall empört ihn. Was hat das welsche Bauernaufgebot in Grenchen überhaupt zu suchen? Verdankt sich das Aufgebot den Obrechts? Hocken doch die mit der Armeeführung zusammen unter einer Decke.

Die Schüsse haben gerade noch gefehlt. Wer hat sie zu verantworten? Wo doch alles so gut begonnen hat. Mit der Rede am Dienstag, auf die er durchaus stolz ist. Mit dem grossartigen Umzug. Und alles verlief ruhig, genauso eben, wie es beschlossen und angeordnet war. Die Probleme sind mit dem Militär eingezogen.

Mit dem Truppeneinsatz war zu rechnen. Für grosse Aufregung hat die Mobilisierung darum zunächst nicht gesorgt. Der Gemeindeweibel stellte sich mit seiner Trommel auf den Postplatz und den Männern entgegen, die soeben in Gruppen vom Umzug zurückkehrten. Der Landsturm war angesprochen, die 41- bis 48-jährigen Wehrpflichtigen. Manche von ihnen fluchten. Von Verweigerung war die Rede. Er, Rüdt, hat den Wehrmännern nahegelegt, den Einrückungsbefehl zu befolgen. Sollten sie dann konkret Befehle erhalten, gegen die Arbeiterschaft tätlich vorzugehen, sollten sie den Gehorsam verweigern. So hat es das Oltener Komitee angeordnet. Die meisten Männer gingen nach Hause und holten ihre Ausrüstung von der Diele. Klar, das Aufgebot hat uns genau die erfahrensten Männer entzogen und dem Militärstrafrecht unterstellt. Dass aber die Kompanie in der Wohngemeinde stationiert und eingesetzt wurde, hat handkehrum die Dinge auch wieder entschärft. Die Soldaten an den Bahnhöfen sind in Zivil Mitglieder der Gewerkschaften, unter ihnen sogar zwei Mitglieder im Streikkomitee. Auf sie kann sich die Armeeführung nicht verlassen. Entsprechend hat er, Rüdt, in seiner Rede vom Mittwoch den Umgang mit dem Militär thematisiert. Er hat die Zuhörenden aufgefordert, die im Ort stationierten Landsturmtruppen als Kameraden zu betrachten.

Hänggi, so heisse der Hauptmann. Rüdt kennt ihn nicht. Der Kommandant habe den Auftrag bekommen, für die Aufrechterhaltung von Ruhe und Ordnung, für den Schutz des öffentlichen und privaten Eigentums sowie für den Schutz der Arbeitswilligen zu sorgen. Mit dem Ammann sei vereinbart worden, die Bewachung auf die beiden Bahnhöfe, das Post- und das Bankgebäude zu beschränken. Erstens aber kommt das Fressen. Es war klar, dass die Gemeinde für die Verköstigung der Truppe aufkommen musste. Die Volksküche im Badsaal lag nahe. Seit gerade mal einer Woche ist sie in Betrieb. Ein ehemaliger Truppenkoch, sechs arbeitslose Männer und vier Frauen bereiten Mittagsmahlzeiten und teile am Abend eine Suppe aus. Ja, habe Ammann Guldimann gesagt, die Küche stehe dem Landsturm zur Verfügung. Die Mehrzahl der Soldaten seien eh Einheimische.

Er, Rüdt, Präsident der Volksküchenkommission, hat erst am folgenden Morgen vom Fait accompli erfahren. Noch vor dem Sechsuhrläuten stürmten aufgebrachte Männer das Büro, darunter ein paar von den Jungburschen. Sie berichteten, was sich am Vorabend ereignet hatte. Die Volksküche werde vom Militär belegt. Die Bedürftigen aus der Gemeinde seien vergeblich angestanden. Musst du da nicht einschreiten?

Ja, da hatte er ein Wort mitzureden. Die Volksküche ist mein Ressort, versicherte er, setzte sich an den Tisch und stellte hastig auf einem Blatt aus dem Notizblock eine handschriftliche Anweisung aus. Sie widerrief alle Befehle, die von amtlicher Seite für die Volksküche ergangen waren, und forderte das Personal auf, ausschliesslich für die Bezüger aus der Gemeinde zu arbeiten. Das Militär habe für sich selbst zu sorgen. Mit dem unterschriebenen Papier liefen die Männer zum Bad-Saal. Die Truppe habe sich aber durchgesetzt und unter Beschimpfungen und Anrempeleien die Verpflegung gefasst. So die Nachricht, die postwendend zurückkam. Unterwegs zur Versammlung auf dem Postplatz stellte er, Rüdt, den Ammann. Der redete von einer organisatorischen Panne. Die Soldaten hätten offenbar dreist zugegriffen. Es sehe so aus, als hätten einige die Gelegenheit genutzt, sich wieder einmal vollzuschlagen. Dass für die Kostgänger der Gemeinde nichts mehr übrigblieb, sei bedauerlich. Aber das lasse sich ändern. Der Koch brauche mehr Leute und mehr Lebensmittel.

Unsere Bedürftigen müssen für ihre Mahlzeit zahlen, die Soldaten bekommen sie gratis. Manche unter ihnen sind von Haus aus nicht bedürftig. Findest du das in Ordnung?

Der Ammann schlug einen Kompromiss vor. Man könnte die Mahlzeit den Notleidenden gratis abgeben, solange die Kompanie mit verpflegt werden müsse. Auf die paar Dutzend Mäuler mehr oder weniger komme es nicht an. Der Vorschlag musste allerdings vom gesamten Gemeinderat abgesegnet werden. Er, Guldimann, kümmere sich darum.

Wie du willst. Mit heftigen Protesten der Jungburschen war allerdings zu rechnen. Einer von ihnen hat dann sogar auf dem Postplatz die Rede unterbrochen. Was geschieht nun mit der Volksküche? rief er aus der Menge heraus.

Wir werden eine Lösung finden. Die Soldaten sind ja auch unsere Leute.

Die Armee besetzt unser Dorf. Das hier ist eine richtige Besetzung. Und wir sollen dafür auch noch aufkommen? Wir haben selber nicht genug. Die dürfen sich nicht auf unsere Kosten aus unserer Küche verpflegen. Kommt nicht in Frage. Wir werden dafür sorgen, dass die Küche nicht mehr für die Armee kocht.

Zustimmung und Murren liefen unüberhörbar durch die Menge auf dem Postplatz. Die Entrüstung war nachvollziehbar. Entbehrung, ja sogar Hunger: das grosse Thema halt für allzu viele Leute im Dorf. Man hätte die Lebensmittelversorgung an die Spitze der Streikforderungen stellen müssen. Damit hätte man auch die Eingeschüchterten angesprochen, denen die Kraft kaum noch zum Aufbegehren reicht. Die Volksküche ist ein gutes Projekt. Sie verspricht, so etwas wie ein Auffangnetz zu sein für diejenigen, die am meisten Not leiden. An diesem Punkt sind die Leute jetzt empfindlich. Weniger, weil sie sich mit den Betroffenen solidarisieren, mehr, weil sie befürchten müssen, selber bezugsbedürftig zu werden, und nun besonders, weil das Militär an diese gemeinnützige Einrichtung rührt. Das Militär ist der verlängerte Arm der Regierung und so verhasst wie sie. Darum der Aufruhr. Er konnte sich am Ende gegen die Landsturmsoldaten wenden. Es galt also jetzt die Wogen zu glätten.

Wir machen das schon. Regt euch nicht auf. Bleibt besonnen.

Vor Solothurn wird es heikel. Rüdt kennt keine Route hinter der Stadt vorbei. Er muss die Quartiere am Nordrand durchqueren. Zu dieser späten Stunde fällt ein einsamer Fussgänger auf. Es ist ja auch gespenstisch still an der Grenchenstrasse. Und am Herren-weg. Da und dort brennt Licht, aber die Strasse ist dunkel. Und so still ist es, dass man eine Patrouille hören würde. Das Schuhwerk ist genagelt. Es gibt Stellen, an denen Rüdt zwischen Gartenmauern gefangen wäre. Da beschleunigt er seine Schritte und müsste sich inzwischen auf der Höhe des Friedhofs befinden. Von da aus gibt es einen Karrweg nach Feldbrunnen hinaus. Er zieht die Taschen-uhr aus der Westentasche, klappt den Deckel auf, kann aber das Zifferblatt nicht lesen. Es muss nach zehn Uhr sein.

Das Flugblatt beschäftigt ihn. Die Falschmeldung. Wär zu schön ge-wesen, wenn tatsächlich das Solothurner Bataillon 90 in Zürich auf die Kavallerie geschossen hätte. Es brauchte ja niemand verletzt zu werden. Ein paar Pferde erschreckt und im Übrigen einfach die Verlautbarung: Wir sind nicht einverstanden. Das hätte genügt. Nun wird man mir vorwerfen, meine Leute absichtlich falsch infor-miert zu haben, um die Stimmung aufzuheizen. Wie dumm, einem Gerücht aufgesessen zu sein. Wahr ist, dass die Verlautbarung, das Solothurner Bataillon 90 habe in Zürich auf die Kavallerie geschos-sen, tosenden Beifall erhielt. Denen haben wir's gegeben. Den Her-ren und Bauern. Wir, die kleinen Leute aus dem arbeitenden Volk, haben's denen gezeigt.

Ein Hund gibt an, ein anderer antwortet. Die ersten Häuser von Feldbrunnen. Rüdt schaut zu, dass er weiter ist, sollte jemand auf-merksam geworden sein und zum Rechten schauen wollen. Der Dorfbrunnen liegt im Laternenlicht. Das Plätschern weckt den Durst. Aus den Händen rinnt das geschöpfte Wasser unter die Man-schetten. Für eine Weile setzt Rüdt sich auf den Trograd und gibt acht, dass er den Saum vom Cape nicht ins Wasser tunkt.

Ja, die Emotionen gingen hoch. Leider trifft auch zu, dass sich die Zuhörerschaft auf den harten Kern reduziert hatte. Wohl blieben sämtliche Fabriken geschlossen, aber die Polizei hatte weniger Mühe, die Demonstranten zu zählen. Die Züge fuhren nicht, viele

Auswärtige blieben zuhause, und andere standen bereits unter der Fahne. Um nun Unmut hier und Aufregung dort in geordnete Bahnen zu lenken, war es ratsam, die Versammlung erneut zum Umzug aufzufordern. Er selber, Rüdt, angelte sich den Tambour, flankierte ihn mit den Fahnenträgern und ging voraus. Es zeigte sich, dass das Ende des Zuges zerbröselte. Leute bogen links und rechts in die Gassen ab, sodass Ochsenbein noch etwa 200 Mitwirkende gezählt und unter ihnen die Jungburschen und einige Mitglieder der Streikleitung verzeichnet haben mag. Es war Ehrensache, die Arbeiter anzuführen, obwohl es ihm, Rüdt, materiell wesentlich besser erging als den meisten unter ihnen. Allerdings sollte es ebenso Ehrensache für die Gewerkschafter und übrigen Arbeiter sein mitzumarschieren, und zwar nicht ihm hinterher, nicht ihm zuliebe, sondern um einander den Rücken zu stärken, um sich gegenseitig Mut zu machen und der Entschlossenheit zu versichern. Das ist Solidarität. Der aktuelle Zug der Streikenden war aber bei weitem nicht so eindrucksvoll wie der vom ersten Tag und damit eine Enttäuschung. Er, Rüdt, fühlte sich persönlich im Stich gelassen. Abermals wurden Leute bei der Arbeit entdeckt. Sie waren trotz der Streikwachen in die Fabrik geschlüpft. Raus mit ihnen! Die Streikbrecher werden aussagen, sie seien beschimpft, ins Freie gezerrt und gezwungen worden, im Umzug mitzugehen. Freiheitsberaubung mag sich das nennen, sobald man einen einschlägigen Anwalt zur Verfügung gestellt bekommt. Der Uhrenladen hatte geöffnet, die Verkäufer hat man rausgeholt. Und ebenso die Angestellten aus dem Dorage-Atelier. Dass auf dem Rückmarsch Fensterscheiben in Brüche gingen, war dann doch zu viel. Wir wollen, dass die einflussreichen Leute zu uns herschauen und zu unseren berechtigten Anliegen. Wir wollen, dass sie zur Kenntnis nehmen, wie viele wir sind und was für eine geballte Kraft wir alle miteinander bilden. Wir verlangen ihren Respekt. Wenn ihr ihnen aber die Scheiben einschlagt, dann weichen sie zurück in den Fenstern und sehen und respektieren uns nicht. Das müsst ihr begreifen und beherzigen. In diesem Sinne entschuldige ich mich bei den Geschädigten für den

Vorfall. Für den Schaden werden wir aus der Streikkasse aufkommen. Wer ab jetzt mutwillig Sachschaden anrichtet, haftet persönlich. Geht nach Hause, und morgen treffen wir uns wie gewohnt um neun!

Rüdt stemmt sich vom Brunnenrand hoch, streckt den Rücken, zieht vor der Brust das Cape zusammen und nimmt seinen Marsch durch die Nacht wieder auf.

Wo steckten eigentlich die Mitglieder des Komitees? Dölf, der jüngste von allen, musste nachschlafen, der Nestor hat zwei kranke Enkelkinder, zu denen er wieder einmal schauen muss, der dritte hat Lust, mal kurz nach zu Biel fahren, um zu schauen, wie's dort laufe. So war's nicht gemeint mit der Aufteilung der Verantwortlichkeiten und der gegenseitigen Vertretung. Auch er, Rüdt, hatte noch andere Obliegenheiten. Den Schulrat zum Beispiel. Am frühen Nachmittag nahm er an einer Sitzung teil. Es ging um die Wiederaufnahme des Unterrichts. Die Grippe scheine abzuebben, fanden einige Räte. Klar, dass man die Kinder von der Strasse und vom Anschauungsunterricht fernhalten wollte. Der Antrag wurde aber vorläufig abgelehnt.

Zurück an der Bündengasse, wo er das Streikjournal konsultieren wollte, erfuhr er, Rüdt, dass man im Begriff stand, am Bahnhof Süd einen Zug nach Biel zu stoppen. Wer hat das angeordnet? Anweisung der Streikleitung in Solothurn. Dölf, offenbar ausgeschlafen in der Zwischenzeit, habe sie entgegengenommen und sei mit ein paar Dutzend Männern losgestürmt.

Schon der erste Überblick machte klar, dass da kein Zug mehr verkehren würde. Postkarren, Ziegelsteine, Bretter blockierten die Geleise. Im Moment allerdings ging es offensichtlich friedfertig zu und her, denn das Häuflein von Streikenden posierte für ein Gruppenbild mit Landsturm. Der Fotograf stand mit seinem Stativ auf den Gleisen. Sowie nun der Bahnmeister ihn, Rüdt, entdeckte, eilte er quer durchs Bild, drang auf ihn ein und beschwerte sich über

Beschimpfungen und Drohungen, die ihm und seinem Stellvertreter zuteilgeworden seien. Gleich waren die beiden umringt von einem Schwarm ziemlich lauthalsiger Demonstranten.

Halt das Maul, Streikbrecher! Sonst kriegst du eins drauf.

Waren die Jungs nüchtern? Roch es da nicht verdächtig nach *Träsch*? Es galt zur Ordnung zu rufen. Zu anständigem Benehmen. Und dass das Bahnpersonal in Ruhe gelassen werde.

In diesem Moment rief der Bahnmeister aus. Er hatte die Rauchfahne der Lokomotive entdeckt. Der Zug musste in Bettlach angekommen sein. Er hatte zwar das Einfahrtssignal schliessen lassen, aber es konnte trotzdem ein Unglück geschehen, falls der Zug auf die Hindernisse auffuhr. Er stiess die Leute an. Die Geleise freigeben! Sofort! Dann lief er zum Büro. Heraus trat der Stellvertreter. Soeben sei Nachricht eingetroffen. Der Zug bleibe in Bettlach stehen. Gottseidank. So lautete das ehrliche Stossgebet nicht nur des Bahnmeisters. Der Fotograf aber formierte die aufgestörte Gruppe neu. Ein paar Streikende wollten die Barrikaden bewachen, damit sich nicht gleich der Landsturm darüber hermache. Meinetwegen, versetzte er, Rüdt, und wies die anderen an, nach Hause zu gehen und sich am Donnerstagvormittag wieder auf dem Postplatz einzufinden.

Schritt vor Schritt durch die Nacht. Riedholz. Flumenthal. Ausgangs Attiswil ist ein Hinterhof erhellt. Ein offener Abstellraum. Unterm Dach hängt eine Stalllaterne. Nicht nur das Licht würde einen Nachtschwärmer anziehen, sondern auch der würzige Geruch. Ein Mann hantiert neben dem *Chessi* mit dem kupfernen Aufsatz. Hinter ihm hockt auf einem Spaltstock eine zweite Person.

Guten Abend, sagt Rüdt und fügt, da die beiden Männer ihn erschrocken anstarren, hinzu, er komme nicht von der Alkoholverwaltung. Er wolle weiter.

Nach Wiedlisbach?

Ja, und ob er da richtig sei.

Haben dich die Eisenbahner verarscht? War nicht viel los in

277

diesen Tagen. Die Sozis hocken wohl auf den Weichen. Am besten der Bahnlinie entlang auf dem Wärterpfad. Schön gradaus. Gib auf den Zug acht, falls doch mal einer kommt. Und *ihaar* Wiedlisbach dann rechts runter zum Städtli. Suchst du ein Logis? Den »Schlüssel« kann ich dir empfehlen. Brauchst aber schon noch eine gute Stunde. Komm, nimm eine Stärkung. Bist du ein Handlungsreisender?

Nein, Redaktor.

Ach so. Was macht so einer?

Er schreibe für die Zeitung.

Was denn so?

Rüdt erachtet es als ratsam, keine genauen Angaben zu machen. Verschiedenes halt. Im Moment über das Ende des Krieges.

Die Männer geben sich eh zufrieden. Komm! Prost! Und dem Wirt, wenn du ihn aus dem Bett geholt hast, sagst du einen Gruss vom Gräub *Miggu*. Den kennt er.

Der Schnapsbrenner stösst seinen Kumpan, einen gebückten Alten, an und grinst. Auch der Alte zieht sein Glas durch den halbvollen Auffangeimer. Prost!

Ob er sich einen Moment setzen dürfe, fragt Rüdt, und er wolle keinesfalls bei der Arbeit stören.

Hock nöime-n-ab!

Der nächtliche Passant setzt sich auf eine der Obstharassen. Der Brand geht lauwarm über die Zunge und löst in der Kehle einen Husten aus. Das kommt davon, wenn man an Gebranntes nicht gewöhnt ist. Man schluckt zu vorsichtig. Brönz musst du auf der Zunge kosten. Luft drüberziehen, dass es so richtig in den Gaumen dampft, und dann runter damit. Fein, nicht wahr?

Ja, wirklich, das muss man dem Schluck lassen.

Berner Rosen. Die Apfelernte war ordentlich. Die Bäume haben gut getragen. Im Vergleich zum Vorjahr.

Der Alte füttert unterdessen den Kesselofen mit Kurzholz. Er hat's sichtlich im Rücken, denn er ächzt, während er sich runterbückt, und fährt mit der Hand ins Kreuz, als er sich langsam wieder aufbiegt. Wahrscheinlich der Papa hier, der mit seinem Sohn zusammen den Schwarzbrand besorgt. Oder ein Störbrenner. Der Schnaps rinnt in einem dünnen Faden in den Eimer. Die bewegte Luft, obwohl vom Verschlag weitgehend abgefangen und umgelenkt, verteilt den Geruch in Wellen.

Also dann, da hinaus, sagt der Brenner mit einer ausladenden Armbewegung, und nachher immer dem Gleis entlang.

Rüdt hat das Glas mit Dank zurückgereicht. Er fühlt sich müder als zuvor, da er sich hingesetzt hat, aber dafür warm bis in die Füsse.

Wiedlisbach. Und dann? Ist es Olten, wohin Rüdt zielt? Unterschlupf bei Jacques Schmid? Der ist zwar als Zeitungsmacher die linke Stimme, doch wo es um die Pickelarbeit vor Ort geht, hält er sich zurück. Das hat Rüdt in manchen Gesprächen begriffen. Er hört seinen Chef reden. Hör auf mit deiner internationalen Solidarität. Die Deutschen schauen für sich. Die Russen schauen für sich. Es ist gut, dass sie das tun. Und wir schauen für uns. Wir müssen Lösungen für unser Land suchen. Pragmatische. Der Kommunismus ist eine anspruchsvolle Weltanschauung. Unsere Arbeiter sind nicht reif dafür. Ebenso wenig wie die russischen und deutschen. Sie haben keine Ahnung, was das ist, Kommunismus. Sie verstehen das nicht. Sie handeln nicht aus dem Kopf heraus, sondern aus dem hohlen Bauch, was ja verständlich ist, und von der Hand in den Mund. Und die Hand, die ist leider ziemlich leer. Wir müssen an ihrer Stelle handeln, und das besonnen, Max. Wir sind zwar in der Mehrzahl, aber unsere Mittel sind beschränkt. Wir sollten sie ökonomisch einsetzen. In einem kompromisslosen Generalstreik würden wir uns verausgaben. Das bedenke, wenn du deinen Grenchnern mit Parolen einheizt.

Und nun gar um Obdach gebeten: Das würde den Genossen Chefredaktor schwer in Verlegenheit bringen. Rüdt wird sich hüten. Die nächsten Genossen, bei denen er glaubt, sich für den Moment sicher fühlen zu dürfen, finden sich in Basel. Sodass wir an dieser Stelle schon einmal das Erstaunliche verraten: Max Rüdt, von Polizei und Militär gesucht, erreichte zu Fuss die Stadt am Rheinknie.

Auf heutigen Strassen und Wanderwegen fast ein 100-km-Marsch und an die 24 Stunden. Auch wenn man bedenkt, dass Rüdt Aktivdienst geleistet und dabei wahrscheinlich wiederholt anstrengende Marschleistungen absolviert hat, und zwar mit Sack und Pack, ist das eine Anerkennung wert. Als Redaktor und Inhaber verschiedener Ämter war er zwar viel unterwegs, mit der Bahn zwischen Grenchen und Olten, bis Solothurn und Kurzstrecken auf dem Fahrrad, und im Übrigen ein Bürohocker ohne ausgleichendes Fitnesstraining. Seine physische Verfassung wird sich schnell herunternormalisiert haben, sodass es dabei bleibt: Alle Achtung!

Nehmen wir an, Rüdt habe die Landkarte einigermassen im Kopf: vor Oensingen links ab und hinein in die Klus. Dahinter Balsthal. Auf dem alten Römerweg hinauf zum Oberen Hauenstein. In Waldenburg könnte, wer die Sohlen durchgelatscht hat, aufs Waldenburgerli warten. Wohl möglich, dass es verkehrt. In Liestal endlich müsste Rüdt sich auskennen.

Solchen Plan gibt es aber erst ab hier. Rüdt wird, so wie wir das beschrieben haben, losmarschiert sein, bevor Ziel und Strecke festgelegt und im Kopf alles geklärt war, und bevor die Füsse im geeigneten Schuhwerk sassen. Und was trägt der Mann auf sich? Geld, jadoch, genug davon sogar, das meiste freilich nicht eigenes. Darüber hinaus weder Getränk noch Proviant. Er hat sich das Cape übergelegt, mit dem ihn die Fotos aus diesen Tagen zeigen. Auf dem Mann sitzt der blaudunkle Anzug. Das Hemd unterm Gilet war vor 24 Stunden noch weiss. Den papiernen Stehkragen hat Rüdt längst fortgeschmissen, den roten Binder aber anbehalten. Rot muss sein, auch in der Nacht, damit wir den Revoluzzer erkennen. Allerdings wird Rüdt den obersten Hemdknopf aufklauben, wenn der Schweiss klebrig feuchtet, und die Knopfleiste wieder zuhalten, wenn ihm gerade eine steife Brise an die Gurgel fährt.

Zunächst allerdings wird sich der nächtliche Passant vergegenwärtigen, dass er trotz den Marschstunden hinter sich und noch vor sich keineswegs im Begriff steht, eine Heldentat zu vollbringen. In seinem Verhalten spiegelt sich vielmehr die Ratlosigkeit gegenüber dem Fiasko. Der Boden unter den Füssen ist ihm entzogen. Die Arbeit von mindestens zwei Jahren für die Katz. Grenchen war reif, ein sozialistisches Fanal zu werden, ein Exempel für die arbeitende Bevölkerung im ganzen Land, die Keimzelle für eine gerechtere Ordnung und eine brüderliche Welt. Dafür hat er, Rüdt, sich eingesetzt aus Leibeskräften – und da läuft er nun, verraten von der eigenen Führung. Das Komitee in Bern habe kapituliert. Klein beigegeben. Was für eine Schande! Und in Grenchen sollen Ordnungstruppen drei Männer erschossen haben. Welch ein grotesker Dreh des Schicksals. So viel ist ihm, Rüdt, jetzt schon klar: Die Gegner werden einen Sündenbock brauchen. Sie werden ihn schnell erkoren haben und nicht zögern, ihn in die Wüste zu schicken. Eine Szene malt sich ihm vor das innere Auge: zwei Gefangene auf dem Gaul, Rücken an Rücken gefesselt, und wie die Leute staunen und grinsen und höhnen, und wie sie an der Bettlachstrasse Anna Maria herausholen, um auch ihr den Transport vor Augen zu führen. Das wäre seine grösste Schmach. Es war nicht leicht, diese Frau zu überzeugen. Sie war von Anfang an skeptisch. Er dagegen setzte alles aufs Spiel, auch die Ehe. Er wollte Anna Maria mit dem Erfolg überzeugen, wollte ihr mit dem Sieg des Proletariats imponieren. Ja, es galt den Helden in den Augen seiner Gattin. Und nun diese Blamage!

Rüdt vergisst nicht zu erwägen, wie Ochsenbein, zwar von überaus imposanter Gestalt, es denn hätte schaffen sollen, zwei widerstrebende Personen auf ein Pferd zu bringen. Er hätte seine Gehilfen anstellen müssen. Dass ihm solche eifrig zu Diensten gestanden hätten, steht allerdings ausser Zweifel. Rüdt sieht gleichzeitig die gespenstige Irrationalität der Vorstellung und die Demütigung, wenn sie ihn gegen alle Unwahrscheinlichkeit als Realität träfe. Er sieht sowohl die Situation, die ihm Angst bereitet hat, als auch den

Mann, den die Angst befiel. Ja, ich gebe zu, ich bin ein Feigling und ein Versager obendrein, aber es kann mich trotzdem keiner hindern, jetzt diesen Schritt zu tun und diesen nächsten. Ich bin ein Versager, weil mir das Ausmass der Maschinerie entgangen ist, die sich gegen die streikende Arbeiterschaft in Bewegung setzen lässt. Die Mächtigen sind aber nicht an sich mächtig. Macht verleiht der Mangel an Solidarität unter den Beherrschten. Er sichert die Übermacht der Starken. Und besonders ärgerlich ist übrigens der Mangel an schlauer Selbstkontrolle. Sobald die Leute als Masse auftreten, verdummen sie. Anstatt sich bei aller gezielten Auffälligkeit diszipliniert zu verhalten, liefern sie dem Gegner Vorwand einzugreifen. Haben wir nicht zu geordnetem Auftritt aufgerufen? Habe ich nicht speziell die widerborstigen Jungburschen in die Pflicht genommen? War nicht Dölf der Mann, sie im Zaum zu halten?

Du hast stets gewarnt, Annemie. Auf die Leute ist kein Verlass, hast du gesagt. Sie benutzen dich, und wenn's heiss wird, lassen sie dich wieder fallen wie eine Pellkartoffel. So sind die Menschen, auch diejenigen, die du als deine Freunde und Mitstreiter betrachtest. Glaubst du, sie meinen dasselbe wie du, wenn sie dir das Wort Solidarität nachplappern? Die verstehen darunter, dass Leute wie du, die es nicht nötig hätten, für sie den Kopf herhalten.

Der Fotograf hatte die Gelegenheit erfasst. Ein Bild von Herrn Redaktor Rüdt, rief er. Die Soldaten, die zur Bewachung an den Bahnhof abgestellt waren, die zurückgebliebenen Streikenden und ein paar Kinder unter den wenigen noch anwesenden Gaffern schauten zu, wie der Fotograf den Streikleiter und dessen Stellvertreter inszenierte. Auf den Gleisen jeder hinter einem Steinblock. Blick voraus! rief der Fotograf, ehe er sich unters Tuch bückte. Nicht mehr bewegen! Ein Vorzeigebild fürs Album, vielleicht dereinst ein Konterfei für Wahlplakate. Als Präsident der Streikleitung in Grenchen stand Max Rüdt im Begriff, sich einen Namen weit über das Leberbergische hinaus zu machen. Er hatte sich vorstellen können, seinen Redaktionskollegen Jacques Schmid in den Nationalrat zu begleiten. Warum sollten ihm nicht in zwei Jahren oder früher schon die vereinten Stimmen der Partei und der Gewerkschaften zum Sprung nach Bern verhelfen? Nicht alle altverdienten Kämpen der Partei würden ihm den Steigbügel halten wollen, soviel ist klar, doch er, Rüdt, hat die Jungen hinter sich, die Kämpferischen, denen er eine Vision anbietet. Das hält er sich vor Augen, während er den Blick voraus so lange bewahrt, bis der Fotograf das Bild auf der Platte hat. Aber plötzlich sieht die Welt anders aus, so nämlich, wie sie nach einer Niederlage auszusehen pflegt, verwüstet, und über dem Wrack hängt der Geruch nach eingeäscherten Parolen. Den Prügelknaben zumindest habt ihr ja nun, nicht wahr, enttäuschte Genossen, mutlose Jungburschen.

Auf den heutigen Betrachter wirkt übrigens der Mann auf dem Foto nicht besonders zuversichtlich, aber wenigstens entschlossen, und so ungefähr hält er denn auch durch die Nacht seine Schritte voraus. Am Eisenwerk vorbei. In einem Teil der Anlagen sind die Lichter an. Auch in einigen der Arbeiterwohnungen. Vielleicht liegen da Kranke. Der üble Rauch macht die Kinder husten. Alt-Falkenstein zeichnet sich düster gegen das nächtliche Wolkengrau ab. Mit Annemie hat er einmal vom Bergfried auf die Dächer der »von Roll« hinab und hinaus ins Mittelland geschaut.

Was mag Anna Maria denken? Eigentlich keine Frage. Sie wird die Flucht als Schwäche auslegen, und nichts verachtet sie mehr als Anzeichen von Schwäche. Weil sie seine Ansichten nicht teilt, akzeptiert sie sie nur, solange er damit Erfolg hat. Darum hat er's schwer neben ihr. Er darf nicht klein beigeben.

Man wird sie ausfragen, sobald sie heimkommt. Wo ist Ihr Mann?

Ja, das hätte sie auch gern gewusst.

Haben Sie Kontakt mit ihm? Hat er Ihnen mitgeteilt, wohin er gehen würde?

Ob sie womöglich im Zug sass, der in Bettlach angehalten wurde? Dann wäre sie allerdings am selben Abend noch eingetroffen, zu Fuss halt. Sie hätte dann entdeckt, dass die Wohnung durchsucht worden ist. Der Sattler wird der Polizei Zugang verschafft haben, damit sie nicht etwa die verschlossene Tür aufbrach und Schaden anrichtete. Es gibt nicht viele Schlupfwinkel in dieser bescheidenen Etagenwohnung. Man wird auch den Lattenverschlag im Estrich inspiziert haben und den Keller mit den leeren Hurden und dem kleinen Kohlenvorrat. Nein, da steckt der Gesuchte nicht. Auch nicht in der Wohnung im Erdgeschoss, die der Sattler mit seiner Familie belegt. Hätte ja sein können, dass Neukomm aus Solidarität seinen Mieter versteckt.

Anna Maria ist ratlos. Sie ist eben erst aus Luzern angekommen. Die Fahrt war umständlich, es hat mit den Verbindungen nicht geklappt. Der Polizist nimmt der Frau die Ahnungslosigkeit und auch die Sorge durchaus ab. Er ist Insider; wer klatscht nicht im Dorf über die Rüdts und dass die Frau vielleicht gar nicht so übel wäre abgesehen von ihrem Mann. Aber leider kann er seinerseits nun ihr nicht weiterhelfen. Niemand weiss, wo Rüdt sich aufhält. Wird aber bald aus seinem Mauseloch kriechen, keine Angst!

Während auf der Strecke Solothurn-Biel der Güterzug liegenblieb, setzte sich in umgekehrter Richtung ein Lastwagenkonvoi unerbittlich durch. Aufgeregte Streikende berichteten davon im Büro. Ein ganzes Bataillon unterwegs, und von drei Ladebrücken seien an die 50 Mann abgestiegen, welsche Füsiliere. Man habe sie sofort umringt und danach die Weiterfahrt der restlichen Fahrzeuge behindert, indem man sich vor sie stellte. Ein Major habe jedoch den Fahrern befohlen, anzufahren, *sans tenir compte*, und schnell Geschwindigkeit aufzunehmen.[20] Die Demonstranten seien zurückgesprungen und hätten natürlich nicht nur hinterher geflucht, sondern umso vehementer nun auch die abgesessenen Soldaten beschimpft, die ein Biwak machten und verpflegt werden wollten; sie hatten offenbar noch nichts zu beissen bekommen an diesem Tag. Ihr Leutnant habe sich angeschickt, sich darum zu kümmern.

Aus gutem Grund hätten sich unter Dölfs Anführung die Jungburschen vors Badhaus gestellt. Die Küche sei für das Militär
geschlossen, hätten sie dem Leutnant beschieden und ihm den
Zugang versperrt. *Pour l'armée suisse c'est fermé ici.*

Der Fortgang der Ereignisse war im Ammann-Amt zu erfahren. Der französischsprachige Leutnant schien nicht zu wissen, wer
hier der zuständige Kommandant sei; er erkundigte sich beim
Landsturm und landete schliesslich bei einem Major. Tatarinoff.
Ach so, auch der im Aufgebot. Ein zugewanderter Russe und Lehrer
an der Kantonsschule. Und der also fühlte sich zuständig? Er habe
sich auf jeden Fall sofort beim Ammann eingestellt und nach dem
Motto »Mein Wunsch ist Ihnen Befehl« darauf bestanden, dass die
Volksküche dem Militär erneut zugänglich gemacht werde. Er habe
auch gleich den Tarif erklärt. Er würde notfalls die Einrichtung militärisch in Beschlag nehmen lassen. Interessant, wie sich gewisse
Herren gebärden, sobald sie Uniform anhaben. Dass es Stunk geben könnte, war dem Ammann diesmal sofort klar. Mit dem Kompromiss vom Vormittag liess sich bestenfalls noch das Maul des Pa-
pierkorbs stopfen. Darum bestellte er eine Abordnung des Streikkomitees aufs Amt. Den Genossen Rüdt sowieso. Den Präsidenten
der Volksküche wollte er nicht noch einmal vergraulen. Marti war
nicht aufzutreiben; kein Wunder, der übte zusammen mit seinen
Jungburschen aus aktuellem Anlass sein Klosett-Französisch. Der
Ammann zeigte sich besorgt. Es gehörte zu seinen Obliegenheiten,
für Truppen Quartier und Verpflegung zu gewährleisten. Eine
Machtprobe mit dem Militär wünschte er nicht. Sie würde nur zu
negativen Schlagzeilen führen. Er jedoch, Rüdt, hatte keine Freude
am nervigen Nebenschauplatz. Dass er nun den Wisch vom Morgen
bis zum letzten Strich zurückbuchstabierte, geschah aber vor allem
aus persönlichem Respekt gegenüber dem Ammann.

Inzwischen hatten sich die Jungburschen gegenseitig ihre un-
nachgiebige Haltung in den Kittel versprochen. Die Volksküche gehört dem Volk. Und wenn sie weiterhin von der Truppe benützt
werden sollte, gibt's Radau. Mit diesem Beschluss marschierten sie

stracks zum Streikbüro und erfuhren dort, wo sich die Streikleitung befinde. Kurz darauf standen auch sie im Gemeindehaus, und ein paar von ihnen drängten Dölf vor sich her ins Büro. Dass man dem Druck des Militärs nachgebe, wollten sie nicht tolerieren. Noch einmal: die Volksküche gehört dem Volk, nicht dem Militär. Und schon gar nicht dem Welschen. Das haut dem Fass den Boden raus, dass sich unter der Uniform die wohlhabenden und wohlgenährten Bauern aus dem Waadtland auf Kosten der darbenden Bevölkerung Grenchens den Bauch vollschlagen. So redeten sie und machten auch ihm, Rüdt, Vorhaltungen, alle miteinander und durcheinander. Jetzt, wo wir dem Militär einmal zeigen können, wer hier das Sagen hat, knickst du ein. Nicht einmal für deine eigene Volksküche stehst du ein.

Was blieb anderes übrig, als noch einmal klarzustellen, dass dies nicht der geeignete Anlass war, sich mit dem Militär anzulegen? Und sie an die Vereinbarung zu mahnen: Den Truppen ist aus dem Weg zu gehen.

Guldimann, eh schon ergraut und kränklich, schien noch blasser unter den Haarsträhnen, die er sich aus der Stirn wischte. Könnt ihr euch bitte wenigstens stillhalten, bis am Morgen das Streikkomitee darüber befunden hat?

Das Aufbegehren wollte kaum abebben. Nur widerstrebend liessen sich die aufmüpfigen jungen Männer aus dem Haus weisen, und auch draussen auf der Strasse musste Rüdt, eigentlich doch Leiter und Vertrauensperson der Parteijugend, noch da und dort eine johlende und grölend fluchende Gruppe beschwichtigen. Er ging mit ihnen ein Stück weit, nahm dabei Dölf noch mit, aber er konnte nicht jeden einzelnen auf dem Heimweg begleiten.

Hoffentlich treffen sie nicht ausgerechnet auf eine der Patrouillen, sagte er zu Dölf.

Patrouillen?

Hast du das nicht bemerkt? Auf dem Weg zum Ammann bin ich auf eine gestossen, versetzte Rüdt. Die stehen nicht unbewaffnet rum wie unsere Landsturmmänner. Die glauben, dass sie einen

Auftrag haben. Kommst du noch mit ins Büro?

Dölf zog es vor, nach Hause zu gehen. Lass mich wieder einmal ausschlafen.

Der Aufstieg auf dem alten Römerweg zieht sich in die Länge. Bucklig, löchrig, doch immer dem Waldrand entlang, sodass die gefährlichsten Dellen im Halblicht zu erkennen sind, bevor die Fussgelenke einkassieren. Rüdt gönnt sich keine Pause, obwohl er schnauft; er beisst sich durch die Nacht und bereut, nicht wie gewöhnliche Leute im Bett liegen und schlafend darauf warten zu können, was man mit ihnen am nächsten Tag vorhat.

Im Büro sass Hager. Auf den Mann ist Verlass. Nicht nur, weil er sich freiwillig für die Telefonwache zur Verfügung stellte. Als Mitglied der Volksküchenkommission ist er verantwortlich für die Lebensmittelbeschaffung, und er scheint seinen Job ganz ordentlich zu verrichten. Auch ihm pfuschte nun das Militär ins Konzept. Anlass, mit ihm zusammen herumzuschimpfen. Die ganze Geschichte und das Verhalten der Jungburschen bereiteten Sorgen, und die wollten zum Ausdruck gebracht werden. So dumm! Ein lächerliches Nebengeplänkel, wo es doch jetzt den Streik gilt! Ich hätte mir den Zettel nicht abbringen lassen sollen. Die Anweisung war unbedacht. Jetzt schlagen wir uns mit dem Militär herum. Aber ich muss hier alles und jedes entscheiden. Ich frage mich, wo denn eigentlich meine Leute vom Komitee bleiben. Ich rede nicht von dir, Hager. Doch andere habe ich seit Beginn des Streiks nicht mehr gesehen. Was machen die eigentlich die ganze Zeit? Höhlen sie zuhause Räbenlichter aus?

Ja, ja, der Held ist immer allein. Wann er kommt. Wann er geht.

Hager weiss bestimmt nicht, dass an ihm ein Philosoph verlorenging.

Die Müdigkeit nimmt überhand. Die Taschenuhr zeigt zehn nach Mitternacht. Seit 24 Stunden keine Minute mehr geschlafen und seit sechs Stunden unterwegs. Über den Pass fegt eine Mischung von Föhn und Bise. Dafür wird die Nacht immer heller. Dünne Nebelschwaden fahren über den Mond hinweg. Der »Ochsen« steht mit dunklen Fenstern unter seinem Dach. Rüdts Gedanken krallen sich an einer Vorstellung fest: ein üppiges Bett. Daunendecke bis über die Nase.

Die Beerdigung fällt ihm ein. Die heute stattfand. Die er ausgelassen hat. Hoffentlich hat Annemie angerufen. Klara tut ihm leid. Nun hat sie nach dem Gatten auch noch ein Kind verloren. Was für ein Schicksal! Dabei sah ihr Leben so hoffnungsvoll aus. Ein Anruf wäre das Mindeste gewesen. Ein gutes Wort. Um ihr zu sagen, dass er an sie denkt. Obwohl er sie tatsächlich über diese Tage hinweg völlig vergessen hat und auch heute, während die Beerdigung stattfand, mit keinem Gedanken auf dem Friedhof oder bei Klara verweilte. Das tut ihm wirklich leid. Er wäre besser mit seiner Familie zusammen in St. Gallen gewesen als in Grenchen beim Streik.

Welch ein fieser Gedanke. Sicher eine Folge der Ermüdung.

Er hatte sich eine kleine Pause gönnen wollen. Nach der improvisierten Rede war er einen Augenblick an der Brüstung stehengeblieben. Er musste sich festhalten, denn plötzlich schien der Postplatz sich wie ein Festplatz ausserhalb des Karussells drehen zu wollen. Eine Sekunde später rastete das Bild wieder ein. Er beschloss, kurz nach Hause zu gehen und sich hinzulegen. Zwei Nächte fast ohne Schlaf, und zuvor schon kurze Nächte, das wirkte sich aus. Er hatte die Stiefel ausgezogen und sich auf das Bett geworfen. Für eine Weile driftete er weg. Die Türglocke holte ihn wieder zurück. Er sprang auf und ging im Gang zum Fenster. Unten stand einer von den Jugendlichen, die er gerne mag, wenn sie mit ihm zusammen den Sonntagnachmittag verbringen. Komm schnell, ruft der Junge hinauf, am Bahnhof Nord ist eine Rauferei im Gang. Mit den Soldaten.

Ich komme, rief Rüdt hinunter. Sag ihnen, dass ich komme.

Scheisse! Rüdt schlüpfte in seine Stiefel. Wenn die sich mit der Truppe anlegen - dann Gnade Gott! Anna Maria würde jetzt ihre vorwurfsvoll triumphierende Miene machen, die er an ihr allezeit fürchtet. Hab ich dich nicht gewarnt? Deine Jünglinge und Ultrasozis hast du nicht im Griff.

Er ist dann zum Bahnhof geradelt. Schon auf der Zufahrt stiess er auf die aufgeregte Menschenmenge. An einem Zaun liess er sein Rad stehen, drängte sich hindurch und wurde Augenzeuge der Steinwürfe gegen die Soldaten, die zusammen mit dem Stationsvorsteher offenbar den Bau einer Barrikade verhindern wollten. Er schritt ein. Hört sofort auf damit! Er eilte an den Ordnungskräften, die stehengeblieben waren, vorbei und hob schützend die Arme vor den Kopf. Die Steinwürfe hörten auf. Ihr wisst, was ausgemacht ist. Wir behandeln die Soldaten als Kameraden. Vor allem unsere, fügte er hinzu. Er meinte das Aufgebot aus dem Ort, die Landsturmleute. Es waren allerdings noch Soldaten in Feldgrau darunter, den Karabiner in den Händen, die aber auch nicht recht wussten, was sie tun sollten. Von einem der Streikenden wurde er angerempelt. Pack lieber mit an, statt Maulaffen feilzuhalten. Sonst kriegst du womöglich Gleisschotter in die Fresse.

Hatten sich Dritte unter die Jungburschen gemischt? Einige Gesichter waren ihm, Rüdt, nicht bekannt. Der rüde Ton war nichts Ungewöhnliches, doch gegenüber seiner Person: das war neu.

Die Soldaten zogen sich mit ihm zum Bahnhof zurück. Dort rotierte Tschanz, der Stationsgehilfe. Er befürchtete ein Unglück. Der Zug aus Moutier.

Probierte man es also doch wieder. Wie hatten die Kundgebungsteilnehmer davon Wind bekommen? Sollten sich doch am Umzug beteiligen.

Tschanz kurbelte am Telefon. Die Verbindung mit Moutier kam zustande. Der Zug kann nicht einfahren, schrie er, was machen wir?

Er sei noch nicht abgefahren. Man habe ihn zurückbehalten.

Tschanz stöhnte vor Erleichterung. Das hätte bös enden können.

Es hat dann böse geendet. Im Gefolge der Demonstranten hatte sich eine grosse Zahl von Zivilisten auf dem Bahnhofplatz eingefunden, Schaulustige, darunter Frauen, Jugendliche, Kinder. Nicht alle Gaffer waren Sympathisanten des Streiks, das war wohl klar, aber das Gebaren der Armee, und vor allem die Tatsache, dass es sich um Welsche handelte, mit denen man hier im Ort frech auftrat, brachte viele in Rage, die nicht unbedingt auf der Seite der Streikenden standen. Dass man sie jetzt mit dem Einsatz der Gewehrkolben vom Gelände zu vertreiben versuchte, vermehrte den Unmut. Es kam zu Handgreiflichkeiten. Der Leutnant riss einem Demonstranten die rote Fahne, die der über ihm schwang, aus den Händen, rupfte das Tuch aus den Nähten, zertrat es wütend, knickte die Stange und löste damit einen Sturm der Entrüstung aus: gellende Pfiffe, Beschimpfungen, Unflätigkeiten. Geschah ihm ganz recht. Aber in diesem Moment stob die Menge auseinander, denn von hinten hielten Dragoner mitten in sie hinein. Auch Rüdt musste sich in Sicherheit bringen, indem er das Fahrrad stehen liess.

Auf der Strasse kam ihm Schulthess entgegen. Der packte ihn gleich am Arm. Komm mit. Man hat auf uns geschossen.

Seit die neuen Truppen auf den Plan getreten waren, liefen die Dinge aus dem Ruder. Die beiden Männer begaben sich zur Bahnbrücke, wo Füsiliere einen Demonstranten mit einem Schuss in den Rücken schwer verletzt und einen zweiten angeschossen hatten. Ein paar Passanten standen da noch herum. Rüdt vergewisserte sich, dass man die Angeschossenen nach Hause gebracht und nach dem Arzt gerufen habe. In diesem Augenblick waren aus dem Ortsinneren wiederum Schüsse zu vernehmen. Rüdt und Schulthess eilten zum Postplatz hinunter und gerieten zwischen aufgeregten Zivilisten ins Schussfeld von zwei Maschinengewehren, als die Hiobsbotschaft sie erreichte. Erhitzte Streikende redeten alle gleichzeitig.

Was genau? Und wer genau?

Drei.

Was, drei?

Drei Mann tot.

Er, Rüdt, wollte sich mit den Leuten zum Tatort begeben. Die Strasse war von Soldaten versperrt. *A part!* schrie ein Offizier, auseinander! Rüdt erkannte in ihm einen Major. Füsiliere fuchtelten mit aufgesetztem blankem Bajonett herum. *Retournez! Allez! Vite!*

Die Männer wichen dahin, dorthin. Schulthess und Rüdt machten kehrt und zogen sich zum Büro an der Bündengasse zurück. Dort wartete Stämpfli mit einer dringenden Nachricht. Aus Biel. Informationen von vertrauenswürdiger Seite. Der Streik sei längst abgebrochen. Seit Mitternacht. Das Komitee habe kapituliert.

Und warum wissen wir das erst jetzt?

Ein Stuhl war nötig. – Dann hat das Tagblatt also doch recht gehabt. Verdammt. Warum hat man uns nicht benachrichtigt?

Die Armee hat dem Komitee sämtliche Leitungen gekappt.

Das ist ja ...

Das würde auch uns die Sprache verschlagen, nicht wahr?

Und noch etwas. In Solothurn hat es Verhaftungen gegeben. Die ganze Streikleitung. Ich verschwinde hier.

Gemeinderat Stämpfli war schon draussen.

Marti stand noch da. Für diesen einen Augenblick - Blick Auge in Auge - der Streikleiter und sein Vize allein. Und wir? Was ist mit uns? Was machen wir?

Das wilde Kurbeln am Telefon half nichts. Keine Stimme meldete sich. Auch beim nächsten Versuch blieb die Leitung stumm. Von der Gasse her näherten sich laute Stimmen. Schuhnägel klapperten und kratzten auf den Stufen, die Tür wurde aufgestossen, Schritte im Korridor, und dann drängte eine Gruppe von Männern herein. Sie pflanzten sich im kleinen Raum auf. Ist das wahr? Der Streik ist abgebrochen?

Ja.

Und alles war umsonst? Was machen wir jetzt? Und ihr steht da einfach so herum?

Wir wissen das auch erst seit ein paar Minuten.

Die Männer waren erbost. Ihr habt uns angelogen. Es geht weiter, hast du behauptet, Rüdt. Es kommt gut, hast du noch heute Morgen auf dem Postplatz versprochen. Wir halten den Kopf hin und ihr auf dem Büro stapelt Papier und wisst nicht Bescheid.

Die Männer fühlten sich beschissen. Papiere wurden vom Tisch gewischt, ein Stuhl polterte gegen die Wand und kippte.

Beruhigt euch! Ihr seid enttäuscht. Wir ja auch.

Ein paar der Männer kehrten um, stürmten raus, fluchten über die Treppe runter. Auf der Gasse liefen Leute zusammen.

Hört zu! Hört bitte zu!

Die noch verbliebenen Männer schoben sich gegenseitig durch den Korridor zum Ausgang und an Rüdt vorbei auf den Vorplatz hinab. Der Ausruf »Verräter!« flog herauf.

Mitstreiter. Arbeiterinnen. Es trifft offenbar zu: Der Streik ist abgebrochen. Es tut mir leid. Ich kann's nicht ändern. Auch bei uns hier in Grenchen ist der Streik zu Ende. Sagt es weiter. Und dann geht nach Hause. Bleibt ruhig.

Wer genau hinschaute, muss beobachtet haben, wie Rüdts Augen einnässten. Eine plötzliche Erschöpfung nahm überhand, machte den Mann windelweich. Ich danke euch.

Dölf wich aus, gab die Tür frei, folgte ins Büro.

Das darf ja nicht wahr sein.

Allmählich löste sich die Erstarrung der Leute. Unmut machte sich breit. Erbitterung über den Streikabbruch. Flüche wurden laut. Wozu haben wir uns eingesetzt? Was haben wir erreicht? Alles läuft, wie es soll. Was denn so, Rüdt? Wir werden siegen. Wo am meisten? Feiglinge seid ihr. Die ganze Streikleitung. Und das Komitee in Bern kann uns gestohlen werden! Schlappschwänze alle miteinander.

Wisst ihr was? rief einer. Ochsenbein hat versprochen, er wird euch beide, wenn er euch erwischt, auf einen Gaul binden und im ganzen Dorf zur Schau stellen. Recht hat er. Und ich werde euch Hoppe-Reiter-Hopp zurufen. Ihr seid nichts wert. Alle beide. Und die ganze Streikleitung dazu. Der Arsch gehört euch versohlt.

Marti schloss die Tür. Hast du das gehört, fragte er im Zugang zum Büro.

Was?

Das vom Ochsenbein.

Ja. Schon am Mittag ist mir etwas von der Art zugetragen worden. Das ist nicht ernstzunehmen.

Du kennst den Ochsenbein nicht. Der ist glatt imstande, das zu tun. Wenn man uns erst verhaftet hat. Der hasst uns wie die Pest.

Eine der Fensterscheiben knallte. Auch Dölf fuhr erschrocken herum. Das Glas war gesprungen.

Was mich betrifft: Ich hau ab, sagte Dölf. Ich lass mich nicht vorführen. Weder auf einem Gaul noch sonstwie. Ich gehe durch den Garten.

Pferdegetrappel näherte sich. Rufe. Befehle. A part! Allez! Tout rassemblement est interdit! Déplacez-vous. Rentrez!

Es war vielleicht gescheit, vom Fenster einen Schritt zurückzutreten. Die Dragoner wendeten die Pferde so, dass die Passanten auseinanderwichen, sich dahin und dorthin verdrückten und mit ängstlichen Blicken hinter sich schauten. Die Dragoner formierten die Pferde zu einer Zweierkolonne und zogen ebenfalls ab.

Marti stand beim Schrank, den er in diesem Moment schloss.

Und ich? Was mach ich? Die Frage war nicht an Dölf gerichtet, doch der gab die Antwort.

Mach, was du für richtig hältst, sagte er. Adieu.

Im Korridor wandte er sich nach dem Hinterausgang. Er musste dort die Tür aufriegeln. Für einen Moment fiel ein wenig Helle in den Gang. Dann schlug die Tür ins Schloss.

Und alles war umsonst? – Die Frage hallt nach. Sie begleitet Rüdts Schritte hinab ins Waldenburgische. An seinen Sohlen klebt der Verräter. Und drei Männer tot. Sage bloss keiner, dass das wahr ist. Vielleicht steht jemand am Weg, der mich überfällt und rüttelt und weckt: Rüdt! Max! Du hast einen Albtraum. Erwach!

Ja, es ist ein Albtraum, doch daraus kein Erwachen.

Die plötzlich eingekehrte Stille war unwahrscheinlich, und doch war soeben die Welt eingestürzt. Am Boden lagen Papiere, die besser niemandem in die Hände fielen. Eingerollt und zerknüllt füllten sie von oben her den Kanonenofen. Der Glut am Grunde reichte die Luft, die aus dem offenen Aschefall einzog, um die Knäuel zu zünden. Die Flammen schlugen herauf und gegen den rasch drübergezogenen Eisendeckel und fauchten durchs Rauchrohr zum Kamin. Schnell verstummte das Geräusch wieder. Nur mit der Zange liess sich der heisse Deckel wieder schieben. Der Inhalt der Ablage auf dem Bürotisch - Namen, Adressen, Organigramm, Telefonnummern, Aufträge, Rapporte, Telefonnotizen, Skizzen für Reden, Mitteilungen an die Streikenden, Anweisungen an Helfer – bildeten zusammen mehrere dicke Rollen, die sich eine nach der anderen im Ofenleib aufspreizte. Rauch stieg in den Raum. Wenn der Deckel wieder über dem Schlund sass, fing der Abzug von neuem an zu rohren.

Wer von der Strasse aus durch das Fenster geschaut hätte, hätte im Licht überm Bürotisch den gebeugten Rücken eines reglos sitzenden Mannes entdeckt. Und wie endlich Bewegung hineinkam. Man hätte beobachtet, wie aus einem Fach ein Bogen Briefpapier, aus einer Schachtel ein Schreibstift entnommen wurden, und hätte erraten, dass nach einer kurzen Bedenkpause ein kurzer Text zu Papier kam. Es handelte sich um die »Mitteilung an alle. Der Streik ist beendet. Grenchen 17 Uhr. Max Rüdt.« Mit Rötel und grossen Lettern geschrieben grub sich die Schrift tief ins Blatt und darunter sogar ins Löschpapier. Eine Ecklasche der Unterlage, in die das Blatt nunmehr geschoben wurde, sollte verhindern, dass der Luftzug es achtlos wegblies, wenn jemand eintrat. Man wäre alsdann, in der Gasse ausharrend, Augenzeuge geworden, wie der Mann ins Cape schlüpfte, in die Taschentiefen griff und offenbar den Inhalt prüfte.

Im Schrank lag noch die Brieftasche. Sie enthielt das Bargeld der Streikleitung - ein paar armselige Noten, die es sicherzustellen galt (und warum übrigens nur noch so viele? Es sollten doch mehr sein!). Den bevorstehenden Besuchern des Streikbüros - aufgebrachte Leute vielleicht, Plünderer, oder Militär, wer weiss - war nicht zu trauen. Und wenig Münz übrigens. Merkwürdig! Das Bargeld sollte für unerwartete Obliegenheiten zur Verfügung stehen. Für eingeworfene Scheiben zum Beispiel. Beschädigte Stempeluhren. Die Union würde es noch brauchen können.

Die Nacht wird heller. Vom scharfen Wind ist die Wolkendecke dünngewetzt. Zuweilen drückt die blasse Mondscheibe durch. Sogar die Rücken des Tafeljuras zeichnen sich ab. Rüdt sieht genug von der Strasse, um zügig ausziehen zu können. Abwärts in die Basellandschaft mit wehen Füssen. Nur jetzt die Schuhe nicht ausziehen, sonst kommst du nicht wieder rein!

Was wohl Dölf jetzt macht? Der junge Genosse und die Jungburschen sind präsent. Was nützt uns die Gewerkschaft? fragen sie. Hat sie einem einzigen von uns zu einer Stelle verholfen? Wo bleibt die finanzielle Unterstützung? Die Partei und die Gewerkschaften machen nur immer Versprechungen. Doch wo stehen wir? Geht es uns besser?

Der Knall auf der Fensterscheibe und die drohende Meute in der Bündengasse drängen sich wieder auf. »Die Revolution frisst ihre Kinder.« Diese Sentenz hakt sich fest, während der Tag dämmert. Rüdt ist im Tal angekommen. In irgendeinem Rössli oder Kreuz kehrt er ein. Er legt Hut und Mantel ab und fragt zuerst nach dem Klosett. Die Wirtin späht misstrauisch neugierig nach dem unrasierten frühen Gast. Eine Suppe kann er wohl haben. Und Käse hat es genug. Brot eine Scheibe, so viel kann sie abtreten, und Speck, wenn der Herr möchte. Sie setzt sich zu ihm an den Tisch. Ihr seid früh unterwegs.

Ja, sagt er, bin ich. Er spürt die Neugier der Wirtin, gibt aber weiter keine Auskunft.

Es herrscht ja jetzt auch wieder Ordnung im Land. Man kann wieder sicher reisen. Obwohl: Hier bei uns, sagt sie, war von Streik nichts zu spüren. Die Bahn ist ohne Unterbruch gefahren. Wir haben Gott sei Dank keine Roten weit und breit. Anderen hat die Armee gezeigt, *wo dr Bartli de Moscht holt.*

Rüdt löffelt die Suppe, dankbar, dass sie heiss ist und Fettaugen hat, eine satte Hühnersuppe. Er tunkt das Brot, schneidet sich mundgerechte Speckscheibchen und fährt mit dem Handrücken über die Lippen. Er zahlt, was die Wirtin verlangt, und die übt darin keine Zurückhaltung.

Der hier war ein Roter, wird er sagen, während er den Hut aufsetzt und die Gaststube verlässt.

Schlimmer noch als der Weihnachtsmonat fällt in diesem zweiten Nachkriegswinter der Jänner aus. Der alte Mann hält auf der Treppe inne. Die Kälte schneidet in die Lungen. Ein andermal wird er sich vielleicht einen Moment auf die Stufen setzen, jetzt aber streckt sich der Heimkehrer nach der Türklinke, weicht dem Türflügel eine Stufe zurück aus, nimmt den Hut vom Kopf und tritt ein. Er stellt die Mappe vor das Gestell, auf dem die Schuhe der Familie vor sich hin käseln, hängt den Hut an einen der Kleiderhaken, zieht das Cape von den Schultern, hängt es untern Hut. Ächzend bückt er sich nach den Stiefeln, um sie aufzuschnüren. Augenzeugen würden nicht zögern, auf massive Rückenschmerzen zu schliessen. Er streckt sich wieder, blockiert mit einem Stiefel den Sohlenrand des anderen, aus dem er den Fuss zieht. Dann lehnt er sich mit dem Rücken gegen die Wand, beugt sich über das Bein, das er mit einer Hand anhebt, und drückt mit der freien Hand den Stiefelschaft über die Ferse. Den Stiefelknecht hat er sich nicht angeschafft, obwohl er aufgehört hat zu hoffen, die Rückenschmerzen würden sich wieder verflüchtigen. Mit den Füssen schiebt er die Stiefel an ihren Platz auf den Zeitungsresten. Er vernimmt keine Ländlermusik, nicht einmal Stimmen. Während er hochsteigt, hält er mit einer Hand an der Wand des Treppenkastens die Balance. Die Stufen knarren. Man würde ihn sonst aus Heims Wohnung kaum hören. Zurzeit hängt keine Wäsche an den Schnüren; sie wäre steifgefroren. Zu Weihnachten waren selbst die Scheiben der Kammertür mit Eisblumen bedeckt, und an der Aussenwand, die nach dem Biswind geht, hatte sich der Fussleiste entlang ein dicker Eiswulst gebildet. Rüdt hatte ihn nicht beachtet, weil das Bett davorsteht. Erst als Amalia zum Rechten sah, weil es im Zimmer darunter aus der Decke tropfte, wurde die wahre Ursache aufgedeckt, nachdem zunächst der Bewohner eines Fehlverhaltens bezichtigt worden war.

Rüdt setzt sich unter die Glühbirne. Die Wärme legt sich auf den Scheitel und streift auch das Gesicht. Er bleibt eine Weile reglos, dann haucht und bläst er in die Handflächen und muss davon husten.

Er entdeckt den Briefumschlag auf dem Tisch. Redaktion und Administration der »Nachrichten«. Er langt nach dem Brieföffner. Der Umschlag enthält einen Brief an die Redaktion. Zu Ihrer Kenntnisnahme, steht auf der beigelegten Notiz. Der Brief stammt von einer überaus sicheren Hand und erweist sich als die Zuschrift einer Leserin. Sie habe in diesem Blatt wiederholt Geschichten eines Max O. Rüdt vorgefunden, mit Freude gelesen und berührt abgelegt Mit Neugierde sehe sie weiteren Beiträgen derselben Autorschaft entgegen. Im Übrigen ersuche sie um Auskunft hinsichtlich der Anschrift des Verfassers. Sie würde sich gerne einmal privat an ihn wenden.

Melden Sie sich doch, falls Sie das wünschen, bitte selber bei Ihrer Verehrerin, empfiehlt der Redaktor in der Fortsetzung seiner Notiz. Die Adresse finden Sie im Briefkopf.

Mit einem schweren Seufzer richtet Rüdt den Oberkörper wieder auf. Möglich, dass er sich melden wird. Morgen. Das Ding hat ja Zeit.

Und was war sein Tag heute? Er hat sich ins Stiefel-Stübli gesetzt, war aber derart mit kalten Füssen und klammen Fingern befasst, dass er bald in die Gaststube gewechselt hat. Ein paar Arbeitslose diskutierten über die bevorstehende Abstimmung zur

Einführung der Alters- und Hinterlassenen-Versicherung. Sie ziehen dir vom Lohn ab, sogar, wenn du nur dann und wann eine Arbeit hast. Geld, das du dringend brauchst.

Max Rüdt schwieg dazu. Die Diskussion kam ihm bekannt vor. Dreissig Jahre sind es nun her, dass er sich für eine soziale Altersabsicherung starkgemacht hat. Jetzt berührt ihn das Thema nicht. Obwohl vermutlich auch er, falls die Vorlage angenommen würde, Anspruch auf eine minimale Rente hätte. In acht Jahren. Er verzichtet darauf, die Zeitspanne in den Blick zu fassen. Er ist nur müde und verbraucht viel Energie beim Husten.

Am späten Freitagnachmittag erreicht er die Stadt. Er hinkt an den Basilisken der Wettsteinbrücke vorbei hinüber ins kleine Basel und meldet sich im Haus der Arbeiterunion. Hinter der Pforte befindet sich der Schalter des Hauswarts. Durch das Milchglas fällt Licht in den Flur. Rüdt klopft an die Scheibe. Dahinter bewegt sich eine verschwommene Silhouette. Das Fenster wird nach oben geschoben. Ein grauhaariger Mann zeigt sich im Geviert. Er trägt einen schäbigen Kittel und eine blaue Schirmmütze. Um den Hals hat er einen Schal gebunden. Er späht heraus. Ja? brummt er. Was gibt's?

Rüdt. Parteipräsident in Grenchen. Und Redaktor der Neuen Freien Zeitung. Kann ich hier übernachten?

Warum gehst du nicht ins Hotel?

Ihr habt doch eine Schlafstelle?

Für Notfälle. Danach siehst du mir nicht aus.

Ich bin ein Notfall. Kann ich mit jemandem von der Parteileitung reden?

Es ist niemand da. Das Sekretariat ist nicht besetzt. Alle sind müde von den letzten Tagen. Mit wem willst du reden?

Wie heisst er schon wieder, euer Präsident, Stocker?

Komm am Abend wieder. Dann ist Sitzung.

Kann ich hier übernachten?

Wenn es nach mir geht: Nein. Für die Notschlafstelle ist aber der Sekretär zuständig. Wenn er anderer Meinung ist, kann ich's nicht hindern.

Ich melde mich gern bei ihm. Sag mir, wo ich ihn antreffen kann.

Vor acht Uhr wird Werthmüller nicht da sein.

Kann ich mich bis dahin irgendwo niederlassen. Ich bin seit 36 Stunden auf den Beinen und hab kaputte Füsse.

Ich hab Feierabend und mach gleich den Laden dicht. Stell dich vor acht an. Wirtschaften hat's genug. Sind alle wieder offen.

Der Mann zieht das Schiebefenster herunter.

Die Gaststube ist trüb und spärlich geheizt, aber wenig besetzt. Rüdts Gruss wird kaum erwidert. Für einen Augenblick halten die Männer am Stammtisch im Gespräch inne und schätzen den Neuankömmling ein, während er den Hut auf die Ablage legt und den Mantel an einen Bügel hängt. Ein jüngerer Herr, gut gekleidet, der ihnen ein müdes unrasiertes Gesicht zuwendet. Verklebte Haarsträhnen hängen ihm tief in die Stirn. Unter den Hosenstössen ausgelatschtes Schuhwerk. Die Erscheinung will den Männern, die ihre Schirmmütze aufbehalten haben, irgendwie nicht aufgehen. Sie schauen zu, wie der Fremde sich nach einem Tisch umschaut. Er setzt sich auf die Bank neben dem Kachelofen.

Was darf's sein, fragt ihn die Servierfrau.

Ein Bier.

En Humpe?

Rüdt nickt, obwohl er nur ungefähr ahnt, von wieviel Inhalt sie redet. Die Frau setzt vom Stapel einen Bierteller vor ihn hin und geht zum Tresen, wo sie das Fassbier heraufpumpt. Die Männer setzen ihr Gespräch fort. Fussball ist das Thema. Die Old Boys spielen am Sonntag gegen Nordstern. Das letzte Spiel in diesem Jahr.

Der Kachelofen ist kalt. Die Männer haben ihren Mantel anbehalten. Das bemerkt Rüdt erst jetzt. Er bekommt seinen Halbliter vorgesetzt, ein schweres Glasgefäss mit Henkel. Zum Wohl!

Er setzt den Humpen an die Lippen, indem er ihn mit beiden Händen stützt, und schlürft das Bier unterm Schaum hervor. Mit dem Handrücken wischt er die Lippen und den Schnauz, der sich in den vergangenen Tagen unüberwacht gelängt hat, dann lehnt er sich gegen die kalten Ofenkacheln. An der silbernen Kette, die mit dem Verschlussring im untersten Knopfloch von der Weste hängt, zieht er die Taschenuhr aus dem Schlitz und klappt den Deckel auf. Mehr als eine Stunde muss er in der Wirtsstube noch verbringen. Er klappt den Deckel wieder zu und lässt die Uhr ins Täschchen sinken. Die beiden Basler Vereine nehmen einander gegenseitig die Punkte weg, und die lachenden Dritten werden die Etoiles aus La Chaux-de-Fonds sein. Die sind aber wirklich stark in dieser Saison. Wer weiss, die werden noch Meister.

Die Augenlider werden dem Fremden schwer, der Kopf fällt auf den Tisch, schubst dabei den Humpen weg. Das Bier schwappt über, die Lache breitet sich bis zum Kittelärmel aus. Die Servierfrau hat das beobachtet. Sie rüttelt den Gast, damit sie die Lache aufwischen kann. Gebt mir den Kittel, sagt sie, ich spüle das Bier aus und trockne den Ärmel auf dem Bügelbrett.

Rüdt steht auf, schält sich aus dem Kittel und überreicht ihn. Erst jetzt merkt er, wie verschwitzt er war. Er schweisselt. Das ist ihm unangenehm. Tut mir leid, sagt er, ich war lange unterwegs. Er setzt sich wieder hinter den gereinigten Tisch.

Soll ich noch ein Bier bringen?

Ja. Ja, bitte, sagt Rüdt. Ohne Kittel fängt er an zu frösteln. Also steht er noch einmal auf und zieht sich das Cape über. Die kalten Hände steckt er in die Taschen. Er spürt den Geldbeutel. Der erinnert ihn an die Brieftasche im Kittel, den die Servierfrau mitgenommen hat.

Die Frau hält ihm den Kittel auf, er schlüpft hinein. Der Ärmel ist trocken und noch warm. Wie er sich anschickt, seine Zeche zu bezahlen, ist er nicht so sicher, ob das wirklich alle Vreneli und Fünfliber sind, die er mitgebracht hat. Trotzdem schiebt er der Frau ein Trinkgeld zu.

Rüdt? fragt ein Mann, den der Pförtner gerufen hat. Der Rüdt, den die Polizei sucht? Der Rote Rüdt aus Grenchen?

Rüdt nickt.

Und was machst du hier?

Ich hab mir gedacht, ich kann bei euch unterkommen.

Du meinst, wir sollen dich verstecken?

Man hat mir angedroht, mich öffentlich zu demütigen. Einer der Polizisten, der seit jeher schlecht auf mich zu sprechen ist, wollte mich auf ein Pferd binden und durch die Strassen führen.

Und darum bist du abgehauen? Sowas. Du wirst dich der Polizei stellen müssen.

So sehe ich's auch. Aber gebt mir ein paar Tage Zeit. Bis ich ausgeruht bin.

Du kannst in meinem Büro schlafen. Übers Wochenende. Komm mit.

Der Mann hängt im Kämmerchen vom Concierge einen Schlüssel vom Brett und geht voran. Sie steigen eine dunkle Treppe hoch. Ich bin der Sekretär, sagt der Mann, während er an einer Tür innehält. Werthmüller Felix.

Danke, erwidert Rüdt. Ich erinnere mich. Vom Kongress her. Max.

Werthmüller hat den Lichtschalter gedreht und schaut nun seinen Gast an.

Stimmt, ja. Du siehst halt ein bisschen anders aus als im Sommer. Mitgenommen. Wie bist du hergekommen?

Zu Fuss halt.

Zu Fuss? Den ganzen Weg?

Ich bin gestern Abend losmarschiert. Nachdem wir gewarnt worden sind. Mein Vize hat sich sofort dünngemacht. Danach hat auch mich der Mut verlassen.

Und du bist also von Grenchen nach Basel marschiert? Über Nacht?

Ja. Und ich glaube, ich habe Blasen an den Füssen.

Also gut. Ich sorge für eine Matratze aus dem Gassenzimmer

und für Wolldecken. Ich zeige dir das Klo, da gibt es auch ein Brünnlein. Es kann dauern, bis ich wieder da bin, wir haben eine wichtige Sitzung.

Rüdt macht sich nicht frisch, sondern legt seinen Mantel auf den Läufer neben dem Bürotisch und legt sich hin.

Als er erwacht, steht Werthmüller wieder da. Mit ihm ein zweiter Mann. Sie bringen eine Rosshaarmatratze herein und zwei Wolldecken. Aus seiner Umhängetasche klaubt der Begleiter ein Wickelpapier, aus dem sich ein dickes Stück Brot entpuppt. Wirst ja wohl Hunger haben. Und eine Feldflasche. Zur Stärkung. Er zieht den Korken ab und hält Rüdt die Flasche vor die Nase. Fricktaler. Heizt dir schon mal ein bisschen ein. Wohl bekomm's. Und Morgen komm ich vorbei, sagt Werthmüller, dann schauen wir weiter. Bis dann erhol dich.

Die beiden Männer gehen. Im Treppenhaus verliert sich der Hall ihrer Tritte. Rüdt rührt weder das Brot noch die Flasche an, sondern zieht Kittel und Hemd und Schuhe aus, löscht das Licht und bettet sich unter die Wolldecke. Die beiden Fenster heben sich als minimal erhellte Rechtecke ab, je unterteilt ins Oberlicht und zwei Flügel. Auch diese Nacht ist nicht ganz dunkel. Könnte heute Vollmond sein.

Anna Maria sieht keinen Anlass, sich Sorgen zu machen. Der leibhaftige Maxotti ist ein robustes Naturell. Wäre er unpässlich, hätte man ihn aufgespürt. Dass er offenbar untergetaucht ist, rundet das Bild ab, das sie von ihm gewonnen hat. Er ist nicht der Mann, der sich der Realität in letzter Konsequenz stellt, sondern mehr ein Mann der Worte. Solange er sich mit Worten ausdrücken kann, ist er unschlagbar. Er kann schreiben und reden. Seine Briefe und Gedichte waren die grosse Verheissung. Was danach folgte, blieb freilich die unwiderstehliche Passion schuldig. Und ein Kind haben wir auch noch nicht. Nach zwei Jahren. Noch ein Kalenderumlauf dazu, und ich bin vierzig; in diesem Alter sind andere Frauen bereits Grossmütter. Was den Politiker und seine Geschäfte betrifft: nicht ihm wird Anna Maria die nächsten grauen Haare anlasten. Max muss selber wissen, was er will. Sie ist keine Revoluzzerin. Sie stammt aus einer kleinbürgerlichen Familie. An ihrer ersten Stelle bei den Schribers drüben in Rain hatte sie eigentlich keine Ursache, gegen die Bürgerlichen zu sein. Sie war anständig gehalten und lernte Manieren. Dass aus der Liebschaft über das Kind hinaus nichts geworden ist, kann sie jetzt nicht einfach den Bourgeois anlasten. Das war eine rein persönliche Geschichte. Aber sie wäre natürlich gern eine Frau Schriber geworden. Schriber-Ineichen, das hätte eigentlich, findet sie, besser geklungen als jetzt mit dem etwas rüden Rüdt. Dem sie zugeschaut hat, wie er anfing, sich mit öffentlichen Aufgaben einzudecken. Zuweilen hat sie den Eindruck, er will ihr imponieren. Ihr zeigen, dass er auch ein Unternehmer ist. Dass er auch etwas zu bewegen versteht. Wie die Möbelhersteller und Seidenbandfabrikanten. Solchen Beweis hat sie nicht gebraucht. War ja durchaus nachvollziehbar, dass er sich für die Belange der kleinen Leute einsetzte. Solange das mit legalen Mitteln geschah, war das sogar in Ordnung. Darum hat sie ihren Beitrag geleistet. Aber mit der bolschewistischen Radikalisierung ist sie nicht einverstanden. Max behauptet zwar, der Streik als Kampfmittel habe mit dem Bolschewismus nichts zu tun, er sei vielmehr eine direkte Fortsetzung der Demokratie. Wenn man den Arbeitern nicht mit gerechten Wahlen die Stimme gebe, müssten sie sich eben mit dem Streik Gehör verschaffen. Wahr ist aber auch, dass er über den Sturz von Kaiser und König frohlockt hat. Das Obere muss nach unten, damit das Untere obenauf und endlich ans Licht komme.

Klingt das nicht doch nach Revolution?

Und wenn?

Die Schweiz hat weder Kaiser noch König.

Aber Seidenbandfabrikanten.

Bist du immer noch eifersüchtig?

Lass das, bitte.

Die Wahrheit ist: Dass sie was gehabt hat mit den Schmuck-
bandwebern hat er ihr nie wirklich vorgeworfen, aber wiederholt
ist er darauf zurückgekommen in spöttischen Worten. Offenbar
fühlt er sich durch ihre Geschichte irgendwie doch verletzt. Und
überhaupt, brummt er dann, ich habe keine Vorgeschichte mit
Frauen.

Nein, nicht einmal so recht eine Gegenwartsgeschichte, findet
Anna Maria. Er hat ja nicht einmal Zeit, in dieser einen Frauenge-
schichte seine Rolle zu spielen. Eine andere Frau hätte vielleicht
jetzt Angst, der Mann verbringt die Nacht bei einer Rivalin. Sie,
Anna Maria, fürchtet das nicht. Aber sie fragt sich schon, wo er untergekommen ist. Wenn sie ihn bloss nicht krank heimbringen. Sie
bleibt angekleidet, damit sie an die Tür gehen kann, wenn man die
Glocke zieht, und verbringt die Nacht unterm Deckbett.

Werthmüller bringt einen Gruss von seiner Frau: Waschlappen,
Seife, Tuch. Ein Päckchen Wundpflaster. Ein Fläschchen mit Kamil-
letinktur. Wenn du dich frisch gemacht hast, gehen wir zu einem
Kaffee. Inzwischen habe ich hier ein paar Dinge zu erledigen.

Frisch wäre anders. Die Unterwäsche getragen, das Hemd mit
verschmutztem Kragen, die Schuhe mit schiefen Absätzen. Aber
fürs erste mag das angehen. Die beiden Männer begeben sich an die
Rheingasse. Das Wetter hat umgeschlagen. Es nieselt. Keine Gegebenheiten, unter denen man lange fackelt. Es gibt einen gestreck-
ten Milchkaffee, ein Brötchen mit zehn Gramm Butter. Und Honig
aus dem Topf. Werthmüller hat schon gefrühstückt; er lässt es
beim Kaffee bewenden. Er staunt immer noch, dass Rüdt erst ab
Liestal die Bahn benützt hat. Mag ja sein, dass er an den ländlichen
Stationen den Truppen, die da womöglich noch herumstehen, aufgefallen wäre. Auch am Rheinknie sind die Bahnhöfe noch besetzt.
Man weiss ja nicht, wie sich das Ausland verhalten wird, die Soldaten, die Bevölkerung. Vor allem die deutschen Revoluzzer fürchtet
man und wird sie an der Einreise hindern. Doch Gott sei Dank der
Krieg ist zu Ende. Und Gott sei Dank auch der Streik. Wir können

aufatmen. Werthmüller verhehlt nicht, dass er keine Sympathie dafür aufbrachte. Generalstreik und Umsturz: weder möglich noch notwendig.[21] Er hat seine Genossen stets gewarnt. Eben vor einer Woche noch hat er gewarnt. Keine Chance. Vor den Zürchern hat er gewarnt. Die rennen in ihrem blinden Eifer los, und das Oltener Komitee läuft hinter ihnen her wie ein aufgescheuchter Hühnerhaufen. Und was haben wir nun davon, Max? Voll ins Bockshorn gelaufen.

In die Gewehrkugeln, Felix.

Bei euch wurde auch geschossen? Wie bei uns. Ein Mitrailleurtrupp hat am Barfüsserplatz Stellung bezogen. Auf dem Dach der Tramhaltestelle. Als dem Zugführer der Protestlärm der Arbeiter zu bedrohlich wurde, gab er Befehl zu schiessen. Kannst dir vorstellen, wie das geknattert hat über die Köpfe weg. Da hat manchem das Herz gestockt. Jedenfalls die Warnung hat genützt, die Leute haben sich verlaufen. Wenn du an den Barfi kommst, kannst du die Einschusslöcher besichtigen. Am ersten Haus links, wenn du dich in die Steinenvorstadt wendest.

Du redest nicht sehr respektvoll von einem Ereignis, das uns Opfer gekostet hat. Weisst du, dass in Grenchen drei Männer von der Armee erschossen und ich weiss nicht wie viele weitere verletzt worden sind?

Entschuldigung, macht Werthmüller, dem selber auffällt, dass er sich unziemlich aufgeblasen hat. Stimmt, hab's gelesen. Es gab Krawall in Grenchen. Gibt man dir die Schuld daran?

Die Leute haben offensichtlich nicht einfach das Maul gehalten, als man welsche Truppen mit blankem Bajonett gegen sie marschieren hiess. Und die Herrschaften, die ja auch die Herren Offiziere abstellen, haben halt schnell einmal Schiss. Und was machen sie, wenn sie Schiss haben, die Herren Kantonsschullehrer und Architekten? Sie bedienen sich der Armee. Sie geben Schiessbefehl. Welsche schiessen auf Deutschschweizer. Bauern schiessen auf Arbeiter. Soldaten schiessen auf unbewaffnete Zivilisten. Ist das Anlass, erleichtert aufzuatmen, Felix? Gut, dass wir zum Alltag zurückkehren?

Was du da erzählst, ist allerdings sehr bedauerlich. Tut mir leid.

Es ist empörend. Und darüber hinaus ein Skandal, dass das Komitee eingeknickt ist. Wir hätten die Sache durchziehen müssen. Wir hätten gesiegt. Schau nach Deutschland. Schau nach Russland. Das Proletariat triumphiert.

Werthmüller runzelt die Stirn und schluckt leer. Er spürt die Scheidewand zwischen ihm und seinem jungen Kollegen. Davon abgesehen befürchtet er, dass nun das politische Klima im Land noch mehr vergiftet sein wird. Das macht unsere Arbeit nicht leichter, behauptet er. Der Weg führt nicht über den Aufruhr, sondern über die Aufklärung der Arbeiterschaft. Wir müssen die Leute schulen und an die Urne bringen. Da müssen sie zusammenstehen. Da bringt sich Solidarität zum Ausdruck. Das zu bewirken, ist eure Aufgabe, Max, ist Aufgabe der Zeitungsleute.

Warst du je arbeitslos? Hast du je am Hungertuch genagt, buchstäblich, wie das in den armseligen Hütten die Kinder tun? Hast du je vom Schnaps gelebt, weil es Brot nicht mehr gab? Nein, die Chemie hat euch ja stets beschäftigt. Ihr beklagt euch auf gehobenem Niveau.

Werthmüller nimmt den versteckten Vorwurf auf. Du siehst auch nicht eben ausgehungert und ausgezehrt aus, nicht wahr? Doch dann wird er wieder versöhnlich. Wir sollten uns nicht streiten, sondern verständigen. Was gedenkst du zu tun?

Rüdt möchte noch zwei drei Nächte bleiben. Klaren Kopf bekommen. Zusehen, wie die Dinge sich entwickeln. Ob sie sich beruhigen. Dann wird er sich stellen. Aber sicher nicht in Grenchen. Vermutlich in Solothurn. Warst du schon mal in Haft, Felix?

Ein paar Tage, ja. Wegen übler Nachrede. Das ist der bürgerliche Begriff für die Wahrheit aus dem Munde der Kleinen. Du wirst den Knast überleben. Im Übrigen kannst du zwischen sieben und neun Uhr morgens und zur selben Zeit abends in der Burgvogtei ein und aus gehen. Das sind die Zeiten, zu denen auch die Notschlafstelle offen ist. Es kommen ein paar Leute. Du meldest dich beim Concierge. Er weiss jetzt Bescheid. Auf dem Tisch hat's Schreibzeug. Bediene dich, falls du schreiben musst. Ab Montag brauche ich wieder das Büro. Kannst du dich selber versorgen?

Rüdt braucht keine Hilfe. Der Schlafplatz ist ihm genug, und wenn er nicht mit verlausten Obdachlosen nächtigen muss, ist ihm das angenehm. Er dankt schon einmal seinem Genossen aus der Stadt und verbeugt sich aus der Ferne vor dessen Frau für den nützlichen Gruss.

Schon recht, antwortet Werthmüller.

Von der mittleren Rheinbrücke aus sucht Rüdt den Rasör auf, dessen kleines Geschäft er unterwegs zum Café zur Kenntnis genommen hat. Er muss warten. Es gibt den Anzeiger. *Die Schweiz kehrt zur Normalität zurück. Der üble Spuk ist vorbei.* Es gibt das Tagblatt aus Olten. Nachlese auf die Streiktage. Der Rote Rüdt soll im Namen der »Sowjetregierung von Grenchen« beim Solothurner Regierungsrat eine Proklamation hinterlegt haben. Inhalt: Die kantonale Regierung und deren Gesetze werden nicht mehr anerkannt. Diese Neuigkeit stamme aus einer für gewöhnlich gut unterrichteten Quelle. Der obgenannte Rüdt habe übrigens die Meldung vom Abbruch des Streiks absichtlich nicht weitergegeben, sondern vielmehr seine randalierende Sozialistenjugend mit seinen Reden zu Sachbeschädigungen förmlich noch angestachelt und gegen das Militär aufgehetzt. Aus eben diesem Grunde sei es zu den leidigen Ausschreitungen gekommen.[22]

Rüdt beisst sich auf die Lippen. Er glaubt zu erkennen, wer der Urheber dieser Unterstellungen ist. Sein erbittertster Gegner, nicht nur im Gemeinderat. Ein Fabrikant, der sich allein schon von der Gegenwart des zugezogenen Grünschnabels, der es auf Anhieb in den Gemeinderat und in den Kantonsrat schaffte, provoziert fühlte und mit ihm wiederholt öffentlich die Klinge gekreuzt hat.

Als er endlich vor dem Spiegel sitzt, späht ihm ein alter Mann

entgegen. Rüdt erschrickt. Sieht er seine Zukunft? Seine Verhärmt-
heit? Die Entkräftung? Die Resignation? Umso neugieriger schaut
er zu, wie die Klinge sein jugendliches Gesicht aus dem Schaum
wieder hervorzaubert und strahlt erleichtert sich selbst und dem
Meister des Faches entgegen. Und das Oberlippenbärtchen behält
er, wenn auch gestutzt. Er mag Haare nicht leiden, wenn er sich
beim Reden mit der Zunge die Lippen befeuchtet.

Zufrieden? fragt der Rasör.

Ja, gewiss, versichert Rüdt, schaumgeboren. Er hält es nicht für
wahrscheinlich, dass dem Mann hinterm Stuhl der Hinweis auf die
Göttin der ewigen Jugend aufgeht, aber er selber muss über den
Einfall lächeln, und der Mann lächelt mit, was auch immer er begriffen hat. Damit ist entschieden, dass er ein grosszügiges Trinkgeld verdient.

Nächstes Ziel ist ein Weisswarenladen. Rüdt trägt ja genug
Geld auf sich, eigenes und für den schlimmsten Fall auch das aus
der Streikkasse. An der Rheingasse findet er zur »Rheinbrücke«
und deckt sich ein, Unterwäsche, Hemd, Socken. Er zieht sich an Ort
und Stelle um. Und ein Paar Schuhe. Alles zusammen kostet ihn einen zünftigen Batzen. Die Kaufbelege schiebt er in die Brieftasche

Als retablierter Mensch ist er wieder handlungsfähig. Er wechselt nach Grossbasel hinüber. Auf dem Marktplatz gibt es Brote,
wenig Gemüse, Kohl, Kartoffeln, Karotten, Wurstwaren und
Fleisch. Sogar halbwegs ansehnliche Astern aus dem Elsass sind,
wer weiss wie, über die Grenze gelangt. Wenn er nach Hause führe,
würde er Anna Maria einen Strauss bringen. Nun wurmt es ihn,
dass er sich quasi in der Fremde aufhalten muss. Wär doch fein
jetzt, zuhause im Sessel, die Beine auf dem Schemel, und am Fenster ihm gegenüber Anna Maria, die ein Romanheft liest.

Rüdts Ziel ist die Post. Er meldet sich am Schalter, um zu tele-
fonieren, und wird in eine der Kabinen gewiesen. Anna Maria
nimmt den Anruf entgegen. Endlich. Wo steckst du?

Maxotti erklärt, dass er wohlauf ist. Bei Freunden in Basel. Und erfährt im Gegenzug, dass er tatsächlich zur Verhaftung ausgeschrieben ist. Ein Polizist und drei Soldaten hätten ihn abholen wollen, kaum sei sie angekommen. Sie werden auch heute wieder nachschauen, vermutet sie. Sie sei übrigens am Freitag zurückgekehrt. Zu Fuss aus Bettlach. Man habe ihr gesagt, in Grenchen müssten die Gleise repariert werden, Vandalen hätten sie beschädigt. Es habe sie schon gewundert, dass er nicht zuhause war, obwohl die Wohnung offenstand.

Er gesteht ihr ein, dass ihm die ochsenbeinische Drohung eingefahren ist. Er versteht das heute auch nicht mehr so recht. War halt müde. Nicht geschlafen. Und Dölf Martis panische Reaktion hat ihm noch den Rest gegeben. Ja, er hatte wirklich Schiss. Er gedenke, sich Anfang Woche bei der Polizei zu melden. Danach komme er heim.

Man sei in Grenchen nicht gut auf ihn zu sprechen, warnt Anna Maria. Das Tagblatt publiziere bittere Leserbriefe. Und von einer Bürgerwehr sei die Rede. Die Bürgerlichen täten sich zusammen. Sie wollten nächtliche Wachen aufziehen. Gäben vor, damit Übergriffen auf Leib und Leben zuvorzukommen. Sie habe übrigens das schwarze Kleid mitgebracht. Für den Fall, dass man zu einem Kondolenzbesuch in die Ostschweiz reise.

Und einen weiteren Anruf tut Rüdt, nachdem er am Postschalter die neue Verbindung geordert hat. Die Redaktion vom Tagblatt meldet sich. Nicht die Stimme vom Redaktor. Rüdt nennt seinen Namen.

Rüdt? Also ... Die Stimme zögert. Offensichtlich würgt da etwas. Rüdt aus Grenchen?

Genau.

Aber... der wird doch gesucht!

Das tut jetzt nichts zur Sache. Haben Sie einen Schreibstift bei der Hand? Ich diktiere Ihnen eine Antwort auf das Gerücht, dem Sie in der heutigen Ausgabe aufgesessen sind. Von wegen Rotem Rüdt und Sowjetregierung. Zuhanden der Ausgabe vom Sonntag. Und damit diktiert er seinen offenen Brief aus dem Exil: *»Herr Hugi mag so gut sein und in Solothurn das Schreiben an die kantonale Regierung, angefertigt von der „Soviet-Regierung" Grenchen, sich ansehen. Wenn ein solches Schreiben dort liegt, dann hat er recht; da aber ein solches nicht existiert, lügt Herr Hugi wie gedruckt.«*[23]

Und dann ist da noch die Neue Freie Zeitung. War der Landesstreik ein Umsturzversuch? Mitnichten, erklärt in seiner Kolumne der Chefredaktor höchstselber. Es seien leider die Ziele des Generalstreiks teilweise missverstanden und als Generalrevolution umgesetzt worden. Das müsse in der Parteileitung diskutiert werden.

Sonntag. Rüdt treibt sich am Rheinknie herum, liest Zeitungen, trinkt Bier und merkt endlich, wie von Grund auf und tief hinein erschöpft er ist. Er sucht früh Werthmüllers Sekretariat auf und schläft, bis er geweckt wird und seinen Schlafplatz räumen muss. Er hilft dem Pförtner, die Matratze in die Notschlafstelle hinabzutragen. Werthmüller wünscht ihm alles Gute.

Der Polizeirapport besagt, dass Max Rüdt sich erst am folgenden Tag gestellt hat. Daran haben wir uns in diesem Nachruf zu halten, obwohl Rüdts Aufenthalt in Basel nichts mehr hergibt. Notieren wir immerhin, dass der 18. November ein Feiertag hätte sein können. Anna Maria sitzt am Küchentisch. Wenn sie den Kopf hebt, hat sie Blick auf die Strasse. Sie sieht den Milchmann, den Briefträger. Der Ausläufer der Gärtnerei würde ihr nicht entgehen. Sie versucht zu lesen. Der zweite Hochzeitstag zieht sich unendlich leer dahin.

I n Solothurn stellt sich Rüdt der Polizei. Dahin ist er mit der Bahn gereist, auf die man sich wieder verlassen kann. Also denn, sagt der Polizeimann. Wir müssen Sie selbstverständlich in Untersuchungshaft nehmen. Wahrscheinlich sagt er Euch statt Sie. *Üüch.*

Rüdt lässt sich die Leibesvisitation gefallen und eine Quittung geben über den Inhalt der Geldbeutel, die man einschliesst. Die

Brieftasche enthält das Bargeld aus der Streikkasse. Rüdt weiss, dass der Inhalt nicht mit dem Kassabuch übereinstimmt. Es ist während der Streikereignisse nur teilweise nachgeführt worden, Belege sind den Ofenflammen zum Opfer gefallen. Gewisse Leute werden behaupten, Rüdt habe Gelder veruntreut und sowieso in Grenchen einen Saustall geführt.

Zweimal an einem der folgenden Tage wird der Häftling vom Untersuchungsrichter befragt. Man will wissen, wie die Streikleitung organisiert war und wer ihr angehörte. Rüdt gibt nur zwei Namen preis, den seines Stellvertreters Adolf Marti und den von Ferdinand Hager; die beiden Männer haben sich während des Streiks eh geoutet und sind den Untersuchungsorganen bekannt. Im Übrigen waren die meisten der ansässigen Gewerkschaften im Streikkomitee vertreten. Dass er, Rüdt, zum Präsidenten gewählt wurde und dieses Amt innehatte, braucht er nicht zu verbergen. Welche Rolle den anderen Mitgliedern der Streikleitung zukam, begehrt man im Moment nicht zu wissen, wohl aber, welches die des Präsidenten war. Wie er sie gespielt hat. Man will ja ihn anklagen. Von den anderen verlangt man Schadenersatz, doch ihn, Rüdt, will man aus dem Verkehr ziehen. Also, Rüdt, was haben Sie Ihren Leuten gesagt? Worauf haben Sie sie eingeschworen?

Bezüglich der Anweisungen an die Streikenden verweist der Einvernommene auf die Instruktionen und Empfehlungen des Oltener Aktionskomitees. An die habe er sich gehalten. In jeder Beziehung. Es habe Aufregung gegeben und kritische Situationen, er habe aber wiederholt zur Ruhe und Ordnung gemahnt. Er gibt zwar zu, toleriert zu haben, dass man Arbeitswillige aus den Fabriken und Ateliers holte, behauptet hingegen, wo immer möglich gegen Beschimpfungen und Drohungen eingeschritten zu sein und sich gegen Gewaltanwendung gestellt zu haben.

Warum es trotzdem zu Übergriffen und Sachbeschädigungen gekommen sei.

Er habe ja nicht überall gleichzeitig anwesend sein können.

Ob er damit sagen wolle, er habe die Kontrolle über seine

Leute verloren.

Er habe ihren Protest organisiert und in vernünftige Bahnen gelenkt. Wilde Streiks, wie sie sich ja angesichts der sozialen Not auch schon ereignet hätten und angesichts der fortdauernden politischen Unterdrückung hätten ereignen können, wären wohl weniger glimpflich verlaufen.

Der Auditor verlangt, bei der Sache zu bleiben. Was er, Rüdt, mit der Falschmeldung betreffend den Waffeneinsatz des Solothurner Bataillons gegen die Dragoner in Zürich habe bewirken wollen.

Nach den Informationen, die ihm, Rüdt, zur Verfügung standen, sei es keine Falschmeldung gewesen. Die Informationen seien ihm aus Solothurn zugespielt worden, und es habe keinen Grund gegeben, an ihrer Echtheit zu zweifeln.

Und warum er am dritten Streiktag die Nachricht vom Streikabbruch einfach ignoriert habe. Wo sie doch in den Zeitungen publiziert worden sei. Er als Redaktor müsse das doch zur Kenntnis genommen haben.

Die Nachricht, so der Einvernommene, sei in genau jenen bürgerlichen Zeitungen publiziert worden, die schon zu Beginn des Streiks die Arbeiter zur Fortsetzung der Arbeit aufgerufen hätten. Ob er denen mehr hätte glauben sollen als dem Oltener Komitee, fragt er. Er habe auf Anweisungen des Komitees gewartet, und solange die nicht eintrafen, dauerte der Streik fort. Erst am späten Nachmittag sei ihm glaubhafte Nachricht zugetragen worden. Worauf er das Ende des Streiks unverzüglich weitergegeben habe, zumindest soweit das möglich war.

Und wie begründet der Herr Streikleiter seine Flucht?

Rüdt erwähnt die Sache mit Polizist Ochsenbein und ist aufs Lächeln des Auditors gefasst. Der verkneift es sich nicht.

Ob sein Stellvertreter Adolf Marti mit ihm zusammen geflüchtet sei.

Marti sei sofort weggegangen. Er, Rüdt, habe keine Ahnung wohin.

Dann möge er, Rüdt, doch verraten, bei wem er sich versteckt gehalten habe.

Der Einvernommene gibt zu Protokoll, er sei zu Fuss nach Basel gelangt.

Alle Achtung! Und bei wem er dort untergekommen sei.

Das tue hier nichts zur Sache, antwortet Rüdt und verweigert damit zum wiederholten Mal eine Aussage. Die Einvernahme wird abgeschlossen.

Der Schreiber ist froh, die Feder ablegen zu dürfen, und Rüdt wird in die Zelle zurückgeführt. Besuch von seiner Frau ist angesagt. Die beiden dürfen sich in einem leeren Raum mit zwei Stühlen treffen. Ein Polizist bleibt anwesend. Er hat die Tür von innen abgeschlossen und den Schlüssel eingesteckt.

Anna Maria ist mit Fragen gekommen, die auch wir stellen würden. Sie will wissen, ob es schlimm sei, ob er eine Einzelzelle habe, sich ausreichend waschen und pflegen könne, ob er anständig behandelt werde, ob er ins Freie gehen, die Beine vertun und sich verlüften dürfe, und was er so tue den ganzen Tag. Er gibt mehr die Antworten eines verbissen Tapferen als die eines Inhaftierten, der seine Situation tatsachengerecht schildern würde. Er erlebt das Gefängnis zum ersten Mal und darum wohl doch als einschneidende Erfahrung. Wir sind 1918, der Kanton Solothurn kein Hort der Fortschrittlichkeit im Justizwesen, die sanitären Anlagen für eine einigermassen bürgerlich wohnende Person blamabel, aber weniger dramatisch als zeitweise im Aktivdienst. Zeitungen enthält man ihm vor, damit er sich nicht etwa informieren kann, was draussen läuft. Bücher sind erlaubt, wenn ihm seine Frau welche bringt, und Schreiben ist gestattet; Papier und Stifte hat er aber nicht. Sie wird ihm das so schnell wie möglich besorgen. Wobei sich die Frage stellt, wie lange er noch unter Arrest bleibt.

Es liesse sich nicht behaupten, er hätte sich widerspenstig verhalten oder gar revolutionär antiautoritäre Flausen an den Tag gelegt. Nein, der Untersuchungsrichter lässt der Staatsanwaltschaft ausrichten, der Inhaftierte Rüdt habe sich weitgehend sachdienlich gezeigt. Wesentliche Widersprüche zu den Aussagen der anderen Inhaftierten aus Grenchen seien nicht aufgetaucht. Den Mann länger zu verwahren, sei nicht gegeben. Damit wird auch der Rädelsführer Rüdt einstweilen auf freien Fuss gesetzt. Der nächste Besuch seiner Frau erübrigt sich. Während die Staatsanwaltschaft die zivilrechtlichen Anklagen ausformuliert und den ersten der Strafprozesse vorbereitet, kehrt Rüdt in ein vergiftetes Klima zurück.

Ein freundliches Zeichen würde Anna Maria setzen, wenn sie ihren Mann am Bahnhof abholte. Stellen wir uns die Szene vor. Sie erscheint auf dem Bahnhofgelände, wo schon die Arbeiterinnen und Arbeiter stehen, die in Pieterlen und Biel wohnen. Der Stationsvorsteher erkennt die grossgewachsene Frau, obwohl sie einen Regenschirm trägt. Sie hat keine Fahrkarte gelöst. Leicht zu erraten, dass sie jemanden abholt, und dass dieser Jemand ihr Gatte ist. Dann ist er also entlassen worden. Der Zug kommt aus Solothurn. Er ist auch schon angemeldet, eben darum ist Stationsvorsteher Reuss zum Einfahrtsgleis hinausgetreten. Die Rauchwolke ist gut sichtbar, bei Regenwetter bleibt sie lange in der Luft hängen wie eine nasse Fahne. Vor ihr her nähert sich die Frontansicht der Eb 3/5. Der Lokführer betätigt die Pfeife, der Dampf fährt aus den Ventilen, die Komposition rasselt herein und bremst. Ein paar Leute halten sich die Ohren zu. Der Schaffner steht auf dem Trittbrett und springt ab, während am nächsten Wagen die Tür aufgeht. Aus dem Abteil 2. Klasse steigen drei Personen. Der Mann mit dem Hut und dem Umhang, das ist er. Er steigt die Treppe herab. Auf dem Bahnsteig angekommen, lüpft er den Hut. Die Reverenz gilt den Männern, die an ihm vorbei zum Drittklasswagen drängen. Die Arbeiter achten weder auf den Gruss noch auf die Person des Mannes, der ihnen ein Hindernis ist. Endlich entdeckt Rüdt seine Frau. Der Stationsvorsteher würde nicht behaupten, sie wäre ihrem Mann um den Hals gefallen. Konnte sie auch gar nicht mit dem offenen Regenschirm. Sie lässt sich an ihn drücken. Er tut das mit einem Arm, untern anderen Arm klemmt er ein Wäschebündel. Vielleicht berührt sie mit ihrer Stirn die seine. Sie wechseln ein Wort, dann lässt Rüdt sich den Schirm reichen. Sie hängt bei ihm ein. So verschwinden sie hinterm Stationsgebäude.

Dass Rüdt zum Advent wieder frei war, geht unter anderem aus zwei Fotos hervor. Sie sind datiert: vor dem 15. Dezember. Ein Fotograf und eine weitere Person begleiten Rüdt zu den Tatorten des Militärs. Auf dem einen posieren er und wahrscheinlich der kundige Begleiter unter dem Viadukt an der Kirchstrasse. Einer der Bossensteine hinter den Köpfen der beiden Männer zeigt eine Einschusskerbe. Wehe der Person, die dort gestanden wäre! Sie hätte auch kein Gesicht mehr, so wie einer der erschossenen Männer. Das zweite Foto zeigt Max Rüdt mit entblösstem Haupt an der Stelle, wo der Uhrenmacher Hermann Lanz getötet worden ist. Ein hoffnungsvoller junger Mann ungefähr in seinem, Rüdts, Alter. Etwas weiter zurück lagen zwei weitere Erschossene, Jünglinge. Einer war auf dem Weg zur Apotheke ins Gedränge geraten. Er sollte ein Rezept für seine erkrankte Mutter einlösen. Sie bekam ihn nicht mehr zu sehen. War vielleicht besser für sie. Ein wenig gebeugt steht Rüdt in der Gasse. Einem älteren Menschen stünde diese spezielle Haltung an; hier glaubt man die Hilflosigkeit zu erkennen. Rüdt fühlt sich nicht schuldig; diejenigen jedoch, die sich schuldig fühlen müssten, sind obrigkeitlich gedeckt.

Die politischen Gegner haben inzwischen in den bürgerlichen Blättern eine Hetzkampagne gegen den »tollen Rüdt« gestartet, und zwar nicht nur in den kantonalen Blättern, sondern landesweit. Das hindert ihn nicht, an der nächsten ordentlichen Sitzung des Gemeinderats, an der er teilnimmt, die Armee nachträglich noch schwer zu belasten.[24] Es ist seine Reaktion auf das Dankesschreiben, das die »Bourgeoisie de Granges« im Tagblatt dem Füsilierbataillon 6 zum Abzug serviert hat, den »amis vaudois«, die eine Woche zuvor für die Tötung von drei Uhrmachern zuständig waren. Bürgerliche Ratsmitglieder werden austragen, er, Rüdt, habe sich zu üblen Beschimpfungen verstiegen, und schaffen es mit einem Mehrheitsbeschluss, dass der Gemeinderat den Regierungsrat offiziell auffordert, Rüdt als Mitglied des Einwohnergemeinderates Grenchen abzusetzen. Die Begründung: Max Rüdt sei geistiger Urheber der Ausschreitungen und Sachbeschädigungen in Grenchen gewesen.

Mehr als einmal wird der Angeschuldigte in diesen Tagen die Rede lesen, die der protestantische Pfarrer am Grab des einen der beiden ortsansässigen Toten gehalten hat. Du weisst, schreibt er seinem Bruder Georg, wie wenig ich mit den Kirchen am Hut habe. Aber vor dieser Rede ziehe ich ihn. Ich lege dir ein Exemplar der Neuen Freien Zeitung vom 20. des vergangenen Monats bei.

Ich verhehle nicht, antwortet Georg Rüdt aus Kreuzwil, dass ich mir Sorgen mache. Ich bin denn auch auf dich angesprochen worden. Die Leute lesen Zeitung, und darin bringt man dich offenbar mit Aufhetzung, revoluzzerischem Gebaren und Armeefeindlichkeit in Zusammenhang. Ich will hier die schlimmsten Betitelungen nicht zitieren, hoffe aber, du verstehst dich von den Vorwürfen gebührend zu distanzieren.

Was die Armeefeindlichkeit betrifft, lieber Hauptmann der Seelsorge: Die Schweizer Armee ist, wie jede Armee auf der Welt, das willenlose Werkzeug in den Händen der Herrschenden und Besitzenden. Trotzdem habe ich meine Portion Landesverteidigung abgeleistet, das weisst du. Innerlich stand ich allerdings schon lange auf der Seite der Verweigerer, das ist wahr. Jetzt stehe ich da ganz offen. Die Armee selber ist es, was mich radikalisiert hat. Das geschah, als die Solothurner Truppen nach Zürich befohlen wurden. Und geschah vollends, als das Waadtländer Bataillon führungs- und konzeptlos auf uns losgeschickt wurde. Es ist ein Skandal, was da an Stümperei verbrochen wurde. Mittlerweile ist mir allerdings auch klar, dass alles vertuscht werden wird. Ihr werdet nicht die Wahrheit zu lesen bekommen, nicht in der Ostschweiz, nicht in deinem Kreuzwil. Für den Fall, dass du unsere Familie irgendwo in Schutz nehmen und bei irgendwem für mich ein Wort einlegen musst: Die darbenden Menschen haben keine Vision. Sie verstehen nicht zu träumen. War es falsch, ihnen meinen Traum geliehen zu haben?

Ich sage dir, was hier vor sich geht, bemerkt Ammann Guldimann zum Abschluss einer Besprechung. Thema war die Volksküche. Sie läuft nicht mehr wie geschmiert. Einige Mitarbeiter kommen zur Arbeit oder kommen nicht.

Hör zu, Max. Die Arbeiterschaft weiss, dass du dich für sie eingesetzt hast. Aber zu dir zu halten ist anstrengend geworden. Man wird dauernd von irgendwoher angegriffen. Man muss Sanktionen befürchten. Du kennst die Fälle, in denen Uhrenmacher entlassen worden sind, weil sie dich in Schutz genommen haben. Die Wirtschaften sind voller Spitzel in diesen Tagen. Wer sich mit dir zeigt und mit dir zusammenarbeitet, zum Beispiel in der Volksküche, wird zur Rede gestellt. Er muss sich verteidigen und rechtfertigen, nicht nur unter Arbeitskollegen, sondern auch in der Familie. Er muss die richtigen Worte treffen, dass sich keiner der hellhörig wehrhaften Bürger bedroht und angegriffen fühlt. Das ist nicht die Stärke unserer Leute. Wer zu dir hält, sieht sich nicht nur zunehmend in der Defensive, sondern ausserdem auch in der Minderheit. Das ist nicht angenehm. Nicht jeder ist ein unerschrockener Individualist wie du. Manch einer braucht ein bisschen Nestwärme, möchte sich anschliessen. Möchte endlich wieder seine Ruhe haben. Aber zu wem sag ich das. Was soll ich dir raten? Du kannst nicht auf die Dauer auf jeden Hieb, den du kassierst, auch wieder austeilen. Das muss aufhören, Max. Das wird aufhören, wenn du schweigst. Ja, man will dich kleinkriegen. Gönn denen das grossartige Gefühl, dich kleingekriegt, das Schwarze Schaf in die Wüste geschickt zu haben. Wichtig ist, dass du dabei innerlich gross bleibst. Wenn du weg vom Fenster bist, nämlich weg von Grenchen und von dem, was hier mit dir identifiziert wird, wähnen sie dich in der Wüste. Aber in Wirklichkeit bist du bei dir. Und da kann es ja sehr wohl stimmig sein für dich. Zieh dem Frieden zuliebe weg von hier,

Max. Und dir und deiner Frau zuliebe, das rate ich dir. Fang irgendwo etwas Neues an. Du bist noch jung. Fangt gemeinsam etwas Neues an, du und deine Frau.

Guldimann redet aus Erfahrung; so redet einer, der die Welt und alle die Wichtigkeiten anders gewichtet, seit er begriffen hat, dass ihm die Krankheit die Tage auszählt.

Und, was sagst du dazu? fragt Annemie. Maxotti ist wieder einmal zuhause. Er hat versucht, sich den Überblick zu verschaffen. Auf der Redaktion. In der Schulkommission. In den Akten des Gemeinderats, des Kantonsrats, des Erziehungsrates. Und aufzuräumen. Im Arbeitersekretariat, das vorübergehend als Streikbüro gedient hat. Und in der Volksküche. Wenigstens die soll überleben.

Nun ja. Max schätzt Guldimann. Persönlich. Ein integrer Mensch, sagt er, sympathisch im Umgang, versucht, es allen recht zu machen, ist ja auch sein Amt, und er meint es nicht übel. Und jetzt möchte er den Störenfried loswerden, damit seine Gemeinde ein Hort des Friedens werde.

Annemie sitzt ihrem Mann gegenüber am Küchentisch. Sie wischt sich mit der Serviette den Mund. Hast du nicht versprochen, hier werden wir nicht alt? Zum Sticken kommen noch drei Frauen. Auf dem Einkauf spüre ich, dass ich nicht willkommen bin. In der Bäckerei muss ich sogar froh sein, dass ich das Brot noch bekomm, derart unfreundlich werde ich behandelt. Andere Kundinnen vermeiden es geflissentlich, mich anzuschauen. Ähnlich beim Milchmann. Unsere lieben Nachbarinnen warten ab, bis ich wieder im Haus bin, oder verschwinden schnell, wenn sie mich kommen sehen. So auch heute. Nur die Hirt ist stehen geblieben. Ihr Mann sei heute Vormittag wieder nach Hause gekommen. Fristlos auf die Strasse gestellt. Sie sollten sich beim Roten Rüdt als Streikposten bewerben, habe Obrecht den vier betroffenen Arbeitern ausrichten lassen. Und daran ist dein Mann schuld, hat die Hirt gezischt und dann gefragt, ob sie das Milchgeld fortan von mir bekommt.

Glaubst du, das ist für mich ein Schleck, die Feindseligkeiten einzukassieren, die eigentlich dir gelten?

Wir sind nun einmal nicht pflegeleicht, Annemie. Wir sind Vorreiter einer neuen Zeit.

So siehst du dich! Und ich büsse dafür.

Maxotti schaut seine Frau lange an. Ich habe gemeint, du stehst zu mir.

Und ich habe gemeint, du stehst zu *mir*.

Was soll das heissen?

Soll heissen, dass ich auch Bedürfnisse habe, Maxotti. Deine sagenhafte Solidarität mit der Arbeiterschaft: Was habe ich davon?

Maxotti gibt sich erstaunt. Sorge ich denn nicht für dich? Teile ich nicht meine ganzen Einkünfte mit dir?

Das tust du. Aber das reicht mir nicht, Max. Ich möchte einen Mann, der Zeit hat für mich. Der mich sieht und wahrnimmt. Der mir zuhört, wenn ich etwas zu sagen habe, anstatt einzuschlafen vor Müdigkeit. Ich möchte einen Partner, der meine Meinung auch einholt, nicht nur die von Genossen. Und sie senkt gar nicht den Blick, indem sie hinzufügt: Einen Mann, der mit mir Tisch und Bett teilt.

Es gibt nun mal Zeiten, zu denen häusliche Bedürfnisse zurückzutreten haben.

Das tun sie in der Tat. Und es sieht nicht danach aus, als würden sich diese Dinge bald ändern. So, wie du dich verhältst. Mit deinem Kriegertum.

Soll ich denn nicht kämpfen? Max ist sicher, dass seine Frau ihm nur zustimmen kann. Ich kämpfe auch für uns.

Du kämpfst auf verlorenem Posten, Max. Schau doch genau hin. Und hör gut hin, was Guldimann dir sagt. Du kannst auf diesem Feld nicht gewinnen. Und übrigens: Mir musst du auf diesem Feld nichts beweisen. Ich halte herzlich wenig von einem heroischen Desaster.

Max schweigt. Steht vom Tisch auf. Rückt den Stuhl zurecht. Geht in die Wohnstube. Schliesst hinter sich dir Tür. Bleibt in der

Mitte des Raumes stehen. Heroisches Desaster. An spitze Formulierungen ist er gewöhnt, beruflich wie privat. Anna Maria führt ein lockeres Mundwerk. Aber diese Aussage hat ihn getroffen. Jetzt, im Nachhall, bricht eine Selbstverständlichkeit zusammen. Dass seine Frau mit ihm zusammen an eine bessere Welt glauben würde, ist plötzlich keine Tatsache mehr. Die Rückenstärkung ist weggebrochen. Umso näher rückt er nun mit sich selber zusammen, umso trotziger bündelt er sich rings um seinen Vorsatz, an die gerechtere Welt zu glauben, die er für die Ausgebeuteten und Notleidenden unerschütterlich sieht.

Vielmehr sah. Zum ersten Mal hat er das Gefühl, er sieht nicht mehr durch. Er schüttelt den Kopf, pustet wie ein Kind, das die Kerzlein auf dem Kuchen ausbläst, und stellt sich neben dem Tisch, an dem Anna Maria zu lesen, zu sticken oder Briefe zu schreiben pflegt, ans Fenster. Die Strasse liegt im Dunkel. Ein mattes Licht steht in zweien der Fenster vom Haus gegenüber. Hirts haben im Herbst ihr drittes Kind bekommen. Sie sollen vor gut drei Jahren geheiratet haben. Wenn das so weitergeht, denkt Rüdt. Er und Anna Maria sind jetzt seit gut zwei Jahren zusammen. Sie schweigt sich aus, was einen Kindeswunsch betrifft. Ihm wäre ein Kind schon recht, und sie könnten es sich auch leisten, im Gegensatz zu manchen der Arbeitslosen in ihren Hütten. Sie müssten allerdings auch zusammenrücken. Die Trennwand, die auf sein Geheiss noch vor dem Einzug entfernt worden ist, damit der heizbare Raum sowohl als Wohnstube als auch als Arbeitszimmer genutzt werden kann, müsste dann wieder eingebaut werden. So entstünde das Kinderzimmer, gross genug für den Wickeltisch, eine Ablage für die Windeln und natürlich für die Wiege. Und später wird man eh ausgezogen sein. So jedenfalls ist es angedacht und nicht wieder diskutiert worden, während es in Grenchens Wirtschaften und Frauenzirkeln schon längst ein Thema ist.

Immer noch malt man den Teufel rot an die Wand. Man könnte ihn auch blau oder schwarz malen. Die Not der Arbeiter bleibt bestehen. Sie wird sogar verschärft durch die Entlassungen und Aussperrungen, die dem Streik folgen. Die Konflikte schwelen weiter. Aus dem Blickwinkel der Bourgeoisie war der Generalstreik der Versuch einer Revolution, die man Gott sei Dank hat abwenden können, oder war zumindest ein Streik mit umstürzlerischen Absichten. Von Grenchen aus hätte, wenn es nach dem Willen der dortigen Randalierer gegangen wäre, eine bolschewistische Revolution unser Vaterland überziehen sollen.

Im Dorf wurde es ungemütlich. Die Power, welche vom Anblick der Arbeitermassen ausging und die unberechenbare Neigung zur Gewalttätigkeit hatte die bürgerliche Bevölkerung alarmiert. Die Eingeschüchterten taten sich zusammen, um sich gegenseitig das Gefühl der Stärke zu geben. Um das Gefühl der Stärke auch an den Tag zu legen, brauchten sie Taten. Die Neue Freie Zeitung berichtete gegen Ende 1918 von Überfällen auf Arbeiter, welche von Mitgliedern der Grenchner Bürgerwehr verübt worden waren. Bei einer Attacke wurde einem Arbeiter ein Messer in die Wange gestossen. Kantonsrat Max Rüdt sammelte diese Vorfälle. Er verband sie mit einem geheimen Schreiben zur Organisation der Solothurner Bürgerwehren, das ihm in die Hände gespielt worden war, und auch mit der Beobachtung, dass etliche Kantonsregierungen die Bürgerwehren unterstützten. Mit diesem Material richtete er eine Interpellation an den Solothurner Regierungsrat. Er fragte nach der Rechtsgrundlage der Bürgerwehren. Antwort kam vom Landammann Schöpfer höchst persönlich. Der Solothurner Regierungsrat sei über die Gründung der Bürgerwehren sehr wohl informiert und überzeugt, dass diese der Verfassung entsprächen. Die Gewaltdrohungen seien nicht von bürgerlicher Seite erfolgt, sondern vielmehr während des Generalstreiks von Mitgliedern der Sozialdemokratischen Partei ausgegangen. Die bewaffneten Organisationen seien zu verstehen als Mittel der Verteidigung sowie als Instrument, Gesetz und Recht durchzusetzen in einem Moment, in dem die Kräfte der Polizei und des Militärs nicht ausreichten, um die öffentliche Sicherheit zu gewährleisten. Der Regierungsrat werde nicht zögern, sich im Notfall der Bürgerwehren zu bedienen. Er werde sie als ausserordentliche Polizeiorgane anerkennen und notfalls mit Waffen ausrüsten.

Die anschliessende Fragestunde war die Bühne von Rüdts freisinnigem Kontrahenten aus Grenchen, Hermann Obrecht.[25] Er war ein Einheimischer und schon von da her schlecht zu sprechen auf den hergelaufenen Fötzel, der die Arbeiter organisierte und Aufruhr ins Dorf brachte. Hinzu kam, dass Obrecht, identifiziert mit einem Familienclan, in dem es Uhrenfabrikanten und Obersten gab, sich besonders angegriffen fühlte von Leuten, die die Privatwirtschaft und das Militär kritisierten. Schliesslich war er Verwaltungsrat einer Waffenfabrik. Er würde sich schnell zu einem der erbittertsten Gegner der Sozialdemokratie mausern und sich in den Bundesrat wählen lassen. Kommen wir aber hier zu seinem Auftritt. Kantonsrat Obrecht begehrte zu wissen, ob ein Parlament Mitglieder erdulden müsse, die offensichtlich zu Aufruhr, Verunglimpfungen und Tätlichkeiten sowie weiteren strafwürdigen Handlungen aufgerufen haben.

Allen war einsichtig, auf wen hier gezielt wurde, denn Obrecht hatte in der Presse Max Rüdt als einen der Hauptverantwortlichen für die Streik-Ereignisse im Kanton bezeichnet. Allen, auch ihm, Obrecht selber, war allerdings klar, dass sich die Regierung für den Moment nicht aus dem Fenster zu lehnen brauchte, dass es vielmehr Sache der Richter war, darüber zu befinden, ob die gegen einen Parlamentarier erhobenen Anschuldigungen rechtens seien und ob ein gewählter Kantonsrat, der straffällig geworden ist, seine bürgerlichen Rechte weiterhin ausüben dürfe. Es gab nicht die geringste Ursache, dem laufenden Verfahren vorzugreifen. Darüber, dass man den tollen Rüdt aus dem Verkehr ziehen würde, herrschte kein Zweifel. Die Rechtsprechung genoss grosses Vertrauen.

Im Personenzug von Solothurn Richtung Biel sitzen Parlamentarier aus Grenchen. Einer in der ersten Klasse. Rüdt fährt zweite. Das nimmt er sich heraus, obwohl er neuerdings gefragt wird, warum er nicht wie die Arbeiter dritte fahre. In seinem Kopf formuliert sich schon seine geharnischte Antwort an Obrecht. Kaum zuhause angekommen, kaum seiner Frau einen Gruss gegönnt, tippt er ihn in die Maschine, die er sich inzwischen angeschafft hat, eine GROMA aus deutschen Armeebeständen.

Hör auf, fleht Anna Maria. Ich mag dieses Geklapper nicht mehr hören. Sie meint nicht nur, was in ihrer Stube geschieht. Sie meint auch die Solothurner Zeitung, die nicht aufhört, gegen ihren Mann zu wettern, sie meint den freisinnigen Schweizer Blätterwald, der das Echo spielt. Und meint speziell das lokale Tagblatt. Wer schliesst endlich dem tollen Rüdt das Maul? Bürger, wehrt euch gegen die rote Gefahr. Dem Kerl gehört ein Denkzettel. - Verstehst du diese Sprache, Max? Einer wie du müsste den Hintersinn herauslesen. Also halt dich doch einfach still. Du musst dich nicht gegen jeden Piepser aus irgendeinem Rattenloch zur Wehr setzen. Die Leute haben eh das Hickhack satt. Solange der Rüdt frei herumläuft, gibt es keinen Frieden in unserem Dorf, sagen sie. Hör einfach auf. Ich bitte dich.

Wenn ich aufhöre, seufzt Max, legt man mir das als Eingeständnis der Schuld aus. Und als Schwäche. Darum muss ich mich wehren. Ich muss einstehen für mich. Wer täte es an meiner Stelle?

Du hast dich ins Abseits manövriert.

Sogar du hältst nicht mehr zu mir.

Du hast die wichtigen Dinge mit deinen Genossen beschlossen, die dich jetzt im Stich lassen. Mich hast du nicht gefragt. Du hast mich nicht einmal benachrichtigt, als du fortgelaufen bist. Wie soll ich zu diesem Einzelkämpfer halten? Meinst du vielleicht, ich soll blindlings zum tollen Rüdt halten, bloss weil ich seine Frau bin?

Aus dem unruhigen Berlin traf nach dem 15. Januar 1919 die Meldung ein, Karl Liebknecht sei auf der Flucht erschossen und Rosa Luxemburg von der aufgebrachten Menge gelyncht worden. Die Zeitungen waren auf Lügen der Mörder hereingefallen; in Wahrheit sind Max Rüdts Idole von Militärs verhaftet und exekutiert worden – die zierliche Kommunistin nicht ohne vorher schwerste Misshandlungen erlitten zu haben.[26] Davon aber dürfte Max Rüdt erst Monate später beiläufig Kenntnis genommen haben, zu einem Zeitpunkt, da er genug mit seiner eigenen Situation zu kämpfen hatte. An der aktuellen Stelle unseres Nachrufs kehren wir mit ihm aus dem Redaktionsbüro heim. Er sieht dem Gerichtstermin entgegen. In der folgenden Woche soll der Prozess gegen ihn und mehrere seiner Kollegen von der Streikleitung stattfinden. Er ist vor allem neugierig, wen die Anklage als Zeugen vorbringen wird. Es bangt ihm nicht. Er hat seinen Job, findet er, gut getan. Er ist seiner staatsbürgerlichen Pflicht nachgekommen. Er hat auf die vielen Sozialfälle gerade auch im Leberbergischen aufmerksam gemacht. Er hat der rechtmässigen Entschlossenheit der notleidenden Bevölkerung, sich endlich Gehör zu verschaffen, Nachdruck verliehen. Er hat sich vom bürgerlich dominierten Militär nicht einschüchtern lassen. Nun hört er sich innerlich zu, was er nicht so sehr zu seiner persönlichen Verteidigung als vielmehr zur Verteidigung der gewählten Mittel vortragen wird. Es waren keine anderen mehr möglich, da ja die Regierung sich als willens erwies, jeden Protest mit militärischen Mitteln abzuwürgen, anstatt ihn sich anzuhören und Massnahmen zur Linderung der Not zu ergreifen.

Auf der Strasse gehen zwei Männer. Einer hat zurückgeschaut, und Rüdt hat den Eindruck, sie verlangsamten den Schritt. Er gewahrt den Alarm in seinem Inneren: Bürgerwehrler auf Patrouillengang. Er schlägt aber die Warnung in den Wind. Wir leben nicht mehr in der Zeit des Faustrechts. Während er die beiden Männer einholt, glaubt er einen Kollegen aus dem Gemeinderat, Mitglied der freisinnigen Fraktion, zu erkennen. Er grüsst. Die Männer lassen ihn vorbeigehen. Dann wird er am Arm gepackt und zurückgerissen. Du kommst mir gerade recht. Hab ich dich endlich, du Lump! Auf diesen Moment hab ich gewartet! Und schon sitzt Rüdt die harte Faust im Gesicht. Er taumelt. Der Faust folgt ein Kniestich in den Bauch. Rüdt knickt ein, geht vornüber zu Boden und schlägt mit dem Gesicht auf. Benommen bleibt er liegen.

Das reicht, mahnt der zweite Mann. Er hat bemerkt, dass sie beobachtet worden sind, und zieht den Kollegen weg. Wenn du nicht bald aus Grenchen verschwindest, knurrt dieser, während er sich wegwendet, kommt auch deine Frau dran.

Eine Passantin hat in der Metzgerei Alarm geschlagen. Sie hat einen der Täter erkannt, die eben in die nächste Seitengasse abbiegen, während Kundinnen aus dem Laden treten.

Wer war's?

Sie nennt den Namen. Obwohl die Tochter des Mannes bei ihr Gesangsstunden nimmt.

Der ist aber doch Gemeinderat! Die Hände fahren den Passantinnen vor den Mund.

Der Mann am Boden stöhnt, dreht sich um, stützt seinen Oberkörper auf. Sein Gesicht ist mit Blut verschmiert. Packt an! sagt Madame Du Pasquier. Sie hat sich kurzerhand den breitrandigen Hut aus dem Haar gerissen, damit er sie nicht behindere, während sie sich über den Kopf des Opfers beugt. Mit vereinten Kräften schleppen die Frauen den Körper zum Fuss der Treppe, versuchen, ihn auf der untersten Stufe aufzusetzen. Aber das ist doch Rüdt, ruft Madame, ich kenn ihn. Holt den Arzt!

Blut rinnt aus der Nase, es läuft über die Lippen zum Kinn und zum Hals und unters Hemd. Rufen Sie den Arzt! weist Madame mit solcher Überzeugungskraft den Metzger an, der unschlüssig in der Ladentür steht, dass er auf der Stelle gehorcht. Die Aufregung in der Strasse macht weitere Passanten und dann auch Anwohner aufmerksam, während die Gattin des Metzgers mit einem Lappen das Nasenbluten abfängt. Stirn und eine Wange weisen verschmutzte Schürfungen auf, die Unterlippe einen tiefen Riss, der auch heftig blutet. Bald umsteht sicher ein Dutzend Leute das Opfer. Man müsste die Polizei holen. Was allerdings der Metzger verhindert. Er will keine Polizei auf seinem Hausplatz. Kommt nicht in Frage. Der Arzt war übrigens nicht zu erreichen; aber seine Frau weiss Bescheid.

Zwei Männer anerbieten sich, den Verletzten nach Hause zu bringen. Ob er aufstehen, ob er gehen könne. Der Mann macht Anstalten aufzustehen, stöhnt, man hilft ihm hoch. Die Passanten legen sich seine Arme um den Nacken und stützen seine ersten Schritte. Bettlachstrasse, nicht wahr?

Madame Du Pasquier hebt ihren Hut auf. Dort liegt seiner, sagt sie, bringt ihn mit. Und wenn Herr Ochsenbein Augenzeugen sucht: Soll sich bei mir melden. Er weiss ja, wo ich wohne. Sie bleibt stehen, während mehrere Leute sich dem Transport anschliessen und Frau Rüdts Schrecken beim Anblick ihres havarierten Gatten mitbekommen.

In Windeseile verbreitet sich die Nachricht vom Überfall im Ort, und noch bevor Rüdt versorgt ist, sammeln sich Leute vor der Wohnung. Dr. Girard trifft auch ein, er ist aus der Metzgerei an Rüdts Wohnadresse geschickt worden und ist womöglich derselbe, den im November anlässlich des rüden Ordnungseinsatzes zwei Soldaten kurzerhand über einen Gartenzaun geworfen haben. Er schaut sich das Gesicht des Malträtierten an, die Nase, die Lippen. Die Lippe muss ich nähen, sagt er. Wird ziemlich unangenehm sein.

Zuerst reinigt er die Schürfwunden mit Jod. Das brennt schon mal höllisch. Er desinfiziert auch die Lippenwunde und zieht mit der krummen Nadel den Faden in drei Stichen durchs Fleisch. Rüdt stöhnt bei jedem Stich neu auf, und Tränen fahren in seine Augen. So, und auf die Naht gibt es Umschläge mit Kamille, mindestens vier Mal im Tag. Wie das gehen soll mit Essen und Trinken, müsst ihr halt ausprobieren. Am besten taugt vielleicht die Schoppenflasche.

Der Doktor packt sein Köfferchen und begibt sich hinaus. Inzwischen sind es Hunderte von Leuten, die sich zu ihm drängen. Nicht weiter schlimm, beruhigt er und zwängt sich hindurch. Weitere Hausbesuche sind angesagt. Obwohl die Grippe überstanden scheint, sind etliche Patienten noch nicht überm Berg.

Die Anwohnerinnen der Bettlachstrasse brauchen sich keine Mühe mehr zu geben, beim Milchmann nicht auf Frau Rüdt zu stossen. Man hat sie und ihren Mann an einem der folgenden Vormittage früh aus dem Haus gehen sehen. Sie hatten einen der geräumigen Reisekoffer dabei, die man zu zweit tragen muss. Der Bahnmeister weiss Genaueres: St. Gallen. Ihm ist das lädierte Gesicht aufgefallen. Grün und blau unterlaufene Flecken. Und eine geschwollene Lippe mit den Fäden, richtig hässlich. Er hat vom Überfall gehört. Die Zeitungen berichten, Rüdt sei auf offener Strasse niedergeschlagen worden. Soweit ist es gekommen mit unserem Dorf. Das haben die Sozis angerichtet. Man müsste fast behaupten, Rüdt sei selber schuld. Wenn er einem nicht leidtäte. Bei diesem Anblick. Mit einem solchen Gesicht, ehrlich, ginge er nicht unter die Leute, stellt der Bahnmeister fest, und auf Reise quer durch das halbe Land schon gar nicht. Er nimmt das Gepäckstück entgegen und verspricht, es in den Postwagen einladen zu lassen. Dann wünscht er gute Reise.

Eine lange Fahrt mit Umsteigen und Warten auf Anschlüsse in Olten und Zürich. Erstaunlich, dass der Koffer stets richtig umgeladen wird und die Reise mittut. Nach dem kurzen Intermezzo mit dem Kutscher, dem das Handgeld zu gering war, ist der Empfang in St. Georgen mehr kühl als überrascht. Der Anblick des Sohnes erregt jedoch so viel Mitleid, dass das Haus den Gästen aufgeht. Deren Ansinnen ist klar. Sie fühlen sich an ihrem Wohnort bedroht. Max hat seinen Denkzettel schon einkassiert, Anna Maria soll verschont bleiben. Die Zimmer im Obergeschoss, die als Gästewohnung in Frage kämen, hält Onkel Otto besetzt. Mama Rüdt stellt einstweilen das kleine Gästezimmer im Parterre zur Verfügung.

Und wann stehst du vor Gericht? fragt Otto aus dem Sessel heraus.

Ab Montag, antwortet Max, dem das Sprechen mit geschwollener Lippe hörbar Mühe bereitet.

Die werden dich einlochen, behauptet Onkel Otto ziemlich trocken. Womit rechnest du?

Max rechnet mit einer Busse. Für die stehen Partei und Gewerkschaften grad.

Der Onkel schaut Max lange an und schüttelt fast unmerklich den Kopf.

Dein Mann hat blaue Augen, sagt er zu Anna Maria. Das heisst aber noch lange nicht, dass er sich blauäugig gebärden muss. Er, der zum Platzhirsch avancierte jüngste Rüdt der Vatergeneration, will aber nicht die Zukunft verschreien. Man muss den Dingen die Chance geben, nicht den wahrscheinlichen Verlauf zu nehmen, sondern einen besseren.

Und danach schauen wir weiter, antwortet Max. Die Wogen werden sich glätten.

Anna Maria, das können wir gleich festhalten, wird sich in der St. Georgener Umgebung nicht zuhause fühlen. Man lebt zu eng, und die Begrenztheit der schwiegermütterlichen Gastfreundschaft ist allezeit spürbar. Wenn Maxotti abwesend ist - und das ist er nicht nur fürs Gericht, sondern wiederholt für Konferenzen auf der Redaktion in Olten, für Sitzungen in Solothurn und einmal sogar für eine Parteiversammlung in Grenchen – fühlt sie sich abgeschnitten. Entweder sie verbringt die Stunden im Schlafzimmer oder auswärts. Wiederholt ist sie zum Kaffee bei ihrer Schwägerin im Waldgut eingeladen. Auch da will sich kein Heimatgefühl einstellen. Die beiden Frauen sind zu unterschiedlicher Natur, und Anna Maria vergisst, dass Claire ebenso lange Witwe ist wie sie Ehefrau. Davon abgesehen hat sie bald jeden Winkel der Altstadt abgeschritten, und übrigens mehrere Messen in der Kathedrale besucht. Nun zieht sie in Betracht, die nächsten Wochen daheim im Luzernischen zu verbringen.

Die Liste der Anklagen gegen Max Rüdt ist mehrteilig: Hausfriedensbruch und Sachbeschädigung – er hat seine Demonstranten in die Fabriken und Ateliers und zu den Bahnhöfen geführt; Anstiftung zu Nötigung – er, der Angeklagte Rüdt, wer denn sonst, hat die Streikenden veranlasst, die Arbeitswilligen von den Arbeitsplätzen herauszuholen und blosszustellen; Nötigung – er hat Arbeitswillige von den Arbeitsplätzen gezerrt. Und er hat veranlasst, dass die Streikenden die Arbeitswilligen zwangen, im Umzug mitzugehen – ein Verhalten, das, wenn man als Anwalt der Anklage spitzfindig genug ist, sogar unter dem Tatbestand der widerrechtlichen Gefangenhaltung beschrieben werden kann.

Eine pikante Episode sei hier aufgegriffen, weil sie illustriert, wes' heiligen Geistes Kind die unheile Stimmung im Dorf prägte. Im Zeugenstand ein Pfarrer. Es ging um die Behauptung, Rüdt habe in Grenchen die Sowjetregierung ausgerufen und anerkenne die Kantonsregierung und ihre Gesetze nicht mehr. Er, der Pfarrer, sei unter Druck gesetzt worden, Herrn Rüdt in wahrheitswidriger Weise zu belasten.

Wie das?

Nicht der Richter fragt nach; wir tun's an seiner Stelle. Eine kniffige Geschichte hätte zum Vorschein kommen können. Ein Unternehmer habe ihm, dem Pfarrer, zugetragen, Rüdt habe sich während der Streiktage an junge Arbeiterinnen herangemacht. Er sei in die Ateliers eingedrungen und in flagranti ertappt worden. Eine der Arbeitswilligen habe sich vor dem Streikführer gefürchtet. Der habe zu ihr gesagt, dass er sie nicht verrät, wenn sie sich nur recht gefügig anstelle. Den Rest könne man sich ja denken, habe der Fabrikant gesagt. Einem Bolschewiken sei alles zuzutrauen. Gerade er, als Pfarrer, müsse doch jedes Interesse haben, einen solchen Volksverführer aus dem Verkehr zu ziehen.

Soweit die Vorgeschichte. Nun aber, was den Brief der »Sowjetregierung in Grenchen« betrifft, dessentwegen der Pfarrer in den Zeugenstand gerufen wurde. Seine Aussage sei in einer erregten Tischrunde gefallen. Rüdt halt das grosse Thema. Er hätte verhaftet werden sollen und wurde nicht gefunden. Nun habe er, der Pfarrer, sich zum Kommentar verleiten lassen, der Mann wisse wohl, warum er sich verstecke, habe er doch zünftig Dreck am Stecken. Als man nun in ihn drang, um zu erfahren, was der Herr Pfarrer mit dieser Anspielung im Blick habe, habe er dann doch die junge Arbeiterin nicht ins Spiel bringen mögen. Er kenne sie persönlich, eine aus der Diaspora. Wer weiss, man hätte sie in Verruf gezogen. In der Not habe er leider mit einer ad hoc erfundenen Witzigkeit versucht, den Hals aus der Schlinge zu ziehen. Er habe nicht im Geringsten damit gerechnet, dass jemand aus der Tischrunde damit schnurstracks zur Zeitung laufen würde.

So vielleicht. Oder wie auch immer. Auf jeden Fall bedauerte der Pfarrer, dass die Sache ihren Lauf bis zur Anklage und bis in den Gerichtssaal genommen hatte. Es tue ihm leid. Er nahm das Gerücht auf sich und widerrief somit in aller Form seine frühere Aussage.

Das Amtsgericht Solothurn-Lebern verurteilte Rüdt dennoch »wegen unbefugter Ausübung eines öffentlichen Amtes und Anstiftung zur Sachbeschädigung« zu vier Wochen Gefängnis ohne Anrechnung der Untersuchungshaft. Jemand musste ja offiziell schuldig gesprochen werden für die in den Fabriken und an den Bahnhöfen angerichteten Schäden und für die Misshandlung von Bürgerinnen und Bürgern.

Die Gefängnisstrafe verbüsst Max Rüdt über die Osterzeit, die seine Frau bei ihren Geschwistern im oberen Seetal verbringt. Er wird in einem Schlafsaal mit 6 Liegestellen untergebracht; drei davon sind schon besetzt. Das sind die jeweils oberen in Kajütenbettstätten. Er muss in einen der unteren Verschläge kriechen. Die drei Mitinsassen sind kleine Fische. Sofern wahr ist, was sie erzählen. Ein Betrüger, ein notorischer Dieb (er hat für seine Familie Lebensmittel geklaut) und ein Radaubruder. Er hat gegen das Auto eines Solothurner Bankiers einen Fusstritt getan, nachdem es ihn in einer Pfütze verspritzt hatte. Einer nach dem anderen wird entlassen und durch neue ersetzt, unter denen Rüdt einen schweren Stand hat. In der Bücherei könnte er lesen. Mit dem Vorsatz, es endlich im Wortlaut zur Kenntnis zu nehmen, hat er »Das Kapital« unter den ahnungslosen Inspizienten der Gefängnisleitung vorbeigebracht. Aber dauernd hat einer der Mitinsassen seinen Kropf zu leeren. Setzt er sich mit Papier und Stift an ein freies Tischende, beobachtet man neugierig und argwöhnisch, was er schreibt. An einem seiner ersten Tage in der Strafanstalt hat er für einen unbeholfenen Mitbewohner der Zelle, einen Bauern, ein Gesuch um einen Strafaufschub formuliert. Seinem Sohn hat eine Kuh mit einem Tritt das Schienbein zerschmettert, und nun schaffen es die beiden Frauen, Mutter und Ehefrau, kaum mehr, das Vieh zu besorgen. Seine Hand wird dringend benötigt. Die Dienstleistung, die erstaunlicherweise nach knapp einer Woche Erfolg hat, spricht sich herum. In der Folge verfasst der Zeitungsschreiber Briefe an die Ehefrau, an einen Bruder, an eine Verlobte oder eine Bewerbung und sogar ein Begnadigungsgesuch. Bald kommt sich Rüdt als Sträflingssekretär vor. Einer der Mithäftlinge im Schlafraum, die später hinzugekommen sind, ein Italiener, begehrt einen Beschwerdebrief an den Ministerpräsidenten der Schweiz. Er fühlt sich höchst ungerecht behandelt. Ihm gegenüber winkt Rüdt ab, sobald er der diktierten Schmähwörter innegeworden ist.

Der Tagesplan verläuft im Übrigen fast militärisch. Ab sechs Uhr wird Zelle um Zelle zum Waschen an den Trog beordert. Einer wird zurückbehalten; er hat die Nachttöpfe zu leeren und den Boden zu kehren. Sind alle wieder zurück und im Sträflingskleid, gibt es Frühstück im Saal. Dann arbeitet Rüdt in der Küche. Der Küchenchef und zwei Hilfsköche beaufsichtigen das Rüsten und Schneiden, eine Gruppe von Männern in der graublauen Uniformierung und in der gebleichten Schürze sitzt am Rüstetisch, steht an den

Gasherden und Abwaschtrögen. Ab und zu helfen die beiden Aufseher noch mit, wenn ihnen die Zeit zu langsam vergeht. Halb zwölf gibt es Mittagessen für die Küche, eine Viertelstunde später folgt die Mahlzeitausgabe für die Insassen. Sind Geschirr und Besteck gereinigt, gibt es Pause. Rüdt verbringt sie in der Zelle, wenn keiner sonst zugegen ist, im Hof oder in der Bücherei. Nach der Abendsuppe aus Resten von Mittagsmahlzeiten hat ein Teil der Küchenmannschaft Freizeit im Hafthaus. Man könnte lesen. Rüdt hat wieder Schreibaufträge. Nach anfänglichem Widerstreben bereitet ihm das Sekretärwesen Spass; er lernt Sorgen und Nöte und familiäre Verhältnisse kennen; und manchmal reicht man ihm schlicht und einfach einen Brief: Schreib eine Antwort, egal was. Zum Beispiel: Meine liebe Tochter, es ist freundlich von dir, dass Du nach mir fragst. Ich hatte mich schon damit abgefunden, die ganze Familie verloren zu haben, und auch meine lieben Kinder. Du getraust dich aber nicht, mich hier zu besuchen. Das verstehe ich. Gar zu ungewohnt ist dir diese Umgebung, die längst so etwas wie mein Zuhause geworden ist. Du wirst mir nicht glauben: man gewöhnt sich daran. Die Tage sind zwar ein freudloses Einerlei, aber man muss sich um nichts kümmern. Du kannst dir gar nicht vorstellen, was das für eine Erleichterung ist für einen Menschen, der sich ein Leben lang hat Gedanken machen müssen, wie er's soll schaffen können, auch am nächsten Tag wieder, für sich selbst und die Seinen. Dauernd das Gefühl, du bist ein Versager. Dauernd das Gefühl, deine Frau und deine Kinder sehen in dir halt doch genau die Niete, die der Schnaps dir vernebeln sollte. Ich habe euch alle gehasst deswegen, aber mich habe ich verachtet und habe übrigens sehr wohl verstanden, warum Du, kaum so recht erwachsen, das Haus hast verlassen müssen. Dein Bruder hat es auf sich genommen, mir die Wahrheit ins Gesicht zu schmettern, und dafür sollte er zum Schweigen gebracht werden. Gott sei Dank war ich so beduselt, dass ich nicht einmal das Messer im Griff hatte. Er hat's überstanden, dafür bin ich dankbar. Und er braucht mir übrigens nicht zu verzeihen, wenn ihn das überfordert. Ich habe mir jetzt nichts

mehr zu beweisen und brauche auch vor euch nicht mehr gradzu-
stehen. Ich kann die Dinge nüchtern betrachten – nüchtern in jeder
Beziehung – und brauche mich vor Blicken nicht mehr zu schämen.
Umso schöner ist es, Deine Zeilen erhalten zu haben. Ich sage Dir
herzlichen Dank dafür. Und wenn Du mir wieder einmal schreiben
solltest, würde ich mir wünschen, dass Du mir von Dir und den Deinen erzählst, ob ihr wohlauf seid, worüber ihr lacht und ob ihr alle
Tage gut zu essen habt. Nachsatz: Diesen Brief setzt mir ein Mitin-
sasse auf. Du weisst schon: meine ungelenke Hand.

Ja, so ist es, seufzt der Auftraggeber, genau so, und unterschreibt in seiner höchstpersönlichen Version von Sütterlin. Um
21.30 Uhr hat sich jedermann im Schlafsaal XXIII eingefunden. Der
Wärter macht Appell, dann ist Nachtverschluss. Es entzieht sich
unserer Kenntnis, was in den folgenden Stunden in den Schlafsälen
abgeht. Möchten wir es wissen? Nützt es uns, es zu wissen? Nein,
behaupte ich, und dabei bleibt's.

Morgens um sechs ist der Wärter wieder da, macht Appell,
fragt, ob einer etwas zu melden habe, und gibt den Weg zum
Waschtrog und zur Toilette frei. Frühstück, Küchendienst, Abwasch. Dazwischen einmal ein Besuch. Anna Maria schüttelt den
Kopf, als sie ihren Mann im Sträflingskleid sieht. Dass du sowas auf
dich nimmst. Könntest du es nicht einfacher haben im Leben? Dass
ihr Männer Abenteurer seid, ist bekannt. Aber dass ihr euch auch
noch mit dem Staat anlegen müsst! Gewisse Verhältnisse sind doch
nun mal träge und einfach stärker und brauchen Zeit, um zu reifen.

Sie hat ein Geschenk mitgebracht. Eine Rolle Toilettenpapier
der Scott Paper Company. Ein Händler aus Grossbritannien hat sie
in die Stadt gebracht. Und dann muss sie auch schon wieder los.
Sollte sie den Zug verpassen, käme sie erst am späten Abend zuhause an. Unter Zuhause versteht sie das Luzerner Seetal.

Der Eindruck trifft zu: Die Wärter mögen den Sträfling Rüdt.
Er erfordert keine besondere Aufmerksamkeit. Er verhält sich ko-
operativ. Er hat ja auch nichts gegen sie. Er vermag wohl Staat und
Staatsangestellte voneinander zu unterscheiden. Mancher Wärter

kann froh sein, gibt es die Gefangenen, sodass seine Anstellung nicht in Frage gestellt werden muss. Er hätte keine breite Auswahl von Stellen. Von manch einem war schon der Vater Gefängniswärter. Die älteren unter ihnen sind entweder stur und kleinkariert, oder sie sind tolerant, wissen halt, wie der Hase läuft, und lassen sich von keinem Zwischenfall überraschen. Und davon gibt es doch einige. Immer irgendwo eine Handgreiflichkeit, ein Dazwischentreten, ein Rapport. Fast täglich irgendein Insasse, der in Heulen und Herrgottssatan ausbricht. Die jüngeren Wärter greifen schnell ein, sie können noch nicht abschätzen, was sich von selber ergibt und was geregelt werden muss. Rüdt schaut interessiert zu, und seine Zeit hier ist ja absehbar.

Zwei verordnete Gottesdienste besucht er. Man soll ja in Haft nicht nur büssen, sondern auch das gute Beispiel für den späteren Lebensgebrauch erfahren. Aus purer Neugier wählt Rüdt die Messe. Damit begegnet er einer Liturgie, die ihm, dem protestantisch Erzogenen, fremd ist. Vielleicht begleitet er dann doch einmal Anna Maria in die Kirche. Er hat es ihr bisher abgeschlagen. Du kannst meinetwegen hingehen, sagte er, gab ihr aber zu verstehen, dass er nicht glücklich war, wenn seine Frau, die Frau eines überzeugten Linken und Atheisten, sich in der Kirche zeigte. Dass man die Kirchensteuer zahlte, übersah er. Er hat es verpasst, bei seiner Anmeldung im Einwohneramt klarzustellen, dass er ein Dissidenter sei. Er wollte ja nicht gleich von Anfang an Aufmerksamkeit erregen und das Misstrauen auf einen Schauplatz lenken, der für ihn eher ein Nebenschauplatz war. Er hatte sich auch den Jungburschen gegenüber eher gemässigt geäussert im Ort der drei Kirchgemeinden. Er ist kein Religionshasser; nicht einmal »das Opium fürs Volk« betet er mit Überzeugung mit. Die Sache verhält sich ganz einfach so: Mit dem Christentum ist sein Bruder verheiratet – da ist für ihn, Max, kein Platz.

Soviel zur Messe, der er vom hintersten Sitzplatz aus als Augen-, Ohren- und Nasenzeuge gefolgt ist, gleich einem der Wärter, der sich neben ihn gesetzt hat, weil es so elend lange ging.

Max Rüdt ist sich darüber im Klaren, dass die hiermit verbüsste Haftstrafe quasi die Vorübung war. Er rechnet damit, dass er noch einmal wird einsitzen müssen. Seit die Hetze gegen ihn sogar die Ostschweizer Zeitungen erfasst hat und seit sich die Stimmen im Umfeld des Wohnsitzkantons zu einem breiten Einklang darüber gefunden haben, dass mit dem Kopf der Grenchner Streikleitung die Quelle der Unruhen im Kanton eruiert sei, schwindet seine Hoffnung auf ein mildes Urteil des Territorialgerichts. Mit ein paar Wochen müssen wir rechnen, warnt auch Jacques Schmid, der im Übrigen als verantwortlicher Redaktor der Neuen Freien Zeitung und des Freien Aargauers gerne auf die öffentlich ausgetragenen Querelen zwischen den bürgerlichen Gemeinderäten Grenchens und ihrem Feindobjekt verzichtet. Die Leser haben das Gezänk nachgerade satt, und sogar von sozialdemokratischer Seite mehren sich die Stimmen, man möge es endlich einstellen. Redaktor Rüdts unversöhnliche Spuckerei nach allen Seiten und erst noch in eigener Sache schaden der Zeitung ebenso wie der Partei. Wir wollen wieder reinen Tisch. Sind wir uns darin einig, Max?

Reinen Tisch machte zuerst der Regierungsrat. Nach der Verurteilung durch das Bezirksgericht gab es kein Hindernis mehr, dem Begehren des Grenchner Einwohnergemeinderates zuzustimmen. Max Rüdt musste sein Mandat im Gremium zurückgeben. Das tat er und zog sich auch aus den übrigen Ämtern in der Gemeinde zurück. Die Schulkommission bekam ein neues Mitglied. Die Volksküche serbelte dahin. Ammann Guldimann war krank und musste demissionieren. Arthur Stämpfli, Mitglied der Streikleitung, wenn auch an vorderster Front selten gesehen, wurde neuer Gemeindeammann.

Rüdt zeigt sich nur noch beruflich im Ort, übernachtet aber noch ab und zu in der Wohnung an der Bettlachstrasse. Von der Bündengasse aus versieht er die Präsidien der lokalen Sektion der

SP und der Bezirkspartei. Das waren nie leicht zu handhabende Ämter, und jetzt, nach dem Desaster mit dem Landesstreik sind sie es erst recht nicht. Viele Genossen sind zusammen mit ihren Angehörigen tief unter die Armutsgrenze gerutscht: die Arbeitslosen, Ausgesperrten, Entlassenen. Ihre tägliche Not ist nicht geringer geworden, obwohl inzwischen die Versorgung mit Lebensmitteln besser klappt als auch schon. Andere sind ganz einfach müde; sie haben genug vom Revoluzzertum. Entsprechend giftig sind die Diskussionen. Zuweilen hat selbst der Vorsitzende Rüdt Mühe mit den zum Extrem neigenden Mehrheiten in der Arbeiterunion. In einem ihrer Standpunkte allerdings bleibt Max Rüdt der Wortführer. In Moskau war soeben auf Lenins Betreiben hin die Kommunistische bzw. Dritte Internationale gegründet worden. Sie war gedacht als Zusammenschluss aller kommunistischen Parteien zu einer weltweiten gemeinsamen Organisation. Ihr Ziel war die proletarische Weltrevolution, die alle Länder der Erde ergreifen, die Mächtigen entmachten, die Besitzenden enterben, die Massen zu Nutzniessern des Mehrwerts erheben, kurz den Kapitalismus durch den Sozialismus ersetzen sollte.[27] Die einzelnen nationalen Revolutionen waren hierzu die Grundlage, so auch die Revolution in der Schweiz. Aus diesem Grund sollte sich die Sozialdemokratische Partei der Schweiz der Dritten Internationalen anschliessen und unterordnen. Das forderten zusammen mit anderen Radikalen auch die Fundis in Grenchen. Sie hatten ja schon früher gegen die militärische Landesverteidigung plädiert und schlossen ausdrücklich die Gewalt als Mittel, politische Ziele zu erreichen, nicht mehr aus. Ihr Sprachrohr in der Neuen Freien Zeitung war Max Rüdt. Er stellte sich damit schon mal in die Arena der Streithähne. Sein Chef, Jacques Schmid, bestimmte die gemässigte Linie der Solothurner Kantonalpartei, die den Boden der Demokratie nicht verliess.[28] Die politische Auseinandersetzung zwischen den Grenchner Genossen und der Kantonalpartei spitzte sich zum Zwist zwischen dem Lokalredaktor und seinem Chef, zwischen dem Sektionspräsidenten und dem Kantonalpräsidenten zu und mündete in einer gehässigen persönlichen Polemik zwischen den beiden Exponenten. Max Rüdt hatte nichts mehr zu verlieren, Jacques Schmid dagegen viel. Er hatte zwar den Aufruf zum unbefristeten Generalstreik unterstützt, rechnete es aber seiner Person an, dass in Olten gewaltsame Ausschreitungen unterblieben. Das schützte ihn nicht vor bürgerlichen Hitzköpfen, die auch ihn, den Kopf der Kantonalpartei, für die Gewaltereignisse in Solothurn und Grenchen verantwortlich machen wollten, die ihn als Bolschewisten diffamierten und damit in den Topf warfen, den sie schon mit Max Rüdt ausgestattet hatten. Solcher Strategie musste Schmid entgegenwirken. Er hatte seinen Platz im Politgefüge erspäht, und den konnte ihm nur eine Partei gewährleisten, die sich strikt auf demokratischem Boden etablierte.

»Die Sozialdemokratische Partei der Schweiz tritt der Dritten Internationalen bei.« – Nicht nur aus Grenchen traf dieser Antrag in der Parteizentrale ein. Er löste heftige Kontroversen aus und drohte, die Partei zu zerreissen. Eine Urabstimmung unter den Mitgliedern sollte schliesslich die Richtung weisen. Das Ergebnis war nicht vorauszusehen. Wo stand die Basis? In der Parteiführung lagen die Nerven blank. Auch Nationalrat Schmid teilte aus. Um seine Karriere zu schützen, musste er alles daransetzen, das Abdriften der Partei ins linke Abseits zu verhindern. Vehement distanzierte er sich von den radikaleren Genossen. Er meinte exemplarisch die Grenchner, die sowieso, wie er behauptete, das ganze Schlamassel vom vergangenen November irgendwie selbst zu verantworten hätten. Wieso haben sie den Arbeitskampf nicht wie wir in Olten, fragte er, mit der grössten Ruhe und Disziplin beziehungsweise mit Bravour und einer würdigen Abschlussversammlung hinter sich gebracht? Mit der Feststellung, eine Sauordnung herrsche überall, wo Rüdt seine Hände drin hatte, holte Schmid zum KO-Schlag aus. Rüdt sei eine Eiterbeule, die schon längst hätte entfernt werden sollen am Körper der leberbergischen Arbeiterbewegung, erklärte er, um am Tag vor der Urabstimmung noch eins draufzusetzen. Er bezichtigte öffentlich seinen Parteikollegen, unkorrekt Buch geführt und Parteigelder unterschlagen zu haben. Damit machte er verständlich, warum er den Mann soeben als Redaktor entlassen habe. Und mehr noch: warum auch die Partei sich zwingend von dem Mann trennen müsse.

Der Genosse bekam keine Gelegenheit, sich zu den Ausgaben aus der Streikkasse zu äussern und zum Beispiel die Ersetzung von eingeschlagenen Fenstern zu belegen. Die Anschuldigung, in der Turbulenz der letzten Streikphase sei ein Teil der Barschaft verschwunden, hätte er eh nicht entkräften können. Es klaffte in der Kasse eine Lücke, die er sich nicht zu erklären vermochte. Ob das aber nun irgend von Belang gewesen wäre oder nicht: Er hatte über die Klinge zu springen, so oder so.

In der Urabstimmung verweigerte die Mehrheit der Parteimitglieder den Beitritt zur Dritten Internationalen und markierte eine wichtige Etappe auf ihrem Weg zur staatstragenden Partei.[29] Das war ein Sieg für Jacques Schmid, der sich ein Dutzend Jahre später zum Regierungsrat gewählt sah und sich in diesem Amt erfolgreich bemühte, auch von bürgerlicher Seite Lob zu erhalten. Für Max Rüdt hingegen war der Entscheid der Parteibasis ein herber Schlag. Den hätte er nicht mehr gebraucht. Bitter enttäuscht gab er auf. Seine politische Karriere war beendet.

Du hast das Christentum unfähig genannt, hält ihm aus Kreuzwil der pfarrherrliche Bruder entgegen. Wie hast du es nun mit dem Sozialismus? Der Mensch ist nicht für eine gottlose Welt geschaffen. Darum ist die Gesellschaft nicht reif für das, was dir als sozialdemokratische Solidarität vorschwebt. Eine Gemeinschaft ohne hierarchische Struktur zerfällt in Individualisten und Egoisten. Wo die Ausrichtung auf Jesus Christus fehlt, gibt es nur Orientierungslosigkeit. Das sagt ein Theologe zu euch Atheisten.

Was soll ich entgegnen? – Es tut weh, dass Georg recht hat. Es hat ihm, dem »Kleinen«, immer schon wehgetan, dass der grössere Bruder recht hatte.

Auch an diesem Abend hält der alte Mann einen Augenblick inne, atmet schwer, nimmt dann den Rest der Hintertreppe, richtet sich auf, um die Türklinke zu erreichen, und weicht dem Türflügel eine Stufe zurück aus. Während er im Vorraum die Stiefel auszieht, fällt ihm auf, dass die Küchentür angelehnt ist. Ein Duft von Suppe dringt heraus, aber der Türspalt ist dunkel. Es kommt vor, dass Heims ihn an den Stubentisch einladen, und dann bekommt er den Rest einer Suppe oder einen Wurstzipfel mit einem Stück Brot. Heute offenbar doch nicht. Die Treppe zum Estrichboden ist so steil, dass Rüdt mittlerweile angefangen hat, sich auf allen vieren rückwärts zu bewegen, wenn er am Morgen wieder herunterkommt.

Im Zimmer macht Rüdt die Glühbirne nicht an. Das Restlicht im Fenster reicht aus, den Stuhl am Tisch zu finden. Darauf lässt er sich nieder. Der Oberkörper kippt nach vorne, die Ellbogen stützen sich auf, das Gesicht geht in die Hände. Der Atem und das Herzklopfen machen Geräusch. Das hört sich sehr angestrengt an und würde die Ländlermusik übertönen, wenn bei Heims der Radioapparat an sein sollte. Lange bleibt Rüdt am Tisch sitzen.

Auch im Stiefel-Stübli sass er lange. Er hat aber die GROMA nicht angerührt. Das Schreibband gibt endgültig nichts mehr her. Eine schrullige Geschichte wäre ihm eingefallen, nämlich die von einem Waldschratt, der aus dem jungen Frühlingsgrün bricht, im blühenden Huflattich die Böschung herabwuselt und mit seinem bärtigen Antlitz die Spaziergänger aus dem Städtchen erschreckt, um gleich darauf im Unterholz wieder zu verschwinden.

Von Hand schreibt Rüdt nicht mehr, obwohl er in seiner Mappe mehrere heruntergespitzte Griffel herumträgt. Zu zittrig ist die Schreibhand.

Einmal hat der Wirt hereingeschaut. Ist alles in Ordnung?

Rüdt ist zusammengefahren. Ja, geht schon.

So verging der Vormittag. Dann hat er seine Suppe gelöffelt

und die Brocken von der zerrupften Brotscheibe. Und sich Zeit genommen für das Glas Balgacher. Er hatte wie immer seinen Tisch. Keiner setzte sich zu ihm. Am Stammtisch ging es laut zu und her. Man nahm kein Blatt vor den Mund. Man musste nicht fürchten, man komme in die Zeitung.

Ungefähr auf halbem Weg zwischen St. Gallen und Luzern liegt Zürich. In der Enge steht schon wieder ein Lebensmittelgeschäft zum Verkauf. Umständehalber, sagt das Inserat. Max erkundigt sich. Es stellt sich heraus, dass der Inhaber plötzlich gestorben ist. Die Witwe, ihrerseits auch schon betagt, sieht sich ausserstande, das Geschäft zu führen. Sie sucht eine schnelle Nachfolge, um einer dankbaren Kundschaft weiterhin den Quartierladen zu erhalten. Auskunfts- und Kontaktperson ist ein Herr Emanuel Cohn, Immobilienmakler aus Altstetten, der gerne bereit ist, das Objekt zu zeigen. Zögern Sie nicht, sagt Cohn. Sie sind ja, wie Sie sich denken können, nicht der einzige Bewerber.

Scheint eine günstige Gelegenheit zu sein.

Mama hebt die Schultern, lässt sie wieder fallen. Schau es dir an.

Ja, schaut's euch an, raten Anna Marias Geschwister.

Die aktuell getrennt wohnenden Eheleute reisen also von Westen und Osten an, treffen sich im Hauptbahnhof nicht ohne Herzlichkeit und fahren dann mit dem Tram via Paradeplatz in die Enge. Ist es das schmucke Haus mit den schmiedeeisernen Balkonbrüstungen?

Nein, leider nicht, sondern das schmale Gebäude, das zwischen zwei mächtigeren eingeklemmt ist und in zwei Obergeschossen je zwei Fenster zur Strasse aufweist. Im Übrigen zeigt es die unübersehbaren Merkmale eines Ladenlokales, wie man es zur Zeit meiner Kindheit noch öfter antraf: eine getäfelte Umrandung der Schaufenster, verziert mit Rahmen und Füllungen. Mit dem profilierten Traufgesims erinnert die Schreinerarbeit an einen in die Hauswand eingelassenen Schrank mit grossen Vitrinen: überm Mauersockel zwei ungefähr quadratische Scheiben, darüber je ein schmales Oberlicht mit den Überresten eines weiss aufgemalten Schriftzugs, der sich noch eben erraten lässt: *Dürr Comestibles*. Zwischen den Schaufenstern der Zugang. Drei Stufen hinauf. Links und rechts Glas und Blick seitlich in die Auslagen. Auch die Tür Teil der Vitrage. Beim Aufstossen bimmelt eine Glocke. Sofort nimmt dich der für Läden mit Lebensmitteln und Gewürzen typische Geruch gefangen - mit einem Abgang von Moder, wie Anna Maria an unserer Stelle naserümpfend feststellt. Die Regale voller Tüten, Dosen, Töpfen, Gläsern, Flaschen. Hinter der Theke keine Verkäuferin, die guten Tag Herr und Frau Rüdt wünscht, sondern ein schnauzbärtiger untersetzter Mann, Scheitelglatze, Nickelbrille mit kreisrunden Linsen, hinter denen ein unergründlicher Blick zu lauern scheint.

Max Rüdt stellt sich und seine Frau vor. Eigentlich überflüssig, man ist ja verabredet.

Freut mich, dass Sie gekommen sind, sagt Cohn und tut darüber hinaus erst mal keinen Wank. Er lässt die Rüdt-Ineichens Augenmass nehmen. Fest steht: Das ist nicht im Entferntesten der geräumige Laden, den Annemies Eltern im oberen Seetal aufgebaut haben und den jetzt ihre Geschwister führen. Es ist vielmehr ein enger und kleinlich ausgestatteter Raum, geringe Tiefe, die Theke fast in der gesamten Breite, eine Waage mit Schiebegewichten, eine Kasse mit Rollzahlen. Die Wände bis auf eine Tür mit Regalen bestückt. Die Untersätze sind mit Schubladen versehen. Und in der Nähe der inneren Tür ein Kanonenofen mit einem abgewinkelten Rauchrohr.

Eng ist es hier, stellt Anna Maria fest. Für den begleitenden Seufzer könnten wir verantwortlich sein.

Bedenken Sie dagegen die Lage, entgegnet der Makler. Unmittelbar an der Strassenkreuzung. Und die Tramhaltestelle, wie Sie ja bemerkt haben, dichtauf. Ein Arbeiterviertel. Eisenbahner, Trämler, Bierbrauer, Gaswerkarbeiter. Die Frauen decken sich mit Vorliebe im Quartier ein. Er nickt Frau Rüdt zu und wendet sich dann, da sie nicht wie gewünscht reagiert, an ihren Mann.

Und die verbliebene Ware hier: ist im Kaufpreis inbegriffen? fragt dieser, indem er den Blick über die Regale schweifen lässt.

Die hier und mehr noch obendrein, wie Sie gleich sehen werden. Was noch verkäuflich ist, entscheiden Sie selber. Wollen wir? Er zieht die Schwingtür auf. Darf ich bitten?

Mit seinem Rücken blockiert er die Tür und macht eine Handgebärde. Rüdt lässt seiner Frau den Vortritt um die Theke herum. Neugierig, wie ein Haus aussehen könnte, das für das Ehepaar Rüdt-Ineichen die Basis eines Neuanfangs bieten soll, schliessen wir uns an und prallen in den einströmenden Gruftgeruch.

Vorsicht, Stufen.

Wir stehen vor einem Korridor, in dem eine Glühbirne nackt aus der Decke sticht und knapp so viel Licht verbreitet, dass man nicht über allerlei abgestellten Plunder, Kisten, Säcke, Flaschen, Einmachgläser stolpert. Rechts hinauf in die Dunkelheit führt eine Treppe. Gradaus, sagt aber Cohn. Er zwängt sich vorbei und geht voran, die Stufen hinab und unter der Glühbirne vorbei einem Fenstergeviert entgegen, das in der hinteren Haustür sitzt und mit Schnörkeln vergittert ist. Auf halbem Weg wendet er sich in einen offenen Durchgang. Dahinter liegt das Magazin. Mit einem eigenen Tor. Der Makler schiebt in der Raumtiefe einen Riegel und stösst beide Flügel auf. Man fällt in die Helle eines schmalen Hofplatzes, den die beiden stattlicheren Häuser zur Linken und zur Rechten zusammen mit der eingepferchten Nummer 2 bilden. Eine Kiesfläche mit Unkrautinseln. In den Hof mündet eine Hintergasse. Von da her erfolgt die Zulieferung, auch für das Wirtshaus. Läuft im Moment nicht sonderlich gut, bemerkt der Makler, indem er auf das sichtlich ältere der beiden Nachbargebäude zeigt. Unter anderen Umständen hätte man sich diese Liegenschaft kaum entgehen lassen. Wer weiss, eines Tages melden sich die Begehrlichkeiten. Sie sitzen dann am langen Hebel.

Wir haben die Bemerkung wohl vernommen, sind aber nicht sicher, ob auch die Rüdts aufgehorcht haben. Wir treten unterm Torbogen hindurch auf den Hof hinaus und werfen einen Blick auf die Rückfassade der Immobilie. Der Torbogen ruht auf knapp hüfthohen senkrechten Stützen, im Schlussstein ist die Jahrzahl 1764 eingemeißelt. Daneben einerseits die Haustür, flankiert von Rosenbäumchen mit magerem, fleckigem Laub und teilweise abgedorrten Zweigen, andererseits ein Vorbau mit einem Pultdach. Ein Schornstein steigt daraus hervor; er folgt der Hauswand bis unters Vordach, das er durchstößt. In der Fassade auf zwei Geschossen je ein kleiner Balkon. Die Fenstertüren ohne Läden. Was den Verputz betrifft: Dürfte einmal ein warmes Gelb gewesen sein. Da und dort ein Riss.

Und der Vorbau? fragt Anna Maria.

Das Waschhaus. Bitte, sagt Cohn und öffnet die Tür. Der runde Herd. Ein Bottich im Holzbock, ineinander gestellte Zuber auf dem Fliesenboden, eine verzinkte Badewanne, Waschbrett. An den Wänden stehen die Bleuel, der Schöpfeimer mit der langen Stange, die Wäschezange. Das haben wir alles beisammen gelassen, sagt Cohn. Die neue Benützerin wird darüber nicht unglücklich sein, nicht wahr?

Versuchsweise sehen wir Frau Rüdt im Dampf werken. Sehen wir sie da wirklich? Das war bislang nicht ihr Job. Im Waldenburgischen ging die Wäsche zur Wäscherin. So hat man's auch in Grenchen gehalten.

Und das Abwasser? fragen wir.

Geht in die Sickergrube.

Unterm Torbogen treten wir ins Haus zurück. Die Augen müssen sich wieder ans Halblicht gewöhnen und machen dann die Regale und Hurden aus, dazwischen einen Schrank mit verglasten Türen. Keine Scheibe, die nicht gesprungen wäre. Der Raum ist trocken, sagt der Mann. Sehen Sie? Er weist auf den Lehmboden hin und auf die Ablaufrinnen am Fuss der Wände. Ja, trocken sind sie. Wie die Witterung in den vergangenen Tagen. Was würde man da lagern? Gemüse natürlich, Kartoffeln, Randen, Sellerie. Die Hurden sind aber leer. In einem Holzbock ein Fass mit Zapfhahn, auf einem niedrigen Sockel eine mächtige verstaubte Korbflasche mit einem Klemmhahn im Schläuchlein, das als Ausfluss dient. Für den Most, sagt Cohn.

Wir ziehen uns in den Korridor zurück. Da gibt es noch eine Überraschung. Unter dem Laden, den Cohn an einem Ring aufzieht, findet sich die Kellerstiege. So steil, dass wir uns die Mühe ersparen. Wir lassen uns erklären, dass der Laden unterkellert ist. Der Kohleraum kann von der Strasse aus durch den Lichtschacht befüllt werden, ist aber jetzt leer. Auch der Gaszähler befindet sich dort. Cohn kippt den Laden wieder über die Luke. Aber nun die Wohnung, nicht wahr?

Ja, so haben Rüdt-Ineichens sich das vorgestellt.

Die Treppe ist vom ersten Boden herab mehr schlecht als recht beleuchtet. Türen dort oben links und rechts.

Haben Sie gesagt, Sie sind solvent? erkundigt sich der Makler, während er eine der Türen öffnet.

Zum Teil, antwortet der Gefragte.

Cohn hüstelt, dann fordert er auf einzutreten. Die Ausstattung hier oben ist, wie Sie gleich sehen werden, durchaus zeitnah: fliessendes Wasser, Toilette mit Spülung, Gas.

Es ist die Küche, in die wir den Fuss gesetzt haben. Eine schmale Arbeitsfläche der Wand entlang, darüber hängen Kellen und Schöpflöffel. Auf einer Etagere reihen sich Steinguttöpfe mit und ohne Ausguss. Wir stellen uns Gewürze vor, sind jedoch nicht sicher, ob sie sich wirklich in Reichweite der Köchin befinden, obwohl Anna Maria hochgewachsen ist. Sie wird vielleicht wagemutig den Fussschemel benützen, über den wir beinahe gestolpert sind. Die Spüle aus glasiertem Keramik. Daneben ein Gasherd, ja, wahrhaftig, und erst noch mit Backofen. Gegenüber, unterm Rauchfang, die Feuerstelle. Wenden wir uns der Balkontür zu. Zwei Flügel für Luft und Licht, jeder mit vier Scheiben. Der Ausblick über die geschmiedete Balkonbrüstung hinweg soll für die abgestandene Luft entschädigen, die ein wenig nach Gas riecht, seit das Stichwort gefallen ist. Man könnte behaupten, er gehe aufs Grüne hinaus. Ja, auf die verblasst grüne Rückseite eines mehrgeschossigen Gewerbehauses. Was wird da betrieben?

Unten ein Kunstschmied, oben ein Schuhmacher.

Zurück ins Treppenhaus und rüber zum Raum, der als Wohnstube gedacht ist. Helle Tapeten mit floralen Ornamentstreifen. Wo Möbel standen, sind sie weniger verblasst. In Nischen zwei Fenster, diejenigen, die auf die Strasse mit der Trambahn hinausgehen. Die Gipsdecke weist in der Mitte eine leere Kassette aus einfacher Stuckatur auf. Zwei Drähte ragen aus dem Loch. Ja, wir haben elektrisches Licht auch hier, wie überhaupt in der ganzen Wohnung.

Und Telefon?

Leider nein; hier herum gibt es keine Anschlüsse. Sind aber geplant. Für Anrufe müssen Sie vorderhand noch zur Poststelle gehen. Übrigens hier, wenn Sie sich bitte umdrehen wollen: Ein wahrhaft vornehmer Ofen. Mit seinen grünen Kacheln im schwarzen Eisenrahmen: ein Schmuck jeder Wohnstube. Er steht auf einer Steinplatte, das Rohr geht in die Zimmerecke mit dem Kaminzug. Der Tragkessel: das ist der Behälter für Koks vom nahen Gaswerk, falls es welchen gibt. Im letzten Winter gab es keinen. Gas auch nur sporadisch. Aber auf diesem Ofen können sie notfalls eine Suppe kochen. Heiss genug wird der Deckel. Koks und Torfbriketts bewahren Sie im Keller auf, Brennholz liegt im Estrich.

An dieser Wand unser Büffet, schlägt Maxotti vor. Er meint den Sekretär mit dem Aufsatz, und wir sehen bereits in der Vitrine die Kristallgläser, die Bruder Georg und Rebekka zur Hochzeit beigesteuert haben.

An der Wand gegenüber das Sofa, ergänzt Annemie. Unter der Lampe vermutlich der runde Tisch mit den Intarsien. Da wird Annemie am Feierabend im Rücken ihres Mannes Briefe an die Mutter oder Geschwister schreiben, während er Bestellungen auflistet und Buch führt. Zum Tageslicht hin die Sessel aus Luzern. Es ist nicht wahrscheinlich, dass Max Rüdt da fleissig Zeitungen lesen

345

wird. Vielleicht Anna Maria eines ihrer Hefte, falls ihr dazu Zeit übrig bleibt und falls sie nicht zu müde sein wird. – Wenigstens in den Einrichtungsplänen, die durch die Köpfe geistern, sind sich, wie wir feststellen können, Annemie und Maxotti einig.

Auf dem Weg ins zweite Obergeschoss kehren wir ins Treppenhaus zurück. Der Lichtschalter betätigt die Lampe oben auf dem zweiten Boden. Ohne künstliches Licht sähe man hier nichts. Musste man vor der Elektrifizierung mit einem Kerzenlicht zu Bett gehen? Auch hier wieder zwei Türen. Das Licht der Glühbirne an der Decke bringt einen fensterlosen Vorraum zum Vorschein. Wäscheleinen sind quer gespannt.

Und ich soll dann alles aus dem Waschhaus hier rauftragen? beschwert sich Anna Maria.

Nun ja, weicht der Makler aus. Man könnte übrigens da auch ein Kinderzimmer einrichten.

Anna Maria vermeidet den Blick, den Maxotti ihr schickt.

Und weiter: die Toilette. Klo mit Spülkasten und Kette, Lavabo, Spiegel, Stuhl, Kleiderhaken. Ein Komfort, den Sie nicht überall kriegen.

Und zum Baden? Ach ja, richtig, die Wanne befindet sich unten im Waschhaus. Juhui. Vor allem im Winter. Man kann heiss baden und sich bis zum Bett hinauf wieder auskälten.

Der Raum überm Wohnzimmer müsste grösser wirken, da hier der Ofen fehlt. Die Wände sind tapeziert: auf vanillegelbem Grund Rosenlaub und Blüten. Das erinnert mich an meine Kindheit. Im abgedunkelten Zimmer, wo ich die Masern auskurierte, gab es eine ähnliche Tapete. Ich lernte zählen. Ich zählte Rosen senkrecht und waagrecht und diagonal, und zählte Blätter. So verging die Zeit. Die Tapete scheint die Wände nahezurücken. Aber hell ist der Raum. Wieder zwei Fenster auf die Strasse hinaus. Im Sommer kann man Läden zuziehen; für den Winter gibt es Vorfenster. Die stehen übrigens jetzt im Keller.

Und wozu der Schieber hier in der Diele? Eine Fussfalle?

Das Brett lässt sich in den Führungen bewegen. Wenn es kalt

ist, macht man auf, und dann steigt temperierte Luft aus dem Wohn- ins Schlafzimmer. Sonst noch Fragen? Das wär's dann nämlich, sagt Cohn.

Moment! Rüdt erinnert sich der dringenden Ermahnung seines Onkels. Darf ich mir den Dachboden anschauen?

Mit einer Stange, die Cohn nach einigem Suchen bei der Hand hat, lässt sich, sobald die Wäscheleinen ausgefädelt sind, die Estrichluke öffnen und die Leiter herunterziehen. Bitte.

Cohn lässt den Kunden raufklettern und bleibt mit Frau Rüdt am Fuss der Stiege stehen. Die Ziegel liegen dicht über der stickigen Luft, wenn auch da und dort durch eine Klinze Licht hereindringt. Rüdt strauchelt.

Geben Sie acht, dass Sie sich nicht den Kopf einschlagen, ruft Cohn hinauf. Sie können die Lukarne aufstossen.

Das lässt sich Rüdt nicht zweimal sagen. Im hereinfallenden Licht sieht er den Brennholzvorrat, über dessen Ausleger seine Füsse gestolpert sind. An einem Haken hängt das Seil, das sich in die Rollen des Flaschenzugs einziehen lässt. Auch ein Weidenkorb steht herum. Rüdt klopft an einige der Balken. Ein Zimmermann käme zu einem anderen Schluss – er, Rüdt, befindet, der Wurm sei nicht drin. Er steigt in den Vorraum zurück.

Das wär's dann, sagt Cohn.

Die Bedenkzeit ist kurz bemessen, der Preis sicherlich auch nach einigem Feilschen noch zu hoch. Der Makler macht sich anheischig, alle notwendigen Vorkehren zu treffen. Auch einen Notar habe er bei der Hand. Das koste die Kundschaft am wenigsten. Mit der Witwe Dürr sei Kostenteilung vereinbart. Ob das so in Ordnung gehe. Beiläufig noch der Hinweis: Es gibt weitere Interessenten, die nur auf seinen Wink warten.

Wir haben Rüdt-Ineichens künftigen Wohnsitz beschrieben. Die Liegenschaft soll das Fundament für die Zukunft hergeben, die nicht mehr die eigenmächtige des Gatten sein wird. Er hat zwar auf der politischen Ebene die vernichtende Niederlage erlitten, aber für die Lebenspraxis begriffen, dass die Emanzipation der Frau, über die er geredet und geschrieben hat, im eigenen Haushalt beginnt. Auf dem Rückweg zum Hauptbahnhof findet er, es würde sich mit dem Laden durchaus etwas machen lassen. Vielleicht noch nicht gerade Annas Best, doch immerhin Annas Comestibles. So soll der Laden im Quartier in der Nähe des Enge-Bahnhofes bekannt werden.

Die Idee, einen Laden zu übernehmen, ist nicht an den Haaren herbeigezogen. Sie liegt insofern nahe, als ja Anna Marias Familie ein ähnliches Geschäft führt. Von der Rüdt-Seite her dürften dringliche Ansinnen an den Sohn, Neffen und Bruder herangetragen worden sein. Er möge endlich etwas Handfestes anpacken, heisst es auf St. Georgen, wenn ihm auf ein weiteres Stellengesuch eine abschlägige Antwort erteilt worden ist. Er habe immerhin seiner Frau den wirtschaftlichen Rückhalt zu bieten, den man von einem Rüdt erwarten dürfe. Und wer weiss, es stellen sich endlich Kinder ein. Der Fakt würde die Ehe kitten. Das Zerwürfnis zwischen den beiden ist ja offenkundig – wir wollen nicht verschweigen, dass inzwischen die Sympathien zu einem Überhang aufseiten von Anna Maria neigen. Welche Frau täte sich nicht schwer mit einem Mann wie Max Otto. Darüber herrscht Einigkeit über alle Grenzen hinweg. Bloss müsste Anna Maria allmählich vorwärtsmachen mit der Mutterschaft. Ihre fruchtbaren Jahre sind gezählt und kommen nicht wieder. Diesbezüglich geht man im Seetal hinter vorgehaltener Hand sogar einen Schritt weiter. Hatte es doch Anna Maria als junge Frau so furchtbar eilig, zu einem Balg zu kommen.

Die Rüdt-Ineichens sind übrigens nicht mittellos. Von beiden Familien her ist Kapital in die Ehe geflossen, und notfalls kann aus denselben Quellen noch gerade so viel Geld geborgt werden, dass die Bank einen Kredit spricht. Durchaus löblich, so der einhellige Befund, dass sich das Paar nunmehr auf ein gutbürgerliches Gleis zu setzen beabsichtigt. Handkehrum kann ohne gründliche Vorkenntnisse manches schief laufen im Lebensmittelhandel. Darum treffen von beiden Familien her auch Vorbehalte und Mahnungen ein. Setzt nicht zu viel aufs Spiel. Kennt ihr überhaupt das Umfeld des Ladens, die Zusammensetzung der Kundschaft, deren Potenzial? Wo befinden sich konkurrierende Geschäfte? Welches sind die Perspektiven des Quartiers?

Solcherlei Rücksichten in Betracht zu ziehen fehlt dem Paar die lokale Vernetzung. Seit Max Ottos Studienaufenthalt sind auch schon wieder bald zehn Jahre vergangen, und die wenigen Bekannten aus Zürich sind keine Insider im Hinblick auf die Krämerei. Die Zeit drängt. Es gilt, den Schicksalsläuften zuvorzukommen und schon einmal Pfähle einzuschlagen. Vorsorglich. Wir rufen in Erinnerung: Dem ehemaligen Streikführer hängen Klagen am Hals. Die politische Rechte hat mit ihm noch nicht zufriedenstellend abgerechnet. Er mag sich zwar aus der Politik zurückgezogen haben, aber nach Münz und Noten heimgezahlt ist ihm nicht.

Wie er sich das vorgestellt habe, fragt Anna Maria bei der Suppe im Bahnhofbuffet.

Sollen wir bei Annas Comestibles bleiben?

Es ist offenkundig, dass Maxotti nicht nur seiner Frau die Ehre anzutun, sondern gleichzeitig sie auch in die Pflicht zu nehmen gedenkt. Der Dreh entgeht ihr nicht, sie hat allerdings keinen geeigneteren Vorschlag. Sie findet sogar selber, dass der Name Max sich als Firmenbezeichnung nicht eignen würde. Bilden Sie mal damit einen anständigen Genitiv.

Noch einmal, insistiert Anna Maria. Wie hast du dir das vorgestellt?

Die Frau am Tisch unterm adretten Hütchen sieht sich nicht als Verkäuferin in einem Quartierladen. Guten Tag, Frau Hinze Kunze, bitte was darf's sein und ja gerne und wie geht es Ihren Kleinen und vielen Dank und auf Wiedersehen, Frau Hinze Kunze – das widere sie an. Schon damals, als sie noch Kind war und gelegentlich bei Tisch zu hören bekam, was die Eltern von den Kundinnen und Kunden wirklich hielten, habe sie die Arschkriecherei herzlich verabscheut.

Er habe sich, ehrlich gesagt, sowas nie vorgestellt und habe auch jetzt seine Mühe mit dem Gedanken an den Kleinkrämer. Vor einem Jahr hätte er diese Sorte Mensch noch zu den schlimmsten Gegnern der Linken gezählt. Ironie des Schicksals? Aber wenn du mithilfst, Annemie. Vielleicht schaffen wir es gemeinsam. Ein neuer Entwurf. Eine Vision. Fast bittend klingen Maxottis Worte. Und sobald der Laden läuft, stellen wir eine Aushilfe ein. Das verspreche ich dir. Auch für den Haushalt.

Ohne Glauben an die Aussichten und an die Zukunft steigt Anna Maria ein. Mach, wie du musst, sagt sie resigniert und mit einem Weh im Bauch. Du machst ja sowieso, was du willst.

Rüdt ahnt, dass sich seine Frau vom Projekt distanziert. Aber was bleibt ihm anderes übrig angesichts der spöttischen Absagen von Zeitungen, Verlagen, Bibliotheken, wo immer er nach einer Anstellung ersuchte? Was bleibt dem Ehepaar anderes übrig, als irgendetwas Gemeinsames anzupacken?

Glaubst du, wir können auf deine Geschwister zählen? Dass sie uns mit Rat und Tat beistehen?

Darin ist sich Anna Maria nicht so sicher. Sie hat jüngst nicht dafür gesorgt, dass ihr Mann gut dasteht in ihrer Familie. Mal sehen, versetzt sie.

Ein Laden in Zürichs Enge. Mit diesem Ballast im Bauch steigt Frau Rüdt-Ineichen in die Bahn. Auf der Rückreise über Zug nach Luzern und von dort mit dem Seetaler heim zur Mutter entwickelt sich das Weh im Bauch zu einem Durchfall, dem sie noch auf dem Bahnhofgelände erliegt. Es ist ihr furchtbar peinlich, dass sie verunreinigt nach Hause kommt, und dieses Gefühl verbindet sich unauslöschlich mit dem ersten Eindruck, was die Umstände der neuen Zukunft betrifft.

Max Rüdt wendet sich in die Gegenrichtung. Er ist inzwischen bei der Schwester untergekommen. Sie hat nicht nur Platz im Waldgut, sondern auch Herz genug, dem Bruder ohne Vorurteile zu begegnen. Die politische Schlammschlacht kam ihr irgendwie unwirklich vor. Aus ihrem Blickwinkel war's ein Puppenspiel, in dem

Max offenbar die Rolle des Bösewichts zu übernehmen hatte. Hätte er sie nicht gespielt, hätte es einen anderen getroffen. Das ist aber jetzt vorbei, die Bühne abgebrochen. Sie sieht nicht den verteufelten Akteur vor sich, sondern den Bruder, den die Umstände gezeichnet haben. Das Verhängnis, das er mit sich herumträgt, kann und mag sie sich nicht vorstellen; für sie gibt es sie nicht, die rächende Strafverfolgung, die Onkel Otto auf der gegenüberliegenden Stadtseite heraufbeschwört.

Vom Waldgut aus trifft in diesen Altweibersommertagen Max Rüdt die notwendigen Vorkehrungen. Sie betreffen den Bankkredit und die Bürgschaft, die die Geschwister übernehmen, das Darlehen, das Onkel Otto murrend beisteuert und den Vorschuss, den Anna Maria mitbringen wird. Sie betreffen natürlich ebenso die Papiere. Rüdt hat sich und seine Frau aus dem Solothurnischen verabschiedet und auf dem Einwohneramt in Zürichs Enge angemeldet.

Auf Anfang Oktober geht der Lebensmittelladen in die Hände von Max Otto Rüdt über. Der Einzug kann stattfinden. In Grenchen verlädt der Fuhrmann mit zwei Männern den Hausrat auf den Brückenwagen. Rüdt beaufsichtigt die Arbeit und lässt auch den Sattler dabei sein, damit der ja nicht hinterher klagen kann, es seien von der zur Verfügung gestellten Wohnungsausstattung Bestandteile entwendet worden. Das komplette Schlafzimmer geht mit; es war ja das Brautgeschenk. Die Stube, die Max beigesteuert hat, geht mit. Aus dem Geschirrschrank das sechsteilige Service und die Kristallgläser. Die Hängelampe mit dem kegelförmigen Schirm aus einem Plisseestoff für Blusen, den Anna Maria selber über die Spannringe gezogen und mit Rüschenrändern versehen hat. Die Küchenausstattung - Schränke und Gebrauchsobjekte - gehört zum Mietgut. Zwei Fuhren zum Bahnhof reichen aus. Der Güterwagen bietet reichlich Platz. Zuletzt hängt der Bähnler noch Rüdts Fahrrad an einen der Haken. Leb wohl, Rüdt!

Am Güterauslad in der Enge hat ein Pferdefuhrmann die Fracht übernommen. Zusammen mit einem Taglöhner trägt er jetzt Mobiliar und Gepäck vom Hofeingang ins Haus und in die oberen Geschosse. Die Männer krampfen und stampfen auf der Treppe und haben den Most verdient, den ihnen Rüdt im Laden zusammen mit dem Vreneli über die Theke zuschiebt.

Das Schlafzimmer bekommt Maxottis vordringliche Aufmerksamkeit. Es soll bezugsbereit sein, wenn Anna Maria sich einstellt. Zu den weiteren Aktivitäten, die er in der Zwischenzeit entfaltet, gehört die Sichtung der zurückgelassenen Waren. Was ist vorhanden, was ist noch verkäuflich? Er erlebt unangenehme Überraschungen. Mehl mit Würmern, trockene Kastanien mit Schaben, Reis in modrigen Papiersäcken, Haferflocken mit Mäusekot. Das alles muss ausgesondert und entsorgt werden, bevor Anna Maria die Bescherung zu Gesicht bekommt und womöglich frustriert reagiert. Aber Salz und Zucker in Steinguttöpfen, eine hübsche Auswahl von Gewürzen von der Muskatnuss über den Pfeffer bis zum Zimt und zum Tee in Dosen sind tadellos. Manches muss in neue Tüten abgewogen werden, damit es anmächelig aussieht. Seife von Steinfels, Putzmittel und weiterer unverderblicher Haushaltsbedarf lassen sich übernehmen.

Aufwändiger Vorbereitung bedarf der Einkauf von Frischware. Welches sind die möglichen Lieferanten? Die Märkte auf dem Helvetiaplatz und auf der Bürkliplatz sind ungefähr gleich weit entfernt; vom Bürkli aus ist die Tramverbindung besser. Eine Bäuerin aus dem Leimbach will gerne mal schauen, welches seine Bestellungen sein werden.

Zum Ende der zweiten Oktoberwoche lässt sich Anna Maria am Bahnhof abholen. Im Tailleur, den sie überm Volant-Rock trägt, macht sie einen höchst zugeknöpften Eindruck und wirkt auf den

Mann, der den Hut gezogen hat und nun auf sie zugeht, so befremdlich, dass er stutzt und in der Gebärde, die eigentlich eine Umarmung meinte, erstarrt. Aus dem Gepäckwagen hinter der Lok wird
der Lederkoffer herausgereicht. Rüdt nimmt ihn in Empfang, Frau
Rüdt gibt den Belegschein ab, und der Dampfzug zieht an, um weiter stadteinwärts zu fahren. Endlich doch noch eine herzhafte Begrüssung. Hallo Annemie und hallo Maxotti.

Der Fuhrmann wartet auf dem Platz hinter dem Riegelbau-
Gebäude. Auf Geheiss des Kunden hat er das Pferd geschmückt, wie
er das für Hochzeiter tut, wenn er sie aufs Standesamt bringt: eine
weisse Fliegenhaube, die Mähne schön gekämmt, eine grosse
Schleife mit roten Papierblumen am Halfter, die Hufe geschwärzt.
Der Einspänner bringt das Paar und das Gepäck an die Waffenplatzstrasse, wo sich ein Tramwagen durch den Verkehr aus Fuhr-
werken, Fussgängern, Männern mit Handkarren und vereinzelten
Automobilen klingelt, und von da in den Hof hinterm Laden. Viel
Glück, sagt der Fuhrmann, nachdem er entlöhnt ist; er ahnt, dass
da ein Neubeginn stattfinden soll.

Während Max den Koffer treppauf schleppt, haben wir Weile
festzustellen, dass jeder Bräutigam seine Braut gerne in ein ge-
fälligeres Domizil führen würde. Es stehen da zwar schon mal die
Möbel, aber noch ohne Verbindung zur neuen Umgebung. Das tut
nichts zur Sache, denn Anna Maria wirft ihren Hut auf das
Tischchen im Wohnzimmer und lässt sich in den Lehnstuhl fallen.
Wie sie sich da bis zu den Füssen streckt, hat Rüdt von ihr eine
Ansicht fast wie von einem Kleid, das man zur Begutachtung über
einen Sessel drapiert hat. Er hat sich ihr gegenübergesetzt. Deine
Sachen da, fragt er, sind sie neu?

Wie du siehst: Ja. Gefallen sie dir?

Das hat gewiss einen guten Batzen gekostet. Woher nahmst du
das Geld?

Oh, habe ich mir geborgt, weisst du. Ich geb's dann wieder zurück.

Sie findet im Übrigen, sie dürfe erst einmal ruhig ein bisschen erschöpft sein von der Bahnreise und bei jedem Umsteigen wachsam, ob der Koffer- aus und wieder eingeladen werde. Jetzt schliesst sie die Augen und stösst einen tiefen Seufzer aus. Ratlos steht Max auf. Er erkundigt sich, ob sie etwas brauche, ob er etwas bringen dürfe, Minzentee, heisse Milch mit Schokolade. Nein, sagt sie, einfach einen Moment Ruhe. Max zieht den Kittel aus und macht sich am Ofen zu schaffen. Es ist zwar noch Herbst, erst ab Allerheiligen fängt für die meisten Leute die Heizperiode an, aber zur Begrüssung kann etwas Wärme nicht schaden. Anna Maria vernimmt die Geräusche, die sie bestens kennt, das Rascheln von Zeitungspapier, das zerknüllt in den Ofen gestopft wird, das helle Klingen von dürren Stäbchen zum Anbrennen, das Reiben vom Streichholz, das Zuschlagen und Einklinken der Ofentür. Das heimelt sie so weit an, dass sie anfängt zu blinzeln und um sich zu schauen. Die Fenster. Der Schrank. Die Vitrinen noch leer. Der Lampenschirm mit den Rüschen. Unterm Lampenschirm der Tisch, die Stühle ringsum. Die neu bezogenen Sessel. Der Ofen. An die Wände gehören Bilder oder Spiegel. An die Fenster Vorhangtüll.

Ja, Anna Maria ist so weit wiederhergestellt, dass ihr ein paar Ideen zur Ausgestaltung der Wohnung durchaus einfallen. Zuerst will die Möblierung im Schlafzimmer geändert werden. Die Fuhrleute haben die Betten genau spiegelverkehrt gestellt. Anna Maria legt Wert darauf, dass der Kopf nach Mitternacht weist. Nur so kann sie richtig schlafen. Sie kann sich ausserdem auch schon die Vorhänge vorstellen, die gezogen werden müssen, damit man nicht über die Strasse hinweg Einblick hat. Bettvorleger und Läufer. Überhaupt sieht sie schnell, was noch fehlt. In der Küche Esstisch und Stühle, in der Toilette ein gepolsterter Hocker. Im Kopf legt sie eine Liste an, die nur auf einer ausgedehnten Einkaufstour in der Stadt und mit dickem Portemonnaie abgearbeitet werden kann.

Wir müssen zuerst Geld machen, mahnt Maxotti beim ersten gemeinsamen Abendbrot in der neuen Wohnung. Es gibt einmal mehr geschwellte Kartoffeln, Käse und Kaffeeersatz, und zwar im Porzellan-Service, das Anna Maria aus den schützenden Zeitungen gewickelt hat. Ein Wunder, dass alle Stücke den Umzug wohlbehalten überlebt haben. Im Gegensatz zu den Kristallgläsern. Von einem ist der Stiel abgebrochen, einem anderen ist der Kelch eingedrückt. Aber die Tassen, aus denen das Getränk dampft, und die Teller, in denen die Schale von den Kartoffeln gezogen wird, sind intakt.

Zuerst Geld machen! Ein Affront in Anna Marias Ohren. Fängst du schon wieder mit Sticheleien an.

Versteh mich bitte nicht falsch. Ich rede von unserer wirtschaftlichen Situation. Sie ist nicht erbaulich. Aktuell haben wir Schulden. Wir sollten uns hüten, sie zu mehren. Ich rede darum von Geduld, Annemie. Hab bitte Geduld!

Obwohl Maxotti den Kosenamen verwendet, dem sich zärtliche Momente assoziieren, fühlt sich Anna Maria verschnupft. Kaum hat sie sich einen Hoffnungsschimmer erlaubt, bekommt sie schon den Deckel drauf. Sie lebt von Optimismus, von Plänen. Lange genug hat man sich einschränken müssen. Sollen wir uns nicht jetzt, wo das Schlimmste überstanden ist, etwas Grosszügigkeit anstelle der Kleinkrämerei erlauben?

A propos Kleinkrämerei: Annas Comestibles lässt sich beschwerlich genug an, obwohl der Maler den Schriftzug scheinbar mit leichter Hand auf die Oberlichter gebracht hat. Kleine Einkäufe besorgt Rüdt mit dem Fahrrad, Rucksack am Rücken, Tragkörbe links und rechts an der Lenkstange in akrobatisch balancierter Fahrt. Den grossen Einkauf trägt er in der *Chrääze*[2] in die Enge hinaus. Sellerieknollen, Kohlrabi, Räben, Wirz und Kartoffeln sind sauschwer. Maxotti ist nicht athletisch gebaut, untern Tragkorb gebeugt sieht er reichlich gedemütigt aus, besonders, wenn er rückwärts aus dem Tram steigt. Ob er sich auch so vorkommt? Er nimmt die Last nicht zuletzt Anna Maria zuliebe auf sich. Er betrachtet es als seine Ehrenpflicht, für sie etwas auf sich zu nehmen und Rückenschmerzen einzukassieren. Er ist sich, was sie betrifft,

[2] Rücken-Tragkorb, Ostschweizer Dialekt

seiner Schuld bewusst. Wenn er in einer Hinsicht das Vergangene bereut, dann in Hinsicht auf die Ehe. Trotzdem bleibt ihm nichts anderes übrig, als seiner Gemahlin nebst dem Haushalt auch die Mitarbeit im Laden zuzumuten. Ohne sie geht es nicht, ohne sie hat das Projekt keine Chance. Anhand der Unterlagen, die ihm die Einkaufsgenossenschaft zur Verfügung gestellt hat, bespricht er mit ihr die erste Warenbestellung. Zucker, Kaffee, Tabak, Hirse, Reis, Kakao, Schokolade, Gewürze und Tee. Er kann mit einem Kredit rechnen, der allerdings verzinslich ist.

Anna Maria macht gute Miene, das müssen wir ihr lassen. Sie hat nicht damit gerechnet, dass sie je in die Fussstapfen ihrer Familie treten würde; sie glaubte, sich in ihrer Jugend ein für alle Mal von der Kleinkrämerei verabschiedet zu haben. Selbst die Gattin eines umstrittenen Politikers hatte es geruhsamer; sie konnte sich vornehm zurückhalten. Die Gattin eines Ladeninhabers gerät an die Front. Sie hat dem Fussvolk zu hofieren. Das zeichnet sich bereits in den ersten Tagen nach der Eröffnung ab. Vorwiegend ärmliche Kundschaft stellt sich ein. Es leben hier hinterm Moränenhügel quasi im Schatten des Villenviertels Arbeiter und Taglöhner unter sich. Man kauft nur das Nötigste, rechnet jedes Gramm nach, achtet auf jeden Rappen. Etliche Konsumentinnen lassen anschreiben. Als Rüdts bemerken, dass die Ware zwar übern Tisch geht, die Einnahmen aber ausbleiben, legen sie einen Höchstbetrag pro Kundin fest, ein Vreneli, mehr nicht. Nun bleiben entweder die Kundinnen aus oder die Gesichter wechseln, und bis Rüdts mitbekommen, wer mit wem zur selben Familie gehört, geht der Oktober ohne nennenswerten Gewinn zu Ende. Maxotti sitzt am letzten Sonntag des Weinmonds mit Annemie am Tisch und legt ihr die Kasse vor. Die Lieferung der Einkaufsgenossenschaft kann nur zum Teil bezahlt werden; mit der Schuld erhöht sich der Zinsbetrag. Bei der Bäuerin auf dem Markt musste er anschreiben lassen, damit für die kommenden Tage, an denen Anna Maria allein geschäften muss, etwas Gemüse bereitliegt. Er will es ihr nicht zumuten, die Hutte auf den Rücken zu schultern. Er weiss, wie schwer der Korb drücken kann, und ist sich der eher damenhaften Konstitution seiner Frau bewusst. Er hat sich immer gefreut, dass sie sich vorteilhaft vom Gros der Frauen ihres Alters abhob; sie hat sich bei aller schlechten Ernährung während der Kriegsjahre das schlanke Profil bewahrt; jetzt allerdings hätte eine bäuerisch zupackende Gehilfin alle ästhetischen Vorlieben aufgewogen. Sie werde halt ein wenig von der Hand in den Mund leben müssen. So ungefähr lautet seine vorsichtige Vorwarnung, denn am folgenden Morgen wird er mit dem ersten Zug losfahren. Um 10 Uhr 30 beginnt in Solothurn der Gerichtstermin. Die Fahrkarte geht auf seine Kosten, es sei denn, er wird freigesprochen und bekommt die Spesen vergütet. Wo er übernachten wird, weiss er nicht. Vielleicht bei einem seiner ehemaligen Genossen und jetzt Mitangeklagten. Zwei Fünfliber müssen für Kost und Logis ausreichen.

Die Zukunft macht mir Angst, seufzt Anna Maria. Und wie soll ich den Laden schmeissen. Drei volle Tage lang allein.

Du wirst das schon schaffen, Liebes. Wir müssen. Siehst du. Max zeigt auf die Münzen, die in der Schatulle übriggeblieben sind. Nicht einmal ausreichend Herausgeld für den Fall, dass eine Kundin oder Schuldnerin unerwartet mit einer Note aufkreuzen sollte.

Hättest du uns bloss die ganze Scheisse nicht eingebrockt.

Anna Maria spürt die Hilflosigkeit. Wenn Maxotti jetzt noch den Arm um sie legen und versuchen würde, ihr einzureden, es sei doch alles nur halb so schlimm, würde sie förmlich platzen vor Wut. Aber dass er im Bett den Arm um sie legt, das ist etwas Anderes.

Das Territorialgericht 4 tagte von Montag 3. bis Mittwoch 5. November 1919 in Solothurn. Richter in Uniform, Ankläger in Uniform, das heisst Gericht in eigener Sache. Auf der langen Anklagebank sassen die meisten der 28 Männer aus der Grenchner Streikszene. Zwei der kleinen Fische blieben den Verhandlungen krankheitshalber fern. Hauptangeklagter war Max Rüdt, vormals

Präsident des Streikkomitees. Insgesamt 14 Anklagepunkte hatte man für ihn ausgetüftelt. Einer betraf die während des Landes-streiks gehaltenen Reden. Ein Zuhörer aus dem Lager der politi-schen Gegner hatte sich Notizen gemacht; auf sie stützte sich das Gericht. Es ging um die Rede vom Donnerstagvormittag. Obwohl die Nachricht vom Streikabbruch publiziert worden war, hatte der Angeklagte die Arbeiter in Grenchen zur Fortsetzung des Streiks aufgerufen. Was er dazu zu sagen habe. - Max Rüdt machte geltend, die einzige glaubwürdige Quelle von Informationen zum Streikver-lauf, das Oltener Komitee, sei bekanntlich von der Umwelt abge-schnitten worden. Auch Grenchen habe keinen Kontakt herstellen können. Einen zureichenden Grund, nicht von der Fortsetzung des Streiks zu sprechen, habe es für ihn also nicht gegeben. Darum habe er den Leuten Mut zugesprochen und sie zum Durchhalten aufgerufen.

Dann das inkriminierte Flugblatt. Im Gegensatz zu den Reden lag es dem Gericht original vor. Da steht: »*Das Solothurner Batail-lon 90 hat in Zürich auf die Kavallerie geschossen.*« Wie der Ange-klagte diese verleumderische Falschmeldung erkläre.

Rüdt gab zu Protokoll, dass er in der Tat bereits Kenntnis hatte von einem Dementi, als er spätabends die Nachricht vorfand, die man ihm in seinem Büro hinterlegt hatte. Ihr Absender sei die Streikleitung in Solothurn gewesen. *Schüsse in Zürich.* Er, Rüdt, habe keine Zeit gehabt, ihren Wahrheitsgehalt zu überprüfen. Er habe eh dem Genossen vom Metallarbeiter-Sekretariat mehr Glau-ben geschenkt als dem Widerruf, den die freisinnige Solothurner Zeitung hatte verbreiten lassen. Also habe er die Nachricht auf eben das Informationsblatt gesetzt und am Vormittag des 13. No-vembers vorgelesen.

Ein weiterer Anklagepunkt zielte auf die Aufforderung zum Barrikadenbau beim Bahnhof Grenchen Süd. Sie ging, berichtete Rüdt, nicht von ihm persönlich aus. Sie entsprach einem vorsorgli-chen Beschluss des lokalen Streikkomitees und wurde in Abwesen-heit des Präsidenten von seinem Stellvertreter angeordnet.

So schritt die Anhörung weiter von Anklagepunkt zu Anklagepunkt und näherte sich dem dicken Ende der Liste. Der Angeklagte habe im Rahmen der Gemeindeversammlung vom 29. November 1918 das Militär aufs Übelste beschimpft. Das warf ihm der Ankläger in einem Ton vor, der den Hass des Armeeangehörigen verriet.

Nun hätte Max Rüdt das Wort, das man ihm erteilte, zu einer Entschuldigung verwenden können. Sie hätte ihm zwar nicht viel Nutzen eingetragen, aber eine Geste der Konzilianz hätte man wohlwollend zur Kenntnis genommen. Nichts dergleichen! Rüdt stand zu seinem Votum im Gemeinderat. Er habe das Militär nicht beschimpft. Von Beschimpfung könnte die Rede sein, wenn seine Worte auf falschen Anschuldigungen beruhten; da aber die Fakten einer wie der andere klar dalagen, habe er das Recht auf Kritik und Tadel wahrnehmen müssen. Die Rede sei nicht vom Landsturm, sondern vom welschen Bataillon. Es habe sich ignorant verhalten. Seine Leitung vor Ort habe stümperhafte Entscheidungen getroffen und alles getan, um zu provozieren und für Unruhe zu sorgen.

Das war nicht, was das Gericht zu hören begehrte. Obwohl es Max Rüdt als »Unterführer zweiten oder noch geringeren Grades«[30] bezeichnete, verurteilte es ihn zu vier Monaten Haft. Aufgrund der »Gemeingefährlichkeit der verübten Handlungen«[31] verhängte es vorsorglich gegen ihn auch die Einstellung des Aktivbürgerrechts auf zwei Jahre hinaus. Damit war gewährleistet, dass der Bestrafte nicht in die Wahlen eingreifen konnte, die innerhalb dieser Frist stattfanden. Er war vollumfänglich von der politischen Bühne weggefegt. So, das haben wir, konnte endlich die bürgerliche Seite feststellen und offiziell die Akte Rüdt schliessen.

»Das ist das Urteil des Territorialgerichts 4, das unerhörteste aller Generalstreikprozessurteile«[32], schrieb am 7. November die Neue Freie Zeitung. Stolz und ungebrochen verliessen die Verurteilten unter Absingen der Internationalen die unheilvolle Stätte blutiger Klassenjustiz.

Heer der Sklaven, wache auf!

Ein Nichts zu sein, tragt es nicht länger
Alles zu werden, strömt zuhauf!
Völker, hört die Signale!
Auf zum letzten Gefecht!
Die Internationale
Erkämpft das Menschenrecht.

Hören wir die gut zwei Dutzend Männer, die aus der Vorhalle in die
Gasse vor dem Gerichtsgebäude treten? Es sind vor allem die minder schwer Bestraften, denen es um Gesang zumute ist. Sie können
leben mit ihren fünf Tagen Haft. Für die Bussen kommen Partei und
Gewerkschaften auf. Dölf Marti ist ledig, hat mittlerweile in Grenchen eine feste Anstellung im Sekretariat der Metall- und Uhrenar-
beiter-Gewerkschaft; er kann die zweieinhalb Monate verkraften
und ist froh, dass nicht alles an den Tag gekommen ist, was auf
seine Kappe ging. Er wird Weihnachten im Knast verbringen und
ab Mitte Januar wieder arbeiten. Max Rüdt dagegen, verheiratet,
seit kurzem mit seiner Frau zusammen Inhaber eines Ladens, der
noch im Aufbau begriffen ist und aktuell fast nichts einträgt,
schweigt. Er trennt sich von seinen einstigen Genossen, die ihn un-
gehindert ziehen lassen, und nimmt den nächsten Zug nach Zürich.
Spät am Abend wird er die Hiobsbotschaft in die Enge tragen. Das
Urteil ist rechtskräftig, eine Möglichkeit zum Weiterzug ist nicht
vorgesehen. Man kann ein Begnadigungsgesuch beim Bundesrat
einreichen, das wohl. Man kann zu Kreuze kriechen, lacht Max bitter. Er schaut dabei seiner Frau nicht in die Augen.

Einen Monat nach dem Urteilsspruch reicht Rechtsanwalt Ro-
land Brüstlein für seinen Mandanten beim Bundesrat ein Begnadigungsgesuch ein. Er stellt in seinem Schreiben Max Rüdt als Opfer
dar. Rüdt habe die Rolle des Streikführers nicht gesucht, sondern
sei aufgrund seiner politischen Funktionen dazu gedrängt und dafür nun persönlich vom Gericht hart bestraft worden. Mit Kopie an
Herrn Max O. Rüdt, Zürich. Der Briefträger gibt die Post im Laden
ab. Rüdt liest seiner Frau das Gesuch vor und verliert ein paar ge-
hässige Worte.

Hör auf damit, beschwört sie ihn. Hör endlich auf. Ich mag diese Dinge nicht mehr hören. Das alles macht mich krank.

In der Wohnstube überm Laden verfasst Rüdt ein eigenes Begnadigungsgesuch. Es wird sich durch die Augen des Sekretärs im Militärdepartement, das Bundesrat Decoppet soeben an den neugewählten Karl Scheurer weitergegeben hat, völlig anders lesen als das des Anwalts. *»Der Unterzeichnete versucht keineswegs, seine Taten vom November letzten Jahres zu beschönigen, um in einem milderen Lichte dazustehen. Er will auch nicht von dem Standpunkte abweichen, dass er seine Handlungen nicht in vollster Überzeugung begangen habe und dass er nicht den festen Glauben in sich trug, dass der Kampf für ein hohes, ideelles Ziel gewesen sei, aber er kann es nicht mit seiner Überzeugung vereinbaren, dass andere, welche von der revolutionären Umwälzung plaudern, sich in gut bezahlten Pöstchen und Anstellungen befinden, ins Fäustchen lachen und auch lustig sind, dass es einem, der auch in den Tagen der Not zu den Arbeitern stand, so ergangen ist.«[33]*

Wozu dann, fragen wir, ein Begnadigungsgesuch? Wenn doch Rüdt partout nicht in einem milderen Licht dastehen will? Wenn er doch auch nicht um ein einziges Wort abrückt vom ursprünglich erklärten Ziel, das er ein hohes, ideelles nennt, ohne es klar gegen die revolutionäre Umwälzung abzugrenzen? Die Antwort liegt auf der Hand. Der Gefängnisaufenthalt würde – das sehen wir zusammen mit den Leserinnen und Lesern dieses Nachrufs voraus – die Rüdt-Ineichens in den finanziellen Ruin treiben.

Auch unterm Adventsstern herrscht in der Enge kein Anlass zu jener Zuversicht, die Max ungeachtet der Widrigkeiten auszustrahlen versucht. Das Geschäft entwickelt sich zäh. Elf Kunden lassen die Bezüge anschreiben, vier davon haben noch keinen Rappen bezahlt. Ausgerechnet zu Beginn der Vorweihnachtszeit sehen sich Rüdt-Ineichens gezwungen, einer ersten Kundin weiteren Kredit zu versagen. Man eröffnet ihr, dass sie erst wieder Ware beziehen kann, wenn sie ihre Schulden beglichen hat. Sie und ihre Familie stehen mittlerweile mit Fr. 13.78 in der Kreide. Sie möchte aber doch den fünf Kindern eine Freude bereiten und Mailänderli backen. Sie braucht nicht nur Anken aus dem Hafen, sondern auch Mehl, Zucker, Eier und Zitronen. Nein, sagt Frau Rüdt, bezahlen Sie erst ihre Schulden. Oder zumindest einen Teil davon.

Ci sono due franchi, sagt die Frau, meine letzten Batzeli. Più non mi dà il mio marito.

Eine andere Kundin hört genau zu.

Wir haben eine Obergrenze von zehn Franken festgelegt. Das wissen Sie. Sie sind jetzt schon bald bei vierzehn Franken. Sie können bei uns nicht länger auf Pump einkaufen.

Bald wir sind Natale. Un cuore si prega. Wenigstens für diesmal noch. Damit ich kann backen Guetsli.

Die Frau bekommt ihre Ware und steht jetzt bei 16 Franken 48. Was wird Maxotti dazu sagen?

Das ist aber nun endgültig das letzte Mal, bemerkt Frau Rüdt, während sie die Kundin auffordert, die notierte Einkaufssumme mit ihrer Unterschrift zu beglaubigen. Die Kundin kritzelt ihren Namen. Elena Mestre.

Die Signora strahlt. Dio ti benedica, sagt sie. Und die andere Kundin kommt sich ein bisschen blöd vor, dass sie noch nicht ein einziges Mal hat anschreiben lassen. Es ist für sie eine Ehre, keine Schulden zu machen. Sie teilt ihre Einkäufe so ein, dass sie sie auf den letzten Rappen genau bezahlen kann. Jetzt allerdings hat sie das Gefühl, sie lässt sich die Ehre zu viel kosten, wo es doch offenbar so leicht ist, Ware auf Pump zu bekommen. Sie kennt die Mestre-Familie. Die hat überall Schulden. Beim Milchmann, beim Metzger, beim Bäcker. Und warum? Weil der Mestre ein Trinker ist. Die Läden werden ihr Geld nie sehen. Auch Annas Comestibles: nie und nimmer. Trotzdem gibt man die Ware ab. Selber schuld. Und unsereins ist dumm, den Einkauf zu bezahlen.

Sie, sagt Frau Hofer, als die Kasse gerattert hat und die Summe

362

anzeigt, ich stelle fest, dass ich nicht genug Geld dabei habe. Genauer gesagt, ich habe überhaupt kein Geld dabei. Sie ziert sich gekonnt. Kann ich's anschreiben lassen? Es ist mir unheimlich peinlich.

Frau Rüdt eröffnet eine neue Schuldnerrubrik. Familie Hofer. Franken 2.28. Unterschreiben Sie bitte hier.

Ein Kilogramm Karotten, 560 Gramm Äpfel und ein halber Liter Olivenöl sind an diesem Vormittag übern Ladentisch gegangen, zuvor eine Zitrone, 2 kg Weissmehl, 1 kg Zucker, 400 g Schmalz aus dem Topf, und kein Rappen in umgekehrter Richtung.

Die Bäuerin auf der Rathausbrücke packt an. Während er sich auf ein Knie niederlässt, hebt sie den Korb an den Tragen. Rüdt beeilt sich, mit beiden Armen unter die Lederriemen zu schlüpfen. Dann schiebt er mit dem andern Bein nach, damit er das Knie strecken und den Rücken gradrichten kann. Beim Einstieg ins Tram muss er den anderen Fahrgästen den Vortritt lassen, denn nur mit Mühe und mit beiden Händen an den Handläufen hievt er sich die Treppe hoch. Er zwängt sich nicht ins Wageninnere, sondern bleibt hinterm Führerstand stehen. Beim Aussteigen nimmt er die Treppe rückwärts. So fährt ihm das Gewicht weniger in die Knie. Er nimmt natürlich den Ladeneingang. Er muss aber die Hutte vor der Treppe abstellen, denn für die Tür ist sie zu breit. Anna Maria eilt mit dem Tabourettli heraus, platziert es unter die Hutte, während Maxotti in die Knie geht, sich aus den Tragriemen zieht und dann schwer aufschnaufend streckt. Wenn keine Kunden warten, hilft sie, die Ware in Tragkörben in den Laden zu schaffen. Dann geht er mit der Hutte um den Häuserblock herum, um sie durch die Einfahrt ins Magazin zu bringen. Anschliessend hört man ihn die Treppe ins Obergeschoss steigen. Die Diele zittert unter den Tritten, dann ist es für eine Weile still. Sobald keine Kundschaft in Sicht ist, geht ihm Anna Maria nach. Sie weiss, dass Maxotti nicht schläft, sondern sich von der Strapaze ausruht. Sie erkundigt sich nach den Preisänderungen. Die Bauern verlangen von Woche zu Woche mehr für ihre Produkte. Je näher das Weihnachtsfest, desto kleiner das Angebot und desto fetter ihr Gewinn. Annas Comestibles hat wenig Anteil an diesem Kuchen. Wenn sie deutlich teurer verkaufen als die Bauern auf dem Markt, steigt die Kundschaft aufs Rad und fährt zum Helvetiaplatz oder zum Kornhaus. Maxotti setzt sich ans Buffet, zieht die Schreiblade heraus, trägt den Einkauf im Buch ein und ist froh, dass er Annemie mit einer Frohbotschaft aufwarten kann: die Marktschulden sind ab heute getilgt. Passt das nicht bestens für die Festtage?

Anna Maria hat Lichtblicke nötig. Sie leidet zunehmend an ihren Durchfällen, die in kürzeren Intervallen wiederkehren. Der Arzt erkennt die Ursache nicht. Vielleicht eine Spätfolge der Grippe. Er verschreibt Baldrian zur Beruhigung des Verdauungssystems. Anna Maria glaubt längst nicht mehr an akute Darmverstimmungen, die sich von selber wieder legen würden, und sieht sich gegenwärtig nicht in der Lage, die Mutter und die Geschwister im Luzernischen zu besuchen. Mit einer Grusskarte mit dem Aufdruck »Frohe Weihnachten« sagt sie ab.

Den Heiligabend nach Ladenschluss mitten in der Woche besteht sie dann ganz ordentlich. Sie hat von den Kerzen aus dem Packen im Laden ein paar in die Wohnung heraufgenommen und zündet sie an. Max löscht das elektrische Licht. Mit einem Glas Weissen vom Zürichberg stossen die Eheleute an. Durch das Kristallglas spiegelt golden die Kerzenflamme. Für diesen Augenblick wenigstens sind die Probleme vergessen.

Am Weihnachtstag ist das alte Lied ein Ohrwurm. Anna Maria hat das Gefühl, der Bauch schwäre, und das verschlägt ihr Appetit und Laune. Wenn es nicht zu kalt wäre im Schlafzimmer, würde sie sich dahin zurückziehen und nicht mehr blicken lassen. Sie legt sich auf das Sofa. Von da aus lässt sie schon mal ihrer Verstimmung freien Lauf. Sie hat sich das Leben anders vorgestellt. Sie hat sich das Leben nach der Weise vorgestellt, die ihr die Senns im Waldenburger Tal vorlebten. Wenigstens eine Spur davon, ein Häpplein Komfort und Behaglichkeit. Und was hat sie sich eingehandelt? Nichts als Plackerei tagein tagaus. Und am Abend ist man zu müde.

Maxotti ist zwar jetzt zuhause, nachdem sie in den ersten beiden Ehejahren so oft die Zeit allein zu vertreiben hatte. Aber er rechnet. Wenn er flucht, sagt er wenigstens etwas. Vom angenehmen Gesellschafter und witzigen Unterhalter ist fast nichts mehr zu spüren, denn mit Wörtern scheint er sich immer schwerer zu tun. Wann hat er zuletzt etwas Charmantes rübergebracht? Wann hat er zum letzten Mal mit jenem Blick in ihren Augen gelegen, der von Wohlgefallen und Begehren zeugte? Er kehrt ihr den Rücken zu. Sie vernimmt die Zischlaute der Zahlen, die er vor sich hin addiert. Ab und zu seufzt oder schnaubt er. Dann legt er die Buchführung zur Seite. Er stützt das Kinn in die Hand, in die eine, in die andere. Vielleicht schreibt er gerade ein neues Begnadigungsgesuch. Und dann ist es soweit. Anna Maria steht auf, steigt ins zweite Obergeschoss und kommt eine Weile nicht mehr aus der Toilette.

Auch Maxotti ist verzweifelt. Er kann nichts ausrichten gegen Anna Marias Beeinträchtigung. Zuweilen ertappt er sich beim Verdacht, auf diese Weise von seiner Frau abgestraft zu werden. Sie hält ihm eine Waffe entgegen, die ihn wehrlos und machtlos macht. Steckt dahinter eine halbbewusste Absicht? Nein, er weigert sich, ihr das zu unterstellen. Aber der Verdacht klebt wie Roggenteig. An einem Tag wie heute sowieso. Beim Überprüfen der Guthaben bei säumigen Kundinnen ist er auf den Fall Mestre gestossen.

Zum Mittag von Silvester sind die Rüdts aus St. Georgen und vom Waldgut angesagt. Maxotti hat nicht ungern eingewilligt, zu diesem Anlass über die Verhältnisse zu leben und den Gästen Wohlhabenheit vorzugaukeln, auch wenn sich die Schau als völlig durchsichtig offenbaren sollte. Annemie freut sich, endlich einmal die Küche unter Beweis zu stellen, die sie in einem herrschaftlichen Haus gelernt hat, und wir freuen uns, ihr dabei über die Schultern zu schauen. Unter Aufbietung aller verbliebenen Kräfte wird sie einen Nussbraten zubereiten. Wenn wir uns nützlich anstellen wollen, müssen wir am Morgen beizeiten die Schürze umbinden. Das

Gemüse will gewaschen werden. Dann schälen wir Zwiebeln, Rüebli und Knoblauch und zerkleinern diese Beilagen zusammen mit dem Lauch. Wenn das Fett raucht, braten wir das Fleisch scharf an. Die Beilagen kommen mit in den Topf und werden kurz gedünstet. Wir geizen nicht mit Salz, Pfeffer und Kümmel. Im Waldenburgischen goss Anna Maria Warteck-Bier auf, in der Enge tut Löwenbräu seinen Dienst. Der Bitterstoff sorgt für eine zusätzliche Geschmacksnote.

Zum ersten Mal seit dem Einzug in der Enge wird nun der Backofen in Betrieb gesetzt. Das ist vielleicht nicht der Idealfall, denn die Hitze darf 150° nicht übersteigen, und deshalb wäre es nützlich, die Eigentümlichkeiten des Ofens zu kennen. Wir können da nicht helfen. Es ist inzwischen Mitte Vormittag. Gut anderthalb Stunden soll die Schweinsnuss garen und darf dabei nicht aus den Augen gelassen werden. Man muss sie wiederholt mit ihrem eigenen Saft übergiessen. Einige Zeit bevor die Gäste eintreffen, wickeln wir das Fleisch in Stanniolpapier ein und lassen es in der Restwärme der Ofenröhre ruhen. Die Sosse bereiten wir kurz vorm Servieren, indem wir die Zutaten durch die Kartoffelpresse gehen lassen und im Bratensaft noch einmal aufkochen. Heute würden wir natürlich einen Pürierstab verwenden.

Jetzt ist aber höchste Zeit für die Beilage. Anna Maria hat sich für Kartoffelklösse entschieden. Haben Sie eine Ahnung, wie die Grossmutter sie herstellte? Klingt nach grossem Aufwand, zumal, wenn man die Arbeitsschritte schriftlich mitteilt, ist es aber nur bedingt. Wir brauchen etwas Brot (darf durchaus altbacken sein) und für sechs Personen rund anderthalb Kilo Kartoffeln, zwei Pfannen, mehrere Gefässe, die Reibe, ein sauberes Leinentuch und dazu die Kartoffelpresse. Kennen Sie dieses Gerät? Es ist der Zylinder aus verzinktem Blech, unten geschlossen, die Wand gelocht. Auf dem oberen Rand sitzt eine Spange mit einem Schraubgewinde im Zentrum, worin das passende Schraubgestänge steckt. Am unteren Ende der Schraube sitzt ein Blechteller, den die Kurbeldrehungen auf die vorgekochten Kartoffeln drücken. Nun treten aus den

Löchern die dünnen Würmer.

So weit sind wir aber noch nicht, denn wir fangen mit dem Brot an. Zu sorgloseren Vorkriegszeiten wurde es vom Ranft befreit. Unter dem Eindruck der erlittenen Entbehrungen wird derzeit der gesamte Brotkörper in kleine Würfel geschnitten. Früher verwendete man Schweineschmalz, heute doch lieber Butter, um darin die Brotwürfel zu rösten. Trotz der Winterkälte öffnet Maxotti kurz einmal die Balkontür.

Kinder im Haushalt könnten inzwischen die Kartoffeln schälen. Unter kinderlosen Gegebenheiten mag dieser Job dem anwesenden Gatten zufallen. Er bedeckt die entblössten Knollen mit kaltem Wasser. Ein Drittel von ihnen soll zu Salzkartoffeln gegart werden. Im selben Wasser werden später auch die Klösse sieden; jetzt aber nimmt es also die Schnitze auf. Während es vor sich hin wallt, steht die Arbeit an, mit der sich die Küchenhilfe hervortun darf. Es gilt nämlich, die übriggebliebenen rohen Kartoffeln mit der Kartoffelreibe zu bearbeiten. Man wird schön warm dabei. Die Reibmasse kommt in das Leinentuch und wird dann von kräftigen Armen ausgewrungen. Aufgepasst: Mit Kraft allein ist's nicht getan. Es braucht einige Geschicklichkeit, den Saft in den bereitgestellten Krug zu zielen.

Mittlerweile sind die Salzkartoffeln gar und gehen durch die oben ebenso breit wie lang beschriebene Presse, dieweil immer noch, wir wollen das nicht vergessen, der Braten duftet und neu begossen werden will.

Im Krug hat sich vom Kartoffelsaft die Stärke als Bodensatz abgesetzt. Ihn brauchen wir jetzt als Kleber. Darum lassen wir den Saft vorsichtig in ein weiteres Gefäss ablaufen und geben den Bodensatz zusammen mit den ausgepressten Kartoffeln in die Teigschüssel. Wo steckt die Muskatnuss? In der Drehreibe. Sparen wir nicht. Der Klossteig erträgt einen mutigen Schuss.

Wenn wir das rohe Kartoffelwasser gemäss Anweisung aufbewahrt haben, können wir nun damit die Hände befeuchten, in denen wir aus dem verrührten Teig handliche Kugeln formen. Wir drücken eine tiefe Grube und da hinein ein paar geröstete Brotwürfel. Den Kloss schliessen wir wieder.

Steht hoffentlich vom Garen der Salzkartoffeln noch das Salzwasser bereit? Es wartet auf die Klösse. Wenn alle drin sind, lassen wir das Wasser kurz aufkochen und danach nur noch leicht köcheln. Jetzt haben wir Zeit, den Tisch zu decken, eine frische Schürze umzubinden und uns den eintreffenden Gästen zu widmen. Die Klösse sind servierbereit, wenn sie etwa 5 Minuten an der Wasseroberfläche geschwommen sind. Zu unserem Silvester-Menu: Anna Maria hat noch eine weitere Pfanne auf dem Herd. Riechen wir schon das Sauerkraut?

In der Stube stehen der Rundtisch und der rechteckige Tisch aus der Küche gemeinsam unter einem weissleinenen Tischtuch. Die Polsterstühle sind in die Ecken geschoben. An der Tafel die Stühle aus dem Haushalt und das Tabourettli aus dem Laden. Maxotti opfert sich für den Notsitz. Das Gedeck sieht wirklich festlich aus. Summerday von Villeroy-Boch. Das Silberbesteck. Die Gläser aus Hergiswil. Heute gibt es Roten, gleich nachdem die Gäste eingetroffen sind. Sie hatten keine Mühe, vom Tram aus den Laden zu finden. Annas Comestibles, nicht zu übersehen.

Noch bevor man angestossen hat, rümpft Mama bereits die Nase.

Ihr habt keine Vorhänge?

Das übliche Begrüssungsgeplauder noch im Stehen. In St. Gallen hat es geschneit, hier regnet es, und Emilie, jetzt zwölf, ist kaum dazu zu bewegen, ihrem Onkel die Hand zu reichen. Was hat sie aus den Worten geschlossen, die zuhause und bei der Grossmama in Bezug auf Max mehr oder weniger unverhohlen gefallen sind? Sie bietet dem Mann ein kühles Stück pubertären Gezieres an und verpasst darob das Wohlgefallen, das er ihr entgegenbringt.

Hausbesichtigung gibt's später, jetzt setzt man sich. Und kaum duften aus allen Tellern die Schweinsnuss in der Sosse, die Knödel und das Sauerkraut, hat es Anna Maria schon den Appetit verschlagen. Sie versucht es mit Tapferkeit, nimmt am neuerlichen Anstossen mit den aufgefüllten Gläsern teil, hustet aber dann den Schluck in die Serviette. Es geht nicht. Sie mag nicht essen. Der Bauch gebärdet sich weh und gebläht. Sie starrt vor sich hin und wird der verlegenen Blicke inne. Unverhohlen neugierig dagegen Emilie. Was tut sich hier? Sie schaut aber den Onkel, der ihr gegenüber auf dem Hocker sitzt und lächerlich klein wirkt, nicht an.

Dass ihr so einen Aufwand betreibt, sagt Mama Rüdt. Die Nuss ist ja köstlich, und ich frag dich dann nach dem Rezept, Anna Maria. Aber könnt ihr euch das auch leisten? Das muss euch ja ein halbes Vermögen gekostet haben.

Mama, mahnt Claire.

Anna Maria steht auf, serviert nach, bringt die Schüsseln in die Küche. Nach einer Weile fällt auf, dass sie nicht wieder erschienen ist. Maxotti findet sie auf der Treppe. Sie weint. Sie hat sich übernommen. Und was kriegt sie als Dank? *Habt ihr keine Vorhänge.* Maxotti bringt sie hinauf zum Bett. Er ist hilflos.

Es ist wohl wahr, dass wir nicht auf Rosen gebettet sind. Wir wollten uns wenigstens mit euch zusammen einen reichlichen Tisch leisten, erklärt er, indem er nun Anna Marias Platz einnimmt.

Dass sich Sohn und Schwiegertochter, Bruder und Schwägerin, der Neffe und seine werte Frau Gemahlin mit der Gastfreundschaft übernommen haben, dass es unnötig war, wohlhabend erscheinen zu wollen, dass man doch auf den ersten Blick die Krise errät: das ist das Thema bei Tisch. Max räumt ein, dass es mit der Gesundheit seiner Frau schon seit dem Einzug hier nicht zum Besten stehe. Eigentlich schon vorher nicht.

Sie scheint nicht geschaffen zu sein für die Belastungen, denen sie ausgesetzt ist, stellt Otto fest.

Es ist ja auch eine Zumutung, doppelt Mama nach. Sie meint nicht nur den Laden, aber ihn auch. Das schafft doch eine Frau nicht, Haushalt, Laden und dazu ein Mann, von dem alle Welt weiss, dass er ins Gefängnis muss. Das alles zusammen. Es ist einfach zu viel.

Mama, fleht Claire mit einem Seitenblick auf Emilie, nicht jetzt. Wir sind zu Gast. Ausserdem haben wir das alles schon genug besprochen.

Aber jetzt sieht man doch die Folgen von dem, was dein Bruder angerichtet hat. Wie soll man nicht reden davon? Ich bin nicht gekommen, um ein Blatt vor den Mund zu nehmen. Ich wollte wissen, wie es steht. Und man sieht es. Allenthalben. Sie schaut demonstrativ in die schmucklose Stube. Es ist doch sonnenklar. Es fehlt an der Zeit, die Wohnung schmuck einzurichten. Es fehlt am Geld, sich rechtens wohlhabend zu geben. Und es fehlt an der Liebe, die aus den anderen Mängeln alleweil noch etwas Herzerwärmendes herausholt.

Ja, so ist es wohl. Max versucht, ein Gespräch mit Emilie anzuzetteln. Über die Schule vielleicht. Welche Fächer sie mag. Er findet, sie gleicht ihrer Mutter und hat das Zeug, eine hübsche Frau zu werden. Sie antwortet einsilbig und schnippisch.

Ou peut-être tu préfères parler français?

Wieso?

Weil du als kleines Kind französisch gesprochen hast.

Ich bin kein kleines Kind mehr.

Den Rüdts fällt wenig ein, weder zu Emilies Schroffheit noch zur Situation, die man hier in Zürich vorfand. Sie haben zuschauen müssen, wie sich ihr Sohn und Neffe und Bruder vermanövriert hat. Obwohl sie ihm in keinem Moment ihren Goodwill entzogen haben, und obwohl sie versuchen, Anna Maria zu akzeptieren, haben sie im Moment weder die Macht noch die Mittel, hier etwas zu bewirken. Mit ihrem finanziellen Zustupf zum Erwerb des Ladens mit Wohnung sind sie an die Grenze des Vernünftigen gegangen; da liegt nichts mehr drin. Sie sehen die Katastrophe kommen, weigern sich aber, sie zum Voraus schon zu imaginieren oder gar anzusprechen.

Versuche, rät Onkel Otto, den Antritt der Strafe so weit wie möglich hinauszuschieben. Bis dann hat sich vielleicht das Geschäft ein bisschen eingependelt, und deine Frau weiss, wie der Laden geht, und kann sich notdürftig durchschlagen. Sofern ihr Zustand das überhaupt erlaubt. Hoffen kann man immer, bekräftigt er, bevor man aufbricht und auf die angeweisselten Aussichtshänge über St. Gallen zurückkehrt.

Wahrscheinlich hat Mama Rüdt unter dem Eindruck, den sie in der Enge gewonnen hat, immerhin ihren Ältesten ins Gebet genommen. Der nämlich scheint bald darauf beim Bundesrat ein Begnadigungsgesuch eingereicht zu haben. Ein Schreiben des Oberauditors Hauptmann Müller, das erhalten geblieben und erkundet worden ist, soll darauf hinweisen. Offenbar hatte Müller daraufhin Kontakt mit Max Rüdt. Auf Befragen habe dieser erklärt, ein Gesuch von Seiten der Sozialdemokratischen Partei würde er sehr wohl annehmen, nicht aber ein Gesuch von Angehörigen.

So ein Dickschädel! Das ist das Urteil der Gattin, dem wir uns anschliessen. Es ist umso plausibler, als inzwischen aus Bern die erwartete Nachricht eingetroffen ist. Ich unterstelle, dass weder der bisherige noch der neue Departementsvorsteher Max Rüdts eigenes Schreiben persönlich je zu Gesicht bekamen oder zu Gesicht zu bekommen verlangten; man wird sich mit der summarischen Information begnügt und dem Vorschlag des Sekretärs angeschlossen haben: kein Eintreten. Der Bundesrat, so wird es in den Antwortschreiben an den Rechtsanwalt und an den Gesuchsteller ungefähr gleichlautend heissen, lehnt eine Begnadigung ab.

Quasi durchs Schlüsselloch fassen wir den veralterten Mann. Wie er in seiner Dachkammer am Tisch sitzt. Er hat die Jacke nicht ausgezogen. Durch Wände und Böden herauf dringt die Handörgelimusik von Radio Beromünster. Aber er vernimmt vor allem seinen Atem. Er kriegt schon länger nicht mehr so recht Luft. Vor allem im Sitzen wird ihm eng. Er schiebt den Stuhl weiter vom Tisch zurück, damit er auf die Stuhlkante rutschen und das Kreuz hohlbiegen kann. Er hat das Gefühl, auf diese Weise etwas tiefer atmen zu können. Möglich, dass es sogar eine Tatsache ist. In dieser Haltung wird er jedoch schnell müde. Er lässt das Kreuz zurücksinken. Und atmet wieder angestrengt. Wir schauen ihm zu, wie ihm der Kopf unter der wärmenden Glühbirne schwer wird und dann auf den Tisch, auf die Arme und Hände sinkt, und wie eine Reihe von bewusstlos ruhigen Atemzüge durch ihn hindurchgeht, bis er mit einem Schnarcher wieder zu sich kommt, und wie er sich endlich aufrafft, um sich aus der Wäsche zu schälen. Es riecht halt nicht gut in seiner Nähe, aber zu kalten Zeiten hält man die Zimmerluft beisammen. Amalia wird am Morgen, wenn er weg ist, lüften.

Was macht er, wenn er weg ist? Er trödelt auf dem Weg zur Gastwirtschaft, sitzt Stunden lang bei einem Roten, setzt sich zur Suppe, schleicht dann durch die Gassen des Städtchens, in grossem Bogen um das Pestalozzischulhaus herum, schaut zu, wie da und dort eine der schönen Riegelkonstruktionen unterm blättrigen Verputz hervorgeschält wird, und setzt sich wieder in den Stiefel, bis es Zeit ist, nach Hause zu gehen.

Die Partei schwieg. Rüdt war das schwarze Schaf. Seit der einflussreiche Chefredaktor der Neuen Freien Zeitung sein Verdikt öffentlich ausposaunt hat, will sich an dieser Personalie keiner die Finger verbrennen. Jeder ist froh, seine Nische in der schwierigen Gesellschaft gefunden zu haben. Bleibt also dem Verurteilten nur, den Rat des Götti-Onkels zu befolgen. Zweimal ersucht er um Aufschub des Strafantritts. Er macht finanzielle und familiäre Gründe geltend. Sein Lebensmittelladen läuft noch nicht optimal, er macht Schulden. Seine Gattin ist krank. Ein Attest vom Arzt liegt bei. Der Strafantritt wird um einen Monat verschoben.

Endlich zieht der Umsatz an. Spinat, Radieschen, Mangold und Wirz kommen auf den Markt. Mit der Bäuerin vom Leimbach hat Rüdt vereinbart, dass sie künftig am Waffenplatz anhält und

Frischware abliefert, auch Brot, Eier und zu Ostern Griesskuchen. Das erspart ihm den Gang zum Markt. Seine Frau ist wegen ihrer Durchfälle geschwächt, müht sich im Verlauf des Vormittags aus dem Bett und schafft kaum den Haushalt, geschweige denn den Laden. Ihr Mann ist daher Einkäufer, Verkäufer und Buchhalter in einer Person; wenn aber die Bäuerin nicht bringen konnte, was er anbieten möchte, muss er sofort zum Bürkliplatz fahren; dann aber bleibt der Laden geschlossen, bis er zurück ist. Einige Kundinnen drohen, den nächsten Laden aufzusuchen, der nahe beim Enge-Bahnhof liegt. Der macht um sieben auf, darauf kann man sich verlassen. Wenn Annemie wenigstens die ersten beiden Morgenstunden im Laden übernehmen könnte. Alles andere würde er, Max, ja stemmen. Annemie versucht's. Es geht nicht. Es wird ihr schwindlig, wenn sie hinter der Theke steht, sie muss sich vornüberbeugen, damit das Blut in den Kopf geht, oder sie muss dringendst aufs Klo, zwei Stockwerke hinauf und dann wieder runter, was sie zusätzlich schwächt. Die eine und andere der Kundinnen hat Geduld, vor allem, wenn sie nicht allein im Laden wartet, andere gehen und kommen lange nicht wieder, und dritte schliesslich lassen in der Zwischenzeit einen Osterfladen, ein Ei, ein Paket Zucker, eine Tüte Kümmel verschwinden.

Noch einmal ersucht Rüdt um Aufschub. Seine Gattin sei nicht arbeitsfähig. Wenn er den Laden nicht führen könne, habe man kein Einkommen. Das wäre der finanzielle Ruin.

Die Gnadenfrist wird verlängert. Endgültig letzter Termin ist 1. Juni. Rüdt schickt sich drein. Es ändert sich ja eh nichts am Verdikt, und Anna Maria macht endgültig nicht mehr mit. Sie hat sich immerhin an ihre Familie gewandt. Vielleicht möchte die Mutter vorübergehend wieder im Laden Hand anlegen, sodass eines der Geschwister, Schwester oder Bruder, nach Zürich kommen und Annas Comestibles schmeissen könnte.

Wo denkt ihr hin, lautet die Antwort aus dem Luzerner Seetal. Wir werden doch nicht unser eigenes Geschäft in Frage stellen. Können wir etwas dafür, dass sich dein Mann strafbar gemacht hat?

Noch vor Antritt der Haftstrafe habe Rüdt sein Geschäft zum Verkauf bringen müssen. Das schrieb Alfred Fasnacht, der wohl die meisten der raren gesicherten Kenntnisse über den privaten Max Rüdt zusammengetragen hat. Ja, so wird es wohl gewesen sein: Rüdt sah sich gezwungen, den Laden zu veräussern. Er mag versucht haben, diese Aufgabe gleich selber an die Hand zu nehmen und zu ihrer bitteren Umsetzung zu bringen. Orderte er ein Inserat in einer der Zeitungen? Im Volksrecht? Und hat es einen Ansturm von Interessenten ausgelöst? Die Frage sei erlaubt. Falls überhaupt der eine oder andere potenzielle Käufer sich wunsch- und fristgerecht gemeldet hat, wird er sich sorgfältiger über Kaufobjekt und Hintergründe der Veräusserung informiert haben als vor einem halben Jahr die Rüdts. Er wird sich seine Gedanken gemacht und sich versprochen haben, dass hier einmal mehr Zeit wundersam Geld ist. Sprechen doch die Umstände dafür, dass das Objekt auf die Dauer billiger und am Ende - hat man den Handel lange genug hinausgezögert - wohlfeil zu haben sein wird. Mit anderen Worten: Wäre, als Rüdt die Strafe antrat, noch nichts geregelt gewesen, würde das niemanden wundern. Umso leichter fällt es, diesen Nachruf den eigenen Weg nehmen zu lassen. Ihm zufolge hat sich vierzehn Tage vor dem Antritt der Haft noch kein Interessent entschieden. In der Not stellt sich ein Hoffnungsschimmer ein, und zwar mit der geölten Glatze von Emanuel Cohn. Erinnern Sie sich an den Mann mit der Nickelbrille? Vor acht Monaten ist er als stellvertretender Verkäufer des Ladenlokals inklusive Wohnung am Waffenplatz aufgetreten. Er lässt sich von Rüdt die Situation schildern. Ein Käufer, sagt er dann mit senkrechten Strichen zwischen den Brillengläsern, wird zuerst einmal investieren müssen. Heute erwartet man Zentralheizung und Bad. Das drückt natürlich auf den Preis. Aber wer weiss. Wir sollten uns nicht beeilen. Obwohl Sie, wenn ich das richtig verstanden habe, verschuldet sind. Man wird Ihnen die Betreibung androhen. Während Sie einsitzen, kann man Sie aber nicht belangen. Frau Rüdt ist indisponiert, sagen Sie? Also dann, mein lieber Herr Rüdt, ich schlage Ihnen Folgendes vor. Erst einmal warten wir Ihre Rückkehr aus der Gefängnishaft ab und schauen von dort aus weiter. Bis dann kann ich Ihnen Käuferschaft stellen, zählen Sie auf mich. Und warum sollte es Ihre werte Frau Gemahlin nicht schaffen, das Geschäft wenigstens so weit zu verwalten, dass die Trockenware, wenn ich das so nennen darf, übern Ladentisch geht?

Ja, warum eigentlich nicht? Einmal mehr bittet Maxotti seine Annemie, es doch einfach zu versuchen. Sie muss ja nicht zum Markt gehen. Sie muss nur rechtzeitig aufstehen, damit sie die Bäuerin aus dem Leimbach abfangen kann. Statt bis neun im Bett zu bleiben, muss Annemie kurz nach fünf auf, denn um halb sechs klappert Hafners Gaul die Waffenplatzstrasse einwärts.

Annemie schüttelt den Kopf. Das kann und wird sie sich nicht antun.

Maxotti schnaubt und verwirft die Hände. Was wirst du denn machen die ganze Zeit, während ich hocke?

Das frage sie sich auch, versetzt Annemie.

Nur zu gut errät der Makler die prekäre Situation, in der sich seine Kundschaft befindet. Er kennt sich aus in schwierigen Verhältnissen. Wohl lässt er sich auf der Rückkehr zu seinem Altstetter Büro eine Reihe der möglichen Interessenten durch den Kopf gleiten, im Hinterkopf hat er aber gleichzeitig einen Plan B. Bald sollen die neue Bahnlinie und der dazugehörige Bahnhof gebaut werden. Das zieht Arbeiter an, vor allem die Tunnelbauer. Wohnraum wird gesucht sein. Wer solchen anzubieten hat, kann ein Geschäft machen. Das Ding muss aber noch reifen. So lange wird er, Emanuel Cohn, sich nicht in die Karten blicken lassen; er wird seinen Mandanten hinhalten, indem er zögernde Kunden vorgibt, und der Preis der Liegenschaft wird massiv runterkommen.

Unter heutigen Verhältnissen würde Max Rüdt über Wallisellen-Dietlikon nach Effretikon und von dort über Fehraltorf nach Pfäffikon reisen. Das wäre eine Fahrt von einer halben Stunde. Ich gehe davon aus, dass der Verurteilte desselben Namens am Dienstag, den 1. Juni 1920, genau diese Strecke gefahren ist, allerdings nicht unter einer Stunde. Dampfbetrieb; die Züge sollen in der Stunde etwa vierzig Kilometer zurückgelegt haben. Gewiss musste der Passagier in Effretikon umsteigen, denn bis dahin war er auf der Linie Zürich-Winterthur. Nun nahm er die Kempttalbahn und fuhr mit ihr nicht nur an Ortschaften vorbei, deren Namen er noch nie gehört hatte, sondern in eine Zukunft, die ihm so ergründlich verschlossen war, dass es ihm zeitweise fast übel wurde.

Dies ohne Begleitung. Wir sehen ein, dass Anna Maria nicht in der Lage war mitzureisen. Sie sitzt mit einer neuen Durchfallattacke zuhause. An der Ladentüre klebt ein Zettel: Geschlossen. Die Kundschaft weiss in groben Zügen Bescheid, den Rest kann sie sich mühelos denken. Sie wittert die grosse Chance, dass die Anschriebe untern Tisch fallen werden. Unter Umständen wird man sogar von der Liquidation profitieren. Totalausverkauf. Es gilt, den Laden im Blick zu behalten und den Gant-Termin nicht zu verpassen.

Rüdt hat kleines Gepäck. Unterwäsche, Socken (er wird ja Gefängnisklamotten bekommen), Schreibzeug, genug Papier, das Rasierzeug. Die Bibel ist für ihn keine Option, doch die darf man mitbringen. Georg würde staunen, dass er, Max, sie tatsächlich mit dabei hat. Nicht die Zürcher Bibel, sondern die Allioli. Anna Maria hat sie ihm wortlos aufs Gepäck gelegt.

In Pfäffikon hat er sich um 10 Uhr an der Pforte zu melden. Rüdt war noch nie im Städtchen. Er muss sich durchfragen. Wo, bitte, finde ich das Bezirksgefängnis? Der Strassenfeger verweist ihn ans Amtshaus.

Und wo befindet sich das Amtshaus?

Gradaus weiter. Nächste Strasse rechts. Bis zur Wirtschaft. Gleich gegenüber.

Es würde mich nicht wundern, wenn Rüdt da genau richtig

wäre, wenn sich also die Zellen im Dachgeschoss des Amtshauses befänden, kleine Fenster, ein zusätzlicher Lichteinfall in der Dachschräge, das Lavabo zentral, Platz für ein Dutzend Delinquenten. Er stellt sich die Solothurner Verhältnisse vor und verkleinert den Massstab.

Ich suche das Bezirksgefängnis, sagt er am Schalterfenster, das für ihn aufgezogen worden ist.

Es stellt sich heraus, dass er sich auf der falschen Seite der Bahnlinie befindet. Er muss zum Bezirksgericht. Am besten zurück zum Bahnhof, von dort aus dann drüben weiter. Fragen Sie nach der Hörnlistrasse.

Ja, er fragt sich durch, während von einer entfernten Kirche die Uhr zehn schlägt. Er wird verspätet ankommen.

Sind Sie zum Besuch angemeldet?

Nein, zum Einsitzen.

Die Person hinterm Schalter grinst, unfreiwillig, versteht sich, hat sich aber schnell im Griff. Ihr Name?

Rüdt, Max.

Moment. Der Angestellte bespricht sich im verdeckten Hintergrund mit einer Person, die Rüdt nicht sehen kann. Er kehrt zurück. Warten Sie einen Moment. Sie werden gleich abgeholt. Setzen Sie sich.

Rüdt setzt sich auf einen der Stühle, die angereiht im Gang stehen. Es dauert eine Weile, bis die Holztreppe unter Schritten ächzt. Ein Mann in blauem Werkgewand stellt sich vor den Ankömmling. Rüdt Max, Jahrgang 88, von Berg, wohnhaft in Zürich?

Ja, genau.

Gut, dann kommen Sie mit.

Und damit geht es los mit der Einweisung. Abgabe des Aufgebotsbriefs, der Zivilkleider und Habseligkeiten, Feststellung des Bargeldes, Quittierung des Depots, Einkleidung mit dem Sträflingsanzug ohne Gürtel, Informationen betreff Hausordnung, später mit der ärztlichen Musterung in einem Kabinett auf einem unteren Geschoss, und spätestens ab drei Uhr nachmittags, da er in Schlarpen vor dem korrekt gekleideten Leiter der Haftanstalt steht, beginnt die Verbüssung der Strafe. Haben Sie noch Fragen? erkundigt sich der Mann, indem er die Krawatte zurechtrückt.

Nein, versetzt Rüdt.

Schön, dann hoffe ich auf erspriessliche Zusammenarbeit. Und sollte wider Erwarten etwas schieflaufen, haben Sie, wie Sie nun wissen, das Recht auf ein Gespräch mit mir.

Er läutet mit der Tischglocke, und sogleich geht von aussen die Tür auf. Der Sträfling wird abgeholt. Er hat Glück: Er wird einer Einzelzelle zugewiesen.

Kaum hat er den Neuen kennengelernt, hat sich Türler sein Urteil gebildet. Ein politischer Gefangener. Kein Täter. Man legt ihm Worte zur Last. Also wird er nicht das sein, was man gemeingefährlich nennt. Und nicht den Insassen abgeben, dem man von vorneherein mit Misstrauen begegnen muss. Das ist für ihn, den Wärter, wichtig. Er muss sich ja auch ein bisschen daheim fühlen in diesem Haus, in diesem Beruf. Oft genug hat man es mit mürrischen, aggressiven, sogar tückischen Kerlen zu tun, denen gegenüber man keine freundliche Regung zeigen darf, ohne dass sie ausgenützt und als Schwäche ausgelegt würde. Kühle Sachlichkeit freilich: davon kann man nicht leben; er jedenfalls, Türler, lebt von freundlicher Mitmenschlichkeit. Eigentlich. Aber eben: Meistens ist sie nicht angebracht, und er hat schon Verweise bekommen, weil seine Kollegen ihn verpetzt haben. Von wegen weichlich. Von wegen anbiederisch. Oder sollen wir annehmen, Sie sind im falschen Beruf, Türler? hat der Chef gedroht.

Wir dagegen müssen zuschauen, wie Frau Rüdt-Ineichen in den Reisekoffer stopft, worauf sie in den kommenden Wochen nicht wird verzichten können. Am erstbesten Tag, an dem sie sich reisetauglich fühlt, fährt sie zu ihrer Mutter. Das vernimmt ihr Mann erst, nachdem einige Briefe, zunehmend beunruhigter aufgesetzt, unbeantwortet blieben. Endlich Post aus dem Seetal. Sie wird geöffnet, geprüft und dann ausgehändigt.

Ich kann nicht mehr, wird Rüdt lesen. Und wird sofort einen Urlaub beantragen, um nach seiner Frau zu sehen und sie zu bitten, den Laden in der Enge zu öffnen. Die Gefängnisleitung schlägt das Gesuch ab. Bei so kurzen Aufenthalten ist Urlaub nicht vorgesehen. Auch nicht in seinem, Rüdts, Fall. Er kann ja aber Besuch bekommen.

Rüdt bittet seine Frau, ihn zu besuchen. Wir müssen unbedingt reden miteinander, fleht er. Über den Laden. Über Annas Comestibles.

Nein, geht nicht, Maxotti. Vielmehr: Ich kann nicht.

Frau Rüdt kam nicht vorbei. Ich mag das nicht, schrieb sie. Den Gefängnisgeruch, die Kontrolle beim Einlass, das Mithorchen im Hintergrund. Ich ertrage es nicht, dich im Sträflingsgewand zu sehen. Ich muss jetzt schon heulen, wenn ich daran denke. Davon ganz abgesehen: die Reise ist zu aufwendig und zu teuer. Woher, Maxotti, nehme ich das Geld?

Rüdt bittet seine Schwester um zwei oder drei der grünen Fünfernoten für das Billett. Zu seiner Überraschung treffen sie ein und gelangen per Briefpost ins Luzernische. Nein, Maxotti, lautet die Antwort. Definitiv: Ich kann einfach nicht. Und ich kann auch nicht nach Zürich fahren, um dort zum Rechten zu schauen. Verstehst du, ich kann das nicht. Sonst werde ich wieder krank.

Ja, inzwischen trifft es sogar zu, dass sie nicht könnte. Im Alleingang schon gar nicht. Der Aufwand, den Laden wieder in Betrieb zu setzen, nähme zu von Tag zu Tag, an dem er, Rüdt, in der Pfäffikoner Haft sitzt. Bis nur schon ausgeräumt wäre, was inzwischen verdorben herumliegen dürfte. Bis nur schon die Tablare und Behälter gereinigt wären. Bei den Lieferanten die Kreditwürdigkeit wieder glaubhaft gemacht, die Waren geliefert. Die Kundschaft zurückgewonnen. Das alles sieht Rüdt vollkommen ein. Hilflos sitzt er einen Tag nach dem anderen ab, verrichtet Arbeit in den Gemüsefeldern und freut sich doch immer auf die Brieflein, die ihm inzwischen ungeöffnet überreicht werden. Es geht Anna Maria allmählich besser, um ihre Gesundheit braucht er sich nicht mehr zu sorgen.

Aber um alles andere. Um den Laden. Um die finanzielle Zukunft. Während er im Gefängnis sitzt, äufnen sich die Zinsen für das Darlehen der Bank, und kein Rappen kommt herein. Wie manchen Papierfetzen hat er schon mit Rechnen und Nachrechnen verkritzelt. Er ist kein Buchhalter wie sein Papa selig, doch es braucht auch keinen, um von Mal zu Mal, wie oft er auch die Papiere dreht und wendet, zum Fazit zu gelangen: Wenn er entlassen wird, ist er pleite und hat seiner Frau nichts mehr zu bieten. Soll einer unter solchen Umständen sich auf den letzten Septembertag freuen? So nimmt er einen Tag nach dem anderen, beklagt sich nicht, redet wenig, spielt nicht Karten, auch nicht Fussball, liest sich durch das Buch der Bücher, wird von den anderen Insassen gemieden, stellt aber fest, dass öfter mal nachts ein Kontrollgang ihm gilt und dass Türler am Lavabo neben ihm stehen bleibt, bis er fertig rasiert ist und das Messer zurückreicht.

Auch Georg Rüdt hat Anlass zur Besorgnis. Unter den Briefen, die ihm der Kreuzwiler Pöstler stets persönlich aushändigt, findet er eine merkwürdige Abhandlung, die so gar nicht nach einer vernünftigen Aufarbeitung des Vergangenen aussehen will. Ihren zentralen Teil stellen wir hier im Wortlaut vor. Max schreibt: Ich durchschaue jetzt, dass ich nie die Auseinandersetzung mit dir suchte, damit sie uns trennen sollte, sondern stets mit dem Wunsch, sie würde schliesslich den Konsens zutage fördern. Ja, Georg, bei all den weltanschaulichen Gegensätzen zwischen uns war ich auf Gemeinsamkeiten aus. Es muss sie doch geben, sagte ich mir, und an dieser Überzeugung habe ich bis heute festgehalten. In diesem Sinn magst du zur Kenntnis nehmen, was ich dir aus der Pfäffikoner Straftäter-Klausur schreibe. Das Stichwort heisst: »Wir gehen im Tod ein zu Gott.« Wir haben darüber nach Papas Beerdigung gestritten. Erinnerst du dich? Mir war eine Welt nach dem Tod ein Pfifferling wert. Was ihr Christen das »Reich Gottes« nennt, begehrte ich lebendigen Leibes, nicht im Tod. Es geht mir um Veränderungen zum Wohl der Menschheit zu unseren Lebzeiten. Ist es nicht das, was wir gemeinsam begehren? Sollte dem so sein: warum dann können sich Menschen wie du und ich nicht zusammentun, um gemeinsam auf das Ziel hinzuwirken? Warum lassen sich Religion und Revolution nicht unter einen Hut bringen? Das habe ich mich oft gefragt. Du willst das Gute, ich das Bessere. Kann diese Nuance eine Rivalität entschuldigen?

Ich habe mich nach den Wurzeln einer allgemein verbindlichen Solidarität umgeschaut. Im Blick auf meinen übermächtigen Bruder wollte ich sie unbedingt ausserhalb der Frömmigkeit finden. Heute sehe ich, dass zwar wohl die Religion überflüssig ist, nicht aber der Glaube. Der Mensch braucht eine Orientierungshilfe. Ohne Merkpunkt ist sein Tun zwecklos, ohne Glauben hocke ich hier in purer Absurdität herum. – Ja, endlich, magst du jetzt aufatmen, endlich hat er's begriffen. Und in der Tat: ich glaube an die Verheissung. Da gibt es doch eine hübsche Formel: »Gelobt sei, der da kommt im Namen des Herrn«. So heisst es in der Messe, die hier in der Anstalt auch für Protestanten und Dissidente gelesen wird. In der Verheissung sehe ich die grundlegende Motivation, vollkommen ausgedrückt im Wunsch eines Vaters für sein Kind: Du sollst es einmal besser haben. Der Glaube an eine Entwicklung zum Besseren, Georg, mag selbst für Atheisten gelten. Hier könnte sich unser Treffpunkt befinden, wenn auch du da zugegen sein wolltest. Ist es aber nötig, die Verheissung in einen Gottessohn zu verlegen, der da kommen soll? Nein, überhaupt nicht, und es ist sogar nicht einmal hilfreich, ihre Einlösung auf ihn zu delegieren. Es würde sonst die Hoffnung geschürt, die Verheissung löse sich aus sich selber ein. Tut sie aber nicht. Bis dato jedenfalls hat sie es nicht getan. Sie muss offenbar in Gang gesetzt werden, und zwar von uns, den Menschen, der Gesellschaft. In meinem Glauben an die bessere Welt ist Gott eine entbehrliche Komplikation. Wir selber, du und ich und alle, sind für das Einlösen der Verheissung zuständig. Sie ist unsere Natur, meinetwegen aus Gottes Vorsehung, wir aber müssen sie zum Ausdruck bringen. Wir müssen somit an uns selber glauben und die Verantwortung auf uns nehmen. Insofern gilt für uns alle zusammen das »Benedictus«. Gelobt sind, die da zusammenkommen im Namen des Besseren. Klingt dir das gotteslästerlich? Ich behaupte ja nicht explizit, dass wir selber Gott sind, aber doch so viel, dass wir die Erschaffer jenes Reiches sind, die ihr Christenmenschen mit Gott verbindet. Wir alle zusammen, verstehst du. Nicht irgendein Messias, selbst ernannt oder angehimmelt. Nicht irgendein Einzeltäter.

Nun wirst du dich aber fragen, Georg, wohinaus dein kleiner Bruder mit seiner Predigt hinter Gittern will. Ganz einfach. Er versucht zu verstehen, was er verwirklichen wollte und worin er glorios gescheitert ist. Und zieht dabei in Betracht, dass handkehrum alles, was er je glaubte und genau jetzt glaubt begriffen zu haben, vielleicht gar nicht wahr ist. Kannst du ihm folgen?

Ein paar Nachsätze im Brief des Häftlings betreffen seine Sorgen: Die giftigen Rückenschmerzen nach dem Hacken und Jäten im Runkelacker. Anna Marias Befinden. Die unaufhaltsam heranrückende Pleite. Diese zusätzlichen Äusserungen gehen aber fast unter im Schrecken, mit dem Georg auf den Brief reagiert. Um Himmels Willen! Was geschieht dem Bruder in der Gefängnisklausur? Fängt er an sich zu hintersinnen und gar zu verwirren? Der Pfarrer zieht in Erwägung, sich mit der Gefängnisleitung in Verbindung zu setzen, sich nach dem Anstaltsgeistlichen zu erkundigen und notfalls seinem Bruder höchstpersönlich seelsorglichen Beistand anzubieten.

Erwähnen wir, dass Rüdt gegen Ende des Sommers ein paarmal an Türlers Handgelenk zum Spaziergang darf. Ordnung muss halt sein, sagt der Aufseher, während er die Schelle an seiner Hand schliesst. Bis zum See, wo er während des Krieges, wie er kichert, auch gelegentlich einmal verbotenerweise seinen Egli herausgeholt hat in der Morgenfrühe.

Das Wasser kräuselt sich unterm Wind. Als schwebte der Geist Gottes darüber, stellt der Sträfling Rüdt fest und kichert – darüber nämlich, dass nun seine Lektüre unverhofft Folgen zeitigt. Dass Anna Maria ihm die Bibel untergeschoben hat, fand er, Max, zuerst komisch. Inzwischen macht er einen Sinn aus. Es scheint, dass einmal im Leben der kleine Bruder in die Welt seines grossen Geschwisters spähen musste. Er hat die Gelegenheit gepackt, weil er eh den Marx, für den er endlich Zeit gehabt hätte, in der Enge liegen liess.

Türler hat den Zusammenhang nicht mitbekommen. Er schweigt. Und ruft sich in Erinnerung, dass er im Journal einen Eintrag eines seiner Kollegen aufgeschnappt hat: Rüdt mache kurlige Bemerkungen. Er, Türler, hat nicht verstanden, was gemeint war. Er kennt das Wort »kurlig«, könnte es aber nicht so recht erklären. Jetzt hat er's. Ja, das ist gemeint. »Geist Gottes über den Wassern« - sowas Kurliges. Ist Rüdt vielleicht ein bisschen ein Spinner? Es ist schon gut, dass die Nachtwache ab und zu bei ihm reinschaut. Aber sonst ist er ein anständiger Mensch. Einer, den man nicht an Handschellen ausführen müsste. Er war ja auch kein Verbrecher. Das war ihm, Türler, von Anfang an klar. Es hätte ihn schon interessiert, was für Dinge in diesem Land ein ganz offensichtlich anständiger Mensch auf keinen Fall laut sagen darf, wenn er ungeschoren davonkommen will.

Eine Weile schaut er mit dem Gefangenen über die glitzernde Fläche hinweg zu den Alpen. Plötzlich fährt ihm ein, dass es vielleicht sehr zweckmässig ist, den Mann nicht loszulassen. Fast ein bisschen zu eilig geht's zurück zum Gefängnis. Rüdt läuft mit. Er vermutet, dass nach ihm ein anderer Insasse auch noch in den Genuss des Ausgangs kommen soll. Der arme Wärter. Der sammelt ja Kilometer, wenn er so weitermacht.

Dem Sträfling gegenüber sitzt Georg. Er runzelt die Stirn. Und? Dein Urteil über das Buch der Bücher: hat es sich geändert?

Max stellt sich der hoffnungsvoll-misstrauischen Inquisition. Er hat nach den Schöpfungsgeschichten das Alte Testament ausgelassen. Das Gerangel mit dem Wüstengott sage ihm rein gar nichts. Gelesen hat er die Evangelien und die Paulusbriefe. Ein Mix von Glaubwürdigem und frommen Wünschen. Interessant immerhin

Jesus als Mensch. Merkwürdig, dass im Glaubensbekenntnis, das auch er, Max, brav auswendig gelernt hat, nach der Geburt gleich der Tod folgt, als gäbe es den Menschen Jesus nicht, den Bergprediger, den Übertreter der jüdischen Gesetze, den Visionär. Warum ist das so, Georg? Warum spart ihr den Revolutionär aus? Mit ihm hätte ich kein Problem. Bis und mit Karfreitag komme ich mit. Ich kann den Mann Jesus gut spüren. Seine Überzeugungen. Seine Passion. Seine grässliche Hinrichtung. Ab Ostern bin ich nicht mehr dabei. Ab Ostern spüre ich Jesus nicht mehr.

Georg ist angereist, um den Bruder nach seinem mentalen und seelischen Befinden abzutasten. Ihm notfalls Hilfe anzubieten oder Hilfe für ihn zu veranlassen. Das hier klingt aber nicht nach Verwirrtheit. Im Gegenteil. Einmal mehr zieht sich in ihm etwas zusammen – wie immer halt, wenn er sich von Max herausgefordert fühlt. Glaubt sich der Gläubige in ihm angegriffen? Wähnt er, sich schützen zu müssen? Gereizt kanzelt er den Kleinen ab. In deinem Studium, sagt er, magst du dir ein paar Schnäppchen Geschichte geholt haben. Kein Wunder, dass du vor allem auf den weltlichen Jesus spähst und womöglich gar nach historischen Fakten, die es nicht gibt und die uns auch nicht besonders fehlen. Es gilt in Betracht zu ziehen, dass Religion sich niemals aus der Wissenschaft erfüllen kann. Ihr Nährboden sind spirituelle Aussagen und Inhalte. Und Ostern und Pfingsten sind nun einmal höchst spirituelle Ereignisse. Ihnen ist ein rationaler Verstand nicht gewachsen. Höhere Zusammenhänge übersteigen seinen Horizont.

Schade. Max zieht die Hand, die er ausgestreckt hat, wieder zurück. Mit dem Begriff Spiritualität kommt er nicht klar, darin hat der grosse Bruder recht. Mehr gibt es dazu nicht zu sagen. Im Hintergrund klimpert eh der Aufseher mit den Schlüsseln.

Während Georg im Bewusstsein der Rechtmässigkeit und mit der Überzeugung, durch den Besuch seiner brüderlichen Pflicht Genüge getan zu haben, nach Kreuzwil zurückkehrt, ergibt sich Rüdt wieder dem sorgenvollen und hoffnungslosen Gefängnisalltag. Das Licht, das ihm für Zusammenhänge aufging, droht zu erlöschen. Man könnte versucht sein, es ihm mit einem Gleichnis noch eben zu halten: Die Welt als Ameisenhaufen. Jeder hat darin seine Aufgabe, die er nur mangelhaft durchschaut und darum oft als Scheitern erlebt. Könnte die Ameise, die mit ihrer allzu gross dimensionierten Beute den Einschlupf nicht schafft, ihren Fokus erweitern, dann sähe sie, dass früher oder später andere Nestinsassinnen den Fang übernehmen, zerkleinern und in passablen Stücken zu den Vorratskammern bringen werden. Insofern hat die vorerst Gescheiterte zum Gedeihen des ganzen Organismus beigetragen.

Entlassung aus der Haft am 30. September. Keinen Tag früher. Obwohl dem Strafgefangenen Rüdt tadellose Führung bescheinigt wird. Er wechselt in die Zivilkleider, die jetzt fast zu dünn sind, denn es ist Herbst geworden, die Schneegrenze schleicht sich auf die Voralpen herab. Türler behauptet, in der Frühe habe sich der Bachtel mit einer weissen Haube gezeigt.

Sollen wir davon ausgehen, dass Max Rüdt abgeholt wird? Sollen wir dieses versöhnliche Zeichen setzen? Ja, schon, aber ich behaupte, das macht die Rückkehr in die Enge nicht leichter. Kaum sitzt das Ehepaar Rüdt im Zug, fängt das Problem schon an.

Weisst du, Maxotti, ich mag eigentlich den Laden gar nicht sehen. Können wir nicht woandershin fahren?

Wohin denn?

Für eine Nacht oder zwei ein Hotelzimmer nehmen? Irgendwo.

Anna Maria hat Münzen dabei, dazu die drei Noten von Klara. Maxotti hat auch kein dickes Portmonee. Ein paar Dutzend Franken sind ihm für die verordneten Hilfsarbeiten auf den Gemüsefeldern gutgeschrieben und nun ausbezahlt worden.

Können wir zu deiner Mama fahren? Für ein paar Tage. Was meinst du?

Aus St. Georgen hat er sich ja verabschiedet. Als Bittsteller käme er zurück?

In Effretikon kaufen die Rüdt-Ineichens ein neues Billett, vorerst einmal bis Winterthur. Von der Telefonzelle bei der Hauptpost rufen sie in St. Georgen an. Mama ist am Apparat. Sie hat angenommen, dass Max heute freikommt, und hat seinen Anruf erwartet. Schnell sagt sie zu. Erst hinterher fällt ihr ein, dass sie eigenmächtig gehandelt hat. Otto ist betroffen. Er wird sich im Haus ein wenig einschränken müssen, momentan ist er jedoch in einem Bankgeschäft unterwegs. Kommt halt einfach. Wenn er sich querstellt, räumt euch gewiss Claire einen Platz ein.

Von Winterthur nach St. Gallen. Das Geld in den Taschen wird damit nicht mehr. Es ist das Geld, von dem sie auf unbestimmte Zeit leben sollten. Falls man ihnen nicht erneut unter die Arme greift.

Der schüchterne Versuch neuer Flittertage. Spaziergänge in der Altstadt, hinüber zu den Rehen, Gämsen und Steinböcken auf Peter und Paul, hoch zur Waldegg mit Aussicht auf Säntis und Bodensee, jedes Mal mit einer Einkehr verbunden, mit Besuchen im Waldgut bei Klara, mit Gesprächen nach dem Abendbrot, zu dem sich Onkel Otto eingestellt hat, und wohl auch mit nächtlichem Wiedererspüren unter vier Händen, bis Otto am Ende der ersten Oktoberwoche sein Machtwort spricht. So kann das nicht weitergehen, erklärt er. Nun habt ihr uns alle wieder angepumpt. Was wir euch gegeben haben, soll uns zwar nicht leidtun. Aber jetzt ist Schluss. Reist ab. Packt euer Leben an.

Aber Otto!

Mama möchte einschreiten. Sie war noch nie für endgültige Beschlüsse. Ihr zeigt das Leben, dass es immer gut ist, Hintertürchen offenzuhalten. Für den Augenblick freilich gilt Ottos Wort. Er vertritt auch die Interessen von Georg und Claire, die sich beide noch einmal haben erweichen lassen und ein paar Noten, *Vrenelis* und *Näppel*[3] zusammengeworfen haben. Er insistiert. Bringt euer Leben in Ordnung. Tut, was ohnehin unumgänglich ist, nämlich den Neuanfang. Dann reden wir wieder miteinander.

Max empfindet die Demütigung. Anna Maria schämt sich, auch für ihn. Es zieht sie fort, und zwar auf der Stelle. Bloss nicht in die Enge.

Während der Fahrt zieht Regen auf. Die weite Landschaft steht im Grauschleier, die Herbstfarben erlöschen in der Nässe, der Rauch der Dampflok verhängt sich in den Wagen und füllt die Abteile mit dem Kohlegeruch. An den Scheiben schliert Wasser schräg herunter. Max und Anna Maria sitzen einander gegenüber und schweigen. Durch den Rolllärm hindurch und durch das Holpern der Räder von Schiene zu Schiene vernehmen sie die lauten Stimmen der anderen Fahrgäste, ohne den Zusammenhang der Wortwechsel zu verstehen. Ab und zu pfeift die Lok, und nach jedem Halt kommt in seiner schwarzen Uniform der Kondukteur vorbei.

In Zürich wechseln die Rüdt-Ineichens aufs Tram. Es überholt Pferdefuhrwerke und schellt sich an den Fussgängern vorüber, die unter ihren Regenschirmen die Strassenseite wechseln. Unaufhaltsam naht der Augenblick, da die beiden vor dem Laden stehen. Anna Maria hat vor ihrer Flucht nicht einmal die Rollläden heruntergelassen. Durch die verschmutzte Vitrage sieht man auf die Gitter mit unansehnlichem Inhalt, vermutlich ehemals Salatköpfe, Spinat, Spargeln. Um die Wirtschaft herum gelangen die Rückkehrer in den Hof. Vor dem Tor zum Vorratsraum stehen unordentlich gestapelt Gitter und Harassen. Von Gemüse bis zum Brot Ware, die noch abgeliefert worden ist und da an der Sonne und im Regen stand. Wir ersparen uns die passenden Worte und halten uns schon mal prophylaktisch die Nase zu. Einmal die Haustür aufgesperrt wird es noch schlimmer. Laden und Wohnung befinden sind in einem desolaten Zustand. Es stinkt im ganzen Haus. Vieles ist verdorben. Im Mehl und in den Nüssen wimmeln die Motten. Mäuse

---

[3] Goldmünzen aus der Schweiz und Frankreich

verschwinden. Anna Maria übergibt sich und muss sich anschliessend hinlegen. In den Staub, in den Spinnweb, dicht bei den Silberfischchen und Asseln, die sich bis ins Obergeschoss ausgebreitet haben. Sie darf nicht hinschauen. Max reisst alle Fenster auf. Der Durchzug nützt nichts. Anna Maria ist blass. Sie zittert. Nein, nein, schreit sie. Nein, das hält sie nicht aus. Sie muss stante pede umkehren, mit dem Tram zum Bahnhof, mit der nächsten Zugsverbindung nach Hause, nur fort, fort von hier.

Ratlos begleitet Max seine Frau zum Billettschalter und von dort zum Gleis und lässt sie dann ziehen.

Zurück im Laden beschliesst er, sich die Bescherung genauer anzuschauen. Die Realität ist schauerlicher als alle Vorstellungen, die er vom Gefängnis aus gewagt hat, ja, sie spottet jeglicher Beschreibung. Rüdt ist am Boden. Zum Heulen. Wäre das Telefon installiert, könnte er einen Anruf tun, bei wem auch immer. St. Gallen kommt aber eh nicht in Frage. Georg kommt nicht in Frage. Vor Ineichens schämt er sich. Er ist nicht in der Lage, noch irgendetwas anzupacken. Und auszuhalten ist es auch nicht in diesem Haus. Er lässt Türen und Fenster sperrangelweit offen und läuft auf die Strasse hinaus. Es ist möglich, dass er in einer Notschlafstelle untergekommen ist. Am Hechtplatz ist in diesem Jahr die Herberge »Zur Heimat« eröffnet worden. Der Abstieg aus dem Gefängnis in die Umgebung von Obdachlosen und Wandergesellen ist minim.

Am folgenden Tag beginnt die Aufräumarbeit. Auf dem Postamt belegt Rüdt für längere Zeit eine der Telefonzellen. Er braucht zupackende Hände, die ihm helfen, den Laden und das Magazin zu leeren. Er kennt ein paar Leute aus der Zürcher Gewerkschafts- und SP-Szene. Sie haben alle selber viel zu tun. Ihnen hilft auch niemand. Er findet schliesslich eine Fuhrhalterei, die ihm die Müllentsorgung abnimmt. Der Inhaber kommt zu einem Augenschein vorbei, wird am folgenden Tag zwei Gesellen mit dem Fuhrwerk schicken und nimmt als Vorleistung die Taschenuhr mit.

In den Obergeschossen legt Rüdt selber Hand an, sodass für die kommenden Nächte immerhin an ein Schlafen und Wohnen zu denken ist. Für Anna Maria kommt das aber nach wie vor nicht in Frage. Das lässt sie ihm durch ihre Mutter ausrichten. Deine Frau braucht Ruhe, sagt Mutter Ineichen. Ich kann nicht schon wieder eine Kranke brauchen.

Kaum ist es wieder bewohnt, stehen die sistierten Forderungen ins Haus. Rüdts schulden Hypothekarzinsen. Gas- und Stromrechnungen sind nicht beglichen. Die Einkaufsgenossenschaft macht Ratenzahlungen geltend. An die Steuerrechnung wird unter Androhung eines Strafzinses erinnert.

In der Not – wir hätten schon beinahe nach ihm fragen wollen – stellt sich Emanuel Cohn ein, der Makler mit der Nickelbrille, der sich auf der ganzen Tramfahrt ins Fäustchen lacht. Er hat die vier Monate verstreichen und die Angelegenheit Waffenplatz reifen lassen. Jetzt kann er zupacken und ernten. Und was machen Sie mit den Möbeln? Sie lösen, wenn ich Ihre Umstände richtig interpretiere, den Haushalt auf, nicht wahr? Ich könnte die Immobilie samt Mobiliar anbieten. Wäre sicherlich eine Erleichterung für Sie. Wenn es aber sein muss, können wir eine Gant machen und lassen dann am Schluss noch den Trödelhändler drübergehen. Was meinen Sie?

Rüdt ist dankbar für den Eifer, den Cohn an den Tag legt. Es würde ihn überfordern, sich mit dem Mobiliar auch noch befassen zu müssen. Nur zu gut errät das der Makler, und nicht nur das, sondern überhaupt die prekäre Situation, in der sich sein Kunde befindet. Er kennt sich aus.

Rüdt informiert seine Frau über die veranlassten Schritte und lässt ihr offen, beliebig viel vom Hausrat abzuholen. Sie nimmt das Angebot an. Ein Fuhrmann mit Camion bringt sie und ihren Bruder in den Hinterhof. Gemeinsam suchen die Geschwister Anna Marias Schmuck zusammen, polstern mit der Wäsche und den Kleidern das Service von Villeroy & Boch und die silberschwere Teekanne und legen das Silberbesteck in den Einkaufskorb. Auf das Schlaf-zimmer verzichten die Geschwister. Sie haben in der Schnelle kei-nen Platz dafür, erwarten allerdings vom Ehemann und Schwager, dass er sie angemessen entschädigt, falls die Versteigerung statt-findet oder er andersherum damit Geld machen kann. Rüdt hilft, die Koffern und die schwer gefüllte Truhe aus dem Haus zu tragen. Unter den Augen des Schwagers ist der Abschied von seiner Frau kurz. Sie wissen sich beide, Anna Maria und Max, nicht weiter. Die Geschwister nehmen auf der Sitzbank neben dem Fahrer Platz. Der Camion verpufft beim Ankurbeln schwarzen Rauch.

Zeit, sich zu grämen, bleibt Rüdt kaum. Er braucht dringend eine Anstellung. Und vor allem materielle Hilfe. Ernst Nobs fällt ihm ein. Es ist ihm zwar klar, dass er eine geringe Chance hat, am Volksrecht einen Posten zu erhalten. Nach allem, was die Presse über ihn ge-schrieben hat, auch die sozialdemokratische. Selbst das Volksrecht hat vom Rausschmiss aus der Neuen Freien Zeitung brühwarm be-richtet und dabei Jacques Schmids Wortlaut übernommen. Sie wird jetzt nicht ausgerechnet diesen denunzierten Mann zu einem ihrer Wort- und Schriftführer machen. Trotzdem meldet sich Rüdt beim Chefredaktor an. Das Gespräch findet statt. Worum es gehe. Rüdt erzählt, woher er kommt, wo er steht. Kurz: Er brauche einen Job.

Mach dir nichts vor, Max, sagt Nobs. Er hält am Du fest, obwohl er sein Gegenüber nicht mehr als Genossen sieht. Unsere Redak-tion hat gegenwärtig keinerlei Bedarf an weiteren Mitarbeitern. Und frank und frei: Einen Rüdt würde sie sich nicht leisten wollen.

Obwohl Rüdt so etwas zu gewärtigen hatte, gibt er sich er-staunt.

Eine Erklärung bin ich dir zwar nicht schuldig, aber ich geb sie dir. Wir müssen uns als Sozialdemokratie in der Parteienland-schaft etablieren. Das ist der Weg zur Mitbestimmung. Darum ha-ben wir uns von radikalen Zielsetzungen und Mitteln zu distanzie-ren.

Ja, diese Gesinnung hat dir geholfen gut wegzukommen, nicht wahr, mit deinen vier Wochen. Du hast dich nicht aus dem Fenster gelehnt. Und warst, als es draufankam, nicht an der Front. Ich dagegen schon. Ich habe drei Tage mit den streikenden Menschen verbracht. Warst du eine einzige Stunde mit ihnen? Ihnen voran auf der Strasse? Das unterscheidet uns, dich, den Arrivierten, mich, den Abgeschossenen.

Nobs verschränkt die Arme vor dem geknöpften Gilet. Es geht nicht an, den Leuten unrealistische Dinge zu versprechen. Verabredet war, wie du weisst, ein geordneter Streik. Du hast radikalisiert. Hast die Emotionen geschürt anstatt herausgenommen. Das macht den Unterschied.

Ich sehe, du hast deinen Schmid gut gelesen und memoriert. Meine Sicht war: Die kleinen Leute verstehen es nicht, sich politisch zu artikulieren. Ich habe ihnen eine Stimme gegeben. Ich war ihre Stimme. Und hab zum Ausdruck gebracht, was in ihnen gärte.

Nobs schaut sein Gegenüber lange an. Während sein Kopf leise nickt, bilden sich zwischen den Brauen zwei senkrechte Falten. Sollen wir diese Dinge wieder aufwärmen, Max? Hast du noch nicht genug?

Doch, hab ich. Er hebt die Hand auf Kragenhöhe. Bis da. Es hat mich halt übernommen. Aber eigentlich brauche ich Geld.

Nobs verschränkt die Hände hinterm Kopf, streckt sich; seine Achseln zeigen Schweissflecken. Weisst du was, sagt er, während er die Hände flach auf die Tischplatte legt. Die Wohnungsnot in Oerlikon wird ein grosses Thema. Wir werden es aufgreifen. Schreib einen Bericht. Fokussiere auf ein paar Einzelschicksale. Stell die Problematik am Exempel vor. Weder Anklage noch Seitenhieb. Verstanden?

Er fixiert Rüdts Blick. Rüdts Oberkörper scheint zu einer Verbeugung anzusetzen. Schreibst du auf Maschine? Lass mir 5000 Anschläge zukommen. Es eilt nicht. Einverstanden?

Rüdt tut einen schweren Atemzug und senkt unwillkürlich für einen Augenblick den Kopf.

Nobs zieht eine Schublade aus dem Korpus und legt ein vorgedrucktes Formular auf die Schreibunterlage. Wir verwenden die Reportage oder Teile davon nach Gutdünken und verzichten auf die Quellenangabe.

Damit tunkt er die Feder in die Tinte und stellt einen Scheck aus. Er steht auf, streckt Rüdt das Papier entgegen, wartet aber, bis der auch aufgestanden ist. Und hernach lässt du mich in Ruhe. Viel Glück!

Der Scheck lautet auf 50 Franken. Einlösbar bei der Kantonalbank. Wow, das ist aber grosszügig! Mit dem Geld kann Rüdt für ein paar Tage funktionieren und ohne Verzug seine Recherchen aufnehmen. Er wird Briefträger, Milchmänner und Wirte befragen und insofern Glück haben, als er bald auf die Strassenbahner stossen wird. Viele von ihnen kommen aus umliegenden Dörfern zu Fuss oder auf dem Fahrrad zum Depot und müssen zuhause in aller Herrgottsfrühe aufbrechen, um den Dienst rechtzeitig anzutreten. Andere leben in Untermiete in einer Arbeiterfamilie, die damit ihre Miete bezahlt, hausen zu dritt und viert in einem Zimmer zusammen mit Wanzen und Flöhen, und zuweilen auf Matratzen unter den Treppenaufgängen. Manch einer der Verheirateten oder Verliebten steigt nach Dienstschluss aufs Rad und kommt, bevor es Tag wird, unausgeschlafen zurück, schläft aber dafür auch mal auf seinem Platz ein, statt abzuspringen, vorauszulaufen und die Weiche zu stellen. Andere stellen eine Partnerschaft zurück. Auf sie haben es die Dirnen abgesehen. Sie haben sich in Häusern etabliert, die nahe dem Depot gelegen sind. Mit ihnen haben auch die Erreger von Tripper und Franzosenkrankheit eine erfolgreiche Zeit. Das ist den Strassenbahnern bewusst. Sie wehren sich nach Möglichkeit, aber die ist gering. Jede frei werdende Wohnung in der weiteren Umgebung des Tramdepots wird bestürmt; es hat auch schon Prügeleien abgesetzt unter den Bewerbern. Ein grösseres Angebot von erschwinglichen Wohnungen würde viele soziale Probleme lösen. - Ungefähr in diesem Rahmen der Textbeitrag, den Rüdt in den Briefkasten der Redaktion schieben wird. Damit wird er bei Nobs den Job getan haben. Das Honorar wird für Bahnfahrten und für auswärtige Mahlzeiten draufgegangen sein. Und für den Briefwechsel mit Anna Maria, auf den wir später zurückkommen werden.

Parallel zu den Recherchen sucht Rüdt im Buffet vom Hauptbahnhof die Zeitungen nach Stellenausschreibungen ab. Der Kaffee ist zwar teuer, aber es gibt ihn wieder, richtigen Bohnenkaffee. Sein Duft füllt zusammen mit dem Geruch nach Bier die Halle. Rüdt arbeitet gerne da, die Umgebung ist anregend. Er durchstöbert die Stellenangebote und das Impressum der Zeitungen, notiert sich Telefonnummern und Adressen, und wir können uns für die folgenden Wochen Telefonate, Bewerbungsbriefe und Fahrten zu Vorstellungsgesprächen ausmalen. Was sich herauskristallisiert: Einen Redaktor Rüdt wird es nicht mehr geben. Auch nicht im »Merkur«, dem Wochenblatt der Kaufleute. Da ist ihm Otto dawider, der keine Lust hat, auch noch beruflich mit seinem gescheiterten Neffen zu tun zu haben.

Warum nicht wieder Typograf? fragen wir.

Von der spiegelverkehrten Welt, so dürfte wohl die Antwort lauten, sei er, Max, gekommen, ein Zurück gebe es nicht. So viel Vorwärtsvorstellung von sich selber hat er noch. Aber der Lebensentwurf ist entzwei. Von hier an gibt es die Scherben.

Irgendwie kommt er auf Arbon. Auf die »Rote Stadt« am Bodensee. Da hat wohl eine ähnliche Aufbruchstimmung geherrscht wie im kleineren Grenchen. Max Rüdt wird davon Kenntnis gehabt haben. Seine Familie hat den Hersteller von Stickmaschinen und Webstühlen mit Anteilen begleitet, als der aus St. Gallen an den Bodensee wechselte, und konnte von Glück reden, dass während des Krieges auch schon Lastwagen gebaut wurden. Jetzt geht es aufwärts mit Produktion und Absatz, der Wert der Aktien steigt, auch derjenigen in Pfarrer Georg Rüdts Besitz. Immer neue Arbeiter stossen dazu, und Max Rüdt bekommt Arbeit auf dem Arbeitersekretariat. Man will seine Erfahrung als Journalist nützen. Er soll zu den Leuten gehen. Er soll Mitglieder anwerben. Er soll über Befragungen statistisches Material erfassen: Arbeitszeiten, Löhne nach Männern und Frauen getrennt, Überzeit, Arbeitsumstände, Zufriedenheit am Arbeitsplatz. Man will Druck auf die Fabrikanten ausüben, damit die Arbeitsplätze sicherer werden und besser bezahlt. Er soll auch versuchen, Angaben bezüglich der Wohnverhältnisse und der Schulden beizubringen. Man will Druck auf die Stadt aufbauen, damit sie Vorschriften bezüglich des Wohnungsbaus erlässt und die Mietschuldner gegen Wucher schützt. Was übrigens seinen eigenen Lohn betrifft: pro Woche. Der neue Mitarbeiter wird eine halbe Stelle im Sekretariat einnehmen, für die andere extern arbeiten. 78 Franken. Zuzüglich 5 Franken Provision pro neues Mitglied. Leg dich also an den Laden. In deinem Interesse. Und was deinen neuen Wohnsitz betrifft: Wohnungen am Ort sind rar. Lies die lokalen Zeitungen. So lautet der Ratschlag des Sekretärs. Hör dich herum. Du bist ja dann eh an der Quelle.

Rüdt braucht allerdings einen Platz, wo er das Standbein hinsetzen kann, möglichst bald. Hierzu hat der Leiter im Sekretariat eine Idee. Die Herberge, in der sich die Gewerkschafter treffen. Sollen wir da deinen Einstand besiegeln?

Und in der Tat: Der Wirt lässt mit sich reden und vermietet auf Zusehen hin eines der Zimmer. Sie sind klein, eignen sich schlecht zum Schlafen, weil sie über Küche und Gaststube liegen, und taugen nicht als Aufenthaltsraum, weil durch die Ritzen im Riemenboden alle Gerüche heraufsteigen. Immerhin ist nun der Stützpunkt bestimmt, von dem aus Rüdt in Arbon seine Fühler ausstrecken wird. Noch im alten Jahr würde den neuen Einwohner wiederholt unterm Wirtshausschild mit der roten Lilie ein- und ausgehen sehen, wer ihn irgend im Blick hätte. Vorläufig schenkt ihm keiner seine Aufmerksamkeit. Er ist einer der Fremden, an die man hier gewöhnt ist. Die Industrie zieht sie an, Deutsche, Vorarlberger, Italiener. Und wohl auch Inländer. Wenn etwas an Rüdt auffällig ist, dann das Gepäck. Jedes Mal, wenn er aus dem Zug von Zürich nach

Romanshorn aussteigt, ist er beladen. In Etappen bringt er seine Fahrhabe mit. Er überschlägt, was er noch brauchen und aus der Vergangenheit in die Zukunft mitnehmen will. Viel Platz hat er ja nicht in der Absteige. Ob alte Journalhefte noch dabei sind, wissen wir nicht. Möglicherweise sind einige davon schon beim Wegzug aus Grenchen auf der Strecke geblieben. Und wo befinden sich die Fotos, die ihn zusammen mit seiner Frau zeigen? Hat Anna Maria sie behändigt?

Die Realität ist erfinderischer als alle Fantasie. Aber nicht immer auf Abruf und zur richtigen Stelle in der Geschichte. Darum helfe ich hier ein wenig nach. Wir erinnern uns: Rüdt ist mit Laden, Liegenschaft und Schulden noch längst nicht im Reinen. Er hat das Menschenmögliche unternommen und den Konkurs vertagt. Nachdem die Einkaufsgenossenschaft an Ware sichergestellt hat, was noch tauglich ist, kommt es, genau wie das die einstige Kundschaft erwartet hat, zum Ausverkauf bei Annas Comestibles. Rüdt versucht, die Preise für Mehl, Salz und Zucker, Hafer und Hirse, Gewürze, Most, Bürsten und Seifen, Nüsse und Dörrschnitze vorzugeben und durchzusetzen, aber am Ende des Tages sind es die Kunden, unter ihnen solche, die Rüdt nie zuvor gesehen hat, die den Preis diktieren. Er hat die Augen nicht überall, es gibt wahrscheinlich Leute, die aus dem Magazin nicht mehr zurückkehren, sondern das Haus durch den Hof verlassen. Am Schluss gibt die Korbflasche den letzten Tropfen Most her; zwei Trödelhändler balgen sich um das leere Gefäss, ein anderer trägt für einen lumpigen Fünfliber die hurtig ausgeräumte Kasse mit. Rüdt lässt erschöpft geschehen, dass Laden und Magazin ausgeräumt werden bis auf das, was niet- und nagelfest ist. Wenn beim Eindunkeln das Licht sich nicht einschalten lässt, dann darum, weil im Magazin sogar die Glühbirne aus der Fassung geschraubt wurde. So muss Rüdt noch nicht entdecken, dass man die Tablare aus den Regalen gehoben und Bretter aus den Hurden gerissen hat. Hinter den letzten Passanten, die wortlos davonschleichen, lässt er die Rollläden runter. Er schliesst die Türen, verriegelt auf der Hofseite das Tor, stellt noch schnell fest, dass sogar das Waschhaus geplündert daliegt, tappt im Dunkeln zur Wohnung hinauf und lässt sich im Schlafzimmer aufs Bett fallen.

Die Einnahmen, die er am folgenden Tag zählt, reichen knapp aus, die kleinen Schulden bei den Bauern am Markt zu begleichen. Er fährt auf dem Rad zum Bürkliplatz, rechnet zuerst mit Frau Hafner ab, der Bäuerin aus Leimbach, dann mit den übrigen Lieferanten, bei denen er anschreiben liess. Das ist ihm wichtig, er respektiert auf diese Weise das Vertrauen, das ihm entgegengebracht wurde. Solange die Zahlungsaufforderungen von der Einkaufsgenossenschaft, vom Gaswerk und vom Elektrizitätswerk ausstehen, bleibt ihm noch Bargeld fürs tägliche Brot. Im Übrigen hofft Rüdt auf ein Wunder, nämlich auf einen vorteilhaften Verkauf der Liegenschaft, mit der er die Hypothek zurückzahlen kann. Die übrigen Schulden wird er nach und nach begleichen, das stellt er den Gläubigern und sich selber in Aussicht. Er wird aber Stundung beantragen müssen. So hofft er Betreibungen vermeiden zu können und nimmt inzwischen aus Stube und Schlafzimmer jedes Mal, wenn er wieder nach St. Gallen reist, von seiner Fahrhabe mit.

Cohn meldet sich. Frohbotschaft für einen Christenmenschen. Die Liegenschaft sei quasi verkauft. Er nennt den verhandelbaren Preis. Weit unterhalb von jenem, den Rüdt-Ineichens vor etwas mehr als Jahresfrist aufgebracht haben. Die Handänderung soll beim Notar an der Langstrasse beglaubigt werden. Man stellt sich zu dritt ein: Rüdt, der Makler, der Notar. Und der Käufer? Sollte er sich womöglich im letzten Augenblick noch anders besonnen haben?

Nein, nein. Der Notar lächelt, indem er mit dem Makler einen Blick tauscht. Wir sind komplett. Nämlich der hier anwesende Herr Cohn selber ist ja der Käufer.

Rüdt stutzt, hat jedoch, wie die beiden Männer des Vertrauens vorausgesehen haben, nicht den notwendigen Spielraum, den Vertrag zu verweigern. Zähneknirschend setzt er die Unterschrift. Das Haus geht im Zustand zur Zeit der Vertragsunterzeichnung und mit dem Inhalt zum Termin der Übergabe, das ist der 1. Januar 1921, ins Verfügungsrecht des Käufers über.

Wohin gehen wir? fragt Cohn draussen im Flur. In den Rebstock?

Der Brauch will, dass man auf das Ferggen die Gläser klingen lässt. Rüdt empfindet das zwar als Hohn, hält sich aber an die Gepflogenheit und stösst mit einem säuerlichen Weissen vom Herrliberg mit seinem Handelspartner auf das Ende der Ära Zürich-Enge an. Cohn frohlockt. Es dient Ihnen doch auch, nicht wahr, dass ich Ihnen alle die Umtriebe mit Notar und Bank abgenommen habe und nun sogar die Wohnungsräumung auf meine Kappe nehme. Wenn ich für die Möbel einen anständigen Preis bekomme, will ich Ihnen einen Wechsel schicken.

Eine leere Versprechung, das ahnt Rüdt sehr wohl. Was er im Gegensatz zu Leserin und Leser nicht erfährt: Die Möbel bleiben. Es kommen noch mehr Bettgestelle und Matratzen dazu. Die Zimmer sollen an die Italiener vermietet werden, die man für den Bau der neuen Bahnstrecke, für Tunnel und Bahnhof, erwartet.

Der Ertrag aus der Veräusserung reicht knapp aus, den Schuldschein bei der Bank auszulösen und gleich wieder einen kleinen Kredit mit Wucherzins aufzunehmen, damit die Wochen bis zum ersten Zahltag im neuen Jahr überbrückt werden können. Die Union Schweizerischer Einkaufsgenossenschaften bildet das Damoklesschwert. Solange von Rüdt wieder Schuldzinszahlungen eingehen, scheint man sich jedoch kulant zu verhalten. Das Nachsehen haben die Angehörigen. Das sorgt für rote Köpfe sowohl im St. Gall- als auch im Luzernischen. Frohe Weihnachten.

Vielleicht leidet nicht nur Max unter der Trennung, aber er ist der Ungeduldigere und bringt die Unzufriedenheit angemessen zum Ausdruck. Meine liebste Annemie, die Tage sind so trostlos ohne dich. Geliebte Anna Maria. Meine innig geliebte Frau und Gattin. Ja, Max Rüdt fühlt sich allein, auch allein gelassen, irgendwie unnütz geworden in einer Welt, die seine Dienste weder zu würdigen noch entgegenzunehmen vermochte, die nicht einmal seinen Neuanfang segnete. Er hält aber fest, dass sein gesellschaftspolitisches Engagement auch stets seine Frau miteinschloss. Auch sie sollte es in einer besseren Welt besser haben. Während er nun in seinen Absichten und Handlungen kein Verschulden erkennen kann, ist ihm doch klar, dass es sein Scheitern ist, worunter Anna Maria leidet. Insofern hatte sie recht, wenn sie in Momenten der Verzweiflung ausrief, sein Tun und Lassen mache sie krank. Dass sie es tatsächlich geworden ist, nimmt er nicht ohne Argwohn auf sich. Etwas Demonstratives, dünkt ihn, komme darin zum Ausdruck. Etwas Trotziges: Sieh nur her, ich bin dein Opfer. Sollte sie jedoch ohne Ränke recht haben, gälte es eine Wiedergutmachung. Kurzum: Max ist wieder der Werber. Er verspricht bessere Zeiten. Er will genug Geld verdienen, dass sie, seine Frau, zu sich Sorge tragen kann. Er arbeitet intensiv an neuen Pfeilern für das gemeinsame Leben. Er verspricht eine freundliche Wohnung. Es müsse ja nicht Arbon sein, obwohl Promenaden am See ihr sicher wohl bekämen. Erinnerst du dich an die romantischen Spaziergänge auf dem Schweizerhofquai? Hand in Hand und fröhlich wie damals möchte ich mit dir flanieren, auch wenn die Umgebung minder mondän ist. Davon ganz abgesehen: könnte man sich wieder einmal treffen? In Luzern? Einfach so? Er stellt in Aussicht, dass er doch, um Geld zu sparen, das Fahrrad benützen könnte. Was hältst du davon? Bevor der Schnee eintrifft.

Während er diesen Vorschlag macht, findet allerdings ein nächster Wintereinbruch statt. Diesmal schneit es den Albistannen auf den Wipfel. Anna Maria äussert sich zurückhaltend. Sie schützt vor, Schonung zu benötigen. Mein lieber Maxotti. Er möge sie nicht

missverstehen. Auch sie habe den Wunsch, ihren Gemahl wiederzusehen. Im Moment allerdings habe die Genesung den Vorrang. So
macht sie sich quasi unantastbar. Und wahr ist: Sie selber sieht sich
immer klarer als das Opfer, zu dem ihre Familie sie bei jeder sich
bietenden Gelegenheit erklärt. War denn Besseres zu erwarten?
Ein Reformierter, viel jünger, ein Politiker und erst noch ein roter,
ja sozusagen ein Bolschewik. Man hätte sich nicht blenden lassen
sollen. Am Ende sind sie doch alle gleich. Die Sozis.

Trotzdem lässt man Anna Maria nicht fallen. Im Gegenteil. Indem sie die Mutter im Haushalt unterstützt, entlastet sie die Geschwister, die sich anschicken, den Lebensmittel- und Haushaltwa-
renladen aus der Krise zu rudern. Aus diesem Schoss heraus findet
Anna Maria es zwar grundsätzlich immer noch wünschenswert,
dass Ehepartner im gemeinsamen Haushalt leben, aber bei weitem
nicht unter allen Umständen. Nach St. Georgen, soviel verspricht
sie, werden keine zehn Pferde sie mehr bringen, und solange in Arbon keine anständige Wohnung zur Verfügung steht, sieht sie keine
Möglichkeit, sich dort einzufädeln. Sie hat keine Lust, in einer muf-
figen Absteige auf ihren Gatten zu warten und vor Langeweile zu
verkümmern. So sehr ich dir gewogen bin, mein lieber Mann.

Mein lieber Mann! Damit ist er nicht mehr zu halten. In der
Herrgottsfrühe wickelt er die Gamaschen um die Schienbeine, damit ihm nicht die Hosenstösse in die frisch geölte Radkette geraten,
schlüpft ins Gilet, zieht darüber den Kittel, wirft ein Tuch um den
Hals, steckt die Feldflasche, in die er am Vorabend Lindentee versetzt mit *Pflümli* abgefüllt hat, in die Kitteltasche, zieht die Dächlimütze tief in die Stirn und bricht auf. Er wird die Strecke durchs
Sihltal und dann quer durchs Zugerbiet Richtung oberes Seetal
nehmen. Es ist nicht totale Nacht; die Wolkendecke muss dünn
sein, ist vielleicht nur Nebeldunst, der vom abziehenden Mond erhellt über dem Quartier hängt. Die Augen gewöhnen sich schnell an
die Dunkelheit. Strasse, Häuser, Zäune sind problemlos zu erkennen. Pferdegespanne kommen dem Radler entgegen. Die Huf-
schläge auf dem Kies und die Laterne, die an der Deichsel baumelt,

kündigen sie rechtzeitig an. Die Marktfahrerinnen und Marktfahrer ihrerseits dürften das Velolicht erspähen, das sich ihnen aus der Halbdunkelheit nähert. Sie sitzen auf den schaukelnden zweirädrigen Karren. Das eben war Frau Hafner. Rüdt hätte sie, weil sie ein Kopftuch trägt, wohl kaum erkannt, aber die Blesse, die das Ross von der Stirn bis zur Oberlippe kennzeichnet, wurde vom Lichtschein getroffen und hat ihm verraten, wen er soeben gekreuzt hat. Was wird die alte Frau in dieser letzten Woche vor Weihnachten noch aufs Bürkli bringen? Weisse Rüben vielleicht, die letzten Wirz-Köpfe, Lauch, Brot, und Würste von der Metzgete.

In den Ställen muhen die Kühe. Auf den Hofplätzen kläffen Hunde. Längs durch Adliswil hindurch, das beim Sechsuhrläuten vom Ferdy National noch lange nicht träumt. Und jetzt immer schön der Sihl und dem Bahngleis entlang in die langgezogene Waldstrecke hinein. Der Morgen dämmert durch die Sichtlücken, die zwischen den Tannen die Buchen, Eschen und Ulmen mit ihren entlaubten Kronen freihalten. Ein Dampfzug kündigt sich mit Lichtern und hektischem Pfupfern und Zischeln an und kreuzt den Radfahrer mit sechs lärmenden Wagen. Hinter den hellen Scheiben dösen Arbeiter. Rüdt schaut dem verhallenden Aufruhr nach. Das rote Schlusslicht verglimmt. Der charakteristische Geruch vom dampfigen Kohlerauch und vom abgeriebenen Eisen wirbelt hinterher.

Es ist inzwischen schon fast Tag. Der Himmel hellt auf, zeigt sich aber verschliert. Die Strasse ist holprig und stetig bergauf. Hier das Forsthaus. Rüdt spart sich die Einkehr vom Munde ab. Dort die Sägerei. Ein Lastwagen mit einer Ladung aus stammweise gestapelten Brettern biegt in die Strasse ein und überholt mit russigem Rauch. Bei Sihlbrugg liegen noch Reste der Schneemahden, die eben erst der Pflug gezogen hat. Am Bahnhof steigt Rüdt vom Rad, trinkt Tee aus der Feldflasche, schüttelt die klammen Hände, reibt die Ohren, schnäuzt die Nase und schaut einem Zug zu, der ihn überholt. Es ist gegen halb neun. Von jetzt an ist die Fahrt minder anstrengend, dafür tritt Rüdt zügiger in die Pedalen. Baar und Cham mit belebten Strassen, Rotkreuz und Gisikon im Vergleich dazu wieder beschaulich. Zum Fahrtwind gesellt sich ein leichter Gegenwind. Rüdt friert sich fast die Hände und Ohren ab. Im Seetal ist es halb elf. Er hält auf den spitzhelmigen Turm der Pfarrkirche zu, während sich immer entschiedener das Gedärm anmeldet. Der Ortskern hat das Gepräge eines Marktfleckens, aber die Krise ist selbst den stattlichsten der Häuser anzusehen. »Geschwister Ineichens Lebensmittel und Haushalt« nicht zu verfehlen. Behäbige Front mit zwei Geschossen zwischen Schaufenstern unten und Krüppelwalm oben. Der Haupteingang zum Laden fast schon herrschaftlich mit der auf ihn zulaufenden Treppe. Zwei zusätzliche Eingänge gibt es beidseits in den abgefasten Gebäudeecken. Auch in den Stirnseiten sitzt noch einmal je ein kleines Schaufenster, und dann steht man im schmalen Gässlein zwischen den Häuserfluchten. Rüdt ist vom Rad gestiegen. Während er es an den Mauersockel unmittelbar hinterm kleinen Schaufenster stellt, nehmen wir flüchtig die hübsche Auslage zur Kenntnis. Roter Mantel für einen zwergwüchsigen St. Nikolaus. Die Kapuze mit weissem Kaninchenfell umrandet. Drin eine Maske mit ausuferndem Vollbart. Aus einem Ärmel ragt ein Reisigbesen. Unterm Mantel liegt, als wäre er eben erst ausgeschüttet worden, ein offener Leinensack hinter seinem Inhalt. Rotbackige Äpfel, dunkelbraune Dörrbirnen, Baum- und Haselnüsse. Ein paar Schokoladeriegel.

Im Gegensatz zu uns hat Rüdt keine Augen für das hübsch gestaltete Weihnachtsfenster. Er hat es mittlerweile ziemlich eilig. Den Geschwistern Ineichen erspart er den Auftritt durch die Mitte des Geschäfts und die Peinlichkeit, unter Augenzeugen unangenehm überrascht zu reagieren. Er erspart aber auch sich selber die Blamage, zuerst nach dem Klo fragen zu müssen. Er geht um die Hausecke herum, fackelt nicht lange an der Tür, er kennt ja das Haus, steigt die Treppe hoch und klopft oben an die Wohnungstür. Ungeduldiger klopft er noch einmal und vernimmt endlich Stimmen, das Ächzen von Bodenriemen unter sich nahenden Schritten, und dann steht er vor Anna Maria. Erschrocken verharren sie einen Moment einander gegenüber. Erschrocken er, weil er in ein Gesicht schaut, das ihm vertraut und doch fremd vorkommt; erschrocken sie, weil sie auf viele Gesichter gefasst gewesen wäre, nur auf dieses eine nicht.

Himmel! Das darf doch nicht wahr sein.

Fast flehentlich bittet er darum, gleich schnell das Klo aufsuchen zu dürfen. Alles an Erklärung nachher.

Die Not versteht Anna Maria. Während sie den Weg zum Abort freigibt, fragt im Hintergrund eine Frauenstimme, wer heraufgekommen sei.

Max.

Wer? Was will der hier?

Psst, Mama!

Die Wohnungen sind nicht schalldicht. Wer sich auf dem Klo erleichtert, kann, wenn er will, die Worte verstehen, die in der Küche halblaut gewechselt werden.

Entschuldigung, sagt Max, als er im Gang vor der Küche steht. Er schämt sich für seine Weise, mit der Tür ins Haus gefallen zu sein. Er zeigt auf seine Gamaschen. Ich bin auf dem Rad gekommen.

Aber doch nicht etwa aus Zürich? Mein Gott! Anna Marias Stimme bringt nicht nur peinliche Fassungslosigkeit, sondern auch Bewunderung zum Ausdruck. Du musst ja seit der halben Nacht unterwegs gewesen sein.

Ja, antwortet Rüdt. Aber ich wollte dich sehen. Wieder einmal.

Anna Maria fühlt sich gerührt, und das geniert sie. Sie weiss im Moment nichts anzufangen mit sich selbst unter dem Blick des Mannes, der ihr Gatte ist. Er sieht die blasse Frau, die Wangen, in die schnell die Röte zu steigen pflegt, die Augen, die auch mal die seinen ruhig fixieren, in der Aufregung aber mit heftigem Blinzeln über sein Gesicht gehen und jetzt ganz und gar an ihm vorbei.

Wir wussten nicht, dass du kommst, sagt Mutter Ineichen, indem sie Strähnen des grauen Haares, die ihr aus der Spange geglitten sind, nach hinten schiebt. Wir sind nicht vorbereitet. Was ist passiert?

Ich musste sie wiedersehen, antwortet er und wendet sich erneut seiner Frau zu. Dich, Annemie. Du fehlst mir.

Einen Augenblick lang hält sie stand. Ihre Schürze wirkt wie ein Schild, das sie ihrem Mann entgegenhält. Ich muss aber in die Küche, sagt sie hastig, und zum Mittagessen schauen.

Dann setz dich halt, sagt die Mama, indem sie ihm mit dem Küchenschemel den Platz an der offenen Tür zuweist.

Er erkundigt sich, ob er sich die Gamaschen herunterwickeln dürfe, und spürt im Übrigen, dass es hier angenehm warm ist. Und ob er den Kittel ablegen dürfe.

Wie du willst. Du weisst, wo sich die Garderobe befindet.

Er hängt den Kittel an einen der Haken hoch überm Schuhbrett, die Mütze dazu. Mit den Händen glättet er das dunkelbraune Haar und sieht eben jetzt in Gilet und weissem Hemd aus wie der jugendliche Mann, den Anna Maria vor noch nicht so langer Zeit geheiratet hat. Das geniert sie aber nur noch mehr. Sie spürt, dass sein Besuch eine Liebeserklärung ist. Das bringt sie in Nöte. Besonders hier, zuhause. Unter den Augen ihrer Angehörigen, die schlecht zu sprechen sind auf den Mann, und nicht nur, weil er ihnen viel Geld schuldet. Gott sei Dank hat sie gerade alle Hände voll zu tun, denn die Kartoffelstücke und Rübenschnitze sind gar und wollen zum Püree verarbeitet werden. Die Geschwister und zuweilen auch die Schwägerin pflegen aus dem Laden heraufzukommen, noch während die Mittagsglocke von der Martinskirche läutet, und sich ohne Zögern zu Tisch zu setzen. Ihre Mittagszeit ist knapp bemessen, sie zählen darauf, dass das Essen bereitsteht. Heute allerdings werden auch sie Augen machen. Davon bekomm ich jetzt schon Bauchweh, stellt Anna Maria fest. Es gibt noch Blut- und Leberwurst von der Schlachtplatte jüngst, aber mit einem Maul mehr war ja nicht zu rechnen. Max wird halt schauen müssen, was für ein Zipfel für ihn noch abfalle. Sie stellt übrigens einen Steingutbecher mit Wasser auf den Tisch. Du hast sicher Durst?

Ja, schon, antwortet er. Dankbar für das Zeichen der Fürsorglichkeit erhebt er sich, um den Becher entgegenzunehmen.

Mama steht immer noch hinter seinem Rücken im Gang. Ab und zu sieht er, wie Anna Maria während des Hantierens sich nach ihr umdreht, und spürt, dass Mutter und Tochter Blicke tauschen.

Warum bist du nicht mit der Bahn gekommen? erkundigt sich Mama.

Du, weisst, wir haben im Moment nicht das Geld dazu.

Ja, eben, macht sie.

Anna Maria deckt den Tisch im Esszimmer. Es liegt überm Gang. Rüdt muss seinen Platz an der Tür räumen. Er stellt sich zu Mama Ineichen, die schon hinübergewechselt hat. Und schon hallt die Kirchenglocke. Auf der Treppe poltern Schritte. Die Wohnungstür geht auf. Rüdt steht von seinem Schemel auf.

Ihr?

Das Befremden ist unübersehbar.

Bringt Ihr das Geld?

Hätte ich's, stünde ich jetzt nicht da. Es tut mir leid.

Davon wird unsereins nicht satt.

Man setzt sich an den Tisch. Wenn er nicht so hungrig und auch ziemlich müde wäre, würde er stehen bleiben und nicht dankbar sein, dass man ihm mit einem knappen Wink den Platz, den Anna Maria gedeckt hat, zuweist. Mama spricht das Gebet. *Spys Gott, tränk, Gott, alli arme Chind, wo uf Ärde sind. Amen. En Guete.*

Also nochmals, was hat Euch hergeführt?

Er habe nach Anna Maria sehen wollen, gesteht Rüdt.

Die ist bei uns gut aufgehoben, sagt Ineichen.

Er habe sie sehen wollen, korrigiert Rüdt.

Und zu diesem Zweck habt Ihr die Fahrt hierher gemacht? Hab gemeint, Ihr habt kein Geld.

Er sei auf dem Velo gekommen.

Das interessiert Ineichen, ob er will oder nicht. Übern Albis?

Durchs Sihltal.

Wie lange?

Sechs Stunden.

Und so kehrt Ihr auch wieder heim? Mit einem unfreiwillig entfahrenen Grunzen anerkennt Ineichen die Leistung. Inzwischen hat man die Suppe gelöffelt. Anna Maria trägt die Teller ab. Während sie in der Küche steht, macht ihre Schwester dem Ärger Luft. Du hast uns ja fein verseckelt, du Lump.

Die betretene Stille gestattet allen am Tisch, den abrupten Wechsel zum Du zu bemerken und seinen Sinn zu kapieren.

Anna Maria trägt in jeder Hand eine Schüssel herein, in der einen das Püree, die Blutwurstreste mit gedämpften Zwiebelringen in der anderen. Sie schöpft reihum vom Püree, schneidet dann die Wurststummel entzwei, verteilt sie, hält, bevor sie sich selber auch bedient, einen Moment inne mit einem Blick auf ihren Bruder. Der macht eine kurze Bewegung mit dem Kopf, was als Zustimmung verstanden werden kann, und damit bekommt auch der Gast etwas Wurst ab. Sie selber begnügt sich mit den zusammengeschürften Überbleibseln. Rüdt versteht die Zeichen. Er ist zutiefst dankbar für die Mahlzeit, gleichzeitig fällt es ihm schwer, den herablassend gewährten Nutzniesser zu spielen. Hätte ihn nicht die Aussicht, seine Frau wiederzusehen, über alle Hindernisse hinweggezogen und hätte er sich vor Augen gehalten, was ihm da bei Ineichens blühen konnte, wäre er nicht losgefahren. Er hat sich eine der vielen Arten und Weisen eingebrockt, mit denen Liebe es schafft, die ihr verfallenen Menschen mit der sprichwörtlichen Blindheit zu schlagen.

Lena hat die Gabe, Verdikte auszusprechen, die dann überm Tisch hängen bleiben. Anna Maria hat es sehr wohl mitbekommen. Um nicht noch mehr Anlass zu Anschuldigungen zu bieten, zieht sie es vor zu schweigen. Mutter Ineichen verdreht die Augen. Mal blickt sie auf den gerechten Zorn, mal blickt sie auf den Schwiegersohn, den sie doch mochte und im Grunde genommen immer noch mag. Er hat etwas bubenhaft Kindliches, wie in seinem Benehmen, so auch in seinen Ideen, findet sie. Welche Mutter möchte nicht einen Mann gernhaben, der nach einem gerechteren Entwurf für diese Welt späht. Max ist vielleicht ein Träumer, der wenig taugt angesichts der Realitäten, die eine Ehe mit sich bringt, jedenfalls wenn einer seiner Gattin etwas bieten will. Wenn man allerdings im Leben mal dort angekommen ist, wo die Ansprüche genügsamer sind und die Urteile milder, lernt man solche Leute erst recht wieder schätzen. Vielleicht schaffen sie das, was unsereins unterlassen hat, als wir glaubten, uns den Realitäten beugen zu müssen.

Ineichen hat für sich entschieden, es sei klipp & klar gesagt worden, was Sache ist, und jedes weitere Wort sei überflüssig. Wartet jemand darauf, dass das Gespräch wiederauflebe? Einmal schaut Anna Maria mit hochgehobenen Brauen zu ihrem Mann hinüber. Er versteht den Text: Schmeckt's? Mit einem behaglichen Brummen nickt er. Aber das ist ein reflexhafter Rückfall in Gewohnheiten, die hier fehl am Platze sind und missbilligende Aufmerksamkeit erregen.

Ineichen rückt harsch den Stuhl und steht auf. Er wolle sein Nickerchen machen. Vor Rüdt, der sich auch vom Stuhl erhoben hat, bleibt er stehen. Ihr müsst ja bald wieder losfahren, nicht wahr, Rüdt? Es gibt Regen. Fahrt wohl. Und am besten, Ihr wiederholt das von heute nicht. Er klopft seinem Schwager auf die Schulter und legt sich aufs Sofa.

Die Schwester wechselt vom Tisch in den Sessel und wendet sich demonstrativ dem Fenster zu. Anna Maria hat angefangen abzutragen. Ihre Mutter bleibt mit gefalteten Händen am Tisch sitzen. Ihr Kopf sinkt. Gleich holt sie ihn wieder zurück.

Während Anna Maria sich anschickt, die Tür hinter sich zuzuziehen, folgt ihr Max in die Küche. Sie macht sich mit dem Abwasch zu schaffen.

Darf ich helfen?

Vor ein Uhr verlassen die Geschwister wortlos die Wohnung.

Anna Maria löst endlich die Schürze. Grad und stolz, wie er sie immer gemocht hat, von Anfang an, auch in ihrer Trauer bei der ersten Begegnung, steht sie vor ihm. Er liebt diese Frau.

Gibt es noch etwas zu sagen?

Was ist mit uns, Annemie? Ich möchte, dass wir wieder zusammen sind. Ich möchte, dass es gut kommt. Ich bitte dich.

Ich sehe es nicht, Max. Vorläufig nicht. Ich sag ja nichts gegen dich. Bloss: vor allem anderen gilt es jetzt meine Gesundheit, verstehst du? Wenn ich hier bin, geht es mir ganz ordentlich.

Wie lange kann das dauern?

Keine Ahnung.

Gibst du uns überhaupt noch eine Chance?

Nein, eigentlich bleibt nichts mehr zu sagen. Der abgewiesene Werber nimmt Jacke und Mütze vom Haken, begibt sich hinunter hinters Haus, schlüpft erst hinterm Ausgang in den Kittel, während ein frostig feuchter Wind durch die Gasse fährt, und wickelt sich die Gamaschen um die Hosenstösse. Dann schwingt er sich auf den Sattel, tritt in die Pedalen, und im allerletzten Blick zurück erhascht er Anna Maria, die vors Haus getreten ist. Erst beim Dorfbrunnen, wo Wege sich treffen und trennen, hält er nochmals inne. Er setzt einen Fuss auf den Sockel. In welche Richtung nämlich? So genau seine Vorstellung gewesen war, was den Weg ins Luzernische betraf, desto unpräziser ist jetzt der Begriff von der Rückfahrt. Er folgt Wegweisern. Muri. Affoltern. Zürich. Nach dem Eindunkeln befindet er sich auf dem Albis. Keine Lichter, welche die Dörfer am See verraten würden. Die Wolken hängen tief, es regnet. Die Abfahrt hinunter nach Langnau ist gefährlich, obwohl Gegenverkehr selten ist, einmal ein Automobil, das mit grossen Augen so breit herauftuckert, dass Rüdt sich an den Strassenrand gedrängt fühlt, wo sich ein Rinnsal gebildet hat. Einmal ein Pferdefuhrwerk, das er zu spät hat kommen sehen. Er zieht im Schreck allzu heftig den Bremshebel. Der Gummistempel geht auf den Pneu, blockiert ihn, und der Fahrer kann zwar sportlich hindern, dass es ihn kopfvoran überstellt, aber er prescht in den Strassengraben. Brr, macht der Fuhrmann auf dem Bock, und das Gespann hält an. Hat's was gemacht?

Es geht, ruft Rüdt, während er sich aufrappelt. Unter einem Hü! ziehen die Pferde wieder an.

Im Übrigen hätte er's ja nicht eilig. Wohin? Er ist nirgends mehr zuhause. Er braucht nirgends und zu keiner Zeit anzukommen. Einzig die Ermüdung beschäftigt ihn und reizt seine Ungeduld. Einfach fahren lassen, verlangt sie, immer voraus und weiss der Herrgott wohin. Rüdt fährt aber tatsächlich vorsichtiger, alleweil ein wenig auf dem Rücktritt dem Lichtfeld hinterher, das die Velolampe diffus vorauswirft. Es nässt in den Reflektor. Auf der Sturzstelle ist offenbar das Schutzglas der Leuchte liegen geblieben. Nach Adliswil geht die Glühbirne aus. Dafür knistert und knattert es, es stinkt kurz nach verbrannter Isolation. Dann herrscht auf diesem Feld Ruhe. Nur das Knirschen der Reifen auf der kiesigen Oberfläche, die saftigen Schläge in den Pfützen, verbunden mit dem Scheppern des Schutzblechs, das monotone Ächzen des Sattels auf der Federung. Ab dem Leimbach mischt sich immer schwerer das Schnaufen ein. Der nasse Hosenstoff klebt auf den Oberschenkeln, bremst die Bewegung. Während die ersten Lichter der Enge durch den Regenschleier sichtbar werden, geht das Keuchen nahtlos in ein Wimmern und Schluchzen und darauf in ein ungehemmtes Weinen über.

Im Magazin stellt Rüdt das Rad ab. Durch den trüb beleuchteten Korridor hält er auf die Treppe zu und bleibt an ihrem Fuss erst einmal sitzen. Er schlottert. Umständlich wickelt er die Gamaschen ab, schlüpft aus den Schuhen, aus den nassen Socken, lässt auch den Kittel fallen und kriecht endlich auf allen vieren hinauf zum ersten Boden. An einer der Türfallen zieht er sich hoch, langt nach dem Lichtschalter fürs Obergeschoss, schleppt sich hinauf und durch den Vorraum zum Klo. Dort kniet er vor der Schüssel, es würgt ihn, und einmal im Reflex angekommen, will das Würgen nicht mehr aufhören, so als möchte es den Kerl ersticken. Ausser etwas Schleim kommt aber nichts. Der Mann fröstelt, zittert und merkt, wie es ihm in die Hose läuft.

Da also ist er angekommen. Die bessere Welt war ein Liebesprojekt. Es hätte ein Geschenk werden sollen für Anna Maria ganz persönlich. Du solltest es einmal besser haben. Wir alle sollten es besser haben. Und mit uns allen schliesslich sogar Elisabeth. Auch an sie denkt er; ja, er hat eigentlich immer auch an sie gedacht. Was ist aus dem Projekt geworden? Ein demütigender Bitt- und Bussgang.

Obwohl er tief aus der Brust herauf hustet, regelt Rüdt noch die Formalitäten auf dem Einwohneramt. Dann fährt er das Rad zum Bahnhof und gibt es als Passagiergut auf. Zu Fuss kehrt er noch einmal zurück in die Enge, ergreift ein geknotetes Bündel, Leintuch mit klobigem Inhalt, legt es sich über eine Schulter auf den Rücken, die Zipfel in der Faust, hängt den Hausschlüssel an den Nagel hinter der Waschhaustür und steigt mit der letzten Fracht aufs Tram. Adieu Annas Comestibles. Den Gläubigern ist die neue Anschrift in Arbon bekannt.

Unter den Ladentüren schauen im Einnachten Leute einem Unbekannten zu. Er schiebt auf der Bahnhofstrasse das Fahrrad. Er trägt ein dunkelgraues Lodencape, auf dem Kopf einen Filzhut. Auf dem Gepäckträger sitzt ein unförmiges weisses Bündel, das wie erwartet zu Boden geht. Der Mann lehnt das Rad an den Zaun vor der Villa Bär und bückt sich nach dem dicken Leintuchpacken. Er setzt ihn wieder auf den Träger und stellt gleichzeitig das Rad senkrecht – ein ziemlich verflixtes Unterfangen und fast schon eine Lachnummer. Mit einer Hand auf dem Leintuchballen und der anderen auf der Lenkstange balanciert der Kerl das Rad, bis es sich erneut entlädt. Diesmal steht er neben dem mächtigen Kirchturm am Eingang zur Altstadt. Eine Passantin, die eben zu St. Martin ein Stossgebet verrichtet hat, hält einen Augenblick inne, greift aber nicht ein. Wenn der Mann Glück hat, ist er beim nächsten Zwischenfall hundert Schritte weiter und damit nah dem Ziel. Hoffentlich hat die GROMA keinen Schaden erlitten.

Mama Rüdt versäumt es nicht, auch Max zum Weihnachtsfest einzuladen. Aus Rücksicht auf Georg und seine fünfköpfige Familie will man am Stephanstag feiern. Max muss absagen. Er hütet das Bett, meldet sich dann aber doch aus der leeren Wirtsstube, um telefonisch alle Anwesenden zu grüssen und ihnen jetzt schon zum Jahreswechsel seine besten Wünsche zu entbieten. Man wünscht auch ihm Gottes Segen. Kannst ihn ja wohl brauchen, sagt der Bruder, der sich den Hörer von Mama weiterreichen liess.

Ich schaff das schon, verspricht Max. Und er hoffe zuversichtlich, alle seine Gläubiger zufriedenstellen zu können. Das sei sein fester Vorsatz fürs neue Jahr.

Die unfreundlichen Worte bekommt Max nicht zu hören; sie stammen aus dem Mund seines Onkels und Taufpaten. Er lässt sie aus dem Ohrensessel heraus verlauten, in den er von Tag zu Tag tiefer einsinkt. Er könnte dem nichtsnutzigen Kerl den Hals umdrehen. Wie kommt es, dass wir so einen in der Familie haben?

Onkel Otto atmet schwer. Haben's denn alle Rüdts auf der Lunge? Seine Schwägerin steckt ihren anwesenden Kindern zu, lange würde er's wohl nicht mehr tun. Das ist ihre Bilanz fürs zu Ende gehende Jahr. Im Übrigen wendet man sich in St. Georgen dem Weihnachtsbraten zu, während Max das 20-Rappen-Stück auf dem Schanktisch deponiert, an der geschlossenen Küche vorbei auf sein Zimmer schleicht und trotz Husten und Schnupfen Hunger hat.

Gleich ab Beginn des neuen Jahres hat Arbon einen neuen Hausierer. Die Hausbesuche finden abends statt, nachdem in den meisten Häusern und Hütten das Abendbrot, wo es welches gibt, verzehrt ist. Rüdt klopft an die Haustür. Manchmal antwortet niemand. Die Haustüren sind aber nicht verriegelt. Der Besucher kann sie öffnen und in den finsteren Flur rufen. Dann geht vielleicht im Hintergrund eine Tür auf, im herausfallenden Licht erscheint eine Frau, ein Mann oder auch mal ein Jugendlicher, und dann wird der Schalter am Türpfosten gedreht. Max Rüdt zieht den Hut, stellt sich als Mitarbeiter des Gewerkschaftssekretariats vor und bittet darum, auf ein Wort eintreten zu dürfen. Weil er weisses Hemd und

Krawatte trägt und auch sonst noch von seinem einst weltmänni-
schen Auftreten zehrt, wird er als Respektsperson identifiziert und
mehr eingeschüchtert als höflich hereingebeten. Er tritt über die
Schwelle in den feuchtelnden Modergeruch und schliesst hinter
sich die Haustür. Er behält den Hut in der Hand, die andere reicht
er am anderen Endes des Flurs zum Gruss. Er wartet ab, bis er noch
einmal aufgefordert wird einzutreten, dann klopft er an den offenen Türflügel und duckt sich unterm Sturz vorbei. Ich bin so frei.

Dampfige Luft empfängt ihn. Er steht in der Küche. Hinterm
Tisch sitzt der Mann, eine Faust um den Henkel des Mostkruges geschlossen, die andere auf der Tischplatte. Kinder hocken auf der
Ofenbank, ein weiteres krabbelt auf dem Boden. Eine alte Frau
schaut von ihrem Stuhl ins Ungefähre. Wer ist da? fragt sie. Rüdt
stellt sich nochmals vor und dass er von der Gewerkschaft komme.
Er habe den Auftrag, sich nach dem Befinden und nach den Wünschen der Arbeitenden und ihrer Familien zu erkundigen. Dazu
würde er gerne ein paar Fragen stellen.

Nicht selten bekommt er an diesem Punkt eine unwirsche Entgegnung, etwa, in diesem Haus brauche man keine Schnüffler. Im
Allgemeinen aber reagiert man eher neugierig und fühlt sich sogar
wichtig und ernstgenommen.

Sitzid ab, sagt der Mann hinterm Tisch. Ein Kopfnicken weist
dem Gast die freie Stabelle zu. Rüdt nickt dankend in den Raum
hinein und reicht auch dem Mann die Hand. Der gibt den Mostkrug
nur zögernd frei. Schon gut, versetzt er.

Darauf bittet Rüdt, man möge ihm von der Arbeit in der Fabrik
berichten. Er lässt sich den Arbeitsplatz beschreiben, fragt nach
den Fertigkeiten, die ein Schweisser mitbringen muss, nach
Schwierigkeiten und Gefahren beim Schleifen und Schneiden, und
erkundigt sich, ob der Arbeiter sich von den Vorgesetzten anständig behandelt fühle und was verbessert werden sollte. Unter den
Augen des Befragten macht sich Rüdt Notizen, indem er laut vor-
spricht, was er gerade notiert. So schafft er Vertrauen. Später lenkt

er das Gespräch auf die Entlöhnung und versucht, die wirtschaftliche Situation der Familie abzuschätzen. Nach der Verschuldung zu fragen, ist heikel, obwohl bekannt ist, dass fast alle Familien irgendwo in der Kreide stehen, sei es mit den Wohnungsmieten, sei es bei der Molkerei oder Bäckerei, sei es mit den Steuern. Selbstverständlich hat er längst die Anzahl der hungrigen Mäuler zur Kenntnis genommen, und die Küche verrät viel über die Wohnverhältnisse. Zuweilen wird ihm, wo es sie gibt, auch die Stube gezeigt und die Kammer neben der Stube, wo der Grossvater liegt, der wohl von seinem Bett nicht mehr aufstehen wird.

Natürlich weiss Rüdt, ob die Arbeiter bereits organisiert sind. Er weiss es auch von den Arbeiterinnen, bei denen es sich meist um unverheiratete Töchter im selben Haushalt handelt. Wenn sie noch nicht organisiert sind, lenkt er unauffällig das Gespräch auf die Vorteile, welche die Gewerkschaft ihren Mitgliedern bietet. Er erklärt die Arbeitslosenkasse und die Streikkasse. Wenn wir stark sind in deiner Giesserei, können wir einen Gesamtarbeitsvertrag erwirken. Das bedeutet dann geregelte Arbeitszeiten, gerechten und geregelten Lohn, Lohnfortzahlung bei Unfall oder Krankheit. Doch nur, wenn wir zusammenstehen, lassen die Unternehmer mit sich reden. Darum brauchen wir alle, und darum brauchen wir auch dich und deine Mitwirkung. Rüdt schöpft aus seinem rhetorischen Vokabular und drückt sich für die Arbeiter verständlich aus. Doch statt aus dem Herzen wie früher redet er jetzt sozusagen aus dem hohlen Bauch.

Und was kostet das? So lautet die Standardfrage, die früher oder später auf den Tisch kommt.

Du zahlst 1 Prozent von deinem Lohn. Wenn du zum Beispiel 1 Franken für die Arbeitsstunde beziehst, lieferst du 1 Rappen ab. Den hundertsten Teil von deinem Einkommen. Das ist nicht viel. Wenn dein Vorarbeiter 1 Franken 30 Rappen bekommt, zahlt er 1,3 Rappen. Also wer mehr verdient, zahlt mehr ein, aber beide bekommen gleich viel, wenn sie arbeitslos werden oder wenn wir streiken müssen.

Also was macht das pro Monat, erkundigt sich der Arbeiter. Rüdt errechnet aus dessen Wochenlohn den Betrag, der pro Monatsmarke fällig wird. Der Arbeiter bekommt Fr. 65.80 in der Woche, im Monat also Franken 263.20. Also bekommt er die Marke für Fr. 2.63.

Das sind fast vier Kilobrote, sagt empört die Frau. Jede Woche eines. Nun fangen alle, die schon ein bisschen rechnen können, an zu überschlagen. Fast drei Liter Milch. Sechs Humpen Bier. Fast hundert Gramm Butter.

Unter derartigen innerfamiliären Gedankenübungen erübrigt sich meist das Formular zur Beitrittserklärung, das Rüdt schon früh im Gespräch beiläufig aus der Mappe gezogen und unter den Bleistift gelegt hat. Er insistiert nicht. Er vertraut darauf, dass er nach einem freundlich beendeten Besuch ein andermal wieder den Fuss ins Haus setzen darf. Er hebt den Hut vom Haken auf der Innenseite der Küchentür und wünscht höflich guten Abend. Er vergisst nicht die sehbehinderte Alte. Es ist ihm klar, was kleine Aufmerksamkeiten wert sind.

Dass er dereinst unmittelbar von den Werktätigen abhängig sein würde, hätte Rüdt nie geträumt. Er müsste in den Küchen ehrlicherweise erklären, dass vom Gewerkschaftsbeitrag ein Teil in sein Honorar geht. Er ist ja jetzt Händler. Er vermittelt gegen Lohn, von dem die Arbeiter abtreten, die Leistungen der Gewerkschaft. Er profitiert vom Mehrwert, den andere schaffen; eigenen hat er nicht beizufügen. Es sei denn, er zahlt demonstrativ dem ein Bier, der ihm ein persönliches Gespräch zuhause zusagt, jenem ein *Pflümli*, der schon unterschrieben hat und vielleicht am Wirtshaustisch ein Wort einlegt. Doch das alles ist im Grunde genommen unter seiner Würde, und entsprechend äussert er sich auf dem Sekretariat. Wenn's ihm zuwider sei, stehe es ihm frei, den Job wieder aufzugeben.

Er macht also weiter. Er hat ja Schulden. Er lauert in den Wirtsstuben auf seine Chancen. Er mischt sich zum Beispiel dort ein, wo über Lohnabzüge geklagt wird. Wenn die neue Stickmaschine den

413

Probelauf nicht besteht, ist das nicht dein Fehler, sagt er. Gegen ungerechtfertigte Haftbarmachung gibt es Schutz, nämlich eine starke Gewerkschaft. Wäre es nicht an der Zeit beizutreten? Er preist die Vorzüge der Mitgliedschaft mit denselben Worten, die er einst als Zeitungsmann und Politiker verwendet hat; sie sind allerdings jetzt die Ware eines Zwischenhändlers.

Fügen wir hinzu, dass es an den Stammtischen nicht selten hitzige Diskussionen absetzt. Es gibt frustrierte und hoffnungslose Menschen, an denen auch die Gewerkschaften keine Wunder vermögen, und es gibt Männer, die zwar genug Geld beim Wirt liegen lassen, aber lauthals verkünden, dass ihre Familie die zusätzliche Belastung in Form eines Mitgliederbeitrags auf keinen Fall verkraften würde. Schon bald einmal ist Rüdt nicht mehr überall gern gesehener Gast. Wo er eintritt, steht womöglich Lärm ins Haus. Das gilt in der Stadt ebenso wie in den umliegenden Ortschaften, wo vor allem die Jungen unter den Arbeiterinnen und Arbeitern zuhause sind, die ihr Brot in Arbon verdienen. Mit anderen Worten: Der neue Job gestaltet sich harzig. Wohl gedeiht mit behäbiger Stetigkeit die statistische Erhebung, aber die Provisionen halten sich in Grenzen. Die Arbeiterinnen und Arbeiter, die noch nicht organisiert sind, drängen auch weiterhin nicht in die Gewerkschaft. Rüdts Sondereinkünfte sind gering.

Was den hohlen Bauch betrifft, den wir weiter oben angesprochen haben: ist leider keine Metapher. Es gibt Tage, an denen er sich eine währschafte Mahlzeit nicht leisten kann. Die Schulden bei der Union der Einkaufsgesellschaften sind nicht getilgt, eine Betreibung ist immer noch möglich.

Wir finden Max Rüdt in St. Gallen wieder. Im Waldgut stellt Claire, die für ihren Bruder immer noch Klara heisst, die Gästewohnung zur Verfügung. Die Rente aus dem Vermögen reicht nicht aus, das grosse Haus allein zu halten. Wenn ihr Bruder in der Lage wäre, einen angemessenen Mietzins zu bezahlen, würde ihr das nur recht sein. Es handelt sich um zwei Zimmer mit Bad, doch ohne eigene Küche. Falls Anna Maria dazustossen sollte: Die Frauen müssten sich arrangieren. Klara wäre dazu bereit, obwohl ihre Tochter die Nase rümpft.

Eine neue Perspektive zeichnet sich ab, weil Max über Klaras Bekanntschaft eine Anstellung als Akquisiteur für einen Strickwarenhersteller im nahen Appenzellischen bekommen hat. Er soll die Firma über die Ostschweiz hinaus bekannt machen und das Parkett für den Verkäufer polieren. Er bereist den Fachhandel, findet heraus, wer die zuständige Ansprechperson sein wird, wie man den Draht zu ihr findet und wer im Geschäft das Sagen hat. Wenn er auch schon den ersten Vertreterbesuch einfädelt, ist das natürlich grossartig. So definiert die Firma mal versuchsweise Rüdts Aufgabe. Wenn's gut läuft, besteht die Aussicht auf eine definitive Anstellung. Die Reisespesen samt Kost und Logis werden vergütet; da aber dadurch ein Teil der Lebenshaltungskosten abgedeckt ist, wird der Grundlohn verhältnismässig niedrig angesetzt. Sollte der Erfolg überwältigend sein, kann man selbstverständlich wieder miteinander reden.

Rüdts Alltag findet von jetzt an auf Reisen statt. Beinahe täglich sitzt er im Zug, verlässt morgens früh das Waldgut, kommt am Abend spät da wieder an. Mehr als flüchtig sieht er Klara nicht. Dass er auch Emilie kaum je antrifft, bewahrt ihn vor gehässigen Blicken. Er würde sie aber gern sehen, denn ihr scheint unaufhaltsam die Weiblichkeit zu gelingen.

Monate und Jahre. Nach und nach wird Rüdt seine Reisen ausdehnen, dahin, wo die Konkurrenz gross ist, nach Zürich und sogar nach Bern und Fribourg. Dann bleibt er zwei, drei Tage aus. Er kann sich das leisten, denn endlich hat er, von den Ineichens einmal abgesehen, nur noch bei Georg und Onkel Otto Schulden. Ein an und für sich bedenklicher Umstand wirkt sich für ihn vorteilhaft aus: dem Onkel schrumpft das Gedächtnis für Guthaben im Gleichschritt mit Arealen des Hirns.

In loser Folge stellt sich der Akquisiteur bei der Strickerei zum Rapport ein. Nein, überwältigend ist der Erfolg nicht, behauptet der Patron. Dennoch hält er am Versuch mit der neuen Ausgabenposition fest. Am Quartalsende wieder. Dann schauen wir weiter. Das ist allemal Rüdts Perspektive.

Anlässlich seiner Auftritte in der Fabrik lernt Rüdt übrigens nicht nur die massgeblichen Leute in den Büros kennen, sondern auch die Gesichter der Stricker und sogar die der jungen Flickerinnen. Sie kommen aus den weit verstreuten Hütten und Höfen, in deren Kellern noch Webstühle stehen mit einem Baum, der durch eine Öffnung im Fussboden ins darüber gelegene Stüblein ragt. Im Sommer kommen die Frauen mit dem Fahrrad herein, jetzt, im Winter, zu Fuss. Wenn sie am Morgen antreten, sind ihre Rocksäume schwer vom Schnee, durch den sie gewatet sind. Sie wechseln im Keller den Rock und die Strickstrümpfe, schwatzen und kichern, und der Vorarbeiter treibt sie zur Eile an. Er verlangt, dass sie punkt sieben am grossen Tisch Platz genommen haben und ihre Arbeit aufnehmen. Eine fällt dem Passanten besonders auf. Beiläufig fragt er den Vorarbeiter nach ihr. Die mit dem Haarknoten im Nacken. Hat ein feines Gesicht, einen offenen Blick. Die Antwort fällt ziemlich herablassend aus. Ach die? Emma heisst sie. Die hat schon ein Kind. Vom Stiefvater, behauptet das Geschwätz. So sind halt die Verhältnisse draussen in den Tobeln.

Rüdt schaut noch einmal nach der jungen Frau und tritt dann in den verglasten Kontor. Man kann aus ihm heraus die Flickerinnen beobachten. Emma sitzt mit dem Rücken zum Verschlag.

Wieder bringt Rüdt Informationen, Adressen und Einschätzungen. Der Patron und zwei Vertreter hören ihm zu, stellen Fragen. Der Bedarf an Damen- und Herrenwesten, an Pullovern und Schals ist vorhanden, das Geschäft zieht an. Max Rüdt ist drauf und dran, wieder ein bisschen jemand zu sein und wäre nicht abgeneigt, sich in eine junge Frau zu vergucken. Aber vielleicht doch lieber nicht in ein naives Ding vom Land.

416

Was seine Frau betrifft, Anna Maria: Sie hat vor zehn Jahren einen anderen Mann geheiratet. Einen, der ihr wirtschaftliche Sicherheit bieten würde. Was ist daraus geworden? Es kommt nicht mehr gut zwischen ihr und Max. Sie hat sich geweigert, nach St. Gallen nachzuziehen, um sich dort zu langweilen. Im Haus ihrer Familie hat sie ihren Platz gefunden. Die Kontakte zwischen den Eheleuten sind so dünn geworden, dass sich nur die Steuerämter um den Zivilstand kümmern. Sie sind schlussendlich der Anlass dafür, dass die Scheidung eingereicht wird. Um endlich reinen Tisch zu machen. Max Rüdt tritt als Kläger auf. Das tut ihm leid, aber das Gesetz will es so. Scheidungsgrund: Seit acht Jahren von Tisch und Bett getrennt. Der Richter hält fest: Die Ehe wird aus Mangel an Vollzug geschieden.

Das Cape ist im Verlauf der letzten Jahrzehnte so schmierig und fettig geworden, dass selbst den Motten der Geschmack am Loden vergangen ist. Darunter hervor bringt der abendliche Heimkehrer seinen Arm, langt nach der Türklinke und tritt wie gewohnt auf der Treppe, indem er die Haustür aufzieht, eine Stufe zurück, während wir uns die Fortsetzung des Rituals vergegenwärtigen: wie der frühalte Mann vom Grind den Filz nimmt und auf dem Knie abklopft, wie er den Haken vom Cape öffnet, den Kragensaum um den Kopf herum führt und über das Geländer hinaus die Nässe aus dem Stoff schüttelt. Wie er umständlich auf dem Vorleger die Stiefel auszieht und auf die Zeitungen stellt. Wieder einmal dudelt Ländlermusik aus dem Wohnzimmer. In den Socken steigt Rüdt ins Obergeschoss. Würde nicht die Treppe ächzen und knarren, nähme man seine Heimkehr kaum wahr. Wäsche hängt an den Schnüren. Das Zimmer riecht nach modriger Feuchte. Rüdt tastet im Dunkeln nach dem Stuhl. Er muss Strom sparen. Er setzt sich. Im Schnaufen befällt ihn der Hustenreiz. Er nestelt das Taschentuch aus der Kitteltasche und spuckt hinein. Dann bleibt er lange sitzen. Die Kraft geht ihm aus. Er hat nichts geschrieben an diesem Tag. Er sass im

Stübli. Später ist er durch die Gassen des Städtchens geschlichen. Er hat sich wieder in den »Stiefel« gesetzt. Er hat in die zerlesenen Zeitungen geschaut, bis es Zeit war, nach Hause zu gehen.

Auf dem Tisch liegt Post. Amalia hat sie raufgebracht. Eine Notiz. Man hat ihm Geld überwiesen; er soll es auf der Post abholen. Und weiter ein Umschlag. Die Handschrift darauf erkennt er. Dieselbe wie in dem Schreiben, mit dem die »Nachrichten« um die Adresse des Autors gebeten wurden. Mit dem Daumennagel klaubt er so viel von der Verleimung auf, dass er einen Finger unter den Falt schieben und den Umschlag aufreissen kann. Erinnern Sie sich an die junge Dame, mit der Sie sich bei der Bücherausleihe freundlich ausgetauscht haben?

Ja, Rüdt erinnert sich. Und wie. Im Nu ist er wieder hingerissen von den dunkelblonden Locken und wie sie in die lichte Stirn krausten. Ist er bezaubert von der fröhlichen Kringelpracht, die aus dem blauen Schleifenbund in den Rücken fiel. Ist er eingenommen von der freundlichen Ernsthaftigkeit, mit der ihm das Fräulein alleweil begegnete. Er lässt den Tumult gewähren, den die lange niedergehaltenen Emotionen auslösen. Begegnungen fallen ihm wieder ein, gewechselte Worte, *Immensee* natürlich, das Büchlein, das Schnupftuch, der Bändel. Und »*Des Sommers letzte Rosen*«, »*Aber du musst tanzen*« und alle diese Gedichte. Und das Lesezeichen. Wie oft doch hat er, wenn er in einem Gärtchen Erikastauden entdeckte, sich an den Zweig erinnert, und sich auch sehr wohl vergegenwärtigt, worauf sich der Hinweis bezog, hat endlich verstanden, was ihm damit bedeutet wurde, und hat den leisen Schmerz wieder empfunden, den ihm der liebevolle Abschiedswink bereitete – um jeweils schleunig das ganze Erinnerungsgebilde, kaum hatte es sich gezeigt, mit einer Handbewegung wieder beiseitezufegen. Heute ergibt er sich. Neumöndchen legen sich an die Mundwinkel, gleichzeitig gewahrt er den Lidrändern entlang die heisse Feuchtigkeit. Er wird die Einladung, Frau Aeschi in St. Fiden zu besuchen, annehmen, sobald er sich wieder besser fühlt.

Wenn er in Heims Wohnstube von der warmen Kunstbank herunter flüssig wird und erzählt, dann niemals von Grenchen, niemals von Anna Maria, dafür aber umso breiter und heiterer von den Ateliers Pulver. Sofern er diese Geschichten nicht einfach erfindet, bezeugen sie, dass es nicht immer nur bergab gegangen ist in seiner zweiten Lebenshälfte. Wohl bleibt der allgemeine Trend bestehen, doch nicht ohne Raum zu bieten für einen Lichtblick. Zuständig dafür ist - wie könnte es anders sein - eine Frau. Nicht etwa eine der Flickerinnen, auch nicht sonst eine junge Person – diesbezüglich ändert Rüdt den Modus nicht. Wir haben unsere Aufmerksamkeit auf eine Frau zu wenden, die entschieden älter ist als er. Seit ihr Mann am Bergrennen tödlich verunglückt ist, ist sie die Inhaberin der Ateliers Pulver, an sie ist der Akquisiteur verwiesen worden. Es bleibt ihm nichts anderes übrig, als in der Stadt zu übernachten und sich am kommenden Vormittag einzustellen. Donnerstags treffe man Madame im Büro.

Vier Stiegen hinauf ins zweite Obergeschoss mit Blick auf den Münsterturm. Da empfängt sie den Vertreter. Sie hat nie eine besondere Affinität zum Strick empfunden; ihre Kundschaft zieht das edlere Gewebe vor. Gut, mal ein sportliches Jäcklein vielleicht, darüber liesse sich reden. Aus der Ferne betrachtet ist ihr der Hersteller aus Teufen weder der Name eines ernstzunehmenden Rivalen noch der eines interessanten Lieferanten. Eine spontane Affinität bezieht sich indessen auf den Mann mit dem reizenden Ostschweizer Dialekt und dem manierlichen Auftreten. Sie gilt zwar als vornehme und unberechenbare Dame und unternimmt nichts, dieses Image zu stören; gleichzeitig ist sie aber nicht die Frau, die sich vornehm zurückhält. Wo sie etwas will, packt sie zu. Auf den ersten Blick sieht sie den Mann als Gesellschafter. Moment, sagt sie und greift nach einem Schreiben. Ich hab da grad Post bekommen. Wenn Sie mir das doch bitte vorlesen wollten. Ich bin unglücklich, die falsche Brille aufzuhaben.

Es handelt sich um einen Bettelbrief des Kunstmuseums. Rüdts untadeliges Deutsch klingt Frau Pulver so angenehm in den Ohren, dass sie sich dabei ertappt, die Spende zu erwägen.

Wie würden Sie antworten, mein lieber Herr?

Zu ihrem Leidwesen hat sie doch tatsächlich bereits den Namen wieder vergessen. Sie bringt ihn noch nicht überein mit dem attraktiven Mann, der ihr gegenübersitzt, und bittet um Verzeihung.

Rüdt. Max Rüdt.

Also dann, Herr Rüdt, Ihre Antwort?

Mit seinem gewinnenden Lächeln lässt sich der Mann auf das Spiel ein. Wenn er davon ausgehe, dass sie das Ersuchen höflich ablehnen möchte, würde er sich zunächst einmal für das Schreiben bedanken. Dass das Museum mit der Bitte um eine Spende an sie gelange, betrachte sie als zwar Auszeichnung; es entspreche aber, mit Verlaub, nicht ihrer Gepflogenheit, finanzielle Mittel ins Ungefähre fliessen zu lassen. Weder belege das Schreiben den Bedarf noch bezeichne es einen eindeutigen Verwendungszweck. Gründe genug also, es zurückzuweisen.

Frau Pulver macht kurzen Prozess. Was zahlt Ihnen Ihr Patron? Ich biete Ihnen fünfhundert im Monat. Sie kommen dafür dreimal pro Woche zu mir aufs Schloss. Ab sofort. Als mein Privatsekretär. Was Sie in der übrigen Zeit machen, ist Ihnen überlassen.

Der Strickerei im *Appenzöllischen* kommt der halbe Rückzug ihres Angestellten gerade recht. Man könnte nicht behaupten, dass sich die mit ihm verbundene Lohnposition gelohnt hat. Handkehrum liesse sich schwerlich belegen, dass sie sich etwa gar nicht ausgezahlt hätte. Kurzerhand befördert der Patron Rüdt zum freien Mitarbeiter im Aussendienst und rechnet fortan mit ihm per erfolgreiche Akquisition ab. Man wird sich zu diesem Zweck jeweils zum Quartalsletzten treffen. Sind wir uns einig? Rüdt schlägt ein, und wir sehen für ihn die Gelegenheiten, im Vorübergehen einen Blick auf die Flickerin am grossen Tisch zu werfen, entschwinden. Sie erwidert die Blicke eh nicht. Sie schaut in eine andere Richtung.

Dienstags, donnerstags und samstags sehen wir also nun Rüdt vorwiegend im Raum Basellandschaft, Aargau, Luzern und Bern unterwegs. Nur aus Versehen betritt er auch mal solothurnischen Boden; etwa im Birs- und Laufental. Als Stützpunkt bietet sich eine winzige Zweizimmerwohnung im unteren Kirchenfeld an. Eine Witwe tritt sie ihm zur Untermiete ab. Dahin verlegt Rüdt seinen Wohnsitz und zügelt wieder einmal seine Habseligkeiten. Eine neue Gelegenheit für Journale, Fotos, Briefe, Geschichten, Entwürfe und ähnliche Unterlagen, auf der Strecke zu bleiben.

Und dann haben wir die anderen drei Werktage. Am Montag, Mittwoch und Freitag wird Max Rüdt im Schloss erwartet. Schloss nennt Charlotte Pulver ihren Sitz am Hang über der Aare. Auf dem Weg dahin kehrt Rüdt beim Rasör in der Kramgasse ein, wo er beim Warten einen Kaffee trinkt und sich in den Schlagzeilen umschaut, damit er in der Lage sei, Madame die wichtigsten News mitzuteilen. Sie empfängt ihn um halb zehn am Eingang, lässt ihn für ein paar Augenblicke im Vorraum stehen, bis sie mit ein paar Handgriffen noch das Make-up vollendet und einen Seidenschal am Hals drapiert hat, dann bringt sie ihn ins Teezimmer. Eine Hausangestellte serviert den Tee. In einem Tablett stehen ein silbernes Kännchen mit dem Tee-Ei, ein Krüglein mit Rahm, ein Schälchen mit zwei braunen Zuckerwürfeln und im Unterteller eine Tasse aus chinesischem Porzellan. Mit einem Nachhall von Kölnisch Wasser zieht sich die Angestellte zurück. Rüdt wartet stehend ab, bis Madame hinterm Tisch auf dem Sofa Platz genommen hat, und setzt sich dann auf den Stuhl ihr gegenüber. Vor ihm liegt die Post. Er liefert aber, dieweil Madame den Tee ziehen lässt, zuerst den allgemeinen Überblick über die Schlagzeilen ab und liest aus der Berner Zeitung den einen und anderen Artikel vor. Auf die auffälligsten Bewegungen an den Börsen hat er speziell einzugehen. Dann erst öffnet er die Umschläge. Er liest die Briefe vor. Wenn Madame die

Tasse geräuschvoll in den Untersatz zurückstellt, ist es meistens ein Zeichen des Widerspruchs oder der Entrüstung, und dann weiss Rüdt schon, dass eine geharnischte Antwort ansteht. Wenn sie aber genüsslich am Tassenrand schlürft, wird eine beifällige Entgegnung die Folge sein. Er nimmt die summarischen Anweisungen zum Inhalt entgegen. Je nach zu wählender Ausdrucksweise versieht er die Notizen mit einem Plus- oder Minuszeichen. Der Schreibblock liegt übrigens auf seinen Knien, denn das Tischchen ist durch das Teeservice und die Briefpost belegt, während Zeitungen und Zeitschriften sich zu beiden Seiten von Madame auf dem Sofa stapeln. Sie hat neben der Tageszeitung auch Vogue aus Deutschland abonniert, damit ihr ja kein Modetrend entgehe, und darüber hinaus DIE DAME aus Berlin, um sich für allfällige Kenner der Szene als Freigeist mit »verwöhntem Geschmack« zu outen. Rüdt gehört anfänglich nicht zu den Empfängern dieses Winks, wird aber bald seine Bildungslücke schliessen. Wir erwähnen hier, dass er dabei unter anderem Beiträge von Bertold Brecht lesen und erstaunt die aufstörenden Werke von George Grosz und die witzigen Collagen von Hannah Höch zur Kenntnis nehmen könnte. Realisieren diese Mitarbeitenden des Magazins nicht genau das, was einst den Studenten in Kunstgeschichte die zukünftige Notwendigkeit dünkte? Brechen sie nicht aus der überkommenen Formensprache aus und greifen zu Formulierungen, die auch das ungebildete Volk versteht?

Doch zurück nun zu den Tagesläufen dreimal die Woche, von denen Max Rüdt später den Heims vom warmen Kachelofen herunter berichten wird. Um halb zwölf ist er zur Mittagspause entlassen und frei, sich physisch und geistig zu bewegen wo auch immer. Auf dreizehn Uhr hat er sich erneut einzustellen. Am Nachmittag verfasst er nämlich in der Bibliothek die Briefe. Vom Schreibtisch aus hat er Ausblick auf das Bundeshaus. Das müsste nicht sein; mit der Aare und der Nydeggbrücke wäre er vollkommen zufrieden. Madame Pulver wünscht handgeschriebene Briefe, und zwar bitte

Kurrent, soweit es die deutschsprachigen Adressatinnen und Adressaten betrifft. Die englische Korrespondenz bedient sie, da seine Englisch-Kenntnisse zu dürftig sind, weiterhin selber. Für die französische setzt man sich auch mal zusammen, um von den gemeinsamen Kenntnissen zu profitieren. Nach dem Tee, wenn Madames Gäste sich verzogen haben, liest er seine Antworten vor. Madame setzt die Unterschrift, und auf dem Rückweg durch die Stadt wirft er die Briefe ein.

Die Tenüvorschrift wollen wir nicht unterschlagen. Der Sekretär soll geschniegelt und gebügelt erscheinen. Es kann jederzeit geschehen, dass man ihn in ihrer Gesellschaft antrifft. Das wäre nicht beabsichtigt, aber weiter nicht schlimm, sofern er im Gegensatz zu eben jetzt ein sauberes Hemd mit gestärktem Kragen, eine auffällige Krawatte, Gilet und Anzug trägt. Die Jacke darf er zur Nachmittagsarbeit ablegen, sollte er aber zufällig mit ihren Gästen in Kontakt geraten, hätte er unverzüglich wieder hineinzuschlüpfen.

Dieses Dispositiv bringt den Sekretär vorübergehend in Verlegenheit. Im Moment fehlen ihm die Mittel, sich neu auszustaffieren, und zu jenem späteren Zeitpunkt, wo er dann doch so weit ist, wird er sich immer noch hüten, sich in einem der teuren Geschäfte von Ateliers Pulver einzustellen. Vorerst versieht er sich im Kostümverleih mit Ersatz und macht in soeben modisch gewordener Jacke mit verstärkten Schultern in einer Weise »Gattung«, dass selbst die Modedesignerin dem Trick mit der Betonung des Oberkörpers verfällt und sich dem Mann am liebsten auf die Brust werfen würde.

Fortan deponiert also Rüdt den verstärkten Mann im unteren Kirchenfeld, wann immer er für die Strickerei unterwegs ist, und hängt handkehrum den leicht vergammelten Reisenden jeweils vor dem Schloss-Dienst an den Bügel. Es ist von Anfang an klar, dass auf der Schlossbühne Rollen gespielt werden. Charlotte Pulver-von Wynau gibt die der Grande Dame mit Wurzeln in einer Patrizierfamilie, Max Rüdt die des Privatsekretärs und zunehmend auch des Wirtschafters. Bald hat er die Rechnungen zu sammeln, die sich aus dem privaten Haushalt ergeben, und erhält die Vollmacht, sie auf der Post zu begleichen. Dadurch dehnt sich seine Präsenzzeit aus, nicht selten bis in den Abend hinein. Unter der Wirkung der Sonnenuntergänge gedeiht dann manches Gespräch über das rein Geschäftliche hinaus.

Zweimal im Jahr, schmunzelt Rüdt in Heims Stübli, war das »Bad« angesagt. Eine mondäne Kuranlage mit einem überhaushohen Springbrunnen im Park. Auf dem Grundriss des Haupttrakts hätte man zwei Espenmoos-Stadien anlegen können. Mehr als 300 Zimmer boten 400 Gästen, ihren mitgereisten Bediensteten und dem Personal Unterkunft. Das Haus befand sich mit Liften und Zentralheizung auf dem neuesten Stand der Technik. Für die Kur standen Trinksäle, Bäder und Duschen, Inhalationssäle und Therapieräume zur Verfügung. Vor dem Hotel gab es nicht nur den Springbrunnen, der an heissen Sommertagen für kühlenden Luftzug sorgte, sondern auch Tennisplätze und einen Musikpavillon. Die Orient-Express-Gesellschaft liess direkte Wagen bis an den Fuss des Bergs bringen. Leider sei, bedauert Rüdt, alles eingegangen und verkommen inzwischen. Und wahr ist: Im selben Jahr noch, in dem er die eine und andere Anekdote aus dem Bad erzählt haben dürfte, fiel der eh schon ausgehöhlte und abgewrackte Gebäudekomplex den sprengtüchtigen Genie-Truppen der Schweizer Armee anheim. Hernach stand kein Stein mehr auf dem anderen.

Auf dem Zeitlineal befinden wir uns aber jetzt im Umfeld des berühmten Schwarzen Freitags. Wer kann, tut noch so, als wäre nichts gewesen. Madame Pulver lässt von ihrer Gewohnheit, im Bad ihre Kuraufenthalte zu verbringen, nicht ab. Anhand der mitgeführten Kataloge gedenkt sie wie bis anhin Geschäfte mit den ausländischen Gästen einzufädeln. Neu ist, dass sie den Privatsekretär mitnimmt. Diesen Anachronismus leistet sie sich. So hat auch sie ihren Bediensteten vorzuweisen – wie viele andere vornehme Gäste, besonders diejenigen von Adel – und kann damit auf das »von« in ihrer eigenen Herkunft anspielen, das ihr Mann mit

seinem rein bürgerlichen Namen leider überdeckt hat. Wenn Oh-
renzeugen zugegen sind, spricht sie ihren Sekretär mit »Maximilian« an. Bei dieser Anrede wird sie bald auch unter vier Augen
bleiben. Ist das okay? würde sie gemäss heutiger Sprachgepflogen-
heit beiläufig fragen. Geht das in Ordnung?

Eigentlich nicht. Die Renaissance dieser Form seines Rufna-
mens fühlt sich nicht stimmig an. Mit Maximilian ist grundsätzlich
eine andere Person assoziiert. Gälte es nicht, diesen älteren Pakt
unangetastet zu lassen? Oder sollte es sich bei solcherart Bedenken
um eine Masche handeln, die ins Museum der Sentimentalitäten
gehört, Abteilung Pubertät? – Zusammen mit Rüdt überlassen wir
das Dilemma sich selbst.

Der Sekretär bekommt ein Mansardzimmer zugewiesen. Freie
Kost und Logis, im Gegenzug hat er grundsätzlich rund um die Uhr
zur Verfügung zu stehen. Rund um die Uhr: Die Metapher über-
treibt, und zwar insofern, als Madame ganz im Sinne der Ärzte auf
angemessene Nachtruhe Wert legt. Insofern ist ihm in aller Regel
der eigene Schlummer unbenommen.

Die Kurhausleitung gibt sich einen seriösen Anstrich. Sie empfiehlt ihren werten Gästen, sich für die Zeit des Aufenthaltes im Bad
von den Ereignissen in der unteren Welt zu trennen. Ein frommer
Wunsch, und genauso wird er gehandhabt. Auch Madame Pulver
vergisst nicht, nebst der privaten auch die geschäftliche Post zum
Kurort weiterleiten zu lassen. So kommt es vor, dass Nachrichten
aus dem Geschäft oder News von der Börsen- und Bankenfront sie
beunruhigen und am Einschlafen hindern. In diesem Fall hat der
Sekretär auch zu später Stunde mit Notizblock und Bleistift und natürlich korrekt gekleidet zur Hand zu sein. Es gibt dann eine Sit-
zung in Madame Pulvers Suite, wo sie sich das Recht herausnimmt,
sich im Hauch von Negligé im Lehnstuhl zu räkeln. Sie lässt einen
Beruhigungstee heraufbringen, und in der selbstverständlichen
Meinung, dass auch ihrem Sekretär der hauseigene Aufguss aus
Melisse, Hanf und Pfefferminze guttue, bestellt sie eine zweite
Tasse für ihn. Sie bildet sich ein, dass der fast zehn Jahre jüngere

Mann Stielaugen mache, und sonnt sich ein bisschen in dieser Chimäre. Sie weiss, wie alt er ist – hat sie sich doch bei der Einstellung um seine Personalien gekümmert. Er dagegen hat, wie sie glaubt, keine Ahnung, was ihr Alter betrifft. Sie bemüht sich, jugendlich auszusehen und Rätsel aufzugeben. Sie ist von ihrem Privatsekretär angetan, fährt aber nicht glatt auf ihn ab, sondern hebt sich den Mann in ihm zu allfällig späterem Gebrauch auf. Was sie schätzt: Dass es ihm gelingt, mit ihr die brisanten Angelegenheiten aufs handliche Mass herunterzudiskutieren. Es hat sich ihm so viel Lebenserfahrung aufgebuckelt, dass ihm manches, was andere Leute aus der Fassung brächte, kaum der Rede wert ist, und dass ihn die Sorgen der Geschäftsinhaberin Sorgen auf hohem Niveau dünken, solange sie sich den Kuraufenthalt leisten kann. Die Ateliers Pulver, Damen- und Herrenbekleidung, haben den Börsencrash bisher verhältnismässig unversehrt überstanden. Es schwindet zwar die Kundschaft aus dem Ausland, aber mit dem Netz an Lieferanten und Abnehmern im Inland hält sich das Geschäft ordentlich. Eine Pause in der Expansion zur Konsolidierung und Abspeckung kann aufs Ganze gesehen durchaus förderlich sein. Ein paar notfallmässig eingestellte Schneider und Näherinnen müssen allerdings über die Klinge springen. Und wer weiss, was noch kommen mag. Man ist vor den Banken nicht mehr sicher. Plötzlich ist man seine Ersparnisse los. Vielleicht ist es gescheiter, sie anzulegen. Warum nicht in Aktien der Bad-Gesellschaft? Diesbezüglich fühlt sich Maximilian nicht zuständig, ist aber der aufmerksame Zuhörer der Reflexionen, mit denen Madame sich selber überzeugt, während sich nach und nach die Situation zuspitzt. Bestellte Textilien treffen nicht ein. Spinnereien und Webereien im Ausland sind in Konkurs geraten, inländischen mangelt es an Rohmaterial. Die Not macht Madame Pulver erfinderisch. Sie erfasst den Spartrend, fast ehe er sich in ihrer Kundschaft zum Ausdruck bringt, und greift ihn auf, indem sie Garderobe aus Nachlässen aufkaufen und in ihre Ateliers bringen lässt. Dort leitet sie ihre Schneiderinnen an, mit Hilfe von

Änderungen und neuem Aufputz mehr oder weniger neue Garderobestücke entstehen zu lassen. Die Säume kriegen Verzierungen. In die Büchse verirrte Einzelstücke bekommen eine neue Chance: ein frivoles Knöpfchen im Ausschnitt, ein frecher Goldknopf am Rocksaum. Stoffreste werden in Patten, Manschetten oder Schleifen umgesetzt. Sogar die St. Galler Spitzen kommen wieder zum Vorschein und an den glänzenden Hälsen und glatten Hand- und Fussgelenken der Puppen zur Geltung. Das hilft zwar keinem St. Galler Spitzenhersteller mehr auf die Beine, die Unikate aber landen in den Schaufenstern und Katalogen und machen der Krisenzeit zum Trotz die Dame adrett, den Herrn akkurat. Die Ateliers Pulver bleiben die Empfehlung landauf und landab, wenn auch im Moment vorwiegend innerhalb der Grenzen, die der Schweizer Franken steckt.

An dieser Stelle haben wir die Aufmerksamkeit auf eine Begleiterscheinung zu richten, die den Privatsekretär bislang nicht tangiert hat. Es handelt sich um Madames Busenfreundin Meret Güldenhahn-Sperl. Die Geschäftsfrau aus Frankfurt ist ebenfalls früh verwitwet. Ihr Mann verwaltete neben fremdem Vermögen auch das eigene, und eben diese Obliegenheit bildet jetzt ihren Lebensinhalt. Im Bad pflegte sie regelmässig Banker, Börsianer, Kaufleute und Unternehmer zu treffen, um sich von ihnen den Hof machen zu lassen. Das lastete sie nicht aus. Sie nahm einen Teil der Freizeit neben dem Kurprogramm zum Anlass, mit Madame Pulver Konversation in Englisch zu betreiben und sich in unterschiedlichsten Themenbereichen auf der Höhe der Zeit zu halten. Die Gegenstände, die über die Kaffeetassen hinweg und entlang der ausgedehnten Spazierwege ausgebreitet worden waren, wurden nach der Rückkehr in den Alltag in langen Briefen weiterdiskutiert, dies allerdings dann auf Deutsch. Wenn sich die Verve zu erschöpfen drohte, war es bald Zeit, im Bad neuen Anlauf und Schwung zu holen.

So der Normalfall. Der ist allerdings seit dem Crash Schnee von gestern. Meret Güldenhahn-Sperl lebt seither in dauernder Sorge um ihr Vermögen, obwohl sie ihre Anlagen gescheit diversifiziert hat. Sie bezieht sich auf Mr. Stanford aus Liverpool. Im Verlauf der Unterhaltungen im Billardsaal hat er unvermittelt seine Situation eröffnet. Seiner Bank ist das Geld ausgegangen. Die Ersparnisse sind dahin. Aber nicht nur das. Die Schliessung der Bank hat die Firmen, in die er sein Kapital gesteckt hat, in den Konkurs getrieben. Er ist pleite. Sozusagen. Er stellt sich als vom Schicksal geschlagenen Mann dar, gibt eine Flasche Whisky aus und scheint den mitleidigen Zuspruch zu geniessen. Alles halb so schlimm, hält man ihm entgegen, die Börsen erholen sich wieder, bessere Zeiten stehen bevor. Wenn aber ihr, Meret Güldenhahn, ein Schicksal ähnlich dem von Mr. Stanford widerfahren sollte, würde sie glatt in den Main gehen. So droht in der Öffentlichkeit der Trinkhalle Madames intimste Freundin dem Schicksal. Auch ihr wird inbrünstige Ermutigung zuteil, weiss doch keiner, wann und wie es ihn selber treffen wird. Fast täglich sickern neue Hiobsbotschaften durch, selbst auf dem Berg, wo man die Kurgäste vom Alltag abzuschotten bemüht ist. Firmenschliessungen, Zahlungsengpässe, Firmenpleiten, privater Bankrott. Es könnte einen grausen.

Eine der zuverlässigen Einsickerstellen ist Madames Privatsekretär. Er ist beauftragt, die Entwicklungen im Unterland zu beobachten und die Inhaberin der Ateliers Pulver auf dem Laufenden zu halten. Geradezu ängstlich ist sie nicht, aber sie will nicht auf dem falschen Fuss erwischt werden. Nach dem Frühstück, das sie sich inmitten ihrer Bekannten im grossen Speisesaal kredenzen lässt, erwartet Madame den Rapport.

Frei heraus lässt man es nicht verlauten, aber es ist inzwischen offenkundig, dass selbst das Kurhaus untendurch muss. Die englischen Gäste, mit Ausnahme von Mr. Stanford, bleiben aus, die Franzosen und Holländer schränken ihren Kurbedarf ein, und viele Deutsche stornieren ihre regelmässigen Aufenthalte. Von den paar Russen und den Einheimischen allein wird der Betrieb nicht rentieren, das können Insider jetzt schon munkeln. Über Weihnachten und Neujahr ging es schon ziemlich ruhig zu und her, aber jetzt, im

Sommer, fällt der Unterschied auf. Die Tennisplätze, vormals überbelegt, sind zeitweise verwaist. In den beleuchteten Bädern und in den Speisesälen herrscht gedämpfte Stimmung. Leute vom Personal, mit denen man in all den Jahren allmählich vertraut geworden ist, sind nicht mehr zur Hand. Von den verbliebenen wird man allerdings verwöhnt. Man kann in der Geruhsamkeit schwelgen, kann abends in der Kantine, wo das Begleitpersonal der Gäste und die Angestellten des Kurhauses verpflegt werden, bei einem Glas Wein verweilen, bis die Frauen von der Wäscherei die gebrauchten Tischtücher und Servietten einsammeln. Und eben bei dieser Gelegenheit, erzählt Rüdt von der Ofenbank herunter, geschah es, dass ich unvermittelt in das heiterhellste Gesicht blickte, das ihr euch vorstellen könnt.

Im Heim-Stübchen wundert man sich. Der alte Mann lächelt oft beim Erzählen und steckt mit seinem Lächeln auch an. So verschmitzt wie heute ist aber seine Miene noch selten aufgegangen. Kein Wunder. Denkt er doch jetzt an eine junge Frau. Wie sie die Arbeit unterbrach und an seinen Tisch trat. Da bist du ja wieder!

Unter den Bad-Bedingungen im Grunde genommen ein Fauxpas. Die unverhohlene Freude im Gesicht bekommt denn auch eine puterrote Unterlage. Mit der gestammelten Entschuldigung hat es indes eine unschuldige Bewandtnis. Die Leute, die sich in den Räumlichkeiten unterm Dachboden begegnen, sind ja lauter Bedienstete. Soweit damit das Personal vom Hotel gemeint ist, handelt es sich vorwiegend um junge Leute und unter den Frauen nicht etwa nur um vierschrötige Bauerntöchter. Soweit unter der Mansard-Belegschaft die Begleitpersonen der Kurgäste gemeint sind, handelt es sich in der Mehrzahl um Männer. Das Personal ist auf der bergseitigen Flucht in Zimmern zu viert untergebracht, in der talseitigen Flucht desselben langen Korridors gehen die Türen zu den Zimmern der Begleitpersonen. Den bevorzugten unter ihnen steht, wenn nicht gerade Überbelegung herrscht, ein Zimmer für sich allein zur Verfügung, selbst wenn es mit zwei Betten ausgestattet ist. Dieweil nun unten in den Gästeräumlichkeiten streng

die Etikette beachtet wird, duzt man sich da oben im langgestreck-
ten Korridor, wo besonders in den Randstunden, das heisst frühmorgens und spätabends, ein ebenso kunterbuntes Durchmischen
herrscht wie tagsüber auf den unteren Geschossen, wenn auch dort
auf gehobenem Niveau. Man spricht sich gegenseitig an und geht
lachend weiter, wenn man keine gemeinsame Sprache findet, im
anderen Fall plaudert man, schäkert und turtelt wohl auch ziemlich
kreuz und quer. Rüdt geht da meist zielstrebig hindurch auf sein
Zimmer oder kommt von dort, etwa wenn er zur Nummer 117 bestellt ist.

Aber nun die Freude im Gesicht der Angestellten. Bezaubernd.
Ja, die junge Frau ist ihm, dem Privatsekretär von Madame Pulver,
schon während vorangegangener Aufenthalte aufgefallen. Von den
feiner Gefügten eine an Gliedern, herzhaft an Busen und darob ein
bisschen verlegen. So dünkte es ihn vormals. Inzwischen scheint
sie in sich hineingewachsen zu sein und frauliche Selbstgewissheit
auszustrahlen.

Ja, sagt er, da sind wir einmal mehr. Und Sie ja auch. Freut
mich, Sie wiederzusehen. Doch sagen Sie, wie heissen Sie eigentlich? Rüdt hält an der Höflichkeitsform fest, damit die anderen Angestellten von der Wäscheabteilung nicht zu sehr die Ohren spitzen
müssen.

Nicole.

Ich heisse hier unten Maximilian. Sie können mich aber gerne
Max nennen.

Vergält's Gott. Sie hält dem Ostschweizer Dialekt das breitere
Bärntüütsch entgegen. Vielleicht begegnen wir einander wieder
einmal oben in der Mansarde, fügt sie noch schnell hinzu, bevor sie
mit ihrer Kollegin beim nächsten Tisch anpackt. Gemeinsam kehren und schütteln sie das Tuch, legen es notdürftig zusammen und
werfen es in den Korb. Und so von Tisch zu Tisch weiter, während
schon die Reinigungsequipe die Stühle hochstellt, den Boden aufzieht und auf diese Weise den Überhocker vertreibt.

Wir folgen ihm in den Lesesaal. In der Bücherei findet sich ein Nachschlagebuch für Namen und Vornamen. Nicole oder Nicola ist die weibliche Form von Nikolaus. *Nike* ist die Siegerin, *laos* steht für das Volk - Siegerin des Volkes also, wobei in diesem Falle das Volk durch Madame Pulvers Privatsekretär vertreten wird.

Fast überflüssig anzumerken, dass seit diesem Intermezzo Rüdt öfter mal nach dem Abendessen sitzen bleibt. Und zwar ganz abgesehen davon, dass es hier Wein gibt, während im Speisesaal alkoholische Getränke verpönt sind. Rüdt bleibt sitzen, bis die Tischdecke unter seinem Glas weggezogen wird. *Grüezi*, Nicole, sagt er. *Goggrüessech*, Max, antwortet sie. So fällt trotz der vielen Regentage, die der Stockhornkette entlangschleichen, ein mildes Abendlicht in Rüdts Kur-Alltag zwischen Dienst- und Pikettstunden.

Der Dienst gestaltet sich anstrengender als auch schon. Denn es tritt endlich jene Irritation ein, auf die der aktuelle Teil unseres Nachrufs quer durch alle denkbare Umschweifigkeit in Treppenhäusern, Fluren, Bädersälen, auf Spazierpfaden und in Plauderecken zuhielt und mit der sich eine der Anekdoten befasst, die Rüdt in seinen alten Tagen, wenn er gesprächig ist, ausbreitet. Wir haben hier anwesend Mr. Stanford, quasi pleite, dennoch treuer Kurgast, und dagegen dort rätselhaft abwesend die reiche Hessin. Auch in den Tagen nach Madame Pulvers Ankunft bringen die Kutschen keine Meret Güldenhahn-Sperl, weder am Mittag noch am Abend – sie bringen überhaupt kaum weitere Gäste, sondern nur die Postsäcke, die allerdings sichtlich schwerer wiegen als auch schon. Was kann Madame widerfahren sein? Einige der Anwesenden mutmassen, die Folgen des Börsencrashes könnten sich in Güldenhahns Frankfurt entfaltet haben.

Was die Kurgästeschaft als zum Small-Talk herunterspielt, beunruhigt in Wahrheit auch Madame Pulver. Sie hat keine Mühe, sich das Damoklesschwert vorzustellen, das über dem Geschick ihrer Freundin hängt. Mehr als eine Nacht muss sie darum mit Maximilian erörtern, ob und wie auf das Ausbleiben von Meret und jeglicher Nachricht von ihr zu reagieren sei. Der Privatsekretär findet, es wäre angemessen, der Sorge um sie Ausdruck zu verleihen. Man müsste ja die befürchteten Dinge nicht gleich beim Namen nennen und so womöglich noch gar heraufbeschwören.

Der Briefwechsel mit Madame Güldenhahn ist bislang nicht auf Rüdts Tisch gelangt. Aus Respekt vor dem hohen ideellen Anspruch ihrer Freundin hat ihn Madame bei sich behalten, als einzigen, seit sie die Dienste des Sekretärs in Anspruch nimmt. Sie empfindet aber nun das Schweigen, was auch immer es bedeuten mag, als eine Form von Verweigerung eben jener Auskünfte, die doch eine Freundschaft nähren, und leitet aus ihr ab, ein Stilbruch von ihrer Seite sei nunmehr erlaubt. Also gut. Dann schreiben Sie mir doch den passenden Brief. Hinterlegen Sie ihn mir am Empfang. Ich schreibe einen persönlichen Gruss dazu und lasse ihn der Post übergeben.

Rüdt verfügt sich in die Bar, wo er seine Ruhe haben wird, während die Kurgesellschaft zu den verordneten Spaziergängen ausrückt. Er zieht den Kittel aus, setzt sich an eines der Tischchen am Fenster, lässt sich von Sämi, dem Barkeeper, das Schreibset bringen, dazu ein *Bärner Müntschi*[4] aus der Brauerei Felsenau, und entnimmt der Mappe eines der Blätter, die Madames Briefkopf tragen. Das Signet stellt eine freche Damenfigur dar, vom Zeichner in wenigen Strichen gekonnt hingeworfen, Feder am Hut, und Stola, die sich genau besehen als überlanges Kleid entpuppt, den Hüftschwung aufnimmt und gleichzeitig ein Bein freigibt.

Rüdt braucht keinen Entwurf anzulegen. Er hat das Schreibhandwerk nicht verlernt, und einige Eigenheiten der Kurrentschrift, die sich abgeschliffen haben, hat er Madame zulieb wieder korrekt eingeübt. Er tunkt die Goldfeder ins Fass, zieht einen Probeschnörkel auf einem bereits mehrfach verwendeten Blatt, prüft

[4] Küsschen, Berndeutsch

mit Druck die Elastizität, mit der sich die Federbeinchen spreizen, und setzt dann an.

Meine verehrte Meret, seit Tagen halten Ihre Freundinnen und Freunde und mit ihnen auch ich vergeblich Ausschau nach Ihnen. Zu jeder Ankunft der Kutschen stellen wir uns ein, um Sie gebührend und mit Freude und Beifall zu begrüssen. Sie steigen wieder nicht aus. Enttäuscht und ratlos schauen wir einander an und stellen einmal mehr fest, wie sehr Sie uns doch fehlen. Welch eine bedenkliche Ursache hält Sie von uns fern? Es geht so mancherlei Unerquickliches vor sich in der Welt; und täglich erreichen uns neue Besorgnis erregende Nachrichten – dies, obwohl die Ärzte alles daransetzen, uns zu verschonen, und fast verzweifeln ob der Neugier, mit der wir uns halt doch auf die spärlicher als das Schwefelwasser fliessenden Informationen stürzen. Mich hält, wie Sie ja wissen, mein Sekretär auf dem Laufenden, doch auch er kann weder Hinweise geben auf die Frage nach Ihrem Verbleib noch hindern, dass Ihre Freunde und Freundinnen sich mancherlei Sorgen machen und auch Befürchtungen zur Sprache bringen, die nur Sie aus unseren Gedanken auszuräumen vermögen. Lassen Sie sich in ihrer aller Namen bitten, uns umgehend hinsichtlich Ihres Fernbleibens zu beruhigen und wo immer möglich zu prüfen, ob Sie denn wirklich nicht in der Lage wären, uns die Ehre Ihrer Gesellschaft anzutun. Mit der allergrössten Ergebenheit.

Rüdt streicht am Fliessblatt die Feder sauber. Es hat sich Schmutz angesammelt, weil er sie bis zum Grunde des Tintenfasses tunken musste. Nun entnimmt er aus der Mappe einen der gelben Postumschläge, rückt den Becher, aus dem er den letzten Schluck vom *Müntschi* gesogen hat, zur Seite und faltet den Brief. Er schiebt ihn in den Umschlag, steht auf, schlüpft in den Kittel und geht hinaus zur Réception. Er lässt den Umschlag ins Fach von Madame Pulver, Suite 117, stecken. Er hat jetzt voraussichtlich noch eine Stunde frei, bis im kleinen Saal das Personal die Suppe bekommt. Danach wird er sich im Lesesaal abrufbereit halten für den Fall, dass sich aus den Gesprächen mit Gästen ein Schreibanlass ergeben hat, mit dem Madame ihn noch schnell beauftragen will, bevor sie sich dem Mittagstisch und den anschliessenden Teerunden zuwendet, aus denen ihm dann am späteren Nachmittag erneut Aufträge zukommen könnten. Also nützt er die Pause für einen Gang hinüber zum Bellevue. Es ist aber heute kein Tag für Fernsicht. Der Thunersee liegt unter derselben diesigen Luft, die auch die Hügelkuppen und Bergsilhouetten wie hinter einem Tüllvorhang verblassen macht. Rüdt verzichtet aufs Turmtreppensteigen und kehrt um, bevor jene Kurgäste die Gaststube verlassen, die schon mal vor dem Mittagessen etwas Deftigem zugesprochen haben, einer Portion Speck, einem Wurstteller - denn die Kurmahlzeit ist salz- und fettarm und auch sonst so monoton gesund, dass man sie immer mal wieder gerne ausser Haus ergänzt. Die externe Wirtschaft ist die logische Antwort der Kurhaus AG auf dieses Bedürfnis. Die Wohlhabenden lassen sich auf dieses Spiel ein. In seinen, Rüdts, Augen ist eh das ganze Kurangebot weniger eine Thermal- als eine Geldquelle, ein geschickt inszenierter Vorwand, an das Geld der Reichen heranzukommen, und ist eines der vielen blühenden Geschäfte mit dem Aberglauben, kurz: ein profaner Wallfahrtsort. Das eigen riechende und schnell sich trübende Quellwasser an sich, sei es nun heldenhaft getrunken oder naserümpfend bebadet, hat womöglich nicht die Heilwirkung, die ihm zugeschrieben wird. Wer möchte das genau wissen? Die Ärzte sicher nicht. Aber es bietet zusammen mit der ganzen Institution Kurhaus den Anlass zu einem grandiosen Selbsttäuschungsritual, über das man sich zum Aufenthalt in der gesunden Luft und zur bekömmlichen Ernährung verleiten lässt. Das könnten die Herrschaften viel billiger haben, lassen sich aber die Verheissung eine Menge kosten, damit sie schliesslich bereit sind, sie sich selber zu erfüllen. Wer aber stur auf die wissenschaftlich messbare Heilwirkung vertraut, wird gebüsst, will sagen: er oder sie bezahlt zu viel. Doch nun du, mein lieber Rüdt, hast ja weiss Gott an deinem Plätzchen in diesem Theaterdekor keine Gesellschaftsanalyse zu erstellen. Deine Meinung

ist nicht gefragt hier oben, und überhebliches Grinsen stand dir nie
an. Mit solcher Einsicht mischt sich Madame Pulvers Maximilian
unter die von allen Seiten pünktlich zur Essenszeit herbeiströ-
mende Kurgesellschaft. Er begibt sich allerdings, im Gegensatz zu
ihr, die sich erst noch auffrischen und zurechtmachen muss, direkt
zu Tisch, dies, wie gesagt, in der Kantine zusammen mit dem
Dienstpersonal und der Begleitung der Gästeschaft, den Butlern
mit ergrauten Koteletten, den naserümpfenden Jungfern und
schwarz verfremdeten Mägden und einigem lauten Jungblut aus
Russland.

Charlotte Pulver unterschreibt den Brief, den ihr der Concierge ausgehändigt hat, und bringt ihn gleich selber zum Postbüro.
Sie will sicher sein, dass er fortgeht, und instruiert entsprechend
den Posthalter in der dunkelblauen Uniform. Der verspricht hoch
und heilig, sein Bestes zu tun, und lüftet hinter der Theke die
Schirmmütze, als Madame sich halbwegs beruhigt anschickt, das
Stübchen mit den Fahrplänen zu verlassen. Verbindungen über
Bern Richtung Lausanne-Genf nach Lyon und Paris, Richtung Basel
nach Mannheim und Frankfurt oder Rotterdam, Richtung Zürich
nach Wien oder ins Tirol zur nächsten Kurgelegenheit.

Antwort, das können wir jetzt schon sagen, wird ausbleiben.
Der Badaufenthalt nimmt seinen eingeübten Fortgang. Von Geruhsamkeit ist aber keine Rede mehr. Via Lounge und Trinkhalle ziehen Unrast und Gereiztheit ein. Sie breiten sich über die Gästeeta-
gen hinweg aus und bis hinauf in die Mansarde. Dort fallen die
Symptome besonders auf, weil sich mehr Leute auf engem Raum
gedrängt finden als in den Gästegeschossen. Einem nächtlichen Beobachter mit Zeitraffer könnte ziemlich sturm werden vor den Augen ob dem übergeschäftigen Huschen und halb gezielten Gelaufe;
man scheint sich in den Türen zu irren, und auch hinter den Türen
herrscht nicht etwa Nachtruhe, sondern ein stundenlanges Wispern hier und Tuscheln dort, das nicht nur die Schlüssellöcher, sondern auch die Wände durchdringt. Man könnte meinen, Endzeit sei
angesagt. Es tut sich und hält zusammen, was immer kann. Als

wäre ein zuvor selbstverständlich eingehaltenes Mass überflüssig geworden. Obwohl ihn der nächtliche Betrieb zuweilen am Einschlafen hindert, bleibt Privatsekretär Maximilian der Frühaufsteher, dem die Frühpost mit den Morgenblättern zuerst in die Hände fallen soll. Auf dem Weg zu den Waschräumen begegnet er Hausangestellten, die spät ihr Zimmer aufsuchen oder wie er schon zur Morgentoilette unterwegs sind. Unter ihnen auch einmal *nike laos*, das Gesicht unter Strähnen, das strahlende Lächeln noch schläfrig ungefähr. Rüdt nickt ihr zu und stellt flüchtig fest, dass ein Teil seines Wesens sich auf den Abend freut.

Zuerst gilt es ja aber den Werktag. Kaum ist die Bar geöffnet, setzt sich Maximilian an seinen Tisch beim Fenster und studiert eins nach dem anderen die Bulletins aus der Wirtschaft. Nach dem Frühstück, das sie sich inmitten ihrer Bekannten im grossen Speisesaal kredenzen lässt, wird Madame den Rapport erwarten. Hierfür wird er sich Notizen anlegen, da er ja die Zeitungen weiterreichen muss. An Meldungen von Zahlungsunfähigkeit, Lohnausständen, Deponierung von Bilanzen und Schliessung von Betrieben sind die Augen schon so gewöhnt, dass genau hinschauen muss, wer die Informationen nicht übersehen möchte, die für Madame relevant sein könnten.

Da Charlotte Pulver-von Wynau auch im gehobenen Klatsch auf dem Laufenden gehalten zu werden begehrt, pflügt sich Rüdt mit einer zweiten Welle von Aufmerksamkeit, die er dem Kaffee verdankt, auch durch die lokalen Blätter. Mit denen kann er sich Zeit lassen. Die ausländischen Gäste stürzen sich weder auf die Berner Zeitung noch auf die Tagwacht und schon gar nicht auf das Echo vom Bantiger. Was tut sich zwischen den Burgerfamilien? Wer verlobt sich mit wem? In welchem Haus zog Trauer ein? Wer zeigt eine Geburt an und wird demnächst eine Taufe ausrichten? Das Leben in der Stadt lässt sich für die Dauer von Madames Kuraufenthalten nicht aussetzen; Kondolationen und Gratulationen mit dem Briefkopf der Ateliers Pulver sind denn auch die Obliegenheiten, mit denen sich Madame Pulvers Sekretär zu befassen hat, wenn sonst keine Ereignisse besonderer Aufmerksamkeit bedürfen. So ist er an manchen Tagen mit Empfehlungsschreiben beschäftigt, während in den Bädern, Massagekabinen und Liegehallen vom Geräuschpegel ablesbar ist, dass die selige Entrücktheit früherer Aufenthalte sich nicht mehr einstellen will. Über den Schwefelwassern dämpfelt Alarmstimmung. Nicht einmal die Musikkapelle vermag den Tinnitus zu übertönen. Hier stecken an einem Tisch Gäste die Köpfe zusammen, dort wird argwöhnisch beobachtet oder ein Bediensteter herbeizitiert.

Nicht immer trägt das Überhocken nach dem Abendessen den erhofften Lichtblick ein. Die Equipen scheinen nach einem schwer durchschaubaren Plan ausgewechselt zu werden. Es kommt vor, dass eine der neuen Frauen vom Wäschedienst dem unerwünschten Gast das Tischtuch unter den Händen wegzieht. Maximilian zögert dann nicht, sich schleunig zu entfernen. Er hat keine Ahnung, an welcher Kurhausfront die hübsche Angestellte mit dem hellen Gesicht und den Lichteraugen gerade im Einsatz stehe. Einen veritablen Missmut ist es ihm nicht wert, wenn sie ausbleibt; es ist ihm nur einfach willkommen, dem klaren Lächeln zu begegnen, wenn sie wieder Kantinendienst hat und ihn entdeckt, und es wird ihm wohlig angesichts der braunen Arme, an denen die Hemdsärmel bis zur Beuge zurückgekrempelt sind, angesichts der wohlgeformten Waden unterhalb der Rock- und Schürzensäume, und angesichts der kaum zu verhehlenden Brüstigkeit. Nicole ist eine Zierde ihres Geschlechts – das wollen wir ihr lassen, während ihn, Rüdt, die Ansichten nicht zu den Anzüglichkeiten verleiten, mit denen mancher Gast sich am weiblichen Hauspersonal antörnt. Er sieht keine Notwendigkeit, mit der Angestellten zu schäkern. Er freut sich über den Anblick, grüsst, und damit hat es sich. Sofern das wahr ist.

Maximilian hat übrigens auch keine Ahnung, wo und in welcher Gesellschaft sich in Ermangelung ihrer hessischen Freundin Madame Pulver die Zeit vertreibt. Ihr wäre am liebsten, wenn er ihr jederzeit in der Lounge zur Verfügung stünde; in der Praxis ist sie aber einverstanden, dass er an der Réception einen Hinweis auf seinen Verbleib hinterlässt: An einem der Vorträge über gesunde Ernährung. In der Bücherei beim Studium der vielfältigen Wirkungen des Thermalwassers. Wenn er angibt »auf dem Zimmer«, geht er am Liftboy vorbei und nimmt die Treppen hinauf in die Mansarde. Vom dritten Obergeschoss an fehlt der Teppich. Im Korridor tauschen sich Angestellte und Bedienstete in Gruppen und Paaren aus, diskutieren, albern auch wohl noch ein wenig herum, ehe sie sich zu Bett schlagen, Vereinzelte stehen in den Fensternischen und scheinen auf was auch immer zu warten, ein Boy schlüpft hindurch und klopft an einer Tür, bleibt auf der Schwelle stehen, während sie von innen aufgeht, gibt einen Umschlag ab und entfernt sich wieder. Er, Maximilian, steuert stracks auf sein Zimmer zu. Müde genug ist er. Kaum hat er die Schuhe ausgezogen, klopft man auch bei ihm. Madame Pulver erwartet Sie auf Nummer 117.

Sie sitzt im Fauteuil, ein Glas Kräutertee in der Hand, und im Übrigen im Négligé. Das kann sie sich leisten. Das anschmiegsame Gewebe betont einen ansehnlich gebliebenen Körper. Setzen Sie sich. Und dann erteilt sie die Anweisungen. Sie schreiben noch einmal nach Frankfurt. Darf ruhig dringlicher sein, verstehen Sie? Schreiben Sie in Vertretung und dazu Ihre Unterschrift, Maximilian, und bringen Sie den Brief zur Abfahrt der Morgenpost. Lassen Sie ihn als Eilbrief frankieren.

Ja, Madame. Rüdt wartet, ob er noch weitere Direktiven bekomme. Sie nippt am Glas, räkelt sich unter dem Stoff, dehnt sich, bis die Brustwarzen sich abzeichnen. Dann lächelt sie. Sie sind mein Sekretär, Maximilian, behalten Sie das im Blick. Das war's dann für heute. Gute Nacht.

Sie zupft den rosa Rüschensaum über die Knie runter, und Rüdt zieht sich zurück.

Diesmal nimmt er den Lift. Bis ins dritte Obergeschoss. Dann die Treppe rauf ins vierte. Es brennt nur noch das schummerige Nachtlicht. Rüdt muss auf die Stufen achtgeben, einheimischer Stein, also ziemlich dunkel. Wie er aufschaut, steht er vor Nicole.

Ich habe auf dich gewartet. Weisst du, wie oft ich das schon getan habe? In der Kantine bist du aufmerksam, doch hier oben schaust du an mir vorbei.

Rüdt fühlt sich ertappt. Er zögert, verdreht die Augen. Weisst du, sagt er endlich, für dich bin ich zu alt.

Willst du damit sagen, ich bin dir zu jung?

Nicht so ist das gemeint.

Ich gefalle dir nicht.

Du gefällst mir sogar ausnehmend, Nicole. Dein anmutiges Wesen hat es mir angetan. Aber einer wie ich hat einer jungen Frau nichts in Aussicht zu stellen.

Erwarte ich etwas von dir?

Nicole hat es ganz einfach satt, sich jeden Abend die verseufzten Männergeschichten ihrer Kolleginnen anhören zu müssen.

Kann ich für einmal bei dir übernachten?

Es geht ihr nicht explizit um eine eigene Männergeschichte. Obwohl handkehrum unterstellt werden darf, dass sie sehr wohl weiss, worein sie sich gerade begibt. Und damit hat es Madame Pulvers Privatsekretär zum ersten Mal mit einer viel jüngeren Frau zu tun, ja fast noch mit einem halben Kind. Jedenfalls tut sie sehr unerfahren, und er ist ja nun auch nicht der Liebhaber, der es in sich hat. So verbringen sie die Nachtstunden ziemlich linkisch, aber von Herzen. Sie flüstern und kuscheln sich durch die Bett- und Körperwärme, schlafen ein und erwachen wieder, und unvermittelt steht der Tag an. Max streift der Bettgenossin eine Haarsträhne aus der Stirn. Du musst jetzt gehen, Nicole. Du weisst, wenn man dich nachts erwischt, lässt man's augenzwinkernd hingehen. Die Mädchen aber, die sich am Morgen ertappen lassen, sind auf der Stelle gefeuert.

Erst jetzt, unter der elektrischen Beleuchtung, während Nicole ihre Unterwäsche einsammelt und über sich zieht, wird augenfällig, welch eine Lichtgestalt ihm, Rüdt, gerade entgeht.

Die Bar ist noch nicht bedient, aber Rüdt weiss, wo sich Schreibzeug und Tinte befinden. Er öffnet das Fenster neben seinem Tisch und vernimmt aus dem Wald das Getratsche von Eichelhähern und vom Vorplatz her die Stimmen der Gärtner, die mit dem Rechen durch den Kies gehen. Mit den Insignien seines Sekretariats setzt er sich hinter seinen Auftrag. Es macht ihm nichts aus, dass auch das Wispern an seinen Ohren präsent bleibt.

Sehr geehrte Madame Güldenhahn, schreibt er auf das Briefblatt und ärgert sich jetzt ein wenig, dass er keine Entwürfe macht; es wäre ihm gedient, wenn er sich an den vorausgegangenen Brief halten könnte. Der Unterzeichnende, so fängt er an, sei beauftragt, sich zum wiederholten Male mit allem sorglichen Nachdruck nach der Adressatin und deren wertem Befinden zu erkundigen. Der Obliegenheit komme er hiermit, wie er hoffe, in der geziemenden Höflichkeit nach. Dann stellt er aus dem Gedächtnis den Inhalt des vor bald zwei Wochen formulierten Schreibens wieder her, wie man täglich nach ihr frage und auch unermüdlich Ausschau halte, wenn der Kutscher mit der Trompete eine Postankunft signalisiere, mit welcher Ratlosigkeit man allemal Madames Ausbleiben zur Kenntnis nehme, nur um alsbald festzustellen, welch eine Bereicherung sie doch stets in den Kuralltag getragen habe. Besondere Sorge bereite das Ausbleiben jeglicher Nachricht von ihrer Seite, und bereits rätsle man herum, welch eine Unbill imstande wäre, die verehrte Freundin und hoch geschätzte Vertraute vom Kurwesen fernzuhalten. Denn in der Tat vernehme man den Rumor, der sich unten in der Welt tue, bis hinauf in die sonst so friedliche Luft des Bades; er störe die Gespräche auf den Spazierwegen, er lege sich als übler Nachgeschmack ins Quellwasser und geräuschig in die Pausen zwischen den Stücken der Kurkapelle. Er selber, der Sekretär, versuche zwar, die Sorgen seiner Dienstherrin mit allerlei Hinweis auf positive Indizien in den wirtschaftlichen Entwicklungen zu zerstreuen, doch auch ihm gelinge es nicht, all dem Gerücht standzuhalten, das sich mittlerweile um ihren, Madames, Verbleib in den Niederungen entspinne. Nur sie selber, Madame Gülden-hahn, sei ja wohl in der Lage, die ersehnte und kalmierende Klar-heit zu schaffen. – So verdoppelt der Sekretär im Wesentlichen den vorangegangenen Brief und bittet mit der allergrössten Ergeben-heit um Rückmeldung.

Der Brief geht ab und kurz darauf jäh der Kuraufenthalt samt Bädern, Bergrennen und geselligen Spaziergängen zur Neige. Ob-wohl man fast täglich feststellen muss, dass Gäste klammheimlich abgereist sind, müssen dem Privatsekretär die Anzeichen, dass auch Madame an Abreise dachte, entgangen sein. Vielleicht ist seine Aufmerksamkeit nun doch allzu sehr damit beschäftigt, über das Naheliegende hinweg nach der fernreizenden Angestellten der Wäscherei Ausschau zu halten. Für eine nächste Begegnung mit ihr wird sich die Gelegenheit nicht ergeben, nicht einmal für eine von der flüchtigen Art anlässlich überhockter Abendimbisse.

Antwort aus Frankfurt könnte, falls sie denn in Aussicht stünde, noch gar nicht eingetroffen sein, als Maximilian aus der Bar zur Nummer 117 bestellt wird. Hastig faltet er die Zeitung, in der ihm sonderlich Aufregendes nicht aufgefallen ist, und springt auf, um oben im Zimmer die Briefmappe zu holen. Noch im Lift zurück ins erste Obergeschoss bindet er sich umständlich die Krawatte, in-dem er die Mappe untern Arm klemmt. Madame zeigt sich entge-gen der Gepflogenheit ganz und gar angekleidet, aufgeputzt und geschminkt, so als wollte sie zu einer Reise aufbrechen. Ja, richtig, sagt sie, wir reisen ab. Holen Sie Ihre Sachen. Wir nehmen die Mor-genpost.

Der Sekretär deutet eine Verbeugung an und wendet sich zur Tür.

Und noch etwas, Maximilian. Sie glauben doch nicht im Ernst, dass dieses Haus in der Mansarde blind sei? Wir wollen aber die Sache hier deponieren und im Unterland nicht mehr daran denken. Sind Sie auch dieser Meinung?

Maximilian deutet eine weitere Verbeugung an und ist heil-froh, das Zimmer verlassen zu können, denn er spürt die Hitze im

Bereich der Wangenknochen. In der Mansarde geht er den langen Korridor bis tief in den Bereich des Kurhauspersonals und stellt fest, dass er keine Ahnung hat, hinter welcher der Türen Nicole untergebracht ist, es gibt da hinten auch mehr Türen, als er angenommen hat. Eine ältere Dame, bei deren Anblick wir Heutigen auf den ersten Blick wähnen würden, sie laufe mit einem Kopfhörer herum, stellt sich ihm in den Weg. Sie hat aber ihre zwei Zöpfe beidseits zu einer Schnecke gerollt und über den Ohren fixiert. Suchen Sie hier jemanden?

Nein, danke, sagt Rüdt. Das heisst, doch. Ja. Nicole. Dürfte in der Wäscherei angestellt sein.

Die Aufseherin winkt ab. Bezüglich Personal keinerlei Auskünfte. Nicole? fragt sie aber dann nach. Und der Familienname?

Keine Ahnung, sagt Rüdt wahrheitsgemäss.

Und Sie selber – wer sind Sie?

Maximilian, Privatsekretär von Madame Pulver.

Ach so. Sie müssen sich verirrt haben. Ihre Zimmer sind da lang. Sie zeigt in die Richtung, aus der er gekommen ist und in die er nun zurückkehrt, um seine Siebensachen in den Koffer zu stopfen.

Madame Charlotte Pulver hinterlegt auf dem Postbüro ihre Schloss-Adresse und die Anweisung, allfällige Post an sie weiterzuleiten; dann verabschiedet auch sie sich ohne das Aufsehen, das sonst die Regel zu sein pflegte. Man weiss nicht, ob man wiederkehren wird, und geniert sich jetzt schon für den Fall, dass es einen auch erwischt hat. Rüdt gewahrt, dass die Abreise von der Lounge aus, die sich im Empfangsbereich befindet, von vielen Augenpaaren beobachtet wird.

Via Kurhaus AG trifft der fragliche Brief zusammen mit dem vorangegangenen im Atelier-Alltag ein, und zwar mit dem Vermerk »unzustellbar«.

Was heisst hier »unzustellbar«? Madame Pulver ist verzweifelt und setzt, anstatt die nächste Sitzung mit dem Sekretär abzuwarten, stracks sich selber in die Situation ihrer Freundin. Aus dieser nächtlichen Sicht entwirft sie eigenhändig die Antwort, auf die sie vergeblich gewartet hat. Sie schreibt, das Unglück sei da. Unbarmherzig habe das Schicksal zugeschlagen. Eine ihrer Banken habe die Zahlungen eingestellt. Schuldner machten Pleite. Aktien trügen nichts mehr ein. Die Mietzinsen würden nicht bezahlt. Und so fort. Und der Rede kurzer Sinn: Meret Güldenhahn sei nicht mehr solvent. Sie könne ihren Verpflichtungen nicht mehr nachkommen und die Berater nicht mehr zahlen. Jüngst hätten gekündigte Mieter sie bedroht. Was das für ein Leben sei, müsse sie sich fragen, und warum es ihr derart übelwolle. Was sie denn falsch gemacht habe. Sie sehe nicht, was aus ihr werden solle. Sie sehe überhaupt nicht weiter. Sie fürchte zu verarmen. Ein Leben in Lumpen, ehrlich, könne und wolle sie sich nicht vorstellen. Ob sie denn nicht für etwas anderes als für das Elend geboren sei. Eines stehe fest: sie werde nicht betteln. Eher gehe sie ins Wasser. Sie wäre ja beileibe nicht die Erste, die sich weigert, ein übles Schicksal anzutreten.

Den Brief mit dem Schlussschnörkel, den man für ein M halten könnte, praktiziert Madame in einen Umschlag, den sie mit ihrer Anschrift versieht. Oben, wo die Marke kleben sollte, schreibt sie: Eilbrief.

Am Vormittag vom nächsten Arbeitstag ihres Sekretärs lässt sich Madame Pulver vorlesen, was sie selber aufgesetzt hat. Sie beobachtet scharf Maximilians Reaktionen, während er liest. Er lässt sich wie gewohnt wenig anmerken, sofern er überhaupt etwas merkt. Man könnte allenfalls behaupten, seine Stimme klinge ein wenig verwundert.

Was halten Sie davon? Angenommen, der Brief wäre an Sie gerichtet, mein schlauer Herr Literat: Was würden Sie antworten?

Maximilian denkt eine Weile nach.

Hat der Brief Ihr Mundwerk zum Stocken gebracht? Es ist doch sonst so akkurat.

Ihm falle dazu, antwortet Maximilian endlich, eine Redensart ein. »Die Hoffnung stirbt zuletzt.« Und die grösste Hoffnung sei doch, genau besehen, Madame Meret sich selber. Solange sie sich nicht aufgebe, sei auch die Hoffnung intakt. Irgendeinen Weg, eine Aussicht gebe es immer, solange ein Herz schlage, und solange eben dieser Puls willkommen geheissen werde. Um ihn wahrzunehmen, müsste man allerdings in die Stille gehen. Nicht in die abgehobene Geräuschigkeit eines mondänen Bades, sondern dorthin, wo man mit sich allein sei. Es müsse ja nicht gleich die Gefängnishaft für eine Schuldnerin sein. Wobei etwas von der Art, fügt er hinzu, keineswegs die übelste Erfahrung wäre, genau besehen.

Er hält sich seine eigenen Haft-Einsamkeiten vor Augen und wie er zu sich kam. Davon freilich weiss Madame nichts, es sei denn, sie hätte die Erkundigungen, die sie über den Mann ihres privaten Vertrauens eingezogen hat, bis nach Pfäffikon ausgedehnt, und das zieht er, Maximilian, eigentlich nicht in Betracht.

Man müsste Madames Freundin, meint er, ermutigen, sich den Sachverhalten nüchtern zu stellen und Bilanz zu ziehen. Was ist de facto verloren? Vielleicht Anlagen. Vielleicht Ersparnisse. Was ist demgegenüber geblieben? Vielleicht Schulden, ja. Aber offenkundig auch Güter, die sich veräussern lassen. Die Wohnungen und Häuser. Der Schmuck, den Madame Güldenhahn gerne zur Schau trug, bis ihr das Silber im Bad schwarz wurde, und Luxus im Haushalt wahrscheinlich - was alles sich eigne, schadlos abgestossen zu werden, damit vorerst einmal das Überleben gesichert sei. Von so günstigen Umständen würden viele Menschen träumen. Ja, und dann noch einmal und vor allem das pure Leben an sich, und mit ihm doch sicherlich die Einbildungskraft und der Schwung, der eine frische Vision befördert, und der Mut, die brandneuen Ideen zu verwirklichen. Die Wirtschaftskrise ist nicht ausgestanden, das ist wahr. Wie lange wird sie dauern? Ein paar Jahre? Nur wenige Nutzniesser haben ein Interesse an ihrem Fortbestehen, also wird sie überwunden werden. Ja, und schliesslich müsste man wohl auch überprüfen, wie Madame Güldenhahn zu ihren Suiziddrohungen stehe. Sind sie ein Mittel rein zur Bühnenwirksamkeit oder in der Tat bare Münze? In letzterem Fall wäre es angezeigt, sie auf eine Person in ihrem Umfeld zu verweisen, bei der sie sich vertrauensvoll aussprechen könnte. Vielleicht braucht sie ärztliche Hilfe und vorübergehend halt ein Medikament und eine Therapie. Der anschliessende Kuraufenthalt trüge zur Rehabilitation bei.

So ungefähr würde er, Maximilian, an Madames Stelle argumentieren, sodass man dann nach einiger Umschweife wieder da wäre, wovon man doch ausgegangen sei: bei der inständigen Einladung an Madame Güldenhahn, der Kurgästeschaft doch wieder die Ehre erweisen zu wollen.

Nachdem Madame Pulver sich die Erwägungen angehört hat, weist sie ihren Privatsekretär an, umgehend die Antwort zu verfassen. Das ist ein Auftrag, sagt sie, ein dringender. Haben Sie das verstanden? Auf Ihre Worte kommt es jetzt an. Lassen Sie den Brief auf dem Schreibtisch liegen. Ich werde mich darum kümmern. Im Übrigen sehen wir uns am Montag wieder. Wie immer.

Maximilian zieht sich zurück, begibt sich in die Bibliothek, entledigt sich seiner Jacke, legt sie ordentlich über den Bügel (es handelt sich nicht mehr um ein Stück aus dem Kostümverleih, sondern um ehrlich, wenn auch mit Sonderrabatt erstandene Bekleidung aus dem Hause Pulver) und hängt den Bügel an den Garderobeständer hinter der Tür. Dann legt er das Schreibzeug bereit und setzt sich gegenüber dem Fenster mit Aussicht auf Münsterviertel und Aareschlaufe an den Tisch. Er legt den rechten Unterarm quer unter die Brust, sodass er den angewinkelten linken Arm darauf abstützen kann. In die offene Hand legt er kinnvoran den gedankenvollen Kopf und gewahrt in den Fingern die Wärme, ja schon fast Hitze der Wange. In dieser Haltung geht er seine mündlich dargelegten Erwägungen noch einmal durch. Dann schreibt er sie nieder. Werteste Freundin, schreibt er und hätte fast vergessen, dass er nicht etwa in die neuzeitliche Schrift fallen darf. Er dreht und wendet die Sätze, bis sie sitzen, dann schreibt er sie in gemächlichen Bewegungen, als gälte es eine kalligrafische Auszeichnung. Er hat ja unverhofft Zeit, und die nutzt er bis über die Mittagsstunde hinaus.

Die beiden Blätter des Briefes lässt er wie verabredet auf dem Tisch liegen und verlässt dann das Schloss. Auf der Brücke bleibt er stehen. Die Angelegenheit, in die ihn Madame verwickelt, kommt ihm merkwürdig vor. Nicht komisch, wie man vermuten könnte – nein, verrückt irgendwie. Typisch Madame. Würde jemand anders das Spiel betreiben, müsste man davonlaufen. Aber auch so: irgendwie befremdlich. Weil schwer abzuschätzen ist, wieviel Ernst halt doch dahintersteckt, hinter dem Spiel ebenso wie übrigens auch hinter Madames Art. Die Kennzeichnung *frivol* fällt ihm zur ganzen Situation ein. Soll am Ende ihm, Maximilian, dem kleinen Angestellten im Schloss, mitgespielt werden? Er durchschaut die Dinge nicht und findet, er verdiene an diesem Freitagnachmittag eine Ablenkung.

Das Laub an den Rosskastanien fängt an sich zu kräuseln. Der erste Vorbote des Herbsts. Wie schnell ist es im Appenzellerland dann Winter. Rüdt hat sich schon lange nicht mehr dort aufgehalten. Die Strickwaren-Obliegenheit hat er aus der Hand gegeben. Nicht ohne auch einmal an die hübsche Flickerin zu denken. Was aus ihr geworden sein mag und aus dem Kind, von dem der Aufseher munkelte? Wenn er wieder einmal in die Ostschweiz fahren wollte, dann aber nicht ihretwegen, sondern um Klara zu besuchen. Konkret: er könnte das freie Wochenende für den Besuch nützen. Allerdings müsste er zuvor anrufen und sich vergewissern, dass er willkommen sei. Zunächst schlendert er am Münster vorbei und beschliesst, sich im Braunen Mutz eine Rauchwurst mit Brot und ein Glas Rotwein zu gönnen. Er hängt die druckfrische Abendausgabe der Nachrichten vom Haken und stösst auf der Frontseite auf die Schlagzeile: Kurhaus AG geschlossen. Wie wir soeben in Erfahrung gebracht haben, hat die Weltwirtschaftskrise ein neues Opfer ereilt. Es ist kein Geheimnis, dass das Bad in eine Sackgasse geraten ist. Die ausländische Kundschaft drohte auszugehen. Speziell geschrumpft ist das Segment der englischen Gäste. Seit Monaten ist die Institution in die roten Zahlen gerutscht. Nun hat der Verwaltungsrat die Notbremse gezogen und die Bilanz deponiert. Allen Gästen wurde per sofort gekündigt. Wie zu erfahren war, sind die meisten von ihnen bereits abgereist. Auch das Personal wurde fristlos entlassen. Inwieweit die ausstehenden Löhne noch beglichen werden können, wird sich nach der Liquidation zeigen. Was aber mit den Gebäuden und Anlagen geschehen soll, steht in den Sternen. Wir warten auf ein Wunder, sagt der Sprecher des Verwaltungsrates.

Rüdts Stimmung ist trotz dem Wein, der ihm aufgetischt wird, und trotz dem würzigen Geruch der heissen Wurst ernüchtert. Er ahnt, dass Madame die Hiobsbotschaft bereits zur Kenntnis genommen haben wird, wenn er am Montag die Zusammenfassung vom Wochenende vorliest.

Er geht zur Post. Aus der Kabine ruft er im Waldgut an. Ja doch, er ist willkommen. Also fährt er mit den nächsten Verbindungen hin. Spätabends kommt er an. Mama hat sich auch eingestellt. Sie schläft bald auf dem Sofa ein, während die Geschwister bis tief in die Nacht zu berichten haben.

Im Schloss sitzt derweil Charlotte Pulver an der Replik. Schon ist es wieder völlig Nacht um die Zeit, zu der sie zu Bett zu gehen pflegt. Erst noch konnte sie vom Bett aus, wenn sie den Kopf drehte, in den Horizont hinaussehen, wo der Widerschein des Sonnenlichts in den Wolkenstreifen wie eine alte Tapete vergilbte. Es ist so still, dass sie unterm Gezirp der Grillen am Hang und der Zikaden in der Glyzinienpergola das gleichmässige Rauschen der Aare vernimmt. Und unter dem Rauschen der Aare die Stimme, die sie als die von Meret ausgibt. Es steht schlimmer um mich und meine Geschäfte, als du denkst, diktiert die Stimme. Ich muss immerzu fürchten, es stehe sogar bereits schlimmer, als ich selber mir das denken kann. Noch überblicke ich nicht das Ausmass der Krise, in der sich meine Obliegenheiten befinden. Die Wahrheit kann jederzeit zum Vorschein kommen, und darauf bezieht sich die Angst, mit der ich am Abend zu Bett gehe und am Morgen wieder aufstehe, gar oft, ohne dazwischen zur Ruhe gekommen zu sein. Du sparst nicht mit guten Worten. Aber was sollen mir Worte und Mitgefühl? Weisst du, was mir helfen könnte? Ein Wunder. Irgendein Wohltäter bietet mir hundert Tausender. Ja, so weit ist es gekommen mit mir. Es dürfte auch ein bisschen mehr sein, wenn es mir nur aus dem Schlamassel hülfe. Ich könnte meine Schulden begleichen. Ich hätte Träume und Ideen, ich würde leben. Aber mit den Verlusten und mit der Angst im Nacken, siehst du, tue ich mich schwer. Am schlimmsten ist die Scham, mir eines Tages die Pleite eingestehen zu müssen. Eine schmähliche Niederlage. Das drückt, das macht die Angst, die ich mir nicht anmerken lassen darf, die ich mir selber nicht anmerken will. Verstehst du nun, warum ich mir manchmal wünschte, es hätte alles in der Flusstiefe ein rasches Ende?

Am Montagvormittag herrscht im Schloss fast die übliche Agenda. Maximilian hat News aus London, Paris und Berlin vorgelesen, Abrechnungen für Licht, Gas und Wasser präsentiert, und hat nun den Brief in den Fingern, der, käme er aus Frankfurt, noch lange nicht angekommen sein könnte. Der Sekretär liest seiner Zuhörerin manierlich vor, was sie selber nachts zu Papier gebracht hat. Er versucht, wie immer in seiner gewohnt lebendigen Sachlichkeit zu sprechen, aber er merkt, dass das Papier in seinen Fingern zittert, und gewahrt auch die atemlose Aufmerksamkeit seiner Zuhörerin. Dem Brief fehlen, stellt er am Schluss fest, eine Grussformel und die Unterschrift.

Den Kommentar überhört Madame. Das wär's dann, sagt sie. Gibt es eine Antwort darauf?

Maximilian zuckt mit den Schultern. Im Moment fühlt er sich überfordert. Was soll einer dazu sagen? Dass es offenbar übel aussieht? Anscheinend gibt es für Ihre Freundin im Moment keine Hilfe. Solange es das Geld ist, was sie braucht, um aus den Sorgen und Befürchtungen auszubrechen. Diese Zeiten sind für viele Menschen hart. Wer soll Ihrer Freundin wundersam unter die Arme greifen? Haben wir sie aufzugeben? Welche Chance bleibt ihr noch? Die zumindest, dass sie sich jederzeit melden und ihre Verzweiflung frei heraus zum Ausdruck bringen könnte.

Bis heute Abend. Sie lesen mir Ihre Antwort vor. Bevor wir sie der Post übergeben. Madame versucht ein Lächeln, aber unter ihrer Brille röten sich die Augenlider.

Maximilian hat begriffen, worum es hier geht. Haben die Ateliers Pulver die Folgen der Wirtschaftskrise mehr zu spüren bekommen, als Madame das wahrhaben wollte und zu kommunizieren pflegte? Hat sie nicht alle Fakten zur Einsicht aufgedeckt? Hat womöglich auch sie ins Bad investiert? Er erwägt seine Worte sorgfältig. Er wird diesmal nicht schreiben, was er mündlich angesprochen hat. Von wem ist eigentlich die Rede? fragt er. Zu wem gehört die tragische Version der Geschichte?

Er präsentiert die Antwort, bevor er gegen Abend das Schloss verlässt. Er zieht sich aus der Affäre, indem er eine andere Lesart erzählt. Meret, schrieb er, habe ganz einfach mit ihrem bisherigen Leben gebrochen und ein neues begonnen. Darin kämen Leute aus ihrem früheren Leben nicht vor. Sie blicke nicht mehr zurück auf die Personen, die sie weiterhin in den alten Zusammenhängen sehen und festnageln möchten. Darum bleibe Antwort von ihr aus. Darum lasse sie das Bad mit der ganzen vornehmen Kurgesellschaft hinter sich. Sie habe sich abgenabelt und freigemacht. Es gehe ihr glänzend. Sie danke immerhin für das Nachfragen.

Sie sind ein Spielverderber! zischt Madame. Ich schasse Sie. Fristlos. Raus aus dem Haus!

Rüdt steht auf, verbeugt sich, wendet sich der Tür zu. Aber Madame ist schon dazwischengetreten. Halt! Gemach! Nämlich Sie, mein lieber Maximilian, bleiben da. Nicht Sie waren gemeint. Wir wollen doch gemeinsam lachen. Besonders heute. Ich habe da eine Neuigkeit, die Sie noch nicht in den Blättern gelesen haben. Mein Vetter gedenkt, das Bad zu übernehmen. Er will es von Grund auf sanieren. Ist das nicht ein Wunder? Ich wünsche ihm viel Glück, damit wir im kommenden Sommer dort oben weitermachen können, nachts an meinem Bett, wenn ich nicht schlafen kann.

Wir wollen an dieser Stelle vermerken, dass tatsächlich das Kurbad einer neuen Hochkonjunktur entgegenging. Dass Madame Pulver sich zu erheblichen Investitionen bewegen liess. Dass sie die Geschäfte ihres Vetters nicht durchschaute. Als in Folge des neuen Krieges die Zahl der Logiernächte wiederum einbrach und der Kurbetrieb endgültig zum Erliegen kam, hatte er längst sein Scherflein aufs Trockene gebracht. Und erwähnen wir der Vollständigkeit halber, dass Meret Güldenhahn-Sperl aus den Fluten der Wirtschaftskrise und des Nationalsozialismus nicht wieder aufgetaucht ist.

Im Blick auf das Schloss-Wesen ist von einer Steigerung zu berichten, von einer Übersteigerung vielmehr. Der Briefwechsel, der sich an den Sorgen und Nöten rings um die Prosperität ergab, hat sich vom verursachenden Untergrund gelöst und ist ein Mittel der Koketterie einer Dame geworden, die sich in ihren eigenen Schnittmustern dahinwelken sieht. Mein lieber Maximilian, schreibt sie, besuchst du mich in deinen Träumen auch wirklich recht regelmässig? Ich habe den Eindruck, deine Augen lassen mehr und mehr von mir ab. Du spähst so angestrengt in die Zeitungsnachrichten, die du mir vorliest, und in die Korrespondenz, dass man meinen könnte, dein Augenlicht lasse nach. So schlimm kann es aber damit nicht stehen, dass du mich einfach nicht mehr siehst. Müsste nicht auch die Phase eingetreten sein, in der du nach mir angestrengt spähen musstest? Einen solchen Stand im Nachlassen deiner Sehkraft, eine derart freundliche Beschwerlichkeit habe ich bis jetzt nicht beobachtet. Mein Schluss hieraus ist: Du müsstest mich also ganz und gar zur Kenntnis nehmen. Tust du das? Ich will unerschütterlich davon ausgehen. Welche Bilder von mir nimmst du hinüber in deine Träume? Bringe ich den Blütenhauch meiner neuen Dessous mit Charme zur Geltung? Und sind es gewagte

Träume, in denen du die Schleier lüftest? Was muss eine Frau wie ich tun, um der Aufmerksamkeit eines Mannes gewiss zu bleiben?

So kennzeichnen wir den Level, auf dem das Spiel zuversichtlich und im Grossen und Ganzen heiter eine Weile weiter gepflegt wurde. Rüdt hat sich gehütet, in mehr als bloss in Wörtern auf die Avancen einzugehen. Charlotte sollte ihn nicht noch einmal als Spielverderber bezichtigen. Er unterschied klar zwischen seiner Anstellung im Schloss und dem Leben unterhalb, für das er ja viel Zeit hatte, vier brache Tage und Abende die Woche. Kam er aushilfsweise als Korrektor in einer Druckerei oder Lektor in einem Verlag unter oder mit der einen und anderen Anekdote in einer Zeitschrift? Aber ja! Einer wie er wird doch die An- und Aufgeregtheiten, die der Briefwechsel hinterliess, mit freien Glossen auf normale Werte heruntergemindert haben. Die Texte entwarf er auf den unbedruckten Rändern der Tagwacht, während er unter der Laube vorm Café an der Münstergasse sass. Die verschriebenen Stellen riss er aus den Blättern, um sie im Kirchenfeld in die richtige Reihenfolge zu bringen und auf seiner GROMA sauber abzutippen. Er mag an den Setzer gedacht haben und daran, ihm die Arbeit zu erleichtern. Darüber hinaus scheint er seine Texte ganz als Eintagsfliegen genommen zu haben. Nichts davon ist erhalten geblieben, weder Notizen, noch Blaupausen, noch Druckbelege, falls es je welche gab, sodass wir weiterhin auf Mutmassungen angewiesen bleiben, so wie wir auch bisher, Max Rüdts privates Leben betreffend, auf Mutmassungen angewiesen waren.

An dieser Stelle, nämlich nach dem verzwickten, doch auch schelmischen Intermezzo im Abgang von Rüdts Leben lassen wir den Berner Faden aus den Fingern gleiten. Der nächste Krieg ist ausgebrochen, mit dem Bad, wie gesagt, ist's Schluss. Schluss ist's kurz darauf auch mit den Ateliers Pulver. In Heims Wohnstube deutet der Erzähler an, dass Charlottes Leiche an der Sandbank vor dem Wehr auflief.

Kam Max bei der betagten Mama oder bei der Schwester unter? Haben sich die beiden Frauen den Mann hin und her gereicht, nachdem sich die Familie ausserhalb unserer Aufmerksamkeit weiter gelichtet hat? Die St. Galler Oma ist gestorben, Onkel Franz heimgegangen. Die Wohnung in der Altstadt hat Otto Rüdt verramscht.

Wir spähen nach dem kleinstädtischen Kirchspiel, das wir auf der Landkarte nicht finden, aber mit Pfarrer Georg Rüdt ausgestattet haben. Max hat sich wieder einmal brieflich an seinen Bruder gewandt. Vermutlich vom Waldgut aus. Er finde keinen Job. Er habe nicht die Absicht, in St. Gallen oder Georgen am Tropf zu hängen; darüber hinaus wisse er sich allerdings nicht weiter.

Das Pfarrhaus hat, wie die Kirche auch, eine währschaft katholische Vergangenheit. Fest gefügt sitzt es in seinen dicken Mauern unterm Krüppelwalmdach. Selbstverständlich ist es reformiert und wiederholt restauriert worden. Die Wände sind bilderlos, wo aber der Verputz in der vom Fundament aufsteigenden Feuchtigkeit abbröckelt, kommen Farbflächen zum Vorschein, die wie Überreste von Fresken aussehen, und das gilt, wie gesagt, für beide Gebäude. Im Pfarrhaus nimmt der stattliche Saal den grössten Teil des Erdgeschosses ein. Beeindruckt halten wir inne. Wir befinden uns im Raum, von dem aus die Kirchgemeinde angeleitet und verwaltet wird. Das verraten Regale zwischen den Fenstern, Ordner, Chronikbände. An der Decke hat sich eine zierliche Stuckatur erhalten. Eine zweimal viereckige Kassette aus Rebenlaub und Trauben. In vier der Ecken tragen geflügelte Amoretten ein Füllhorn, aus den anderen schauen ernste Männergesichter. Das alles war wohl einstmals bunt, jetzt aber zeigt es sich in schmuddeligem Weiss. Kerzenruss, möchte man meinen, doch die Luft im Raum riecht nach dem säkularen Weihrauch danne- und wuhrmannscher Herkunft. Nur das Innere der Kassette zeigt sich in Farbe, eine rosige Wolke im Himmel, und ausgerechnet aus der Taube heraus hängen die Kette und der Leitungsdraht für den radförmigen Beleuchtungskörper, auf dem - wir zählen: ja klar - acht Glühbirnen sitzen.

Unter dem Leuchter die massive Tischtafel. Wir lassen uns heran. Die schweren Stühle sind unbequem, der Sitz flach und für ausladende Gesässe ausgelegt, während wir Schmaler- und Kürzeren, die Vorderkante in den Kniekehlen, mit dem Kreuz, das gestützt werden möchte, die senkrechte Lehne nicht erreichen. Neben uns sitzen ein Laienprediger und ein junger Exeget aus der dörflichen Nachbarschaft, uns gegenüber Pfarrer Rüdt mit seinem schwarzen, filigran ergrauten Bürstenschnitt, flankiert vom Präsidenten der lokalen Kirchenpflege und vom Möbelschreiner, der mit den neuen Kirchenbänken das Geschäft seines Lebens gemacht hat. Sollen wir erwähnen, dass alle Männer im dunklen Anzug, in weissem Hemd mit Stehkragen und schwarzem Binder erschienen sind? Im Gespräch ist »Der Neue Vadian«, den der fundamentalistische Kreis um Pfarrer Rüdt dem offiziellen Organ der Landeskirche entgegenzusetzen gedenkt. Wir sind in das Traktandum *Werbung von Abonnenten* geraten, das man aber nicht losgelöst von allen anderen Traktanden behandeln kann. Sollte es gelingen, genügend zahlende Leser zu gewinnen, könnte beispielsweise ein redaktioneller Mitarbeiter mit einschlägiger Erfahrung nützlich sein. Pfarrer Rüdt sieht doppelte Verwendung für seinen Bruder. Er verhehlt den anwesenden Brüdern im strengen Glauben nicht die politische Vergangenheit seines leiblichen Geschwisters und riskiert dabei, dass in den ergrauten unter den Köpfen ein ferner Rückhall von dessen rebellischer Vergangenheit herumgeistert.

Ist er bibelkundig, fragt der junge Exeget.

Wir brauchen an diesem Platz keinen frommen Mann, sondern einen Kerl, der andere zu begeistern weiss sogar für eine Sache, an die er selber nicht glaubt, kurz: Wir brauchen einen Händler. Und das ist Max Rüdt. Darüber hinaus ein Mann mit unbequemen Ansichten, gewandter Rede und spitzer Feder. Solche Leute sind am richtigen Platz, wo es gilt, uns gegen Anpasserei und Gleichgültig-keit durchzusetzen.

Wir verstehen, dass auf den Sitzflächen ein Gerutsche stattfin-det, aber man ist nach wie vor eingenommen von der neuen Be-kenntnistreue, die der Stadtpfarrer im Verlauf seiner Amtszeit ent-wickelt hat und im Umfeld der Pfarrei umsetzt, und bereit, die Zu-stimmung sichtbar zu machen. In diesem Sinn bekommt er freie Hand, was das Personal betrifft.

Unverzüglich bestellt Georg Rüdt seinen bedürftigen Bruder ein. Am mächtigen Eichentisch sitzen sie einander gegenüber, der kleine und der grosse Bruder, der abgetakelte Politiker in seinem dreiundfünfzigsten, der populäre Prediger in seinem neunundfünf-zigsten Lebensjahr.

Worum geht es?

Um dein Wohl, ohne Zweifel. Der Pfarrer meint zunächst prag-matisch das materielle, wobei der seelsorgerliche Part keineswegs ausgeschlossen ist. Das Angebot, auf das er zu sprechen kommt, sieht folgendermassen aus: Er, Max, schafft in einer ersten Phase Abonnenten an. Das tut er in seinem eigenen Interesse. Falls er Er-folg hat, ist nämlich in einer zweiten Phase eine redaktionelle Mit-arbeit nicht ausgeschlossen. Ja, Max ist sogar jetzt schon eingela-den, die eine und andere Beobachtung von seiner Kampagne heim-zubringen und für das Blatt zur Verfügung zu stellen. Georg hat die kuriosen Käuze im Blick, die es draussen in den Tobeln zuhauf gibt und sich mit verschrobenen Ansichten und Händen und Füssen ge-gen die wortgetreue Gläubigkeit sträuben, die ihnen das Kreuz-wiler Kirchspiel offeriert. Es wäre ihm durchaus recht, wenn man denen ein bisschen die Kutteln putzen würde.

Wie erwartet schüttelt Max den Kopf. Er sieht nicht, was die Leute bewegen soll, unbedingt den »Vadian« anstelle des »Refor-mierten« zu lesen. Was ihn ja allerdings nichts angeht. Er sieht aber auch seine Rolle nicht.

Georg hilft nach. Die Leute werden Fragen stellen. Und wenn nicht, wirst zweifellos du sie dazu bringen. War nicht einst genau das deine Strategie? Die Leute auf ihre eigenen Fragen aufmerksam zu machen und sie zu ermuntern, die Fragen dann auch zu stellen. So hast du das gehalten, nicht wahr? Man muss den Leuten bewusstmachen, dass es in der Tat Fragwürdiges gibt. Im Zusammenhang mit der Gerechtigkeit in der Welt, mit der Gnade, ja sogar im Zusammenhang mit der Solidarität, wenn du so willst. Nun hast du dich aber um Antworten nicht zu kümmern. Es ist sogar besser, wenn du mit deinen privaten Ansichten hinter den Hügeln und Bergen hältst. Stell einfach den Leuten überzeugend den »Neuen Vadian« in Aussicht. Der bringe die Antworten. In Ergänzung zur Predigt.

Das Selbstbewusstsein, mit dem sich der Pfarrer umgibt, ist eindrücklich. Für alle Fragen zuständig und zur Hand. Alle Achtung. Max lässt den Spötter hervorblitzen, was Georg immerhin veranlasst, sich hinter die Bibel zurückzunehmen. Antwort, sagt er, sei natürlich in jedem Falle das Wort Gottes in seinem Wesen als Offenbarung. Es müsse dem Kirchenvolk nur geholfen werden, es anzunehmen und umzusetzen. Das Wort beim Wort nehmen. So Pfarrer Rüdts neureformatorische Parole. So das zentrale Selbstverständnis, das den Vadian-Zirkel anzieht und zusammenhält wie ein Magnet die Feilspäne. So der Schoss, der den »Neuen Vadian« tragen soll.

Max spürt die Stuhlkante in den Kniekehlen, während er sich neu zurechtsetzt. Was ihm angetragen wird, ist unter seiner Würde. Grundsätzlich. Seine Empörung wäre gerechtfertigt, wenn er nicht an diesem Tisch sässe. An diesem Tisch ist er der kleine Bruder. Der dringendst auf einen Lebensunterhalt angewiesen ist. Worin der auch immer bestehen mag. Ohne Einkommen wäre er bald obdachlos und damit nicht nur auf Mamas oder Klaras Entgegenkommen, sondern auch auf Zuwendungen seines Bruders angewiesen. Hier jedoch, im Nabel des »Neuen Vadian«, wird ihm die Möglichkeit angeboten, aus der Beschämung heraus eine gewisse Dankbarkeit an den Tag zu legen.

Es steht dir frei, das Angebot auszuschlagen, erklärt Georg von der anderen Seite der Tischtafel aus. Solltest du stattdessen einigermassen geschickt einsteigen, wäre zu prüfen, was sonst noch für dich getan werden kann.

Pfarrer Rüdt macht keine leeren Versprechungen. Sein Bruder erhält am wiederbelebten Mittagstisch der Kirchgemeinde freie Kost, und das ist immerhin dreimal die Woche und Grund, nicht zu verhungern. Und erhält im Haus des Sigristen ein Logis und in den Probeausgaben des »Neuen Vadian« eine Spalte für die eine und andere Randbemerkung.

Wir aber sehen nun unseren Protagonisten einmal mehr unterwegs. Allerdings nicht mehr per Bahn und von Stadt zu Stadt, von einem vornehmen Geschäft in der Bekleidungsbranche zum nächsten. Er klappert vielmehr zuerst im Städtchen die Einwohnerschaft ab, radelt danach auf dem Land in die Streusiedlungen bis in die Tobel hinein und Moore hinaus, um für das Zeitungsprojekt und das wackere Gedankengut in seinem Rücken zu hausieren. An Küchentischen und auf Stallbänklein hält er sich an das, was ihm Georg nahegelegt hat. Während er sich seiner selbst entäussert, regt er Anfechtungen, Misstrauen und Zweifel an und verweist dann auf die Möglichkeit, sich mit dem Abonnement beim Pfarrblatt an die Quelle anzuschliessen, die über die sonntägliche Predigt hinaus Antworten zum stillen Studium und zur Auseinandersetzung bereithält.

Die Erfahrungen des Missionars sind – und wir drücken uns hier durchaus beschönigend aus – ernüchternd. Für die Kreuzwiler, die sich als aufgeklärt verstehen, obwohl es sich bei ihrem Wohnort vielleicht nicht einmal wirklich um ein Städtchen handelt, sondern eher um einen Marktflecken auf einem nicht genauer bestimmten Koordinatenschnittpunkt, ist die bestehende evangelische Kirche konservativ genug; eine neue Verbissenheit im Wort verträgt sich schlecht mit dem aufgeklärten Selbstverständnis. Auf den Höfen und Hütten, wo man für wunderliche Ausprägungen des

Glaubens grundsätzlich Wohlwollen aufbringt, haben verschiedene Sekten die Mähwiesen bereits abgegrast. Obwohl der Vadian-Reisende entgegen der persönlichen Überzeugung sein Bestes gibt, bleibt jeglicher Erfolg aus. So hat Georg Rüdt Gelegenheit, seinen Bruder persönlich für das Scheitern des Projektes verantwortlich zu machen. Die kritische Kolumne wird nicht geschrieben, der »Neue Vadian« aufgegeben, die Reformierung des Glaubens bleibt im Format des kirchlichen Anzeigers für die Gemeinde Kreuzwil stecken.

Ein gekränkter Mensch wird nicht alt, sondern krank. Max Rüdt ist es schon. Und legt es nicht darauf an, alt zu werden. Alt wozu? Und für wen? Es gibt keine Perspektiven, also keine Zukunft. Aber irgendwo muss er vorderhand unterkommen. Zuhause wäre Platz, sofern er sich der Mama zumuten wollte. Sie ist aber gebrechlich, und nicht viel besser dran ist Onkel Otto, der anscheinend das Obergeschoss nur noch für Telefonate mit seinem Treuhänder verlässt, aber genau besehen so ziemlich die ganze Hauswirtschaft trägt. Er hat einen Spruch getan, an dessen Gültigkeit seitdem niemand rütteln mag. Mit seinem Neffen wolle er nichts mehr zu tun haben. Wörtlich: Der kommt mir nie wieder unter die Augen. Das hat er im Nachgang zum Enge-Desaster derart resolut bekundet, dass sowohl Georg als auch Claire sich bemüssigt sahen, ihren Bruder entsprechend ins Bild zu setzen. Mitbetroffen ist Mama. Sie hat nicht die Kraft, sich ihrem Schwager zu widersetzen. In den zwei Jahrzehnten seit Ottos Verdikt hat sich unbeaufsichtigt die Gewohnheit des Verzichts gesponnen, die allerdings gleichzeitig auch verstaubte; in ihrem Greisentum machen aber weder Otto noch die Mama irgend Miene, ins Gespinst klärend einzugreifen. Wenn Max nachfragt, erfährt er von den Veränderungen, die sich in St. Georgen tun. Das Elternhaus ist zum privaten Alten- & Pflegeheim mutiert. Unter Claires enger Aufsicht und Georgs entfernter Supervision waltet eine tüchtige Person aus dem Appenzellerland. Aber für ihn, Max, ist St. Georgen ein Drachentümpel geworden, dessen Gestade er besser meidet, um ja kein Heraufschnauben und Feuerspeien zu provozieren. Die heilige Glut, die einer braucht, um den Helden zu spielen und die Jungfrau ans Licht zu bringen, ist ihm abhandengekommen. Nehmen wir also an, dass er halt wieder im Waldgut gelandet ist. Claire mag ihren kleinen Bruder nicht stehen lassen, obwohl auch sie infiziert ist von der masslosen Enttäuschung, die Otto stellvertretend für den Papa selig um sich herum verbreitet. Immer noch und wieder fällt sie dem Beschützerinstinkt anheim, sobald sie Max im Blick hat. Die Impulse hätten auf ihren Sohn übertragen werden sollen; nach Maurices ungerechtem Tod blieb ihr nichts anderes übrig, als sie zu ihrem älteren Gegenstand zurückzubringen. Die Gästesuite ist an eine Lehrerin vermietet, die hier ihr Fräuleinwesen still altern lässt. Eine Absteige lässt sich immerhin in den privaten Räumlichkeiten improvisieren. Daran glauben muss das eine der beiden Kinderzimmer. Es steht ja leer, seit Maurice darin seinen Schnauf nicht mehr gefunden hat, und stand bislang unverändert. Das andere dient Emilie als Refugium für den Fall, dass sie sich mal wieder von der anstrengenden Ehe erholen muss und vom Unterland heraufkommt.

Claire entfaltet ohne Verzug alle Seiten ihrer Schwester- und Mütterlichkeit. Sie glaubt, sich der Wäsche ihres Bruders ebenso wie seines leiblichen Wohls annehmen zu müssen. Sie bringt den hustenden und oft sich peinlich bis zur Seele ausspuckenden Mann zum Arzt. Sie kommt für Konsultationen und Arznei auf und schickt sich prompt an, sich zu übernehmen. Sie ist inzwischen eine ergraute Madame geworden, der zwar ein geräumiges Haus gehört und die durchaus auf sich hält, die aber den täglichen Bedarf aus bescheidenen Einnahmen decken muss. Max erkennt schnell, dass er ihr zur Last fällt. Er ist nicht willens, sie in die abfallende Spur seines Lebens reinzuziehen. Wie er sich einigermassen wiederhergestellt fühlt, bricht er auf.

Erwarte mich nicht zurück, sagt er eines Vormittags beim Weggehen. Ich suche etwas anderes.

Wo, das weiss er nicht zu sagen. Er würde den neuen Platz auch gar nicht verraten. Claire soll nicht in Versuchung geraten, ihn im Blick zu behalten. Sie erschrickt, ist jedoch gleichzeitig erleichtert, dass er sich aus ihrem Haushalt herausnimmt. Er ist nun mal eine Last. Einerseits. Andererseits ist es ein Elend, ihn in die Armut gehen zu sehen. Da er tatsächlich ausbleibt, benachrichtigt sie Georg. Der macht sich keinen Kummer. Der Kleine kommt wieder, behauptet er.

Claire ist beruhigt. Max hat nämlich nicht nur seine Wäsche in der Truhe gelassen, sondern obendrauf auch seine Schreibmaschine. Die wird er doch eines Tages abholen. Erst einmal versucht sie, die Tage ohne den aufwändigen Mitbewohner zu geniessen. Es werden Wochen. Die Freude will sich nicht einstellen. Wo ist er untergekommen? Gibt es eine verheimlichte Frauensperson, bei der er Unterschlupf findet? Eine der Dirnen, bei denen sich die auswärtigen Fuhrknechte warmhalten? Gab es entsprechende Anzeichen?

Nehmen wir einmal an, es treffe zu, dass Max Rüdt vorübergehend als Arbeits- und Obdachloser bei der Heilsarmee untergekommen und nun gezwungen ist, sich bei der Suppe in eine Reihe mit verkommenen Fuhrleuten, Herumtreibern, Tagedieben, Hausierern zu stellen und dabei erst noch Gott für Speis und Trank laut zu danken. Das beschämt ihn. Er hält nichts von Almosen-Barmherzigkeit, auch nichts von christlicher, obwohl er darauf jetzt angewiesen ist. Handkehrum ist ihm längst die Ohnmacht eingemustert. Es fällt ihm schon gar nicht mehr ein, irgendeine Schnurgradlinigkeit in seinem Leben und Denken in Betracht zu ziehen. Er hat seinen Blick in die Abgründe der real existierenden Welt getan, es widert ihn an, noch irgend Hand anzulegen. Was kann man schon am ewigen Wesen der Dinge ändern. Die Welt ist aus den Fugen, der neue Krieg beweist es. In Stalingrad geht gerade eine deutsche Armee mit Mann und Maus vor die Hunde. Wenn es eine schlimmste Wendung gibt, lässt die Entwicklung der Welt sie nicht aus. Sollen ausgerechnet wir die Dinge wieder einrenken? Eine Zumutung, findet Rüdt. Jeder Impuls, eingreifen zu sollen, dünkt ihn mittlerweile absurd.

Dafür, dass alles so weitergeht und immer so weitergehen wird, sorgen, wo immer sie können und zu jeder freien Minute, die Triebe. Im Tobel empfängt zu dieser Zeit die Flickerin, auf die Rüdt in der *Tüüffener* Strickwarenfabrik einmal seine Aufmerksamkeit geworfen hat, ihr zweites Kind, und diesmal rechtens. Sie hat sich mit einem Mann aus dem Unterland verbunden, einem um zwanzig Jahre älteren, der ihr die Ehre zurückreicht, und das wird sie ihm mit einem Sohn danken.

Rüdt dagegen, wie gesagt, steht im Begriff, sich zu ergeben. Er tut das schier widerstandslos, seit der Höhenflug in Pulvers Heissluftballon zu Ende ging, und an dieser Stelle verlieren mit uns auch seine Geschwister ihn vorübergehend aus den Augen.

Wohin unter solchen Umständen mit der dringlichsten aller Neuigkeiten? Die Geschwister haben keine Ahnung, wo sie den Bruder erreichen sollen. In der Aufregung wirft Georg der Schwester vor, den Kleinen unbarmherzig in die Wüste geschickt zu haben. Max ist zwar aus freien Stücken gegangen, und Claire hätte ihn nicht zurückzuhalten vermocht, aber jetzt ist sie doch von Gewissensbissen geplagt. Entsprechend legt sie sich ins Zeug. Sie wendet sich an die Behörden. Es stellt sich heraus, dass die Personalie Max Rüdt noch in der Stadt registriert ist. Man rät der Dame, sich bei den kirchlichen Armenhilfen und Mittagstischen umzusehen. Das tut sie, aber darüber vergehen Tage, die am Ende dann fehlen. Haben Sie bei der Heilsarmee schon reingeschaut? fragt ein Beamter von der Stadtpolizei. Das ist der Treffer. Nach einigen Erkundigungen, weiterem Nachhaken und mit Stehvermögen am Zugang zur Schlafstelle wird Claire den Bruder abfangen. Vor neun muss er eintreffen, wenn er Einlass finden will, und pünktlich kommt er durch die dämmerige Gasse daher, seine Ledermappe an der Hand, ohne Hut und Cape, aber mit einer Krawatte im offenen Kragen. Es ist Anfang Juni, leidlich warm auch im hochgelegenen St. Gallen. Er erkennt die Dame in Schwarz zunächst nicht, auch weil ihr vom Hütchen herunter, das sie am streng in den Nacken gebundenen Haar festgesteckt hat, ein Schleier ins Gesicht hängt. Energisch und zunächst ohne weitere Erklärung dirigiert sie ihn ins Waldgut. Er lässt es sich verblüfft geschehen, hält durch die Gassen auswärts, an den Pferdefuhrwerken und Automobilen vorbei Schritt, so gut eben sein Schnauf ausreicht. Bergauf hängt er zurück. Er folgt Klara durch die Tür im Gartenzaun, fragt sich immer noch nicht, was mit ihm geschehe, und folgt ihr auch die Treppe hoch in den Hausgang. Bevor ihm die Wohnung aufgeht, hat er sich seiner Wäsche zu entledigen und wird zu einer umfassenden Körperpflege beordert. Was er ablegt, wird schnurstracks in die Wäscherei gehen. Die Socken taugen nichts mehr, durchgewetzt und löchrig. Wie konntest du nur so rumlaufen? Weitere Vorwürfe erspart sie ihrem Bruder. An einem Bügel reicht sie ihm Wäsche aus der Truhe durch den Türspalt in die Toilette.

Mit zurückgekämmtem Haar, rasiert, im frischen Hemd und in einer Hose, die mit einem frischen Bundfalt auf den Finken steht, sitzt er endlich am Tischchen. Claire serviert den Tee. Also denn. Mama ist gestorben. Sie ist in der Zwischenzeit auch bereits begraben. War vermutlich ein gelinder Tod, Herzversagen.

Max bekommt ausreichend Zeit für Betroffenheit. Er nickt. Er hat's begriffen.

Mama habe sich bis zuletzt um Otto gekümmert. Sie habe versucht zu kaschieren, wie es um ihn stehe. Eine gute Frau. Sie sei auch wieder zum Gottesdienst gegangen und habe sich im kirchlichen Frauenverein aufgehoben gefühlt; sie habe Socken gestrickt und Karrees für Wolldecken. Das alles zugunsten der Armen in der Pfarrei. Dass sie masslos für allerlei Projekte gespendet habe, gehöre aber auch ins Bild; Georg habe schliesslich einschreiten müssen. Jetzt gehe es um den Nachlass. Es sei immerhin, mal abgesehen vom Haus, noch etwas übriggeblieben. Georg habe den Überblick. Und nun wolle man ihn, Max, brüderlich einbeziehen. Im Sinne der

Mama. Georg erwarte ihn zu einem Gespräch. Man treffe sich droben in St. Georgen. Auch wegen Otto.

Dem ich ja aber nie wieder unter die Augen treten soll.

Er wird's überleben. Und wohl eh seine Vorsätze vergessen haben. Er hat zwar seinen Kopf, aber darin nicht mehr viel auf der Reihe. Es geht auch um ihn. Wir wollen das Haus verkaufen.

Und was soll dann mit dem Onkel geschehen?

Der Zeitpunkt ist gekommen, für ihn ein Altersheim zu suchen. Er ist nicht mehr stubenrein - um die Dinge mal so zu benennen. Und allmählich drängt sich auf, dass er seine Angelegenheiten regelt. Ein heikles Stück Arbeit, ihn dazu zu bewegen. Wer weiss, wie lange er noch verständig genug ist.

So steht es also mit unserer Familie. Eine Familie von Einzelgängern. Wir sterben aus, Klara, siehst du das?

Vergiss nicht die Kinder.

Die Mädels werden unseren Namen nicht weitertragen. Macht aber nichts. Er ist's nicht wert. Obwohl wir's immerhin zu einem Kirchenmann, will sagen noch schier zu einem zweiten Zwingli aus dem Toggenburg gebracht haben. Die gemeine Menschheit bezieht ihren Sinn daraus, dass aus ihrem dunkel wuchernden Geflecht immer mal wieder wie Fliegenpilze grossartige Individuen hervorgehen.

Claire mag nichts anfangen mit dem Sarkasmus ihres Bruders und ist froh, dass er aber doch nach seinen Nichten fragt. Zuerst nach Emilie. Ja, doch, es scheint ihr ganz gut zu gehen, Gattin eines Bankangestellten in Zürich. Keine Kinder, nein, bis jetzt nicht. Dann nach den Töchtern von Georg und Rebekka. Unter die Haube gekommen, eine als Gattin eines Chemikers, der für die Spinnerei in Wald arbeitet, die andere als Bäuerin in Wildhaus. Und beide durchaus fleissig als Mütter.

Ja, so oder ähnlich könnten sich die Spuren von Max Rüdts Angehörigen im Treibsand der Bevölkerung verlaufen haben. Im Übrigen aber setzt zum ersten Mal seit vielen Jahren Max Rüdt den Fuss wieder über die Schwelle des Elternhauses. Die Wohnung im

Erdgeschoss ist nicht nur leer ohne Mamas Anwesenheit, sondern auch unwirtlich, die Luft halt abgestanden. Die Haushälterin meidet die Wohnung, seit sie Frau Rüdt tot am Boden liegen sah. Otto wird aus dem Obergeschoss abgeholt, reicht ohne Weiteres seinem Neffen die Hand und nimmt den Ohrensessel in Beschlag. Sein schwerer Körper verbirgt den ziemlich schäbig gewordenen Bezug. Er verlangt sofort nach einer Zigarre, bekommt sie aus dem Humidor, der nächstens leer sein wird. Georg hilft ihm, sie anzubrennen, aber Otto wird vergessen, daran zu ziehen. Claire hat ihren Platz auf dem Sofa eingenommen. Max sitzt am Tisch, einmal mehr gegenüber dem grossen Bruder. Er wird von ihm erfahren, dass sich seine materielle Situation zum Besseren wenden dürfte. Da auch Otto, von Georg und Claire bereits im Vorfeld entsprechend bearbeitet und von seinem Anwalt beraten, gegen die Veräusserung der Liegenschaft nichts mehr einwendet, kann Max in naher Zukunft mit einem finanziellen Zustupf rechnen, und zwar insofern, als das Elternhaus einen Ertrag einbringen dürfte, an dem die Geschwister ihren Bruder durchaus beteiligen wollen. Obwohl er ja, damals nach Papas Ableben, eingewilligt hat, ein für alle Mal abgefunden zu sein. Die bevorstehende Erbschaft stimmt die Geschwister ihm gegenüber wieder milder, wobei zu bemerken ist, dass Claire solchen Sinneswandel nicht nötig hat, war sie doch stets hilfsbereit; Georgs Bruderliebe dagegen mag neuen Anschub durchaus leiden. Von Otto in all den Jahren bestens angeleitet und mit Finanzgeschäften vertraut gemacht und mit den Erfahrungen als Vormund und Treuhänder für verschuldete Kirchgemeindemitglieder versteht er etwas vom Wirtschaften und stellt eine Bedingung: Er behält sich vor, den mutmasslichen Anteil von Max eigenhändig zu verwalten und seinem Bruder rentenmässige Zahlungen zu überweisen. Er will überdies Gebrauch machen von seinen Beziehungen und seinen Bruder an den Bürgerort vermitteln.

Max weiss nicht, wo er seine Hände hintun soll. Eigentlich sollten sie still auf der Tischplatte liegen, aber einmal stützen sie sein Kinn, dann kratzen sie in den Haaren, mal verschränken sich die

Finger oder fahren wieder auseinander. Er spürt, dass man durchaus zuvorkommend und vernünftig mit ihm umgeht, und stört sich doch daran, auch jetzt wieder und immer noch der kleine Bruder des grossen zu sein. Trotzdem schweigt er, nickt zu dem, was ihm vorgeschlagen wird, und zeigt sich am Ende sogar dankbar. Was bleibt ihm anderes übrig. So endet der Teil des Gesprächs, der ihn betrifft, auch zur Zufriedenheit der Geschwister.

Im Schritt von Onkel Ottos Hose breitet sich inzwischen die Nässe sichtbar aus. Claire kümmert sich darum. Sie unterlegt einen saugfähigen Lappen; Anna wird ihm, sobald sie zurück ist, die Windel wechseln. Ihn unter diesen Umständen dazu zu bringen, einen handlungsberechtigten Verwalter einzusetzen, sein Testament in Angriff zu nehmen, Erben zu bezeichnen und überhaupt über das Schicksal seiner Wertpapiere und Kapitalien zu befinden, fällt den Geschwistern schwer. Sie verzichten auf dieses zweite Gesprächsthema und warten auf Anna. Sowie man sie im Haus vernimmt, bringt Claire den Onkel nach oben. Die Brüder brechen auf. Sie nehmen die Standseilbahn. Setzen wir uns ins Bahnhofbüffet, schlägt der Pfarrer vor. Erst bei Bratwurst und *Röschti* fällt Max auf, wie grau doch sein Bruder geworden ist. Das bürstige Haar. Fast weiss die Koteletten. Verleiht ihm aber einen würdigen Anstrich. Alle Achtung! Er ist vollends in seinen Beruf hineingewachsen. Wie lange gedenkst du's noch machen?

Nötig habe er's ja nicht. Aber solange die Kirchgemeinde ihn noch wolle.

Schneller ausgeheckt als aufgegangen: der Plan für den Jüngsten der Geschwister Rüdt. Am Ottenberg ist man nicht erpicht auf die Bürger, die im Alter noch schnell von weiss der Kuckuck woher zurückkehren und sich auf ein Bett und die Suppe verlassen. Es ist ja Krieg, die Lebensmittel knapp einmal mehr. Aber nach St. Gallen zurückschieben: Das passt auch nicht. Weil der evangelische Pfarrer aus dem Stedtli sich für den Zuzüger verwendet, hört man immerhin zu. Der Pfarrer handelt im Namen eines Kollegen, den er vom Militärdienst her kennt. Es gehe nicht um irgendeinen Vagabunden, sondern um einen nahen Angehörigen des Kollegen. Der fragliche Mann habe Manieren, das sei ihm, dem Stedtlipfarrer, versichert worden, und er sei auch durchaus reinlich. Flöhe etwa bringe er nicht mit. Mit einer kleinen Rente ausgestattet, werde er imstande sein, für den täglichen Bedarf aufzukommen, sofern ihm nur ein Logis zur Verfügung gestellt werden könnte.

Max Rüdt war, das bestätigen wir, nicht das, was man explizit einen Problemfall nennen würde, aber doch ein Fall für die Bürgerkommissionen und Kirchenpflegen. Abordnungen trafen sich mit dem Pfarrer aus Kreuzwil, der extra hergereist war, um für seinen Bruder eine dauerhafte Lösung zu finden.

Was machen wir mit ihm? Was ist er von Beruf? Was kann er?

Journalist, Akquisiteur, Sekretär, aber vor allem jetzt arbeitslos.

Ist ihm körperliche Arbeit im Gemeindewerk zuzumuten? Als Strassenfeger? Bei der Kehrichtabfuhr?

Angesichts seiner unübersehbaren gesundheitlichen Schwäche sei von ihm eine körperliche Arbeit, wie sie von anderen Armengenössigen erwartet wird, nicht zu verlangen.

Der Stedtlipfarrer horcht in der Kirchgemeinde herum. Ein rechtschaffener Schachtelimacher an der Kirchgasse, zusammen mit seiner Frau ein treuer Gottesdienstbesucher, kann einen finanziellen Zustupf durchaus brauchen. Er hat eigenhändig das schmale Haus am Hang ausgebaut und das Dachgeschoss mit einer Treppe erschlossen. Die dort eingebaute Kammer ist vom übrigen Haushalt gesondert. Genau richtig, finden unisono der Pfarrer und der Präsident der Bürgerkommission, sodass nun die Bürgergemeinde vom Berg sie mietet und dem Rückkehrer zur Verfügung stellt. Er kann einziehen, sobald sie möbliert ist. Und mag sich halt vorläufig im Stedtli für den kirchlichen Mittagstisch anmelden, der den Bedürftigen jeden Donnerstag gegen ein kleines Entgelt ausgerichtet wird. Kann man davon ausgehen, dass er später mit der Rente auskommt? Und kann man voraussetzen, dass ein allfälliger Rest des Kapitals beim Ableben des Begünstigten an die Bürgergemeinde geht?

Ein glücklicher Umstand will es, dass für die Stedtli-Bürgerkommission ein Gewerkschafter anwesend ist, dem der Rote Rüdt noch ein Begriff ist. Was, der kommt jetzt zu uns? Das fühlt sich an, als würde dem Heimatkundemuseum unverhofft ein sagenhaftes Objekt zugesprochen. Der Mann hatte doch seinerzeit einen Bezug zu den Gewerkschaften. Der Schweizerische Metallarbeiterverband sucht am Ort einen Mann, der für den Vertrieb der Mitgliedermarken zuständig wäre. Warum nicht eben dieser Rüdt? Die anwesenden Delegierten der beiden Gemeinden sind zwar an gewerkschaftlichen Belangen nicht im Geringsten interessiert, doch in diesem Fall nicken sie heftig. Je mehr ein Armengenössiger verdient, desto weniger kostet er die sozialen Einrichtungen.

Wir sehen hiermit Max Rüdt, der sich die Organisation seiner Zukunft gefallen lässt, im Aufbruch. Claire hat in der Zwischenzeit seine geflochtene Kleidertruhe durchforstet, hat geflickt, gestopft, gebügelt, genäht und sogar auch ergänzt - wer weiss, wie lange es geht, bis sie wieder Hand anlegen und zum Rechten schauen kann. Er wird zwar nicht, wie man hier zu sagen pflegt, »ab der Welt« sein, und sie würde ihm ihre Unterstützung weiterhin anbieten, wenn er bloss davon Gebrauch machen wollte. Das dürfte, wie die Erfahrung lehrt, erst in extremis wieder der Fall sein - zu eigensinnig ist das Quäntchen Stolz, das der Kerl noch hätschelt, der Stolz nämlich, sich selbstständig durchzubringen. So hat sie ihm eingeschärft, wenigstens zu seinem Äusseren Sorge zu tragen und nicht herumzulaufen wie ein *Hosenlotzi*. Sie müsste sich ja aus der Ferne für ihn schämen. Er verspricht, ihre Ermahnungen warm zu behalten.

Im Rathaus holt er seine Schriften ab und wird damit aus dem Einwohnerregister der Stadt ausgetragen. Den Heimatausweis schiebt er in seine Ledermappe zum Bankbüchlein, zum Familienbüchlein und zum Taufschein, zum Vorrat an Schreibmaschinenpapier und dem weiteren Schreibzeug: Bleistifte, Radiergummi, Füllfederhalter, Tinte im Fass. Er hat sich auf seinen Reisen für Strickwaren aus dem Appenzellerland wiederholt auch im Stedtli aufgehalten, hat aber dabei seine Aufmerksamkeit auf die Bekleidungsgeschäfte ausgerichtet. Er vermutet, dass es am Ort auch eine anständige Papeterie gibt. So günstig wie jetzt auf Klaras Kosten wird er sich allerdings kaum mehr mit dem notwendigen Kleinkram versorgen können.

Ein letztes Mittagessen im Waldgut. Rippli mit Bohnen und Kartoffeln hat Claire inzwischen zubereitet, damit Max noch einmal Boden bekomme. Sie selber mag aber nicht zugreifen. Dann bestellt sie telefonisch einen Fuhrmann, der die Truhe, das Fahrrad und einen Korb abholt. Im Korb sitzt eingebettet zwischen Textilien zum Toilettenbedarf die GROMA, zu der Rüdt gerade noch ein neues Farbband ergattert hat. Neulieferungen seien nicht zu erwarten.

Während der Fuhrmann das Passagiergut zum Bahnhof bringt und aufgibt, begleitet Claire ihren Bruder zur Bahn. Er löst am Schalter das Billett einfache Fahrt, dann bezahlt er den Fuhrmann, der auf dem Bahnhofplatz bei seinem Gespann wartet.

Was ist noch zu sagen? Claire kommt es so vor, als wär's der grosse Abschied, dabei liegt der Bestimmungsort, Luftlinie gemessen, gerade mal 25 km entfernt. Sie hat Max noch einmal aufgepäppelt, auch um Mama zu ehren, die gewiss mit Dankbarkeit diese Anstrengungen zur Kenntnis genommen hätte. Jetzt entlässt sie den Bruder in die Ungewissheit. Was wird er aus seinem Leben noch machen, angeschlagen wie er ist, nicht nur physisch? Sie traut ihm nicht. Wenn er aus Bern zu Besuch kam, und das ist einige Male geschehen, hatte er wenigstens seinen Galgenhumor, diese schrullige Mischung von Sarkasmus und natürlichem Charme. Inzwischen ist er, so scheint es, in sich hineingesackt. Nicht nur ohne Mut, wie das in Anbetracht seiner Geschichte verständlich ist, sondern auch kraftlos. Sie hatte früher den Eindruck, er habe seine Perspektiven aufgegeben, nun hat er sich selbst fallen gelassen. Gut, dass er wenigstens am Gängelband hängt, das Georg für ihn schlau und vorsorglich gebunden hat. Sobald das Elternhaus verkauft ist und das Geld zur Verfügung steht, sollte der kleine Bruder wenigstens nicht verhungern, auch wenn man ihn aus den Augen lässt. Das übelste Bild, das sich Claire von ihm machen könnte: ein alter Mann, der seinen Filzhut nicht auf dem Kopf trägt, sondern um Almosen hinstreckt.

Back to the roots beziehungsweise zu den Rüdts. Aus der weit offenen Gegend entlang der Thur stammen diejenigen Rüdts, von denen in diesem Buch die Rede ist und die vielleicht einst die Rüedis waren oder Rüdis, was die Kurzform von Rudolf ist. Dieser Zusammenzug vom althochdeutschen *hruod* für Ruhm und Ehre +*wolf* hat manchem Namensträger tüchtig eingeschenkt; in unserem Fall aber, verbunden mit Maximilian, also dem Grössten, wollte der Familienname nicht dauerhaft zum Segen gereichen, sondern eher zu dessen Umschlag in Spott und Hohn, und der zweite Vorname Otto, der mit der Silbe *ot* einst auf Besitz und Reichtum hinwies, traf allenfalls auf den namengebenden Taufpaten zu und dokumentierte zu der Zeit, als Max Otto Rüdt in Windeln dem Pfarrer zu St. Laurenzen vorgeführt wurde, vor allem die Traditionsgebundenheit der Familie. Kein anderer Männername sei zu Ende des 19. Jahrhunderts so in Mode gewesen wie Otto.

Das Stedtli hat seine Bornhauser, Reinhart und Haffter, da braucht's einen Rüdt so gut wie gar nicht. Aber er ist nun einmal da. Und zwar an der Kirchgasse. Das ist nicht seine Wahl, aber er hat Glück, in einem konfessionell umfunktionierten Ort unterge-

kommen zu sein. So hat er Glockengeläut nur jeweils zur Mittagsstunde, zu Beerdigungen um elf Uhr, sonntags um halb zehn und
um zehn, zu Silvester von 23 Uhr 45 bis zum Glockenschlag zu erdulden und gleich darauf noch einmal bis nach Ablauf der ersten
Viertelstunde. Die Belästigung könnte ja viel ärger sein, denkt man
an katholische Orte mit Frühmesse, Vesper und Abendmesse zusätzlich.

Gleich benachbart das Haus zum Kreuz, das sich aber nicht
zum ersten Mal in seiner langen Geschichte anschickt, in die Jahre
zu kommen, und längst keine Gastwirtschaft mehr ist. Nur wenige
Schritte weiter hätte Rüdt das Gasthaus zum Trauben mit seiner
politischen Vergangenheit. Das Wirtshaus zum Stiefel steht gera-
deaus weiter an der Magdenaustrasse. Rüdt ist darauf gekommen,
weil am Hin- oder Rückweg, für den Fall, dass er gegen die Schmer-
zen beim Husten wieder Kodein braucht, die Apotheke steht.

Wir haben durchblicken lassen, dass Max Rüdt seine GROMA
bis zum letzten leserlichen Anschlag nützte. Er nannte zuletzt, wo
er seinen Beruf anzugeben hatte, aus der persönlichen Liste den
des freien Journalisten. Daraus ist zu schliessen, dass wir nicht an
eine feste Anstellung denken sollen. Bei der alten Garde auf den
Redaktionen, die sich an Rüdts rote Vergangenheit noch erinnerte,
galt er als kastrierter Wolf, den man nicht einmal mehr an der
Leine führen musste; indem sie sich nun, die alte Garde nämlich,
Mann um Mann zur ewigen Ruhe legt, verliert Max Rüdt sogar seinen Bonus als neugierig betrachtete Antiquität. Den nachkommen-
den Belegschaften im Blätterwald gilt er als namenloser Kauz aus
der Provinz. Was aber die Textbeiträge betrifft, mit denen er
ebenso unverscheuchbar aufkreuzt wie eine lästige Fliege: seien
meist mehr Glossen als ernstzunehmende Kommentare zu Tages-
aktualitäten, aber gelegentlich ein wohl recherchierter Coup, und
ja, alleweil ein kleines Juwel, das auf der einen und anderen Redaktion einen schmunzelnden Rest von Respekt herausfordere, gleich
ob man es dann publiziere oder in den Papierkorb schicke. Und wir

andern haben bereits zur Kenntnis genommen, dass das Namenskürzel »m.rt« nach und nach aus den Medien verschwindet, während sich eine alternative Unterschrift noch hält. Sie wird den Stammtischgästen entgehen, nicht aber der anspruchsvolleren Feuilleton-Leserschaft. Wo nämlich unser Mann im Stiefel-Stübli noch für literarische Sonnabendseiten da eine schrullige Geschichte, dort das freundliche Porträt eines Dorforiginals in die GROMA tippt, ist er bis zum letzten lesbaren Anschlag Max O. Rüdt und somit der Autor, den eine aufmerksame Leserin endlich ausfindig gemacht hat.

N ah beim Bahnhof gibt es eine Gärtnerei. Da bittet er um einen einzelnen Zweig von einer der in Pflanztöpfen angebotenen Erikastauden. Den bekommt er allerdings nicht einfach so; die Verkäuferin legt noch Binsenhalme dazu und bindet ein kleines Gesteck. Aber gewiss doch, Herr Rüdt, klein aber fein, für Ihre Allerfeinste.

Man mag ihn im Stedtli und braucht ihm die Armengenössigkeit nicht übelzuwollen. Er erzählt amüsante Geschichten. Zu jedem Hosenknopf, der über den Ladentisch geht, zu jeder Wurstscheibe, die ein kleiner Knirps in der Metzgerei zugesteckt bekommt, fällt ihm eine Schrulle ein. Sogar zum Erikazweig. Er kennt eine reizende junge Dame. Eine wie Sie, schmunzelt er. Sie hatte einen ebenso reizenden Verehrer. Sie war ihm herzlich zugetan, war aber einem anderen bestimmt. Sie schenkte ihm zum Abschied ein Buch. Darin lag als Lesezeichen ein Erikazweig. Es verwies auf die Geschichte von einer reizenden jungen Dame. Sie hatte einen ebenso reizenden Verehrer. Sie war ihm herzlich zugetan, war aber einem anderen bestimmt. Sie schenkte ihm zum Abschied ein Buch. Das war in ihr tränenreiches Schnupftuch gewickelt, drumherum der blaue Bändel, mit dem sie kokett ihr langes Mädchenhaar gebändigt hatte. Im Buch als Lesezeichen ein Erikazweig.

Die Verkäuferin lächelt dem Kerl hinterher, der immer weniger gut auf den Beinen ist und so furchtbar hustet. Er dagegen ist froh, dass ihm das putzige Gebindlein gratis überlassen wurde, denn er braucht sein Münz für die Fahrkarte. St. Fiden retour, sagt er am Billettschalter.

Die Reise führt über Wil und dauert mit zweimaligem Umsteigen nicht ganz zwei Stunden. Beim Wechsel in St. Gallen tritt dem Reisenden auf dem Perron ein ungleiches Paar mit einem kleinen Jungen entgegen. Ungleich, weil die Frau augenscheinlich viel jünger ist, der Mann aber ungefähr in seinem, Rüdts, Alter, wenn auch aufrechter in seiner Haltung und mit beiden Beinen auf dem Boden, mit schweren Schritten im Gegenverkehr, sodass man ihm ausweicht, während dagegen er, Rüdt, immer den anderen Leuten ausweichen muss. Er trägt einen Oberlippenbart zur Schau wie er, Rüdt – nicht den stutzerhaft abgeschnippelten des grossmäuligen Niederösterreichers, dessen Aufstieg Rüdt ungläubig beobachtet und dessen Niedergang und Ende er trotz der zunehmenden Gleichmütigkeit gegenüber den Weltläuften mit stiller Genugtuung zur Kenntnis genommen hat, sondern eine dezent auslaufende Bürste. Und er hat auch fast denselben Hut auf - es wäre nicht verwunderlich, wenn es ebenfalls ein Exemplar aus der Manufaktur *Hüetli-Merz* im Oberwynental wäre. Der Bub, höchstens fünf Jahre, geht an der Hand seines Vaters. Die Erwachsenen grüssen im Vorübergehen. *Grüessech*, sagt der Mann, das klingt ihm, Rüdt, weil er sich in den Landschaften und Dialekten ganz gut auskennt, tatsächlich irgendwo nach Berner Aargau, und auf jeden Fall handelt es sich nicht um stadtgewohnte, sondern um Leute vom Land, weil sie sogar in einem grossen Bahnhof fremden Personen einen Gruss anbieten.

Was Rüdt nicht ahnen kann, wir aber hier schmunzelnd verraten: bei der Frau handelt es sich um Emma, die Flickerin, auf die seinerzeit in der *Tüüffener* Strickerei Rüdt wiederholt seine Blicke geworfen hat. Es steht uns frei zu vermuten, der Ausflug gelte ihrem ersten Sohn, den die Grossmutter *dei obe* im Tobel zurückbehielt.

Im Augenblick, den die beiden Männer im Vorübergehen einander gönnen, begegnen sich Schicksalsgenossen. Der Mann mit dem Büblein an der Hand hat seinerseits einen Lebensentwurf begraben. Er war ein ferner Parteigänger Rüdts, ebenso hoffnungsvoll und zuversichtlich zuerst, und ebenso resigniert danach – eine andere Geschichte; an dieser Stelle sei bloss vermerkt, dass eben jener Sohn jetzt den Nachruf verfasst, den er allen Menschen widmet, die mit ihrem Lebensentwurf an den stärkeren Umständen gescheitert sind, und speziell den beiden Männern, Aug in Aug für eine Sekunde, zueignet.

Nach so viel Umständlich- und Weitschweifigkeit stehen in St. Fiden endlich zwei Menschen einander wieder gegenüber, die sich erinnern, im Übrigen aber keine Ahnung mehr haben. Es ist zum Heulen. Das also verbricht an uns das Leben. Wenn nicht die Augen wären. Die wenigstens. In die wir uns einmal verguckt haben. Gerunzelte Lider, entzündete Ränder, Tränensäcke, Krähenfüsse. Inmitten dieser Trostlosigkeit die Augen, glänzig nicht nur, weil's zum Heulen, sondern auch zum Lachen ist, gleichzeitig, und hallo! Aber ehrlich: Auf der Strasse würden die beiden Leute achtlos aneinander vorbeigegangen sein. In den Hüften breit, aus der Brust tief geworden die Frau, der Mann eingeknickt, Scheitelglatze. Den Hut in der einen Hand und in der anderen anstelle des Gebindes, das man einer Dame mit Ehrerbietung darbringt, das niedliche Blümlein: So steht er auf dem Türvorleger im Bewusstsein, dass es etwas Ausserordentliches hätte sein dürfen, ja sein müssen, ein überwältigender Strauss für die Elisabeth, die sie einst für ihn in der Bücherei mehr oder weniger leibhaftig war und danach länger unbewusst als bewusst als Leitbild in seinem Leben präsent geblieben ist.

Sie bittet ihn herein, und er legt ab, das Cape in ihre Hand, den Hut auf die Ablage, und steht dann mit dem Erikazweig im Wohnzimmer. Falls sie schon begriffen haben sollte, worum es da geht, beisst sie sich mit jenen unter den Zähnen, die ihr erhalten geblieben sind, tapfer auf die Lippen und wartet ab. Er klaubt an der Schnürung des Bändels, es ist fast nicht zuzuschauen, wie ungeschickt die Finger im Moment sind und wie zittrig. Elisabeth kann nicht anders, sie muss nachhelfen. Sie nimmt dem Mann das kleine Bündel aus den Händen - und seht nun, wie die beiden Leute mit gesenkten Köpfen und eiferroten Wangen über dem Knoten sind, den zuvor listig die Gärtnersfrau sattgezogen hat. Am Schluss bewerkstelligt es die Schere aus der Nähschatulle. Elisabeth betrachtet lange den vom Zugemüse befreiten Zweig, schaut dann an ihm vorbei in die Augen ihres Gastes.

Ich weiss, wohin er gehört.

Elisabeth öffnet eine der Vitrinen, langt ins Bücherregal und zieht einen Band heraus. Theodor Storm. Die Novellen. Sie braucht nicht lange zu blättern und liest dann vor.

»Kennst du diese Blume?« sagte er. Sie sah ihn fragend an. »Es ist eine Erika. Ich habe sie oft im Walde gepflückt.«

»Ich habe zuhause ein altes Buch«, sagte er; »ich pflegte sonst alte Lieder und Reime hineinzuschreiben; es ist aber lange nicht mehr geschehen. Zwischen den Blättern liegt auch eine Erika; aber es ist nur eine verwelkte. Weisst du, wer sie mir gegeben hat?«

Er habe damals das Zeichen, ehrlich gesagt, nur ungefähr verstanden. Es sei ihm mehr ein Rätsel gewesen. So etwas wie die Aufgabe, welche die Königstochter ihren Bewerbern auf Gedeih und Verderb auferlegt. Und er habe wohl das schwierige Gefühl gehabt, den Anforderungen nicht gewachsen zu sein.

Du Armer! Mit den Manschetten ihrer Bluse wischt sie über die Augenwinkel. Und jetzt hast du also den Zweig zurückgebracht. Sie legt das Buch auf den Tisch und den Zweig in den Falt. Da wollen wir ihn unterbringen. Einverstanden?

Wir befinden uns in einer mässig bürgerlichen Wohnstube, in der an prominenter Stelle gegenüber den Fenstern ein gerahmtes Foto hängt. Es stellt eine weissgekleidete Dame mit einem Häubchen auf dem Kopf am Arm eines Gentlemans dar. Er steht grad wie ein Offizier, und in der Tat in Leutnantsuniform, in der alten, blauen - aber von der Farbe wissen nur wir Kenner. Das Foto kommt in nostalgischen Brauntönen daher.

Ja, mein Mann, sagt sie. Er ist an der Spanischen Grippe gestorben, im Aktivdienst. Mit Fahnen haben sie ihn gebracht, aber das half mir nichts. Mir blieb diese Wohnung, und für den Rest musste ich arbeiten. - Ich habe uns etwas zu essen vorbereitet. Aber vielleicht möchtest du schon etwas trinken? Ein Glas Wein?

Während er den Kopf schüttelt und sich das Glas gerne auf später verspricht, muss noch eine Frage geklärt werden. Wie haben wir das damals gehalten: Waren wir beim Sie oder beim Du?

Elisabeth tippt auf letzteres, Max hält sich das Fräulein vor Augen und kann sich nur das Sie vorstellen.

Wie dem auch sei, lacht Elisabeth. Jetzt stossen wir aber doch an. Sie bringt Gläser aus dem Buffet, die Flasche stand auch schon bereit, und schenkt ein. Auf das Du. Elisabeth hält im Übrigen am Maximilian fest. Und stösst auch auf die Geschichte vom etwas hölzernen Josef an. Und auf die Lebensstränge, die sich gerade wieder kreuzen. Die Dinge, sagt sie, verhielten sich so. Sie habe zuhause nicht verheimlichen können, warum sie alleweil so lange ausblieb, länger auf jeden Fall, als das die Bücherausleihe erwarten liess. Einige Zeit habe es die Mutter geduldet. Eines Tages aber habe sie ihrer Tochter mitgeteilt, es gezieme sich nicht länger, dass sie sich mit diesem Lehrbuben treffe. Der Grund war Jonas. Es war eigentlich längst ausgemacht, dass sie ihn heiraten würde, sobald er es im Militär zu etwas gebracht hätte. Ein Vetter, von Kind auf ein vertrauter Gesellschafter. Es war in Ordnung. Obwohl ich den Lehrbuben, schmunzelte Elisabeth, irgendwie ins Herz geschlossen hatte.

So viel zur romantischen Abteilung. Von jetzt an gilt es ernst. Von jetzt an handelt es sich um zwei Menschen, die das Leben der gegenseitigen Unkenntlichkeit entgegengearbeitet hat und die sich nun wieder zu erkennen zu geben haben. Es stellt sich heraus: Sie hat seinen, Maximilians, Werdegang zunächst wiederholt mitbekommen, beiläufig, nicht aktiv. Sie hat originelle Berichte von ihm in der Zeitung gelesen. Betrafen Ereignisse in der Stadt. Ganz am Anfang noch, erinnerst du dich? Einmal aus Zürich, wie ihr schien. Einige Jahre später dieser Rummel um seine Person. Nach dem Landesstreik. Da war sie mitten in ihrer Trauer, habe aber doch den einen und anderen Artikel gelesen. Da wurde mit harten Bandagen gekämpft, nicht wahr? Man habe ihm offenbar schwere Vorwürfe gemacht. Die Zusammenhänge seien ihr aber entgangen. Im Grunde habe sie stets gehofft, es sei alles nur böswillige Hetze, bis die Zeitungen schrieben, gegen Max Rüdt sei eine exemplarische Strafe ausgesprochen worden. Ja, da habe sie tatsächlich angenommen, der Mann müsse sich schuldig gemacht haben, und habe das sehr bedauert. Sie habe sich aber auch gefragt, ob es da eine Frau gebe, oder Kinder noch dazu. Das hätte ihr sehr leidgetan, zu wissen, es gibt da eine betroffene Familie. Danach habe sie den Namen Rüdt scheinbar endgültig aus den Augen verloren. Bis sie im Feuilleton den Max O. Rüdt wiederholt antraf. Als sie diese Krippenfiguren-Geschichte las, war für sie der Fall klar. Das muss er sein, habe sie sich gesagt und sich unverzüglich auf der Redaktion erkundigt.

Fein, dass du die Nadel im Heuhaufen gefunden hast, antwortet Maximilian. Meine wahren Geschichten lassen wir aber besser bleiben. Sie haben mich zum Bettler gemacht.

Umso passender, dass du gleich eine währschafte Mahlzeit bekommst. Ich lass die Tür zur Küche offen, so können wir weiterplaudern, während die Mahlzeit gedeiht.

So einfach, wie Maximilian das gewünscht hat, lässt sich Elisabeth den Mann nicht durch die Maschen gehen, an dem einst auch sie anfing zu lernen, was das in der Wirklichkeit ist, nämlich die Herzensgeschichten, von denen sie las. Sie möchte wissen, was er verbrochen haben soll. Was war's, Maximilian?

Er versucht's so einfach wie möglich, ohne Selbstanklage, ohne seine Gegner anzuklagen. Der eine verschwindet schnell im Nichts, der andere macht den Umweg über eine glänzende Karriere. De mortuis nihil nisi bene. Hermann Obrecht, mein bitterster Kontrahent, ist ja auch schon von der Bühne abgetreten. Was hat er jetzt davon?

Elisabeth ist Wort um Wort erleichtert, während sie versteht, worum es ging, und ein bisschen beschämt schon auch, dass sie den Mann, der aktuell vor ihr stand, beinah mit einem üblen Straftäter verwechselt hätte.

Dann also jetzt noch einmal zum Wohl. Und einfach schön, dass du da bist. Greif zu!

Noch bevor er gehorcht, wird ihm klar, dass es den Roten Rüdt nicht gegeben hätte, wenn der Platz am Tisch, den er gerade einnimmt, einst sein Platz geworden wäre.

Ein Besuch, der Wiederholung nahelegt. Dazu kommt es aber nicht. Jedes Leben hat sein Ausmass und rückt auch einen überaus gedehnten Nachruf dem Abschluss entgegen. Rüdt wurde nach dem Winter sechsundvierzig-siebenundvierzig schnell gebrechlich. An einem Morgen fand ihn Amalia schwer keuchend in seinem Zimmer. In diesem Zustand konnte sie den Mann nicht brauchen. Er selber schien seine Lage zu durchschauen. Die Treppen waren ihm nicht mehr zuzumuten. Er liess sich ins Bürgerheim verlegen. Unterwäsche, Socken, zwei vollständige, aber geflickte Anzüge (Westen inklusive), drei ehemals weisse, von vielen Waschgängen verblichene Hemden, zwei Hüte, zwei rote Binder. Und eine uralte Schreibmaschine Marke GROMA. Dies der Besitzstand, den der Heimleiter beim Eintritt aufnahm.

Ende August holte den Insassen eine neue Atemweginfektion ein. Er hustete von tief herauf. Der vorsorglich gerufene Doktor vermutete eine versteckte Lungenentzündung. Man hätte indes den Insassen anbinden müssen, sofern man ihn wirklich davon abhalten wollte, trotzdem nach St. Gallen zu reisen.

Auch Frau Guignard rief nach dem Doktor. Die Lungenentzündung bestätigte sich. Hohes Fieber hatte Max allerdings nicht. Das ist heimtückisch, sagte der Arzt. Geben Sie auf den Mann acht.

Max strengt sich an. Die Rede ist von Elisabeth. Er müsse sie unbedingt noch einmal besuchen.

Elisabeth? Wer ist sie?

Ein guter Mensch. Und so schön wie du. Ihr seid zwei gute Menschen.

Claire hat Mühe, einen Zusammenhang zu finden. Max redet doch wohl nicht im Delirium? Nein, er hat kaum Fieber. Er bittet aber darum, dass Elisabeth benachrichtigt werde.

Wo wohnt die Frau?

In St. Fiden. Die Strasse vermag der Patient anzugeben, aber nicht die Hausnummer. So zieht Claire die Stiefel an, verlässt das Haus, spannt den Regenschirm gegen den Landregen, der vom Bodensee heraufkommt, geht hinab zum Bahnhof und lässt sich von der überfüllt rumpelnden Trambahn hinausbringen. Nach einigem Suchen und Nachfragen steht sie an der richtigen Adresse. Frau E. Aeschi-Lanker. Sie drückt auf den Klingelknopf. Eine Frau in Claires Alter macht auf.

Kennen Sie Max Rüdt? Dann kommen Sie doch bitte mit. Ich erzähl Ihnen alles unterwegs.

Das dürfte unter zwei ausladenden Regenschirmen nicht besonders glücken, also mag das Wichtigste schon mal rüberkommen, während Frau Aeschi sich zum Ausgehen bereitmacht. Sie versteht, dass sie es mit Maximilians Schwester zu tun hat und einen Kranken besuchen wird. Darüber hinaus ahnt sie, dass sie sich auf dem Weg zu einem Sterbenden befindet. Aus der Hortensie, die in der kleinen Rabatte neben dem Hauseingang steht, bricht sie noch schnell drei der weissen Blütendolden, dazwischen steckt sie einen Zweig vom überhängenden Polyanthrosenbaum, eine offene dunkelrote Blüte zwischen mehreren Knospen.

Was hat er von mir erzählt? fragt Frau Aeschi an der Tram-Haltestelle, während der Regen sonor auf die Schirmdächer klopft.

Ein guter Mensch. Und dass er Sie unbedingt nochmals sehen müsse. Doch sogar das Sprechen bereitet ihm Mühe.

Frau Aeschi lächelt. Er hat mich im vergangenen Frühjahr besucht. Und die vorletzte Begegnung: Da müssen wir an die vierzig
Jahre zurück. Ich war wohl ... wie soll ich das ausdrücken ... also ich
selber hab den Jüngling gut gemocht ... und ja, vielleicht war ich das,
was ein junger Mann seine erste Liebe nennt.

Das Tramzüglein nähert sich und klingelt.

Sitzen in den ersten Septembertagen, während auf dem Nachttisch
die Hortensien sich aus dem Rosa zum Blau verfärben und von den
Rosenblüten die einen ausblättern, die anderen sich öffnen, während die Rosskastanien draussen im Garten ihre Blätter ein-
schrumpfen und aus den Buchen das erste Laub fällt, zwei Frauen
abwechselnd an Max Rüdts Bett. Einem der fragenden Blicke stellt
er sich lange. Dann deutet im Kissen sein Kopf ein Nicken an. *Es
tuet's.* Er meint damit: Mehr von diesem Leben ist nicht nötig. Die
Frauen lassen ihn aber erst aus den Augen, als er selber sich entzogen hat.

8. September 1947

Endnoten

[1] Alfred Fasnacht, in: http://wiki.stadtgeschichte-grenchen.ch/mediawiki/index.php?title= Max_R%C3%BCdt
[2] ebenda
[3] Willi Gautschi, Der Landesstreik 1918, Dokumente. Chronos Zürich 1988 S. 21
[4] https://tageswoche.ch/politik/kaiserliche-staatsvisite-exakt-15-minuten-lang/
[5] digiPress, 1914, Münchner Allgemeine 1. August S. 488 f.
[6] www.zora.uzh.ch/7206/2/Koller_Ersatzdienst.pdf, Seite 3
[7] St.Galler Tagblatt, 74. Jg. (1914), Nr. 179 (2. August), Extra-Ausgabe. Aus: www.hvsg.ch/pdf/neujahrsblaetter/hvsg_neujahrsblatt_2014.pdf p.44
[8] www.hvsg.ch/pdf/neujahrsblaetter/hvsg_neujahrsblatt_2014.pdf p.44
[9] http://www.astroxl.com/de/partnerhoroskop/skorpion/skorpion/
[10] http://wiki.stadtgeschichte-grenchen.ch/mediawiki/index.php?title=Gemeinn%C3%BCtzige_Gesellschaft
[11] bernerzeitung.ch/region/bern/Wie-Lenin-im-Berner-Exil-den-gewaltsamen-Umsturz-plante/story/31773874
[12] de.wikipedia.org/wiki/Wladimir_Iljitsch_Lenin
[13] marxists.org/deutsch/archiv/trotzki/1915/09/zimmerwald.htm
[14] https://de.wikipedia.org/wiki/Landesstreik#Das_Oltener_Aktionskomitee
[15] NFZ vom 3.01.1918
[16] In: Unzeitgemässe Betrachtungen
[17] Hiltbrunner Edith., Generalstreik 1918 in der Region Grenchen-Solothurn, Academic Press Fribourg 2012, S. 47f.
[18] ebenda S. 55f.
[19] Hans Ryf in: Grenchner Tagblatt vom 12. November 1988
[20] Hiltbrunner E., a. a. O., S. 103
[21] Willi Gautschi, a. a. O., S. 25
[22] Hiltbrunner E., a. a. O., S. 145 Fussnote 754
[23] aus: http://www.museums-gesellschaft.ch/streik/streikfuehrer.html
[24] Am 29. November 1918, in: Hiltbrunner E., a. a. O., S. 136
[25] http://www.hls-dhs-dss.ch/textes/d/D3075.php
[26] http://www.geo.de/magazine/geo-epoche/3364-rtkl-geo-epoche-korrekturen
[27] https://de.wikipedia.org/wiki/Kommunistische_Internationale
[28] http://125jahre.sp-so.ch/jacques-schmid

[29] ebenda

[30] Hiltbrunner, E., a. a. O., Fussnote 712

[31] ebenda, Fussnote 713

[32] ebenda, Fussnote 716

[33] Alfred Fasnacht, in: http://wiki.stadtgeschichte-grenchen.ch/mediawiki/index.php?title= Max_R%C3%BCdt

www.ingramcontent.com/pod-product-compliance
Lightning Source LLC
Chambersburg PA
CBHW020904100426
42737CB00043B/124